A Frequency Dictionary
of Portuguese

A Frequency Dictionary of Portuguese is an invaluable tool for all learners of Portuguese, providing a list of the 5,000 most frequently used words in the language.

Based on a 20-million-word corpus evenly divided between spoken, fiction and non-fiction texts from both Portugal and Brazil, the dictionary provides the user with a detailed frequency-based list, as well as alphabetical and part of speech indexes.

All entries in the rank frequency list feature the English equivalent, a sample sentence with English translation and an indication of major genre variation. The dictionary also contains 30 thematically organized lists of frequently used words on a variety of topics, such as animals, weather, materials, and family terms.

A Frequency Dictionary of Portuguese is an engaging and efficient resource enabling students of all levels to get the most out of their study of vocabulary.

Mark Davies is Professor at the Department of Linguistics, Brigham Young University at Provo in Utah and **Ana Maria Raposo Preto-Bay** is Assistant Professor of Portuguese at the Department of Spanish and Portuguese, Brigham Young University at Provo in Utah.

Routledge Frequency Dictionaries

Other books in the series:

A Frequency Dictionary of German
A Frequency Dictionary of Spanish
A Frequency Dictionary of French (forthcoming)
A Frequency Dictionary of Chinese (forthcoming)
A Frequency Dictionary of Arabic (forthcoming)

A Frequency Dictionary
of Portuguese

Core vocabulary for learners

Mark Davies and Ana Maria Raposo Preto-Bay

Routledge
Taylor & Francis Group

NEW YORK AND LONDON

First published 2008
by Routledge
711 Third Avenue, New York, NY 10017

Simultaneously published in the UK
by Routledge
2 Park Square, Milton Park, Abingdon, Oxon OX14 4RN

Routledge is an imprint of the Taylor & Francis Group, an informa business

© 2008 Mark Davies and Ana Maria Raposo Preto-Bay

Typeset in Parisine by Keystroke, 28 High Street, Tettenhall, Wolverhampton

British Library Cataloguing in Publication Data
A catalogue record for this book is available from the British Library

Library of Congress Cataloging in Publication Data
Davies, Mark, 1963 Apr. 22 –
    A frequency dictionary of Portuguese: core vocabulary for learners/Mark Davies,
    Ana Maria Raposo Preto-Bay.
       p. cm. — (Routledge frequency dictionaries)
    Includes index.
    1. Portuguese language—Word frequency—Dictionaries. 2. Portuguese language—Dictionaries.
    I. Preto-Bay, Ana Maria Raposo. II. Title. III. Series.
    PC5348.D38 2007
    469.3—dc22   2007023921

ISBN13: 978–0–415–41996–3 (hbk)
ISBN13: 978–0–415–41997–0 (pbk)
ISBN13: 978–0–203–93763–1 (ebk)

Contents

Thematic vocabulary lists

Series preface

There is a growing consensus that frequency information has a role to play in language learning. Data derived from corpora allows the frequency of individual words and phrases in a language to be determined. That information may then be incorporated into language learning. In this series, the frequency of words in large corpora is presented to learners to allow them to use frequency as a guide in their learning. In providing such a resource, we are both bringing students closer to real language (as opposed to textbook language, which often distorts the frequencies of features in a language, see Ljung 1990) and providing the possibility for students to use frequency as a guide for vocabulary learning. In addition we are providing information on differences between frequencies in spoken and written language as well as, from time to time, frequencies specific to certain genres.

Why should one do this? Nation (1990) has shown that the 4,000–5,000 most frequent words account for up to 95 per cent of a written text and the 1,000 most frequent words account for 85 per cent of speech. While Nation's results were for English, they do at least present the possibility that, by allowing frequency to be a general guide to vocabulary learning, one task facing learners – to acquire a lexicon which will serve them well on most occasions most of the time – could be achieved quite easily. While frequency alone may never act as the sole guide for a learner, it is nonetheless a very good guide, and one which may produce rapid results. In short, it seems rational to prioritize learning the words one is likely to hear and use most often. That is the philosophy behind this series of dictionaries.

The information in these dictionaries is presented in a number of formats to allow users to access the data in different ways. So, for example, if you would prefer not to simply drill down through the word frequency list, but would rather focus on verbs, the part of speech index will allow you to focus on just the most frequent verbs. Given that verbs typically account for 20 per cent of all words in a language, this may be a good strategy. Also, a focus on function words may be equally rewarding – 60 per cent of speech in English is composed of a mere 50 function words.

We also hope that the series provides information of use to the language teacher. The idea that frequency information may have a role to play in syllabus design is not new (see, for example, Sinclair and Renouf 1988). However, to date it has been difficult for those teaching languages other than English to use frequency information in syllabus design because of a lack of data. While English has long been well provided with such data, there has been a relative paucity of such material for other languages. This series aims to provide such information so that the benefits of the use of frequency information in syllabus design can be explored for languages other than English.

We are not claiming, of course, that frequency information should be used slavishly. It would be a pity if teachers and students failed to notice important generalizations across the lexis presented in these dictionaries. So, for example, where one pronoun is more frequent than another, it would be problematic if a student felt they had learned all pronouns when they had learned only the most frequent pronoun. Our response to such issues in this series is to provide indexes to the data from a number of perspectives. So, for example, a student working down the frequency list who encounters a pronoun can switch to the part of speech list to see what other pronouns there are in the dictionary and what their frequencies are. In short, by using the lists in combination a student or teacher should be able to focus on specific words and groups of words. Such a use of the data presented here is to be encouraged.

Tony McEnery and Paul Rayson
Lancaster, 2005

References

Ljung, M. (1990)

A Study of TEFL Vocabulary. Stockholm: Almqvist & Wiksell International.

Nation, I.S.P. (1990)

Teaching and Learning Vocabulary. Boston: Heinle and Heinle.

Sinclair, J.M. and Renouf, A. (1988)

"A Lexical Syllabus for Language Learning". In R. Carter and M. McCarthy (eds) *Vocabulary and Language Teaching* London: Longman, pp. 140–158.

Acknowledgments

We are indebted to a number of students from Brigham Young University who helped with this project: Michael Taylor, Derek Staples, Eric Heaps, Patricia Valente, and Sofia Abrantes.

Abbreviations

Meaning		Example	
aj	adjective	2116	**nu** *aj* nude, naked
av	adverb	941	**cedo** *av* early, soon
at	article	7	**um** *at* a
BP	Brazilian Portuguese	3851	**camisola** *nf* nightgown [BP], sweater [EP]
cj	conjunction	647	**porém** *cj* however, though
EP	European Portuguese	3389	**golo** *nm* goal (soccer, football) [EP]
f	feminine	3016	**cabra** *nmf* goat (F), Guy (M)
i	interjection	3940	**adeus** *i* goodbye
m	masculine	3169	**cura** *nmf* cure (F), curate (M)
neut	neuter	44	**isso** *pn* that (NEUT)
nc	noun – common	3462	**concorrente** *nc* competitor
nf	noun – feminine	563	**doença** *nf* illness
nm	noun – masculine	958	**rapaz** *nm* young man, kid
nmf	noun – masc/fem (different meanings)	923	**corte** *nmf* cut (m), court (f)
num	number	3269	**dezoito** *num* eighteen
obj	object	183	**nós** *pn* we, us (OBJ = nos)
pl	plural	2769	**cinza** *nf* ashes (PL)
prp	preposition	41	**até** *prp* until, even, up to
pn	pronoun	489	**ninguém** *pn* no one
sg	singular	466	**tu** *pron* you (SG)
v	verb	195	**achar** *v* to find, think, suppose

Introduction

The value of a frequency dictionary of Portuguese

What is the value of a frequency dictionary for language teachers and learners? Why not simply rely on the vocabulary lists in a course textbook? The short answer is that although a typical textbook provides some thematically-related vocabulary in each chapter (foods, illnesses, transportation, clothing, etc.), there is almost never any indication of which of these words the student is most likely to encounter in actual conversation or texts. In fact, sometimes the words are so infrequent in actual texts that the student may never encounter them again in the "real world", outside of the test for that particular chapter.

While the situation for the classroom learner is sometimes bleak with regards to vocabulary acquisition, it can be equally as frustrating for independent learners. These individuals may pick up a work of fiction or a newspaper and begin to work through the text word for word, as they look up unfamiliar words in a dictionary. Yet there is often the uncomfortable suspicion on the part of such learners that their time could be maximized if they could simply begin with the most common words in Portuguese, and work progressively through the list.

Finally, frequency dictionaries can be a valuable tool for language teachers. It is often the case that students enter into an intermediate language course with deficiencies in terms of their vocabulary. In these cases, the teacher often feels frustrated, because there doesn't seem to be any systematic way to bring less advanced students up to speed. With a frequency dictionary, however, the teacher could assign remedial students to work through the list and fill in gaps in their vocabulary, and they would know that the students are using their time in the most effective way possible.

What is in this dictionary?

This frequency dictionary is designed to meet the needs of a wide range of language students and teachers, as well as those who are interested in the computational processing of Portuguese. The main index contains the 5,000 most common words in Portuguese, starting with such basic words as *o* and *de*, and quickly progressing through to more intermediate and advanced words. Because the dictionary is based on the actual frequency of words in a large 20-million-word corpus (collection of texts) of many different types of Portuguese texts (fiction, non-fiction, and actual conversations), the user can feel comfortable that these are words that one is very likely to subsequently encounter in the "real world".

In addition to providing a listing of the most frequent 5,000 words, the entries provide other information that should be of great use to the language learner. Each entry also shows the part of speech (noun, verb, etc.), a simple definition of the word in English, an actual example of the word in context (taken from the 45-million-word Corpus do Português; www.corpusdoportugues.org), and a translation of the Portuguese sentence into English. Finally, the entries show whether the word is more common in spoken, fiction, newspaper, or academic texts, so that the learner acquires greater precision in knowing exactly when and where to use the word.

Aside from the main frequency listing, there are also indexes that sort the entries by alphabetical order and part of speech. The alphabetical index can be of great value to students who for example want to look up a word from a short story or newspaper article, and see how common the word is in general. The part of speech indexes could be of benefit to students who want to focus selectively on verbs, nouns, or some other part of speech. Finally, there are a number of thematically-related lists and lists related to common grammatical problems for beginning and intermediate students, all of which should enhance the learning experience. The expectation, then, is that this frequency dictionary will significantly maximize the efforts of a wide range of students and teachers who are involved in the acquisition of Portuguese vocabulary.

Previous frequency dictionaries of Portuguese

To date, there have been virtually no frequency dictionaries of Portuguese available in English-speaking countries. There have been small studies published in Portuguese (Maria Fernanda Bacelar do Nascimento et al., 1987), unpublished doctoral dissertations (Duncan, 1972), small studies based on poetry (Roche, 1975), short lists in academic publications (Kelly, 1970), and lists of idioms (Brown, 1951). There are also some resources in electronic form on the Internet, for those who know where to look and who want to convert raw text files. Yet if a teacher or student went to a bookstore at the present time and searched for any frequency dictionary of Portuguese that is in print, s/he would not find any.

The corpus

In order to have an accurate listing of the top 5,000 words in Portuguese, the first step is to create a robust and representative corpus of Portuguese. In terms of robustness, our 20-million-word corpus is much larger than the corpora used in any of the studies just mentioned. The texts were taken in large part from the 1900s portion of the Corpus do Português (www.corpusdoportugues.org), which contains 45 million words of text from the 1300s – 1900s, and which we had previously created with a grant from the US National Endowment for the Humanities from 2004 – 06.

In terms of being representative, the corpus contains a much wider collection of registers and text types than that of any previous frequency dictionary

newspapers and magazines. In the latter case, we searched for "colloquial" words and phrases in Portuguese (e.g. *pra* instead of *para* 'for, in order to') to make sure that we had texts that had not been "cleaned up" too much, in which case they would not reflect actual spoken Portuguese. As indicated, the written texts represent equally-sized sub-corpora from fiction (mainly scanned from contemporary novels and downloaded from text archives), (online) newspapers, and academic texts (mainly online encyclopedias). In terms of the time period represented, virtually all of the texts are from 1970 – 2000, with nearly all of these from the 1990s. Finally, we should mention that the corpus was evenly divided between texts from Portugal and Brazil, for each of the four classes of texts just mentioned.

Annotating the data from the corpus

In order to create a useful and accurate listing of the top 5,000 words in Portuguese, the entire 20 million words of text needed to first be tagged and lemmatized. Tagging means that we assign a part of speech to each word in the corpus. In order to do this, we first obtained an electronic lexicon from Professor Elisabete Ranchhod at the University of Lisbon, as well as other materials from Professor Eckhard Bick of the Southern Denmark University. These materials contained nearly 1 million separate word forms, with their part of speech and lemma (where lemma refers to the "base word" or "dictionary headword" to which each individual form belongs). For example, the following are five word forms from one of the lexicons:

---

word form / lemma / part of speech (pos)

---

lápises / lápis / N:ms:mp
tenho / ter / V:P1s
francesa / francês / A:fs, N:fs

cedo / cedo / ADV
duzentas / duzentos / DET+Num:Cfp

---

of Portuguese. As we see in Table 1, the corpus is divided between spoken (10%) and written (90%), and the written is evenly divided between fiction, newspaper, and academic.

As the table indicates, the two million words of spoken Portuguese come from conversation (such as the *Linguagem Falada* project in Brazil or the *Projecto Corpus de Referência do Português Contemporâneo* from Portugal) as well as transcripts of interviews in

In cases where there is just one lexicon entry for a given word form, then that form is easy to annotate (e.g. *tenho* = ter / verb_present_1sg). For many other word forms, however, a given word form has more than one entry in the lexicon. For example, *trabalho* "(the) work, I work" can either be [lemma = trabalho, pos = noun_masc_sg] or [lemma= trabalhar, pos = verb_pres_1sg]. Another example would be *limpa* "clean, 3sg cleans", which can be

Table 1 Composition of 20-million-word corpus

	no. of words[1]	Brazil	no. of words[1]	Portugal
Spoken	0.338	Informal Conversation: Linguagem Falada (São Paulo [2], Recife [3])	0.437	Informal Conversation: CORDIAL-SIN [4] CRPC [5] Português Falado [6]
	0.462	Interviews	0.563	Interviews
2.00	1.00		1.00	
Fiction		~95 novels and short stories Most scanned; some from LacioWeb [7] and UFSC [8]		~175 novels and short stories Most scanned; small portion from U Aveiro (Portugal)
6.00	3.00		3.00	
News		1000s of articles (national, international, sports, culture, etc.) in seven newspapers (from São Paulo, Bahia, Curitiba, Porto Alegre, Recife, Santa Catarina)		1000s of articles (national, international, sports, culture, etc.) in five newspapers (Publico, Expresso, Jornal [Lisbon], Beira and Leira
6.00	3.00		3.00	
Academic	1.569	Enciclopédia Digital Master Online [9]	2.127	Enciclopédia Universal[10]
	1.431	LacioWeb [7]	0.873	Assorted academically-oriented websites from Portugal
6.00	3.00		3.00	
Total	10.00		10.00	

Notes and sources
1   Size in millions of words
2   http://www.fflch.usp.br/dlcv/nurc/
3   Sá, Maria, et al. (1996) *A Linguagem Falada Culta na Cidade do Recife*. Recife: Universidade Federal de Pernambuco.
4   http://www.clul.ul.pt/sectores/cordialsin/projecto_cordialsin_corpus.html
5   http://www.clul.ul.pt/sectores/projecto_crpc.html
6   http://www.clul.ul.pt/sectores/projecto_portuguesfalado.html
7   http://www.nilc.icmc.usp.br/lacioweb/index.htm
8   http://www.literaturabrasileira.ufsc.br/
9   http://www.enciclopedia.com.br/
10   http://www.universal.pt/eum/

either [lemma = limpo, pos = adj_fem_sg] or [lemma=limpar, pos = verb_pres_3sg]. Such is the case for thousands of different word forms. In these cases, we used rules to tag the text. For example, in the case of *trabalho*, the tagger uses the preceding definite article [o] to tag [o trabalho] as [lemma = trabalho, pos = noun_masc_sg], whereas it would use the preceding subject pronoun [eu] to tag [eu trabahlho] as [lemma = trabalhar, pos = verb_pres_1sg].

In many other cases, it is even more difficult than using simply rules to disambiguate the different lemma and parts of speech of a given word form, and in these cases we have used probabilistic information. For example, one of the most difficult classes of words to tag are past participles (e.g. *dito, controlado, ouvido*). The "rule-based" component of the tagger looks for a preceding form of *ter* or *haver* "to have" and identifies the word as the form of a verb; for example *tenho [escrito]* "I have written" is [lemma = escrever, pos = verb_pp_m_sg]. In a case like [*periódico escrito*], however, *escrito* can either be a past participle of the verb *escrever* (li o periódico escrito ontem "I read the newspaper (that was) written yesterday") or it can have a more adjectival-like sense ("the *written* newspaper, as opposed to the electronic newspaper"). In cases such as these, we looked at the total number of cases where the past participle was preceded in the corpus by *ser* (which suggests a passive / verbal reading) or by *estar* (which suggests a resultative / adjectival reading). If the cases with *ser* were more common with this particular past participle, then ambiguous cases like [N + Past Part] (*periódico escrito*) would be marked as passive/verb. The fact that all of the data was stored in a relational database made this type of probabilistic tagging and lemmatization much easier to carry out than may have been possible with linear, word-by-word annotation.

One problem we face in lemmatizing words in Portuguese (assigning headwords) is spelling variation between Brazilian Portuguese [BP] and European Portuguese (EP, for the dialect spoken in Portugal). EP consonant clusters like *eléctrico, direcção,* and *óptimo* become simplified in BP (*elétrico, direção,* and *ótimo*), and diacritics over vowels in BP (*anônimo, idéia, freqüente, vôo*) are either dropped or different in EP (*anónimo, ideia, frequente, voo*). But since these are the same "word", we wouldn't want to have two different entries in the dictionary. In our list, we combine the two forms (e.g. EP *eléctrico*, BP *elétrico*) into one entry, and we use the EP spelling. Notice, however, that this standardized spelling is used just for the headword, but the original spelling of the word is retained in the sample sentence if it is from Brazil, e.g. #997: [*eléctrico*]: *A eletrólise ocorre quando uma corrente elétrica atravessa um composto químico.*

On the other hand, there are cases where the same "word" has a slightly different form. (e.g. BP *controle* EP *controlo* 'control', BP *planejamento* EP *planeamento*, BP *registrar* / EP *registar* 'to register'). Yet unlike the predictable spelling differences between the two dialects (EP *-ct-* becomes BP *-t-*: *eléctrico / elétrico*), differences like *registrar / registar* are not predictable or systematic (e.g. the {r} in BP (*registrar*) is not typically lost in EP). In these cases, we have kept the two separate entries (see the list "Differences between Brazilian and European Portuguese" in the frequency index).

In terms of the actual process used to annotate the corpus, the following are the steps that we followed. First, we acquired and converted to relational database format the large lexicons, as discussed above. Second, the entire corpus was tagged using rule-based procedures. Finally, we input this preliminary tagged and lemmatized information into a MS SQL Server database, where we cleaned up the rule-based annotation and carried out many probabilistically-based re-annotations of the data, as described above. This entire process took more than two years, and was carried out from 2004–2006.

We have not carried out formal tests to determine the accuracy of the part of speech tagging and lemmatization, but we have examined the annotation in detail at many different stages of the project. After the preliminary tagging, we determined which word forms belonged to two or more lemma that were within the 20,000 most frequent lemma in the corpus (i.e. *limpa* or *trabalho*, as mentioned above). For each one of these forms, we examined the collocations (words to the left and right) to make sure that we had annotated these forms correctly, and made any necessary adjustments. Later we went through each of the 6,000 most frequent lemma, and again looked for any form for any of these lemma that also appeared as a member of another lemma, and again checked the collocations and made the appropriate adjustments. Finally, we continually compared our list to the "Top 5,000" lemma list that we created from other online corpora of Portuguese, such as the Floresta Sintáctica (http://www.linguateca.pt/Floresta), and carefully examined all of the forms of any word that was in our list but was not in the other, or any word that was in that list but was not in our top 5,000 words. While the tagging is not perfect, we feel confident that it is quite accurate.

Organizing and categorizing the data

Even after annotating the corpus for part of speech and lemma – as described in the previous section – there remained a number of difficult decisions regarding how the lemma should be grouped together. In most cases, we have followed the parts of speech from the electronic lexicons that we used in tagging the texts. In some cases, however, we have conflated categories that other lexicons have kept distinct. The three primary areas of difference are the following:

A) Noun/adjective:

In many cases there are only minor syntactic and semantic differences between nouns and adjectives in Portuguese, as in the case of *ela é católica* "she is (a) Catholic". This holds true not only for religions and nationalities (*ele é ruso / italiano* "he is (a) Russian / (an) Italian"), but also cases like *os ricos não ajudam os pobres* "the rich don't help the poor" or *os últimos receberam mais do que os primeiros* "the ones who came last got more than those who came early". In most cases, these were assigned a final part of speech of [adjective], and learners can easily apply this information to these cases where there is a more nominal sense.

B) Past participle:

It is often very hard to disambiguate between the [passive / verbal] and [adjectival / resultative] senses of the past participle, as shown above with the example of *periódico escrito*. One solution would be to simply include all past participles as part of the verbal lemma, so that *organizado* is listed with *organizar*, *descrito* is listed with *descrever*, etc. Yet there are other cases where the past participle has a clearly adjectival sense, as in *os meninos cansados* "the tired children", *um livro pesado* "a heavy book", or *uns casos complicados* "some complicated cases". Our approach has been to manually check each of the adjective entries in the dictionary, which have the form of a past participle. When the majority of the occurrences of this initially-tagged form have a strongly agentive reading, then that past participle would be re-assigned to the verbal lemma.

C) Determiner/pronoun/adjective/adverb:

Many frequency lists and dictionaries create fine-grained distinctions between these categories, which may be of minimal use to language learners.

For example, some frequency lists and dictionaries distinguish between determiner and adjective. Yet it is probably impossible to say where the category [determiner] ends and [adjective] starts, as in cases like *váários, alguns, cujos* "several, some, whose". As a result, we assign all determiners (except the articles *o* and *a*) to the category [adjective].

Yet we also depart from some other lexicons on a few other points, primarily with regards to the categorization of pronouns, adjectives, and adverbs. For example, other lexicons might distinguish between the adjectival use of *tanto* = "as/so much" (*tem tanto dinheiro* "s/he has so much money") and the adverbial use (*nãão o fizeram tanto quanto os outros* "they didn't do it as much as the others"). While they list the word twice in the dictionary, we assume that a learner can easily apply the meaning to both cases, and simply list it once under [adjective]. In fact, with an atomistic division of part of speech categories, the same word can theoretically span three different parts of speech – noun, adjective, and adverb – and the question is whether to list them all separately in the dictionary. For example, a lexicon might list *menos* "less/least" three times in the dictionary – as noun (*tinha menos do que queríamos* "there was less than we wanted"), adjective (*tinha menos dinheiro do que queríamos* "there was less money than we wanted"), and adverb (*cobrei menos do que eles* "I charged less than them"). In our dictionary, we assume that the learner can easily apply the one meaning to the three contexts, and we accordingly conflate the three uses to the [adjective] category.

Finally, we should note that there is one category of words with which we separate more lemma than is typically done in other frequency dictionaries. Other dictionaries will often include all of the forms of a pronoun under the masculine / singular / subjective case form of the pronoun. For example, other lexicons might group together under the one entry *ele* "he" the following pronouns: *ele* "he", *ela* "she", *lhe* "3sg indirect object", and even *se* (the "reflexive marker" in Portuguese). Because they are morphologically distinct, forms would not be readily recognized as forms that are related to *ele*, we include them (and similar pronouns) as their own entries.

Range, frequency, and weighting

At this point each of the 20 million words of text had been assigned to a lemma and part of speech, and with some lemma these categories were conflated, as discussed in the previous section. The final step was to determine exactly which of these words would be included in the final list of 5,000 words. One approach would be to simply use frequency counts. For example, all lemma that occur 240 times or more in the corpus might be included in the dictionary. Imagine, however, a case where a particular scientific term was used repeatedly in eight encyclopedia entries and six newspaper articles (for a total of fourteen segments in the tens of thousands of articles in the non-fiction part of the corpus), but did not appear in any works of fiction or in any of the spoken texts. Alternatively, suppose that a given word is spread throughout an entire register (spoken, fiction, newspaper, or academic), but that it is still limited almost exclusively to that register. Should the word still be included in the frequency dictionary? The argument could be made that we should look at more than just raw frequency counts in cases like this, and that we ought to include some measure of how well the word is "spread across" all of the registers in the entire corpus.

As a clear example of the contrast between "frequency" and "range", consider the following table. All of the words in this table have essentially the same frequency – between 200 and 220 occurrences in the corpus. The words to the left, however, have a "range" of about 40, meaning that the word appears at least once in about 40 of the 100 blocks in the corpus (each block has 200,000 words, which is 1/100th of the 20 million words in the corpus). The words to the right, on the other hand, have a range of roughly half that; they appear in about 20 of the 100 evenly-sized blocks of text in the corpus. Most would easily agree that the words shown at the left would be more useful in a frequency dictionary, because they represent a wide range of texts and text types in the corpus. Therefore, frequency alone is probably not sufficient to determine whether a word should be in the dictionary.

The final calculation

After looking at the issue of range and frequency, we created the following formula:

$$x = 12.5*(RaSp/100) + 12.5*(RaFc1/100) + 12.5*(RaNw/100) + 12.5*(RaAc/100) + 12.5*(\log(FrSp)/\log(26346)) + 12.5*(\log(FrFc)/\log(62463)) + 12.5*(\log(FrNw)/\log(58974)) + 12.5*(\log(FrAc)/\log(49913))$$

where:

RaSp, FrSp = range, raw frequency in spoken texts
RaFc, FrFc = range, raw frequency in fiction texts
RaNw, FrNw = range, raw frequency in newspaper texts
RaAc, FrAc = range, raw frequency in academic texts

As a concrete example, let's take the word *cama* "bed". This word occurs in the following number of blocks of text: 35/100 blocks in academic, 73/100

	Wide range					Narrow range			
freq	Portuguese	POS	English	range	range	Portuguese	POS	English	freq
213	ordenado	na	salary, organized	38	22	zagueiro	n	fullback	208
210	propício	aj	favorable	37	22	sódio	n	solium	216
219	jornalístico	aj	newspaper (ADJ)	37	22	Guarani	na	Guarani	201
205	puramente	av	purely, strictly	37	22	óxido	n	oxide	210
220	livremente	av	freely	37	22	electromagnético	aj	electromagnetic	204
217	estrago	n	damage	37	21	hormona	n	hormone	203
219	divórcio	n	divorce	37	21	jagunço	n	hitman, bodyguard	208
211	virado	av	facing	36	21	pronome	n	pronoun	219
220	diversão	n	entertainment	36	21	Vossemecê	n	Your Majesty	212
208	compartilhar	v	to share	36	20	neural	aj	neural	218

blocks in newspapers, 100/100 blocks in fiction, and 68/100 blocks in spoken. Thus, if the word appears in every block of a given register, it will have a value of [1.00]; otherwise, it represents a percentage of all blocks. We perform similar calculations for the raw frequency in each register: 58 tokens in academic, 151 in newspapers, 2089 in fiction, and 144 in spoken. For each register, the log value of that number is divided by the log value of the tenth most common word in that register. (We use log values for raw token frequency to account for large numbers) Therefore, after inserting the actual data for *cama* into the formula, we obtain the following:

$$59.66 = 12.5*(68/100) + 12.5*(100/100) + 12.5*(73/100) + 12.5*(35/100) + 12.5*(\log(144)/\log(26346)) + 12.5*(\log(2089)/\log(62463)) + 12.5*(\log(151)/\log(58974)) + 12.5*(\log(58)/\log(49913))$$

It is this figure of [59.66] for *cama* that represents its score, and this score determines whether the word is included in the dictionary. We simply take the top five thousand scores, and these words are those that are included here.

While the actual formula may seem complicated, hopefully the general criteria for the inclusion of a word in the dictionary are somewhat easier to understand. First, weighting is given to all four registers – spoken, fiction, newspaper, and academic – and it is unlikely that a word will be included if it is common in only one of these four registers. Second, equal weighting (50% / 50%) is given to both range and raw frequency. In other words, a word must not only occur many times in the corpus; it must also be "spread out" well throughout the entire corpus.

The main frequency index

The Frequency Index contains the main index in this dictionary – a rank-ordered listing of the top five thousand words (lemma) in Portuguese, starting with the most frequent word (the definite article *o*) and progressing through to *sul-americano* "South America", which is number 5000. The following information is given for each entry:

> rank frequency (1, 2, 3, ...), headword, part of speech, English equivalent, dialect, sample sentence, translation, range count, raw frequency total, indication of major register variation

As a concrete example, let us look at the entry for *bruxa* "witch"

> **4522　bruxa** *nf* witch
> - A caça às bruxas é muitas vezes acompanhada de histeria – Witch hunts are often accompanied by hysteria
>   34 | 250 –a

This entry shows that word number 4522 in our rank order list is [bruxa], which is a feminine noun [nf] that can be translated as "witch" in English. We then see an actual sentence or phrase that shows the word in context, as well as a translation of this sentence into English. The two following numbers show that the word occurs in 34 of the 100 equally-sized blocks from the corpus (i.e. the range count), and that this lemma occurs 250 times in the corpus. Finally, the notation [–a] indicates that the word is much less common in the academic register than would otherwise be expected.

Let us briefly add some additional notes to the explanation just given.

The part of speech

Remember that some categories have been conflated, such as noun/adjective with religions and nationalities (*católico, americano*), or adjective/pronoun (*todos*). With nouns, there are several different markings for gender. Most nouns are either *nm* (masculine; *ano, livro*) or *nf* (feminine; *terra, situação*). Nouns that have the same form for masculine or feminine are marked *nc* (*jovem, artista*). In most cases, professions are marked *nmf* (*autor, director*), which means that only the masculine form appears in the dictionary, but the frequency statistics have been grouped together with a possible feminine form (*autora, directora*).

English equivalent

Only the most basic translations for the word are given. This is not a bilingual dictionary, which lists all possible meanings of a given word, and intermediate to advanced users will certainly want to consult such a dictionary for additional meanings.

Dialect code

The notation [BP] or [EP] on the end of the first line of the entry indicates that at least 90% of the occurrences are found in either Brazilian or European Portuguese, with less than 10% in the other dialect. An example is word #1917 *retornar* 'to return to', which is found almost exclusively in Brazil, while #1025 *regressar* 'to return to' is found primarily in Portugal. A full listing of these words is found on page vi in "Thematic vocabulary list", #30: "Differences between European and Brazilian Portuguese".

Phrase in context and translation of sample sentence

Nearly all of these phrases and sentences come from the Corpus do Português (www.corpusdoportugues.org). The goal has been to choose phrases whose meaning reflects well the basic meaning of the word with the minimal number of words, and this has been more possible in some cases than in others. With "invented" sentences it would have certainly been possible to have concise sentences that express the core meaning very clearly, but this would have been at the expense of less authentic examples. In some cases the original sentence has been shortened by taking out some words whose absence does not affect the basic meaning of the phrase as a whole. Finally, note that sometimes there is a "mismatch" in terms of the spelling of the headword in the sample sentence, since the headword is the European Portuguese spelling, whereas the sample sentence is from Brazil. For example, the entry for word #997 [eléctrico] has the Brazilian spelling [elétrico]: *A eletrólise ocorre quando uma corrente elétrica atravessa um composto químico.*

Register variation

The symbols [±s, ±f, ±n, ±a] show that the word in question has a high (+) or low (−) score (a combination of frequency and range) in the indicated register (oral, fiction, newspaper, and academic). These symbols appear only when the word is in the top 10% or the bottom 10% of the words in that register, in terms of its relative frequency to the other two registers.

The frequency index thematic vocabulary ("call-out boxes")

Placed throughout the main frequency-based index are approximately thirty "call-out boxes", which serve to display in one list a number of thematically-related words. These include lists of words related to the body, food, family, weather, professions, nationalities, colors, emotions, verbs of movement and communication, and several other semantic domains. In addition, however, we have focused on several topics in Portuguese grammar that are often difficult for beginning and intermediate students. For example, there are lists that show the most common diminutives, superlatives, and derivational suffixes to form nouns, the most common verbs and adjectives that take the subjunctive, which verbs most often take the "reflexive marker" *se*, which verbs most often occur almost exclusively in the imperfect and preterit, and which adjectives occur almost exclusively with the two copular verbs *ser* and *estar* or the semi-copular *ficar*. Finally, there are even more advanced lists that compare the use of nouns, verbs, adjectives, and adverbs across registers, and show which words are used primarily in spoken, fiction, newspapers, or academic texts. Related to this is a list showing which are the most frequent words that have entered the language in the past 100–200 years.

Alphabetical and part of speech indexes

The alphabetical index contains an alphabetical listing of all words listed in the frequency index. Each entry includes the following information: 1) lemma, 2) part of speech, 3) a basic English translation, and 4) rank order frequency. The part of speech index contains "part of speech" listings of the 5,000 words in the frequency and alphabetical indexes. Within each of the categories (noun, verb, adjective, etc.) the lemma are listed in order of descending frequency. Because each entry is linked to the other two indexes via the rank frequency number, each of the entries in this index contains only the rank frequency and lemma.

References

Previous frequency dictionaries of Portuguese (listed
in order of publication)

Brown, Charles Barrett (1951)
*Brazilian Portuguese idiom list, selected on the basis
of range and frequency of occurrence*. Nashville:
Vanderbilt University Press.

Kelly, J.R. (1970)
"A computational frequency and range list of
five hundred Brazilian Portuguese words".
Luso-Brazilian Review 7:104–13.

Duncan, J.C. (1972)
A Frequency Dictionary of Portuguese Words.
Unpublished dissertation. Stanford University.

Roche, Jean. (1975)
Sobre o vocabulário da poesia portuguesa. Paris:
Fundação Calouste Gulbenkian.

**Nascimento, Maria Fernanda Bacelar do, et al.
(1987)**
Português Fundamental. Metodos e Documentos.
Lisbon: INIC.

Frequency index

1 o *at* the (F a)
  • eu fui o único filho que ingressou na faculdade – *I was the only child to enroll in college.*
  100 | 1675835

2 de *prp* of, from
  • José mostrou ser uma pessoa de mau carácter – *José showed himself to be a person of bad character.*
  100 | 1691442

3 em *prp* in, on
  • a cidade foi fundada em 573 – *The city was founded in 573.*
  100 | 641637

4 e *cj* and
  • em 1902 ele é preso e mandado para a Sibéria – *In 1902, he was arrested and sent to Siberia.*
  100 | 560304

5 que *cj* that, than, what
  • o presidente anunciou que os Estados Unidos colocariam um satélite em órbita – *The president announced that the United States would put a satellite into orbit.*
  100 | 516122 +s

6 ser *v* to be (norm)
  • o sangue é o fluido responsável pela circulação dos nutrientes – *Blood is the fluid responsible for the circulation of nutrients.*
  100 | 490080 +a +s

7 um *at* a, one
  • o coração é um músculo – *The heart is a muscle.*
  100 | 388580

8 por *prp* by, through, for
  • o comunismo foi professado por Marx e Engels – *Communism was professed by Marx and Engels.*
  100 | 224904

9 para *prp* to, for, in order to
  • as informações são comprimidas para serem transmitidas – *The information is compressed to be sent.*
  100 | 204357

10 a *prp* to, at
  • depois fomos a Belém ver as estátuas – *Afterwards, we went to Bethlehem to see the statues.*
  100 | 215837

1. Animals

peixe 514 M fish	**cobra** 2735 F snake	**grilo** 4497 M cricket
cavalo 822 M horse	**burro** 2943 M donkey	**tubarão** 4571 M shark
cão 938 M dog [EP]	**touro** 2982 M bull	**serpente** 4611 F serpent
gado 1168 M cattle	**cabra** 3016 F goat	**tigre** 4717 M tiger
ave 1317 F bird	**cachorro** 3068 M dog [BP]	**sardinha** 4776 F sardine
gato 1691 M cat	**baleia** 3154 F whale	**mamífero** 4999 M mammal
lobo 1731 M wolf	**mosca** 3160 F fly	**urso** 5003 M bear
porco 1758 M pig	**macaco** 3405 M monkey	**mosquito** 5073 M mosquito
vaca 1773 F cow	**galo** 3562 M rooster	**cordeiro** 5093 M lamb
rato 1777 M mouse	**coelho** 3674 M rabbit	**bactéria** 5107 F bacteria
leão 1871 M lion	**aranha** 3737 F spider	**tucano** 5269 M toucan
boi 2069 M bull, ox	**bezerro** 4006 M calf	**lagarto** 5364 M lizard
pássaro 2130 M bird	**bacalhau** 4127 M cod fish	**papagaio** 5427 M parrot
bicho 2157 M bug	**formiga** 4184 F ant	**morcego** 5620 M bat
galinha 2198 F chicken, hen	**elefante** 4266 M elephant	**águia** 5708 F eagle
ovelha 2486 F sheep	**abelha** 4275 F bee	**dragão** 5919 M dragon
insecto 2679 M insect	**besta** 4362 F beast	

11 não *av* no, not
- não faça isso não – *No, do not do that.*
100 | 196535

12 com *prp* with
- comeu pão com manteiga – *He ate bread with butter.*
100 | 183047

13 ter *v* to have
- o seu programa teve um enorme sucesso – *His program had enormous success.*
100 | 147062 +s

14 se *pn* reflexive pronoun
- o mulato não se vê como negro, no entanto é identificado como negro – *Mulatos don't see themselves as black; however, they are identified as black.*
100 | 143317 +s

15 o *pn* it, him, her, them, you (F a)
- apesar da protecção do governo, ele sofreu um atentado que o matou – *Despite the government's protection, he was the victim of an assassination attempt which killed him.*
100 | 128846

16 seu *aj* his, her(s), their(s), your(s)
- a sua cara era pálida e os seus vestidos humildes – *His face was pale and his clothing humble.*
100 | 139813

17 como *cj/av* how, like, as
- a mãe ainda se lembra como se faz? – *Mom, do you still remember how to do it?*
100 | 103423 [AV]

18 estar *v* to be (change from norm)
- Hoje estou muito feliz com minha gravidez – *Today I am very happy with my pregnancy.*
100 | 96859 +s

19 mais *aj/av* more, most
- ele precisava de mais tempo para concluir a tarefa – *He needed more time to complete the task.*
100 | 92192 [AV]

20 mas *cj* but
- Estas aves são más voadoras mas excelentes corredoras – *These birds don't fly well but they are excellent runners.*
100 | 72692 +s

21 fazer *v* to do, make
- Os Aliados fizeram uma tentativa pouco convincente de ajudar os russos – *The Allies made a very unconvincing attempt to help the Russians.*
100 | 66053 +s

22 poder *v* can, be able to
- Os eclipses lunares podem ser totais ou parciais – *Lunar eclipses can be total or partial.*
100 | 66018

23 este *aj* this
- este meu relógio é incansável – *This watch of mine never stops.*
100 | 72030

24 ou *cj* or, either
- se me reconhecerá ou não, isso se verá – *We will see whether he will recognize me or not.*
100 | 66158

25 ele *pn* he, it (him in BP)
- todos olharam para o rapaz espantados. Ele, porém, continuou – *Everyone looked at the young man in shock. He, however, continued on.*
100 | 66177 +s

26 esse *aj* that
- esse povo quase desapareceu – *That group of people almost disappeared.*
100 | 55586 +s

27 outro *aj* other, another
- você deveria entregar essa tarefa a outra pessoa – *You should give this task to some other person.*
100 | 55722 +s

28 muito *aj/av* very, much, many
- a dominação alemã não se prolongou por muito tempo – *The German domination didn't last very long.*
100 | 53065 +s [AV]

29 haver *v* "there is", to have
- em cada colmeia só pode haver uma única rainha – *In each beehive there can only be one queen.*
100 | 53477 +s

30 ir *v* to go
- milhares de pessoas foram à praia para ver o golfinho – *Thousands of people went to the beach to see the dolphin.*
100 | 59042 +s

31 todo *aj* all, every
- esse tipo de templo influenciou todo o Oriente Médio, principalmente o Egipto – *That type of temple influenced all of the Middle East, mainly Egypt.*
100 | 51262 +s

32 eu *pn* I (OBJ = me)
- digo-lhes que eu, pessoalmente, sou contra a interrupção da gravidez – *I tell you that I am personally against abortion.*
100 | 79743 +s

33 já *av* already, now
- o pior já passou – *The worst is already over.*
100 | 42131

34 dizer *v* to tell, say
- Queres que te diga verdade? – *Would you like me to tell the truth?*
100 | 52305 +s

35 ano *nm* year
- por volta do ano 174 d.C., o povo dele se rebelou contra Roma – *Around the year 174 AD, his people revolted against Rome.*
100 | 42256

36 dar *v* to give
- quando voltou, ele trouxe um boné e deu de presente para o amigo – *When he returned, he brought a baseball cap and gave it as a present to his friend.*
100 | 38867 +s

37 também *av* also, too, as well
- ele cobria o rosto com o lenço e também chorava! – *He covered his face with the handkerchief and cried as well!*
100 | 35547

38 quando *cj/av* when
- ele ficava levemente irritado quando era procurado por mendigos – *He got a little irritated when he was approached by beggars.*
100 | 36149 [AV]

39 mesmo *aj* same
- a nova lei garante os mesmos direitos jurídicos e sociais aos casais homossexuais – *The new law guarantees the same judicial and social rights to homosexual couples.*
100 | 35492 +s

40 ver *v* to see
- não vejo graça em nada – *I don't see the humor in anything.*
100 | 35168 +s

41 até *prp* until, even, up to
- esta língua tem estado em declínio há vários séculos até recentemente – *This language has been in decline for several centuries until recently.*
100 | 31807

42 dois *num* two
- as células possuem dois meios de repro-dução: a mitose e a meiose – *Cells have two methods of reproduction: mitosis and meiosis.*
100 | 32397

43 ainda *av* still, yet
- eles estavam ali por outro motivo que ela ainda não sabia – *They were there with some other motive in mind which she still didn't know about.*
100 | 31388

44 isso *pn* that (NEUT)
- em muitos casos fazer isso é impossível – *In many cases, doing that is impossible.*
100 | 29550 +s

45 grande *aj* big, grand, great
- outros documentos de grande importância são os escritos dos jesuítas – *Other documents of great importance include the writings of the Jesuits.*
100 | 28868 +s

46 vez *nf* (a) time, turn
- ele pediu-lhe sete vezes que ela casasse com ele – *He asked her seven times to marry him.*
100 | 29251 +s

47 algum *aj* some
- era-lhe preciso dizer alguma coisa, mas nenhuma palavra lhe aflorava aos lábios – *It was necessary that he say something, but no word came from his lips.*
100 | 28031 +s

48 ela *pn* she, it (her in BP)
- ela é uma santa mulher – *She is a kind and holy woman.*
100 | 34994

49 depois *av* after
- eles faziam esta visita geralmente aos domingos, depois do jantar – *They generally paid a visit on Sundays, after dinner.*
100 | 27227

50 entre *prp* between, among
- esta relação entre Portugal e os EUA mantém-se até hoje – *This relationship between Portugal and the United States is still maintained today.*
100 | 35421

51 dia *nm* day
- no estabelecimento do velho trabalhavam noite e dia – *In the old man's store, they worked day and night.*
100 | 30068

52 só *av* only, just
- A falar a verdade, só atravessei uma vez a fronteira – *To tell the truth, I've only crossed the border once.*
100 | 28034

53 aquele *aj* that (more remote)
- eu escrevi aquele livro – *I wrote that book.*
100 | 31094 +s

54 sobre *prp* about, over, above, upon
- ela não tivera coragem de falar sobre a morte do marido – *She didn't have the courage to talk about her husband's death.*
100 | 27453

55 primeiro *aj/av* first
- a primeira coisa que tens a fazer é tomar um banho – *The first thing you have to do is take a bath.*
100 | 27202 [AV]

56 ficar *v* to stay, be located, get ADJ
- por uns tempos você vai ficar aqui com a gente – *For a while you will stay here with us.*
100 | 26424 +s

57 dever *v* must, should, to owe
- o patrão deve vários meses de salário aos trabalhadores da construção civil – *The boss owes several months' salary to the construc-tion workers.*
100 | 25856

58 passar *v* to go through, spend (time)
- os presos teriam que passar ainda por outra provação – *The prisoners would have to go through yet one more hardship.*
100 | 25499

59 saber *v* to know (something)
- ela queria saber se é verdade o que descobri! – *She wanted to know if what I discovered was true!*
100 | 30258 +s

60 assim *av* thus, so, like this
- assim fica difícil – *This way, it's hard.*
100 | 22674 +s

61 querer *v* to want
- nem tudo pode ser como a gente quer, Teresa – *Not everything can be the way we want, Teresa.*
100 | 28241 +s

62 onde *av* where
• fica onde estás – *Stay where you are.*
100 | 24253

63 novo *aj* new
• em dezembro desse ano, foi adoptada uma nova Constituição – *In December of that year, a new Constitution was adopted.*
100 | 25216

64 sem *prp* without
• a maioria deles é invisível sem a ajuda do microscópio – *Most of them are invisible without the help of a microscope.*
100 | 27913

65 vir *v* to come
• logo atrás vinha outro riquexó a toda a velocidade, decidido a ultrapassar – *Right behind another rickshaw came at full speed, ready to pass.*
100 | 24525 +s

66 tempo *nm* time, weather
• a obra levou um período de tempo enorme para ser concluída – *The work took an enormous amount of time to finish.*
100 | 21986 +s

67 bem *av* well, very
• Simone perguntou: – Como está? Bem? – *Simone asked, "How are you? Well?"*
100 | 21475

68 porque *cj* because
• a região não se desenvolve, porque o domínio chinês é mal recebido – *The region has not developed because Chinese rule is not welcomed.*
100 | 22624 +s

69 meu *aj* my, mine
• tenho saudades da minha família e do meu país – *I miss my family and my country.*
99 | 32800 +s

70 pessoa *nf* person
• ele era o tipo de pessoa em quem se pode confiar – *He was the kind of person in whom you can trust.*
100 | 17304 +s

71 coisa *nf* thing
• hoje as coisas estão melhores para a comunidade latina nos EUA – *Today, things are better for the Latino community in the USA.*
100 | 22247 +s

72 então *av* then, so
• a mãe dele, até então quieta, disse a primeira palavra desde que chegara – *His mother, who had been quiet until then, uttered her first word since she had arrived.*
100 | 18448 +s -n

73 quem *pn* whom, who
• o amigo a quem convidei nunca chegou a aparecer – *The friend whom I invited never showed up.*
100 | 20678 +s

74 sempre *av* always
• a relação entre o pai e a mãe da criança sempre fora turbulenta – *The relationship between the child's father and mother had always been problematic.*
100 | 17859

75 qual *aj* which
• ele assinou uma confissão na qual admitia ter matado um americano – *He signed a confession in which he admitted to having killed an American.*
100 | 16783

76 chegar *v* to arrive
• o dinheiro pode demorar dias a chegar ao seu destino – *The money could take days to arrive at its destination.*
100 | 17446

77 vida *nf* life
• acho que, pela primeira vez na minha vida, compreendi-a – *I think that, for the first time in my life, I understood her.*
100 | 17642

78 pouco *aj/av* a little
• quero fazer um pouco de exercício – *I want to do a little physical exercise.*
100 | 16797 [AV]

79 homem *nm* man
• no caso das famílias tradicionais, homens e mulheres têm papéis complementares – *In the case of traditional families, men and women have complementary roles.*
100 | 19242

80 parte *nf* part
• esta análise divide-se em duas partes – *This analysis is divided in two parts.*
100 | 16153 +s

81 tudo *pn* everything, all
• um dia fui vê-la e disse-lhe que ela devia contar tudo ao marido – *One day I went to see her and told her that she should tell everything to her husband.*
100 | 20120 +s

82 casa *nf* house, home
• eu não tinha vontade de ir; preferia ficar em casa, curtindo minha solidão – *I didn't want to go; I preferred to stay home, enjoying my solitude.*
100 | 18574

83 agora *av* now
• então fale agora ou cale-se para sempre – *Then speak now or forever hold your peace.*
100 | 17948

84 lhe *pn* to you, him, her
• já não lembro que pergunta lhe fiz – *I can't remember what question I asked him.*
100 | 24131

85 trabalho *nm* work
• o seu trabalho conduziu ao desenvolvimento das técnicas de raios X – *His work led to the development of X-Ray techniques.*
100 | 14649 +s

86 nosso *aj* our
• defendemos nossa família e as almas a nós confiadas – *We defend our family and the souls entrusted to us.*
100 | 14467 +s

87 levar *v* to carry (away), take (with oneself)
• o avião ia levá-los a Bauru – *The airplane was going to carry them to Bauru.*
100 | 14200

88 pois *cj* for, because, whereas
- esta decisão mudou a história do Nepal pois introduziu a democracia – *This decision changed Nepal's history for it introduced democracy.*
100 | 13652 +s

89 deixar *v* to leave, allow
- ele foi obrigado a deixar a cidade, mudando-se para Berlim – *He had to leave the city, so he moved to Berlim.*
100 | 16325

90 bom *aj* good
- em todos os lugares há árbitros bons e árbitros maus – *In every place there are good and bad referees.*
100 | 15028 +s

91 começar *v* to begin, start
- tudo ia acabar e começar de novo – *Everything was going to end and begin again.*
100 | 13480 +s

92 próprio *aj* own, very own
- em 1899, ele fundou a sua própria empresa de produção de motores – *In 1899, he founded his own motor production company.*
100 | 13580

93 maior *aj* greater, larger
- o Cairo é a maior cidade de África – *Cairo is the biggest city in Africa.*
100 | 15150

94 caso *nm* case
- o paciente, neste caso, deverá ser ligeiramente reclinado – *The patient, in this case, ought to be slightly reclined.*
100 | 14827

95 falar *v* to speak, talk
- ela fala português – *She speaks Portuguese.*
100 | 15993 +s

96 país *nm* country
- o Brasil é um país jovem e sem compromisso com o passado – *Brazil is a young country without a commitment to the past.*
100 | 16979

97 forma *nf* form, way
- outra forma de arte bastante desenvolvida por eles era a escultura – *Another form of art which was highly developed by them was sculpture.*
100 | 16281

98 cada *aj* each, every
- o país encontra-se dividido em nove províncias, cada uma com um governador – *The country is divided in nine provinces, each one with a governor.*
100 | 13693

99 hoje *n/av* today
- sua teoria até hoje permanece praticamente intocável – *Even today, his theory remains practically irrefutable.*
100 | 14033 +n [AV]

100 nem *cj* neither, not, nor
- nem venderam os legumes nem compraram o pão de que precisavam – *They neither sold the vegetables nor bought the bread they needed.*
100 | 17142

101 três *num* three
- como Pedro que três vezes negou Cristo e foi perdoado, eu estou arrependido – *Like Peter who denied Christ three times and was forgiven, I am repentant.*
100 | 13512

102 se *cj* if
- Se não fosse por causa do problema do esgoto, já teríamos construído a casa – *If it weren't for the problem with the sewers, we would already have built the house.*
100 | 12166 +s

103 encontrar *v* to find, meet
- Na Europa é difícil, mas é possível encontrar um emprego – *In Europe it is difficult, yet possible, to find a job.*
100 | 14644

104 meio *n/aj/av* means, way, half-, middle
- o sacrifício era visto como um meio de santificar o acto – *The sacrifice was seen as a way of sanctifying the act.*
100 | 12906 [AV]

105 aqui *av* here
- por uns tempos você vai ficar aqui com a gente – *For a while you will stay here with us.*
100 | 14613 +s

106 mundo *nm* world
- ele viajou pelo mundo inteiro mas voltava sempre à Islândia – *He traveled throughout the whole world but always came back to Iceland.*
100 | 12362 +s

107 apenas *av* only, just
- o Partido Socialista conseguiu apenas 18% dos votos – *The Socialist Party only got 18% of the votes.*
100 | 14052

108 estado *nm* state, condition
- disseram-me que o cemitério está num estado lastimável – *They told me that the cemetery is in terrible condition.*
100 | 16060

109 segundo *n/aj/prp* second, according to
- ele chegou em segundo lugar – *He took second place.*
99 | 18196 [PRP]

110 qualquer *pn* any
- farei qualquer coisa por você – *I will do anything for you.*
100 | 11983

111 cidade *nf* city
- a cidade de Londrina foi fundada em 1930 – *The city of Londrina was founded in 1930.*
100 | 12737

112 menos *aj/av* less, fewer
- embora ele tivesse menos apoio dentro da classe governante, conseguiu ganhar o voto do povo – *Although he had fewer supporters among the governing class, he was able to get the popular vote.*
100 | 11338 [AV]

113 governo *nm* government
- em 1890 a colónia adquiriu o estatuto de governo – *In 1890, the colony acquired its own government.*
99 | 15906

114 partir *v* (a p. de) starting at N
- com este despacho ele logo partiu para a Índia – *With these orders, he left for India right away.*
100 | 13383

115 conseguir *v* to succeed in, be able to
- foi penoso, mas conseguimos pagar dois terços da dívida – *It was hard, but we succeeded in paying two-thirds of the debt.*
100 | 10864

116 tanto *aj/av* so much, enough
- eu fiz tanta coisa que me senti cansado – *I did so much that I felt tired.*
100 | 11524 [AV]

117 lado *nm* side
- os alemães atacaram então a força inglesa pelo lado dipeito – *The Germans then attacked the English forces on the right side.*
100 | 11225 +s

118 chamar *v* to call
- ela achou por bem chamar a polícia – *She thought it wise to call the police.*
100 | 10693 +s

119 melhor *aj/av* better, best
- sei isso melhor do que ninguém – *I know that better that anyone.*
100 | 10869 [AV]

120 pensar *v* to think
- e o feminismo, que pensa do feminismo? – *And feminism, what do you think about feminism?*
100 | 12566 +s

121 nome *nm* name
- o meu nome é Maria Sara – *My name is Maria Sara.*
100 | 10642

122 isto *pn* this (NEUT)
- porque é que isto aconteceu? – *Why has this happened?*
100 | 10451 +s

123 certo *aj/av* certain, right, sure
- em certos casos, o desflorestamento pode revelar-se benéfico – *In certain cases, deforestation can prove to be beneficial.*
100 | 10358 +s [AV]

124 mulher *nf* woman, wife
- o número médio de gravidezes é duas por cada mulher, nos países industrializados – *The average number of pregnancies per woman is two in industrialized countries.*
100 | 13572

125 conhecer *v* to know (person, place, etc.)
- quem me conhece sabe que sou católico – *Those who know me, know that I am Catholic.*
100 | 10373

126 exemplo *nm* example
- actualmente, a indústria é um bom exemplo de uma área de depressão – *Currently, the industry is a good example of an area of depression.*
100 | 12447 +s

127 existir *v* to exist
- o oxigénio existe em duas formas gasosas – *Oxygen exists in two gaseous forms.*
100 | 10202 +s

128 antes *av* before
- antes da chegada dos europeus, a febre-amarela não constituía um problema – *Before the arrival of the Europeans, yellow fever hadn't been a problem.*
100 | 10682

129 tal *aj/av* such
- nunca me passou tal coisa pela cabeça! – *Such a thing never passed through my head!*
100 | 10265 [AV]

130 você *pn* you (EP formal, BP informal)
- de onde você é? – *Where are you from?*
99 | 16285 +s

131 lá *av* there, over there
- se você gosta de visitas, eu vou lá na sua casa domingo – *If you like to be visited, I'll come to your house over there on Sunday.*
99 | 16238 +s -n

132 durante *prp* during, for (time)
- o religioso permaneceu ajoelhado durante horas – *The religious man remained kneeling for hours.*
100 | 12692

133 terra *nf* land, earth
- A agricultura é desenvolvida nas terras mais férteis da região – *Agriculture is developed in the most fertile lands of the region.*
100 | 10575

134 último *aj* last
- quando o vi pela última vez, ele era ainda uma criança – *When I saw him last, he was still a child.*
100 | 11703

135 desde *prp* since
- os meus pais estão casados desde antes de eu nascer – *My parents have been married since before I was born.*
100 | 10842

136 contra *prp* against
- a escravidão é um crime contra a humanidade – *Slavery is a crime against humanity.*
100 | 11244

137 aí *av* there
- ele foi para o Brasil e ali permaneceu – *He went to Brazil and stayed there.*
100 | 10123 +s

138 parecer *v* to seem
- por incrível que pareça, é um cara que tem muita força – *As incredible as it seems, he is a really strong guy.*
100 | 12577

139 pequeno *aj* small
- ele alargava o seu pequeno círculo de amizades – *He widened his small circle of friends.*
100 | 10273

140 quanto *aj/av* how much
- quanto tempo se terá passado? – *How much time has passed?*
100 | 9464 [AV]

141 nada *pn* nothing
- não te posso dizer mais nada. Já falei demais – *I can tell you nothing more. I've already said too much.*
100 | 13233 +s

142 português *na* Portuguese
- os idiomas falados em Cabo Verde são o português e o crioulo – *The languages spoken in Cape Verde are Portuguese and creoles.*
100 | 11294

143 filho *nm* son, children (PL)
- ele casou duas vezes e teve mais de 20 filhos – *He married twice and had more than 20 children.*
100 | 10419

144 tornar *v* to become, turn into
- a partir de certa altura tudo se tornou um pouco mais difícil – *After a certain point, everything became a little more difficult.*
100 | 11804

145 água *nf* water
- vá buscar o remédio dela e um copo d'água – *Go get her medicine and a glass of water.*
100 | 9867

146 direito *na* right, law
- num país onde não querem defender os meus direitos, não quero viver – *I don't want to live in a country that doesn't want to defend my rights.*
100 | 9934

147 público *na* public
- obrigado a ceder à pressão da opinião pública, o político concordou – *Obliged to concede to the pressure of public opinion, the politician agreed.*
100 | 11834

148 entrar *v* to come in, enter
- mil perdões por eu entrar na sua casa tão tarde – *A thousand pardons for coming into your house so late.*
100 | 10294

149 problema *nm* problem
- o problema é mais grave – *The problem is worse.*
100 | 9974 +s

150 viver *v* to live
- não só de pão vive o homem – *Man does not live by bread alone.*
100 | 9496

151 além *av* beyond, in addition to
- os ligamentos auxiliam na firmeza das juntas, além da manutenção da estrutura – *Besides helping to connect the joints, ligaments also help hold up the bone structure.*
100 | 9823

152 pôr *v* to put, place
- a mãezinha põe o vestido bonito – *The young mother put on a beautiful outfit.*
100 | 10395 +s

153 história *nf* story, history
- a gente antiga gostava de contar histórias de valentia – *Ancient people liked to tell stories of bravery.*
100 | 8920 +s

154 grupo *nm* group
- o grupo tem à frente a cantora Ivete Sangalo – *The group has, as lead singer, Ivete Sangalo.*
100 | 11079

155 hora *nf* hour
- a velocidade máxima atingida pelo veículo era de cinco quilômetros por hora – *The maximum velocity reached by the vehicle was 5 kilometers per hour.*
100 | 11490

156 sair *v* to leave
- durante esta época do ano não se pode entrar nem sair de Roma – *During this time of the year you can neither enter nor leave Rome.*
100 | 11004 +s

157 acabar *v* to finish, end up
- a guerra acabou – *The war ended.*
100 | 9098

158 continuar *v* to continue
- deverão continuar até terminar o seu plano de estudos – *You should all continue until you finish your course of study.*
100 | 9609

159 tão *av* so, as
- a idéia era tão avançada que eu não conseguia entender – *The idea was so advanced that I couldn't understand it.*
100 | 12284

160 nunca *av* never
- nunca consigo prever nada – *I can never predict anything.*
100 | 10786

161 dentro *av* within, in, inside
- há divisões dentro da própria organização – *There are divisions within the organization itself.*
100 | 8821

162 voltar *v* to return
- quando voltou para casa, fechou-se no quarto – *When he returned home, he shut himself in his room.*
99 | 11078

163 tomar *v* to take (possession of), drink
- ele tomou o poder pela primeira vez através de um golpe militar – *He took power for the first time through a military coup.*
100 | 9480

164 obra *nf* work, project
- as estátuas de Buda são obras notáveis na arte japonesa – *Statues of Buddha are notable works of Japanese art.*
100 | 10843

2. Body

mão 212 F **hand**	**pescoço** 2065 M **neck**	**lábio** 4064 M **lip**
cabeça 266 F **head**	**peito** 2119 M **chest, breast**	**testa** 4116 F **forehead**
pé 357 M **foot**	**ombro** 2525 M **shoulder**	**artéria** 4139 F **artery**
olho 376 M **eye**	**orelha** 2596 F **ear**	**punho** 4527 M **fist, wrist**
língua 530 F **tongue (language)**	**músculo** 2741 M **muscle**	**esqueleto** 4565 M **skeleton**
sangue 662 M **blood**	**nariz** 2795 M **nose**	**rim** 4574 M **kidney**
face 666 F **face, surface**	**joelho** 2799 M **knee**	**crânio** 4995 M **skull**
coração 768 M **heart**	**nervo** 2901 M **nerve**	**intestino** 5032 M **intestine**
boca 796 F **mouth**	**pulmão** 3025 M **lung**	**bigode** 5197 M **moustache**
perna 874 F **leg**	**estômago** 3133 M **stomach**	**bexiga** 5305 F **bladder**
braço 959 M **arm**	**barba** 3247 F **beard**	**costela** 5489 F **rib**
pele 1014 F **skin**	**barriga** 3324 F **belly, stomach**	**cotovelo** 5827 M **elbow**
dedo 1324 M **finger**	**unha** 3401 F **fingernail**	**queixo** 5975 M **chin**
dente 1496 M **tooth**	**colo** 3427 M **lap**	**útero** 6066 M **uterus**
cabelo 1516 M **hair**	**pêlo** 3468 M **fur**	**nuca** 6158 F **back of neck**
osso 1673 M **bone**	**cintura** 3556 F **waist**	**calcanhar** 6356 M **heel**
rosto 1729 M **face**	**garganta** 3586 F **throat**	**tornozelo** 6527 M **ankle**
mente 1766 F **mind**	**fígado** 3648 M **liver**	**tórax** 6539 M **thorax**
seio 1944 M **bosom**	**coxa** 3959 F **thigh**	**lombo** 6548 M **lower back**
cérebro 1960 M **brain**	**ventre** 4032 M **womb**	

165 facto *nm* fact
- ele negou todos os factos – *He denied all the facts.*
100 | 8680 +s

166 ponto *nm* point, dot, period
- é nesse ponto de vista que se baseia este trabalho – *It is on this point of view that this work is based.*
99 | 9146

167 trabalhar *v* to work
- o presidente trabalha com um comité – *The president works with a committee.*
100 | 7910 +s

168 fim *nm* purpose, end
- não será o fim do mundo – *It won't be the end of the world.*
100 | 9072

169 quase *av* almost
- era a hora do almoço e a loja estava quase deserta – *It was lunch time and the store was almost deserted.*
100 | 9618

170 pai *nm* father, parents (PL)
- ele subiu ao trono, sucedendo a seu pai, em 1621 – *He assumed the throne, succeeding his father in 1621.*
100 | 10042

171 apresentar *v* to introduce, present
- quero lhe apresentar uma pessoa que, em breve, estará connosco – *I want to introduce you to a person that will be with us shortly.*
100 | 12129

172 relação *nf* relation
- as relações entre espécies num ecossistema são geralmente complexas – *The relations between species in an ecosystem are generally complex.*
99 | 10286

173 criar *v* to create
- a nossa preocupação é criar condições de desenvolvimento sustentado – *Our concern is in creating conditions for sustained development.*
100 | 8061 +s

174 considerar *v* to consider
- ao lavar as mãos ele olhava-se no espelho e considerava minuciosamente cada feição – *While washing his hands, he looked in the mirror and carefully considered each expression.*
100 | 10287

175 momento *nm* moment
- agora é o momento decisivo, o governo tem de aprovar – *Now is the decisive moment; the government has to approve it.*
100 | 8141 +s

176 receber *v* to receive
- ele recebeu um carro como presente – *He received a car as a present.*
100 | 9108

177 ideia *nf* idea
- tive uma ideia que me pareceu boa – *I had an idea that seemed good to me.*
100 | 7702 +s

178 política *nf* politics
- não sei nada de política, mas acho que o povo está sofrendo – *I don't know anything about politics, but I think that the common people are suffering.*
99 | 9460 +s

179 vários *aj* various, many
- o problema pode ser encarado de várias maneiras – *The problem can be faced in many ways.*
100 | 9434

180 lugar *nm* place
- a praia tem bons lugares para fazer campismo – *The beach has good places for camping.*
100 | 8070

181 sentir *v* to feel
- sabes que me sinto completamente feliz – *You know that I feel completely happy.*
100 | 10554

182 livro *nm* book
- agora ele está a ler um livro sobre a Guerra Civil de Espanha – *Now he is reading a book about the Spanish Civil War.*
100 | 7263 +s

183 nós *pn* we, us (OBJ = nos)
- cada um de nós tem sua alma individual – *Every one of us has an individual soul.*
99 | 9180 +s

184 mês *nm* month
- o volume de crisântemos intensifica-se nos meses de maio, outubro e dezembro – *The volume of chrysanthemums increases in the months of May, October and December.*
100 | 8923

185 alto *na* tall, high, top
- o monte Evereste é a montanha mais alta do mundo – *Mount Everest is the highest mountain in the world.*
99 | 9362

186 força *nf* force, power, strength
- no entanto, recusou a desarmar as forças militares da organização – *Nevertheless, he refused to disarm the military forces of the organization.*
100 | 8419

187 acontecer *v* to happen, occur
- o que acha que vai acontecer? – *What do you think will happen?*
100 | 7271 +s

188 família *nf* family
- a minha vida de família tem sido uma desgraça – *My family life has been a disgrace.*
100 | 7934

189 tipo *nm* type, like
- desta forma, pode distinguir-se dois tipos de dislexia – *In this way, you can distinguish between the two types of dyslexia.*
99 | 8153 +s

190 presidente *nm* president
- a lei foi aprovada pelo senado, e o presidente teve que a aprovar também – *The law was approved by the Senate and the President had to approve it as well.*
99 | 13923

191 mil *num* thousand
- a mulher é mil vezes mais interessante do que o homem – *A woman is a thousand times more interesting than a man*
100 | 9991 +n

192 tratar *v* to treat, deal with
- ele foi recebido e tratado com respeito devido a ser pessoa de importância – *He was received and treated with respect because he is an important person.*
100 | 7372

193 enquanto *av* while
- são aves que se alimentam enquanto voam – *They are birds that feed while they fly.*
99 | 8607

194 perder *v* to lose
- temos de vencer porque não podemos perder – *We must win because we cannot lose.*
100 | 8285

195 achar *v* to find, think, suppose
- meu capitão, não acharemos socorro – *My captain, we will not find aid.*
98 | 10806 +s

196 escrever *v* to write
- o poeta começou a escrever ainda muito jovem – *The poet began to write while still very young.*
100 | 6813 +s

197 quatro *num* four
- são quatro países-membros do Mercosul – *There are four member countries of Mercosul.*
100 | 7413

198 usar *v* to use
- sem autorização, não se pode usar o nome alheio – *Without authorization, you cannot use another person's name.*
100 | 7102

199 único *aj* only, unique
- eles consideravam que o prazer constituía a única coisa absolutamente valiosa – *They believed that pleasure constituted the only absolutely valuable thing.*
99 | 7651

200 nenhum *aj* none, not a single one
- ele trabalhou para oito presidentes e nenhum o demitiu – *He worked for eight presidents and none of them fired him.*
100 | 6908 +s

201 contar *v* to tell, count
- que tal se você nos contar a história toda desde o começo? – *How about you tell us the whole story from the beginning?*
100 | 7655

202 real *na* real, royal, Brazilian currency
- voltar ao Brasil era-lhe um sonho que se tornou real em fevereiro – *Returning to Brazil was a dream of his that became reality in February.*
100 | 10129 +n

203 palavra *nf* word
- essa palavra é muito forte – *That word is very strong.*
99 | 9035

204 embora *cj* although, even though
- embora se encontrem divididos em vários estados, os curdos têm aspirações nacionalistas – *Although they are divided into different states, Kurds have nationalist aspirations.*
100 | 6853

205 diferente *aj* different
- outros virão, talvez melhores, piores; mas diferentes – *Others will come, maybe better, maybe worse, but definitely different.*
100 | 6730 +s

206 possível *aj* possible
- ele argumentava que o socialismo só seria possível se todas as nações o praticassem – *He argued that socialism would only be possible if all nations practiced it.*
100 | 6566 +s

207 importante *aj* important
- a França desempenhou um papel muito importante contra a coligação austro-alemã – *France played a very important role against the Austro-German alliance.*
100 | 7365 +s

208 mostrar *v* to show
- quando chegámos àquele ponto na estrada, tivemos que parar para mostrar os nossos documentos – *When we got to the checkpoint we had to stop to show our personal identification.*
100 | 6730

209 social *aj* social
- refiro-me às diferenças sociais marcadas pelo fosso que separa ricos e pobres – *I am referring to the social differences marked by the gap that separates the rich from the poor.*
99 | 8243 +s

210 ali *av* there
- sentava-se e ali ficava até a hora do almoço – *He sat down and there he remained until lunchtime.*
99 | 9433 -n

211 claro *aj* clear, light
- o novo líder deixou claro também que não pretende negociar mudanças – *The new leader also made it clear that he doesn't plan on negotiating any changes.*
100 | 6389 +s

212 mão *nf* hand
- João apertou a mão de Raul – *João shook Raul's hand.*
99 | 12034

213 logo *av* soon, quickly, as soon as
- se o senhor for paciente, logo compreenderá – *Sir, if you're patient, you will soon understand.*
100 | 8087

214 rio *nm* river
- o rio Jordão é a fonte de abastecimento de água da Jordânia – *The River Jordan is the source that provides Jordan's water.*
99 | 6948

215 seguir *v* to follow
- nós ficámos preocupadas quando vimos que o homem nos vinha a seguir – *We got worried when we realized that the man was following us.*
99 | 7765

216 situação *nf* situation
- a situação continua tensa no local, com a guerrilha ainda em acção – *The situation continues to be tense in the area, with the guerrillas still in action.*
99 | 6820 +s

217 questão *nf* question, issue, point
- na mesa de negociações estavam questões complexas – *There were complex questions on the negotiation table.*
100 | 6298 +s

218 procurar *v* to seek, look for
- todas as editoras procuram a qualidade – *All editors seek quality.*
100 | 6391

219 campo *nm* field
- a seleção brasileira de futebol entrará em campo amanhã contra a Itália – *The Brazilian national team will go on the field against Italy tomorrow.*
100 | 6435

220 através *av* by way of, through
- o sangue desoxigenado chega ao coração através das veias – *Unoxygenated blood arrives at the heart by way of the veins.*
99 | 8747

221 brasileiro *na* Brazilian
- o futebol brasileiro surpreendeu o mundo na Copa de 1970 – *Brazilian soccer surprised the world in the 1970 World Cup.*
99 | 7980 +s

222 tentar *v* to try, attempt
- o motorista tentou puxar conversa, mas desistiu – *The driver tried to start a conversation, but gave up.*
100 | 6230

223 serviço *nm* service
- hoje, 200 pessoas devem ir prestar serviços voluntários no zoológico – *Today, 200 people are planned to give voluntary service at the zoo.*
99 | 7110

224 lei *nf* law
- no entanto, a polícia também é obrigada a obedecer a lei – *However, the police are also required to obey the law.*
100 | 7073

225 criança *nf* child
- ainda criança, ele perdeu os pais e foi criado pelo padrinho – *While yet a child, he lost his parents and was raised by his godfather.*
100 | 5991

226 próximo *aj* next, close, near
- Raquel prometera a Flora levá-la ao próximo festival de rock – *Raquel had promised Flora that she would take her to the next rock concert.*
100 | 7723

227 nacional *aj* national
- a banda tocava o hino nacional – *The band played the national anthem.*
99 | 10000

228 trazer *v* to bring
- o euro vai trazer a Portugal vantagens e desvantagens – *The Euro will bring advantages and disadvantages to Portugal.*
100 | 6622

229 geral *aj* general
- a Assembleia Geral do partido tem lugar durante o outono – *The General Assembly of the party takes place in the fall.*
100 | 6392

230 frente *nf* front
- o homem ficou parado, na minha frente, sem saber o que dizer – *The man remained still in front of me, not knowing what to say.*
99 | 6749

231 aparecer *v* to appear
- os sintomas apareceram três dias após a infecção – *The symptoms appeared three days after the infection.*
100 | 6132

232 manter *v* to maintain
- os chefes de Estado e de Governo resolveram manter o *status quo* – *The leaders at the state and federal levels decided to maintain the status quo.*
99 | 6945

233 colocar *v* to place, put
- a guerrilha colocou explosivos nas janelas – *The guerilla placed explosives on the windows.*
100 | 5228 +s

234 conta *nf* account, bill
- o grupo procurava abrir uma conta bancária para esconder seus fundos – *The group sought to open a bank account to hide their funds.*
100 | 6278

235 pedir *v* to ask for, request
- mas ela por nada do mundo lhe pediria qualquer ajuda – *But she wouldn't ask for any help for anything in the world.*
99 | 7805

236 cinco *num* five
- a mão dele tinha os cinco dedos – *His hand had all five fingers.*
100 | 5912

237 escola *nf* school
- Jonas frequentou a escola primária – *Jonas attended elementary school.*
100 | 6009 +s

238 verdade *nf* truth
- eu queria saber se é verdade o que descobri! – *I wanted to know if what I'd discovered is the truth!*
100 | 6113 +s

239 corpo *nm* body
- o dualismo postula a singularidade do espírito e do corpo – *Dualism postulates the singularity of the spirit and the body.*
99 | 8278

240 morrer *v* to die
- prefiro morrer lá a viver aqui – *I would rather die here than to live there.*
99 | 6302

241 guerra *nf* war
- a região foi palco de duras batalhas na I Guerra Mundial – *The region was the stage for hard battles during World War I.*
99 | 8163

242 música *nf* music
- a música instrumental é muitas vezes acompanhada pelo canto – *Instrumental music is often accompanied by singing.*
100 | 5233 +s

243 região *nf* region
- em Portugal isso é muito frequente na região sul – *In Portugal, that happens a lot in the southern region.*
99 | 9424

244 baixo *aj/av* low, short
- é um número baixo em comparação com o detectado nos EUA – *It is a low number compared to that recorded in the USA.*
100 | 5473 [AV]

245 professor *nm* teacher, professor
- até contratamos um professor de português, e diariamente temos aulas de redacção – *We even hired a Portuguese teacher and we have daily writing classes.*
100 | 5789 +s

246 longo *aj* long
- ele não suportaria uma longa solidão – *He wouldn't stand a long period of isolation.*
99 | 6730

247 acção *nf* action
- cada anticorpo tem uma acção específica – *Every antibody has a specific action.*
99 | 7116

248 entender *v* to understand
- não terá sensibilidade para entender o que estamos falando – *He won't have the sensitivity to understand what we are talking about.*
100 | 5414 +s

249 movimento *nm* movement
- a fricção causada por este movimento tectónico ocasiona sismos periodicamente – *The friction caused by this tectonic movement periodically triggers earthquakes.*
99 | 7064

250 branco *aj* white
- a luz branca pode ser decomposta nas suas cores componentes – *White light can be separated into its component colors.*
99 | 6655

251 processo *nm* process
- o processo de desmantelamento da central nuclear pode levar 40 anos – *The process of dismantling a nuclear plant can take 40 years.*
98 | 9876

252 ganhar *v* to win, earn, gain
- os campeões ganhavam prémios – *The champions won awards.*
100 | 5495 +s

253 arte *nf* art
- O desenvolvimento da arte gótica acompanhou a construção das grandes catedrais – *The development of Gothic art took place as large cathedrals were being built.*
100 | 6000

254 papel *nm* paper, role
- este texto vai ser escrito em 15 meias folhas de papel – *This copy will be written on 15 half sheets of paper.*
100 | 5407

255 sim *av* yes
- descansou o suficiente? – Acho que sim – *Did you get enough rest? – Yes, I think so.*
98 | 8049 +s

256 esperar *v* to wait, hope, expect
- elas esperaram durante uma hora – *They waited for an hour.*
99 | 7294

257 fundo *nm* bottom, rear, fund
- agradeço-te, do fundo do coração – *I thank you from the bottom of my heart.*
99 | 6299

258 senhor *nm* lord, sir, mister
- eles foram senhores feudais que governaram um quarto do Japão – *They were feudal lords that ruled a quarter of Japan.*
97 | 10822 +s

259 número *nm* number
- o número de lobos tem aumentado em algumas regiões da Europa – *The number of wolves has increased in some regions of Europe.*
98 | 8780

260 definir *v* to define
- o Artigo 13° define a outra estrutura administrativa – *The 13th Article defines the other administrative structure.*
93 | 3043

261 tarde *n/av* late, afternoon
- dois anos mais tarde, ele foi reeleito deputado por Paris – *Two years later, he was reelected a member of parliament for Paris.*
99 | 7141 [AV]

262 abrir *v* to open
- o rapaz abriu a janela – *The young man opened the window.*
99 | 7001

263 sociedade *nf* society
- os tipos de crimes são determinados por cada sociedade – *Types of crimes are determined by each society.*
100 | 5558 +s

264 povo *nm* people
- 3.2 mil anos atrás, Moisés libertava o povo hebreu da escravidão – *3.2 thousand years ago, Moses freed the Hebrew people from slavery.*
100 | 5144

265 forte *na* strong, stronghold
- houve uma forte pressão internacional para que a Turquia fosse aceite – *There was strong international pressure for Turkey to be accepted.*
99 | 5439

266 cabeça *nf* head
- o padre baixou a cabeça e fechou os olhos – *The Father lowered his head, and shut his eyes.*
99 | 7683

267 altura *nf* height, time period
- a altura das girafas é insuperável em relação a outros animais – *The height of giraffes is unsurpassed by that of other animals.*
100 | 4965 +s

268 volta *nf* return, turn
- a população saiu às ruas, exigindo a volta do líder exilado – *The population went to the streets, demanding the return of the exiled leader.*
99 | 5877

269 condição *nf* condition
- sob condições ideais a incubação dá-se dentro de uma semana – *Under ideal conditions, incubation takes 1 week.*
99 | 5674 +s

270 apesar *av* despite, even though
- apesar de várias tentativas, ele jamais conseguiu – *Despite several attempts, he never succeeded.*
99 | 5906

271 valor *nm* value, worth
- a tarifa ficará equivalente a 10% do valor das passagens – *The tariff will be equivalent to 10% of the ticket values.*
99 | 7517

272 mãe *nf* mother
- a relação entre mãe e filho é fundamental para a estimulação infantil – *The relationship between mother and child is fundamental to the child's development.*
100 | 7068

273 servir *v* to serve
- ele largou a faculdade de biologia para servir o Exército – *He left his studies in Biology to serve in the Army.*
100 | 5090

274 pagar *v* to pay
- o Congresso é sempre quem paga a conta – *Congress is who always pays the bill.*
99 | 5494 +s

275 causa *nf* cause
- ainda não se sabe a causa da calamidade – *The cause of the calamity is still unknown.*
99 | 5143

276 antigo *aj* ancient, old, former
- nas antigas culturas agrárias acreditava-se que o sacrifício humano favorecia especialmente a fertilidade da terra – *In ancient cultures, human sacrifice was believed to increase the fertility of the land.*
99 | 5736

277 maneira *nf* way, manner
- essa foi a única maneira de fazer um bom trabalho – *This was the only way to do a good job.*
100 | 4602 +s

278 humano *na* human
- a temperatura normal do corpo humano é de cerca de 36°C – *The normal temperature of the human body is about 36°C.*
99 | 5770

279 sentido *nm* sense, meaning, feeling
- eu tenho um sexto sentido que nunca falha – *I have a sixth sense that never fails me.*
100 | 4749 +s

280 permitir *v* to permit, allow
- isso não é possível porque a lei não permite – *That isn't possible because the law doesn't permit it.*
99 | 6685

281 deus *nm* god
- minha crença em Deus e nos santos era toda espontânea e pessoal – *My belief in God and in saints was completely voluntary and personal.*
99 | 6924

282 modo *nm* manner, way, style
- A evolução das espécies não ocorreu de modo uniforme – *The evolution of the species didn't occur in a uniform manner.*
99 | 5982

283 gente *nf* people, we/us [BP]
- lá havia gente de toda a sorte: velhos, moços, burgueses, operários, senhoras – *There were people there of every sort: old, young, middle class, workers, and ladies.*
95 | 13462 +s

284 imagem *nf* image
- o ídolo é a imagem, estátua ou símbolo de uma divindade falsa – *An idol is the image, statue or symbol of a false god.*
99 | 5121

285 época *nf* time period, epoch
- na época da inflação alta, o mercado de crédito estava reprimido – *In a period of high inflation, the credit market was suffering.*
99 | 4908 +s

286 noite *nf* night
- podiam ter ido durante o dia mas preferiram ir à noite, à luz da lua – *They could have gone during the day but preferred to go at night, by the light of the moon.*
97 | 10037

287 velho *aj* old
- Aos 77 anos, ele passou a ser o homem mais velho a viajar no espaço – *At 77 years of age, he became the oldest man to travel in space.*
99 | 9694 +f

288 cair *v* to fall
- Tu estás aleijado porque caíste da árvore – *You are injured because you fell down from the tree.*
99 | 5985

289 aquilo *pn* that (more remote) (NEUT)
- desta forma, aquilo que apercebemos da realidade externa corresponde ao que existe – *This way, that which we perceive about external reality corresponds with what exists.*
98 | 6802 +s

290 projecto *nm* project
- o projecto, cuja execução esteve a cargo do consórcio Lusoponte, ficou concluído – *The project, whose execution was the responsibility of the Lusopont group, was concluded.*
98 | 8238 +s

291 final *na* ending, end, final
- eu estava a pensar num final feliz – *I was thinking of a happy ending.*
99 | 7040

292 acreditar *v* to believe
- não há razão para acreditar que isso esteja a acontecer – *There is no reason to believe that this is happening.*
99 | 4484 +s

293 jornal *nm* newspaper
- foram estas as notícias que os jornais do dia seguinte trouxeram – *That is the news the newspapers printed the next day.*
99 | 4745 +s

294 razão *nf* reason
- não há razão para temer essa situação – *There is no reason to fear that situation.*
99 | 4787

295 espécie *nf* type, species, kind
- o Parque Florestal abriga mais de 200 espécies de aves – *The Forestal Park is habitat to more than 200 species of birds.*
99 | 6928

296 junto *aj/av* together
- Pois estamos conscientes que juntos teremos mais força – *For we are aware that together we will be stronger.*
99 | 5231 [AV]

297 preciso *aj* necessary, precise
- é preciso correr alguns riscos – *It is necessary to run some risks.*
100 | 4682 +s

298 século *nm* century
- a sua prática foi recuperada no século XX – *Its practice was recaptured in the 20th century.*
98 | 8543

299 precisar *v* to need
- se precisar de nós, é só telefonar – *If you need us, just call us.*
99 | 5179 +s

300 ler *v* to read
- eu quero aprender a ler – *I want to learn to read.*
99 | 5408 +s

301 dinheiro *nm* money
- o dinheiro assim poupado foi investido em escolas – *The money thus saved was invested in schools.*
98 | 5845 +s

302 talvez *av* maybe
- amanhã talvez tudo mude – *Maybe tomorrow everything will change.*
99 | 6074

303 plano *na* plan, flat, smooth
- ambos arquitetaram o plano de matar o milionário – *Both elaborated on the plan to kill the millionaire.*
99 | 5249

304 nascer *v* to be born
- os rios também nascem e morrem – *Rivers also are born and die.*
99 | 5490

305 centro *nm* center, downtown
- Eu moro no centro da cidade – *I live downtown.*
99 | 5886

306 partido *nm* (political) party
- o Partido Conservador, que está no poder, não cede ao Partido Liberal – *The Conservative Party, which is in power, does not give in to the Liberal Party.*
97 | 7200 +s

307 descobrir *v* to discover
- não foi difícil descobrir quem fez o buraco na parede – *It was not hard to discover who made the hole in the wall.*
99 | 5359

308 ouvir *v* to hear
- ele não queria ouvir a voz de ninguém – *He didn't want to hear anyone's voice.*
97 | 9659

309 ligar *v* to connect, turn on
- eles também podem ser usados para ligar dois ou mais fios entre si – *They can also be used to connect two or more wires between them.*
99 | 4519

310 interesse *nm* interest
- havia grande interesse pelo pau-brasil – *There was great interest in brasilwood.*
99 | 4370 +s

311 amigo *nm* friend
- os amigos verdadeiros amam-se mútua e dedicadamente – *True friends love each other mutually and with dedication.*
99 | 5791

312 seguinte *aj* following
- no dia seguinte nós partimos – *We left the following day.*
99 | 4790

313 termo *nm* term
- em química, o termo é por vezes utilizado para descrever um elemento – *In chemistry, this term is sometimes used to describe an element.*
99 | 5610 +s

314 mudar *v* to change
- percebi que estava na hora de mudar a direção – *He realized that it was time to change direction.*
100 | 3990 +s

315 linha *nf* line
- na linha do horizonte o mar e o céu juntavam-se – *On the line of the horizon, the sea and sky met.*
99 | 4737

316 medida *nf* measure (a m. que = to the degree/extent that)
- isto acontece, pois, à medida que a carga no capacitor diminui – *This happens to the degree that the charge in the capacitor decrease.*
98 | 5771

317 teatro *nm* theater
- a peça tornou-se um marco no teatro do absurdo – *The play became a benchmark of the theater of the absurd.*
100 | 3959 +s

318 espaço *nm* space, room
- eles viviam na casa dela, onde havia espaço suficiente para uma família numerosa – *They lived in her house, where there was enough room for a large family.*
99 | 4496

319 animal *nm* animal
- Entretanto, outros animais tão ferozes – e encantadores – habitaram a terra – *In the meantime, other animals just as fierce – and enchanting – inhabited the land.*
99 | 5100

320 santo *na* saint, holy
- ele deve me julgar uma santa, a mais inocente das inocentes – *He must think I'm a saint, the most innocent of the innocent.*
97 | 6329

321 acordo *nm* agreement
- tudo vai marchando de acordo com os planos – *Everything is working out according to plan.*
98 | 6638

322 olhar *v* to look (at)
- elas ficaram então a olhar uma para a outra com espanto – *There they stayed looking at each other in astonishment.*
96 | 12122 +f +s -n

323 necessário *aj* necessary
- o oxigénio necessário à sobrevivência é produzido pelas plantas – *The oxygen necessary for survival is produced by plants.*
99 | 4678

324 jovem *na* young (person)
- Com 26 anos, era o mais jovem deputado da Assembleia – *At 26 years of age, he was the youngest representative in the Assembly.*
99 | 4394

325 futuro *nm* future
- ele preferiu olhar para o futuro com optimismo – *He preferred to look to the future with optimism.*
99 | 4407

326 local *nm* place, location
- a população mora num local, mas trabalha ou estuda noutro – *The general population lives in one place, but works or studies in another.*
98 | 6983

327 falta *nf* lack
- a falta de alimentos levou ao racionamento e à ajuda internacional – *The lack of food led to rationing and international aid.*
100 | 4118

3. Food

General terms:

comer 597 **to eat**

doce 1163 M **candy (also adj sweet)**

fome 1349 F **hunger, famine**

receita 1404 F **recipe**

alimento 1509 M **food, nourishment**

prato 2041 M **plate**

bocado 2249 M **mouthful, piece**

bebida 2345 F **a drink**

almoço 2385 M **lunch**

alimentação 2417 F **nourishment, food, nutrition**

garrafa 2704 F **bottle**

copo 2770 M **glass**

faca 3287 F **knife**

ceia 4646 F **supper**

louça 5325 F **dishes, china**

ingrediente 5860 M **ingredient**

jantar 8012 (M) **dinner, to eat dinner**

Specific foods and drinks:

água 145 F **water**

peixe 514 M **fish**

carne 706 F **meat (also flesh)**

leite 771 M **milk**

café 907 M **coffee**

vinho 983 M **wine**

ovo 1101 M **egg**

pão 1253 M **bread**

milho 1532 M **corn**

sal 1565 M **salt**

açúcar 1732 M **sugar**

porco 1758 M **pork**

álcool 1803 M **alcohol**

fruta 1888 F **fruit**

trigo 1915 M **wheat**

óleo 1930 M **oil**

arroz 1990 M **rice**

erva 2040 F **herb**

grão 2102 M **grain**

galinha 2198 F **chicken**

farinha 2239 F **flour**

chá 2394 M **tea**

batata 2508 F **potato**

feijão 2535 M **bean**

laranja 2638 F **orange**

cerveja 2765 F **beer**

frango 2785 M **chicken**

queijo 3156 M **cheese**

azeite 3174 M **olive oil**

bolo 3197 M **cake**

mel 3320 M **honey**

tabaco 3485 M **tobacco**

molho 3603 M **sauce**

fígado 3648 M **liver**

uva 3698 F **grape**

sopa 3765 F **soup**

manteiga 3830 F **butter**

bacalhau 4127 M **cod fish**

banana 4178 F **banana**

chocolate 4755 M **chocolate**

cereal 4787 M **cereal**

caldo 4839 M **soup, broth**

azeitona 4907 F **olive**

cordeiro 5093 M **lamb**

couve 5101 F **cabbage**

suco 5131 M **juice [BP]**

pimenta 5274 F **pepper**

canela 5358 F **cinnamon**

cebola 5512 F **onion**

alho 5524 M **garlic**

coco 5817 M **coconut**

---

328 morte *nf* death
- em 1603, ele foi acusado de conspiração e condenado à morte – *In 1603, he was accused of conspiracy and condemned to death.*
97 | 6569

329 político *na* political, politician
- o Movimento Nacional Revolucionário foi declarado o único partido político – *The National Revolutionary Movement was declared the only political party.*
99 | 5259

330 banco *nm* bank, bench
- o Banco Mundial concede empréstimos a governos com garantias governamentais – *The World Bank gives loans to governments on the basis of governmental guarantees.*
99 | 5704

331 posição *nf* position
- os alemães encontravam-se numa posição particularmente bem defendida e difícil de alcançar – *The Germans found themselves in a position that was particularly well-defended and difficult to reach.*
99 | 4388

332 rua *nf* street
- os católicos saíram às ruas, pacificamente, para se manifestarem contra leis discriminatórias – *The Catholics took to the streets in peaceful protest against discriminatory laws.*
98 | 7223

333 difícil *aj* difficult
- torna-se muito difícil fazer a paz – *It is becoming very difficult to make peace.*
100 | 3689 +s

334 mercado *nm* market
- a cotação do café baixou no mercado internacional – *The price of coffee has gone down in the international market.*
97 | 6725 +s

335 resolver *v* to resolve, decide
- os presidentes dos dois países reuniram-se para tentar resolver as divergências – *The presidents of the two countries met to try to resolve their differences.*
99 | 3925 +s

336 caminho *nm* path, way
- deste modo, ficou aberto o caminho para a independência do arquipélago – *In this way, the path was opened to the independence of the archipelago.*
99 | 4545

337 jogo *nm* game
- cerca de duas mil pessoas assistiram ao jogo – *Around two thousand people watched the game.*
99 | 5891

338 estudar *v* to study
- ele estudou matemática e engenharia em Portugal – *He studied mathematics and engineering in Portugal.*
99 | 4424

339 igreja *nf* church
- o baptismo constitui um dos sete sacramentos da Igreja Católica – *Baptism constitutes one of seven sacraments of the Catholic Church.*
99 | 4405

340 formar *v* to create, form, graduate
- no final do encontro, o grupo formou comissões permanentes de trabalho – *At the end of the meeting, the group created permanent work committees.*
98 | 6234 +a

341 surgir *v* to appear, arise, emerge
- um problema cardíaco surgiu e acabou com ela em poucas horas – *A heart problem appeared and did her in within a few hours.*
97 | 5354

342 lembrar *v* to remember, remind
- vamos nos lembrar sempre das grandes lutas e da tradição – *We will always remember the great battles and the tradition.*
97 | 6499

343 representar *v* to represent
- esta batalha representa uma das grandes vitórias de Napoleão – *This battle represents one of Napoleon's great victories.*
98 | 5328

344 negócio *nm* business, deal, thing
- os seus negócios incluem turismo, fruta, azeite e têxteis – *His businesses include tourism, fruit, oil, and textiles.*
100 | 3690 +s

345 via *nf* way, road
- o animal está em vias de extinção – *The animal is on its way to extinction.*
99 | 4031

346 semana *nf* week
- a decisão demorava dias, semanas e até meses para ser tomada – *The decision took days, weeks and even months to be made.*
98 | 6421

347 luz *nf* light
- julguei que já não voltaria mais a ver a luz do sol – *I thought that I would never again see the light of day.*
98 | 5798

348 contrário *na* contrary, opposite, enemy
- a Abolição era contrária aos interesses dos proprietários de escravos – *Abolition was contrary to the interests of slave owners.*
100 | 3489 +s

349 bastante *av* a lot, enough
- ela sofrera bastante, coitada, com febres altíssimas – *She had suffered a lot, the poor thing, with very high fevers.*
99 | 3661

350 pessoal *na* personal, personnel
- não faço nada por vaidade ou interesse pessoal – *I don't do anything out of vanity or for personal interest.*
99 | 3473 +s

351 realidade *nf* reality, real life
- o filme transpõe a realidade para um mundo de mistério transfigurado – *The film transports reality into a world of transfigured mystery.*
100 | 3283 +s

352 explicar *v* to explain
- coisas difíceis de explicar estão por detrás de tudo isto – *Things that are difficult to explain are behind all this.*
98 | 4754

353 mal *av* poorly, hardly
- o homem é contaminado ao ingerir carne de peixe crua ou mal cozida – *People get sick when they eat raw or poorly cooked meat or fish.*
98 | 5588

354 militar *na* military, soldier
- na carreira militar ele ascendeu ao posto de brigadeiro – *In his military career, he rose to the post of brigadier general.*
98 | 5021

355 seis *num* six
- O semestre dura seis meses – *The semester lasts six months.*
99 | 3776

356 empresa *nf* company, firm, business
- os grandes clientes são empresas multinacionais de origem europeia – *The big clients are multinational companies of European origin.*
95 | 9987

357 pé *nm* foot, tree shoot
- os passes do futebolista, feitos com um brilhante pé esquerdo, eram simples e precisos – *The passes by the soccer player, made with his brilliant left foot, were simple and accurate.*
99 | 5711

358 perceber *v* to understand, perceive
- ele não percebe nada dessas coisas – *He doesn't understand anything about these things.*
99 | 3733

359 ajudar *v* to help
- ele decidiu abandonar as corridas para ajudar o pai em seus negócios – *He decided to abandon the races to help his father in his business.*
99 | 3449

360 ordem *nf* order
- o regedor deu ordem de prisão aos dois – *The ruler gave an order to imprison both of them.*
97 | 5525

361 defender *v* to defend
- ele não pegaria em armas para defender a pátria – *He wouldn't take up arms to defend his country.*
99 | 4096

362 ocorrer *v* to occur
- tal ideia nunca me ocorreria assim de repente – *Such an idea would never occur to me so suddenly.*
97 | 6495

363 principal *aj* principal, main
- tu és a principal causa, embora haja outras – *You are the main cause; although there are others.*
97 | 7922

364 assunto *nm* subject, topic
- peço-te o favor de não voltares a tocar neste assunto – *I ask you, as a favor, not to ever bring up that subject again.*
99 | 3694

365 passo *nm* step
- o primeiro passo é estabelecer o problema a ser resolvido – *The first step is to establish which problem is to be solved.*
98 | 4823

366 portanto *cj* therefore
- nada havia a dizer, portanto ele ficou calado – *He had nothing to say, therefore he remained quiet.*
99 | 3810 +s

367 actividade *nf* activity
- ele não se dedicava exclusivamente a esta actividade, pois tinha outros interesses – *He did not dedicate himself exclusively to this activity, for he had other interests.*
98 | 5885

368 aceitar *v* to accept
- A comissão de negociação não aceitou as condições dos rebelados – *The negotiation committee did not accept the rebels' conditions.*
99 | 3439

369 direcção *nf* direction
- por cima, as pombas cruzavam-se em diferentes direcções – *Up above, the doves flew in different directions.*
98 | 4410

370 necessidade *nf* necessity
- não há necessidade que Deus não possa satisfazer – *There is no necessity that God can not fulfill.*
99 | 3733

371 dez *num* ten
- seu filho tem dez anos – *His son is ten years old.*
99 | 3595

372 ministro *nm* minister
- sou ministro dos Negócios Estrangeiros – *I am the minister of Foreign Affairs.*
98 | 5815

373 qualidade *nf* quality
- isso permite a fabricação de produtos de qualidade constante a preços razoáveis – *That permits the manufacture of products of dependable quality at reasonable prices.*
99 | 3873 +s

374 realizar *v* to fulfill, make happen
- acredito que eles conseguirão realizar seus sonhos – *I believe that they will be able to fulfill their dreams.*
97 | 6980

375 função *nf* function
- a pele tem a função de proteção do corpo – *Skin has the function of protecting the body.*
98 | 4744

376 olho *nm* eye
- com os seus próprios olhos testemunhou os aprestos para a guerra – *He witnessed the preparations for war with his own eyes.*
97 | 11208 +f -n

377 respeito *nm* respect
- A esposa tinha-lhe respeito pois ele era um marido fiel e bom – *His wife had respect for him because he was a good and faithful husband.*
100 | 3119 +s

378 tirar *v* to take out, remove
- Cristina tirou o bolo de dentro da caixa – *Cristina took the cake out of the box.*
97 | 5153 +s

379 cima *nf* top (por/em c. = on top)
- o documento que viste em cima da mesa nunca deve ser discutido com ele – *The document you saw on top of the table is never to be discussed with him.*
98 | 4742 +s

380 mar *nm* sea
- por mar, pode-se viajar de barco – *By sea, one may travel by boat.*
98 | 3840

381 natural *aj* natural
- este mar possui enormes reservas de petróleo e de gás natural – *This sea contains enormous reserves of petroleum and natural gas.*
97 | 4908

382 costa *nf* coast, back (anatomy)
- recuperaram a ilha situada ao norte da costa da Nova Guiné – *They won back the island that was on the northern coast of New Guinea.*
97 | 4821

383 peça *nf* piece, spare part, play
- até então, as peças de arte eram encomendadas pelos monarcas – *Until then, pieces of art were commissioned by monarchs.*
99 | 3403 +s

384 área *nf* area
- O lago, 550 quilômetros a sudeste, cobre uma área de 815 quilômetros quadrados – *The lake, 550 kilometers to the southeast, covers an area of 815 square kilometers.*
95 | 8442

385 lançar *v* to throw, send out
- o pai lançou-se de imediato ao mar para salvar os dois filhos – *The father immediately threw himself into the sea to save his two children.*
98 | 4060

386 preço *nm* price
- ele cobrava o que bem entendesse, preço alto ou preço baixo – *He charged whatever he felt like, be it a high price or a low one.*
97 | 5502

387 correr *v* to run
- eles se apavoraram e correram mais depressa pela rampa acima – *They became terrified and ran more quickly up the slope.*
97 | 5778

388 experiência *nf* experience
- este período será sobretudo para o jovem ganhar a experiência que lhe falta – *This period will be, above all, for the young man to gain the experience he lacks.*
99 | 3229 +s

389 norte *nm* north
- A linha do Equador, ao grau zero, divide o globo em Norte e Sul – *The Equator at zero degrees divides the globe into North and South.*
98 | 4866

390 princípio *nm* principle, start, beginning
- o presidente reafirmou os princípios tradicionais do seu partido – *The president reaffirmed the traditional principles of his party.*
98 | 3811

391 autor *nm* author
- os escritos deste autor investigam uma enorme gama de temas – *The writings of this author deal with an enormous range of themes.*
98 | 4492

392 curso *nm* course, college major
- abriram as inscrições para os cursos de inglês – *The enrollment for English classes is open.*
99 | 3223 +s

393 crescer *v* to grow
- ele concluiu que o país vai crescer a uma média anual de 6% nos próximos dez anos – *He concluded that the country will grow an annual average of 6% over the next ten years.*
99 | 3344

394 aumentar *v* to increase, augment
- precisamos produzir mais e aumentar nossa renda – *We need to produce more and increase our profit.*
98 | 4062

395 decisão *nf* decision
- os assuntos são discutidos. Normalmente não tomamos decisões precipitadas – *The subjects are discussed. Normally we don't make hasty decisions.*
99 | 4232

396 câmara *nf* city council, chamber
- em 1997, ele candidatou-se à Câmara Municipal de Lisboa – *In 1997, he became a candidate for the Lisbon City Council.*
97 | 6718 +n

397 andar *v* to walk, go, ride
- costumava andar pela Rua Nova, entrando já nesta e já naquela loja – *He usually walked along Rua Nova, going into this and that store.*
95 | 8088 +s

398 sistema *nm* system
- o sistema de ignição fornece as faíscas para inflamar a mistura combustível – *The ignition system provides sparks to ignite the combustible mixture.*
94 | 9391

399 vontade *nf* desire, will
- ela tinha uma grande vontade de chorar, de pedir perdão – *She had a great desire to cry, to ask for forgiveness.*
99 | 3636

400 maioria *nf* majority
- a maioria dos aposentados brasileiros recebe 120 Reais por mês – *The majority of retired Brazilians receive 120 reais per month.*
98 | 4263

401 acompanhar *v* to go with, keep company
- o ruído acompanha o relâmpago – *Thunder goes with lightning.*
97 | 4208

402 viagem *nf* trip, journey, voyage
- Ele convenceu-o a fazer uma viagem ao redor do mundo – *He convinced him to take a trip around the world.*
99 | 3181

403 senhora *nf* lady
- o pai primeiro enviou-a para a casa da avó paterna, uma senhora portuguesa – *Her father first sent her to the house of her paternal grandmother, a Portuguese lady.*
97 | 5579 +s

404 aspecto *nm* aspect
- a segurança foi um dos aspectos mais cuidados – *Security was one of the aspects most carefully considered.*
99 | 3103 +s

405 artista *nc* artist
- a exposição reunirá 70 obras da artista – *The exposition will bring together 70 works by the artist.*
99 | 2921 +s

406 idade *nf* age
- as faculdades surgiram na Idade Média – *Colleges appeared in the Middle Ages.*
98 | 3460

407 aberto *aj* open
- o planetário apenas ficará aberto ao público a partir de Janeiro – *The planetarium will only be open to the public starting in January.*
98 | 3955

408 conto *nm* short story, monetary value
- a sua colectânea de contos mostrou o seu potencial de escritor versátil – *His first collection of short stories showed his potential as a versatile writer.*
98 | 4558

409 médico *na* medical doctor, medical
• o médico indicará uma dieta – *The doctor will prescribe a diet.*
98 | 3780

410 capital *nmf* capital (M investment, F city)
• Lisboa é capital de Portugal desde o século XII – *Lisbon has been the capital of Portugal since the 12th century.*
97 | 5016

411 sobretudo *av* above all, mainly
• o Pedro era muito meigo e, sobretudo, muito bonito – *Pedro was very gentle and, above all, very handsome.*
98 | 3276

412 entanto *av* however, even though
• aquilo poderia ser insuportável, e no entanto não era – *That could have been unbearable; however, it wasn't.*
97 | 4794

413 cultura *nf* culture
• a principal característica da cultura dos polinésios é a sua adaptação ao mar – *The principal characteristic of Polynesian culture is its adaptation to the sea.*
98 | 4067 +s

414 escolher *v* to choose
• cada um pode escolher como e onde vai trabalhar – *Each one can choose how and where he will work.*
99 | 2964

415 conhecimento *nm* knowledge, understanding
• este estudo leva a um melhor conhecimento da estrutura interna da Terra – *This study leads to a better understanding of the internal structure of the Earth.*
99 | 3635

416 responder *v* to respond, answer
• não esperava por esta pergunta, mas respondi com franqueza – *I wasn't expecting this question, but I responded frankly.*
97 | 4955

417 pretender *v* to plan to, intend
• a filha pretendia casar-se – *The daughter was planning on getting married.*
98 | 3734

418 população *nf* population
• A população cubana estima-se em cerca de 11 milhões de habitantes – *The Cuban population is estimated at around 11 million people.*
97 | 5070

419 estudo *nm* study
• Em 1989, um estudo revelou que 4% da população mundial tinha diabetes – *In 1989, a study revealed that 4% of the world population had diabetes.*
96 | 6190

420 resposta *nf* answer, response
• não existem respostas fáceis a estas perguntas – *There are no easy answers to these questions.*
98 | 3315

421 informação *nf* information
• Toda a informação genética dos seres vivos está registada no DNA – *All genetic information of living beings is recorded in DNA.*
95 | 6224

422 comum *aj* common
• em muitas culturas é comum o uso de drogas – *In many cultures, the use of drugs is common.*
98 | 4228

423 gostar *v* to like
• o coronel deve gostar muito de ter um amigo como o senhor – *The colonel must really like having a friend like you, sir.*
93 | 7043 +s

424 superior *aj* greater, higher, superior
• a procura foi 37 vezes superior à oferta – *The demand was 37 times greater than the supply.*
98 | 4090

425 saúde *nf* health
• o trabalho do médico consiste em cuidar da saúde das pessoas – *A doctor's work consists in caring for people's health.*
97 | 4465

426 capaz *aj* capable
• a filosofia é capaz de alcançar a verdade – *Philosophy is capable of seeing the truth.*
98 | 3302

427 porta *nf* door
• o pai fechou a porta da rua – *The father closed the door to the street.*
96 | 6939

428 terceiro *aj* third
• ainda nesta distância, ele alcançou a medalha de bronze (terceiro lugar) – *Even in this distance, he won the bronze medal (third place).*
98 | 3467

429 vender *v* to sell
• os produtos de informática vendem bem apesar de terem um preço alto – *Software products sell well in spite of being expensive.*
97 | 3582 +s

430 república *nf* republic
• Em 1949, ele derrotou-os e estabeleceu a República Popular – *In 1949, he overthrew them and established the People's Republic.*
97 | 4276

431 matar *v* to kill
• roubaram-lhe o revólver e mataram-no com um tiro na cabeça – *They stole his revolver and killed him with a shot to the head.*
98 | 3328

432 menor *aj* smaller, younger, less, least
• nem dava o menor sinal de vida – *Nor did she show the least sign of life.*
97 | 3623

433 especial *aj* special
• a Dream Works produz efeitos especiais para alguns filmes – *Dream Works produces special effects for some films.*
97 | 4143

434 sul *nm* south
- ela não mora só no sul da Europa – *She doesn't just live in southern Europe.*
96 | 5818

435 cinema *nm* movie, movie theater
- Julie Christie é uma actriz de cinema inglesa – *Julie Christie is an English movie star.*
98 | 3114 +s

436 pena *nf* penalty, shame
- a pena de morte foi abolida pelo novo código penal – *The death penalty was abolished by the new penal code.*
98 | 3378

437 cor *nf* color
- a cor azul desaparecia, dando lugar a um verde amarelado – *The blue color disappeared, a yellow-green color taking its place.*
97 | 3943

438 sofrer *v* to suffer
- ela tinha acabado de sofrer a maior humilhação de sua vida – *She had just suffered the greatest humiliation of her life.*
96 | 4182

439 estrangeiro *na* foreigner, stranger, foreign
- a China continuava à mercê dos estrangeiros, em especial, dos japoneses – *China continued to be at the mercy of foreigners, especially the Japanese.*
98 | 3158

440 ar *nm* air
- estes animais podem pairar no ar e também voar para trás – *These animals can hover in the air and can also fly backwards.*
96 | 5293

441 carro *nm* car, cart, buggy
- ele entrou no carro e deu o endereço ao motorista – *He got in the car and gave the address to the driver.*
96 | 4573 +s

442 igual *aj* equal
- todos são iguais perante a lei – *All are equal before the law.*
98 | 2973

443 figura *nf* figure, chart, character
- as primeiras formas decorativas eram figuras lineares simples – *The first decorative forms were simple linear figures.*
97 | 4435

444 interior *na* interior, inland, inside
- o sangue circula num estado fluido, no interior dos vasos sanguíneos – *Blood circulates in a fluid state, inside the veins.*
97 | 3566

445 dificuldade *nf* difficulty
- a batalha foi rápida e vencida sem grandes dificuldades – *The battle was quick and won without great difficulty.*
98 | 2970 +s

446 decidir *v* to decide
- os trabalhadores decidiram não entrar em greve – *The workers decided not to go on strike.*
96 | 4146

447 negro *na* black, dark (person)
- a dificuldade em localizar buracos negros é que eles são invisíveis – *The difficulty in localizing black holes is that they are invisible.*
95 | 5804

448 compreender *v* to comprehend, understand
- a decisão terá consequências que ainda não podemos compreender plenamente – *The decision will have consequences that we still don't fully comprehend.*
97 | 3910

449 milhão *num* million
- em 1911, sua população chegou a 2,3 milhões de pessoas – *In 1911, its population reached 2.3 million people.*
95 | 8272 +n

450 importância *nf* importance
- os rios amazonenses são de extrema importância para a economia – *The rivers in the Amazon Basin are of extreme importance to the economy.*
98 | 3113

451 produzir *v* to produce
- mas essa diligência não produziu os resultados esperados – *But this diligence didn't produce the expected results.*
96 | 5250 +a

452 livre *aj* free
- os indivíduos devem ser livres para fazer o que quiserem – *Individuals should be free to do what they want.*
97 | 3394

453 rede *nf* network, net
- a Internet é a maior rede de computadores do mundo – *The Internet is the largest network of computers in the world.*
96 | 3721

454 efeito *nm* effect
- o efeito do vírus consiste na devastação do sistema imunológico – *The effect of the virus consists in the destruction of the immune system.*
96 | 4479

455 fechar *v* to shut, close
- Pedro fechou a porta – *Peter shut the door.*
96 | 4279

456 possibilidade *nf* possibility
- ele sempre rejeitou a possibilidade de os nossos antepassados serem macacos – *He has always rejected the possibility that our ancestors were monkeys.*
98 | 3112 +s

457 oito *num* eight
- ninguém escapou do dilúvio, exceto as oito almas da Arca de Noé – *No one escaped the flood, except the eight souls on Noah's Ark.*
99 | 2561

458 principalmente *av* especially, mainly
- o telefone daqui não tem parado, principalmente de noite – *The telephone here hasn't stopped ringing, especially at night.*
98 | 3262

459 quadro *nm* painting, panel
- o bombardeio inspirou um quadro de Pablo Picasso – *The bombing inspired a painting by Pablo Picasso.*
98 | 2722

460 espírito *nm* spirit
- o Espírito Santo é Deus? – *Is the Holy Spirit God?*
97 | 3404

461 elemento *nm* element
- o elemento Urânio tem dois isótopos – *The element Uranium has two isotopes.*
97 | 4107

462 base *nf* basis, base, foundation
- os compostos orgânicos constituem a base da vida – *Organic compounds constitute the basis of life.*
96 | 5029

463 cujo *aj* whose
- O maior asteróide conhecido é Ceres, cujo diâmetro é de 1025 quilômetros – *The biggest known asteroid is Ceres, whose diameter is 1025 kilometers.*
93 | 6497

464 transformar *v* to transform
- pretende-se transformar os velhos edifícios em espaços atractivos – *The plan is to transform these old buildings into attractive spaces.*
98 | 2899

465 comprar *v* to buy
- ele comprou o apartamento – *He bought the apartment.*
96 | 3521 +s

466 tu *pn* you (SG)
- então, Lúcio, que queres tu? – *So, Lúcio, what do you want?*
95 | 9034 +f -n

467 após *prp* after
- o concorrente é eliminado após três tentativas falhadas – *The contestant is eliminated after three failed attempts.*
93 | 6982

468 filha *nf* daughter
- ficando sem pais, a tomou Maria como por filha e a criou – *When she lost her parents, Maria took her as a daughter and raised her.*
97 | 4186

469 sob *prp* below, under, underneath
- ele dormiu sob um céu estrelado – *He slept under a starry sky.*
93 | 6694

470 referir *v* to refer to
- o termo também pode referir-se a uma pessoa que tem emprego mas não ganha o suficiente para viver – *The term can also refer to someone who has work but doesn't make enough money to live on.*
96 | 4131

471 pedra *nf* stone
- na entrada antiga do hotel, havia uma escultura de pedra – *There used to be a stone sculpture at the old entrance to the hotel.*
97 | 3209

472 filme *nm* movie, film
- adaptado para o cinema, o filme tornou-se um clássico – *Adapted to film, the movie became a classic.*
94 | 4758 +s

473 madeira *nf* wood
- a arca era feita de madeira que não apodrecia – *The ark was made of wood that wouldn't rot.*
98 | 2470 +s

474 natureza *nf* nature
- o homem por natureza é bom – *Man is good by nature.*
97 | 3270

475 período *nm* period
- o anthrax desenvolve-se depois de um período de incubação – *Anthrax develops after a period of incubation.*
94 | 6633

476 presente *na* present, present time, gift
- na reunião estiveram presentes cerca de 300 congressistas – *At the meeting, there were around 300 congressmen present.*
95 | 4175

477 sete *num* seven
- é considerado uma das sete maravilhas do mundo – *It is considered one of the Seven Wonders of the World.*
97 | 2779

478 recurso *nm* resource
- o país tem imensos recursos naturais – *The country has immense natural resources.*
96 | 4230

479 levantar *v* to raise, stand up
- não é necessário levantares a mão para votar – *It isn't necessary to raise your hand to vote.*
96 | 4662

480 mandar *v* to send, command, order
- o rei de Geilolo mandou buscarem sua filha – *The King of Geilolo sent them to go get his daughter.*
95 | 4703

481 unido *aj* united
- o congresso dos Estados Unidos reuniu-se pela primeira vez em 1789 – *The United States Congress met for the first time in 1789.*
95 | 4679

482 resultado *nm* result
- os resultados dos testes foram aceites como prova – *The results of the tests were accepted as proof.*
94 | 5234

483 preso *na* captive, imprisoned
- o condenado é preso – *The accused is incarcerated.*
96 | 3187

484 reconhecer *v* to recognize
- o ex-dirigente da Desportiva reconhece que houve erros na gestão anterior – *The ex-director of Desportiva recognizes that there were errors in the previous administration.*
96 | 3480

4. Clothing

General terms:

tamanho 856 M size

vestir 2128 to dress

comprimento 3361 M length

vestuário 3691 M clothing, garment

traje 5216 M attire

Specific pieces/parts of clothing:

capa 1714 F cape, cloak

vestido 1938 M dress

sapato 2240 M shoe

bolso 2412 M pocket

chapéu 2435 M hat

bota 2585 F boot

anel 2661 M ring

calças 2707 F pants, trousers

camisa 2789 F shirt

uniforme 3074 M uniform

botão 3181 M button

saia 3509 F skirt

camisola 3851 F nightgown [BP], sweater [EP]

casaco 4152 M coat

luva 4388 F glove

terno 4613 M suit [BP]

manto 4661 M mantle, robe

gravata 4855 F tie

colete 4938 M vest

cinto 5088 M belt

blusa 5730 F blouse

cinta 6063 F girdle

boné 6638 M cap

---

485 dirigir *v* to direct, drive, conduct
- tínhamos a missão de dirigir a obra de construção de um país – *Our mission was to direct the work of building a country.*
96 | 3338

486 tocar *v* to touch, play (instrument)
- alguém, por trás, me tocou no ombro – *Someone behind me touched me on the shoulder.*
97 | 3327 +s

487 director *nm* director
- enquanto director musical e maestro, divulgou a música de Berlioz e Wagner – *While he was musical director and maestro, he popularized the music of Berlioz and Wagner.*
96 | 3899

488 irmão *nm* brother
- ele cresceu numa família de muitos irmãos – *He grew up in a family with many brothers.*
97 | 3114

489 ninguém *pn* no one
- quantos eram os que cearam contigo? – Ninguém! Comi sozinho – *How many people ate supper with you? – "No one! I ate alone."*
93 | 6785 -a

490 mau *aj* bad, evil
- o mau tempo também não impediu que se cumprisse a tradicional cerimónia – *The bad weather also didn't keep the traditional ceremony from taking place.*
97 | 3190

491 simples *aj* simple
- o núcleo do hidrogénio é o mais simples de todos – *The nucleus of hydrogen is the simplest of all.*
96 | 3501

492 programa *nm* program
- o novo governo introduziu um programa radical de reformas sociais – *The new government introduced a radical program of social reform.*
94 | 5957 +s

493 construir *v* to construct
- o Tratado proibia cada um dos signatários de construir sistemas de defesa antimíssil – *The Treaty prohibited each of the signers from constructing missile defense systems.*
96 | 3435

494 diverso *aj* diverse, several (pl)
- por razões diversas não conseguimos acabá-lo – *We didn't manage to finish it for several reasons.*
95 | 4553

495 cerca *av* about, near, close by
- a empresa fabrica cerca de 960 peças por hora – *The company makes about 960 parts an hour.*
93 | 8304

496 classe *nf* class, type
- a classe trabalhadora acaba por suportar uma carga tributária injusta – *The working class ends up bearing an unjust tax burden.*
97 | 2938

497 conselho *nm* advice, counsel, council
- eles vieram ao seu encontro para pedir conselho ao ancião – *They came to see the elder to ask him for advice.*
96 | 3552

498 amor *nm* love
- as religiões cristãs preconizam o amor a Deus e ao próximo – *Christian religions preach the love of God and their neighbor.*
96 | 4462

499 televisão *nf* television
- o número de canais de televisão continua a aumentar – *The number of television channels continues to grow.*
96 | 3467 +s

500 valer *v* to be worth
- cada resultado pode ou não valer pontos – *Each result may or may not be worth points.*
96 | 3152

501 banda *nf* band
- a banda popularizou o estilo ao lançar o segundo álbum – *The band popularized the style with the launching of their second album.*
99 | 2101 +s

502 carta *nf* letter (to someone)
- no dia seguinte, ele recebeu uma carta pelo correio da manhã – *On the following day, he received a letter in the morning mail.*
96 | 3576

503 segurança *nf* security, safety
- quanto mais policiamento na rua, mais segurança se tem – *The more the streets are patrolled, the more security people feel.*
97 | 3545

504 vinte *num* twenty
- ele aparentava vinte e tantos anos de idade, talvez trinta – *He seemed to be in his twenties, maybe thirty.*
98 | 2550 +s

505 quarto *na* room, bedroom, fourth
- transformámos a saleta de estar em quarto de dormir – *We transformed the living room into a bedroom.*
95 | 4805

506 diferença *nf* difference
- eles possuíam diferenças ideológicas com outras tribos da sua região – *They had ideological differences with other tribes in the region.*
97 | 2735 +s

507 perto *av* close
- o vale localiza-se perto dos campos petrolíferos – *The valley is located close to the oil fields.*
96 | 3382

508 opinião *nf* opinion
- vários líderes internacionais vieram expressar a sua opinião em relação à guerra – *Various international leaders came to express their opinion about the war.*
97 | 2856 +s

509 título *nm* title
- por este feito foi agraciado com o título de primeiro conde – *For this deed he was graced with the title of first count.*
95 | 4112

510 luta *nf* struggle, fight, conflict
- zaratustra propôs uma religião fundada na luta entre o bem e o mal – *Zarathustra proposed a religion based on the struggle between good and evil.*
96 | 2770

511 afirmar *v* to affirm
- ele afirma que a acusação não é verdadeira – *He affirms that the accusation is not true.*
93 | 7135 +n

512 terminar *v* to end, finish
- a guerra terminou com os tratados de paz – *The war ended with the peace treaties.*
96 | 3061

513 algo *pn* something
- um segredo é algo empolgante – *A secret is something exciting.*
98 | 2041 +s

514 peixe *nm* fish
- nesses pesqueiros do mar havia muito peixe – *In those fishing grounds there were a lot of fish.*
98 | 2138 +s

515 atrás *av* behind, back, ago
- eu seguia um pouco atrás dele – *I followed close behind him.*
96 | 3202

516 atingir *v* to reach, attain
- o objetivo deste esporte é sempre atingir os limites – *The objective of this sport is to always reach your limits.*
95 | 4208

517 interessar *v* to interest, concern
- apenas nos interessam os melhores grupos de investigação – *Only the best investigative groups interest us.*
98 | 2110 +s

518 discutir *v* to discuss, dispute
- o tema a discutir é a recuperação dos nossos privilégios – *The topic we're going to discuss is the recovery of our privileges.*
97 | 2364

519 voz *nf* voice
- no silêncio da noite julgou ouvir uma voz a gritar – *In the quiet of the night he thought he heard a voice shouting.*
94 | 6255

520 companhia *nf* company
- a companhia de outras crianças é fundamental – *The company of other children is fundamental.*
96 | 3266

521 significar *v* to mean, signify
- essa palavra não significa nada para mim – *That word doesn't mean anything to me.*
97 | 2516

522 objecto *nm* object
- o museu também apresenta objetos em vidro e couro – *The museum also displays objects made of glass and leather.*
97 | 3308

523 alguém *pn* someone
- como é que alguém pode perder uma galinha? – *How is it that someone can lose a hen?*
96 | 3281 +s

524 anterior *aj* previous, anterior
- O marido deixou o emprego anterior para se dedicar ao novo negócio – *The husband left his previous job to dedicate himself to his new business.*
96 | 3306

525 buscar *v* to look for, search for
- no verão seguinte, foi buscar trabalho a França – *The following summer, he went to go and look for a job in France.*
97 | 2485

526 dúvida *nf* doubt
- os resultados não deixaram margem para dúvida – *The results didn't leave room for doubt.*
96 | 3007

527 início *nm* beginning, start
- duas horas após o seu início, a batalha estava terminada – *Two hours after its beginning, the battle was over.*
94 | 4643

528 matéria *nf* material, (subject) matter
- a matéria que compõe a teia da aranha é tão resistente como o aço – *The material that makes up a spider web is as durable as steel.*
97 | 2320 +s

529 graça *nf* thanks (PL), grace
- a Marina está viva, graças a Deus – *Marina is alive, thanks to God.*
97 | 2704

530 língua *nf* language, tongue
- o idioma oficial é o francês mas falam-se ainda as línguas locais – *The official language is French but local languages are still spoken.*
95 | 4159

531 enorme *aj* enormous
- os dois tiveram um enorme sucesso e foram bem acolhidos pela crítica – *Both of them had enormous success and were well received by the critics.*
97 | 2531

532 americano *na* American
- Gerry Mulligan foi um notável saxofonista norte-americano – *Gerry Mulligan was a notable North American saxophone player.*
95 | 4125

533 doutor *nm* doctor
- em 1925, ele obteve o título de doutor em filosofia e teologia – *In 1925, he obtained the title of Doctor of Philosophy and Theology.*
95 | 5065

534 julgar *v* to judge
- o Tribunal começou ontem a julgar os três homens acusados – *The Tribunal began yesterday to judge the three accused men.*
96 | 2889

535 francês *na* French
- o igualitarismo foi um dos princípios da revolução francesa – *Egalitarianism was one of the principles of the French Revolution.*
94 | 4838

536 verde *aj* green, unripe
- a maioria das folhas são verdes, devido à presença da clorofila – *Most leaves are green, due to the presence of chlorophyll.*
96 | 2757

537 atenção *nf* attention
- ele parece não prestar atenção ao que lhe dizemos – *He seems to not pay attention to what we tell him.*
96 | 2727

538 nível *nm* level
- o ano de 1980 marca o início do sucesso do grupo ao nível internacional – *The year 1980 marked the beginning of the group's success on an international level.*
93 | 5290 +s

539 criação *nf* creation
- o presidente sugeriu a criação de um novo imposto – *The president suggested the creation of a new tax.*
95 | 3364

540 verdadeiro *aj* true
- os rumores misturam o verdadeiro e o falso – *Rumors mix what is true and what is false.*
96 | 2794

541 justiça *nf* justice
- a sentença foi anulada pelo supremo tribunal de justiça – *The sentence was repealed by the supreme court of justice.*
96 | 3349

542 vivo *aj* alive
- ela ainda estava viva apesar de machucada – *She was still alive, despite being wounded.*
96 | 3082

543 educação *nf* education
- a sua educação decorreu em escolas religiosas – *Her education took place in religious schools.*
96 | 2870 +s

544 passado *na* past, last, previous
- as virtudes sociais tão veneradas no passado estavam a ficar completamente esquecidas – *Social virtues, so venerated in the past, were becoming completely forgotten.*
96 | 3049

545 evitar *v* to avoid
- muitos vieram para o sul para evitar conflitos com os imperadores chineses – *Many came to the south to avoid conflicts with the Chinese emperors.*
96 | 2983

546 ambiente *nm* environment, surroundings
- os poemas reflectem o ambiente aristocrático em que foram criados – *The poems reflect the aristocratic environment in which they were written.*
95 | 3077

547 guarda *nf* guard, care
- um guarda noturno informou a Polícia Militar – *A night guard informed the Military Police.*
95 | 4260

548 económico *aj* economic
- a instabilidade tem impedido o desenvolvimento económico do país – *The instability has prevented the economic development of the country.*
93 | 5810

549 casar *v* to marry
- a dona Dolores casou com o doutor Januário – *Ms. Dolores married Dr. Januário.*
96 | 2860

550 participar *v* to participate
- ele anunciou que iria deixar de participar nos trabalhos do Parlamento – *He announced that he was going to stop participating in the work of the Parliament.*
94 | 3858

551 rico *aj* rich
- a Microsoft tornou Bill Gates o homem mais rico do mundo – *Microsoft made Bill Gates the richest man in the world.*
97 | 2597

552 pobre *aj* poor
- além disso, o fosso entre os ricos e os pobres aumentou consideravelmente – *Besides that, the gap between the rich and poor grew considerably.*
96 | 3592

553 cabo *nm* cape (geography), cable, end
- seu pai volta lá do fim do mundo, ao cabo de tantos anos – *His dad returns from the end of the world, after so many years.*
96 | 2493

554 eleição *nf* election
- em 2003, ele ganhou as eleições presidenciais paraguaias – *In 2003, he won the Paraguayan presidential election.*
94 | 4090

555 apoio *nm* support
- o governo tem o apoio da maioria da população e continuará a fazer a reforma – *The government has the support of the majority of the population and will continue with the reform.*
95 | 3830

556 inglês *na* English
- vai ser lançado em maio em edição bilingue português e inglês – *It is going to be released in May in a Portuguese and English bilingual edition.*
94 | 4112

557 solução *nf* solution
- sua solução para o problema foi simples e engenhosa – *His solution to the problem was simple and ingenious.*
96 | 2751 +s

558 demais *aj/av* too much
- foi ruim demais para ser verdade – *It was too bad to be true.*
96 | 2617 [AV]

559 máquina *nf* machine, device
- Muitas das máquinas utilizadas actualmente nas fábricas são robôs – *Many of the machines currently used in factories are robots.*
96 | 2277

560 trabalhador *nm* worker
- uniões laborais conseguiram assegurar o direito dos trabalhadores à greve – *Labor unions succeeded in securing the workers' right to go on strike.*
96 | 2935

561 produto *nm* product
- nos EUA, consumimos produtos feitos por pessoas na Tailândia e na China – *In the USA, we consume products made by people in Thailand and China.*
93 | 5154

562 envolver *v* to involve
- o declínio mental costuma envolver todas as funções intelectuais – *Mental decline generally involves all the intellectual functions.*
95 | 3285

563 doença *nf* illness
- a AIDS é uma doença transmissível – *AIDS is a transmittable disease.*
95 | 3625

564 resto *nm* rest, remaining part
- ele passou o resto da sua vida a viajar – *He spent the rest of his life traveling.*
95 | 2903

565 ciência *nf* science
- a biologia inclui todas as ciências ligadas à vida – *Biology includes all the sciences connected with life.*
95 | 3282

566 marcar *v* to mark, set (a date)
- a greve dos 185 mil trabalhadores poderia marcar o princípio do fim de uma economia – *The strike of 185 thousand workers could mark the beginning of the end of an economy.*
94 | 3389

567 cumprir *v* to fulfill, obey
- ela cumpriu a ordem – *She obeyed the order.*
97 | 2432

568 contacto *nm* contact
- a doença é transmissível por contacto directo – *The disease is transmittable through direct contact.*
96 | 2311

569 realmente *av* really, truly
- a força gravitacional é realmente importante – *Gravitational force is really important.*
97 | 2254 +s

570 morar *v* to live (in or at), dwell
- na minha casa moram dez pessoas – *Ten people live in my house.*
97 | 2091 +s

571 rápido *aj* fast, rapid
- o metro é o meio mais rápido de viajar em Londres – *The subway is the fastest way to get around London.*
96 | 2475

572 literatura *nf* literature
- a literatura portuguesa tem recorrido à alegoria em todas as épocas – *Portuguese literature has used allegory in every time period.*
97 | 2460 +s

573 fácil *aj* easy
- a vida dela não foi fácil, pois passou por momentos de graves problemas – *Her life wasn't easy for she passed through times full of difficult problems.*
96 | 2251 +s

574 actual *aj* current, up-to-date
- o problema actual parece preocupar toda a gente – *The current problem seems to be a worry for everybody.*
94 | 4038

575 morto *na* dead
- os mortos eram enterrados ou cremados – *The dead were buried or cremated.*
93 | 4164

576 exigir *v* to require, demand
- a ginástica exige um treino muito intensivo – *Gymnastics requires very intense training.*
95 | 2823

577 diante *av* (em d.) from then on; in front of
- o inglês difundiu-se mundialmente do século XVII em diante – *The English language became widespread throughout the world from the 17th century on.*
95 | 3608

578 liberdade *nf* liberty, freedom
- a Constituição garante de forma explícita a liberdade de expressão – *The Constitution explicitly guarantees the freedom of expression.*
96 | 2296

579 zona *nf* zone
- o distrito ficará dividido em três zonas distintas – *The district will be divided in three distinct zones.*
94 | 3886

580 terreno *nm* land, terrain, ground
- o fruto cresce em terrenos cultivados no sul de Portugal – *The fruit grows on cultivated land in southern Portugal.*
96 | 2202

581 provocar *v* to provoke
- o Líbano provocou ataques árabes contra Israel – *The Lebanese provoked Arab attacks against Israel.*
93 | 3843

582 garantir *v* to guarantee
- em Portugal, as patentes de invenção garantem os respectivos direitos durante 15 anos – *In Portugal, invention patents guarantee the respective rights for 15 years.*
95 | 3601 +n

583 jogar *v* to play (a game), throw
- Fischer começou a jogar xadrez ainda muito novo – *Fischer began to play chess while he was still very young.*
94 | 3218 +s

584 modelo *nm* model, example
- o modelo de polícia precisa mudar – *The model for police needs to change.*
94 | 3952

585 assumir *v* to assume (e.g. role)
- até hoje existem certas organizações sociais em que a mulher assume o papel de chefe – *Up until today there are certain social organizations in which women assume the role of leader.*
94 | 3316

586 oferecer *v* to offer, give
- um novo programa oferece outra alternativa – *A new program offers another alternative.*
94 | 3389

587 visão *nf* vision, view
- estes visitantes trazem consigo uma visão mais ampliada do mundo – *These visitors bring with themselves a wider view of the world.*
97 | 1938 +s

588 preparar *v* to prepare
- com rapidez e entusiasmo começou a preparar tudo para a defesa – *Rapidly and enthusiastically, he began to prepare everything for the defense.*
95 | 2629

589 constituir *v* to constitute
- este método constitui-se de três passos fundamentais – *This method is constituted of three fundamental steps.*
93 | 5235 +a

590 escritor *nm* author, writer
- nos romances do escritor, a personagem principal tem sempre uma atitude arrogante – *In the author's novels, the main character always has an arrogant attitude.*
96 | 2405 +s

591 estrada *nf* highway, road
- muitas estradas que ligavam as principais cidades e portos também foram construídas – *Many highways that connected the major cities and ports were also built.*
96 | 2994

592 construção *nf* construction
- a construção do edifício actual foi concluída em 1858 – *The construction of the current building was finished in 1858.*
93 | 4236

593 polícia *nmf* police (M officer, F force)
- a polícia prendeu ontem mais dois suspeitos – *Yesterday, the police captured two more suspects.*
94 | 3944

594 mudança *nf* change
- houve uma mudança radical, com a inclusão de jogadores pouco conhecidos – *There was a radical change with the inclusion of little-known players.*
95 | 2933 +s

595 aprender *v* to learn
- a vida é uma grande escola e há muito para aprender – *Life is a big school and there is much to learn.*
96 | 2155 +s

596 mínimo *na* minimum, least
- o salário mínimo visa prevenir a exploração dos trabalhadores – *Minimum salary aims at preventing worker exploitation.*
96 | 2673

597 comer *v* to eat
- não comeu nada, só uma garfada de arroz com ovo – *He didn't eat anything, just a forkful of rice with eggs.*
94 | 3639 +s -n

598 fugir *v* to flee, run away
- muita gente já começou a deixar a região para fugir da onda de violência – *A lot of people have already begun to leave the region to flee from the wave of violence.*
95 | 3204

599 motivo *nm* reason, motive
- não havia motivo para alarme – *There was no reason for alarm.*
95 | 2540

600 som *nm* sound
- os instrumentos emitem um som semelhante ao de uma flauta – *The instruments emit a sound similar to that of a flute.*
96 | 2279

601 obrigar *v* to force, obligate
- a criança é obrigada pelos pais a comer três vezes por dia – *The child is forced by his parents to eat three times per day.*
94 | 2676

602 publicar *v* to publish
- Rudyard Kipling publicou *O Livro da Selva* – *Rudyard Kipling published* The Jungle Book.
94 | 3300

603 sol *nm* sun
- o sol brilhou todo o dia – *The sun shined all day.*
93 | 4234

604 comércio *nm* commerce, trade
- a capital é um dos principais centros de comércio industrial – *The capital is one of the main centers of industrial commerce.*
95 | 2838

605 ocupar *v* to occupy
- Frederico da Prússia ocupou a Silésia – *Frederick of Prussia occupied Silesia.*
94 | 3311

606 central *na* central, station, office
- a Guatemala é um país situado na América Central – *Guatemala is a country situated in Central America.*
93 | 4113

607 curto *aj* short
- a vida é curta demais – *Life is too short.*
95 | 2431

608 prova *nf* proof, test, evidence
- não há provas da sua participação directa na conspiração – *There is no proof of his direct participation in the conspiracy.*
94 | 3061

609 memória *nf* memory
- os acontecimentos armazenados na memória a curto-prazo são rapidamente esquecidos – *Events stored in short-term memory are quickly forgotten.*
96 | 2264

610 bater *v* to hit, beat
- tinha ímpetos de esperar ali e de lhe bater na cara – *He wanted to wait there and hit him in the face*
93 | 4319

611 aproveitar *v* to make good use of, use
- eles não estão a aproveitar as vantagens do seu extraordinário poder económico e militar – *They are not making good use of the advantages of their extraordinary economic and military power.*
95 | 2305

612 depender *v* to depend
- não posso depender de você nem de ninguém para me salvar – *I cannot depend on you or anyone else to save me.*
95 | 2539

613 parar *v* to stop
- a senhora parou a estrela de cinema para lhe pedir um autógrafo – *The lady stopped the movie star to ask for an autograph.*
94 | 3984

614 metro *nm* meter, subway
- as raízes podem atingir mais de dois metros de profundidade – *Roots can reach more than two meters deep.*
94 | 2749

615 material *nm* material
- nessa época, o granito era o material predominantemente utilizado nas esculturas – *At that time, granite was the material predominately used in sculpture.*
94 | 3824

616 revista *nf* magazine, periodical
- eram fotografias numa revista de moda – *They were pictures in a fashion magazine*
96 | 1989

617 acima *av* above
- Marcelo era acima de tudo um intelectual – *Marcelo was an intellectual above all.*
95 | 2262

618 crítica *nf* criticism
- o termo arquétipo é ainda utilizado na crítica literária – *The term archetype is still used in literary criticism.*
95 | 2447 +s

619 sinal *nm* sign, signal
- ele fez um sinal ao garçom – *He made a sign to the waiter.*
94 | 2849

620 medo *nm* fear
- o medo é a sensação de suor e tremor – *Fear is the sensation of sweating and trembling.*
94 | 3359 +s

621 profissional *na* professional
- com apenas 17 anos, tem sua estréia profissional como trompetista – *At the early age of 17, he began his professional career as a trumpet player.*
93 | 2993

622 objectivo *nm* objective
- o objectivo continua a ser a conquista do campeonato – *The objective continues to be winning the championship.*
91 | 5126

623 inteiro *aj* entire
- ela poderia viver assim durante muito tempo, a vida inteira talvez – *She'd be able to live like that for a long time, maybe even her entire life.*
96 | 2040 +s

624 venda *nf* sale
- vai aumentar o preço de venda ao consumidor – *The sale price will go up for the consumer.*
94 | 3354

625 sucesso *nm* success
- o seu livro teve um enorme sucesso – *His book achieved enormous success.*
95 | 2424 +s

626 carreira *nf* career, race
- ele caracterizou-se ao longo da sua carreira pelo profissionalismo – *He was characterized by his professionalism throughout his career.*
94 | 2493 +s

627 assistir *v* to watch, help, attend
- da próxima vez você vai assistir ao filme inteiro – *Next time you will watch the whole movie.*
95 | 2048 +s

628 esquerda *nf* left (direction)
- a escrita do árabe orienta-se da direita para a esquerda – *Arabic writing goes from right to left.*
95 | 2029

629 cortar *v* to cut
- a meu pedido, a Rosa outro dia foi cortar as unhas – *At my request, Rose cut her nails the other day.*
96 | 2200 +s

630 influência *nf* influence
- a influência das religiões de mistério no cristianismo primitivo é considerável – *The influence of the mystery religions on primitive Christianity is considerable.*
95 | 2592

631 pertencer *v* to belong to
- o dinheiro pertencia ao banco – *The money belonged to the bank.*
94 | 2464

632 personagem *nc* character (literature), personage
- a personagem Dom Quixote é o típico herói picaresco – *The character Don Quixote is the typical comic hero.*
96 | 1836 +s

633 obter *v* to get, obtain
- ele dizia que procurava obter um empréstimo – *He said that he was looking to get a loan.*
92 | 4785

634 apoiar *v* to support, uphold, sustain
- nem todos vão apoiar a idéia – *Not everyone will support the idea.*
94 | 2409

635 funcionar *v* to function
- viram-se forçados a funcionar como movimento clandestino – *They found themselves forced to function as a clandestine movement.*
95 | 2377 +s

636 prática *nf* practice
- em 1933, Hitler passou a pôr em prática aquilo que concebera teoricamente – *In 1933, Hitler began to put into practice that which he had conceived theoretically.*
94 | 2811

637 formação *nf* formation, graduation
- a erosão dos solos pode conduzir à formação de desertos – *Soil erosion can lead to the formation of deserts.*
93 | 3489 +s

638 europeu *na* European
- a União Europeia é uma grande ideia – *The European Union is a great idea.*
91 | 5034

639 conforme *av* according to
- as nuvens movem-se conforme o deslocamento das massas de ar – *Clouds move according to the movement of air masses.*
95 | 2158

640 preocupação *nf* worry, preoccupation
- no entanto a sua preocupação constante era saber se todos estavam contentes – *However, his constant worry was that of knowing whether everyone was happy.*
95 | 1928 +s

641 estabelecer *v* to establish
- é preciso estabelecer alguns critérios de avaliação – *It is necessary to establish a few evaluative criteria.*
93 | 3803 +a

642 produção *nf* production
- em 15 anos a produção de arroz subiu 70% – *In fifteen years, the production of rice went up by 70%.*
91 | 5401

643 conjunto *nm* set, combination, group
- esta bateria consiste num conjunto de placas de chumbo – *This battery is made up of a set of lead plates.*
92 | 4423

644 esforço *nm* effort
- o esforço é devidamente recompensado – *Effort is duly rewarded.*
94 | 2405

645 massa *nf* mass, dough
- a conversão de massa em energia constitui a base dos processos das reacções nucleares – *The conversion of mass into energy forms the basis of nuclear reactions.*
95 | 2470

646 comissão *nf* commission
- em 2001, Portugal criou uma Comissão contra a Discriminação Racial – *In 2001, Portugal created a Commission against Racial Discrimination.*
93 | 4304 +n

647 porém *cj* however, though
- outras cidades japonesas, porém, tiveram um crescimento mais caótico – *Other Japanese cities, however, experienced more chaotic growth.*
90 | 5352

648 subir *v* to go up, climb
- não podemos subir as escadas com um só salto – *We can't go up the stairs in a single leap.*
92 | 3916

649 popular *aj* popular
- ele conseguiu apoio das massas populares e o movimento cresceu – *He obtained popular support from the masses and the movement grew.*
93 | 3373

650 desenvolver *v* to develop
- estamos agora a tentar desenvolver vacinas destinadas ao ser humano – *We are now trying to develop vaccines designed for use on human beings.*
91 | 4803 +a -f

651 rei *nm* king
- a coroação do rei ou imperador era integrada numa cerimónia religiosa – *The coronation of the king or emperor was part of a religious ceremony.*
92 | 3947

652 rádio *nmf* radio (M device, F means of communication)
- as ondas de rádio são medidas em megahertz – *Radio waves are measured in megahertz.*
95 | 1940 +s

653 prestar *v* to render (aid), be useful
- por seu turno, Portugal também prestou alguns serviços à França – *In turn, Portugal also rendered some aid to France.*
95 | 1928

654 dividir *v* to divide
- é possível dividir os resultados em três grandes grupos – *It is possible to divide the results into three large groups.*
94 | 2504

655 erro *nm* mistake, error
- eu acho que Camilo cometeu um grande erro – *I think that Camilo made a big mistake.*
94 | 2539

656 género *nm* kind, type, genus
- ele acusou o conde de vexames de todo género – *He accused the count of all kinds of humiliations.*
95 | 2714

657 favor *nm* favor
- cerca de 52% votaram a favor e 45% votaram contra o documento – *About 52% voted in favor of the document and 45% voted against.*
95 | 2056

658 oficial *na* official
- estamos à espera de uma decisão oficial do comando nacional – *We are awaiting an official decision from national command.*
93 | 3030

659 administração *nf* administration
- o público tentou várias vezes confrontar a administração da empresa – *The public tried several times to confront the administration of the company.*
93 | 3057

660 reunir *v* to gather
- ele tem convicção de que a oposição não conseguirá reunir as 257 assinaturas necessárias – *He is convicted that the opposition will not succeed in gathering the 257 necessary signatures.*
93 | 3080

661 cento *nm* percent (por c.)
- o local não é cem por cento adequado – *The location is not one hundred percent adequate.*
92 | 3865

662 sangue *nm* blood
- a matança ia ser grande, o sangue ia correr – *The slaughter would be great, blood would flow.*
93 | 3099

663 letra *nf* letter, handwriting, lyrics
- h é a oitava letra do alfabeto – *H is the eighth letter of the alphabet.*
95 | 2004

664 série *nf* series
- o movimento provocou uma série de acontecimentos de carácter revolucionário – *The movement sparked a series of happenings of a revolutionary nature.*
93 | 3146

665 expressão *nf* expression
- a arte é a expressão – *Art is expression.*
93 | 2682

666 face *nf* face, surface
- ela beijou-o na face – *She kissed him on the cheek.*
93 | 2801

667 supor *v* to suppose
- supõe-se que Colombo tenha nascido em 1451 – *It is supposed that Columbus was born in 1451.*
82 | 1198

668 vila *nf* small town, village
- eles viviam numa pequena vila, alta e serrana – *They lived in a small village, high and mountainous.*
93 | 2776

669 determinar *v* to determine
- os nomes determinam a essência das coisas nomeadas – *Names determine the essence of the things they name.*
93 | 2915

670 completamente *av* completely
- a comissão poderia ter opiniões completamente opostas à do ministro – *The commission could possibly have opinions completely opposed to those of the minister.*
97 | 1382

671 energia *nf* energy
- os fótons perdem energia através de colisões com os elétrons atômicos – *Photons lose energy through collisions with atomic electrons.*
92 | 3319

672 presença *nf* presence
- a sua presença na nossa vida foi muito importante – *His presence was very important in our lives.*
91 | 3383

673 árvore *nf* tree
- os macacos vivem em árvores – *Monkeys live in trees.*
93 | 3074

674 fase *nf* phase
- o Japão concentrou-se durante a fase inicial do pós-guerra na reconstrução económica – *Japan concentrated on economic reconstruction during the initial post-war phase.*
92 | 3615

675 encontro *nm* encounter, meeting, date
- a princesa tinha um encontro amoroso – *The princess had an amorous encounter.*
91 | 3639

676 deputado *nm* representative, deputy
- O número de deputados é determinado em função da população de cada estado – *The number of representatives is determined on the basis of the population of each state.*
92 | 4356 +n

677 emprego *nm* job, work, employment
- em contrapartida, a indústria têxtil cresceu 10% e gerou empregos qualificados – *In compensation, the textile industry grew 10% and created skilled jobs.*
95 | 2096 +s

678 particular *aj* private, particular
- ele frequentou a escola particular – *He attended a private school.*
94 | 2145

679 risco *nm* risk
- esses indivíduos apresentam um risco mais elevado de desenvolver a doença – *Those individuals present a higher risk of developing the disease.*
93 | 2512

680 belo *aj* beautiful
- a chuva da véspera limpara a atmosfera e fazia um belo dia – *The rain from the night before cleansed the atmosphere and made for a beautiful day.*
93 | 2999

5. Transportation

General terms:

rua 332 F **street**

caminho 336 M **path, way**

viagem 402 F **trip, journey, voyage**

estrada 591 F **road, highway**

destino 979 M **destination**

porto 1447 M **port**

rumo 1737 M **way, path, course of action**

passageiro 1799 M **passenger**

voo 1847 M **flight**

mapa 1853 M **map**

avenida 1974 F **avenue**

pista 2127 F **runway, lane, field, rink**

passeio 2184 M **walk, stroll**

trânsito 2225 M **traffic**

piloto 2386 M **pilot**

aeroporto 2518 M **airport**

motorista 2552 M **driver**

rota 2772 F **route**

expedição 3188 F **expedition**

trajectória 3246 F **trajectory, path**

ida 3366 F **departure, outbound trip**

túnel 3375 M **tunnel**

navegação 3404 F **navigation**

embarcação 3538 F **vessel, ship**

tráfego 3803 M **traffic**

cruzamento 3821 M **crossing, intersection**

viajante 4078 C **traveler**

trilha 4191 F **path, trail**

aviação 4469 F **aviation**

rodoviário 6601 **highway (ADJ)**

Types of transportation:

carro 441 M **car, cart, buggy**

metro 614 M **subway (also meter)**

automóvel 867 M **car, automobile**

navio 1011 M (large) **ship**

barco 1046 M (small) **ship**

avião 1092 M **airplane**

veículo 1690 M **vehicle**

trem 2611 M **train (BP)**

caminhão 3199 M **freight truck**

nave 3255 F **spaceship, vessel**

foguete 3705 M **rocket, fast train (also fireworks)**

bicicleta 3733 F **bicycle**

ônibus 3792 M **bus [BP]**

táxi 3827 M **taxi**

canoa 4352 F **canoe**

submarino 4384 M **submarine (also under-water)**

helicóptero 4492 M **helicopter**

bonde 4629 M **tram [BP]**

681 cena *nf* scene
- esses frescos representam cenas da vida quotidiana – *Those frescoes show scenes from daily life.*
95 | 1839

682 consciência *nf* conscience, awareness
- ele já tem consciência do perigo – *He already has full awareness of the danger.*
95 | 1841

683 geração *nf* generation
- passados 56 anos, estamos na terceira geração da família Mesquita – *Fifty six years have past and we are in the third generation of the Mesquita family.*
95 | 1922

684 crime *nm* crime
- ele foi julgado e condenado por crimes contra a humanidade – *He was judged and condemned for crimes against humanity.*
93 | 2677

685 somente *av* only, solely
- naquele rosto inexpressivo, somente os olhos tinham vida – *On that inexpressive face, only the eyes seemed alive.*
93 | 2388

686 verificar *v* to verify, check
- ele não verificou que o navio tinha saído – *He didn't verify that the ship had left.*
92 | 2491

687 preferir *v* to prefer
- eu prefiro morrer de fome a perder minha dignidade – *I prefer to die of hunger rather than lose my dignity.*
94 | 2200

688 crise *nf* crisis
- em 1999, o Brasil sofreu uma crise financeira e desistiu dos câmbios – *In 1999, Brazil suffered a financial crisis and stopped trading its currency.*
94 | 2246

689 ora *cj/av* now, presently
- ele está mentindo, mas, por ora, não vale a pena desdizê-lo – *He is lying, but, for now, it isn't worth it to call him on it.*
93 | 3233 [AV]

690 entregar *v* to deliver, give
- julguei oportuno o momento para lhe entregar a encomenda – *I found the moment opportune to deliver him his order.*
92 | 2987

691 moderno *aj* modern
- ele acreditava que a tecnologia moderna destrói as actividades tradicionais – *He believed that modern technology destroys traditional activities.*
94 | 2279

692 regra *nf* rule
- esses religiosos não obedecem a qualquer espécie de regra de conduta – *People from that religion don't abide by any type of rules of conduct.*
92 | 3011

693 revelar *v* to reveal, develop (photos)
- a escultura flamenga revela influências francesas – *Belgian sculpture reveals French influences.*
91 | 3393

694 desejar *v* to wish, desire
- era uma noite de bocejos, que a levava a desejar que o tempo voasse – *It was a boring night, which led her to wish that time would fly by.*
94 | 2406

695 exactamente *av* exactly
- duas espécies não podem ocupar exactamente o mesmo nicho ecológico – *No two species can occupy exactly the same ecological niche.*
95 | 1696 +s

696 fonte *nf* source, fountain
- a verdadeira paixão é a fonte de todo o poder – *True passion is the source of all power.*
92 | 3328

697 repetir *v* to repeat
- a cena repetia-se mil vezes, milhões de vezes, sempre a mesma – *The scene repeated itself a thousand times, a million times, always the same.*
93 | 2701

698 largo *aj* wide, large, broad
- o rio Amazonas é o maior e mais largo rio do mundo – *The Amazon is the biggest and widest river in the world.*
93 | 2985

699 estilo *nm* style
- o estilo bizantino persistiu durante muitos séculos – *Byzantine style persisted for many centuries.*
93 | 2416

700 imaginar *v* to imagine
- tentei imaginar o mundo sob a perspectiva de um louco – *I tried to imagine the world from the perspective of a deranged person.*
93 | 2448

701 responsabilidade *nf* responsibility
- o governo assumiu a responsabilidade pelo pagamento – *The government assumed responsibility for the payment.*
94 | 2000 +s

702 economia *nf* economy
- a sua economia assenta na produção de algodão – *Its economy is based on the production of cotton.*
91 | 3438

703 vale *nm* valley, receipt
- do alto da encosta, via-se o rio serpentear no fundo do vale – *From the top of the ridge, you could see the river wind through the bottom of the valley.*
92 | 2622

704 avançar *v* to advance
- depois de alcançarem a vitória, os Aliados começaram a avançar – *After having achieved victory, the allies began to advance.*
94 | 2057

705 observar *v* to observe
- o homem observa os movimentos dos corpos celestes – *Humankind observes the movements of celestial bodies.*
90 | 3643

706 carne *nf* meat, flesh
- o consumo de carne em geral tem aumentado – *The consumption of meat has increased.*
94 | 2133 +s

707 origem *nf* origin, root
- na origem de todos os problemas estavam os ciúmes – *Jealousy was at the root of all their problems.*
92 | 3961

708 atitude *nf* attitude
- a atitude do homem foi respeitosa e triste – *The man's attitude was respectful and sad.*
94 | 1882

709 indivíduo *nm* individual
- poucas vezes os direitos dos indivíduos e das famílias são agredidos – *Very seldom are the rights of individuals and families violated.*
93 | 2693

710 inclusive *av* including, even [BP]
- na época as pessoas não sabiam ler, inclusive muitos nobres – *At the time, people didn't know how to read, including many nobles.*
94 | 1725 +s

711 sala *nf* room
- eles entraram na sala de jantar – *They went into the dining room.*
91 | 4193

712 cheio *aj* full
- em seu mundo cheio de aventuras, não há lugar para o tédio – *In his world full of adventure, there is no room for boredom.*
92 | 3499

713 preto *aj* black
- toda a filmagem será realizada a preto e branco – *All the filming will be done in black and white.*
93 | 2271

714 reduzir *v* to reduce
- os altos custos da exploração reduziram o lucro do setor de pedras preciosas – *High mining costs reduced the profit of the precious stone sector.*
93 | 2566

715 defesa *nf* defense
- em 2000, os EUA tinham preparado um sistema de defesa antimíssil – *In 2000, the USA had prepared an antimissile defense system.*
92 | 3097

716 propor *v* to propose
- o Big Bang propõe que o universo está em expansão – *The Big Bang Theory proposes that the universe is expanding.*
93 | 2228

717 civil *aj* civil
- ele estudou, a princípio, engenharia civil – *He studied, at first, civil engineering.*
91 | 3217

718 comunicação *nf* communication
- neste período, o rádio era o grande meio de comunicação de massa – *During this time period, radio was the great vehicle of mass communication.*
92 | 2625 +s

719 resultar *v* to result
- a superpopulação pode resultar numa escassez de recursos – *Overpopulation can result in a scarcity of resources.*
91 | 3261

720 texto *nm* text
- o difícil é ler os textos escritos em árabe – *What is hard is reading texts written in Arabic.*
89 | 5146

721 oportunidade *nf* opportunity
- temos de dar oportunidade aos jovens de escolherem o que querem fazer – *We have to give young people the opportunity to choose what they want to do.*
94 | 1893 +s

722 proposta *nf* proposal
- a proposta da sua nomeação para presidente da Comissão foi vetada – *The proposal to nominate him for president of the Committee was vetoed.*
90 | 3740

723 manhã *nf* morning
- na manhã seguinte, ele acordou angustiado – *The following morning he woke up full of anguish.*
91 | 3680

724 peso *nm* weight
- o peso médio do ser humano era de 67,7 quilos – *The average weight of human beings was 67.7 kilograms.*
92 | 2202

725 entrada *nf* entrance, entryway
- a entrada principal da fortaleza ficava situada no lado oriental – *The main entrance to the fortress was on the east side.*
91 | 2868

726 existência *nf* existence
- eles acreditam na existência de um ser criador supremo – *They believe in the existence of a Supreme Creator.*
92 | 2754

727 moeda *nf* currency, coin
- uma desvalorização da moeda teria um efeito inflacionário – *A devaluation of the currency would have an inflationary effect.*
93 | 1801 +s

728 total *na* total
- o Sol contém 99,86% da massa total do Sistema Solar – *The Sun contains 99.86% of the total mass of the Solar System.*
91 | 3349

729 clube *nm* club
- assim, ele tornou-se membro do Clube Literário Londrino – *Thus he became a member of the London Literary Club.*
92 | 3286 +n

730 ferro *nm* iron
- às vezes os amigos pareciam ser as barras de ferro do seu cárcere – *Sometimes his friends seemed to be the iron bars of his prison.*
93 | 2016

731 romance *nm* novel, romance
- entre outras obras, ele escreveu o romance *O Improvisador* – *Among other works, he wrote the novel "The Improviser."*
93 | 2061

732 autoridade *nf* authority
- o rei dividia sua autoridade com uma antiga Constituição – *The king shared his authority with an old constitution.*
92 | 2428

733 sentimento *nm* feeling
- a condição do sem-abrigo cria um sentimento de fracasso – *The condition of being homeless creates a feeling of failure.*
94 | 1915

734 grave *aj* grave, serious
- a pobreza e o desemprego constituem graves problemas – *Poverty and unemployment constitute serious problems.*
93 | 2145

735 vitória *nf* victory
- em dez jornadas, a equipa alcançou duas vitórias e sofreu oito derrotas – *In ten rounds, the team achieved two victories and suffered eight defeats.*
91 | 3099

736 reunião *nf* meeting, reunion
- as reuniões da família aconteciam aos domingos – *Family meetings took place on Sundays.*
92 | 2971

737 marido *nm* husband
- quando jovem, tive três namorados; depois casei com o meu marido – *When I was young I had three boyfriends; later I married my husband.*
92 | 2881

738 interessante *aj* interesting
- a música dele é interessante em vários aspectos melódicos – *His music is interesting in several melodic aspects.*
94 | 1506 +s

739 admitir *v* to admit
- admito que não estamos a fazer o suficiente – *I admit that we are not doing enough.*
92 | 2282

740 sério *aj* serious
- a poluição é um problema sério – *Pollution is a serious problem.*
93 | 1994 +s

741 operação *nf* operation
- A OTAN, na maior operação militar da sua história, recomeçou o bombardeio – *NATO, in the biggest military operation in its history, resumed bombing.*
91 | 3205

742 indicar *v* to indicate
- Mariano Paulo fez um gesto, a indicar que não tinha importância – *Mariano Paulo made a gesture to indicate that it didn't matter.*
91 | 3135

743 máximo *na* maximum
- além disso, o banco limitou o valor máximo de empréstimo em mil reais – *Besides, the bank limited the maximum value of a loan to one thousand reais.*
92 | 2168

744 normal *na* normal, norm
- a tristeza é uma resposta normal face a uma morte – *Sadness is a normal response when one is faced with death.*
93 | 1724

745 juntar *v* to join, gather together
- seria mais uma a se juntar às 16 já existentes – *It would be one more to join 16 already in existence.*
93 | 1857

746 impedir *v* to impede, prevent
- ele procurava impedir o cumprimento da profecia – *He sought to impede the fulfillment of the prophecy.*
92 | 2179

747 ilha *nf* island
- as ilhas do Havaí são consideradas o sonho de todos os surfistas – *The islands of Hawaii are considered the dream of all surfers.*
90 | 3525

748 espectáculo *nm* show, spectacular, spectacle
- os primeiros espetáculos de teatro que eu vi foram no circo – *The first theatrical shows I saw were in the circus.*
93 | 1954

749 possuir *v* to have, possess
- por ora são eles que possuem o poder – *For now it is they who have the power.*
88 | 5051 +a

750 dado *na* datum, given
- os dados são gravados na superfície do disco – *The data are engraved on the surface of the disc.*
91 | 3240

751 certeza *nf* certainty
- eu tinha certeza absoluta de que o time ia se recuperar – *I had absolute certainty that the team would recover.*
92 | 2340 +s

752 torno *nm* (em t.) around, about
- Saturno efectua uma órbita em torno do Sol cada 29,46 anos – *Saturn completes a full turn around the Sun every 29.46 years.*
93 | 1958

753 frio *na* cold
- muitas espécies hibernam durante a estação fria – *Many species hibernate during the cold season.*
91 | 2796

754 histórico *aj* historic, historical
- em termos históricos, essa prática remonta à civilização egípcia – *In historical terms, that practice goes back to the Egyptian civilization.*
91 | 2558

755 faltar *v* to lack, miss, not be present
- ela sentia uma tristeza imensa porque lhe faltava o tempo para passar com os filhos – *She felt an immense sadness, because the lacked the time to spend with her children.*
91 | 2895

756 iniciar *v* to initiate, begin
- ninguém ousou iniciar uma conversa com o vizinho do lado – *Nobody dared to initiate a conversation with the neighbor next door.*
90 | 3862

757 dedicar *v* to dedicate
- o escultor abandonou os estudos de medicina para se dedicar à arte – *The sculptor abandoned his study of medicine to dedicate himself to art.*
92 | 2072

758 aliás *av* or rather, besides
- ser escritor é difícil, aliás, ser artista é difícil – *Being a writer is difficult, or rather, being an artist is difficult.*
92 | 2077

759 universidade *nf* university
- ele mudou-se para a Suíça, passando a estudar na universidade, onde graduou-se – *He moved to Switzerland where he started to attend the university from which he graduated.*
89 | 4215 +s

760 intenção *nf* intention
- o presidente deixou bem claras as suas intenções de resolver a crise – *The president made clear his intentions to resolve the crisis.*
92 | 2045

761 discurso *nm* speech, discourse
- depois, o vereador fez um discurso emocionado sobre a mudança – *Afterwards, the councilman gave an emotional speech about the change.*
92 | 2222

762 trinta *num* thirty
- ele aparentava vinte e tantos anos de idade, talvez trinta – *He seemed to be in his twenties; he could be thirty.*
94 | 1521

763 apontar *v* to point out, indicate
- tais ferramentas apontam os erros cometidos e sugerem possíveis correções – *Such tools point out errors committed and suggest possible corrections.*
90 | 2773

764 passagem *nf* ticket, fare, way, passage
- ele comprou uma passagem para Nova York; – *He bought a ticket to New York.*
91 | 2253

765 tema *nm* subject, theme, topic
- o tema desta pesquisa é a violência urbana – *The subject of this study is urban violence.*
90 | 2871

766 abandonar *v* to leave, abandon
- em 1963 ele abandonou o país – *In 1963, he left the country.*
90 | 2678

767 notar *v* to note, notice
- Darwin notou que haveria indivíduos mais aptos do que outros – *Darwin noted that there would be some individuals more adept than others.*
92 | 1890

768 coração *nm* heart
- o coração batia apressado – *His heart beat rapidly.*
91 | 3274

769 doente *na* sick (person)
- também se prestava atendimento aos pobres e aos doentes dos bairros periféricos – *They also served the poor and sick of nearby neighborhoods.*
92 | 1949

770 concluir *v* to conclude
- vários estudos concluíram que ela sofria de algumas doenças – *Various studies have concluded that she suffered from several diseases.*
90 | 2712

771 leite *nm* milk
- a vaca dá leite – *The cow gives milk.*
93 | 1462 +s

772 paz *nf* peace
- a Rússia quer um acordo de paz para a Bósnia – *Russia wants a peace treaty for Bosnia.*
90 | 2702

773 margem *nf* margin, border, riverbank
- a batalha foi travada às margens do rio – *The battle was waged on the banks of the river.*
92 | 1994

774 ambos *aj* both
- eles serviram em ambas as guerras mundiais – *They served in both world wars.*
89 | 3531

775 retirar *v* to remove
- a Opel retirou-se de Espanha – *Opal removed its operations from Spain.*
90 | 2571

776 pronto *aj* ready
- a comida estava pronta e quentinha na hora de comer – *The food was hot and ready when it was time to eat.*
91 | 2340 +s -a

777 vencer *v* to win, triumph
- apesar da inferioridade numérica, Clive venceu a batalha – *Despite numeric inferiority, Clive won the battle.*
90 | 2839

778 discussão *nf* discussion, debate
- o governo está aberto a discussões sobre o sistema financeiro do Estado – *The government is open to discussion about the state's financial system.*
92 | 1743

779 hospital *nm* hospital
- ele foi internado no hospital há 21 dias com problemas respiratórios – *He was admitted to the hospital with respiratory problems 21 days ago.*
92 | 2209

780 instrumento *nm* instrument
- na verdade, ele usava o ábaco como instrumento musical – *Actually, he used the abacus as a musical instrument.*
91 | 2294

781 minuto *nm* minute
- o jogo é dividido em 4 períodos de 12 minutos intervalados – *The game is divided into 4 periods of 12-minute intervals.*
90 | 3026

782 monte *nm* mount, mound, a lot of
- o monte Everest é o mais elevado do mundo – *Mount Everest is the highest one in the world.*
92 | 1887

783 campanha *nf* campaign
- a campanha para as eleições gerais de 1980 foi extremamente violenta – *The campaign for the general elections of 1980 was extremely violent.*
91 | 2757

784 incluir *v* to include
- sintomas mais severos podem incluir espasmos musculares – *More severe symptoms can include muscular spasms.*
87 | 5967 +a

785 prever *v* to foresee
- não é fácil prever o que acontecerá – *It isn't easy to foresee what will happen.*
90 | 3227 +n

786 tarefa *nf* assignment, task, homework
- eles estavam interessados nos trabalhos e tarefas escolares – *They were interested in their work and homework.*
93 | 1658

787 indústria *nf* industry
- as indústrias da Polónia incluem têxteis, produtos químicos e ferramentas – *The industries of Poland include textiles, chemical products and tools.*
89 | 3471

788 viajar *v* to travel
- as delegações dos dois times viajaram ontem para a capital argentina – *The delegations for the two teams traveled yesterday to the Argentine capital.*
92 | 1589

789 reforma *nf* reform
- a reforma agrária não pára – *The agrarian reform hasn't stopped.*
89 | 3658 +s

790 vento *nm* wind
- o vento soprava com violência – *The wind blew violently.*
92 | 2242

791 especializar *v* to specialize in (+se)
- especializou-se em filmes de terror e ficção científica – *He specialized in horror films and science fiction films*
94 | 1347 +s

792 saída *nf* exit
- está na hora de procurar a saída de emergência – *It is time to look for the emergency exit.*
92 | 1762

793 esquecer *v* to forget
- você se esqueceu do que veio fazer aqui? – *Have you forgotten what you came to do here?*
89 | 3449

794 adquirir *v* to acquire
- Dom Fernando adquiriu obras de numerosos pintores – *Don Fernando acquired works from numerous painters.*
92 | 1896

795 pergunta *nf* question
- a resposta para estas perguntas poderia ser sim – *The answer to these questions could be yes.*
91 | 2089 +s

796 boca *nf* mouth
- na frente dela ele ficava calado, não tinha coragem de abrir a boca – *In front of her he remained silent; he didn't have the courage to open his mouth.*
90 | 3722

797 organização *nf* organization
- os partidos políticos são organizações que têm por objectivo a conquista do poder – *Political parties are organizations whose main objective is power.*
89 | 3564

798 poeta *nm* poet
- o poeta acabou por escrever um longo e belo poema – *The poet ended up writing a long and beautiful poem.*
90 | 2658

799 cargo *nm* position, responsibility
- ele ocupou os cargos de professor e reitor na universidade – *He had the positions of professor and dean at the University.*
90 | 2948

800 capacidade *nf* capacity
- o presídio tem capacidade para 80 homens – *The prison has the capacity to hold 80 men.*
89 | 2844

801 cantar *v* to sing
- é por respeito a eles que não vou cantar música brasileira – *It is out of respect for them that I won't sing Brazilian music.*
91 | 2306

802 chefe *nm* chief, boss
- normalmente é o chefe do Estado que emite a ratificação – *Normally it is the chief of state that sponsors ratification.*
89 | 2928

6. Family

General terms:

familiar 841 M **relating to the family, family member (also familiar ADJ)**

casamento 945 M **marriage, wedding**

casal 1309 M **married couple**

lar 2568 M **home**

adopção 3488 F **adoption**

divórcio 4354 M **divorce**

parentesco 5668 M **kinship**

Members of a family:

filho 143 M **son, children (PL)**

pai 170 M **father, parents (PL)**

mãe 272 F **mother**

filha 468 F **daughter**

irmão 488 M **brother**

marido 737 M **husband**

irmã 1100 F **sister**

neto 1428 M **grandson, grandchildren (PL)**

parente 1827 MF **relative, extended family member**

esposa 1885 F **wife**

primo 1968 M **cousin (M)**

tio 2048 M **uncle**

avô 2369 M **grandfather**

sobrinho 2634 M **nephew**

viúva 2683 F **widow**

avó 3551 F **grandmother**

cunhado 3758 MF **brother-in-law (cunhada = sister-in-law)**

tia 3798 F **aunt**

noiva 3814 F **fiancee, bride**

genro 4043 M **son-in-law**

noivo 4090 M **fiancé, bridegroom**

padrinho 4150 M **godfather**

sobrinha 4524 F **niece**

nora 4590 F **daughter-in-law**

papai 4773 M **daddy**

sogro 5503 M **father-in-law**

prima 5518 F **cousin (F)**

neta 5878 F **granddaughter**

cônjuge 6292 MF **spouse**

sogra 6317 F **mother-in-law**

mamãe 6370 F **mom [BP]**

viúvo 8111 M **widower**

papá 8706 M **dad**

esposo 8737 M **husband**

---

803 **exército** *nm* army
- a República invadiu o sertão com um grande exército – *The Republic invaded the backlands with a large army.*
91 | 2654

804 **corrente** *na* current, chain
- a corrente eléctrica é devida ao movimento de electrões – *Electric current is produced by the movement of electrons.*
90 | 2599

805 **festa** *nf* party, celebration
- em Roma neste momento vão continuando as festas do Carnaval – *In Rome, at this moment, Carnival celebrations continue.*
90 | 2675

806 **melhorar** *v* to improve, make better
- Em vez de melhorar, as coisas só pioraram – *Instead of improving, things just got worse.*
92 | 1567

807 **pensamento** *nm* thought
- a esquizofrenia provoca, no pensamento do paciente, um forte afastamento da realidade – *Schizophrenia causes, in the patient's thoughts, a great detachment from reality.*
89 | 2834

808 **limite** *nm* limit
- o limite mínimo de idade para aposentadoria será de 53 anos – *The minimum age limit for retirement will be 53.*
92 | 1847

809 **atender** *v* to help, receive, give attention
- o senhor Manuel não pode atender os clientes hoje. Ele foi a um funeral – *Mr. Manuel can't help his customers today. He has gone to a funeral.*
92 | 1680

810 **profundo** *aj* deep, profound
- as fossas oceânicas representam as partes mais profundas dos oceanos – *Oceanic trenches are the deepest parts of the oceans.*
91 | 1908

811 **aula** *nf* class, lesson
- todas as aulas foram dadas por outros professores do Departamento – *All of the classes were taught by other professors in the Department.*
93 | 1314 +s

812 **pesar** *v* to weigh
- quando nasceu, o Jacinto pesava 800 gramas – *When he was born, Jacinto weighed 800 grams.*
91 | 1919

813 **ministério** *nm* ministry
- O pedido de investigação será encaminhado ao Ministério da Justiça – *The request for an investigation will be sent on to the Ministry of Justice.*
89 | 3490 +n

814 **longe** *av* far
- Coimbra fica muito longe de Madri – *Coimbra is very far from Madrid.*
88 | 4031 +f

815 **estrutura** *nf* structure
- grande parte da estrutura metálica está comprometida pela corrosão – *A large part of this metallic structure is compromised due to corrosion.*
88 | 4440

816 **aplicar** *v* to apply
- os professores em formação vão aplicar os conhecimentos adquiridos previamente –

The professors in training will be applying previously acquired knowledge.
90 | 2619

817 uso *nm* use
- ele defendia o uso de drogas – *He defended the use of drugs.*
89 | 3372

818 conduzir *v* to lead, conduct
- ele é a pessoa mais bem preparada para conduzir o partido a uma vitória – *He is the most well prepared person to lead the party to a victory.*
91 | 2011

819 vermelho *aj* red
- o algodão ficou vermelho de sangue – *The cotton became red with blood.*
89 | 2654

820 pintura *nf* painting
- as mais antigas pinturas em grutas são atribuídas aos povos da Europa – *The oldest cave paintings are attributed to the people of Europe.*
91 | 2132

821 ramo *nm* branch
- a planta pegou, botando raízes firmes e espigando ramos e folhas – *The plant took root, growing firm roots and sprouting branches and leaves.*
90 | 2064

822 cavalo *nm* horse
- e, pronto o cavalo, ele montou e foi para a vila – *And, his horse being ready, he mounted and went into the village.*
91 | 2028

823 índio *nm* Indian, Native American
- dizem que nós índios somos selvagens, mas selvagens são eles – *They say that we, Indians, are savages, but they are the savages.*
89 | 2670

824 comercial *aj* commercial
- o golfo é uma via marítima comercial – *The gulf is a commercial maritime route.*
89 | 3076

825 técnico *na* technical, coach, technician
- o técnico do time baiano ainda não escolheu o substituto – *The coach of the team from Bahia still hasn't chosen a substitute.*
87 | 4255

826 disco *nm* record, disc
- os primeiros discos que gravou foram apenas êxitos regionais – *The first records he recorded were only regional successes.*
91 | 1860 +s

827 sujeito *nm* subject
- os sujeitos que participaram no estudo mentiram – *The subjects who participated in the study lied.*
92 | 1607

828 preocupar *v* to worry about
- ele deveria se preocupar mais com os problemas dele do que com os dos outros – *He should worry more about his own problems than other people's.*
92 | 1597 +s

829 afastar *v* to walk away, withdraw
- ele se afastou da mesa – *He walked away from the table.*
90 | 2493

830 metade *nf* half
- a população asiática representa mais da metade da população mundial – *The Asian population represents more than half of the world population.*
91 | 1715

831 directo *aj* direct
- o vírus é transmitido por contacto directo – *The virus is transmitted by direct contact.*
90 | 2290

832 respeitar *v* to respect
- o governo precisa respeitar as regras – *The government needs to respect the rules.*
92 | 1450

833 linguagem *nf* language
- na linguagem quotidiana usamos constantemente vocábulos árabes – *We use Arabic vocabulary constantly in our daily language.*
91 | 1879

834 união *nf* union
- Portugal é o terceiro maior consumidor da União Europeia – *Portugal is the third largest consumer in the European Union.*
88 | 3516

835 parede *nf* wall
- ele ergueu os olhos do soalho e passeou-os pelas paredes manchadas da sala – *He lifted his eyes from the floor, and gazed over the stained walls of the room.*
90 | 2608

836 fogo *nm* fire
- o fogo do inferno é tradicionalmente oposto à luz divina – *Hellfire is traditionally the opposite of divine light.*
90 | 2089

837 arma *nf* weapon, arm
- as armas nucleares provêm da divisão do núcleo atômico – *Nuclear weapons work are the product of the splitting the atomic nucleus.*
89 | 2390

838 advogado *nm* lawyer, attorney
- os advogados pediram ao juiz que lhes permitisse uns momentos em privado – *The lawyers asked the judge to be permitted a few moments in private.*
91 | 1943

839 cuidar *v* to take care
- eu coloquei uma administradora para cuidar das contas – *I got a manager to take care of the accounts.*
92 | 1661

840 caixa *nf* box, cash register
- as versões mais recentes estão embaladas numa caixa plástica rígida – *The most recent versions are packaged in a hard plastic box.*
90 | 2016

841 familiar *na* familiar, of the family, family member
- aquilo era um velho dito familiar, mas sempre o aborrecia – *That was an old family saying, but it always bothered him.*
91 | 1524

842 completar *v* to complete
- Pedro completou o trabalho no centro da defesa sem grandes problemas – *Pedro completed his work in the defense center without any major problems.*
90 | 2005

843 aluno *nm* student, pupil
- devia haver uma ligação maior entre o professor e o aluno – *There ought to be more of a connection between teacher and student.*
89 | 2190 +s

844 entretanto *av* meanwhile, however
- na região do sul, entretanto ocupada pelos árabes, a cultura predominante era a do islamismo – *In the southern region, meanwhile occupied by the Arabs, the predominant culture was that of Islam.*
87 | 3082

845 revolução *nf* revolution
- a Revolução Industrial veio modificar os mecanismos de produção – *The Industrial Revolution changed the means of production.*
90 | 2000

846 nota *nf* note, grade, mark
- o músico então varia a nota produzida pelo seu instrumento – *The musician then varies the note produced by his instrument.*
91 | 1918

847 causar *v* to cause
- e foi isto que causou tudo o que depois aconteceu – *And this is what caused all that happened afterwards.*
88 | 2855

848 armado *aj* armed, military
- o conflito armado chegara ao fim, mas tinha início a Guerra Fria – *The armed conflict had come to an end, but it was the beginning of the cold war.*
92 | 1544

849 custo *nm* cost
- o custo total do programa excedeu 24 milhões de dólares – *The total cost of the program exceeded 24 million dollars.*
88 | 2660

850 procura *nf* search
- ele já está à procura de comprador para um de seus imóveis – *He has already begun the search for a buyer for one of his properties.*
91 | 1591

851 escolha *nf* choice
- a Constituição garante a liberdade de esolha. É proibido proibir – *The Constitution guarantees the freedom of choice. Prohibiting is prohibited.*
92 | 1551

852 literário *aj* literary
- o autor escreveu ainda muitas obras de crítica literária – *The author wrote even more works of literary criticism.*
91 | 1792

853 responsável *na* responsible, person in charge
- os EUA são responsáveis por 40% da poluição mundial – *The USA is responsible for 40 percent of the world pollution.*
86 | 4506

854 mesa *nf* table
- o café está na mesa – *The coffee is on the table.*
88 | 3743

855 físico *na* physical, physicist
- o exercício físico regular melhora a forma física – *Regular physical exercise improves physical well-being.*
89 | 2669

856 tamanho *nm* size
- o seu tamanho varia entre vários centímetros e vários metros – *Its size varies from several centimeters to several meters.*
90 | 2117

857 leitura *nf* reading
- parecia-lhe claro, a partir da leitura da epístola – *It seemed clear to him after the reading of the epistle.*
92 | 1400

858 suficiente *aj* sufficient
- a quantidade é suficiente para 30 dias – *The quantity is sufficient for 30 days.*
92 | 1492

859 aproximar *v* to approach, move closer
- o dia que ele resolver aproximar-se de mim, eu falo com ele – *The day that he decides to approach me, I'll talk with him.*
89 | 2537

860 data *nf* date
- 4 de julho é a data da independência americana – *July 4 is the date of the American independence.*
89 | 2341

861 pegar *v* to get, grab, catch
- ele disse para eu pegar a bola e chutar forte para o gol – *He told me to get the ball and kick it hard at the goal.*
88 | 2886 +s

862 artigo *nm* article
- comecei a tremer quando li o artigo no jornal – *I began to shake as I read the article in the newspaper.*
88 | 2937

863 oposição *nf* opposition
- a cidade era uma fortaleza da oposição republicana ao ditador – *The city was a fort of republican opposition to the dictator.*
90 | 2213

864 ponte *nf* bridge
- aqui o engenheiro construiu três pontes sobre o rio, entre outras estruturas – *Here the engineer built three bridges over the river, among other structures.*
91 | 1593

865 menino *nm* young boy
- o menino foi entregue à Divisão de Proteção à Criança – *The young boy was taken to the Division of Child Protection.*
89 | 2790

866 fixar *v* to establish, fix (onto)
- houve necessidade de fixar fronteiras em relação aos territórios – *It was necessary to establish territorial boundaries.*
89 | 2361

867 automóvel *nm* car, automobile
- as ruas estavam congestionadas de automóveis, lançando fumos para a atmosfera – *The roads were full of cars, sending smoke into the atmosphere.*
90 | 1787

868 absoluto *aj* absolute
- tenho certeza absoluta de que sou a reencarnação dela – *I have absolute certainty that I am her reincarnation.*
91 | 1458

869 cara *nf* face
- o sol batia direto na minha cara – *The sun was shining right in my face.*
87 | 3895

870 consequência *nf* consequence
- o país está a sofrer as consequências do adiamento da construção – *The country is suffering the consequences of putting off the construction.*
90 | 1793

871 planta *nf* plant
- as plantas desta espécie são bulbosas, com folhas lineares – *The plants of this species are bulbous, with straight leaves.*
89 | 2917 +a -n

872 importar *v* to be interested in, care, import
- pouco me importo com a opinião dos outros – *I am not very interested in the opinion of others.*
89 | 1826

873 caber *v* to fit (into), have capacity for
- nesta sala cabem 200 pessoas ombro a ombro – *200 people fit in this room shoulder to shoulder.*
90 | 1771

874 perna *nf* leg
- ela sentou, cruzou as pernas, começou a folhear uma revista estrangeira – *She sat down, crossed her legs, and began to flip through a foreign magazine.*
90 | 2419

875 perspectiva *nf* perspective
- a filosofia era encarada nesta escola sob uma perspectiva dogmática – *Philosophy was looked at, according to this school of thought, from a dogmatic perspective.*
91 | 1524 +s

876 religioso *na* religious (person)
- os seus rituais religiosos incluíam sacrifícios humanos em grande escala – *Their religious rituals include human sacrifices on a grand scale.*
89 | 2247

877 nove *num* nine
- o período de gestação do ser humano é cerca de nove meses – *The gestation period in humans is about nine months.*
90 | 1573

878 concordar *v* to agree
- não tenho que discordar nem que concordar – *I don't have to agree or disagree.*
91 | 1420 +s

879 impor *v* to impose, enforce
- o governo impôs limitações à actividade do grupo – *The government imposed limitations on this group's activity.*
91 | 1522

880 exposição *nf* exposition, display
- ele apresentou ainda trabalhos seus na Exposição de Arte Moderna – *He also displayed his works at the Exposition of Modern Art.*
89 | 2314

881 interno *aj* internal
- as suas reformas administrativas internas são ainda hoje uma realidade – *His internal administrative reforms are still a reality today.*
88 | 2727

882 sector *nm* sector
- as melhorias, neste sector, são estruturais e funcionais – *The improvements in this sector are both structural and functional.*
86 | 4062 +s

883 lutar *v* to fight
- a juventude nas brigadas lutava contra os velhos costumes – *The youth in the brigade fought against the old customs.*
91 | 1449

884 ideal *na* ideal
- viveu até os 97 anos, sempre defendendo os ideais pacifistas – *He lived to be 97 years old, always defending pacifist ideals.*
91 | 1356

885 substituir *v* to substitute
- um mundo artificial vai substituir o mundo real – *An artificial world will substitute the real world.*
89 | 2091

886 tendência *nf* tendency
- a nossa geração tinha uma tendência de esquerda democrática, não-comunista – *Our generation had a tendency toward the democratic, non-communist left.*
89 | 1890

887 governador *nm* governor
- homem de estado, ele foi governador de Atenas durante dez anos – *A statesman, he was the governor of Athens for 10 years.*
89 | 2490

888 funcionário *nm* employee, worker
- naquela empresa os funcionários eram dedicados aos patrões – *In that company, the employees were loyal to their bosses.*
89 | 2163

889 roda *nf* wheel
- a maior parte dos automóveis tem quatro rodas – *Most automobiles have four wheels.*
91 | 1509 +s

890 candidato *nm* candidate
- as eleições presidenciais foram ganhas pelo candidato do Partido Social Democrata – *The presidential elections were won by the candidate for the Social Democratic Party.*
88 | 3526 +n

891 compor *v* to compose, consist of
- ele compôs três músicas – *He composed three pieces of music.*
90 | 1990

892 costumar *v* to tend to, have the habit of
- as fêmeas costumam ser um pouco menores que os machos – *The females tend to be a little smaller than the males.*
90 | 1401 +s

893 impressão *nf* impression, printing
- não sei por quê, mas tenho a impressão que ela não simpatiza comigo – *I don't know why, but I have the impression that she doesn't like me that much.*
90 | 1673 +s

894 hipótese *nf* hypothesis
- a hipótese foi elaborada pelo cientista – *The hypothesis was articulated by the scientist.*
89 | 1815

895 verão *nm* summer
- o verão chega e consigo traz o calor – *Summer comes and brings warmth with it.*
91 | 1346

896 cobrir *v* to cover
- esse valor foi insuficiente para cobrir o custo de produção – *This amount was insufficient to cover the cost of production.*
89 | 2162

897 reflectir *v* to reflect
- os planetas reflectem a luz das estrelas – *The planets reflect the light of the stars.*
91 | 1414

898 anunciar *v* to announce
- não sabemos o que o ministro vai anunciar – *We don't know what the minister will announce.*
88 | 2874 +n

899 dispor *v* to possess, have, use
- os discos ópticos dispõem de capacidade de armazenamento – *Optical discs possess storage capacity.*
88 | 2333

900 violência *nf* violence
- a violência no país atingiu níveis assusta-dores – *Violence within the country has reached astounding levels.*
90 | 1690

901 virar *v* to turn, become
- agora a empresa virou uma nova página na história da publicidade em Portugal – *Now the company has turned a new page in the history of advertising in Portugal.*
88 | 2790

902 seguro *na* secure, safe, insurance
- era um esconderijo seguro de que ninguém suspeitaria – *It was a safe hiding place that nobody would suspect.*
89 | 1866

903 instituição *nf* institution
- as instituições governamentais para a promoção da saúde iniciaram campanhas de publicidade – *Governmental institutions for the promotion of health began public campaigns.*
88 | 2837

904 exercer *v* to exert, exercise
- você exerceu uma influência decisiva – *You exert a decisive influence.*
89 | 2002 +a

905 durar *v* to last
- o período dura todo o ano – *The period lasts the whole year.*
90 | 1549

906 perguntar *v* to ask (a question)
- eu perguntei se o vôo estava cheio – *I asked if the flight was full.*
85 | 5373 -a

907 café *nm* coffee
- ele tomava o café às sete e se sentava a fumar à porta – *He would drink his coffee at seven and sit down to smoke by the door.*
88 | 2343

908 financeiro *aj* financial
- a iniciativa conta, ainda, com o apoio financeiro de várias empresas – *The initiative is also counting on the financial support of several companies.*
87 | 3154

909 abaixo *av* below, beneath, under
- porém, as taxas de reciclagem estão muito abaixo do desejável – *However, recycling levels are far below what is desirable.*
89 | 1614

910 fotografia *nf* photograph, photography
- ele comprou uma câmara usada e começou a tirar fotografias – *He bought a used camera and began to take photographs.*
90 | 1324 +s

911 conhecido *aj* known
- ele é muito conhecido e respeitado – *He is well known and highly respected.*
88 | 2538

912 utilizar *v* to utilize
- o país não sabe utilizar correctamente os recursos disponíveis – *The country doesn't know how to utilize its available resources effectively.*
86 | 3964 +a -f

913 vantagem *nf* advantage
- os processadores de texto oferecem vantagens sobre as máquinas de escrever – *Word processors offer advantages over typewriters.*
90 | 1643

914 regime *nm* regime
- os regimes antiliberais acabam sempre na guerra e na miséria – *Oppressive regimes always end in war and misery.*
88 | 2237

915 sítio *nm* site, place, small farm [BP]
- o sítio arqueológico está sendo escavado e restaurado há vários anos – *The archaeological site is being excavated and restored for several years now.*
91 | 1341 +s

916 citar *v* to cite, quote
- citei alguns exemplos de práticas comuns no nosso país – *I cited some examples of common practices in our country.*
89 | 1762

917 tradição *nf* tradition
- segundo a tradição judaica, a arca conteria as tábuas dos dez mandamentos – *According to Jewish tradition, the ark contained the tables of the Ten Commandments.*
89 | 1816

918 alcançar *v* to reach, attain
- estendi o braço mas não conseguia alcançar a mesinha de cabeceira – *I stretched out my arm but wasn't able to reach the nightstand.*
88 | 2184

919 desenvolvimento *nm* development
- a psicologia do desenvolvimento foi muito influenciada pelas teorias cognitivas – *Developmental psychology was heavily influenced by cognitive theory.*
84 | 5175

920 sonho *nm* dream
- ele adormeceu por fim e teve sonhos bizarros – *He finally fell asleep and had bizarre dreams.*
89 | 2321

921 jardim *nm* garden
- há muitas flores neste jardim – *There are many flowers in this garden.*
89 | 2017

922 assembleia *nf* assembly
- existe uma assembleia nacional de 120 membros eleita por voto – *There is a national assembly of 120 members, elected by vote.*
87 | 2918

923 corte *nmf* cut (M), court (F)
- o mestre segurou a faca e fez um pequeno corte na madeira – *The master held the knife and made a small cut on the wood.*
88 | 1919

924 estrela *nf* star
- as estrelas cobrem o céu de lado a lado – *The stars cover the sky from one horizon to the other.*
87 | 2428

925 impossível *aj* impossible
- é impossível alguém escapar às regras – *It is impossible for anyone to avoid keeping the rules.*
90 | 1567

926 determinado *aj* determined, certain
- para convidar os interessados a apresentar suas propostas em prazo determinado – *To invite those interested to present their proposals within a certain time frame*
88 | 2481 +s

927 faculdade *nf* college, faculty
- aos 25 anos regressou à faculdade para uma licenciatura em geologia – *At 25 years of age, he returned to college to get a degree in Geology.*
91 | 1261 +s

928 voto *nm* vote, vow
- o magistrado é eleito por voto popular para um período de três anos – *The magistrate is elected by popular vote for a three-year term.*
88 | 2567

929 estudante *nc* student
- A sua adesão ao partido deu-se quando ele era estudante universitário – *He joined to political party when he was a college student.*
89 | 1783

930 padre *nm* priest, father (religious)
- ele se arrependeu e confessou logo o pecado ao padre – *He repented and confessed his sin to the priest right away.*
87 | 3442

931 média *na* average, middle (class)
- os relatos duraram em média uma hora e meia – *The reports last, on average, an hour and a half.*
86 | 3356

932 exterior *na* outside, exterior
- a disciplina se mostra no interior e no exterior – *Discipline is shown on the inside and on the outside.*
89 | 1832

933 associação *nf* association, organization
- as associações organizam encontros, eventos, conferências e actividades – *The associations organize meetings, events, conferences and activities.*
86 | 3430

934 comunidade *nf* community
- a comunidade internacional continua preocupada com o programa nuclear da Coreia – *The international community continues to be worried about the Korean nuclear program.*
88 | 2381

935 simplesmente *av* simply
- ela é simplesmente maravilhosa – *She is simply marvelous.*
91 | 1197

936 notícia *nf* news
- ele abriu o jornal e leu a notícia do desastre atentamente – *He opened the newspaper and read the news about the disaster closely.*
87 | 2236

937 desaparecer *v* to disappear
- se os sintomas não desaparecerem, procure um médico – *If the symptoms don't disappear, seek a doctor.*
88 | 2048

938 cão *nm* dog
- veio um cão enorme lá de dentro, aos saltos e latidos – *An enormous dog came running from inside, jumping and barking.*
89 | 1900

939 sede *nf* headquarters, thirst
- a sede do Conselho Mundial dos Povos Indígenas encontra-se no Canadá – *The headquarters for the World Council of Indigenous Peoples is in Canada.*
88 | 2055

940 transporte *nm* transportation
- a bicicleta é uma forma de transporte não-poluente e energicamente eficiente – *The bicycle is a form of transportation that doesn't pollute and is energy efficient.*
89 | 1761

941 cedo *av* early, soon
- a procura começou cedo, pouco antes das 7 horas – *The search began early, a little before 7 a.m.*
89 | 1618

942 ensinar *v* to teach
- ofereci-me para ensinar latim à Sofia – *I offered to teach Latin to Sophie.*
89 | 1436

943 perante *prp* before (in front of)
- todos são iguais perante a lei – *All are equal before the law.*
90 | 1550

944 renda *nf* income
- o imposto de renda tradicional promove a justiça social – *Income taxes promote social welfare.*
89 | 1543

945 casamento *nm* marriage
- o casamento, todavia, somente se desfaz pelo divórcio – *The marriage, however, is only undone by divorce.*
88 | 1761

946 semelhante *aj* similar
- os direitos dos voluntários são semelhantes aos dos trabalhadores remunerados – *Volunteers' rights are similar to those of paid workers.*
88 | 2125

947 amarelo *aj* yellow
- a cor do Sol mudará de amarela para laranja – *The color of the sun will change from yellow to orange.*
88 | 1662

948 enfrentar *v* to face, confront
- apesar da abolição, os negros enfrentaram sérios problemas sociais – *Despite the abolition, blacks still faced serious social problems.*
88 | 1810

949 moral *na* moral, ethics, morale
- esse filósofo alemão rejeitou os valores morais absolutos – *This German philosopher rejected absolute moral values.*
89 | 1670

950 cruz *nf* cross
- constantino tinha tido uma visão da cruz de Cristo sobre o sol – *Constantine had had a vision of the cross of Christ over the sun.*
89 | 1655

951 convidar *v* to invite
- no dia seguinte ele os queria convidar para o jantar – *The following day he wanted to invite them to dinner.*
88 | 1705

952 distância *nf* distance
- existem dois alvos a uma distância de 35 metros um do outro – *There are two targets at a distance of 35 meters from each other.*
88 | 2141

953 carácter *nm* personality, character
- a tua irmã tem um carácter insociável – *Your sister has an anti-social personality.*
88 | 2139

954 nação *nf* nation
- as sanções decretadas pelas Nações Unidas não foram levantadas – *The sanctions decreed by the United Nations were not lifted.*
89 | 1910

955 prazo *nm* deadline, term, amount of time
- o prazo de entrega vence em 30 de abril – *The deadline for delivery is April 30.*
86 | 2988

956 separar *v* to separate
- tanta coisa que os unia e tanta que os separava! – *There was so much that united them and there was so much that separated them!*
89 | 1604

957 pior *aj* worse, worst
- a situação no Brasil está cada vez pior – *The situation in Brazil is getting worse and worse.*
88 | 2039

958 rapaz *nm* young man, kid
- as mãos do rapaz e da moça se procuraram – *The hands of the young man and the young woman sought each other.*
86 | 3087 +s -a

959 braço *nm* arm
- ele levantou o braço direito e apontou para o amigo – *He lifted up his right arm and pointed to his friend.*
86 | 4530 +f

960 prémio *nm* prize
- Alexis Carrel ganhou o Prémio Nobel de Medicina em 1912 – *Alexis Carrel won the Nobel Prize for Medicine in 1912.*
86 | 2714

961 atravessar *v* to cross, pass
- então, para atravessar a rua, o pedestre tem que ter muito cuidado – *Then, to cross the street, the pedestrian has to be very careful.*
87 | 2255

962 batalha *nf* battle
- antes de ganhar a batalha pela custódia, eles passaram por vários abusos – *Before winning the custody battle, they were abused several times.*
88 | 2050

7. Materials

papel 254 M paper (also role)	**carvão** 2346 M coal	**chumbo** 3377 M lead (metal)
pedra 471 F stone	**cristal** 2411 M crystal	**bronze** 3403 M bronze
madeira 473 F wood	**algodão** 2441 M cotton	**mármore** 3614 M marble
ferro 730 M iron	**aço** 2463 M steel	**tijolo** 3986 M brick
ouro 996 M gold	**prata** 2482 F silver	**alumínio** 4264 M aluminum
barro 1276 M clay, mud	**borracha** 2804 F rubber	**arame** 4385 M metal wire
plástico 1412 M plastic	**seda** 3003 F silk	**cera** 4394 F wax
metal 1561 M metal	**palha** 3119 F hay, straw	**cerâmica** 4676 F ceramic
vidro 1563 M glass	**lã** 3134 F wool	**marfim** 4762 M ivory
óleo 1930 M oil	**cobre** 3176 M copper	**granito** 5149 M granite
petróleo 2033 M petroleum	**cimento** 3184 M cement	**pérola** 5360 F pearl
tecido 2068 M material, fabric, tissue	**linho** 3245 M linen, flax	
	diamante 3299 M diamond	

963 **reacção** nf reaction
- tenho a asma, que é uma reacção alérgica – I have asthma, which is an allergic reaction.
88 | 1825

964 **acesso** nm access
- ele obteve acesso ao documento protegido – He gained access to the classified document.
87 | 2074

965 **tratamento** nm treatment
- é desumano negar o tratamento aos doentes – It is inhumane to deny treatment to the ill.
88 | 2160

966 **salvar** v to save
- é a nossa última chance de salvar as matas da região – It is our last chance to save the wilderness of the region.
88 | 1806

967 **membro** nm member
- cada membro da família tinha um lugar certo – Every family member had his or her own place.
85 | 3666

968 **gosto** nm taste, preference
- é um tanto sentimental demais para o meu gosto – It's a little too sentimental for my taste.
88 | 1665 +s

969 **atrair** v to attract
- não tenho por ele antipatia; mas nada me atrai a ele – I don't hold antipathy towards him; but nothing attracts me to him.
90 | 1311

970 **profissão** nf profession
- ele foi professor mas abandonou a profissão para se tornar director – He was a teacher but he abandoned his profession to become a director.
90 | 1129 +s

971 **poesia** nf poetry
- Desiste da prosa, tenta a poesia! – Quit prose, try poetry!
88 | 1761

972 **busca** nf search
- ele atravessou o istmo do Panamá em busca de ouro – He crossed the isthmus of Panama in search of gold.
88 | 1649

973 **actor** nm actor
- ele foi nomeado para o Óscar de Melhor Actor – He was nominated for an Oscar for Best Actor.
87 | 1770 +s

974 **limitar** v to limit
- eu me limitava a responder o que ela me perguntava – I limited myself to answering what she asked me.
88 | 1620

975 **novamente** av again, newly, recently
- os ex-amigos encontram-se novamente – The ex-friends meet again.
88 | 1511

976 **página** nf page
- esse prefácio tem cerca de 80 páginas – That preface has around 80 pages.
88 | 1638

977 **permanecer** v to stay, remain
- eu por minha parte só permaneço aqui até ao dia 31 – I, for my part, will only stay here until the 31st.
86 | 2659

978 **desejo** nm desire
- um desejo sincero é sempre concretizado – A sincere desire always comes true.
87 | 2071

979 **destino** nm destination
- a carta já chegou ao destino – The letter has already arrived at its destination.
88 | 1978

980 espanhol *na* Spanish
- ele não fala espanhol – *He doesn't speak Spanish.*
87 | 2069

981 marca *nf* brand name, mark
- experimente esta nova marca de sabão – *Try this new brand of soap.*
88 | 1655

982 conter *v* to contain
- os aços contêm até 5% de silício – *Steel contains up to 5% silicon.*
85 | 3035

983 vinho *nm* wine
- Dioniso, na tradição grega, é deus do vinho – *Dionysus, in the Greek tradition, is the god of wine.*
88 | 1588 +s

984 quente *aj* hot
- o clima é tropical quente – *The climate is hot tropical.*
89 | 1526

985 trás *prp* back, behind
- ele inclina-se para trás na cadeira – *He leans back on the chair.*
88 | 1718

986 acto *nm* act
- no primeiro acto a actriz deixou cair a peruca – *During the first act the actress dropped her wig.*
88 | 1718

987 ligação *nf* connection, phone call
- as ligações entre a cidade e a auto-estrada vão finalmente melhorar – *The connections between the city and the freeway will finally improve.*
87 | 1790

988 intelectual *na* intellectual
- os signatários são intelectuais, professores universitários e artistas – *The supporters are intellectuals, university professors and artists.*
89 | 1161

989 tom *nm* tone, sound
- a coloração varia desde o preto até tons mais claros – *The coloring can go from black to lighter tones.*
87 | 1951

990 estender *v* to extend, stretch
- a principal função do quadríceps femoral é de estender os joelhos – *The main function of the femoral quadriceps is to extend the knees.*
86 | 2579

991 visitar *v* to visit
- os magos foram visitar o menino Jesus – *The Magi went to visit the baby Jesus.*
88 | 1640

992 bastar *v* to be enough, suffice
- não comprava nada, bastava-me ver e sonhar – *I didn't buy anything; it was enough to just see it and dream.*
87 | 1887

993 cidadão *nm* citizen
- eles obrigavam todos os cidadãos masculinos a cumprirem o serviço militar – *They require all male citizens to sign up for military service.*
87 | 1749

994 companheiro *nm* companion, colleague
- em toda a sua vida nunca tinha tido um companheiro que lhe fosse fiel – *In all of her life she had never had a companion who was faithful to her.*
88 | 1974

995 crer *v* to believe
- eu creio na minha religião – *I believe in my religion.*
88 | 1543 +s

996 ouro *nm* gold
- é uma excelente cavaleira, tendo ganho uma medalha de ouro – *She is an excellent rider, having won a gold medal.*
86 | 2304

997 eléctrico *aj* electric
- a eletrólise ocorre quando uma corrente elétrica atravessa um composto químico – *Electrolysis occurs when an electric current passes through a chemical compound.*
87 | 2386

998 seco *aj* dry
- a terra estava seca pela falta de chuva – *The land was dry due to the lack of rain.*
88 | 1734

999 fábrica *nf* factory
- ele trabalhava numa fábrica de móveis – *He worked in a furniture factory.*
88 | 1451

1000 acrescentar *v* to add to
- eu queria acrescentar uma coisa ao que a Aline disse – *I wanted to add something to what Aline said.*
86 | 2436

1001 juiz *nm* judge, referee
- o Supremo Tribunal compreende nove juízes indicados pelo presidente – *The Supreme Court is made up of nine judges appointed by the president.*
86 | 1995

1002 original *na* original
- há um pecado original – *There is an original sin.*
88 | 1688

1003 dívida *nf* debt
- ele tem as suas dívidas por pagar, os seus votos por cumprir – *He has his debts to pay, his promises to keep.*
87 | 1869

1004 chão *nm* ground, floor
- ele estava tão tonto que deixou cair ao chão uma tigela de porcelana! – *He was so dizzy that he let a porcelain bowl fall to the ground!*
86 | 2567

1005 eleger *v* to elect, choose
- os sérvios voltam amanhã às urnas para tentar eleger um novo presidente – *The Serbians will return tomorrow to the voting booths to try to elect a new President.*
85 | 2667

1006 tentativa *nf* attempt
- o fracasso da segunda tentativa forçou os franceses a renderem-se – *The failure of the second attempt forced the French to surrender.*
87 | 1961

1007 alemão *na* German
- Ele não falava alemão, só inglês – *He didn't speak German, just English.*
84 | 3307

1008 baixar *v* to lower, go down
- se fosse liberalizada a venda da droga, o preço dela baixaria – *If the sale of drugs was legalized, the price of drugs would go down.*
87 | 1907

1009 praia *nf* beach
- não há férias para mim sem praia e sem um bom mergulho – *It is not a vacation to me without a beach and a good swim.*
87 | 1653

1010 ajuda *nf* help
- se nos puder dar uma ajuda para endireitar as coisas, aceitamos – *If you can give us some help to straighten things out, we accept.*
87 | 1575

1011 navio *nm* ship
- seus longos navios de madeira transportavam-nos por mares selvagens – *Their long wooden ships carried them across untamed seas.*
88 | 1372

1012 lista *nf* list
- preciso fazer a lista das coisas mais indispensáveis – *I need to make a list of the most indispensable things.*
86 | 2251

1013 torre *nf* tower
- a famosa Torre de Babel é citada na Bíblia – *The famous Tower of Babel is mentioned in the Bible.*
87 | 1548

1014 pele *nf* skin
- a doença é caracterizada pelo surgimento, na pele, de bolhas – *The sickness is characterized by the appearance of blisters on the skin.*
87 | 1955

1015 perigo *nm* danger
- algumas espécies encontram-se em perigo de extinção, devido à sua captura – *Some species are in danger of extinction because they are being captured.*
88 | 1418

1016 céu *nm* sky, heaven
- no céu quase sem nuvens, as andorinhas revoavam aos bandos – *In the almost cloudless sky, swallows flew about in groups.*
87 | 2623

1017 diário *na* diary, journal, daily
- ele iniciou o seu diário pessoal quando ainda era estudante na Universidade de Berlim – *He began his personal diary while he was still a student at the University of Berlin.*
87 | 1692

1018 juro *nm* interest (financial)
- os juros dos empréstimos deverão ser de 9,5% ao ano – *The interest on the loans will probably be about 9.5% annually.*
87 | 1791

1019 comparar *v* to compare
- considera legítimo comparar o Ronaldo ao Pelé? – *Do you consider it reasonable to compare Ronaldo to Pele?*
87 | 1413

1020 cuidado *nm* caution, care
- abri a porta com cuidado, sem fazer ruído – *I opened the door with caution, not making any noise.*
88 | 1335

1021 imposto *nm* tax, imposed
- segundo ele, o governo poderia reduzir os impostos cobrados às empresas – *According to him, the government could reduce the amount of taxes collected from businesses.*
86 | 1982

1022 recusar *v* to refuse
- o governo vai recusar ajuda a estados com problemas de insolvência – *The government will refuse help to states with insolvency problems.*
87 | 1603

1023 bola *nf* ball
- uma bola de futebol tem a forma aproximada de uma esfera – *A soccer ball has an approximate spherical shape.*
87 | 1615

1024 demonstrar *v* to demonstrate
- seus discos demonstram uma paixão idêntica pelo jazz e pela música clássica – *His records demonstrate an equal passion for both jazz and classical music.*
86 | 1920

1025 regressar *v* to return [EP]
- a partir de ontem ele podia regressar à sua terra natal [EP] – *Starting yesterday he was able to return to his homeland.*
86 | 1931

1026 técnica *nf* technique
- esta nova técnica poderá ser útil na terapia genética – *This new technique could be useful in genetic therapy.*
85 | 2625

1027 volume *nm* volume
- a sua obra publicada abarca oito volumes de textos recolhidos – *His published works include eight volumes of collected texts.*
86 | 2182

1028 desenho *nm* drawing
- os desenhos do folheto, bastante primários, reproduzem a evolução do feto – *The drawings in the brochure, while very basic, show the development of the fetus.*
88 | 1291

1029 domínio *nm* dominion, domain, dominance
- esta derrota marcou o fim do domínio francês na Indochina – *This defeat marked the end of French dominion in Indochina.*
86 | 2099

1030 dominar *v* to dominate
- porque é que os fortes tentam dominar os fracos? – *Why is it that the strong try to dominate the weak?*
87 | 1696

1031 congresso *nm* congress
- o congresso é constituído por dois corpos legislativos: o senado e a câmara dos deputados – *Congress is made up of two legislative bodies, the Senate and the House of Representatives.*
85 | 2561 +s

1032 secretário *nm* secretary
- em 2000, ele foi nomeado Secretário de Estado do Governo – *In 2000, he was named Secretary of State of the federal government.*
85 | 2462 +n

1033 roupa *nf* clothing, clothes
- As camisetas são usadas como roupa de verão ou em actividades desportivas – *T-shirts are used as summer clothing or in sporting activities.*
85 | 2229

1034 documento *nm* document
- neste documento, os signatários efectuaram a divisão do continente africano entre si – *In this document, the signers divided the African continent among themselves.*
85 | 2380

1035 acusar *v* to accuse
- ele é acusado de um crime – *He is accused of a crime.*
86 | 2179 +n

1036 puro *aj* pure
- trata-se de uma fonte de água mineral pura – *It's about a spring of pure mineral water.*
87 | 1448

1037 negar *v* to deny
- ele nega as acusações – *He denies the accusations.*
87 | 1582

1038 identificar *v* to identify
- o local ainda não foi identificado – *The location still has not been identified.*
86 | 1965

1039 totalmente *av* totally
- seu exército sofreu uma emboscada e foi totalmente destruído – *His army was caught in an ambush and was totally destroyed.*
88 | 1212

1040 clássico *aj* classic, classical
- a minha grande paixão é a música clássica – *My great passion is classical music.*
86 | 1777

1041 transmitir *v* to transmit
- eles se encarregavam de transmitir mensagens para longe – *It was their job to transmit long distance messages.*
87 | 1406

1042 ritmo *nm* rhythm
- a música recomeçou num ritmo diferente – *The music started up again in a different rhythm.*
88 | 1243

1043 edifício *nm* building, edifice
- o primeiro edifício construído no local foi uma pequena capela – *The first building built in the area was a small chapel.*
86 | 1657

1044 corresponder *v* to correspond (to)
- cada "zero" corresponde a uma ausência de pulso luminoso – *Each "zero" corresponds to an absence of a pulse of light.*
86 | 1824

1045 concepção *nf* concept, conception
- as suas concepções marxistas foram consideradas pouco ortodoxas pelos dirigentes soviéticos – *His Marxist concepts weren't considered very unorthodox by Soviet leaders.*
87 | 1445

1046 barco *nm* boat, ship
- eles navegaram pelo rio em barcos precários – *They navigated the river in precarious boats.*
88 | 1117 +s

1047 prazer *nm* pleasure
- foi com muito prazer e muito orgulho que aceitei o convite – *It was with great pleasure and pride that I accepted the invitation.*
87 | 1598

1048 propriedade *nf* property
- os elementos de um dado grupo possuem propriedades físicas e químicas semelhantes – *The elements of a given group possess similar physical and chemical properties.*
86 | 1948

1049 estação *nf* season, station
- em latitudes temperadas, distinguem-se quatro estações – *In temperate latitudes, there are four distinct seasons.*
86 | 1899

1050 fundamental *aj* fundamental, basic
- o plâncton é um componente fundamental do ecossistema marinho – *Plankton is a fundamental component of the marine ecosystem.*
85 | 2170 +s

1051 fazenda *nf* farm, fabric [EP]
- ele trabalhou como um peão na fazenda de um grande senhor rural – *He worked as a ranch hand on the farm of a major rural landowner.*
85 | 2307

1052 conceito *nm* concept
- foi um momento de ruptura com antigos conceitos clássicos – *It was a moment of rupture with classical concepts.*
86 | 2194

1053 alma *nf* soul
- a relação entre a alma e o corpo é um problema central da filosofia – *The relationship between the body and the soul is a central problem in philosophy.*
84 | 3392 +f

1054 ensino *nm* education, teaching
- hoje em dia, o ensino e o acesso à escola é um direito – *Nowadays, education and access to schooling is a right.*
85 | 2104 +s

1055 imprensa *nf* press
- a liberdade de imprensa é um valor da democracia – *The freedom of the press is a tenet of democracy.*
86 | 1846

1056 confiança *nf* confidence, trust
- o escândalo abalou a confiança pública americana nas instituições de Washington – *The scandal shook the American public's confidence in Washington institutions.*
87 | 1336

1057 carga *nf* load, cargo, baggage
- a nave pode transportar cargas de até 29 toneladas – *The ship can carry loads of up to 29 tons.*
86 | 1690

1058 rapidamente *av* quickly, fast
- a criança era inteligente, aprendeu rapidamente a ler e a escrever – *The child was intelligent, he quickly learned to read and write.*
87 | 1343

1059 guardar *v* to keep, guard, put away
- minha vida depende de você guardar segredo – *My life depends on you keeping my secret.*
85 | 1917

1060 federal *aj* federal [BP]
- o Brasil é uma república federal – *Brazil is a federal republic.*
82 | 4326 +n

1061 grosso *aj* thick, coarse, rude
- o arame mais grosso é usado para fazer cabos para suportar cargas – *The thicker wire is used to make cables to support heavy loads.*
86 | 1583

1062 teoria *nf* theory
- a teoria da relatividade de Einstein estabelece a equivalência de massa e energia – *Einstein's theory of relativity establishes the equivalence of mass and energy.*
85 | 2852 +a

1063 católico *na* catholic
- a Igreja Católica Romana desempenhou uma importante influência na colonização da América – *The Roman Catholic Church played an important role in the colonization of the Americas.*
88 | 1263

1064 instalar *v* to establish, install
- instalou-se uma república burguesa na França em 1848 – *A bourgeois republic was established in France in 1848.*
86 | 1600

1065 par *nm* pair
- ela tinha precisado vir à cidade comprar um par de sapatos – *She had needed to come to the city to buy a pair of shoes.*
85 | 1990

1066 futebol *nm* soccer
- neste jogo de futebol, valeram os golos – *In this game of soccer, every goal counted.*
85 | 2514 +n +s

1067 privado *aj* private, deprived
- nesse ano, realizaram-se greves nos sectores público e privado – *In that year, there were strikes in the public and private sectors.*
85 | 1998

1068 ataque *nm* attack
- os ataques aos direitos democráticos têm-se intensificado – *Attacks on democratic rights have intensified.*
85 | 2161

1069 gerar *v* to create, generate
- não iremos cortar os investimentos, porque esses geram emprego – *We will not make cuts in our investments, because they create jobs.*
85 | 2319 +a -f

1070 praticar *v* to practice
- é importante praticar algum esporte, como capoeira ou judô – *It is important to practice some sport, like capoeira or judo.*
87 | 1411

1071 museu *nm* museum
- entre os museus talvez o Louvre seja o mais completo – *Among museums, the Louvre is perhaps the most complete.*
85 | 2089

1072 pesquisa *nf* study, research
- todas as pesquisas mostram uma relação entre a saúde do coração e a ingestão – *All studies show a relationship between heart health and ingestion.*
83 | 3344

1073 finalmente *av* finally
- algum tempo depois, o menino conseguiu finalmente atingir seu objetivo – *Some time later, the young boy was finally able to achieve his goal.*
86 | 1562

1074 leitor *nm* reader
- pedimos ao leitor que procure na bibliografia algumas referências – *We ask that the reader look for some of the references in the bibliography.*
87 | 1443

1075 positivo *nm* positive
- estes pedidos ainda não tiveram qualquer resposta positiva – *These requests have not yet produced any positive responses.*
85 | 1760 +s

1076 vizinho *nm* neighbor
- as relações com os países vizinhos eram irregulares – *Their relations with neighboring countries were irregular.*
86 | 1636

1077 ocasião *nf* occasion
- eu raramente bebia. Naquela ocasião, porém, deu-me vontade de beber – *I rarely drank. On that occasion, however, I felt like drinking.*
86 | 1464

1078 quantidade *nf* quantity
- a quantidade é suficiente para 30 dias – *The quantity is sufficient for 30 days.*
85 | 2303 +a

1079 diminuir *v* to go down, diminish, reduce
- o valor do cruzeiro diminuiu tanto que era preciso uma mala cheia para comprar um quilo de arroz – *The value of the cruzeiro went down so far that you needed a whole suitcase full to buy a kilogram of rice.*
86 | 1466

1080 general *na* general
- quando o general conquistou a cidade, esta foi transformada em município romano – *When the general conquered the city, it was transformed into a Roman municipality.*
86 | 1644

1081 montar *v* to assemble, ride (a horse)
- galileu foi o primeiro a desenvolver e montar um telescópio – *Galileo was the first to develop and assemble a telescope.*
87 | 1239

1082 alterar *v* to alter
- como é que um simples nariz pode alterar toda uma fisionomia? – *How is it that a simple nose can alter one's likeness so completely?*
86 | 1494

1083 científico *aj* scientific
- os antigos gregos fizeram importantes contribuições científicas para a astronomia – *Ancient Greeks made important scientific contributions to astronomy.*
84 | 2594

1084 mestre *nm* master, teacher
- ele seguiu e complementou os ensinamentos de seu mestre – *He followed and added to the teachings of his master.*
85 | 1978

1085 missão *nf* mission
- ele foi designado para uma missão de exploração do território de África – *He was assigned to an exploratory mission of African territory.*
85 | 1677

1086 imediato *aj* immediate
- a resposta não foi imediata nem rápida; veio porém – *The answer was neither immediate nor quick, but it came.*
87 | 1328

1087 contracto *nm* contract
- o consumidor pode desistir do contrato, no prazo de sete dias – *The consumer may cancel the contract within seven days.*
84 | 2258

1088 frase *nf* phrase
- a sua escrita, feita de frases curtas e incisivas, é muito contemporânea – *His writings, made up of short and sharp phrases, are very contemporary.*
86 | 1678

1089 independente *aj* independent
- o país tornou-se independente da Espanha em 1821 – *The country became independent from Spain in 1821.*
85 | 1758 +s

1090 soldado *nm* soldier
- os 1300 soldados britânicos, comandados pelo Lord, atacaram a força americana – *1300 British soldiers, commanded by the Lord, attacked the American force.*
85 | 1878

1091 pressão *nf* pressure
- A pressão atmosférica decresce à medida que se sobe em altitude na atmosfera – *Atmospheric pressure decreases as atmospheric altitude increases.*
84 | 2180

1092 avião *nm* airplane
- o avião de Santos Dumont atingiu uma altura de seis metros – *The airplane of Santos Dumont reached a height of six meters.*
85 | 1435

1093 colega *nc* colleague, friend, classmate
- os colegas de escola recordam-se dele como um rapaz pacato – *His classmates remember him as a laidback young man.*
86 | 1361

1094 órgão *nm* institution, organ
- o tribunal é um órgão de soberania que aplica as leis – *The courts are an organ of the sovereignty that applies the law.*
84 | 2434

1095 equipamento *nm* equipment
- os equipamentos de segurança estavam em ordem – *The security equipment was in order.*
70 | 1596 -f

1096 descer *v* to descend, go down
- aquilo tem uma escada para se descer lá para baixo – *That one has stairs so one can descend way down there.*
84 | 2983

1097 jornalista *nc* journalist
- o trabalho do jornalista caracteriza-se por investigações e consultas – *The work of a journalist is characterized by investigations and research.*
85 | 1793

1098 ponta *nf* tip, point, end
- ele tocou o chão com a ponta do dedo – *He touched the ground with the tip of his finger.*
85 | 1707

1099 propósito *nm* purpose
- o organismo reage com o propósito de isolar ponto infectado – *One's body reacts with the purpose of isolating the infected area.*
86 | 1346

1100 irmã *nf* sister
- as suas irmãs e o seu irmão ficaram ao cuidado do pai – *His sisters and brother remained in the care of his father.*
85 | 2059

1101 ovo *nm* egg
- o termo embrião descreve o ovo fertilizado – *The term embryo describes a fertilized egg.*
87 | 1125 +s

1102 iniciativa *nf* initiative
- ele tomou a iniciativa de marcar um encontro – *He took the initiative of setting up a date.*
85 | 1973

1103 legal *aj* legal
- a sucessão legal é aquela que opera por efeito da lei – *Legal succession is one which takes place the application of the law.*
86 | 1304 +s

1104 dor *nf* pain
- os sinais da doença são fraqueza e dor articular e muscular – *The signs of the disease are weakness and skeletal and muscular pain.*
84 | 2396

1105 referência *nf* reference, referral
- o termo *corpus* faz referência a uma coleção de textos – *The term* corpus *makes reference to a collection of texts.*
85 | 1682

1106 imenso *aj* immense
- o Brasil é um país de tamanho territorial imenso – *Brazil is a country of immense territorial size.*
86 | 1449

1107 destacar *v* to stand out, highlight
- da sua obra destacam-se as comédias – *From his works, his comedies stand out the most.*
83 | 2953 +a

1108 grau *nm* degree
- a temperatura estava próxima dos cinco graus negativos – *The temperature was about –5 degrees.*
85 | 1824

1109 chuva *nf* rain
- logo as primeiras gotas de chuva começaram a cair – *The first drops of rain soon began to fall.*
84 | 1908

1110 praça *nf* square, plaza
- a maior praça pública do mundo é na China – *The biggest public square in the world is in China.*
84 | 1879

1111 engenheiro *nm* engineer
- a invenção do processo em 1856, pelo engenheiro civil britânico Henry Bessemer, tornou o aço barato – *The invention of the process in 1856 by the British civil engineer, Henry Bessemer, made steel inexpensive.*
86 | 1151

1112 agir *v* to act
- não pensa antes de agir – *Don't think before you act.*
86 | 1144

1113 proteger *v* to protect
- quais as precauções que você está tomando para se proteger? – *What precautions are you taking to protect yourself?*
85 | 1615

1114 atribuir *v* to attribute
- a que você atribui todo esse sucesso? – *To what do you attribute all this success?*
84 | 2248 +a

1115 religião *nf* religion
- o catolicismo é uma religião – *Catholicism is a religion.*
86 | 1316

1116 analisar *v* to analyze
- o objetivo geral deste trabalho é analisar o mercado de combustíveis – *The general objective of this work is to analyze the fuel market.*
84 | 1983 -f

1117 hábito *nm* habit
- você sempre conservou o hábito de ir à missa, não é mesmo? – *You've always maintained the habit of going to mass, haven't you?*
86 | 1300

1118 quinto *aj* fifth
- embora fosse essa a quinta vez nessa semana, cedi à sua vontade – *Even though that was the fifth time that week, I bowed to his will.*
84 | 1683

1119 destruir *v* to destroy
- o militar ameaça destruir a cidade caso não lhe dêem muito dinheiro – *The military officer is threatening to destroy the city if they don't give him a large sum of money.*
85 | 1376

1120 compra *nf* purchase
- as compras geralmente são feitas com base no preço mais baixo – *The purchases are generally made on the basis of the lowest price.*
84 | 1906

1121 atacar *v* to attack
- os manifestantes atacaram os policiais com paus e pedra – *The protestors attacked the police with sticks and stones.*
85 | 1443

1122 combate *nm* fight, combat
- o combate à ditadura militar era a tarefa mais urgente – *The fight against the military dictatorship was the most urgent of tasks.*
86 | 1405

1123 avaliar *v* to evaluate, assess
- é um grande erro avaliar a performance de um administrador público pelos índices – *It is a great mistake to evaluate the performance of a public administrator by the polls.*
85 | 1510

1124 dono *nm* owner, boss
- o moço rico era dono de grandes extensões de terras – *The rich young man was the owner of large tracts of land.*
85 | 1590

1125 trocar *v* to change, exchange, switch
- tomou seu banho e trocou de roupa – *She took a bath and changed her clothes*
85 | 1493

8. Time

General terms:

vez 46 F (a) time, turn

momento 175 M moment

período 475 M period

fase 674 F phase

data 860 F date

ocasião 1077 F occasion

horário 1771 M time table, schedule

atraso 1896 M delay

instante 1942 M instant

intervalo 2057 M interval, intermission

pressa 2976 F hurry, urgency

calendário 3084 M calendar

quotidiano 3307 day-to-day

instância 3332 F occurrence

demora 3414 F delay, wait

turno 3606 M shift (round)

iminente 5906 imminent

duradouro 6161 lasting

Relative time:

futuro 325 M future

presente 476 M present

passado 544 M past

Units of time (small to large):

segundo 109 M second (also second adj, according (to))

minuto 781 M minute

hora 155 F hour

dia 51 M day

semana 346 F week

mês 184 M month

estação 1049 F season (spring, summer, etc.)

temporada 2576 F season (period of time)

ano 35 M year

década 1464 F decade

geração 683 F generation

etapa 2059 F stage

século 298 M century

idade 406 F age

milénio 4582 M millennium

época 285 F time period, epoch

era 9490 F time (in history)

Parts of the day (morning to night):

aurora 5219 F dawn

alvorada 7497 F dawn

amanhecer 8204 M dawn (also verb)

madrugada 2368 M early morning

manhã 723 F morning

meio-dia 4079 M noon

tarde 261 F afternoon

anoitecer 10721 M nightfall (also verb)

noite 286 F night

meia-noite 4774 F midnight

véspera 2658 F day before

Days of week (in order):

domingo 1928 Sunday

segunda-feira 3769 Monday

terça-feira 4256 Tuesday

quarta-feira 4303 Wednesday

quinta-feira 3881 Thursday

sexta-feira 3482 Friday

sábado 4770 Saturday

Months (in order; represents number of tokens in corpus rather than rank order number):

3963 Janeiro

1347 Fevereiro

1978 Março

2667 Abril

2617 Maio

2069 Junho

2162 Julho

1840 Agosto

2121 Setembro

2171 Outubro

1806 Novembro

2092 Dezembro

Seasons:

primavera 2509 F spring

verão 895 M summer

outono 4225 M autumn/fall

inverno 1145 M winter

1126 acontecimento *nm* event, happening
- os acontecimentos de 11 de Setembro tiveram um impacto imediato – *The events of September 11 had an immediate impact.*
85 | 1330

1127 policial *nm* police (force), policeman [BP]
- após algumas semanas de investigação, os policiais prenderam Luciane – *After a few weeks of investigation, the police arrested Luciane.*
84 | 2126 +n

1128 recente *aj* recent
- os recentes acontecimentos não devem pôr em causa o processo de paz – *Recent events shouldn't disturb the peace process.*
85 | 1504

1129 custar *v* to cost
- a viagem entre Bombarral e Lisboa custará 560 escudos – *The trip between Bombarral and Lisbon will cost 560 escudos.*
83 | 2031

1130 enviar *v* to send
- os EUA enviaram tropas para o Congo e o Gabão – *The USA sent troops to Congo and Gabon.*
84 | 2157

1131 onda *nf* wave
- ondas eletromagnéticas como as ondas de rádio são formas comuns de radiação – *Electromagnetic waves, like radio waves, are common forms of radiation.*
84 | 2200

1132 entrevista *nf* interview
- ele deu uma entrevista para um programa de rádio – *He gave an interview on a radio program.*
84 | 1549 +s

1133 imediatamente *av* immediately
- a pessoa intoxicada deverá procurar o médico imediatamente – *A person who has been poisoned should seek a doctor immediately.*
86 | 1166

1134 declarar *v* to declare
- estamos aqui para declarar estado de emergência – *We are here to declare a state of emergency.*
84 | 1834

1135 afinal *av* finally, at last, in the end
- por isso brigámos muito tempo, e afinal vencemos nós – *For that we fought so long, and finally we triumphed.*
83 | 2328 -a

1136 beleza *nf* beauty
- e seu traje e a sua beleza captaram logo simpatias – *Her costume and beauty soon caught their attention.*
85 | 1422

1137 mina *nf* mine (M. Gerais: state in B)
- na ilha existe a maior mina de cobre do mundo – *On the island, there is the biggest copper mine in the world.*
84 | 1616

1138 bonito *aj* beautiful, pretty, handsome
- ela não se achava bonita nem atraente – *She didn't think she was either beautiful or attractive.*
83 | 2084 +s -a

1139 raro *aj* rare
- a mudança de milênio é um acontecimento raro – *The turn of a millennium is a rare event.*
84 | 1596

1140 evidente *aj* evident
- um fato evidente é que outros países do hemisfério estão avançando – *It is an evident fact that other countries in the hemisphere are advancing.*
86 | 1041 +s

1141 esperança *nf* hope
- é preciso acreditar e não perder a esperança – *One needs to believe and not lose hope.*
84 | 1757

1142 aparelho *nm* device, apparatus
- o aparelho para a medição da pressão atmosférica é o barômetro – *The device that measures atmospheric pressure is the barometer.*
85 | 1250

1143 diálogo *nm* dialogue
- uma das caixas-negras contém a gravação dos diálogos entre os pilotos – *One of the black boxes contains the recording of the dialogue between the pilots.*
86 | 1074

1144 conversar *v* to talk, converse
- eu ficava a conversar com ele, gostosamente, tardes inteiras – *I would gladly stay and talk with him for entire afternoons.*
83 | 1949 +s

1145 inverno *nm* winter
- a Áustria sediou duas vezes os Jogos Olímpicos de Inverno – *Austria has hosted the Winter Olympic Games twice.*
86 | 1149

1146 vítima *nf* victim
- ele faleceu em Praga, vítima de acidente de viação – *He passed away in Prague, victim of a traffic accident.*
83 | 1921

1147 cliente *nm* customer, client
- a empresa já formou até equipe para atender clientes que falam inglês – *The company has even created a team to help customers who speak English.*
84 | 1548

1148 contribuir *v* to contribute
- com esse pensamento, Descartes contribuiria grandemente para o desenvolvimento da geometria – *With this thinking, Descartes contributed greatly to the development of geometry.*
83 | 1842

1149 actualmente *av* currently, nowadays
- Bandung é actualmente a terceira maior cidade da Indonésia – *Bandung is currently the third largest city in Indonesia.*
82 | 2680

1150 fio *nm* strand, wire
- ele arrancou um fio de cabelo – *He pulled out a strand of hair.*
85 | 1347

1151 tropa *nf* army
- a tropa renova a marcha com alguns praças a menos – *The army resumed their march with fewer soldiers.*
83 | 1707

1152 unidade *nf* unit
- a célula é a unidade da vida – *The cell is the unit of life.*
81 | 3269

1153 estranho *aj* strange, uncommon
- essa estranha criatura, metade homem, metade cavalo, era também filósofo – *That strange creature, half man, half horse, was also a philosopher.*
83 | 2244

1154 característica *nf* characteristic
- uma característica peculiar deste sistema operacional é sua distribuição gratuita – *A peculiar characteristic of this operational system is its free distribution.*
82 | 3399 | +a

1155 fronteira *nf* border, frontier
- as fronteiras são muito bem vigiadas – *The borders are very well watched.*
84 | 1513

1156 organizar *v* to organize
- precisamos nos armar e nos organizar para a luta que não deve tardar – *We need to arm and organize ourselves for the fight which is at hand.*
85 | 1195

1157 carregar *v* to carry, transport
- eu costumo carregar sempre dez mantas – *I am used to always carrying ten blankets.*
85 | 1431

1158 contudo *av* however, although
- tudo foi dito e redito, contudo, é sempre bom recordar – *Everything was said over and over again, however, it is always good to be reminded.*
82 | 2169

1159 intervenção *nf* intervention
- a foto ilustra a intervenção das forças da OTAN – *The picture shows the intervention of troops from NATO.*
83 | 1705

1160 poder *nm* power
- este subiu ao poder em 717 como primeiro imperador Isáurio – *This man came to power in 717 as the first Isaurian emperor.*
84 | 1351

1161 naturalmente *av* naturally
- tudo aconteceu naturalmente, uma coisa seguindo-se a outra – *Everything occurred naturally, one thing following another.*
84 | 1141

1162 sensação *nf* sensation
- após fumar um cigarro, o drogado relata uma sensação de bem-estar – *After smoking a cigarette, the drug addict describes a sensation of well-being.*
85 | 1238

1163 doce *na* sweet, candy
- a avó pede-lhe que não deixe a Maria comer doces na confeitaria – *His grandmother asks him not to let Maria eat sweets in the candy store.*
83 | 1671

1164 sugerir *v* to suggest
- a comissão vai sugerir reformulações para a Polícia Civil – *The committee will suggest certain revisions to the Civil Police.*
84 | 1460

1165 cadeia *nf* jail, chain, sequence
- ele passou 20 anos na cadeia – *He spent twenty years in jail.*
84 | 1528

1166 colégio *nm* high school, private school [EP]
- ele realizou seus estudos no Colégio Pedro II e na Escola Naval – *He studied at Pedro II high school and in the Naval Academy.*
85 | 1048

1167 moda *nf* fashion, style
- os jeans tornaram-se uma das mais abrangentes modas de sempre – *Jeans became one of the most widespread fashions ever.*
85 | 1103

1168 gado *nm* cattle
- tenho 500 cabeças de gado – *I have a farm with 500 heads of cattle.*
85 | 1023 +s -n

1169 conclusão *nf* conclusion
- em 1967 chegou-se à conclusão que um novo edifício deveria ser construído – *In 1967, we reached the conclusion that a new building should be built.*
83 | 1508

1170 sozinho *aj* alone, lonely
- esperamos o apoio da comunidade internacional porque o governo sozinho não consegue – *We hope for the support of the international community because the government alone will not succeed.*
83 | 1657 +s

1171 acidente *nm* accident
- ele saiu ileso de um acidente de carro – *He came out of the car accident unharmed.*
82 | 1954

1172 bolsa *nf* purse, bag
- nem pense em trazer na bolsa tanto dinheiro! – *Don't even think about bringing so much money in your purse!*
83 | 1634

1173 conflito *nm* conflict
- muitos vieram para o sul para evitar conflitos com os imperadores chineses – *Many came south to avoid conflicts with the Chinese emperors.*
83 | 1819

1174 aldeia *nf* village
- ele vive agora em Santa Catarina, numa pequena aldeia perto de Vagos – *He now lives in Santa Catarina, in a small village close to Vagos.*
83 | 1759

1175 chave *nf* key
- a chave da porta girava com dificuldade na fechadura – *The key to the gate turned in the lock with difficulty.*
84 | 1319

1176 activo *aj* active
- membro activo do partido nazi a partir de 1933, serviu a ideologia de Hitler – *An active member of the Nazi party since 1933, he followed Hitler's ideology.*
83 | 1527

1177 visita *nf* visit
- ele não ousava fazer uma visita formal à casa de seus vizinhos – *He didn't dare make a formal visit to his neighbors' house.*
81 | 2340

1178 agente *nm* agent
- os agentes antivirais são drogas de síntese habitualmente complexa – *Antiviral agents are drugs which generally have a complex structure.*
83 | 1726

1179 alimentar *v* to feed, nourish
- os fungos alimentam-se de nutrientes que estão ao seu redor – *Fungi feed off nutrients found around them.*
83 | 1772 +a

1180 prisão *nf* prison
- ela foi condenada a cinco anos de prisão por acusações de fraude – *She was sentenced to five years in prison for accusations of fraud.*
83 | 1476

1181 voar *v* to fly
- ele o levou a voar para tirar fotografias aéreas – *He took him flying so he could take aerial photographs.*
84 | 1206

1182 recuperar *v* to recover, recuperate
- é um resultado catastrófico de que será difícil se recuperar – *It is a catastrophic outcome from which it will be difficult to recover.*
83 | 1406

1183 bandeira *nf* flag
- ele ordenou que a bandeira nacional fosse içada à meia haste – *He ordered that the national flag be flown at half staff.*
85 | 1061

1184 municipal *aj* municipal
- tratava-se de uma guarda municipal destinada à cidade de Lisboa – *It was a municipal guard meant for the city of Lisbon.*
80 | 3399 | +n

1185 famoso *aj* famous
- Rembrandt é um dos pintores mais famosos da história da arte – *Rembrandt is one of the most famous painters in the history of art.*
83 | 1562

1186 filosofia *nf* philosophy
- na história da filosofia, o ser foi pensado de diversas maneiras – *In the history of philosophy, the being has been thought about in a variety of ways.*
82 | 1913 +a

1187 empregar *v* to employ
- a construção da cidade empregou muitos trabalhadores – *The construction of the city employed many workers.*
84 | 1144

1188 italiano *na* Italian
- o Renascimento italiano influenciou sobremaneira a arte posterior – *The Italian Renaissance influenced subsequent art in every way.*
81 | 2205

1189 justificar *v* to justify
- qual o motivo que justifica essa atitude? – *What motive justifies that attitude?*
83 | 1462

1190 aumento *nm* increase, growth
- o aumento da população foi de um milhão de habitantes – *The increase in population was one million people.*
80 | 3285

1191 queda *nf* fall
- ele faleceu no dia 6, em consequência de uma queda de cavalo – *He passed away on the 6th, due to a fall from a horse.*
82 | 1745

1192 musical *na* musical
- o músico compõe, interpreta, adapta e rege obras musicais – *Musicians compose, interpret, adapt and conduct musical works.*
82 | 1529

1193 dança *nf* dance
- a polca era a dança preferida – *The polka was the preferred dance.*
84 | 1125

1194 canto *nm* corner, song
- a deusa havia proibido todos os quatro cantos da Terra de o receberem – *The goddess had forbidden all four corners of the Earth from receiving him.*
82 | 2012

1195 apanhar *v* to catch, grab, lift
- as queixas da filha não apanharam dona Elvira de surpresa – *Her daughter's complaints didn't catch Elvira by surprise.*
82 | 1996 +s -a

1196 tribunal *nm* court, tribunal
- os juízes do Tribunal Constitucional acabaram o seu mandato – *The judges of the Constitutional Court finished their term.*
80 | 3008

1197 resistência *nf* resistance
- ele fugiu para os EVA, onde organizou a resistência ao domínio espanhol – *He fled to the United States where he organized the resistance against Spanish dominion.*
83 | 1506

1198 quinze *num* fifteen
- todos terão 15 minutos de fama – *Everyone will have fifteen minutes of fame.*
84 | 1062

1199 fruto *nm* fruit
- suas reformas parece estarem a dar frutos – *His reforms seem to be about to bear fruit.*
83 | 1375

1200 evolução *nf* evolution
- possuem perfeito conhecimento de toda a evolução da língua francesa – *They have a perfect understanding of all aspects of the evolution of the French language.*
83 | 1466 +s

1201 provavelmente *av* probably
- creio que uma desvalorização da moeda brasileira provavelmente provocaria o mesmo efeito – *I believe that a devaluation of Brazilian currency would probably have the same effect.*
84 | 1172

1202 paixão *nf* passion
- a alma livre de paixões deve constituir o maior refúgio humano – *The soul free of passion must constitute the greatest human refuge.*
84 | 1331

1203 flor *nf* flower
- o perfume das flores do jardim subia até à janela escancarada – *The scent of the flowers in the garden wafted up to the open window.*
82 | 1612 -n

1204 personalidade *nf* personality
- só uma personalidade forte poderia impor o respeito aos seus adversários – *Only someone with a strong personality could command the respect of his enemies.*
84 | 1090

1205 raiz *nf* root
- temos que atacar o problema pela raiz – *We have to attack the problem from its root.*
83 | 1275

1206 conversa *nf* conversation
- tive uma conversa com eles em que expliquei os objectivos – *I had a conversation with them in which I explained my objectives.*
81 | 2384 -a

1207 prometer *v* to promise
- o novo primeiro-ministro prometeu prosseguir com uma política económica moderada – *The new Prime Minister promised to continue moderate economic policies.*
81 | 1938

1208 solo *nm* soil
- o solo dos desertos é estéril – *Desert soil is sterile.*
83 | 1652

1209 duro *aj* hard
- os ossos são duros – *Bones are hard.*
83 | 1368

1210 informar *v* to inform
- a Câmara Municipal deve informar os munícipes sobre questões que a todos interessam – *The Municipal Chamber ought to inform the townspeople about matters that are of interest to everyone.*
82 | 2223 +n

1211 parque *nm* park
- com 60 mil hectares, este parque possui uma fauna e uma flora únicas – *With 60,000 hectares of land, this park possesses unique flora and fauna.*
83 | 1721

1212 exame *nm* exam
- quando há suspeita, o médico solicita exames por ultra-som – *When there is a question, the doctor orders ultrasound exams.*
83 | 1231

1213 comentar *v* to comment
- ela não sabe o que dizer. Ela não tem nada a comentar – *She didn't know what to say. She didn't have anything to comment.*
82 | 1618

1214 telefone *nm* telephone
- longe dos pais, ela nunca poderia viver sem o telefone – *Away from her parents she could never live without access to a telephone.*
82 | 1543

1215 azul *aj* blue
- o céu estava azul – *The sky was blue.*
81 | 2033

1216 inventar *v* to invent
- George Cayley inventou o planador em 1853 – *George Cayley invented the glider in 1853.*
83 | 1155

1217 sustentar *v* to support, sustain
- eu tenho uma aposentadoria que sustenta a minha família – *I have a retirement pension that supports my family.*
83 | 1216

1218 quebrar *v* to break
- ele vivia em cima dum cavalo até que quebrou a perna numa queda – *He practically lived on horseback until he broke his leg in a fall.*
82 | 1435

1219 fraco *aj* weak
- o campo magnético terrestre é fraco quando comparado com o de Júpiter – *The Earth's magnetic field is weak when compared to that of Jupiter.*
84 | 1098

1220 fino *aj* fine, thin
- esses insetos têm corpos delgados e antenas longas e finas – *These insects have thin bodies and long, fine antennas.*
82 | 1710 -n

1221 despesa *nf* expense
- as despesas com o transporte correrão por conta do comprador – *Shipping expenses will be the responsibility of the buyer.*
83 | 1242

1222 cem *num* (one) hundred
- é também um novo século. Outros cem anos – *It is also a new century, another hundred years.*
83 | 1076

1223 factor *nm* factor
- a doença pode ser causada por diversos factores – *The illness can be caused by a variety of factors.*
80 | 2514 +a

1224 encarar *v* to face
- encarei sempre as derrotas graciosamente – *I have always faced defeats gracefully.*
83 | 1090

1225 loja *nf* store
- o museu possui uma loja com livros e lembranças à venda – *The Museum has a store with books and souvenirs for sale.*
81 | 1866

1226 menina *nf* little girl
- acha que as meninas dão mais trabalho a educar que os rapazes? – *Do you think that little girls are harder to raise than little boys?*
81 | 2384 -a

1227 sexo *nm* gender, sex
- os papéis dos sexos podem variar bastante de acordo com a sociedade – *Gender roles can vary greatly depending on the society.*
84 | 1070

1228 culpa *nf* fault, guilt
- é tua a culpa! – *It's your fault!*
83 | 1151

1229 castelo *nm* castle
- a cidade possui as ruínas de um castelo medieval – *The city has the ruins of a medieval castle.*
82 | 1462

1230 instituto *nm* institute
- terminando o curso no Instituto Superior Técnico, trabalhou em vários projectos – *Upon finishing his studies at the Superior Technical Institute, he worked on several projects.*
80 | 2384

1231 pleno *aj* complete, full
- o senhor tem plena confiança no rei de Portugal – *The gentleman has complete confidence in the king of Portugal.*
83 | 1246

1232 merecer *v* to deserve
- mas toda a gente pensava, no íntimo, que ela merecia bem uma recompensa – *But everyone thought deep inside themselves that she well deserved a reward.*
81 | 1539

1233 breve *aj* brief
- no Capítulo 2 é apresentado um breve histórico sobre a área – *In Chapter 2, a brief history of the area is presented.*
82 | 1686

1234 directamente *av* directly
- o euro vai competir directamente com o dólar – *The Euro will directly compete with the dollar.*
82 | 1343

1235 perfeito *aj* perfect
- havia uma perfeita harmonia entre aquilo que ensinam e aquilo que são – *There was perfect harmony between that which they teach and that which they are.*
83 | 1088

1236 golpe *nm* coup, hit, blow
- ainda antes das eleições, ele foi deposto por um golpe militar – *Even before the election, he was deposed by a military coup.*
83 | 1182

1237 fenómeno *nm* phenomenon
- o fenómeno parece já ter ocorrido no âmbito do espiritismo – *That phenomenon seems to have already occurred in the context of spiritualism.*
82 | 1604

1238 prédio *nm* building
- o ministro mandou reformar o quinto andar do prédio – *The minister ordered the renovation of the 5th floor of the building.*
83 | 1146

1239 provar *v* to prove, test, try
- você pretende provar que não estava no local na época dos crimes? – *Do you intend to prove that you weren't in the area at the time of the crimes?*
83 | 1174

1240 africano *na* African
- os afro-caraíbes descendem dos africanos ocidentais capturados pelos comerciantes de escravos – *Afro-Caribbeans are descendants of the West Africans captured by slave traders.*
83 | 1185

1241 partida *nf* departure
- Lúcia, depois da partida de Elias, tinha caído em profunda tristeza – *Lucia, after Elias' departure, fell into abject misery.*
82 | 1630

1242 complexo *na* complex
- o problema de números complexos surgiu no século XVI – *The problem of complex numbers arose in the 16th century.*
82 | 1649

1243 conquistar *v* to conquer, secure
- este povo conquistou a Ásia Central e atacou a Europa Oriental – *This people conquered Central Asia and then attacked Eastern Europe.*
81 | 1747

1244 obrigação *nf* obligation
- os cidadãos do sexo feminino estão dispensados de obrigações militares – *Female citizens are released from military obligations.*
82 | 1186

1245 especialmente *av* especially
- eu gosto de ler, especialmente Graciliano Ramos – *I like to read, especially Graciliano Ramos.*
82 | 1520

1246 senão *av* or else, except, if not
- dá-lhe água, senão, ele morre – *Give him water, or else, he'll die.*
82 | 1589 +f

1247 cultural *aj* cultural
- ao nível cultural, a literatura e a arte floresceram – *On a cultural level, literature and art flourished.*
79 | 2528 +s

1248 elevado *aj* high, elevated
- o colesterol elevado no sangue pode ser controlado pela medicina – *High cholesterol in the blood can be medically controlled.*
81 | 1879

1249 chamada *nf* phone call
- o principal método de chamadas a longa distância era a transmissão de rádio – *The main method of long distance phone calls was by radio transmission.*
82 | 1556

1250 violento *aj* violent
- a guerrilha lançou uma violenta campanha – *The guerilla began a violent campaign.*
83 | 1083

1251 disposição *nf* willingness, disposition
- ele tinha disposição para ajudar – *He was willing to help.*
82 | 1325

1252 análise *nf* analysis
- vou precisar fazer uma análise da situação no que se refere a leis – *I will need to make an analysis of the situation with reference to the law.*
79 | 3240 +a

1253 pão *nm* bread
- a farinha deste cereal é usada para fazer o pão – *The flour from this grain is used to make bread.*
82 | 1426 +s

1254 anormal *aj* unusual, abnormal
- tudo aquilo era tão anormal que só fez aumentar a curiosidade dele – *All of that was so unusual that it made him even more curious.*
80 | 2171

1255 amplo *aj* ample, broad
- com ampla maioria no Congresso, ele perdeu importantes batalhas legislativas – *With an ample majority in Congress, he lost important legislative battles.*
83 | 1104

1256 confirmar *v* to confirm
- ele apalpou-lhe a testa, para confirmar a temperatura elevada – *He touched his forehead to confirm that he had a high temperature.*
81 | 2084 +n

1257 perigoso *aj* dangerous
- o tubarão é muito perigoso – *Sharks are very dangerous.*
83 | 969

1258 milhar *nm* a thousand
- este canal permite o transporte de milhares de toneladas por ano – *This canal allows for the transport of thousands of tons each year.*
83 | 1176

1259 pintar *v* to paint
- o artista estava a pintar um quadro estupendo! – *The artist was painting an amazing work of art!*
82 | 1170

1260 cometer *v* to commit (an act)
- fui preso em 1970 porque cometi um erro básico nas regras – *I was imprisoned in 1970 because, according to the rules, I committed a basic error.*
83 | 1113

1261 apto *aj* capable, apt
- o juiz escolherá entre eles o mais apto a exercer a tutela – *The judge will choose from among them, the one most capable of guardianship.*
82 | 1299

1262 crédito *nm* credit
- alguns cartões de crédito funcionam também como cartões de débito – *Some credit cards also work as debit cards.*
80 | 1951

1263 enfim *av* in the end, finally, in short
- o herói enfim logrará alcançar a imortalidade – *The hero, in the end, will achieve immortality.*
81 | 1574 +s -n

1264 suceder *v* to happen, come next
- tinha a impressão de que, naquela noite, podia suceder uma tragédia – *I had the impression that, that night, a tragedy might happen.*
81 | 1520

1265 normalmente *av* normally, as normal
- após esse incidente, o vôo decorreu normalmente – *After that incident, the flight continued as normal.*
81 | 1776

1266 cá *av* here
- vim para cá porque não consegui ganhar dinheiro na minha terra – *I came here because I couldn't make a living where I'm from.*
79 | 3035 +s -a

1267 abertura *nf* opening
- o ar é forçado a entrar por aberturas na parte inferior desse tubo – *The air is forced to enter through the openings on the bottom side of that tube.*
80 | 1775

1268 extremo *na* extreme
- é sempre perigoso pensar ou agir em termos extremos – *It is always dangerous to think or act in terms of extremes.*
82 | 1179

1269 desafio *nm* challenge
- ela aceitou o desafio, que foi um acto de coragem por si mesmo – *He accepted the challenge, which was an act of courage in itself.*
83 | 1064 +s

1270 gastar *v* to spend, waste
- a empresa gastou 5 milhões de dólares só em computadores – *The company spent $5 million dollars just on computers.*
81 | 1296

1271 decorrer *v* to happen as a result of, elapse (time)
- a Independência do Brasil decorreu de um longo processo de decadência do sistema colonial – *The Independence of Brazil happened as a result of the long process of decadence in the colonial system.*
81 | 1675

1272 essencial *aj* essential
- a água é um elemento essencial da vida – *Water is an essential element of life.*
82 | 1142

1273 ajustar *v* to adjust
- em seguida, o computador emite instruções para ajustar automaticamente as regulagens das máquinas – *Next, the computer issues instructions to automatically adjust the machine's functions.*
60 | 483

1274 poema *nm* poem
- produziu-se uma literatura constituída de poemas épicos e sagas – *They produced literature made up of epic poems and sagas.*
82 | 1196

9. Sports

General terms:

campo 219 M field

jogo 337 M game

bola 1023 F ball

equipamento 1095 M equipment

exercício 1275 M exercise

estratégia 1388 F strategy

corrida 1538 F race

tiro 1663 M shot

copa 1703 F cup (in a tournament)

salto 1710 M leap, jump

equipa 1788 F team [EP]

derrota 1879 F defeat

equipe 1955 F team [BP]

competição 2076 F competition

campeonato 2087 M championship

pista 2127 F rink, field, runway, lane

estádio 2763 M stadium (stage)

medalha 2928 F medal

desporto 2958 M sport

uniforme 3074 M uniform (also ADJ)

piscina 3082 F pool

treinamento 3238 M training

treino 3379 M training

golo 3389 M goal (soccer, football) [EP]

quadra 3428 F court (for sports) (also block) [BP]

torneio 3735 M tournament

gol 3955 M goal (soccer, football) [EP]

canoa 4352 F canoe

ginásio 4467 M gynasium (high school; [BP])

pontapé 4532 M kick

Participants:

jogador 1295 M player

corredor 2100 M runner (also corridor)

campeão 2363 M champion

atleta 2844 C athlete

caçador 2972 M hunter

defensor 3505 C defender

árbitro 3711 M referee

lutador 6741 C fighter, boxer

tenista 6988 C tennis player

goleiro 7644 C goalkeeper

ciclista 7761 C cyclist

futebolista 8317 C soccer/football player

perdedor 9704 C loser

ganhador 10700 C winner

mergulhador 11182 C diver

desportista 12937 C athlete

surfista 13676 C surfer

ginasta 17487 C gymnast

esportista 19781 C athlete

Sports:

futebol 1066 M soccer, football

caça 1600 F hunting

ténis 3846 M tennis

ginástica 4912 F gymnastics

basquete 5142 M basketball [BP]

atletismo 5281 M track and field, athletics

mergulho 5312 M diving

capoeira 6254 F capoeira

boxe 6888 M boxing

maratona 6923 F marathon

natação 7018 F swimming

golfe 7067 M golf

volei 7102 M volleyball [BP]

remo 8976 M rowing (also oar)

basquetebol 9309 M basketball [BP]

hóquei 9981 M hockey

esgrima 11561 F fencing

automobilismo 13123 M racecar driving

andebol 14938 M handball

hipismo 17049 M horse riding

1275 exercício *nm* exercise
- os exercícios aeróbicos fortalecem o músculo cardíaco – *Aerobic exercises strengthen cardiac muscles.*
- 81 | 1459

1276 barro *nm* clay, mud
- o homem veio do barro, a mulher veio da costela – *Man came from clay; the woman came from his rib.*
- 81 | 1234

1277 mundial *aj* world, worldwide
- ele deseja ainda lutar pelo título mundial da Federação Internacional – *He still wants to fight for the International Federation's world title.*
- 77 | 4138

1278 folha *nf* sheet (of paper), page, leaf
- pegue uma folha de papel e desenhe – *Grab a sheet of paper and draw.*
- 80 | 2025 -n

1279 extraordinário *aj* extraordinary
- a criança demonstrou sua extraordinária precocidade logo após vir ao mundo – *The child showed his extraordinary precociousness soon after coming to the world.*
- 82 | 1018

1280 reserva *nf* reserve
- as grandes reservas de ferro e carvão encontram-se parcialmente esgotadas – *The large reserves of iron and coal are partially exhausted.*
- 82 | 1321

1281 cenário *nm* backdrop (theater), scenery
- o local serviu de cenário para a gravação da novela – *The place served as the backdrop for the filming of the soap opera.*
82 | 1177

1282 mensagem *nf* message
- o papa levou sua mensagem conciliatória para líderes de outras igrejas – *The pope took his conciliatory message to leaders of other churches.*
82 | 1163

1283 crescimento *nm* growth
- o seu crescimento rápido conduziu à construção das actuais instalações – *Its rapid growth led to the construction of its current location.*
79 | 2491 -f

1284 reagir *v* to react
- o senhor não reagiu, não fez nada – *Sir, you didn't react, you didn't do anything.*
82 | 1023

1285 constituição *nf* constitution
- há uma frase da Constituição que diz que a soberania reside no povo – *There is a clause from the Constitution that says that sovereignty rests in the people.*
79 | 2185

1286 explicação *nf* explanation
- foram avançadas várias explicações para a origem destas leis – *Many explanations were advanced as to the origin of these laws.*
81 | 1223

1287 espera *nf* wait, expectation
- a espera, naquele silêncio, parece interminável – *The wait, in that silence, seems interminable.*
80 | 2031 -a

1288 votar *v* to vote
- a idade mínima para votar baixou para 18 anos em quase todo o mundo – *The minimum voting age has been lowered to 18 in most of the world.*
81 | 1472 +n

1289 perda *nf* loss
- ele sofreu perdas inesperadas de 120 milhões de dólares – *He suffered unexpected losses in the amount of 120 million dollars.*
81 | 1655

1290 artístico *aj* artistic
- a sua formação artística incluiu um curso de escultura – *His artistic training included a course in sculpture.*
81 | 1477

1291 leve *aj* light (weight, color)
- o beija-flor é um animal muito leve – *The hummingbird is a very light animal.*
81 | 1522

1292 clima *nm* climate
- o clima da ilha é temperado com influências mediterrâneas – *The island's climate is temperate with Mediterranean influences.*
81 | 1304

1293 permanente *aj* permanent
- além da coleção permanente, são continuamente promovidas exposições temporárias – *Besides the permanent collection, temporary exhibits are constantly promoted.*
82 | 1207

1294 quilómetro *nm* kilometer
- a área afectada abrangia um total de 17 mil quilómetros quadrados na região – *The affected area covered a total of 17,000 square kilometers in the region.*
78 | 3014

1295 jogador *nm* player
- cada equipa possui um jogador como guarda-redes – *Each team has a player who acts as goalie.*
78 | 2909 +n +s

1296 troca *nf* exchange, switch
- ele tinha um bom salário e em troca era-lhe exigida dedicação – *In exchange for his good salary, dedication was demanded of him.*
81 | 1318

1297 divisão *nf* division
- a divisão política existe entre o norte e o sul – *The political division exists between the north and the south.*
80 | 1832

1298 investigação *nf* investigation
- a polícia já iniciara as investigações – *The police had already begun investigations.*
79 | 2232

1299 rainha *nf* queen
- todo o reino chorou pela rainha que morrera para dar um herdeiro ao trono – *The whole kingdom cried over the queen that died to give birth to an heir to the throne.*
82 | 1236

1300 palácio *nm* palace
- o Palácio de Buckingham está aberto ao público – *Buckingham Palace is open to the public.*
80 | 1689

1301 integrar *v* to integrate, be part of
- os países da Europa de Leste tiveram que se integrar num sistema democrático – *The countries in Eastern Europe had to be integrated into a democratic system.*
79 | 2223 -f

1302 administrativo *aj* administrative
- o ministro da República superintende ainda as funções administrativas exercidas pelo Estado – *The minister also oversees the administrative functions of the state.*
80 | 1874

1303 útil *aj* useful, helpful
- imagens de satélites são úteis para monitorar uma propriedade – *Satellite images are useful in monitoring properties.*
82 | 1073

1304 manifestar *v* to manifest, express
- neste momento, as divergências entre regiões manifestam-se de forma pouco democrática – *At this moment, the regional differences are being made manifest in a very undemocratic way.*
81 | 1311

1305 participação *nf* participation
- sua carreira militar inclui participação em inúmeros conflitos – *His military career includes participation in innumerable conflicts.*
- 79 | 2412 +s -f

1306 comportamento *nm* behavior, conduct
- ela veio a denunciar os comportamentos reprováveis de dois deputados – *She ended up denouncing the reproachable behavior of two congressmen.*
- 79 | 1950

1307 circunstância *nf* circumstance
- as circunstâncias da sua morte continuam a ser um mistério – *The circumstances of his death continue to be a mystery.*
- 82 | 998

1308 alegre *aj* happy
- ele estava sempre alegre e satisfeito, demonstrando seu bom humor com gargalhadas – *He was always happy and content, showing his good humor through laughter.*
- 79 | 1792

1309 casal *nm* married couple
- uma família não é apenas o casal, são também os filhos – *A family isn't just the married couple; it is also the children.*
- 81 | 1254

1310 esconder *v* to hide
- na hora do tiroteio peguei minha filha e me escondi – *Right when the shooting happened, I grabbed my daughter and hid.*
- 80 | 1859

1311 taxa *nf* rate, tax
- a taxa de evaporação sobe com o aumento da temperatura – *The rate of evaporation goes up with the increase in temperature.*
- 78 | 2976 -f

1312 inicial *aj* initial
- a diferença entre a massa final e a inicial é convertida em energia – *The difference between the final and the initial mass is converted into energy.*
- 80 | 1597

1313 príncipe *nm* prince
- com a morte da rainha, o príncipe foi coroado rei – *With the death of the queen, the prince was crowned king.*
- 80 | 1876

1314 universo *nm* universe
- segundo a religião, Deus é o criador de todas as coisas no Universo – *According to religion, God is the creator of all things in the Universe.*
- 81 | 1114

1315 dormir *v* to sleep
- é melhor descansar e dormir umas oito horas por noite – *It's better to rest and sleep about eight hours per night.*
- 78 | 2902

1316 garantia *nf* warranty, guarantee
- ele assinou um contrato de garantia de compra – *He signed a contract as a purchase warranty.*
- 81 | 1262

1317 ave *nf* bird
- algumas aves migradoras conseguem voar vários milhares de quilómetros sobre território desconhecido – *Some migratory birds manage to fly several thousand kilometers over unknown territory.*
- 80 | 1420

1318 amar *v* to love
- o facto é que a Hortência nunca amou o marido – *The fact is that Hortência never loved her husband.*
- 79 | 2229

1319 assinar *v* to sign
- eles pediram para eu assinar um documento me responsabilizando pelo projecto – *They asked me to sign a document in which I would take responsibility for the project.*
- 80 | 1271

1320 motor *nm* engine, motor
- os automóveis de corrida têm o motor no meio para equilibrar – *Race cars have their engine in the middle to keep them balanced.*
- 80 | 1487

1321 gravar *v* to record, engrave
- o disco será gravado pelo meu selo – *The record will be recorded on my label.*
- 82 | 948 +s

1322 fé *nf* faith
- para ele a salvação era dada pela fé e não pelas obras – *To him, salvation was achieved by faith and not by works.*
- 81 | 1127

1323 expor *v* to exhibit, expose
- o artista expõe 13 desenhos e 20 pinturas – *The artist is exhibiting 13 drawings and 20 paintings.*
- 81 | 1048

1324 dedo *nm* finger
- se houver crise, assim ninguém me poderá apontar o dedo – *If there is a crisis, this way nobody will be able to point their finger at me.*
- 79 | 2246 +f

1325 canção *nf* song
- *Truckin'* é uma canção do Grateful Dead – *Truckin' is a Grateful Dead song.*
- 81 | 1011 +s

1326 negativo *aj* negative
- obtivemos apenas resultados negativos quando tentamos resolver o problema – *We obtained only negative results when we tried to solve the problem.*
- 80 | 1347

1327 industrial *aj* industrial
- a Revolução Industrial veio modificar as formas de produção – *The Industrial Revolution changed the methods of production.*
- 78 | 2158

1328 posse *nf* possession
- ele decidiu então tomar posse da terra em nome da Espanha – *He then decided to take possession of the land in the name of Spain.*
- 81 | 1242

1329 lucro *nm* profit
- quando uma empresa apresenta lucros elevados, os dividendos também são altos – *When a company has high levels of profit, dividends are also high.*
80 | 1345

1330 expectativa *nf* expectation
- não queremos criar expectativas acima das nossas possibilidades – *We don't want to create expectations above our abilities.*
80 | 1211

1331 traduzir *v* to translate
- falo em inglês e eles traduzem para a língua daqui – *I speak to them in English and they translate it to their native language.*
81 | 995

1332 libertar *v* to free, liberate
- não pude fazer nada para os libertar porque as trancas eram muito pesadas, – *I couldn't do anything to free them because the crossbars were so heavy.*
80 | 1400

1333 manifestação *nf* demonstration, protest
- os braços caíram-lhe numa espontânea manifestação de desânimo – *His arms fell to his side in a spontaneous demonstration of despair.*
79 | 1549

1334 líder *nm* leader
- o problema é que os líderes políticos não querem enfrentar a questão – *The problem is that political leaders don't want to face up to the problem.*
76 | 3999 | +n

1335 horizonte *nm* horizon
- no horizonte, o sol era uma lâmina em brasa – *On the horizon, the sun was a blade on fire.*
81 | 1062

1336 urbano *aj* urban
- nas grandes zonas urbanas, a vida quotidiana tem um ritmo mais rápido – *In large urban zones, everyday life is faster paced.*
80 | 1368

1337 território *nm* territory
- actualmente, o nosso território estende-se para além da fronteira do rio – *Currently our territory extends beyond the river front.*
78 | 2778 +a

1338 compromisso *nm* commitment, appointment
- o prefeito alegou que tinha um compromisso a cumprir com seu eleitorado – *The mayor alleged that he had a commitment to his constituency which he needed to fulfill.*
81 | 1086 +s

1339 feminino *aj* female, feminine
- no sexo feminino, o tumor maligno mais frequente é o cancro de mama – *For the female sex, the most frequent malignant tumor is breast cancer.*
80 | 1359

1340 mover *v* to move
- Filipe moveu os lábios num vago sorriso de indiferença – *Filipe moved his lips in a faint smile of indifference.*
80 | 1526

1341 município *nm* municipality
- A Universidade funciona em 15 dos 77 municípios do estado – *The University has campuses in 15 of the 77 state municipalities.*
77 | 2950

1342 entidade *nf* entity
- o núcleo será composto também por entidades governamentais e não governamentais – *The core group will also be made up of governmental and non-governmental entities.*
79 | 1957

1343 constante *na* constant
- o Sol está em constante rotação – *The sun is in constant rotation.*
79 | 1686

1344 pagamento *nm* payment
- é assegurado aos credores o direito de pedir o pagamento das dívidas – *The creditors are guaranteed the right to ask for payment of the debts owed them.*
78 | 1982

1345 sequer *av* (not) even (nem s.)
- não fiquei magoada, nem sequer decepcionada – *I didn't get angry or even disillusioned.*
80 | 1578 -a

1346 promover *v* to promote
- o principal objetivo dos prefeitos é promover o desenvolvimento turístico da região – *The mayors' principal objective is to promote the tourist development of the region.*
78 | 2176 -f

1347 argumento *nm* argument
- existem diversos argumentos a favor da evolução – *There are many arguments in favor of evolution.*
80 | 1233

1348 controlar *v* to control
- os diabéticos precisam controlar cuidadosamente o consumo de açúcares – *Diabetics need to carefully control their sugar consumption.*
79 | 1601

1349 fome *nf* hunger, famine
- muitos aldeões passaram fome durante a ditadura – *Many peasants suffered hunger during the dictatorship.*
80 | 1281

1350 pintor *nm* painter
- ele foi pintor de paisagens sóbrias e austeras – *He was a painter of sober and austere landscapes.*
80 | 1423

1351 adoptar *v* to adopt
- os romanos adoptaram o sistema de educação grego – *The Romans adopted the Greek educational system.*
79 | 1716 +a

1352 restar *v* to remain
- da obra restam apenas fragmentos –
  Only fragments of the work remain.
  80 | 1364

1353 calor *nm* heat, warmth
- seria mais um dia de sol intenso e calor –
  *It was going to be another day of intense sun
  and heat.*
  79 | 1682

1354 excepção *nf* exception
- todos tinham cerca de 20 anos, com
  excepção da jovem que tinha 13 – *All of
  them were about twenty years old, except for
  the young woman, who was 13.*
  80 | 1131

1355 ausência *nf* absence
- a ausência de vitaminas na alimentação
  pode causar problemas – *The absence of
  vitamins in one's diet can cause problems.*
  80 | 1338

1356 externo *aj* external
- somente na tensão entre o interno e o
  externo a consciência pode formar-se – *Only
  in the tension between the internal and
  external can consciousness be formed.*
  78 | 1937

1357 distribuir *v* to distribute
- os ricos vão ter que distribuir a riqueza deles
  com os pobres – *The rich will have to
  distribute their wealth among the poor.*
  81 | 1118

1358 método *nm* method
- ele não concordava com os métodos de
  ensino, preferindo estudar por conta própria
  – *He didn't agree with their teaching
  methods, preferring to study on his own.*
  77 | 3214 +a

1359 crítico *na* critic, critical
- outro problema levantado pelos críticos é a
  pouca presença de artistas latino-americanos
  – *Another problem raised by critics was the
  lack of a significant presence by Latin-
  American artists.*
  80 | 1146

1360 inferior *aj* lower, less, inferior
- a troposfera localiza-se na parte inferior da
  atmosfera – *The troposphere is located in
  the lower part of the atmosphere.*
  80 | 1422

1361 completo *aj* complete
- as informações por ele obtidas, embora não
  fossem completas, eram suficientes – *The
  information he obtained, although not
  complete, was sufficient.*
  80 | 1152

1362 protecção *nf* protection
- o meu país e outros buscavam proteção
  contra uma possível desvalorização cambial
  – *My country and others sought protection
  against a possible monetary devaluation.*
  79 | 1419

1363 excelente *aj* excellent
- este conjunto de adaptações dá à ave
  excelente equilíbrio – *This combination of
  adaptations gives the bird excellent balance.*
  80 | 1028

1364 calcular *v* to calculate, reckon
- a perda foi total, embora ele não soubesse
  calcular o valor do prejuízo – *It was a
  complete loss, even though he didn't know
  how to calculate the cost of the damages.*
  79 | 1374

1365 demorar *v* to take (time), delay
- quanto tempo é que se demora para chegar
  daqui a Viana? – *How much time does it
  take to get to Viana from here?*
  79 | 1308

1366 sentar *v* to sit
- todos os jogadores se podem sentar no
  banco – *All players may sit on the bench.*
  77 | 3423 +f

1367 interpretar *v* to interpret, act (e.g. movie)
- não existe uma fórmula básica para
  interpretar a arte – *There is no basic formula
  for interpreting art.*
  80 | 979

1368 sorte *nf* luck, lot
- algumas tinham mais sorte: as que haviam
  conseguido realizar os seus sonhos – *Some
  had better luck: those who were able to
  achieve their dreams.*
  79 | 1438

1369 secretaria *nf* office
- a secretaria do liceu tinha perdido os
  registos académicos da aluna – *The main
  office of the high school had lost academic
  records of the female student.*
  79 | 1491

1370 recolher *v* to collect, put away, remove
- esse dinheiro será recolhido pela União, na
  forma de pagamento de impostos – *That
  money will be collected by the Union, in the
  form of tax payments.*
  79 | 1464

1371 deter *v* to arrest, detain
- a polícia federal deteve o assassino e
  entregou-o ao sistema prisional – *The
  federal police arrested the murderer and
  turned him in to the prison system.*
  79 | 1455

1372 ceder *v* to give in, yield
- eu a julgava incapaz de ceder sem
  resistência às passageiras solicitações –
  *I imagined she would be incapable of giving
  in so easily to unimportant requests.*
  80 | 1051

1373 feliz *aj* happy
- desejamos aos leitores boas festas e feliz ano
  novo – *We wish our readers happy holidays
  and a happy New Year.*
  78 | 1729 -a

1374 cadeira *nf* chair, college course
- encontrando-o só, ele puxou uma cadeira e
  sentou-se – *Finding him alone, he pulled out
  a chair and sat down.*
  78 | 1860

1375 comunista *na* communist
- o primeiro país comunista foi a URSS,
  depois da Revolução de 1917 – *The first
  communist country was the USSR, after the
  Revolution of 1917.*
  79 | 1413

1376 emoção *nf* emotion
- ele lia tudo com emoção e fé – *He read it all with emotion and faith.*
80 | 1016

1377 representante *na* representative
- Van Gogh é o grande representante do Pós-Impressionismo – *Van Gogh is the great representative of Post-Impressionism.*
77 | 2039

1378 ultrapassar *v* to overcome, surpass, pass (car)
- Eles conseguiram ultrapassar os problemas – *They were able to overcome their problems.*
79 | 1223 +n

1379 comando *nm* command
- os prussianos, sob o comando do conde, avançavam em direcção ao norte – *The Prussians, under the command of the count, advanced heading north.*
78 | 1451

1380 alvo *nm* target, aim, white as snow
- o alvo principal de sua crítica demolidora é a hipocrisia da sociedade – *The main target of his sharp criticism is society's hypocrisy.*
79 | 1401

1381 concentrar *v* to concentrate
- o prefeito deve concentrar esforços em do is projetos específicos – *The mayor should concentrate his efforts on two specific projects.*
80 | 1062

1382 comunicar *v* to convey, communicate
- com nenhuma palavra eu lhe poderia comunicar o meu sonho – *There are not words with which to convey my dream to you.*
80 | 998

1383 colectivo *na* collective, public transportation [BP]
- o jornalismo é hoje uma instituição coletiva, anônima e quase irresponsável – *Journalism today is an anonymous and nearly irresponsible collective institution.*
79 | 1149

1384 jeito *nm* way, manner
- tenho que arranjar um jeito de sair daqui – *I have to find some way to get out of here.*
78 | 1642 +s -a

1385 actuar *v* to perform, act
- na festa actuou o grupo de rock algarvio – *At the party, the group of Algarve rock performed.*
78 | 1672 -f

1386 janela *nf* window
- pela janela aberta o vento frio invadia o quarto – *The cold wind rushed into the room through the open window.*
78 | 2844 +f

1387 certamente *av* certainly
- escrever uma carta certamente é uma ação social – *Letter writing is certainly a social action.*
80 | 1039

1388 estratégia *nf* strategy
- a guerra divide-se em estratégia, planeamento e condução da guerra – *War is divided into strategy, planning, and execution.*
78 | 1612

1389 papa *nm* pope
- o primeiro concílio do Vaticano postulou que o papa é infalível – *The first council of the Vatican postulated that the pope is infallible.*
79 | 1044

1390 unir *v* to unite
- para triunfar, temos de unir nossas melhores forças – *To triumph, we must unite our best forces.*
78 | 1548

1391 comandante *nm* commander
- enquanto os comandantes discutiam que forma de ataque deveriam usar, eles foram surpreendidos pelas tropas opostas – *While the commanders argued about the way they should attack, they were taken by surprise by the opposing army.*
79 | 1105

1392 inimigo *nm* enemy
- boa comida sempre foi inimiga do silêncio à mesa – *Good food has always been an enemy to silence at the dinner table.*
79 | 1228

1393 eleitoral *aj* electoral
- inicia-se uma campanha pela reforma eleitoral – *A campaign for electoral reform is beginning.*
78 | 1792 +n +s

1394 executivo *na* executive (branch)
- todos os poderes executivos e legislativos passariam para a posse do rei – *All executive and legislative powers would fall to the king.*
78 | 1778 +n

1395 gás *nm* gas
- este mar possui enormes reservas de petróleo e de gás natural – *This sea contains enormous reserves of petroleum and natural gas.*
78 | 1878

1396 marquês *nm* marquis
- o Marquês de Pombal reafirmou o poder centralizado – *The Marquis of Pombal restored centralized power.*
79 | 1196

1397 raça *nf* race
- na evolução duma raça os milénios são semanas! – *In the evolution of a race, millennia are weeks!*
80 | 1040

1398 palco *nm* stage
- O ator subiu ao palco e falou – *The actor got up on stage and spoke.*
80 | 978

1399 independência *nf* independence
- o Turcomenistão conquistou a sua independência à URSS, em 1991 – *Turkmenistan gained its independence from the USSR in 1991.*
79 | 1331

1400 empregado *na* employee, employed
- a empresa propôs aos seus empregados a divisão dos horários em quatro turnos – *The company proposed the division of the schedule into 4 shifts to its employees.*
79 | 1005

1401 começo *nm* beginning, start
- o seu livro, do começo ao fim, transpira honestidade – *His book, from beginning to end, breathes honesty.*
79 | 1016

1402 desenhar *v* to design, draw
- a casa foi desenhada por mim – *The house was designed by me.*
80 | 926

1403 descrever *v* to describe
- pode descrever o objecto que perdeu? – *Can you describe the object you lost?*
77 | 2007 +a

1404 receita *nf* revenue, income, recipe
- metade das receitas do Estado provém da exportação de madeiras – *Half of the government's revenue comes from wood exports.*
78 | 1519

1405 errar *v* to err, make a mistake
- ela errou, não porque errar é humano, mas porque houve desleixo – *She erred, not because to err is human, but because she was careless.*
80 | 915 +s

1406 império *nm* empire
- ele ambicionou reconstruir o Império Romano do Ocidente na sua totalidade – *His ambition was to rebuild the Western Roman Empire in its totality.*
78 | 1559 +a

1407 explorar *v* to exploit, explore
- a Espanha explorava o Novo Mundo – *Spain exploited the New World.*
79 | 1032

1408 critério *nm* criterion
- a estabilidade dos preços constitui o primeiro critério de avaliação – *Price stability is the first evaluation criterion.*
78 | 1399

1409 deitar *v* to lie down
- acabando, ele tornou logo a deitar na cama com uma febre intensa – *Having finished, and suffering from an intense fever, he soon went back to lying on his bed.*
76 | 2453 +s -a -n

1410 chamado *aj* called, so-called, named
- este foi o período dominante da chamada escola de Paris – *This was the dominant period of the so-called "School of Paris"*
79 | 1113

1411 detalhe *nm* detail
- os detalhes técnicos do sistema são muitos – *The system's technical details are many.*
79 | 956

1412 plástico *na* plastic
- ele embrulhou o dinheiro e o bilhete em vários sacos plásticos – *He wrapped the money and the ticket in several plastic bags.*
78 | 1131

1413 corda *nf* string, cord, spring
- nos instrumentos de cordas, o tom depende do comprimento da corda – *In string instruments, the pitch depends on the length of the string.*
79 | 1092 -n

1414 jamais *av* never
- a aula é boa porque o professor jamais impõe a opinião dele – *The class is good because the teacher never imposes his opinion on you.*
79 | 1176

1415 juventude *nf* youth
- durante a infância e juventude, ele viveu em Santander, onde estudou – *During his childhood and youth, he lived in Santander, where he studied.*
79 | 1014

1416 areia *nf* sand
- na maré baixa se formava em frente da casa uma praia de areia negra – *During low tide, a beach of black sand was formed in front of the house.*
79 | 982

1417 categoria *nf* category
- ela conquistou dois Óscares na categoria de melhor actriz – *She won two Oscars in the category of Best Actress.*
77 | 1550

1418 controle *nm* control [BP]
- Com a inflação sob controle, os grupos internacionais podem planear os seus investimentos – *With inflation under control, international groups can plan their investments.*
77 | 1654

1419 comida *nf* food
- a comida é deliciosa – *The food is delicious.*
79 | 991 +s

1420 sombra *nf* shadow, shade
- eles pararam então à sombra de uma árvore para descansar – *They then stopped in the shade of a tree to rest.*
76 | 2300 +f

1421 limpar *v* to clean
- aos sábados ando aqui por casa a limpar as salas e os quartos – *On Saturdays I'm up and about cleaning the rooms and bedrooms.*
78 | 1287

1422 biblioteca *nf* library
- a Biblioteca Britânica possui mais de cinco milhões de volumes impressos – *The British Library contains more than five million volumes.*
79 | 918

1423 escuro *aj* dark
- estava tão escuro como de noite – *It was as dark as night.*
77 | 1842 +f -n

1424 disposto *aj* willing, arranged
- ele estava disposto a tudo para ficar ao lado dela – *He was willing to do anything to stay by her side.*
80 | 954

1425 rural *aj* rural
- nestas regiões rurais uma das actividades é a criação de gado – *In these rural regions, one of the activities is raising cattle.*
77 | 1433

1426 disciplina *nf* discipline
- arquitectura e escultura foram sempre disciplinas inseparáveis na arte dele – *Architecture and sculpture have always been inseparable disciplines in his art.*
80 | 798

1427 retomar *v* to resume, retake
- em 1995, a França retomou os seus testes nucleares – *In 1995, France resumed nuclear testing.*
79 | 964

1428 neto *nm* grandson, grandchildren (PL)
- para a minha avó eu não era só o seu neto – *To my grandmother, I wasn't just her grandson.*
78 | 1259

1429 justamente *av* exactly, actually, just
- foi justamente por isso que me escandalizei – *It was exactly for that reason that I was shocked.*
80 | 754 +s

1430 salário *nm* salary, wage
- o salário mínimo visa prevenir a exploração dos trabalhadores – *Minimum wage is designed to prevent the exploitation of workers.*
77 | 1812 +n

1431 agricultura *nf* agriculture, farming
- na Europa, a grande revolução na agricultura deu-se no século XVIII – *In Europe, the great agricultural revolution occurred in the 18th century.*
78 | 1494 +s -f

1432 russo *na* Russian
- a Revolução Russa levou o socialismo da teoria para a prática – *The Russian revolution moved socialism from theory to practice.*
76 | 1753

1433 geralmente *av* generally, usually
- geralmente os serviços de informática não são pesados – *Generally, information technology services don't require heavy lifting.*
76 | 2369 +a -n

1434 declaração *nf* declaration
- a guerra revolucionária resultou na declaração da Independência – *The Revolutionary War resulted in the Declaration of Independence.*
77 | 1572

1435 dimensão *nf* dimension
- a dimensão e a profundidade dos lagos é bastante variada – *The dimensions and depth of the lakes vary greatly.*
78 | 1325

1436 feira *nf* fair, open-air market
- Exibem os animais nas feiras e nos circos – *They exhibit the animals at fairs and in circuses.*
77 | 1543

1437 prender *v* to apprehend, catch, fasten
- mande prender esses homens que fugiram – *Order them to go apprehend those who ran away.*
78 | 1185

1438 fala *nf* speech
- tenho ouvido a fala da senhora – *I've been listening to your manner of speech, Madame.*
79 | 887

1439 correcto *aj* correct
- o senhor acha correcta uma decisão que contribuiu para a crise financeira? – *Sir, do you think that a decision that contributed to the financial crisis is correct?*
78 | 1056

1440 medicina *nf* medicine
- hoje em dia, é usado em medicina, como estimulante cardíaco – *Nowadays, it is used in medicine, as a cardiac stimulant.*
78 | 1208

1441 aliança *nf* alliance, wedding band
- não obstante esta aliança entre os dois países, a Espanha declarou guerra – *Despite this alliance between the two countries, Spain declared war.*
79 | 1047

1442 faixa *nf* strip, section, band
- a América Central apresenta uma faixa de terra estreita – *Central America has a relatively narrow strip of land.*
77 | 1138

1443 vazio *na* empty, emptiness
- ninguém consegue pensar de barriga vazia – *Nobody is able to think on an empty stomach.*
79 | 1289

1444 tradicional *aj* traditional
- ele aceita a lei tradicional e faz algumas concessões às tendências modernas – *He accepts traditional law and makes some concessions to modern tendencies.*
76 | 1597

1445 infantil *aj* childish, infantile
- Simão sentiu-se infantil, à beira do choro e do pânico – *Simão felt childish as he was about to cry and panic.*
79 | 926

1446 acaso *av* by chance
- se a rosa tivesse outro nome acaso seria diferente o seu perfume? – *If, by chance, a rose went by another name, would it not smell as sweet?*
78 | 1204

1447 porto *nm* port
- foi neste importante porto da costa indiana que ele desembarcou – *It was in this important port of the Indian coast that he disembarked.*
76 | 1780

10. Natural features and plants

General terms:

terra 133 F earth, land

campo 219 M field

natureza 474 F nature

ambiente 546 M environment, surroundings

terreno 580 M land, plot, lot, terrain, ground

paisagem 1470 F view, surroundings, landscape

atmosfera 1998 F atmosphere

Specific features:

rio 214 M river

mar 380 M sea

costa 382 F coast (also surname)

sol 603 M sun

árvore 673 F tree

vale 703 M valley

ilha 747 F island

monte 782 M hill

planta 871 F plant

jardim 921 M garden

estrela 924 F star

praia 1009 F beach

céu 1016 M sky (heaven)

onda 1131 F wave

flor 1203 F flower

horizonte 1335 M horizon

areia 1416 F sand

canal 1456 M channel

floresta 1468 F forest

lua 1483 F moon

mata 1555 F forest, woods, jungle

montanha 1589 F mountain

serra 1611 F mountain ridge/range (saw)

planeta 1846 M planet

lago 1902 M lake

deserto 2031 M desert (deserted)

erva 2040 F herb

grão 2102 M grain

oceano 2264 M ocean

rocha 2304 F large rock

litoral 2464 M coast, coastal

ribeira 2633 F stream, riverbank

sertão 2655 M bush, wilderness

planalto 2660 M plateau

cana 2766 F sugar cane

mato 2892 M bush, thicket

morro 2894 M hill

vertente 2903 F slope

planície 2998 F plain, prairie

maré 3040 F tide (flux)

pico 3048 M peak

foz 3076 F mouth (of a river)

lagoa 3312 F large lake

grama 3342 F grass

pinheiro 3537 M pine tree

vegetação 3655 F vegetation

encosta 3866 F slope, hillside

cova 3920 F cave, opening, cavity

península 3965 F peninsula

gruta 4010 F grotto, cave

selva 4088 F jungle

alga 4128 F algae

golfo 4156 M gulf (of water)

colina 4168 F hill

trilha 4191 F path, trail

baía 4209 F bay, harbor

arquipélago 4421 M archipelago

pasto 4423 M pasture (animal feed, food)

bosque 4528 M grove

vulcão 4873 M volcano

prado 11489 M meadow, grove

1448 sócio *nm* partner, associate
- na cidade berço, ele foi sócio fundador da Associação – *In his hometown, he was a founding partner of the Association.*
78 | 1012

1449 assegurar *v* to secure, assure
- em 1814, a Dinamarca assegurou o seu domínio político – *In 1814, Denmark secured its political dominion.*
77 | 1547

1450 código *nm* code
- estas moléculas formam a base do código genético – *These molecules form the basis for the genetic code.*
78 | 1129

1451 igualmente *av* also, equally, likewise
- as águas são igualmente o habitat de baleias e golfinhos – *The waters are also the habitat of whales and dolphins.*
77 | 1478

1452 misturar *v* to mix
- a questão estava em como misturar os dois ingredientes em proporções exatas – *The question consisted in how to mix the two ingredients in exact proportions.*
79 | 873

1453 coluna *nf* column, spinal column
- no ano seguinte, ele começa a escrever uma coluna diária no jornal – *The following year, he began writing a daily column for the newspaper.*
78 | 1287

1454 versão *nf* version
- a sua versão dos factos nunca me convenceu – *His version of the facts never convinced me.*
76 | 1561

1455 nordeste *nm* northeast
- o Japão é um país insular situado no nordeste da Ásia – *Japan is an island country located in the northeast part of Asia.*
78 | 1068

1456 canal *nm* channel
- sob a névoa e a chuva fina, ela entrou pelo canal do porto – *Under fog and light rain, she entered through the port's channel.*
77 | 1472

1457 doze *num* twelve
- os doze apóstolos acompanhavam Jesus – *The twelve apostles followed Jesus.*
79 | 821

1458 espalhar *v* to spread
- a tendência europeia começa a espalhar-se pelo mundo – *This European tendency is beginning to spread throughout the world.*
78 | 1126

1459 ameaçar *v* to threaten
- no mesmo dia, o governo russo ameaçou proceder a retaliações – *On the same day, the Russian government threatened to begin retaliating.*
78 | 1279

1460 relativamente *av* relatively, pertaining to
- as informações são relativamente escassas e pouco seguras – *The information is relatively scarce and unreliable.*
77 | 1365

1461 quarenta *num* forty
- o senhor viu as coisas evoluírem nestes últimos quarenta anos? – *Sir, did you witness an evolution over these last forty years?*
79 | 826

1462 fiscal *na* fiscal, customs inspector
- no ano fiscal de 1996, os lucros da empresa atingiam milhões – *In the fiscal year of 1996, the company's profits were in the millions.*
77 | 1413 +n

1463 operar *v* to operate
- no Brasil existem algumas empresas já operando no sistema de comercialização via Internet – *In Brazil, there are some companies already operating off an internet-based marketing system.*
78 | 1094

1464 década *nf* decade
- na década de 1950, a corrida às armas nucleares foi criticada – *In the decade of the 50s, the nuclear arms race was criticized.*
75 | 2734 +a -f

1465 cinquenta *num* fifty
- era um homem calvo, nos seus cinquenta anos – *He was a bald man in his fifties.*
78 | 918 +s -n

1466 opor *v* to oppose
- as forças dinamarquesas não se puderam opor ao poderoso exército – *The Danish forces couldn't oppose the powerful army.*
78 | 1199

1467 fornecer *v* to provide, supply
- o objetivo da colonização era então fornecer ao mercado europeu produtos tropicais – *The objective of the colonization was then to provide tropical products to the European market.*
76 | 1760 +a

1468 floresta *nf* forest
- as florestas tropicais caracterizam-se por uma grande diversidade de espécies – *Tropical forests are characterized by a great diversity of species.*
77 | 1508

1469 investimento *nm* investment
- procura-se atrair o investimento privado através da criação de incentivos económicos – *They seek to attract private investments through the creation of economic incentives.*
76 | 2719 +n +s -f

1470 paisagem *nf* landscape, view, surroundings
- a colónia conserva uma paisagem urbana própria de uma cidade de fronteira – *The colony maintains an urban landscape common to border towns.*
78 | 971

1471 alternativa *nf* alternative
- ele não teve alternativa senão render-se – *He had no alternative but to surrender.*
77 | 1328

1472 comentário *nm* comment, commentary
- cada comentário era uma nova risada – *Each comment brought new laughter.*
78 | 906

1473 resolução *nf* resolution
- a autoridade sanitária disse que a resolução do problema dependia da Câmara – *The Sanitation Authority said that the resolution of the problem was in the hands of the city council.*
78 | 1216

1474 caro *aj* expensive, esteemed
- a gasolina em Portugal é muito cara – *Gas in Portugal is very expensive.*
78 | 1082 +s -a

1475 puxar *v* to pull
- puxou-lhe a orelha com força – *He pulled forcefully on his ear.*
76 | 1672 +s -n

1476 recorrer *v* to appeal, resort to
- o médico recorreu a uma especialista – *The doctor appealed to a specialist.*
78 | 1054

1477 bem *nm* goods (PL)
- ele parecia esquecer momentaneamente o dinheiro e os bens terrenos – *He seemed to momentarily forget his money and his earthly goods.*
77 | 1590

1478 alteração *nf* change, alteration
- haverá grandes alterações na estrutura política do país – *There will be major changes in the political structure of the country.*
75 | 1867

1479 fita *nf* tape, ribbon
- ele também vai requisitar uma cópia da fita de vídeo – *He will also check out a copy of the video tape.*
78 | 885

1480 necessitar *v* to need
- o homem necessita de oxigénio – *Man needs oxygen.*
78 | 929

1481 infância *nf* childhood
- Paula gosta de se lembrar da sua infância – *Paula likes to remember her childhood.*
78 | 905

1482 prejudicar *v* to harm, endanger
- fumar prejudica gravemente a saúde – *Smoking greatly harms your health.*
78 | 868

1483 lua *nf* moon
- a Lua não tem luz própria, apenas reflecte a luz solar – *The moon doesn't have its own light; it only reflects the light from the sun.*
77 | 1205

1484 distrito *nm* district
- o distrito é formado por 19 municípios – *The district is made up of 19 municipalities.*
75 | 1958 +n

1485 conceder *v* to grant
- o juiz vai conceder um prazo de 30 dias – *The judge will grant a period of 30 days.*
76 | 1526

1486 caminhar *v* to walk, go on foot
- enquanto o conde caminhava lentamente pelo parque, vieram-lhe à mente várias cenas – *While the count slowly walked through the park, various scenes came to his mind.*
76 | 1529

1487 vara *nf* stick, staff, rod
- encontrei um pedaço de vara, passei a apoiar-me nele – *I found a stick, and started to support myself on it.*
78 | 783 +s

1488 executar *v* to carry out, execute
- as meninas são geralmente obrigadas a executar trabalhos manuais – *Girls are generally expected to carry out manual labor.*
77 | 1205 +a

1489 percorrer *v* to cover (distance), run by/through
- ele ficou na terceira posição, tendo percorrido a distância muito rapidamente – *He came in third place, having covered the distance very quickly.*
78 | 1128

1490 organizado *aj* organized
- as moléculas de celulose estão organizadas em microfibrilhas longas – *Cellulose molecules are organized into long micro-fibers.*
77 | 1129

1491 modificar *v* to change, modify
- e mais uma mensagem para que os homens modifiquem seu comportamento e se respeitam mais – *It's just one more message that men should change their behavior and respect each other more.*
78 | 863

1492 agrícola *aj* agricultural
- o seu sistema agrícola dependia de intensa irrigação – *Their agricultural system depended heavily on irrigation.*
77 | 1276

1493 adequado *aj* adequate
- o federalismo não é o modelo mais adequado – *Federalism isn't the most adequate of models.*
77 | 1068

1494 investir *v* to invest
- os sócios investiram 150 mil dólares – *The business partners invested $150 thousand dollars.*
77 | 1191 +n +s

1495 satisfazer *v* to satisfy
- os produtores debatem-se já com dificuldades para satisfazer as necessidades de mercado – *The producers have already encountered difficulties in satisfying the demands of the market.*
78 | 952

1496 dente *nm* tooth
- ela mostrou os dentes alvos num sorriso alegre – *She showed her sparkling teeth in her happy smile.*
76 | 1643 -n

1497 intenso *aj* intense
- em cinco semanas de intensos combates, os turcos perderam – *In five weeks of intense combat, the Turks lost.*
77 | 1062

1498 velocidade *nf* speed, velocity
- a velocidade média foi de 39,6 quilômetros por hora – *The average speed was 39.6 kph.*
75 | 2107 +a

1499 bloco *nm* block, bloc
- o artista escolhia um bloco de madeira cuja superfície fosse lisa e plana – *The artist would choose a block of wood whose surface was smooth and flat.*
77 | 1073

1500 representação *nf* representation
- a representação simbólica de uma molécula é denominada fórmula – *The symbolic representation of a molecule is called a formula.*
75 | 2047 +a

1501 mental *aj* mental
- a doença mental, mania ou loucura mansa, tem-no amarrado a fundo silêncio – *His mental illness, mania or mild insanity, has wrapped him in a profound silence.*
78 | 806

1502 riqueza *nf* wealth, riches
- a sua riqueza provinha sobretudo da posse de terras – *His wealth came mainly from land ownership.*
77 | 996

1503 chegada *nf* arrival
- a única esperança que lhe restava era a chegada de reforços – *The only hope he had left was the arrival of reinforcements.*
77 | 1144

1504 escapar *v* to escape
- a jovem, para escapar à ira paterna, resolveu fugir – *The young lady, to escape her father's wrath, decided to run away.*
77 | 1138

1505 absolutamente *av* absolutely
- a resposta foi seca e incisiva: – Absolutamente não! – *The response was dry and sharp – Absolutely not!*
78 | 766 +s

1506 imóvel *na* real-estate, immobile
- ele forçou a reforma para obrigar os proprietários de imóveis a alugar as suas propriedades – *He pushed through the reform in order to force real estate owners to rent their properties.*
77 | 1281 -s

1507 província *nf* province
- o território divide-se em 22 províncias, cinco regiões autónomas e três municípios – *The territory is divided into 22 provinces, 5 autonomous regions and three municipalities.*
77 | 1246

1508 habitante *nc* inhabitant
- o Brasil tem 152 milhões de habitantes – *Brazil has 152 million inhabitants.*
75 | 1930 +a

1509 alimento *nm* food, nourishment
- as pessoas vegan não comem alimentos de origem animal – *Vegans don't eat food of animal origin.*
75 | 1591

1510 combater *v* to fight, combat
- temos de organizar uma estratégia para combater a ditadura – *We must organize a strategy to fight the dictatorship.*
78 | 875

1511 beber *v* to drink
- Seu Tónio convidou-me para beber café e eu aceitei – *Mr. Tónio invited me to drink some coffee and I accepted.*
75 | 1776

1512 silêncio *nm* silence
- o vosso silêncio grave é a melhor resposta – *Your grave silence is the best answer.*
74 | 3261 +f -a

1513 insistir *v* to insist
- o presidente insistiu para que o Congresso aprovasse as reformas – *The president insisted that Congress pass the reforms.*
76 | 1418

1514 japonês *na* Japanese
- o ataque japonês à base americana fez com que os EUA entrassem na guerra – *The Japanese attack on the American base caused the USA to enter the War.*
76 | 1336

1515 cobrar *v* to collect (money), charge
- a coroa portuguesa cobrava impostos altíssimos pela produção mineira – *The Portuguese crown collected very high taxes on mineral production.*
77 | 1004 +n

1516 cabelo *nm* hair
- seus cabelos eram lisos, despenteados, repartidos ao meio – *His hair was straight, unkempt, and parted in the middle.*
74 | 2382 +f

1517 computador *nm* computer
- a informação recolhida é processada por um computador – *The information gathered is processed by a computer.*
75 | 1939 -f

1518 invadir *v* to invade
- a imprensa não tem o direito de invadir a vida privada das pessoas – *The press does not have the right to invade people's private lives.*
77 | 1175

1519 convencer *v* to convince
- eu tentava convencê-los com uma ameaça – *I tried to convince them with a threat.*
76 | 1170

1520 móvel *na* piece of furniture, mobile
- os móveis da sua sala de jantar eram portugueses – *The furniture in his dining room was from Portugal.*
77 | 1000

1521 equilíbrio *nm* balance, equilibrium
- o taoísmo considera que o equilíbrio do universo é mantido por forças opostas – *Taoism believes that the balance of the universe is maintained by opposing forces.*
76 | 1000

1522 afectar *v* to affect
- a crise económica mundial afectou as exportações – *The world economic crisis affected exports.*
76 | 1274

1523 virtude *nf* virtue
- as virtudes de lealdade e inteligência destacam-se como traços distintivos de ambas – *The virtues of loyalty and intelligence stand out as distinctive traits in both of them.*
78 | 888

1524 revisão *nf* revision
- fizeram a revisão do código civil em 1978 – *They made the revision of the civil code in 1978.*
76 | 1112

1525 gabinete *nm* office, cabinet
- o director chamou o chefe da fiscalização ao gabinete – *The director called the Chief Financial Officer to his office.*
77 | 1074

1526 democracia *nf* democracy
- em democracias políticas, as votações são geralmente secretas – *In political democracies, voting is usually secret.*
77 | 1088 +s

1527 norma *nf* norm, rule, standard
- tem de haver normas e regras na sociedade – *We have to have standards and rules in a society.*
76 | 1139

1528 experimentar *v* to experiment, try
(something) out
- os jovens nos liceus não resistiram a
experimentar algumas drogas – *The youth in
high school didn't resist experimenting with
some drugs.*
77 | 892

1529 edição *nf* edition
- esta edição especial da revista mostrar-lhe-á
também o filme do ano – *This special
edition of the magazine will also tell you what
the Film of the Year is.*
75 | 1606 +n

1530 distinguir *v* to distinguish
- é preciso, contudo, distinguir entre razão e
imaginação – *It is necessary, however, to
distinguish between reason and imagination.*
75 | 1275

1531 falso *aj* false
- ele pretende derrubar todos os
falsos pressupostos que entravam o
desenvolvimento científico – *He plans on
debunking all the false assumptions that have
slowed down scientific development.*
76 | 961

1532 milho *nm* corn
- ele dará milho às galinhas – *He'll feed corn
to the chickens.*
77 | 794 +s

1533 proibir *v* to prohibit
- o governo aprovou anteontem a lei que
proíbe o uso de alto-falantes nos veículos –
*The day before yesterday, the government
passed a law prohibiting the use of loud
speakers in vehicles.*
77 | 845

1534 exacto *aj* exact
- o número exato de mortes ligadas ao soro
não está confirmado – *The exact number of
deaths linked to the serum has not been
confirmed.*
76 | 822 +s

1535 estreito *na* straight, narrow, strait (water)
- procuro as ruas mais estreitas, onde há
menos luz e o movimento é menor – *I am
looking for the narrowest streets, where there
is less light and traffic is not so heavy.*
76 | 1069

1536 criticar *v* to criticize
- o general criticou o holocausto e criticou
o genocídio – *The general criticized the
Holocaust and criticized genocide.*
75 | 1220 +n

1537 governar *v* to govern, rule
- o maior pecado de um governante é não
governar e não servir ao público – *The
greatest sin of a government official is to fail
to govern and serve the public.*
77 | 904

1538 corrida *nf* race
- as corridas de cavalos são os
acontecimentos desportivos que mais
apostas atraem – *Horse races are the
sporting events that attract the most bets.*
76 | 1222

1539 resistir *v* to resist
- vamos resistir com firmeza às forças
imperialistas do governo corrupto – *We will
firmly resist the imperialist forces of the
corrupt government.*
76 | 1108

1540 regional *aj* regional
- conseguimos pegar a música regional do
Nordeste e misturá-la ao instrumental
eletrônico – *We were able to take the
regional music of the Northeast and mix it
with techno music.*
74 | 2195 +n -f

1541 inspirar *v* to inspire
- a bandeira suíça inspirou a da Cruz
Vermelha – *The Swiss flag inspired the Red
Cross's.*
77 | 903

1542 curioso *aj* curious, strange
- os meninos espiavam-na, curiosos –
*Curious, the young boys spied on
her.*
76 | 1101

1543 acumular *v* to accumulate
- a angústia que se acumulava no seu ser
transbordou – *The anxiety that had
accumulated in him overflowed.*
77 | 964

1544 doméstico *na* domestic (servant)
- os porcos (sejam domésticos ou selvagens)
eram originariamente da África – *Pigs (be
they domestic or wild) were originally from
Africa.*
77 | 881

1545 socialista *na* socialist
- Fidel Castro afirmou anteontem que
seu país permanecerá socialista –
*Fidel Castro affirmed yesterday that his
country will continue to be a socialist
country.*
75 | 1817 +n -f

1546 costume *nm* custom
- custa-me bastante adaptar-me aos costumes
e à mentalidade alemã – *It's been hard for
me to adjust to German customs and way of
thinking.*
76 | 1089

1547 símbolo *nm* symbol
- sua imagem permanece hoje inalterada
como símbolo de rebelião e irreverência
juvenil – *His image remains unaltered today
as a symbol of rebellion and juvenile
irreverence.*
75 | 1307

1548 deslocar *v* to move, dislocate
- seria então um erro deslocar esse
equipamento para outro local? – *Would it
then be a mistake to move this equipment to
another location?*
76 | 1113

1549 poderoso *aj* powerful
- a música é algo muito poderoso – *Music is
something very powerful.*
77 | 1033

1550 reino *nm* kingdom
- o Reino da Dinamarca é governado por uma monarquia constitucional – *The Kingdom of Denmark is governed by a constitutional monarchy.*
74 | 1859 +a

1551 medir *v* to measure
- por problemas estatísticos, é impossível medir um índice instantâneo de inflação – *Due to statistical considerations, it is impossible to measure an immediate inflation index.*
75 | 1165 +a

1552 relatório *nm* report
- o ministério apresentou em maio um relatório sobre as causas do acidente – *In May, the Ministry released a report on the causes of the accident*
74 | 1565

1553 noção *nf* notion
- era ainda aquela noção de responsabilidade que me tem atado – *Still, it was that notion of responsibility that bound me.*
76 | 928

1554 droga *nf* drug
- também tive experiência com uma droga mais pesada, o LSD – *I also had experiences with an even heavier drug, LSD.*
75 | 1374

1555 mata *nf* jungle, woods, forest
- eles têm nas matas seu habitat primitivo – *The jungle is their original habitat.*
76 | 949

1556 círculo *nm* circle
- no seu círculo de amizades incluiu-se vários reformadores – *Several reformers are found within his circle of friends.*
76 | 1027

1557 observação *nf* observation
- copérnico começou a fazer observações astronómicas em 1497 – *Copernicus began his astronomical observations in 1497.*
76 | 1168

1558 reclamar *v* to complain
- a Idalina reclamou da minha mania de fechar a porta à chave – *Idalina complained about my obsession with locking the door.*
76 | 1029

1559 convite *nm* invitation
- já recebeu o convite para o nosso baile? – *Have you already received the invitation to our dance?*
76 | 939

1560 definitivo *aj* definitive
- a sua forma definitiva foi-lhe dada pela codificação de Justiniano – *Its definitive form was arrived at through the Justinian codification.*
78 | 786

1561 metal *nm* metal
- todos os metais, com a excepção do Mercúrio, são sólidos – *All metals, with the exception of mercury, are solids.*
75 | 1258 +a

1562 buraco *nm* hole
- os ratos se escondem durante o dia em buracos – *Rats hide in holes during the day.*
76 | 804 +s

1563 vidro *nm* glass
- de um salto, estilhacei a janela de vidro e fugi – *With a single bound, I broke through the glass window and fled.*
76 | 1298 -s

1564 isolado *aj* isolated
- todas as autoridades consideraram-no um caso isolado – *All of the experts consider it an isolated case.*
77 | 849

1565 sal *nm* salt
- os meus dias eram como a comida sem sal: não tinham gosto – *My days were like food without salt: they had no flavor.*
76 | 921 +s -n

1566 supremo *aj* supreme
- a corte suprema do reino, com seus 11 membros, levantou-se – *The supreme court of the kingdom, with its eleven members, stood up.*
76 | 1060

1567 concreto *aj* concrete
- a Comissão conseguiu provas concretas, materiais, contra os policiais corruptos? – *Has the Committee obtained concrete, material proof against those corrupt police officers?*
75 | 923 +s

1568 individual *aj* individual
- a ecologia pode referir-se a organismos individuais ou comunidades inteiras – *Ecology can refer to individual organisms or entire communities.*
75 | 1215

1569 colher *v* to harvest, gather
- ele chegou até a plantar batatas e a colhê-las – *He went as far as planting potatoes and harvesting them.*
76 | 875

1570 distante *aj* distant
- a noite trouxe-lhes dos campos um rumor distante – *Night brought in a distant murmur from the fields.*
76 | 1023

1571 estimar *v* to estimate, esteem
- atualmente não é possível estimar a enorme quantidade de substâncias produzidas industrialmente – *Nowadays it is impossible to estimate the enormous quantity of industrially produced substances.*
76 | 1122

1572 acordar *v* to wake up
- desejava dormir e acordar só dali a muito tempo – *He wanted to sleep and not wake up for a long time.*
74 | 1587

1573 raio *nm* ray
- uma lente convexa faz com que os raios de luz convirjam – *A convex lens makes it so that light rays converge.*
74 | 1409 -n

1574 suportar *v* to endure, support, bear
- ganhei, além disso, uma certa capacidade de suportar a dor física – *I gained, besides, a certain capacity to endure physical pain.*
76 | 867

1575 honra *nf* honor
- no mês de maio, eles ofereciam sacrifícios em honra dos deuses – *In the month of May, they would offer sacrifices in honor of the gods.*
75 | 1099

1576 ameaça *nf* threat, threatening
- a principal ameaça à sobrevivência dos patos é a caça – *The main threat to the ducks' survival is hunting.*
76 | 1105

1577 sindicato *nm* workers' union, syndicate
- o sindicato e os trabalhadores vão exigir do governo os respectivos reajustes – *The workers' union and the workers will demand the necessary adjustments from the government.*
74 | 1306 +n +s

1578 encher *v* to fill
- os olhos se lhe encheram de lágrimas – *His eyes filled with tears.*
74 | 1783

1579 herói *nm* hero
- ele é um herói da Guerra do Paraguai – *He is a hero of the Paraguayan War.*
76 | 880

1580 precisamente *av* precisely
- Gorbatchov chegou precisamente quando os estudantes se manifestavam – *Gorbachev arrived precisely when the students were protesting.*
77 | 731

1581 específico *aj* specific
- poderíamos ser muito mais específicos em as nossas descrições – *We could be much more specific with our descriptions.*
74 | 1903 -f

1582 pesado *aj* heavy
- com 15 toneladas de peso, foi a carga mais pesada jamais transportada – *Weighing 15 tons, it was the heaviest load ever carried.*
77 | 750

1583 extremamente *av* extremely
- tem-se revelado extremamente difícil chegar a qualquer acordo – *It has turned out to be extremely difficult to reach an agreement.*
75 | 1044

1584 aventura *nf* adventure
- sua preferência são os filmes de aventura – *He prefers adventure films.*
76 | 908

1585 lógica *nf* logic
- esse argumento é falacioso, não tem lógica nenhuma – *That argument is fallacious; it has no logic to it.*
75 | 918

1586 parecer *nm* opinion, appearance
- o parecer dele era sempre sobremodo néscio e tolo – *His opinion was always extremely ignorant and foolish.*
76 | 905

1587 assistência *nf* assistance
- a escola deveria oferecer mais assistência médica – *The school should have more medical assistance.*
76 | 936

1588 justo *aj* just, fair
- fui demitido do meu trabalho sem justa causa – *I was fired from my job without just cause.*
75 | 1014

1589 montanha *nf* mountain
- no cume das mais altas montanhas eles viam jazer a neve – *On the peaks of the highest mountains, they saw a blanket of snow.*
76 | 1101

1590 regresso *nm* return [EP]
- o ano de 2000 parece representar um regresso à situação que vivemos antes. [EP] – *The year 2000 seems to represent a return to a condition we experienced before.*
76 | 976

1591 humanidade *nf* humanity
- o melhor é usar a ciência para o bem da humanidade – *It is best to use science for the good of humanity.*
77 | 772

1592 apresentação *nf* presentation
- as apresentações são acompanhadas pela orquestra – *The presentations are accompanied by the orchestra.*
75 | 1232

1593 academia *nf* academy, gym
- ele frequentou a Academia de Belas-Artes, pois queria ser pintor – *He attended the Academy of Fine Arts, for he wanted to be a painter.*
76 | 1082

1594 interessado *aj* interested (party)
- curiosamente, as pessoas mostram-se mais interessadas em dar do que em receber – *Interestingly, people seem to be more interested in giving than in receiving.*
75 | 973

1595 meter *v* to put into, get involved (+se)
- ele tornou a meter a mão no bolso e retirou um segundo envelope – *He again put his hand into his pocket and took out a second envelope.*
73 | 2843 +s -a

1596 ai *i* oh, ouch, ow
- Ai, meu Deus! – *Oh my God!*
73 | 1679 +s -n

1597 universal *aj* universal
- o Esperanto provou a possibilidade de haver uma língua literária universal – *Esperanto proved the possibility of there being a universal literary language.*
75 | 1049

11. Weather

Nouns:

vento 790 M wind

chuva 1109 F rain

clima 1292 M climate

calor 1353 M heat, warmth

raio 1573 M ray

atmosfera 1998 F atmosphere

temperatura 2149 F temperature

nuvem 2192 F cloud

neve 2357 F snow

tempestade 2978 F storm, tempest

inundação 4483 F flood

brisa 4634 F breeze

humidade 4718 F humidity

precipitação 5095 F precipitation

nevoeiro 5237 M thick fog

relâmpago 6068 M lightning

trovoada 6694 F thunderstorm

frescura 6908 F freshness

neblina 7092 F mist

terremoto 7153 M earthquake

enchente 7204 F flood

trovão 7386 M thunder

névoa 7611 F fog

meteorologia 7658 F study of weather

caudal 7713 M torrent

orvalho 8129 M dew

vendaval 8597 M gale, whirlwind

dilúvio 9142 M flood

furacão 9325 M cyclone

ciclone 9364 M cyclone

torrente 10032 F downpour

geada 10148 F frost

monção 11005 F monsoon

granizo 13068 M hail

nevada 15170 F snowfall

**Adjectives and Verbs:
(some also serve as nouns)**

frio 753 cold

quente 984 hot

fresco 2388 fresh, cool

húmido 4248 humid

árido 6098 dry, arid

meteorológico 6474 relating to weather

chuvoso 8075 rainy

encharcado 8549 flooded

ventoso 8893 windy

aquecido 11108 warm, hot (also heated)

nebuloso 18875 cloudy [BP]

chover (v) 2712 to rain

1598 inteligência *nf* intelligence
- actualmente estuda-se a inteligência artificial – *Currently, artificial intelligence is being studied.*
76 | 891

1599 recordar *v* to recall, remember
- ele atormentou-se recordando que se divertia enquanto o outro estava padecendo – *He tortured himself, recalling that he was enjoying himself while another was suffering.*
73 | 1723 -a

1600 caça *nf* hunt
- a caça e a pesca tornaram-se o meio principal para a subsistência – *Hunting and fishing became their main method of subsistence.*
76 | 796

1601 capítulo *nm* chapter
- ele leu três capítulos do livro e ficou decepcionado – *He read three chapters of the book and became disappointed.*
74 | 1337

1602 frequentar *v* to attend
- ele frequentou a Universidade de Columbia – *He attended the University of Columbia.*
76 | 764

1603 prosseguir *v* to proceed
- o médico prosseguiu, pondo o adesivo na perna do doente – *The doctor proceeded by bandaging the leg of the patient.*
75 | 1253

1604 choque *nm* shock
- na terapia eléctrica, o paciente recebe um choque – *In electrotherapy, the patient receives a shock.*
76 | 815

1605 mulato *na* mulatto
- era um mulato escuro, forte, rosto redondo grande, olhos negros brilhantes – *He was a dark-skinned mulatto, strong, with a big round face and bright black eyes.*
74 | 1165

1606 escrita *nf* writing
- os egiptologistas conseguiram decifrar o que faltava na escrita egípcia – *Egyptologists succeeded in deciphering what was missing in Egyptian writing.*
75 | 1074

1607 adulto *na* adult
- inicia-se geralmente na adolescência ou no adulto jovem – *It usually begins in adolescence or in young adulthood.*
75 | 944

1608 tender *v* to tend to
- o jornalismo moderno tende a afastar-se da literatura – *Modern journalism tends to distance itself from literature.*
75 | 915

1609 gestão *nf* management, administration
- os programas de gestão passaram a focalizar seu interesse na melhoria operacional – *Management programs began to focus on operational improvement.*
74 | 1939 +s -f

1610 rever *v* to see again, look over, examine
• ele estava muito alegre por rever a casa que tinha deixado – *He was overjoyed to see the house again that he had left.*
76 | 818

1611 serra *nf* mountain range, saw
• papai subiu a serra – *Daddy climbed the mountain.*
75 | 968

1612 forno *nm* oven
• enquanto o forno ia ardendo, íamos tender o pão – *While the oven warmed up, we were tending to the bread.*
76 | 692 +s

1613 médio *aj* middle, average
• o Líbano é um dos países mais pequenos do Oriente Médio – *Lebanon is one of the smallest countries of the Middle East.*
73 | 1705

1614 instalação *nf* installation
• o objetivo é preparar esses locais, com a instalação de sofisticado equipamento de comunicação – *The objective is to prepare these locations by installing sophisticated communication equipment.*
74 | 1453 +n

1615 democrático *aj* democratic
• o povo mostra-se interessado no processo democrático – *The people have shown interest in the democratic process.*
74 | 1317

1616 proprietário *nm* owner, proprietor
• o proprietário sempre quis vender a casa – *The owner has always wanted to sell the house.*
75 | 1069

1617 orçamento *nm* budget, financing
• o orçamento fecha-se sempre com déficit – *The budget always ends up in the red.*
74 | 1419 +n +s -f

1618 temer *v* to fear
• fomos cercados e cheguei mesmo a temer por nossas vidas – *We were surrounded and I even began to fear for our lives.*
73 | 1343

1619 debate *nm* debate, discussion
• por vezes assistimos a debates que tratam questões de índole política – *At times, we watch debates dealing with questions of a political nature.*
74 | 1287 +n +s

1620 implicar *v* to involve, imply
• a vaidade implica uma sensação de superioridade – *Vanity involves a feeling of superiority.*
75 | 973

1621 facilitar *v* to facilitate, ease
• a sonoridade acústica facilita a audição – *Acoustic sonority facilitates hearing.*
74 | 985

1622 realização *nf* accomplishment, fulfillment
• sua maior realização foi a demonstração da aplicação universal de princípios químicos – *His greatest accomplishment was his demonstration of the universal application of the principles of chemistry.*
73 | 1787

1623 disponível *aj* available
• o disco está disponível nas lojas brasileiras – *The record is available in Brazilian stores.*
74 | 1232

1624 repousar *v* to rest
• Lá ia repousar debaixo da laranjeira – *He went over there to rest in the orange grove.*
70 | 5892 +f -a

1625 continente *nm* continent
• o continente asiático apresenta uma grande variedade climática – *The Asiatic continent has great climatic variety.*
75 | 1070

1626 líquido *na* liquid
• Mercúrio é um líquido denso – *Mercury is a dense liquid.*
74 | 1490

1627 teste *nm* test, exam
• estes testes medem o quociente intelectual – *These tests measure one's I.Q.*
74 | 1611 +s -f

1628 junta *nf* council, commission
• o presidente da Junta de Freguesia não aceita a posição do Secretariado – *The president of the city council doesn't accept the opinion of its members.*
73 | 1184

1629 talento *nm* talent
• o seu talento e interesse pela música manifestaram-se – *His talent and interest in music became apparent.*
75 | 797

1630 dona *nf* Mrs, madam, owner
• eu poderia conversar alguns minutos com a dona Carmem, a sua secretária? – *Could I talk with Mrs Carmen, his secretary, for a few minutes?*
72 | 2609 +f -a

1631 variar *v* to vary
• a funcionalidade das conexões sem fio pode variar de um país para o outro – *The functionality of cordless connections can vary from country to country.*
73 | 1630 +a

1632 contemporâneo *aj* contemporary
• o arquitecto destaca-se no contexto da arquitectura modernista contemporânea – *The architect stands out in terms of his contemporary modernist architecture.*
74 | 1041

1633 secção *nf* department, section
• a organização inclui três secções: Botânica, zoologia e divulgação científica – *The organization has three departments: botany, zoology, and publishing.*
73 | 1731 +a

1634 escritório *nm* office
- comecei a trabalhar num escritório de advocacia, como estagiário – *I started working in a lawyer's office as an intern.*
75 | 997

1635 barato *aj* cheap, inexpensive
- com preços tão baratos, os fazendeiros não tinham como saldar suas dívidas – *With prices so low, farmers didn't have a way to pay off their debts.*
75 | 793 +s

1636 atirar *v* to shoot, throw
- ele, armado, atirou três vezes – *Armed, he shot three times.*
72 | 2077

1637 relativo *aj* relative
- a fórmula estrutural mostra a posição relativa dos átomos – *The structural formula shows the relative positions of the atoms.*
72 | 1748

1638 pedaço *nm* chunk, piece
- ele devorou o caldo com grossos pedaços de pão – *He devoured the soup with big chunks of bread.*
74 | 1176

1639 presidência *nf* presidency
- ele foi candidato à Presidência da República – *He was a candidate for the Presidency of the Republic.*
73 | 1647 -f

1640 piano *nm* piano
- os cantores serão acompanhados ao piano – *The singers will be accompanied on the piano.*
75 | 851

1641 negociar *v* to negotiate
- o presidente viajou até a Europa para negociar com banqueiros ingleses a nossa dívida – *The president traveled to Europe to negotiate our debt with certain English bankers.*
74 | 1055 +n

1642 vago *aj* vague, vacant
- o médico experimentava como um sentimento vago de repulsa por todos eles – *The doctor experienced a vague sense of repulsion for all of them.*
74 | 1266

1643 tratado *nm* treaty
- o tratado de Tordesilhas definia a área de influência de Portugal – *The Treaty of Tordesillas defined Portugal's sphere of influence.*
73 | 1300

1644 superfície *nf* surface
- a região ocupa apenas 16% da superfície terrestre de todo o planeta – *The region occupies only 16% of the land surface of the entire planet.*
73 | 2297 +a

1645 derrubar *v* to overthrow, demolish
- a sua intenção era invadir Cuba e derrubar o governo do ditador – *His intention was to invade Cuba and overthrow the dictatorship.*
75 | 839

1646 padrão *nm* standard, pattern
- a língua padrão é a variante falada em Coimbra – *Their standard language is the variety spoken in Coimbra.*
73 | 1682 +a

1647 operário *nm* worker, laborer, operator
- em protesto, os operários têxteis destruíram a maquinaria – *In protest, textile workers destroyed the machinery.*
75 | 684

1648 fórmula *nf* formula
- uma fórmula molecular dá o número de cada elemento presente numa molécula – *A molecular formula gives the number of each element present in a molecule.*
74 | 1045

1649 transportar *v* to carry, transport
- o ônibus transportava soldados israelenses – *The bus was carrying Israeli soldiers.*
74 | 1010

1650 esclarecer *v* to clear up, clarify
- Jaime aproveitou a ocasião para esclarecer o que designou de "alguma confusão" – *Jaime took advantage of the occasion to clear up what he designated as "some confusion."*
74 | 1021 +n

1651 distribuição *nf* distribution
- a distribuição de panfletos era proibida – *The distribution of pamphlets was prohibited.*
73 | 1578

1652 lento *aj* slow
- o romance é um longo e lento monólogo – *The novel is a long and slow monologue.*
74 | 1070

1653 concurso *nm* contest
- ele venceu um concurso de redação – *He won an essay contest.*
73 | 1156 +s

1654 sobreviver *v* to survive
- dois destes saíram feridos mas conseguiram sobreviver – *Two of them came off wounded but were able to survive.*
75 | 783

1655 freguesia *nf* municipality, clientele [EP]
- a população daquela freguesia dirige-se mais ao posto de saúde local. [EP] – *The people from that municipality go mainly to the local health center.*
72 | 1455 +n

1656 féria *nf* vacation, holidays
- as férias escolares estão chegando e os acampamentos já abriram inscrições – *Summer vacation is coming and camps have already opened their enrollment.*
73 | 1078 -a

1657 arranjar *v* to arrange, obtain
- ela arranjou o casamento da prima sem falar com a tia – *She arranged her cousin's wedding without discussing it with her aunt.*
73 | 1505 +s -a

1658 nervoso *aj* nervous
- a doença afecta o sistema nervoso, paralisando os músculos – *The illness affects the nervous system, paralyzing one's muscles.*
74 | 1287 -n

1659 surpresa *nf* surprise
- os japoneses conseguiram atacar de surpresa e afundaram três cruzadores – *The Japanese succeeded in attacking them by surprise and sunk three cruisers.*
72 | 1327

1660 introduzir *v* to introduce
- o açúcar foi introduzido na Europa no século XVIII – *Sugar was introduced in Europe in the 18th century.*
72 | 1613 +a

1661 selecção *nf* selection, team of selected players
- a evolução é impulsionada pelo fenômeno da seleção natural – *Evolution is driven by the phenomenon of natural selection.*
73 | 1503

1662 progresso *nm* progress
- o ministro afirmou que houve progresso do ponto de vista qualitativo – *The minister affirmed that from a qualitative point of view there has been progress.*
74 | 815

1663 tiro *nm* shot
- ela ouviu tiros de revólver e fugiu – *She heard gun shots and ran away.*
73 | 1207

1664 exigência *nf* demand, requirement
- os holandeses opuseram-se às exigências económicas feitas pela coroa espanhola – *The Dutch opposed the economic demands made by the Spanish crown.*
74 | 862

1665 opção *nf* option
- ele optou pela primeira opção e partiu para a guerra – *He chose the first option and left for the war.*
73 | 1381 +n +s -f

1666 vasto *aj* wide, vast
- a sua utilização abrange uma vasta gama de actividades – *Its use encompasses a wide range of activities.*
74 | 1061

1667 promessa *nf* promise
- o partido não está a cumprir as promessas que fez ao eleitorado – *The party is not fulfilling the promises it made its constituency.*
74 | 988

1668 laboratório *nm* laboratory
- ele trabalha no laboratório de neurologia molecular – *He works in a molecular neurology laboratory.*
74 | 884 +s

1669 benefício *nm* benefit
- outro benefício importante é a redução do risco de doença cardiovascular – *Another important benefit is a reduced risk of cardiovascular disease.*
74 | 932

1670 nascimento *nm* birth
- o calendário internacional toma o nascimento de Jesus Cristo como marco referencial – *The international calendar takes the birth of Jesus Christ as a reference point.*
73 | 1028

1671 básico *aj* basic
- não se pode comprar os alimentos básicos com o salário mínimo – *It is impossible to buy basic food goods with the minimum wage.*
73 | 1640 +s -f

1672 semente *nf* seed
- os frutos são cápsulas oblongas, com sementes de cor negra – *The fruits are oblong pods with black seeds.*
74 | 900 +s -n

1673 osso *nm* bone
- os resíduos da carne e dos ossos podem ser usados como fertilizantes – *The leftover meat and the bones can be used as a fertilizer.*
73 | 1112 -n

1674 frequência *nf* frequency, rate
- a maior frequência da doença ocorre durante a época de chuvas – *The illness occurs with the greatest frequency during the rainy season.*
73 | 1373 +a

1675 conquista *nf* conquest
- França, Holanda e Inglaterra partiam à conquista das riquezas do Novo Mundo – *France, Holland, and England departed to conquest riches of the New World.*
74 | 930

1676 arquitectura *nf* architecture
- os três prédios são bem representativos da arquitetura antiga da cidade – *The three buildings are very representative of the ancient architecture of the city.*
73 | 1366 +a

1677 encaminhar *v* to direct, put on the right path
- ele também é o responsável por encaminhar os pedidos de materiais à central – *He is also responsible for directing supply requests on to headquarters.*
74 | 890

1678 fiel *aj* faithful
- era um fiel devoto da Igreja – *He was a faithful member of the Church.*
75 | 808

1679 seguida *av* (em s.) afterwards, then
- é preso e, em seguida, mandado para a Sibéria – *He was captured and, afterwards, sent to Siberia.*
74 | 1013

1680 escudo *nm* shield, old Portuguese coin [EP]
- os guerreiros protegeram-se com os escudos. [EP] – *The warriors protected themselves with their shields.*
74 | 857

1681 proceder *v* to proceed
- o governo anterior procedeu a uma profunda reorganização – *The previous government proceeded to undertake a profound reorganization.*
74 | 894

1682 complicado *aj* complicated
- no entanto, esta fórmula é um tanto complicada e de difícil interpretação – *However, this formula is a bit complicated and difficult to interpret.*
74 | 729 +s

1683 quadrado *na* square, squared
- suas ruínas ocupam uma área de 13 quilômetros quadrados – *Its ruins occupy an area of 13 square kilometers.*
74 | 880

1684 condenar *v* to condemn
- ele a entregou aos tribunais, que a condenaram a morrer queimada – *He delivered her to the tribunal, which condemned her to be burned alive.*
73 | 925

1685 património *nm* estate, heritage, patrimony
- em meio à riqueza e ao luxo, ele fez decair o patrimônio da família – *In the midst of wealth and luxury, he caused the family's estate to decline.*
72 | 1533

1686 destinado *aj* meant for, destined
- a lenha destinada às fogueiras já se encontrava no terreiro – *The wood meant to be used in the bonfires was already in the city square.*
73 | 1357

1687 visar *v* to aim at, have in sight, drive at
- são mudanças que visam reforçar nossos negócios – *They are changes that aim at reinforcing our business.*
73 | 1211 -f

1688 transformação *nf* transformation
- esta etapa exige a transformação radical das estruturas políticas e econômicas das nações – *This phase will require the radical transformation of the nations' financial and political structures.*
73 | 1042

1689 interpretação *nf* interpretation
- houve, subsequentemente, várias interpretações das cláusulas do tratado – *Subsequently, there were various interpretations of the clauses of the treaty.*
73 | 1141

1690 veículo *nm* vehicle
- o acidente resultou do embate de um segundo veículo no automóvel – *The accident resulted from a second vehicle colliding with the car.*
72 | 1612

1691 gato *nm* cat
- e por isso o cachorro e o gato ficaram inimigos – *And for that reason the dog and the cat became enemies.*
73 | 1071

1692 aéreo *aj* by air, aerial
- os bombardeios aéreos tiveram o seu início na I Grande Guerra – *Aerial bombing had its beginnings in World War I.*
73 | 1194

1693 ontem *n/av* yesterday
- as coisas pioraram muito, de ontem para hoje – *Things got worse from yesterday to today.*
68 | 7316 +n -a [AV]

1694 conferência *nf* conference
- as conferências internacionais de paz falharam repetidamente, a guerra intensificou-se – *The international peace conferences failed repeatedly and the war became more intense.*
73 | 1262

1695 criado *nm* servant
- chamara o criado e pedira mais vinho – *He had called for the servant and had ordered more wine.*
72 | 1600 +f

1696 tecnologia *nf* technology
- a aeronáutica e outras altas tecnologias contribuíram para a industrialização do Texas – *Aeronautics and other advanced technologies contributed to the industrialization of Texas.*
72 | 1873 +s -f

1697 adaptar *v* to adapt
- temos, pois, é que adaptar o ambiente à criança, e não o contrário – *Therefore, we must adapt the environment to the child, and not vice versa.*
73 | 907

1698 barra *nf* stripe, bar
- ela adorava o prato de porcelana de listras azuis – *She loved the blue striped porcelain plate.*
74 | 744

1699 hotel *nm* hotel
- desembarquei com os dois e acabámos por ficar num hotel – *I disembarked with the two of them and we ended up lodging in a hotel.*
71 | 1503 -a

1700 mistura *nf* mixture, mix
- seus estatutos são uma mistura confusa de socialismo neo-marxista e de nacionalismo – *Their guiding principles are a hodgepodge mixture of neo-Marxist socialism and nationalism.*
73 | 896

1701 obrigado *aj* thank you, obligated
- muito obrigada pelas suas palavras e pelo tempo que nos concedeu – *Thank you very much for your words and for your time.*
72 | 1000

1702 teu *aj* your, yours, thy, thine
- não sei o que tu e o teu pai ides fazer depois de nos matares – *I don't know what you and your father are going to do after you kill us.*
70 | 3738 +f +s -a -n

1703 copa *nf* cup (competition), tree top
- O futebol brasileiro surpreendeu o mundo na Copa de 1970 com esta seleção – *Brazilian soccer astonished the world with their team in the World Cup of 1970.*
73 | 1097

1704 romper *v* to tear, rip, begin to (+se)
- a lua irrompeu por trás das nuvens – *The moon broke through from behind the clouds.*
73 | 1050

1705 comandar *v* to command, lead
- durante a I Guerra Mundial ele comandou uma força polonesa a favor dos alemães – *During World War I, he commanded a Polish force fighting for the Germans.*
73 | 1016

1706 respectivo *aj* respective
- no hinduísmo, cada divindade tem o respectivo equivalente feminino – *In Hinduism, every divinity has its respective female equivalent.*
72 | 1530

1707 avaliação *nf* assessment
- a avaliação foi feita por dois juízes – *The assessment was made by two judges.*
71 | 1911 -f

1708 dólar *nm* dollar
- o filme custou 90 milhões de dólares – *The movie cost 90 million dollars.*
70 | 1760 +n

1709 identidade *nf* identity
- a sua verdadeira identidade não foi revelada – *His true identity was not revealed.*
74 | 723

1710 salto *nm* leap, jump
- de um salto pus-me de pé e corri – *In a single leap, I got to my feet and ran.*
73 | 863

1711 centena *nf* a hundred
- em julho, dezenas de pessoas morreram e centenas ficaram desabrigadas – *In July, tens of people died and hundreds became homeless.*
73 | 989

1712 interromper *v* to interrupt
- Paulo pisava de leve para não interromper a oração da mãe – *Paulo stepped lightly so as to not interrupt his mother's prayer.*
73 | 1199

1713 músico *na* musician, musical
- os músicos tocavam com entusiasmo, toda a gente dançava – *The musicians played enthusiastically; everybody was dancing.*
73 | 800 +s

1714 capa *nf* cover, cape, cloak
- ele leu o título na capa do livro – *He read the title on the cover of the book.*
73 | 879

1715 roubar *v* to steal, rob
- você roubou as coisas dele – *You stole his things.*
72 | 1157

1716 paciente *na* patient
- tive que esperar e ser paciente para saber qual seria – *I had to wait and be patient to know which one it would be.*
73 | 1124

1717 jurídico *aj* judicial
- a lei garante os mesmos direitos jurídicos aos homossexuais – *The law guarantees the same judicial rights to homosexuals.*
72 | 1199

1718 adversário *nm* opponent, adversary
- posso gabar-me de nunca ter deixado de pé um único dos meus adversários – *I can brag that I've never left one of my opponents standing.*
72 | 1238 +n

1719 prejuízo *nm* damage, loss
- um terremoto matou dez pessoas e causou grandes prejuízos – *An earthquake killed ten people and resulted in great damage.*
73 | 1042

1720 capela *nf* chapel
- a abóbada da Capela Sistina foi pintada pelo grande Michelangelo – *The ceiling of the Sistine Chapel was painted by the great Michelangelo.*
73 | 840

1721 grego *na* Greek
- o museu abriga obras-primas da escultura grega e romana – *The museum houses masterpieces of Greek and Roman sculpture.*
72 | 1728 +a

1722 episódio *nm* episode
- a atriz também participou em dois episódios do programa – *The actress also appeared in two of the program's episodes.*
73 | 812

1723 composição *nf* composition
- as mais famosas composições dele são as suas duas óperas – *The most famous of his compositions are his two operas.*
72 | 1444 +a

1724 adiantar *v* to put forth, move forward
- o ministro não quis adiantar o seu voto – *The minister didn't want to put forth his vote.*
71 | 1614 +n -a

1725 ciclo *nm* cycle
- a ovulação é uma das fases do ciclo menstrual da mulher – *Ovulation is one of the phases of a woman's menstrual cycle.*
72 | 1249

1726 existente *aj* existing
- o número de espécies existentes varia nas diversas regiões do mundo – *The number of existing species varies in the various regions of the world.*
71 | 1640

1727 excesso *nm* excess
- no início de 1993, o consumo foi baixo, havia excesso de oferta – *At the beginning of 1993, demand was low; there was an excess of supply.*
73 | 792

1728 tecto *nm* ceiling
- os tectos e mezaninos desses salões foram decorados – *The ceilings and mezzanines of the large rooms were decorated.*
73 | 959

1729 rosto *nm* face
- então ele viu as lágrimas que lhe rolavam pelo rosto – *Then he saw the tears that were rolling down her face.*
70 | 3031 +f -a

1730 revolucionário *na* revolutionary
- há filmes sobre o revolucionário Ernesto "Che" Guevara – *There are films about the revolutionary leader Ernesto "Che" Guevara.*
73 | 862

1731 lobo *nm* wolf
- aquele que está vestido de pele de ovelha é lobo – *He who is dressed in sheep's clothing is the wolf.*
74 | 672 +s

1732 açúcar *nm* sugar
- o adoçante é mais doce do que o açúcar de cana – *The substitute is sweeter than sugar cane.*
73 | 842

1733 denunciar *v* to denounce
- chorando muito, Cristiane confessou o crime e denunciou Mateus – *Crying a lot, Cristiane admitted to the crime and denounced Mateus.*
72 | 994 +n

1734 associado *na* associated, associate
- ele era o deus do céu, associado ao relâmpago e ao trovão – *He was the god of the sky, associated with lightning and thunder.*
71 | 1768

1735 organismo *nm* organism, organization
- os óleos são imediatamente absorvidos pelo organismo através da circulação sanguínea – *Oils are immediately absorbed by the organism through its blood circulation.*
71 | 1614 +a

1736 rendimento *nm* profit, revenue
- com rendimentos tão baixos essas cidades arrecadam pouco em impostos – *With profits so low, these cities have collected little in the way of taxes.*
73 | 935

1737 rumo *nm* course of action, way, path
- o capitão perguntou-lhe respeitosamente que rumo devia tomar – *The captain respectfully asked him what course of action he should take.*
73 | 924

1738 encerrar *v* to close, end
- os trabalhos encerrarão com uma reunião plenária final em Lisboa – *The conference will close with a final plenary meeting in Lisbon.*
73 | 986 +n

1739 concerto *nm* concert
- ele adorava os concertos para piano e orquestra – *He loved concerts for piano and orchestra.*
73 | 797

1740 electrónico *aj* electronic
- deve ser evitada a transmissão, por meio eletrônico – *Transmission by electronic means should be avoided.*
72 | 1263

1741 mostra *nf* sampling, exhibition, display
- o festival de cinema incluirá uma mostra de filmes brasileiros – *The film festival will include a sampling of Brazilian films.*
73 | 847

1742 trecho *nm* excerpt, passage
- por exemplo, considere o trecho de texto abaixo – *For example, consider the excerpt from the text below.*
73 | 819

1743 intervir *v* to intervene
- as duas nações declararam-se neutras e não intervieram – *The two nations declared themselves to be neutral and didn't intervene.*
74 | 638

1744 ferir *v* to wound, hurt
- os hindus acreditam que é errado matar ou ferir qualquer animal – *The Hindus believe that it is wrong to kill or wound any animal.*
73 | 1166 -s

1745 agência *nf* agency
- estamos dependendo da regulamentação pela Agência Nacional de Petróleo – *We are depending on regulations issued by the National Petroleum Agency.*
71 | 1655 +n

1746 latino *na* relating to Latin America, Latin
- é importante melhorar os salários na América Latina – *It's important to raise salaries in Latin America.*
73 | 902

1747 placa *nf* plate, plaque, sign
- Nnão lhe ocorreu anotar a placa do carro; ela estava muito nervosa – *It didn't occur to her to write down the car's license plate; she was very nervous.*
73 | 954

1748 mandato *nm* mandate
- a opção pela periferia foi feita em Braga no mandato do vereador – *The decision in favor of the outskirts was made in Braga by mandate the city councilman.*
72 | 1407 -f

1749 praticamente *av* practically
- a chacina destes animais levou praticamente à extinção – *The slaughter of these animals practically led to their extinction.*
73 | 802

1750 estabelecimento *nm* establishment
- em Portugal a Universidade Aberta existe como estabelecimento oficial desde 1988 – *In Portugal, the Open University has existed as an official establishment since 1988.*
73 | 1185

1751 ignorar *v* to ignore
- tomadas de imensa curiosidade, ignoraram a advertência – *Taken by immense curiosity, they ignored the warning.*
73 | 954

1752 brilhante *aj* bright, brilliant
- alguns animais possuem cores brilhantes que servem de aviso – *Some animals have bright colors that serve as warnings.*
73 | 973

1753 ser *nm* being
- o ser mais perfeito de todos é Deus – *The most perfect being of all is God.*
73 | 988 +a +s

12. Professions

presidente 190 president

professor 245 professor, teacher

político 329 politician (also political)

militar 354 soldier (also military)

ministro 372 minister

autor 391 author

artista 405 artist

médico 409 doctor (also medical)

director 487 director

doutor 533 doctor

trabalhador 560 worker

escritor 590 writer

profissional 621 professional (also ADJ)

oficial 658 official (also ADJ)

deputado 676 congressman, representative

poeta 798 poet

chefe 802 chief, boss

técnico 825 coach, technician (also technical)

advogado 838 lawyer

governador 887 governor

funcionário 888 employee, worker

actor 973 actor

juiz 1001 judge, referee

secretário 1032 secretary

general 1080 general

mestre 1084 teacher (also person in charge)

soldado 1090 soldier

jornalista 1097 journalist

engenheiro 1111 engineer

dono 1124 boss, owner

agente 1178 agent

jogador 1295 player

pintor 1350 painter

representante 1377 representative (also ADJ)

comandante 1391 commander

empregado 1400 employee

operário 1647 worker, laborer, operator

músico 1713 musician (also musical)

produtor 1760 producer

empresário 1811 business owner

especialista 1813 specialist

cantor 1866 singer

coronel 1882 coronel

senador 1992 senator

capitão 2080 captain

conselheiro 2111 counselor

actriz 2162 actress

comerciante 2227 salesperson, business person

pastor 2241 pastor, shepherd

cientista 2274 scientist

arquitecto 2351 architect

primeiro-ministro 2384 prime-minister

piloto 2386 pilot

patrão 2420 boss, business owner, proprietor

embaixador 2440 ambassador

enfermeiro 2488 nurse

filósofo 2573 philosopher

magistrado 2584 magistrate

cavaleiro 2590 horseman (also knight)

editor 2684 editor

fotógrafo 2695 photographer

agricultor 2774 farmer

condutor 2843 driver, director

atleta 2844 athlete

historiador 2910 historian

caçador 2972 hunter

vice-presidente 2977 vice-president

repórter 2990 reporter

vendedor 3144 vendor, seller

reitor 3203 dean

operador 3257 operator

pescador 3302 fisherman

investigador 3329 researcher, investigator

monge 3341 monk

coordenador 3384 coordinator

vereador 3393 city council member

economista 3512 economist

bombeiro 3529 fireman

pesquisador 3580 researcher, investigator

sacerdote 3582 priest

accionista 3622 stockholder

intérprete 3637 performer, interpreter

bailarina 3731 ballerina

treinador 3768 coach, trainer

escultor 3780 sculptor

pianista 3916 pianist

marinheiro 3974 sailor, seaman

lavrador 4037 peasant, farmer

diplomata 4231 diplomat

banqueiro 4360 banker

1754 **saco** nm bag, sack, pouch
- em frente a uma mercearia fechada, viu sacos de lixo amontoados – In front of a closed grocery store, he saw a pile of trash bags.
73 | 824

1755 **departamento** nm department
- ela é a diretora do Departamento de Recursos Naturais Renováveis – She is the director of the Department of Natural Renewable Resources.
72 | 1236 -f

1756 amizade *nf* friendship
- com ele, estabeleci laços de amizade – *I forged ties of friendship with him.*
73 | 801

1757 perfil *nm* profile
- o famoso perfil de sua fotografia nos mostra um rosto simples – *His famous profile on his picture reveals a simple face.*
73 | 714

1758 porco *nm* pig, pork
- o porco para engordar bem tem que ser muito bem cuidado – *Pigs, in order to fatten up properly, have to be well cared for.*
72 | 920 +s -n

1759 assentar *v* to settle, rest on
- quando nós finalmente assentámos o assunto, foi tarde demais – *When we finally settle the issue, it was too late.*
73 | 749

1760 produtor *na* producing, producer
- as maiores áreas produtoras de trigo no mundo são as que se situam na Ucrânia – *The largest wheat producing areas in the world are those found in Ukraine.*
71 | 1641 +s -f

1761 retrato *nm* picture, portrait
- beijo o retrato dele às vezes – *I kiss his picture sometimes.*
71 | 1170

1762 bruto *aj* rude, gross (income or manner)
- ela às vezes perdia a paciência, era bruta para com o marido – *She sometimes lost her patience and was rude to her husband.*
73 | 839

1763 queimar *v* to burn
- suas palavras queimavam os meus ouvidos assim como o fogo queima a lenha – *His words burned my ears as fire burns wood.*
72 | 851

1764 globo *nm* globe
- há um aumento da temperatura média no globo – *There has been an increase in the average temperature around the globe.*
72 | 799 | +s

1765 bispo *nm* bishop
- a Igreja Anglicana possui três ordens: bispo, padre e diácono – *The Anglican Church has three orders: bishop, priest and deacon.*
72 | 942

1766 mente *nf* mind
- vieram-lhe à mente imagens da sua vida política – *Images of his political life came to his mind.*
73 | 716

1767 parlamentar *aj* parliamentary
- nesse ano, o partido conseguiu a maioria dos assentos parlamentares – *In that year, the Party was able to win the majority of parliamentary seats.*
71 | 1611 +n

1768 significativo *aj* significant, meaningful
- era uma quantia significativa para quem não possuía nada – *It was a significant amount for one had nothing.*
71 | 1372

1769 falha *nf* flaw, fault, failure
- o modelo tem uma só falha: o câmbio mecânico impreciso – *The model has only one flaw: imprecise mechanical exchange.*
73 | 727

1770 marcha *nf* march, long walk, parade [EP]
- a marcha para o oeste não foi uma conquista fácil – *The march west was not an easy endeavor.*
72 | 1051

1771 horário *nm* business hours, schedule, hours
- o horário de funcionamento é das 9 às 17 horas – *Business hours are from 9 to 5.*
71 | 1030

1772 extensão *nf* extension, extent
- esse músculo é responsável pela extensão e rotação da coxa – *This muscle is responsible for the extension and rotation of the thigh.*
72 | 1032

1773 vaca *nf* cow
- há mais de 300 cabeças de gado, a maior parte vacas leiteiras – *There are more than three hundred head of cattle, the greater part being milking cows.*
72 | 872 +s -a

1774 paulista *na* from São Paulo [BP]
- os paulistas, quero dizer, os habitantes da cidade de São Paulo, foram os primeiros – *Paulistas, I mean, the inhabitants from the city of São Paulo, were the first.*
71 | 1251 +n

1775 foto *nf* photo
- o equipamento conseguiu as fotos mais belas já tiradas da Via-Láctea – *The equipment was able to take the most beautiful photos ever taken of the Milky Way.*
72 | 932 +s

1776 aplicação *nf* application
- hoje em dia, as aplicações do laser são inúmeras – *Nowadays, the applications of lasers are innumerable.*
69 | 2041

1777 rato *nm* mouse
- os estudos foram conduzidos em ratos – *The studies were conducted on mice.*
72 | 725

1778 conteúdo *nm* content
- o presidente pediu desculpas pelo conteúdo dos relatórios distribuídos – *The president apologized for the content of the reports distributed.*
71 | 1166

1779 inúmero *aj* innumerable
- ele ganhou inúmeros prémios e medalhas pela sua carreira – *He won innumerable rewards and medals during his career.*
72 | 1059

1780 constitucional *aj* constitutional
- Ele conseguiu do Congresso uma emenda constitucional, instituindo o estado de guerra – *He managed to get a constitutional amendment from Congress that initiated a state of war.*
72 | 1109 -f

1781 escala *nf* scale
- estas espécies reproduzem em grande escala, gerando uma explosão populacional – *These species reproduce on a large scale, thus producing a population explosion.*
71 | 1072

1782 negociação *nf* negotiation
- os timorenses devem tomar parte nas negociações para a resolução do conflito – *The people of Timor should take part in negotiations to resolve the conflict.*
71 | 1634 +n -f

1783 criador *nm* creator
- seus aderentes acreditam num único Deus, considerado o imortal criador do universo – *Its adherents believe in only one God, considered the immortal creator of the universe.*
73 | 705

1784 alegria *nf* joy, happiness
- vejo a vida com alegria e cada momento como uma grande celebração – *I look at life with joy and see each moment as a great celebration.*
70 | 1548 +f -a

1785 depósito *nm* deposit, safe, warehouse
- expliquei que o depósito em questão era em cheque daquela agência – *I explained that the deposit in question was a check from that agency.*
73 | 895

1786 instrução *nf* formal schooling, instruction
- apesar da sua limitada instrução escolar, ele conseguiu entrar para a faculdade – *Despite having had little formal schooling, he was accepted into college.*
73 | 761

1787 comprido *aj* long
- o sistema digestivo é um tubo comprido enrolado sobre si mesmo – *The digestive system is a long tube rolled around itself.*
72 | 885 +s -n

1788 equipa *nf* team [EP]
- as equipas sequenciaram 5,2 milhões de pares de genes – *The teams sequenced 5.2 million pairs of genes.*
81 | 5408

1789 dançar *v* to dance
- quem quiser dançar bem o tango tem de dominar esses ritmos – *Whoever wants to dance the tango well has to be acquainted with these rhythms.*
71 | 1000 +s

1790 conservar *v* to keep, conserve
- os veteranos gostam de conservar o seu equipamento usado e confortável – *Veterans like to keep their worn and comfortable equipment.*
72 | 955 -n

1791 tela *nf* screen, painting canvas
- do papel passou para a tela, como série televisiva nos anos 1950 – *It went from paper to the screen, as a television series in the 50s.*
73 | 715

1792 disputar *v* to compete, dispute
- eu disputei cinco campeonatos brasileiros – *I have competed in five Brazilian championships.*
70 | 1353 +n

1793 adolescente *nc* adolescent, teenager
- a maioria das crianças-soldados é adolescente – *Most child soldiers are adolescents.*
72 | 861

1794 restante *na* remaining, rest, remainder
- as forças soviéticas restantes retiraram-se do país em 1949 – *The remaining Soviet forces retreated from the country in 1949.*
71 | 1167

1795 sólido *aj* solid
- a velocidade do som é maior nos líquidos do que nos sólidos – *The speed of sound is greater in liquids than in solids.*
72 | 919

1796 nobre *na* noble, nobleman
- a piedade é a mais nobre manifestação humana – *Mercy is the most noble manifestation of humanity.*
72 | 925

1797 balanço *nm* balance
- quando fez o balanço das suas operações, percebeu que nem tudo tinha corrido como planeado – *When he made a balance of his operations he realized that not everything had gone has planned.*
72 | 771

1798 corrigir *v* to correct
- uma semana é tempo de sobra para corrigir os erros – *One week is more than enough time to correct the mistakes.*
73 | 663

1799 passageiro *nm* passenger
- o número de passageiros do avião chegava a 100 – *The number of airplane passengers reached 100.*
72 | 871

1800 facilidade *nf* ease
- concentrei-me nos estudos de tal maneira que hoje falo francês com extrema facilidade – *I concentrated on my studies in such a way that today I speak French with extreme ease.*
72 | 665

1801 forçar *v* to force
- eu quis forçar a entrada, mas o portão, sólido e pesado, resistiu – *I wanted to force my way in, but the solid and heavy gate held steady.*
72 | 819

1802 mecanismo *nm* mechanism
- este mecanismo, explicam os operadores, inverte a ordem das coisas – *This mechanism, the operators explain, reverses the order of things.*
71 | 1088

1803 álcool *nm* alcohol
- estes vinhos mantêm-se inalterados porque o álcool destrói os microorganismos – *These wines remain unaltered because the alcohol destroys the microorganisms.*
71 | 1079 +a

1804 convénio *nm* agreement, accord
- assinaram um convênio de cooperação mútua nas áreas de educação e de saúde – *They signed an agreement of mutual cooperation in the areas of education and health.*
72 | 852

1805 curva *nf* curve
- o passarinho não fez curvas nem círculos no ar – *The bird didn't make any curves or circles in the air.*
72 | 862

1806 concentração *nf* concentration
- Dachau era um campo de concentração – *Dachau was a concentration camp.*
72 | 931

1807 desconhecido *aj* unknown
- a duração exacta da gestação é desconhecida – *The exact duration of gestation is unknown.*
71 | 967

1808 asa *nf* wing, wingspan
- o avião tem uma asa de 75 metros – *The airplane has a wing measuring of 75 meters.*
71 | 1159 -n

1809 mudo *aj* silent, mute
- ele tinha de ficar quieto e mudo, mas vigilante sempre – *He had to remain still and silent, but always vigilant.*
71 | 876

1810 cama *nf* bed
- ele se tornou logo a deitarse na cama com uma febre intensa – *He soon went back to lying down in his bed, having an intense fever.*
69 | 2442 +f -a

1811 empresário *nm* entrepreneur, business owner
- nunca fui um empresário, nunca soube me organizar – *I was never an entrepreneur; I never knew how to get organized.*
69 | 1845 +n +s

1812 distinto *aj* distinct, distinctive
- a ciência divide-se em áreas distintas, como a astronomia e a matemática – *Science is divided into distinct areas like astronomy and mathematics.*
71 | 1079

1813 especialista *nm* specialist
- ele trabalha como especialista no departamento de oncologia – *He was a specialist in the oncology department.*
71 | 1064

1814 julgamento *nm* judgment
- o julgamento foi justo e aqueles que haviam cometido crimes foram enviados ao Tártaro – *The judgment was fair and those that had committed the crimes were sent to Tartarus.*
71 | 1012

1815 elevar *v* to raise, elevate
- os vários agentes econômicos tendem a elevar seus preços – *The various economic agents tend to raise their prices.*
72 | 858

1816 nomeadamente *av* namely, more specifically [EP]
- algumas destas moléculas, nomeadamente as proteínas, são modificadas. [EP] – *Some of these molecules, namely the proteins, are modified.*
71 | 1391 +n -f

1817 exibir *v* to exhibit, display
- O Museu de Arte Moderna exibe as obras mais curiosas – *The Museum of Modern Art exhibits some of the most curious works.*
72 | 811

1818 êxito *nm* success
- o êxito da campanha manifestou-se essencialmente ao nível da conscientização – *The success of the campaign was mainly at the level of awareness raising.*
71 | 882

1819 internacional *aj* international
- esperamos o apoio da comunidade internacional porque o governo sozinho não pode fazer isso – *We expect the support of the international community because our government alone can't do it.*
70 | 1392 +n

1820 afirmação *nf* affirmation
- obras de arte são afirmações do indivíduo, não documentos de história – *Works of art are affirmations of the individual; they are not historical documents.*
71 | 821

1821 fuga *nf* escape, flight (fugitive)
- ele também é acusado pelo crime de fuga da prisão – *He is also accused of prison escape, which is a crime.*
72 | 796

1822 reforçar *v* to reinforce
- a Europa tem de reforçar os seus mecanismos de solidariedade – *Europe has to reinforce its means of maintaining solidarity.*
70 | 996 +n

1823 engenharia *nf* engineering
- a engenharia acústica está ligada ao controlo técnico do som – *Acoustic engineering deals with the technical control of sound.*
71 | 863

1824 ah *i* ah, oh
- ah! meu pai, não me obrigue a semelhante sacrifício – *Oh, father, please don't demand that I make such a sacrifice.*
67 | 3249 +s -a -n

1825 confusão *nf* confusion
- foi ele posto em grande confusão acerca do que faria – *He was placed in a state of great confusion with regards to what he should do.*
71 | 831

1826 bar *nm* bar
- ele não gostava de trabalhar; estava sempre no bar, bebendo – *He didn't like to work; he was always in the bar drinking.*
71 | 965

1827 parente *nc* relative, extended family member
- o trono foi oferecido a um príncipe alemão que era parente do rei – *The throne was offered to a German prince who was a relative of the king.*
71 | 858

1828 recentemente *av* recently
- recentemente os cientistas começaram a investigar a natureza do átomo – *Recently, scientists began to investigate the nature of atoms.*
70 | 1047 +n

1829 primário *aj* primary, elementary
- o ensino primário era obrigatório – *Elementary school was compulsory.*
71 | 804

1830 definição *nf* definition
- qual é sua definição de reforma agrária? – *What is your definition of agrarian reform?*
70 | 1136 -f

1831 gesto *nm* gesture
- Alberto fez com a mão um gesto vago de adeus – *Alberto made a vague farewell gesture with his hand.*
68 | 2068 +f

1832 liberal *na* liberal
- o ministério foi marcado por uma política de conciliação entre conservadores e liberais – *His time in office was characterized by a policy of conciliation between conservatives and liberals.*
71 | 810

1833 licença *nf* license, permission
- a prefeitura criou a licença provisória para estabelecimentos de qualquer natureza – *City hall created provisional licenses for all types of establishments.*
71 | 771

1834 contemplar *v* to contemplate
- ela voltou a contemplar a natureza, embevecida pela beleza do momento – *She contemplated nature again, enthralled by the beauty of the moment.*
72 | 899

1835 funcionamento *nm* operation, functioning
- isso criaria alguns problemas para o funcionamento da máquina – *That would create some problems with the operation of the machine.*
71 | 1115 -f

1836 correio *nm* mail (box), post office
- todas as manhãs eu ponho as cartas na caixa do correio – *Every morning I put the letters in the mail box.*
71 | 781

1837 fechado *aj* closed
- na porta fechada da loja, eles bateram – *They knocked on the closed door of the shop.*
72 | 666

1838 revolta *nf* revolt
- o agravamento da situação levou a uma revolta, liderada pelo antigo guerrilheiro – *The worsening of the situation led to a revolt, led by the old guerrilla.*
71 | 961

1839 cumprimento *nm* compliment, fulfillment
- foi o melhor cumprimento que Cristina recebeu – *It was the nicest compliment that Cristina had ever received.*
72 | 810

1840 banho *nm* bath
- o filho gostava de tomar banho num tanque – *His son liked to take baths in a tank.*
71 | 929

1841 depressa *av* quickly, fast
- o tempo passa depressa – *Time goes by quickly.*
70 | 1039 +f

1842 ocupação *nf* occupation
- com a ocupação francesa, os locais foram escravizados – *With the French occupation, the locals were enslaved.*
71 | 819

1843 reflexão *nf* reflection
- a sua reflexão na montra da loja deu-lhe a perceber que ela tinha engordado muito – *Her reflection on the store window helped her realize how much weight she had gained.*
71 | 715

1844 percurso *nm* route, path
- o percurso totaliza cerca de dois mil quilômetros – *The route is about two thousand kilometers long.*
72 | 699

1845 orientar *v* to direct, guide, orient
- um país deveria orientar seu crescimento com energia – *A country should direct its growth energetically.*
71 | 792

1846 planeta *nm* planet
- são nove os planetas que giram em torno do Sol – *There are nine planets that orbit around the Sun.*
70 | 1157 +a

1847 voo *nm* flight
- São 11 horas de vôo até Frankfurt – *The flight to Frankfurt is eleven hours long.*
72 | 733

1848 rir *v* to laugh
- algumas mulheres riam e choravam ao mesmo tempo – *Some women laughed and cried all at the same time.*
67 | 3063 +f -a -n

1849 parceiro *nm* partner, social or game friend
- para os EUA, a China passou de parceiro a adversário – *For the USA, China went from being a partner to being an adversary.*
71 | 770

1850 homenagem *nf* homage, honor
- o nome do rio resultou de uma homenagem prestada à rainha inglesa – *The river was named in homage to the English queen.*
70 | 811

1851 fundação *nf* foundation, founding
- a Fundação Nacional da Saúde promove um seminário – *The National Health Foundation promotes a seminar.*
70 | 1363 -f

1852 comprometer *v* to commit to, negatively compromise
- os beneficiários se comprometem a prestar informações à polícia – *The beneficiaries committed to giving information to the Police.*
71 | 765

1853 mapa *nm* map
- os modernos mapas da Terra são elaborados com o uso de satélites – *Modern maps of the Earth are made using satellites.*
72 | 696

1854 cópia *nf* copy
- o disco vendeu 500 mil cópias – *Five hundred thousand copies of the record were sold.*
72 | 643

1855 pairar *v* to hover, hang over
- na sala pairava uma névoa densa de fumo azul – *In the room there hovered a thick cloud of blue smoke.*
71 | 629

1856 secundário *aj* secondary, supporting
- ganhou o Óscar de melhor actor coadjuvante – *He won the Oscar for Best Supporting Actor.*
70 | 1003

1857 sessão *nf* session
- eu frequento com regularidade as sessões da Câmara, minha senhora – *I regularly attend sessions of the city council, my lady.*
69 | 1364 +n

1858 actuação *nf* performance, acting
- desde cedo apresentou talento, tendo estudado teatro no Teatro Dramático de Estocolmo – *He showed talent early on, having studied acting at the Dramatic Theatre of Stockholm.*
70 | 1071

1859 consideração *nf* consideration
- o presidente leva em consideração uma série de fatores – *The president takes into consideration a number of factors.*
70 | 783

1860 ensaio *nm* rehearsal, practice
- no sábado, o ensaio da escola de samba teve que ser cancelado – *On Saturday, the samba school's rehearsal had to be canceled.*
70 | 966

1861 projectar *v* to project, make plans
- o operador das luzes projectou o foco – *The light operator projected the light beam.*
70 | 827

1862 estadual *aj* relating to the state [BP]
- o governo em qualquer instância, federal, estadual ou municipal, não tem esse dinheiro – *Neither the federal, nor the state or city government has that kind of money.*
69 | 1742 +n -f

1863 mal *nm* evil
- seus livros fizeram mais mal do que bem – *His books did more bad than good.*
71 | 764

1864 conde *nm* count
- o castelo do conde Drácula somente aparece a cada 100 anos – *Count Dracula's castle only appears every hundred years.*
71 | 818

1865 proporção *nf* proportion
- o cálcio dificilmente será encontrado em outros alimentos nas mesmas proporções – *It's difficult to find calcium in other foods in the same proportions.*
71 | 812

1866 cantor *nm* singer
- o cantor costuma batizar suas músicas com palavras que refletem a opressão – *The singer generally names his songs with words that reflect oppression.*
70 | 882

1867 oferta *nf* supply, offer
- o que existe é o mercado, a lei da oferta e da procura – *The market, the law of supply and demand, is what is real.*
69 | 985

1868 antigamente *av* used to, anciently
- tudo continuava como antigamente. O mesmo arranjo, a mesma ordem – *Everything was as it used to be, the same structure and orderliness.*
72 | 675 +s -n

1869 debaixo *av* under, beneath, below
- ele estava escondido debaixo da cama – *He was hidden under the bed.*
69 | 1178 +f -n

1870 confiar *v* to trust, confide
- animais confiam mais no tacto do que os seres humanos – *Animals trust their touch more in than do human beings.*
71 | 778

1871 leão *nm* lion
- os leões são naturais do continente africano, vivendo em bandos – *Lions are native to the African continent, living in prides.*
71 | 718

1872 colaborar *v* to collaborate
- a questão para nós é colaborar ou não com um opressor injusto – *The question for us is whether to collaborate or not with an unjust oppressor.*
70 | 804

1873 judeu *na* Jew
- 90% dos judeus foram mortos na solução final de Hitler – *As part of Hitler's final solution, 90% of the Jews were killed.*
70 | 829

1874 aprovar *v* to approve, pass a law
- o projeto foi aprovado pelo Senado – *The project was approved by the Senate.*
69 | 1166 +n

1875 orientação *nf* guidance, orientation
- tenho estudado sob a orientação do mestre – *I have been studying under the guidance of the master.*
69 | 993

1876 sexual *aj* sexual
- como outros hormônios sexuais, a testosterona é um esteróide – *Along with other sexual hormones, testosterone is a steroid.*
70 | 978

1877 bomba *nf* bomb
- os anos 1940 viram a explosão da primeira bomba atómica – *The 40s witnessed the detonation of the first atomic bomb.*
70 | 835

1878 constar *v* to consist of, appear in
- suas peças constam de 17 comédias – *His works consist of seventeen comedies.*
70 | 844

1879 derrota *nf* defeat
- esta derrota eliminou a possibilidade da vitória republicana – *This defeat eliminated the possibility of a republican victory.*
70 | 1005

1880 relógio *nm* watch, clock
- ele olhou no relógio: eram quase três da tarde – *He looked at his watch: it was almost three in the afternoon.*
70 | 871

1881 universitário *aj* relating to the university
- ele atuou como professor universitário em várias instituições francesas – *He worked as a university professor in several French institutions.*
70 | 788

1882 coronel *nm* colonel
- o governador demitiu hoje dois coronéis do alto comando da Polícia Militar – *Today, the governor released two colonels from service in the high command of the Military Police.*
68 | 1634 +f

1883 cálculo *nm* calculation, calculus
- muitas calculadoras podem também efectuar o cálculo de raízes – *Many calculators can also make calculations of square roots.*
69 | 1094

1884 apreciar *v* to appreciate
- eu gosto de comer tudo mas o que aprecio realmente é bacalhau – *I like to eat everything but what I really appreciate is cod.*
70 | 725

1885 esposa *nf* wife
- a esposa do senhor Lopes era uma senhora carinhosa – *Mr Lopes' wife was a caring lady.*
70 | 826

1886 coragem *nf* courage
- mas a coragem faltou-me. Fugi apavorado – *But my courage failed me. I fled in panic.*
69 | 1121

1887 sentença *nf* sentence
- A sentença de morte por crimes de guerra foi comutada para prisão perpétua – *Their death sentence for war crimes was changed to life imprisonment without parole.*
69 | 2273 +a -s

1888 fruta *nf* fruit
- o cheiro forte da fruta espremida preencheu o quarto – *The strong smell of squeezed fruit filled the room.*
70 | 680

1889 dom *nm* gift, honorific title
- Orfeu, por exemplo, tinha o dom da música – *Orpheus, for example, had the gift of music.*
69 | 904

1890 abordar *v* to deal with, approach (a subject)
- a agronomia aborda temas como a criação selectiva – *Agronomy deals with subjects such as selective breeding.*
70 | 724

1891 terrível *aj* terrible
- depois de uma terrível tempestade, descansa o mar – *After a terrible storm, the sea rests.*
70 | 793

1892 contínuo *aj* continuous
- esse trabalho é contínuo, não tem descanso – *This work is continuous; there is no rest.*
70 | 900

1893 exploração *nf* exploration, exploitation
- os espanhóis e portugueses iniciaram a exploração do Novo Mundo – *The Spanish and the Portuguese initiated the exploration of the New World.*
69 | 1073

1894 febre *nf* fever
- ela voltou com febre, doente, a tremer toda – *She came back with a fever, sick and trembling all over.*
70 | 928

1895 competência *nf* competence
- é o resultado da falta de competência dos serviços ao nível nacional – *This is a result of the lack of competence in services at the national level.*
70 | 849

1896 atraso *nm* delay
- eles protestam contra o atraso nos pagamentos do governo – *They are protesting against the delay in payments by the government.*
69 | 920 +n

1897 tese *nf* thesis
- o doutor, na sua tese de doutoramento, refere-se ao meu livro – *The professor, in his thesis, cites my book.*
70 | 864

1898 consumo *nm* use, consumption
- é difícil abandonar o consumo de drogas – *It is difficult to abandon drug use.*
68 | 1565 -f

1899 invasão *nf* invasion
- as duas tentativas de invasão americana ao Canadá Britânico foram goradas – *America's two attempts of invasion into British Canada were frustrated.*
69 | 989

1900 mineiro *na* mining, miner
- perdemos 30 mil postos de trabalho no sector mineiro – *We have lost 30 thousand jobs in the mining sector.*
70 | 853

1901 propriamente *av* exactly, properly
- o cristianismo não é propriamente uma utopia – *Christianity isn't exactly a utopia.*
70 | 640

1902 lago *nm* lake
- os lagos naturais são comuns em áreas de antigos glaciares – *Natural lakes are common in areas of old glaciers.*
70 | 932

1903 despertar *v* to awaken
- todo esse entusiasmo adormeceu para despertar agora – *All that enthusiasm went dormant only to awaken now.*
69 | 956

1904 expansão *nf* expansion, expanse
- hoje em dia sabemos que o universo se encontra em expansão – *Nowadays we know that the universe is expanding.*
69 | 1018

1905 demasiado *aj/av* too much [EP] [AV]
- demasiadas expectativas podem provocar desilusões recorrentes e perniciosas. [EP] – *Excessive expectations can cause recurring and pernicious disillusionment.*
70 | 714

1906 novela *nf* soap opera
- nessa época as rádios tinham mais novela. Não havia radiojornalismo – *Back then, radio had more soap operas. There was no radio journalism.*
70 | 586 +s

1907 civilização *nf* civilization
- esta civilização destaca-se pela arte da guerra – *This civilization stands out for its art of war.*
70 | 762

1908 arrancar *v* to tear away or out of
- não quero mais pensar em você; hei de te arrancar de meu coração – *I don't want to ever again think of you; I will tear you out my heart.*
69 | 1184

1909 facilmente *av* easily
- a doença é transmitida muito facilmente através da saliva – *The disease is very easily transmitted through saliva.*
70 | 731

1910 desistir *v* to give up
- nunca desanimo nem desisto do que tento fazer – *I never get discouraged or give up on what I'm trying to accomplish.*
70 | 738

1911 gasto *nm* expenditure
- os gastos excederam as receitas – *The expenditures exceeded the revenue*
70 | 805

1912 culto *na* worship, cult, learned
- uma igreja é local de culto – *A church is a place of worship.*
70 | 728

1913 confundir *v* to confuse, confound
- confundo-me sempre que tento ir à sua casa; nunca consigo decidir em que rua virar – *I am always confused when I try to go to your house; I am never able to decide which street to turn into.*
69 | 786

1914 sensível *aj* sensitive, sensible
- no Havaí foi construído um novo radiotelescópio, sensível a frequências mais baixas – *In Hawaii, a new radio telescope was built that is sensitive to lower frequencies.*
70 | 689

1915 trigo *nm* wheat
- os principais produtos são o trigo, a soja e o milho – *Its principal products are wheat, soy and corn.*
70 | 615 +s

1916 carecer *v* to need, lack, do without
- carece de alguma coisa? Pedrina respondeu que não – *Do you need anything? P. answered that she didn't.*
68 | 1460 +n -f

1917 retornar *v* to return to [BP]
- em 1988 ele retornou ao país pela primeira vez desde sua expulsão – *In 1998, he returned to the country for the first time since his expulsion.*
70 | 775

1918 quilo *nm* kilo(gram)
- o homem já havia emagrecido 23 quilos – *The man had already lost 23 kilograms.*
70 | 666 +s

1919 lavar *v* to wash, clean
- ele lembrou-se de lavar as mãos antes de iniciar o trabalho – *He remembered to wash his hands before he started work.*
69 | 901 +s

1920 obedecer *v* to obey
- todos os súditos do imperador deveriam obedecer suas ordens – *All of the emperor's subjects needed to obey his orders.*
69 | 791

1921 liga *nf* league, union, connection
- a Liga das Nações concedeu as ilhas ao Japão em 1919 – *The League of Nations gave the islands to Japan in 1919.*
69 | 947

1922 pacto *nm* agreement, pact
- o pacto foi assinado em 1977 – *The agreement was signed in 1977.*
70 | 622

1923 particularmente *av* particularly
- o crescimento demográfico é particularmente forte em países em vias de desenvolvimento – *Demographic growth is particularly high in developing countries.*
69 | 831

1924 novidade *nf* news (gossip), new thing
- elas falavam das novidades, das descobertas recentes – *They were talking about what was news, about recent discoveries.*
68 | 1106 -a

13. Forms of nouns

The main suffixes that Portuguese uses to form nouns (especially abstract nouns) are similar to those in English. The following lists show the most common words for each suffix. We provide the ten or so most frequent cognates with English, followed (when available) by words whose meaning is less obvious, with their English equivalent.

-ção/são:
[COGNATES]

relação 172
situação 216
questão 217
região 243
acção 247
condição 269
razão 294
posição 331
direcção 369
função 375

-or (often agent; person who does something):
[AGENT]

professor 245 teacher, professor
autor 391 author
director 487 director
trabalhador 560 worker
escritor 590 writer
governador 887 governor
actor 973 actor
leitor 1074 reader
jogador 1295 player
pintor 1350 painter

[OTHER]

senhor 258 Mr, sir, Lord
valor 271 value, worth
cor 437 color
amor 498 love
favor 657 favor
sector 882 sector
dor 1104 pain
flor 1203 flower
factor 1223 factor
motor 1320 motor
calor 1353 heat, warmth

-ista (often category of person):
[PERSON]

artista 405 artist
jornalista 1097 journalist
comunista 1375 communist
socialista 1545 socialist
paulista 1774 from São Paulo
especialista 1813 specialist
cientista 2274 scientist
motorista 2552 motorist
realista 3007 realist
economista 3512 economist

[OTHER]

revista 616 magazine, periodical
lista 1012 list
entrevista 1132 interview
conquista 1675 conquest
pista 2127 rink, field, runway, lane
vista 3241 sight, view

-ia (more abstract):
[COGNATES]

história 153
família 188
experiência 388
importância 450
companhia 520
ciência 565
polícia 593
memória 609
influência 630
energia 671
consciência 682
economia 702
existência 726

[OTHER]

dia 51 day
maioria 400 majority
notícia 936 news

-ura:

[COGNATES]

cultura 413
figura 443
literatura 572
estrutura 815
agricultura 1431
aventura 1584
arquitectura 1676
mistura 1700
temperatura 2149
postura 2270

[LESS OBVIOUS]

altura 267 height, time period
pintura 820 painting
procura 850 search
leitura 857 reading
abertura 1267 opening
cobertura 2263 covering
ditadura 2374 dictatorship
assinatura 2390 signature, subscription

-dade:
[COGNATES]

cidade 111
sociedade 263
realidade 351
actividade 367
necessidade 370
qualidade 373
dificuldade 445
possibilidade 456
liberdade 578
responsabilidade 701

oportunidade 721

autoridade 732

universidade 759

capacidade 800

faculdade 927

[OTHER]

verdade 238 truth

idade 406 age

-ismo:

[COGNATES]

organismo 1735

mecanismo 1802

jornalismo 2275

turismo 2474

capitalismo 3281

realismo 3736

socialismo 3981

comunismo 4338

romantismo 4593

cristianismo 4891

optimismo 5138

funcionalismo 5233

[LESS OBVIOUS]

abismo 4651 abyss

atletismo 5281 track and field

1925 crescente *aj* growing, increasing
• o crescente avanço tecnológico influenciou o mundo – *Growing technologic advances have influenced the world.*
69 | 867

1926 favorável *aj* favorable, in favor
• essa foi a decisão aprovada, por cinco votos favoráveis – *That was the decision that was approved by five votes in favor.*
69 | 803

1927 suspenso *aj* suspended
• a luz é também dispersada por partículas suspensas em gases ou líquidos – *Light is also scattered by particles suspended in gases and liquids.*
70 | 884 -s

1928 domingo *nm* Sunday
• o museu está aberto de domingo à quarta-feira – *The museum is open from Sunday to Wednesday.*
69 | 849

1929 verso *nm* verse
• ele gostava de poesia mas não podia escrever em verso – *He liked poetry but couldn't write in verse.*
69 | 995

1930 óleo *nm* oil
• a água e o óleo possuem densidades diferentes, o que impede que se misturem – *Water and oil have different densities, which prevent them from mixing.*
69 | 802

1931 fabricar *v* to manufacture
• isto permite-nos, assim, fabricar componentes e estruturas muito leves – *This allows us, therefore, to manufacture very light components and structures.*
70 | 636

1932 mecânico *na* mechanic, mechanical
• havia instrumentos mecânicos na oficina – *There were mechanical instruments in the shop.*
69 | 825

1933 reconhecimento *nm* recognition
• em vida, o seu trabalho não foi alvo de reconhecimento público – *While he was alive, his work was not an object of public recognition.*
69 | 890

1934 prolongar *v* to go on, prolong
• o tratamento deve prolongar-se pelo resto da vida – *Treatment must go on for the rest of one's life.*
70 | 728

1935 redução *nf* reduction
• a redução do preço aumentará as vendas – *The reduction in price will increase sales.*
66 | 1813 -f

1936 administrador *nm* manager, administrator
• acabo de ser eleito administrador da companhia, e por unanimidade – *I have just been unanimously elected manager of the company.*
69 | 851

1937 leste *na* east
• o sol se erguia no leste – *The sun rose in the east.*
68 | 1144

1938 vestido *nm* dress
• o vestido da noiva era cor-de-rosa claro – *The bride's dress was light pink.*
67 | 1790 +f -a

1939 perfeitamente *av* perfectly
• eu cheguei a entender perfeitamente a língua deles – *At one point I was able to understand their language perfectly.*
69 | 691

1940 compreensão *nf* understanding, comprehension
• a psicologia clínica preocupa-se com a compreensão das perturbações da saúde mental – *The clinical psychology concerns itself with the understanding of mental health issues.*
69 | 781

1941 glória *nf* glory
• em sua época de glória, vários templos e palácios grandiosos foram construídos – *In its glory years, several temples and grandiose palaces were built.*
69 | 862

1942 instante *nm* instant
• quando se chega à terceira idade parece que a vida foi só um breve instante – *When one gets to be old, it seems like life was nothing but a mere instant.*
67 | 1885 +f -n

1943 drama *nm* drama
- o teatro é drama, é acção humana – *Theatre is drama; it's human action.*
69 | 677

1944 seio *nm* center, bosom, breast
- as lutas no seio do seu partido obrigaram-no a demitir-se – *Disagreements at the center of his party forced him to resign.*
69 | 928

1945 render *v* to yield, earn (interest)
- a venda vai render 30 bilhões de reais – *The sale will yield 30 billion reais.*
69 | 697

1946 segredo *nm* secret
- o empresário guarda um segredo que a todos interessa saber – *The businessman keeps a secret that everyone should to know.*
67 | 1182

1947 chinês *na* Chinese
- Feng Shui está sendo praticado pelos chineses – *Feng Shui is being practiced by the Chinese.*
68 | 1039

1948 paralelo *aj* parallel
- ele utilizou pioneiristicamente quatro linhas paralelas para a escrita musical – *He pioneered the four parallel lines for musical writing.*
68 | 908

1949 soltar *v* to release, unfasten
- o papa solta uma pomba durante a missa – *The pope releases a dove during the Mass.*
67 | 1304

1950 redondo *aj* round
- a cabeça é redonda – *The head is round.*
69 | 725 +s

1951 pedido *na* request, requested
- o pedido de autonomia feito em 1905 foi recusado – *The request for autonomy submitted in 1905 was denied.*
68 | 1088 +n

1952 idêntico *aj* identical
- estas diferenças são observadas em gêmeos idênticos que passaram a vida separados – *These differences are observed in identical twins that live separate lives.*
69 | 728

1953 cultivar *v* to cultivate
- o homem adquiriu uma propriedade de dez mil hectares, onde cultiva algodão – *The man acquired a property of ten thousand hectares, where he cultivates cotton.*
68 | 779 +a -n

1954 cristão *na* Christian
- na doutrina cristã tradicional, o corpo humano reúne-se à alma no céu – *In traditional Christian doctrine, the human body will reunite with the soul in heaven.*
68 | 1160 -n

1955 equipe *nf* team [BP]
- prepara a equipe para o jogo contra o Pelotas [BP] – *He prepares the team for the game against P.*
67 | 957

1956 muro *nm* free-standing wall
- o muro de Berlim tornou-se símbolo da Guerra Fria – *The Berlin Wall became the symbol of the Cold War.*
68 | 915

1957 salão *nm* large room, meeting hall, salon
- o amplo salão de entrada da biblioteca abrigava qualquer um que quisesse – *The large foyer of the library sheltered anyone who desired shelter.*
69 | 901 -s

1958 visível *aj* visible
- os electrões não são visíveis a olho nu – *Electrons are not visible to the naked eye.*
69 | 818

1959 camada *nf* layer, sheet
- a camada inferior da atmosfera, a troposfera, é aquecida pela Terra – *The lower layer of the atmosphere, the troposphere, is heated by the Earth.*
67 | 1365 +a -n

1960 cérebro *nm* brain
- seu cérebro andava povoado de idéias que os outros nem sequer supunham – *His brain was full of ideas that others couldn't even imagine.*
69 | 776

1961 colecção *nf* collection
- o museu inclui colecções de pintura portuguesa e estrangeira – *The museum includes collections of Portuguese and foreign paintings.*
68 | 1020

1962 publicação *nf* publication
- os seus trabalhos foram divulgados em várias publicações – *His works were made public in several publications.*
68 | 1142

1963 romano *na* Roman
- Brutus deu um magnífico discurso ao povo romano – *Brutus gave a magnificent speech to the Roman people.*
67 | 1563 +a

1964 juízo *nm* judgment, good sense
- ela era de bom entendimento e tinha o juízo claro – *She has a good understanding and a clear judgment.*
69 | 742

1965 concelho *nm* municipality, county, council [EP]
- no concelho de Almeida ainda não se conhece o candidato. [EP] – *In Almeida County, they still don't have a candidate.*
66 | 1936 +n

1966 satisfação *nf* satisfaction
- o médico ria com satisfação – *The doctor laughed with satisfaction.*
69 | 647

1967 caracterizar *v* to characterize
- ele utilizou um slogan para caracterizar o seu projecto político – *He used a slogan to characterize his political project.*
66 | 1814 +a -f

1968 primo *nm* cousin, prime
- Isabel, sua mulher, prima da mãe de Jesus, ia dar à luz um filho – *Isabel, his wife, cousin to the mother of Jesus, was going to give birth to a son.*
67 | 977

1969 exclusivamente *av* exclusively
- o centro da cidade seria quase que exclusivamente para uso dos pedestres – *The center of the city would be almost exclusively for pedestrian use.*
69 | 677

1970 miséria *nf* misery, poverty
- o governo prospera mas o povo continua na miséria – *The government prospers but the people are still living in misery.*
68 | 909

1971 execução *nf* execution
- os soldados recusavam-se a participar nas execuções em massa – *The soldiers refused to participate in the mass executions.*
68 | 1004

1972 escândalo *nm* scandal
- em 2002, o hospital vê-se envolvido num escândalo de pedofilia – *In 2002, the hospital became involved in a pedophile scandal.*
68 | 765

1973 ordenar *v* to command, order
- farei tudo o que vossa senhoria ordenar – *I will do everything that your ladyship commands.*
70 | 934 -s

1974 avenida *nf* avenue
- as cidades eram baseadas num sistema de avenidas intersectadas por pequenas ruas – *The cities were planned using a system of avenues intersected by small streets.*
67 | 981 -a

1975 esquema *nm* scheme
- montou um esquema produtivo baseado na fortuna própria – *He set up a profitable scheme based on his own fortune.*
68 | 864

1976 expresso *aj* expressed
- a medida dos ângulos é expressa pela unidade grau – *An angle's measure is expressed in units called degrees.*
66 | 1511 +n

1977 sensibilidade *nf* sensitivity, sensibility
- a sensibilidade à luz é muito variável – *Sensitivity to light is extremely variable.*
69 | 535

1978 galeria *nf* gallery
- as galerias são reinstaladas três vezes por ano com seleções de trabalhos históricos – *The galleries are reinstalled three times a year with selections from historic works.*
68 | 731

1979 âmbito *nm* level, sphere of action or work
- são os melhores jogadores de âmbito nacional – *They are the best players on the national level.*
67 | 1121 -f

1980 lançamento *nm* release, launching
- também estamos planejando o lançamento de vários produtos da marca – *We are also planning the release of several of this brand's products.*
67 | 1226 -f

1981 armar *v* to arm, assemble, equip
- precisamos nos armar e nos organizar para a luta que não deve tardar – *We need to arm and organize ourselves for the fight which is at hand.*
67 | 921

1982 estatuto *nm* statute
- os seus membros são eleitos e os estatutos determinados pelos próprios trabalhadores – *Its members are elected and its statutes are determined by the workers themselves.*
68 | 901 -f

1983 sequência *nf* sequence
- a mutação é qualquer mudança na sequência do DNA – *Mutation is any change in the DNA sequence.*
66 | 1465

1984 composto *aj* composed (of), made up (of)
- regressou para liderar um governo composto por independentes – *He came back to head up a government made up of independents.*
67 | 1806 +a

1985 mistério *nm* mystery
- mistério significa "coisa secreta" – *A mystery means something that is secret.*
67 | 957

1986 louco *aj* mad, crazy
- a doença das "vacas loucas" se espalhou no Parlamento Europeu – *Mad cow disease spread throughout the European Parliament.*
68 | 955 -a

1987 significado *nm* meaning, significance
- seu nome foi derivado da palavra grega cujo significado é azul – *His name was derived from the Greek word whose meaning is blue.*
67 | 974 +a

1988 pacífico *na* Pacific (ocean), calm
- a ilha está situada no sudoeste do oceano Pacífico – *The island is situated in the southwest of the Pacific Ocean.*
68 | 842

1989 absorver *v* to absorb
- dependendo das condições, as moléculas absorvem ou emitem radiação electromagnética – *Depending on the conditions, molecules absorb or emit electromagnetic radiation.*
68 | 685 +a

1990 arroz *nm* rice
- eles comem diariamente arroz, feijão e uma massa feita com farinha – *Daily, they eat rice, beans and a dough made with flour.*
67 | 685

1991 evento *nm* event
- isso será a abertura oficial dos eventos comemorativos – *This will be the official opening of the commemorative events.*
67 | 1310 -f

1992 senador *nm* senator [BP]
- em 1910 é eleito senador por Nova York pelo Partido Democrata – *In 1910, he was elected a senator for New York by the Democratic Party.*
66 | 1702 +n

1993 estimular *v* to stimulate
- o objetivo é estimular o turismo interno – *The objective is to stimulate internal tourism.*
67 | 756

1994 decisivo *aj* decisive
- esta batalha foi uma das mais decisivas da Europa medieval – *This battle was one of the most decisive of Medieval Europe.*
68 | 666

1995 solidariedade *nf* solidarity, mutual responsibility
- são muitas as manifestações de apoio e solidariedade – *There have been many manifestations of support and solidarity.*
68 | 746

1996 núcleo *nm* nucleus, core
- o núcleo é rodeado por um número de electrões em movimento – *The nucleus is surrounded by a number of electrons in movement.*
65 | 1672 +a

1997 optar *v* to opt
- o músico optou por shows em locais pequenos – *The musician opted for shows at small venues.*
68 | 888 +n -f

1998 atmosfera *nf* air, atmosphere
- a chuva da véspera limpara a atmosfera e fazia um belo dia – *The evening rain cleaned the air and made for a beautiful day.*
68 | 951 -n

1999 todavia *av* but, still
- era um homem baixo, todavia muito bem proporcionado – *He was a short, but very well proportioned man.*
69 | 707

2000 sujeitar *v* to subject
- ele tem que se sujeitar a todas as exigências dessa instituição – *He has to subject himself to all the institution's requirements.*
69 | 657

2001 apurar *v* to find out, investigate, perfect
- fizeram as investigações para apurar a causa do acidente – *They conducted investigations to discover the cause of the accident.*
68 | 933 +n

2002 cartão *nm* card
- o pagamento é geralmente feito pelo cartão de crédito – *Payment is generally made by credit card.*
67 | 1049 +n

2003 triste *aj* sad
- ela dizia que era triste envelhecer sem um companheiro – *She used to say that it was sad to grow old without a companion.*
66 | 1825 +f -a

2004 legislativo *aj* legislative
- neste mesmo dia, a Assembléia Legislativa aprovou o projeto de reforma constitucional – *On the same day, the Legislative Assembly approved the constitutional reform project.*
67 | 1351 +n -f

2005 baseado *aj* based, on the basis of
- assim constituiu-se o absolutismo monárquico, baseado no direito divino dos reis – *Thus was absolute monarchy instituted, on the basis of the divine right of kings.*
67 | 1164 +a

2006 influenciar *v* to influence
- muitos factores vão influenciar essa decisão – *Many factors will influence this decision.*
67 | 1131 +a -f

2007 preparado *aj* prepared
- as empresas não estão preparadas para enfrentar este tipo de problema – *The companies are not prepared to face this type of problem.*
69 | 545 +s

2008 ganho *na* earnings, profits, gained
- isso lhe permite capitalizar uma parte dos ganhos para a renovação do veículo – *It allows him to use part of the earnings as capital, in order to renovate the vehicle.*
68 | 702

2009 combinar *v* to combine
- os católicos espíritas do Brasil combinam o xamanismo com o cristianismo – *The Spiritualist Catholics of Brazil combine shamanism with Christianity.*
67 | 822

2010 emitir *v* to emit, issue, broadcast
- o alto-falante começou a emitir som – *The loudspeaker began to emit sound.*
67 | 1053 +a -f

2011 divulgar *v* to make known, publicize
- as galerias existem mais por razões comerciais do que para divulgar artistas – *Galleries exist more for commercial reasons than to make artists known.*
66 | 1374 +n -f

2012 claramente *av* clearly
- teu pai tem dado a entender claramente que não me quer mais – *Your father has made it clear that he doesn't want me anymore.*
68 | 595

2013 mexer *v* to touch, shake, mix, stir
- por favor não mexas nas minhas coisas! – *Please, don't touch my things!*
68 | 1077 +s -a

2014 senado *nm* senate
- aprovada pela Câmara, a matéria seguiu para o Senado – *Having been approved by the House, the issue went on to the Senate.*
66 | 1353 +n -f

2015 alargar *v* to enlarge, increase, widen
- estas casas foram derribadas para se alargar a praça – *These houses were torn down to enlarge the public plaza.*
68 | 639

2016 traço *nm* trace, line, signal
• o cliente desaparecera da noite para o dia, sem deixar qualquer traço – *The client disappeared overnight without leaving a trace.*
68 | 833 -n

2017 pau *nm* stick, wood
• ele tem um pau na mão para bater nos outros – *He has a stick in his hand to hit others with.*
67 | 991 +s -a

2018 missa *nf* religious mass
• ele celebrou a Santa Missa pela primeira vez na catedral – *He celebrated Holy Mass for the first time in the cathedral.*
67 | 878

2019 consumir *v* to consume
• nos EUA, consumimos produtos feitos por pessoas na China e na Indonésia – *In the USA, we consume products made by people in China and Indonesia.*
67 | 715

2020 libertação *nf* freedom, liberation
• o prisioneiro busca a libertação – *The prisoner seeks his freedom.*
68 | 815

2021 arrastar *v* to drag
• ela veio por trás, puxou-me e arrastou-me pelo chão – *She came from behind, pulled me down and dragged me on the floor.*
66 | 1507

2022 superar *v* to overcome, surpass, exceed
• apesar de tudo o que os pais fizeram para o ajudar, ele não conseguiu superar a gaguez – *In spite of everything his parents did to help him, he was not able to overcome his stuttering.*
68 | 757 +n -f

2023 protesto *nm* protest
• ocorrem novos protestos da população, que desconfia de fraude eleitoral – *New protests are taking place among the population, who suspect electoral fraud.*
68 | 1019 +n -s

2024 envolvido *aj* involved
• segundo ela, as pessoas envolvidas em protestos serão presas – *According to her, those involved in protests will be arrested.*
67 | 878

2025 travar *v* to take place, impede, stop
• a luta travou-se braço a braço – *The fight took place bare-handed.*
68 | 663

2026 preferência *nf* preference
• muitas plantas mostram preferência por um solo com condições ácidas – *Many plants show a preference for acidic soil.*
68 | 632

2027 eliminar *v* to eliminate
• isto elimina a possibilidade de erro humano – *This eliminates the possibility of human error.*
67 | 834 -f

2028 federação *nf* federation
• a Federação Portuguesa de Futebol prepara-se para alargar a série – *The Portuguese Soccer Federation is preparing to lengthen the series.*
67 | 1113 +n -f

2029 sagrado *aj* sacred
• nas religiões antigas, existiam lugares sagrados pertencentes aos deuses – *In ancient religions, there were sacred places that belonged to the gods.*
68 | 794

2030 amanhã *n/av* tomorrow
• quem é vivo hoje, amanhã pode estar morto – *He who is alive today, could be dead tomorrow.*
66 | 1468 +f -a [AV]

2031 deserto *na* desert, deserted
• no deserto do Arizona existem vestígios da queda de um meteorito – *In the Arizona desert, there are remains of the fall of a meteorite.*
67 | 1023

2032 reparar *v* to make reparations, fix, notice
• o transportador aéreo deve reparar integralmente os prejuízos materiais e morais – *The air company should make full material and moral damage reparations.*
66 | 1261

2033 petróleo *nm* oil, petroleum
• a queda e redescoberta do petróleo deram um novo gás à gasolina – *The decline and then rediscovery of oil gave new gas to gasoline.*
67 | 1082 +a

2034 parlamento *nm* parliament
• em Portugal, o parlamento, entendido como órgão de representação popular, surgiu depois de 1974 – *In Portugal, the parliament, understood as a branch of popular representation, was formed after 1974.*
66 | 1308 -f

2035 autêntico *aj* authentic
• decerto ele encontrou provas autênticas para as suas teorias – *Assuredly he found authentic proofs for his theories.*
67 | 631

2036 fantástico *aj* fantastic
• tudo aquilo era maravilhoso, fantástico! – *All of that was marvelous, fantastic!*
67 | 587 +s

2037 aliado *na* ally, allied
• Hitler pretendia isolar as forças aliadas ao norte do corredor – *Hitler planned on isolating the allied forces to the north of the corridor.*
66 | 1418

2038 competir *v* to compete
• na Copa do Mundo estarão competindo 1.988 atletas de 69 países – *At the World Cup, there will be 1,988 athletes from 69 countries competing.*
67 | 668

2039 regular *aj* regular
• o consumo regular desta droga provoca alterações de humor – *The regular consumption of this drug causes mood swings.*
68 | 734

2040 erva *nf* herb
• havia também o conhecimento sobre ervas benéficas, cujas propriedades medicinais eram aproveitadas – *There was also knowledge about beneficial herbs, whose medicinal properties were used.*
67 | 714 +s -n

2041 prato *nm* plate
• ele pegou dois pratos e foi enchendo-os de comida – *He grabbed two plates and started to fill them with food.*
67 | 813

2042 masculino *aj* masculine, male
• os pedófilos são, na sua maioria, do sexo masculino – *Pedophiles are, for the most part, of the masculine gender.*
68 | 888

2043 alcance *nm* range, reach
• os mísseis balísticos têm um alcance de 2.500 quilómetros – *Ballistic missiles have a range of 2500 kilometers.*
69 | 591

2044 centímetro *nm* centimeter
• é uma pedra de um metro de largura e 70 centímetros de altura – *It is a rock one meter in width and 70 centimeters in height.*
67 | 1154 +a

2045 crónica *nf* newspaper column, narrative
• ele escreveu a crônica em duas horas – *He wrote the newspaper column in two hours.*
67 | 767

2046 condenado *na* condemned (person)
• devia usar esse meio para a defesa dos condenados – *He should use those same means for the defense of the condemned.*
68 | 632

2047 concorrer *v* to compete (against), apply for
• Alencar deixou claro que não pretende concorrer a uma vaga no Senado – *Alencar left it clear that he doesn't plan to compete for any empty seat in the Senate.*
67 | 685 +n

2048 tio *nm* uncle
• o tio é o irmão da minha mãe – *My uncle is my mother's brother.*
65 | 1348 +f -n

2049 vigor *nm* (em v.) in effect; energy
• o cessar-fogo entrou em vigor a 27 de abril – *The ceasefire took effect on April 27.*
67 | 718

2050 arco *nm* bow, arch, arc
• alteraram o arco do violino de convexo para côncavo – *They changed the bow of the violin from convex to concave.*
67 | 765

2051 ficção *nf* fiction
• ele gostava muito de ler ficção científica – *He really liked to read science fiction.*
67 | 639 +s

2052 sugestão *nf* suggestion
• ele deu várias sugestões ao amigo – *He gave several suggestions to his friend.*
67 | 646

2053 escravo *nm* slave
• eram esses negros, agora feitos escravos, que trabalhavam nas lavouras – *It was those blacks, now made slaves, who worked in the fields.*
66 | 1204 -n

2054 agarrar *v* to grab, seize, lay hold of
• o policial acaba por lhe agarrar no braço, imobilizando-o – *The police ended up grabbing his arm, thus immobilizing him.*
65 | 1226 +s -a -n

2055 proporcionar *v* to provide, offer
• o ouro proporcionou um grande conforto – *The gold provided great comfort.*
67 | 795

2056 desempenho *nm* performance
• a tecnologia melhora muito o desempenho do computador – *The technology greatly improves computer performance.*
67 | 1044 -f

2057 intervalo *nm* interval, intermission
• o intervalo entre estas reuniões não deve ultrapassar 15 meses – *The time interval between these meetings shouldn't be more than 15 months.*
67 | 874

2058 fundar *v* to found
• os colonizadores fundaram várias feitorias – *The colonizers founded several trading posts.*
65 | 1545 +a

2059 etapa *nf* phase, stage
• a cidade foi construída em diferentes etapas durante mais de um milénio – *The city was built in different phases over more than a millennium.*
65 | 1317 -f

2060 parada *nf* (bus) stop, break
• foi à parada de ônibus onde ocorreu o crime – *It was at the bus stop where the crime occurred.*
67 | 681

2061 registrar *v* to register, record [BP]
• o vizinho da minha tia registra as datas de todos os acidentes de barco num caderno – *My aunt's neighbor registers the dates of all boat accidents in a notebook.*
66 | 1107 +n

2062 acusação *nf* accusation
• as principais acusações contra os políticos envolvem corrupção passiva – *The main accusations against politicians involve passive corruption.*
66 | 973 +n

2063 estratégico *aj* strategic
• muitos alvos estratégicos que pertenciam ao grupo terrorista foram destruídos – *Many strategic targets that belonged to the terrorist group were destroyed.*
67 | 865

2064 inteligente *aj* intelligent
- a criança era inteligente; aprendeu rapidamente a ler e a escrever – *The child was intelligent; he learned quickly how to read and write.*
67 | 669

2065 pescoço *nm* neck
- porque a girafa tem o pescoço tão comprido? – *Why does the giraffe have such a long neck?*
66 | 1135 +f -n

2066 moça *nf* young woman, girl
- toda moça, cheia de vida, quer ter o marido do lado – *Every young woman, full of life, wants to have a husband by her side.*
64 | 1955 +f -a -n

2067 legislação *nf* legislation
- a legislação é igual para todos os estados – *The legislation is the same for all the states.*
67 | 964 -f

2068 tecido *nm* fabric, material, tissue
- eles vivem em tendas de tecidos feitos de pele de cabra – *They live in tents of fabrics made from goatskins.*
65 | 1170 +a

2069 boi *nm* ox, steer, bull
- não tinham tractores, mas tinham bois – *They didn't have tractors, but they had oxen.*
66 | 843 +s -a

2070 desviar *v* to avert, deviate, take a detour
- ele desviou os olhos; nem quis ver chorar – *He averted his eyes; he didn't want to see her cry.*
67 | 822

2071 submeter *v* to subject, submit
- o Alentejo esteve mais de 500 anos submetido ao Islão – *Alentejo was subject to Islam for more than 500 years.*
66 | 798

2072 dramático *aj* dramatic
- o microprocessador implicou uma queda dramática no tamanho dos computadores – *The microprocessor was responsible for a dramatic decrease in the size of computers.*
67 | 612

2073 desemprego *nm* unemployment
- apesar de o desenvolvimento econômico parecer estável, o índice de desemprego é agravado – *Despite the seeming stability of economic development, the unemployment index is rising.*
67 | 838 +s -f

2074 contribuição *nf* contribution
- o bairro deu uma grande contribuição à cidade ao permitir a construção – *The neighborhood made a great contribution to the city by giving it permission to build there.*
66 | 894

2075 dobrar *v* to fold, double
- raimundo dobrou a folha de papel duas vezes e colocou-a no bolso – *Raimundo folded the paper two times and put it in his pocket.*
66 | 980

2076 competição *nf* competition
- a competição entre os países ricos e os países pobres é geralmente desigual – *The competition between rich countries and poor countries is usually unequal.*
67 | 1019 -f

2077 pronunciar *v* to pronounce
- ele tinha um jeito especial de pronunciar o seu nome – *He had a special way of pronouncing his name.*
67 | 648

2078 comparação *nf* comparison
- a comparação deste último com o segundo não apresentou diferenças discrepantes – *The comparison between this one and the second one didn't reveal any discrepacies.*
66 | 751

2079 animar *v* to encourage, cheer up
- foram amigos que me animaram e ajudaram na recuperação – *It was friends that encouraged me and helped me to recover.*
66 | 871

2080 capitão *nm* captain
- mas tomei compromisso com o capitão do barco só para uma viagem – *But I only made a commitment with the Captain for one voyage.*
66 | 1001

2081 conferir *v* to confer, give the right to
- o Copyright confere uma série de direitos – *Copyright confers a series of rights.*
67 | 825

2082 ruim *aj* bad, vile, wicked, rotten
- o crítico deve mostrar se o livro é bom ou ruim – *A critic should be able to show whether a book is good or bad.*
67 | 615 +s -a

2083 aprovação *nf* approval
- o que impediu a aprovação da nova Lei de Finanças Locais? – *What kept them from granting approval to the new Local Budget Law?*
66 | 1024 +n

2084 pasta *nf* folder, suitcase, paste
- a jovem Mariana abriu uma pasta cheia de papéis – *The young Mariana opened a folder full of papers.*
67 | 690

2085 liderança *nf* leadership
- a liderança autoritária dele levou à corrupção – *His authoritarian leadership led to corruption.*
66 | 1073 -f

2086 estabilidade *nf* stability
- o objetivo é a estabilidade econômica do país – *The objective is the economic stability of the country.*
67 | 799 | -f

2087 campeonato *nm* championship
- se vencermos o Desportivo, ninguém nos impedirá de ganhar o campeonato – *If we win the semi-finals against Desportivo, nobody will keep us from winning the championship.*
65 | 1718 +n -f

2088 conservador *na* conservative
- o Partido Conservador está no poder –
  The Conservative Party is in power.
  66 | 803

2089 converter *v* to convert
- não te posso converter à minha fé –
  I cannot convert you to my faith.
  67 | 776 +a

2090 definido *aj* defined
- eles não possuem um ponto de fusão
  bem definido – *They do not possess a
  well-defined melting point*
  67 | 768

2091 absurdo *na* absurd, absurdity
- depois disso ele fez a sugestão absurda de
  um suicídio – *After that he made the absurd
  suggestion of suicide.*
  66 | 728

2092 registar *v* to register [EP]
- o distrito registou um aumento
  populacional de 25% [EP] – *The district
  registered a population growth of 25%.*
  65 | 1303 +n -f

2093 beira *nf* side, edge
- eles acharam o carro abandonado na beira
  da estrada – *They found the car abandoned
  on the side of the road.*
  66 | 870

2094 tragédia *nf* tragedy
- a tragédia ocorreu no dia 13 de agosto –
  The tragedy occurred on the 13th of August.
  67 | 605

2095 manutenção *nf* maintenance
- a manutenção da camada de ozônio é
  crucial para a preservação da vida – *The
  maintenance of the ozone layer is crucial for
  the preservation of life.*
  66 | 976 -f

2096 fortaleza *nf* fortress, fort
- os portugueses construíram várias fortalezas
  nestas ilhas – *The Portuguese built several
  fortresses on these islands.*
  67 | 541

2097 secreto *aj* secret
- o voto é secreto – *The vote is secret.*
  67 | 801

2098 aparentemente *av* apparently
- para mim, tudo foi tão marcante e, para ela,
  aparentemente, não tanto – *To me,
  everything was so momentous and to her,
  apparently, not so much.*
  67 | 610 +n

2099 notável *aj* notable, noteworthy
- o título de nobreza viria a tornar-se o mais
  notável dos títulos portugueses – *The title of
  nobility would come to be the most notable
  of Portuguese titles.*
  67 | 701

2100 corredor *nm* corridor, runner
- ela deslizou de manso pelo corredor e
  entrou no seu quarto – *She slid quietly
  through the corridor and went into her room.*
  65 | 1283 -a

2101 barreira *nf* barrier
- o único problema que resta é como superar
  a barreira lingüística – *The only problem
  remaining is how to overcome the linguistic
  barrier.*
  67 | 634

2102 grão *nm* grain
- o país é um grande produtor de grãos,
  dentre os quais se destaca o milho – *The
  country is a great producer of grains, among
  which corn stands out.*
  67 | 553 +s

2103 avanço *nm* advance
- os avanços da tecnologia de navegação da
  época foram notáveis – *The advances in
  navigational technology in that time period
  were notable.*
  65 | 895

2104 onze *num* eleven
- presumi que onze e quinze da noite não era
  madrugada – *I assumed that eleven fifteen
  at night was not early morning.*
  67 | 566

2105 espelho *nm* mirror
- ela ficou ali a mirar-se no espelho – *She
  stayed there looking at herself in the mirror.*
  66 | 1022 -n

2106 juntamente *av* together
- no carro, juntamente com Francisco,
  estavam três mulheres – *In the car, together
  with Francisco, there were three women.*
  66 | 1091 +a

2107 brincar *v* to play, joke
- uma mão-cheia de crianças brinca em frente
  à creche – *A handful of children play in front
  of the nursery.*
  66 | 1033 -a

2108 ouvido *na* ear, heard
- o som chega aos ouvidos da pessoa
  diretamente do aparelho de som – *The
  sound goes straight from the sound
  apparatus to the person's ears.*
  65 | 1204 +f -n

2109 greve *nf* strike
- fizeram greve de fome, durante dez dias,
  numa prisão – *They went on a hunger strike
  for ten days in prison.*
  66 | 752

2110 tecer *v* to weave
- os machos utilizam ervas para tecer ninhos
  complexos – *The males use weeds to weave
  complex nests.*
  67 | 529 +s

2111 conselheiro *nm* counselor
- um dos velhos conselheiros pediu desculpa e
  saiu – *One of the old counselors asked to be
  excused and left.*
  68 | 733 -s

2112 pobreza *nf* poverty
- aquele possuiu poucas riquezas e viveu em
  perpétua pobreza – *That man had little in
  the way of riches and lived in perpetual
  poverty.*
  67 | 577

14. Diminutives ("small – ") and superlatives ("very – ")

Diminutives express the idea of smallness or endearment (for example *pássaro/passarinho* "bird / litte birdie"), and are formed mainly by adding the suffix – *(z)inho* (and also sometimes *ote, eta, ito*). Superlatives express the idea of "very/really X" (for example *bela/ belíssima* "beautiful / really beautiful"), and are formed by adding the suffix *-íssimo*. Both take the normal endings for number and gender.

The following entries show the number of tokens of the most common diminutives and superlatives in the corpus, with the most frequent form per lemma (e.g. *belíssima*, if more frequent than *belíssimo*).

Diminutives:

[noun]:

bocadinho 463 **(little piece)**

cravinho 227 nail

passarinho 203 bird

pouquinho 171 a little bit

olhinhos 152 eyes

coisinha 123 thing

mocinha 120 girl

netinha 120 granddaughter

casinha 118 house

paizinho 114 daddy

bichinho 109 bug, insect

boquinha 103 mouth

carrinho 97 car, cart

caixinha 95 box

luzinha 93 light

mesinha 89 table

mãezinha 89 mother

rapazinho 78 boy

homenzinho 76 man

santinho 75 saint

[adjective/adverb]:

sozinho 778 alone

baixinho 286 short, low

devagarinho 168 slow

direitinho 112 straight (EP), quickly (BP)

coitadinha 88 poor, unfortunate

velhinha 82 old

pertinho 61 near

mansinho 51 meek, mild

miudinha 46 small

Superlatives:

muitíssimo 137 many, much

santíssima 77 holy

belíssima 65 beautiful

altíssimo 56 tall

importantíssimo 55 important

excelentíssimo 42 most excellent

riquíssimo 36 rich

gravíssimo 31 serious

fortíssimo 30 strong

pouquíssimo 28 little bit

lindíssima 28 pretty, beautiful

curtíssimo 24 short

caríssimo 22 expensive, dear

raríssimo 20 rare

vastíssima 20 vast

2113 colaboração *nf* collaboration
- trabalhamos em colaboração com os nossos parceiros – *We work in collaboration with our partners.*
66 | 712

2114 consumidor *na* consumer, consuming
- o português é muito mau consumidor, é muito pouco exigente – *The Portuguese are very bad consumers; they aren't very demanding.*
67 | 1616 +n -f

2115 perseguir *v* to pursue, persecute
- os lobos podem perseguir as suas presas durante longas distâncias – *Wolves can pursue their prey over long distances.*
66 | 702

2116 nu *aj* naked, nude
- partes da Via Láctea são observáveis a olho nu – *Parts of the Milky Way are observable by the naked eye.*
65 | 1099 | +f -n

2117 selvagem *aj* wild, savage
- o camelo vive em estado selvagem nos desertos da Ásia Central – *Camels live in a wild state in Asia's Central deserts.*
67 | 707

2118 pesca *nf* fishing
- a pesca em água doce inclui a apanha de peixes como o salmão – *Freshwater fishing includes catching fish like salmon.*
66 | 639

2119 peito *nm* chest, breast
- a senhora cruzou os braços no peito e virou-se para mim – *The lady folded her arms across her chest and turned toward me.*
64 | 1774 +f -n

2120 consulta *nf* consultation
- isso é feito através da consulta de pessoas especializadas neste assunto – *This is done in consultation with people knowledgeable in this area.*
66 | 666

2121 impacto *nm* impact
- esse modelo oferece o mais baixo impacto ao meio ambiente – *That model has the lowest impact on the environment.*
65 | 1175 -f

2122 emprestar *v* to lend, loan
- pedi o carro ao velho, que mo emprestou de má vontade – *I asked my old man for the car, who lent it to me grudgingly.*
66 | 607

2123 antecipar *v* to do earlier than planned, anticipate
- era bom se conseguíssemos antecipar a viagem, mas é pouco provável – *It would be nice if we could go on the trip sooner but it is not very likely.*
66 | 705 +n

2124 desempenhar *v* to perform, act, fulfill
- as árvores desempenham um importantíssimo papel em vários aspectos do equilíbrio ambiental – *Trees perform an extremely important role in various aspects of environmental balance.*
65 | 943 +a -f

2125 empréstimo *nm* loan
- no mesmo ano, o governo conseguiu um empréstimo do Fundo Monetário Europeu – *During that same year, the government secured a loan from the European Monetary Fund.*
66 | 894

2126 segurar *v* to hold, secure, make sure
- enquanto o autocarro está em andamento, por favor segure-se ao varão – *While the bus is moving, please hold on to the post.*
65 | 1055

2127 pista *nf* rink, field, runway, lane
- o hóquei é praticado em pista gelada – *Hockey is played on an ice rink.*
65 | 917 +n

2128 vestir *v* to wear, dress
- para ser convincente, ela vestiu a sua melhor roupa – *To be convincing, she wore her best clothing.*
64 | 1218

2129 escrito *na* writings, written
- os escritos deste autor investigam uma enorme gama de temas – *The writings of this author deal with an enormous range of themes.*
65 | 703

2130 pássaro *nm* bird
- um pássaro voou junto à superfície do lago – *A bird flew close to the lake's surface.*
65 | 991 +f -n

2131 rapariga *nf* young girl, prostitute [BP]
- um rapaz e uma rapariga olhavam um para o outro à sombra duma árvore – *A young boy and a young girl looked at each other under the shade of a tree.*
63 | 1652 +f +s -a -n

2132 indispensável *aj* indispensable
- a clorofila é indispensável para as plantas – *Chlorophyll is indispensable to plants.*
67 | 547

2133 convocar *v* to call (a meeting), summon,
- o ex-deputado convocou uma reunião – *The ex-Congressman called a meeting.*
66 | 753 +n

2134 nocturno *aj* nocturnal, of the night
- veio a lua banhando de tristeza o céu noturno – *The moon appeared cloaking the night sky in sadness.*
67 | 665

2135 estética *nf* aesthetics, beauty
- o poeta cristalizou uma estética de traços definitivamente brasileiros – *The poet created an aesthetic with definitive Brazilian characteristics.*
67 | 555 +s

2136 recomendar *v* to recommend
- algumas religiões recomendam reduzir as ambições materiais – *Some religions recommend that you reduce material ambitions.*
65 | 750

2137 norte-americano *na* North American (usually US)
- dois astronautas russos e um norte-americano escaparam ilesos – *Two Russian and one North American astronaut escaped unharmed.*
63 | 2487 -f

2138 jantar *v* to eat dinner
- estavam com fome e queriam jantar – *They were hungry and wanted to eat dinner.*
64 | 1869 -a

2139 redacção *nf* writing, editorial staff
- ele participou na redacção da Constituição francesa de 1945 – *He participated in the drafting of the French Constitution of 1945.*
66 | 675

2140 pano *nm* cloth
- o leve pano de algodão estava manchado de cores – *The light cotton cloth had colored stains.*
65 | 914 -a

2141 reflexo *nm* reflection, reflex
- o céu é iluminado pelo reflexo da luz solar – *The sky is illuminated by the reflection of solar light.*
66 | 605

2142 romântico *aj* romantic
- o tema é fortemente romântico; é uma volta aos sentimentos – *The theme is extremely romantic; it is a return to emotion.*
65 | 689

2143 demanda *nf* demand [BP]
- isso não vai resolver o problema de demanda pelo ensino superior – *That will not resolve the problem of demand for higher education.*
64 | 786

2144 acerca *av* about, near
- você poderia nos contar um pouco acerca de sua criação? – *Could you tell us a little bit about your upbringing?*
66 | 784

2145 impulso *nm* impulse, impetus
- estas vibrações são convertidas em impulsos eléctricos por um transdutor – *These vibrations are converted into electrical impulses by a transducer.*
66 | 747

2146 cerimónia *nf* ceremony
- a coroação do rei era integrada numa cerimónia religiosa de grande solenidade – *The coronation of the king was part of a very solemn religious ceremony.*
66 | 835

2147 entendimento *nm* understanding
- no meu entendimento, não há alternativa – *In my understanding, there is no choice.*
66 | 572

2148 saltar *v* to jump, leap
- de um pulo, saltou da cama e correu – *With a single bound, he jumped out of bed and ran off.*
64 | 1278

2149 temperatura *nf* temperature
- a temperatura estava próxima dos cinco graus negativos – *The temperature was close to –5 degrees.*
64 | 2067 +a -s

2150 demitir *v* to resign, quit
- cinco primeiro-ministro demitiu-se, acusado de irregularidades financeiras – *The Prime Minister resigned, having been accused of financial irregularities.*
65 | 776 -f

2151 excessivo *aj* excessive
- a oferta é excessiva face à procura – *Supply is excessive compared to demand.*
66 | 585

2152 componente *nm* part, component
- o cálcio é um componente essencial dos ossos – *Calcium is an essential part of bones.*
64 | 1495 +a -f

2153 felicidade *nf* joy, happiness
- a rainha não tivera a felicidade de dar à luz um filho – *The queen never had the joy of giving birth to a son.*
65 | 921

2154 remédio *nm* medicine, remedy
- até agora, não se descobriu nenhum remédio específico para esta inflamação – *Until now, no specific medicine for this inflammation has been found.*
65 | 793 -a

2155 mancha *nf* spot, stain
- a fêmea é pardo-avermelhada com uma mancha vermelha no peito – *The female is reddish gray with a red spot on its chest.*
65 | 796 -n

2156 nova *nf* news
- eu tenho uma boa nova para lhe contar – *I have some good news to tell you.*
65 | 714

2157 bicho *nm* creature, bug, beast
- há bichos que mordem – *There are creatures that bite.*
65 | 1330 +f +s -a

2158 preparação *nf* preparation
- Níquel é utilizado na preparação de ligas metálicas fortes – *Nickel is used in the preparation of strong metal bonds.*
66 | 629

2159 delegado *na* delegate, delegated
- os delegados do partido aprovaram o acordo por uma larga maioria – *The party's delegates approved the agreement by a wide margin.*
64 | 957 +n -a

2160 imaginação *nf* imagination
- a tudo se junta uma imaginação fértil e variada – *To that one can add a fertile and vivid imagination.*
65 | 736

2161 ferido *na* wound, wounded
- vamos ter tempo de levar os feridos para o hospital – *We'll have time to take the wounded to the hospital.*
66 | 812 -s

2162 actriz *nf* actress
- ela ganhou o Óscar de melhor actriz – *She won the Oscar for best actress.*
65 | 717

2163 tensão *nf* anxiety, tension
- o remédio aliviava a tensão dos nervos – *The medicine alleviated her anxiety.*
65 | 812

2164 surpreender *v* to surprise
- nada podia já surpreender Lea; ela nada temia – *Nothing else could surprise Lea, she feared nothing.*
64 | 1075

2165 auxiliar *na* assistant, auxiliary
- o árbitro, então, consultou o auxiliar e invalidou o gol – *The referee then consulted his assistant and invalidated the goal.*
66 | 624

2166 conceber *v* to conceive
- é difícil conceber que uma mulher bonita faça uma coisa feia – *It is difficult to conceive that a beautiful woman should do something distasteful.*
65 | 713 +a

2167 parceria *nf* partnership
- a União Europeia juntou-se ao programa Parceria para a Paz – *The European Union joined the program "Partnership for Peace."*
66 | 696 +s

2168 acelerar *v* to accelerate, speed up
- o presidente quer acelerar a taxa de crescimento econômico – *The president wants to accelerate the rate of economic growth.*
66 | 575

2169 concessão *nf* concession, favor, right
- ela aceita a lei tradicional e faz algumas concessões às tendências modernas – *She accepts the traditional law and makes some concessions to modern tendencies.*
65 | 769

2170 radical *na* radical
- não obstante, a ciência sofreu radicais transformações ao longo de sua história – *Nevertheless, science has suffered radical changes throughout its history.*
65 | 751

2171 ampliar *v* to increase, amplify, enlarge
- o Ministério da Educação vai ampliar o número de questões do segundo exame – *The Ministry of Education will increase the number of questions for the second exam.*
65 | 730

2172 reservar *v* to reserve
- mas ainda conseguem reservar algum rendimento disponível para a poupança – *But they manage to reserve some available income for savings.*
66 | 664

2173 ofício *nm* occupation, official letter
- escrever é parte inerente ao ofício do pesquisador – *Writing is an inherent part of the occupation of a researcher.*
64 | 694

2174 templo *nm* temple
- o património do Egito inclui o templo de Luxor – *Egypt's heritage includes the temple of Luxor.*
65 | 819 -n

2175 ligeiro *aj* light, swift, quick, agile
- haverá um ligeiro aumento de preços – *There will be a light increase in prices.*
66 | 741 -s

2176 dezena *nf* set of ten
- a Internet é uma rede global com dezenas de milhões de usuários – *The Internet is a worldwide web with tens of millions of users.*
65 | 786 +n

2177 residir *v* to live in, reside
- Ronaldinho comprou também a casa onde reside, em Barcelona – *Ronaldinho also bought the house he lives at in Barcelona.*
64 | 794

2178 potencial *na* potential
- esta toxina é a substância com maior potencial mortífero – *This toxin is the substance with the greatest deadly potential.*
65 | 1013 -f

2179 adiante *av* further along, farther ahead
- daremos exemplos mais adiante para o leitor – *Further along in the book, we will give examples to the reader.*
65 | 789 +f -n

2180 meta *nf* goal
- é proveitoso definir metas de vida – *It's worthwhile to set goals for one's life.*
64 | 732

2181 chama *nf* flame
- a chama de uma vela tremeluzia numa barraquinha – *A candle's flame flickered in a small shack.*
65 | 653

2182 disputa *nf* dispute
- num jantar de luxo, houve uma disputa entre dois convidados – *At the fancy dinner, there was a dispute between two of the guests.*
65 | 774

2183 prestígio *nm* prestige
- ele ganhou grande prestígio e influência – *He gained great prestige and influence.*
65 | 600

2184 passeio *nm* walk, stroll
- eu e Misael fomos dar um passeio pela chácara – *Misael and I went for a walk around the country estate.*
65 | 1013 -a

2185 eixo *nm* dividing line, axle, axis
- os temas foram divididos em eixos temáticos – *The themes were divided along thematic lines.*
64 | 815 +a

2186 bico *nm* beak
- os colibris apresentam cores brilhantes e têm um bico longo e muito fino – *Hummingbirds have brilliant colors and a long and very fine beak.*
64 | 711 -n

2187 utilização *nf* use, utilization
- houve a utilização da madeira em certas igrejas – *The use of wood occurred in some churches.*
63 | 1831 +a -f

2188 herança *nf* heritage, inheritance
- os portugueses possuem uma herança cultural mista que remonta aos celtas lusitanos – *The Portuguese possess a mixed cultural heritage that goes back to the Lusitanian Celts.*
66 | 583

2189 contexto *nm* context
- àquela altura, isso tinha grande sentido no contexto das correntes da época – *During that time, this made perfect sense within the context of the trends of the day.*
64 | 1361 +a -f

2190 formal *aj* formal
- recebeu educação formal no Colégio Jesuítico de Madri – *He received his formal education in the Jesuit College of Madrid.*
65 | 738

2191 exportação *nf* exportation
- para o Brasil, a soja é um produto de exportação – *For Brazil, soy is an export product.*
64 | 1024 +n -f

2192 nuvem *nf* cloud
- uma grande nuvem branca pairava no céu – *A large white cloud floated in the sky.*
64 | 1093 -n -s

2193 vela *nf* candle, sail, spark-plug
- a iluminação era a velas – *The lighting was that of candles.*
65 | 831

2194 sessenta *num* sixty
- o jogo deve ter a duração de 60 minutos – *The game should last about sixty minutes.*
65 | 578 +s -n

2195 especializado *aj* specialized
- existem zoólogos especializados em zoologia dos invertebrados – *There are zoologists who have specialized in the zoology of invertebrates.*
65 | 868 -f

2196 situar *v* to situate
- foi então que me consegui situar no meio de tantas coisas desconhecidas – *It was then that I succeeded in situating myself in the midst of so many unknowns.*
65 | 864 +a -f

2197 preencher *v* to fill (out)
- assim ela ia preenchendo o tempo, o vazio das horas mortas – *This way she filled her time, the emptiness of the dead hours.*
65 | 578

2198 galinha *nf* hen, chicken
- o capitalista está matando a galinha dos ovos de ouro – *The capitalist is killing the hen that lays the golden eggs.*
65 | 706 +s -a -n

2199 pólo *nm* pole
- quando vocês sentirem frio, pensem no Pólo Norte e sentirão logo calor – *Whenever you feel cold, think about the North Pole and you'll soon feel warm.*
66 | 597

2200 argentino *na* Argentine
- o antagonismo entre argentinos e brasileiros chegou a um ponto delicado nos anos 1970 – *The antagonism between Argentines and Brazilians reached a critical point in the 70's.*
64 | 872 +n

2201 rejeitar *v* to reject
- as altas autoridades libanesas rejeitaram a proposta de uma retirada condicional israelita – *High Lebanese authorities rejected the proposal for a conditional Israeli withdrawal.*
64 | 773

2202 provisório *aj* temporary, provisionary
- trata-se apenas de uma solução provisória – *This is only a temporary solution.*
65 | 716

2203 devolver *v* to return (something)
- vocês já devolveram o carro emprestado pelo director? – *Have you already returned the car that the director lent you?*
65 | 583

2204 orquestra *nf* orchestra
- cantamos nossos versos ao som de uma orquestra numerosa – *We sang our verses to the music of a large orchestra.*
65 | 644

2205 corrupção *nf* corruption
- ele venceu as eleições com a promessa de erradicar a corrupção do governo – *He won the elections by promising to eradicate corruption in the government.*
65 | 705

2206 gordo *aj* fat, thick
- ele está bem gordo e tem as carnes firmes – *He is looking really fat and has a strong constitution.*
64 | 1004 +f -n

2207 acentuar *v* to intensify, accentuate
- os protestos estudantis acentuaram-se ao longo de 1997 – *The student protests intensified throughout 1997.*
65 | 575

2208 explosão *nf* explosion
- a bomba original baseava-se numa explosão química – *The original bomb was based on a chemical explosion.*
65 | 681

2209 terço *na* third, a third
- passaram para o terceiro e depois para o quarto – *They went on to the third and then to the fourth.*
65 | 627

2210 efectivamente *av* in fact, effectively
- o Brasil transformou-se efetivamente em grande produtor de novelas – *Brazil did, in fact, become a great producer of soap operas.*
64 | 543

2211 incêndio *nm* fire
- a propagação da explosão fez deflagrar um incêndio – *The explosion's spread caused a fire to start.*
65 | 616

2212 classificar *v* to classify
- o convento foi classificado como património mundial – *The convent was classified as a world heritage site.*
64 | 889 -f

2213 mercadoria *nf* merchandise
- só se entrega mercadoria após a compensação do cheque – *Merchandise is only delivered after the check is cashed.*
65 | 599

2214 procedimento *nm* procedure, proceedings
- constituindo um procedimento relativamente simples, a cirurgia geralmente é realizada sob anestesia local – *Being a relatively simple procedure, the surgery is generally performed with local anesthetics.*
63 | 1062 +a

2215 relacionado *aj* related
- existem também graves problemas relacionados com essas doenças – *There are also grave problems related to these diseases.*
61 | 1713 -f

2216 concorrência *nf* competition
- os descontos são uma forma de concorrência utilizada pelas empresas – *Discounts are a form of competition used by companies.*
64 | 732 +n

2217 ocidental *aj* Western, occidental
- no mundo ocidental, a ciência aparece como a modalidade mais rigorosa do conhecimento – *In the Western world, science develops as the most rigorous way to knowledge.*
63 | 1452 +a

2218 apertar *v* to shake (a hand), press, tighten, tie
- eles apertaram as mãos – *They shook hands.*
62 | 1462 +f -n

2219 queixa *nf* complaint
- meu pai, indignado com as queixas continuadas dos parentes, castigava-me – *My father, angry by the ongoing complaints of our relatives, punished me.*
65 | 644

2220 tranquilo *aj* calm, serene, tranquil
- o céu pairava azul e tranquilo, insondável na sua mesma serenidade – *The sky hovered, blue and calm, inscrutable in its very serenity.*
64 | 783 -a

2221 convicção *nf* conviction
- eu sempre tinha tido a convicção de que Deus não tolerava a indiferença – *I had always had the conviction that God doesn't tolerate indifference.*
64 | 638

2222 habitual *aj* familiar, customary
- ele passou-lhe a escova num gesto habitual – *He passed him the brush in a habitual gesture.*
65 | 660

2223 previsto *aj* foreseen
- está prevista também a chegada de outras 22 embarcações – *Foreseen as well is the arrival of 22 other ships.*
63 | 1150 +n

2224 levantamento *nm* the act of raising; uprising
- a oração é uma elevação da alma – *Prayer is the lifting up of the soul.*
64 | 868

2225 trânsito *nm* traffic
- propomos a redução do trânsito de automóveis – *We proposed the reduction of automobile traffic.*
64 | 798 +n

2226 vencedor *nm* winner
- no fim do torneio, o vencedor recebe a prestigiosa Copa – *At the end of the tournament, the winner receives the prestigious Cup.*
64 | 832 +n

2227 comerciante *nm* business person, salesperson
- este sistema tornou-se vantajoso para muitos comerciantes, pois havia isenção de impostos – *This system became advantageous to many business people, because it was tax exempt.*
64 | 719

2228 rigor *nm* rigor, worst of
- o rigor do inverno parecia que nunca mais passava – *The severity of winter seemed like it was not going to leave any time soon.*
65 | 513

2229 correcção *nf* correction
- a detecção e correcção dos erros ocorrem da seguinte forma – *The detection and correction of errors takes place in the following way.*
64 | 758

2230 sonhar *v* to dream
- eles não estavam certos se viviam em realidade ou se sonhavam – *They were not certain if they were living in reality or if they were dreaming.*
64 | 991 -a

2231 redor *av* (em/ao r.) all around
- em redor de mim tudo oscilou – *All around me, everything was shaking.*
65 | 757 +f -n -s

2232 prioridade *nf* priority
- quem estiver em perigo de vida tem prioridade sobre todos os outros – *One whose life is in danger has priority over all others.*
65 | 689 +s -f

2233 atento *aj* alert, attentive
- fiquei muito atento à espera de novo sinal – *I remained very alert, waiting for a new signal.*
64 | 742 -a

2234 chorar *v* to cry
- a criança chorou muito e depois adormeceu – *The child cried a lot and then fell asleep.*
61 | 2164 +f -a

2235 humor *nm* humor, mood
- ele riu-se? Haveria nele o sentido do humor ou do sarcasmo? – *He laughed? Do you think he has a sense of humor or was it sarcasm?*
64 | 584

2236 localizar *v* to find, pin point the location
- primeiro nós vamos localizar onde foram encontrados esses vestígios artísticos – *First we will find where those artistic remnants were found.*
64 | 754 +a

2237 divulgação *nf* publication, spread, reporting
- a imprensa deve zelar pela correta divulgação dos fatos – *Newspapers should ensure the accurate reporting of the facts.*
64 | 973 -f

2238 botar *v* to put, place
- eu não queria botar mais lenha na fogueira – *I didn't want to put more wood in the fireplace. (I didn't want to make things worse.)*
63 | 1145 +s -a -n

2239 farinha *nf* flour
- as mulheres comeram peixe com farinha de mandioca – *The women ate fish with manioc flour.*
64 | 570 +s -n

2240 sapato *nm* shoe
- eles calçam sapatos italianos e sandálias douradas – *They wear Italian shoes and golden sandals.*
64 | 778 -a

2241 pastor *nm* pastor, shepherd
- começando por ser pastor calvinista, acabaria por se tornar um ateu – *Although beginning as a Calvinist pastor, he would end up becoming an atheist.*
64 | 537

2242 oriental *aj* Eastern, oriental
- estas plantas são nativas da Ásia Oriental – *These plants are native to Eastern Asia.*
63 | 851

2243 pensão *nf* pension
- a outra tem renda proveniente da pensão deixada pelo marido – *The other woman has an income provided by the pension left by her husband.*
64 | 690

2244 mágico *na* magician, magical
- o mágico David Coperfield se apresenta aqui em junho – *The magician David Copperfield will present a show here in June.*
64 | 570

2245 meado *aj* middle (time), half-way
- a mecanização da produção ocorreu em meados do século XIX – *The mechanization of production occurred in the mid-19th century.*
64 | 688

2246 coroa *nf* crown
- a coroa portuguesa detinha o monopólio do comércio – *The Portuguese crown held the monopoly on commerce.*
64 | 754 -n

2247 infelizmente *av* unfortunately, sadly
- infelizmente, muitos destes habitats estão a ser destruídos e ameaçados – *Unfortunately, many of these habitats are being destroyed or threatened.*
64 | 580 +s -a

2248 erguer *v* to erect, raise up, support
- os construtores ergueram edificações em vários lugares – *The construction workers erected buildings in several places.*
63 | 2322 +f -n -s

2249 bocado *nm* piece, portion, mouthful [EP]
- meu pai não precisava de muito, bastava-lhe um bocado de pão [EP] – *My father didn't need much; a piece of bread was enough for him.*
63 | 1285 +s -a -n

2250 falhar *v* to fail
- a missão acabou por falhar, não conseguindo a NASA estabelecer contacto – *The mission ended up failing, being that NASA couldn't establish contact.*
64 | 583

2251 consistir *v* to consist of
- a liberdade consiste, para este filósofo, no conhecimento das paixões – *Freedom consists, to this philosopher, of the knowledge of passions.*
61 | 1895 +a

2252 avisar *v* to warn, advise, inform
- quero avisá-la que ele é um perigo para qualquer mulher – *I want to warn you that he is a danger to any woman.*
63 | 961

2253 zero *num* zero
- o denominador nunca pode ser zero – *The denominator can never be zero.*
63 | 717

2254 adorar *v* to worship, adore
- os hebreus passaram a adorar um único deus – *The Hebrews began to worship one God only.*
63 | 739 +s -a

2255 transferência *nf* transfer
- o governo australiano sugeriu a sua transferência para outra ilha – *The Australian government suggested he be transferred to another island.*
64 | 904

2256 curiosidade *nf* curiosity
- a minha curiosidade nasceu sobretudo pelas leituras – *My curiosity was a product of my readings.*
64 | 859 +f -a

2257 contrariar *v* to contradict, disagree
- se confirmadas, estas duas descobertas podem contrariar pontos da teoria – *If confirmed, these two discoveries could contradict points of the theory.*
64 | 598

2258 propaganda *nf* propaganda, advertisement
- o objectivo da propaganda era a denúncia do bolchevismo – *The purpose of the propaganda was to denounce Bolshevism.*
65 | 537

2259 abranger *v* to span, encompass
- o período abrange os anos de 1995 a 2000 – *The period spans the years of 1995 to 2000.*
64 | 700 +a

2260 investigar *v* to investigate
- a Polícia Federal está investigando o caso – *The Federal Police are investigating the case.*
64 | 890 +n

2261 cruzado *na* old Brazilian monetary unit, crossed
- o pedido, no valor de 150 mil cruzados, foi aceite – *The request, to the amount of 150 thousand cruzados, was granted.*
64 | 693

2262 anjo *nm* angel
- os anjos formam o exército de Deus – *Angels make up the army of God.*
63 | 961 +f

2263 cobertura *nf* covering
- o chapéu é cobertura para a cabeça – *The hat is a covering for the head.*
63 | 672

2264 oceano *nm* ocean
- Em 2004, um sismo provocou um tsunami no oceano Índico – *In 2004, an earthquake caused a tsunami in the Indian Ocean.*
64 | 896 +a -s

2265 atracção *nf* attraction
- a teoria da gravitação explicou o motivo da atração entre massas – *Gravitational theory explained the cause of attraction between masses.*
64 | 642

15. Nouns – differences across registers

The following lists show the nouns that occur with a much higher frequency than would be expected in the spoken, fiction, newspaper, or academic registers. In each case, the word is in the top ten percent of words for that register, in terms of its relative frequency to the other three registers.

Spoken:

vez 46 F (a) time, turn
tempo 66 M time, weather
pessoa 70 F person
coisa 71 F thing
trabalho 85 M work
mundo 106 M world
lado 117 M side
exemplo 126 M example
problema 149 M problem
história 153 F story, history
momento 175 M moment
ideia 177 F idea
política 178 F politics
livro 182 M book
tipo 189 M type, like
situação 216 F situation
questão 217 F question, issue, point
escola 237 F school
verdade 238 F truth
música 242 F music
professor 245 MF professor, teacher
senhor 258 M Mr, Lord, sir
sociedade 263 F society
altura 267 F height, time period
maneira 277 F way, manner
sentido 279 M sense, meaning, feeling
gente 283 F people, us
época 285 F time period, era
jornal 293 M newspaper
partido 306 M (political) party

Fiction:

olho 376 M eye
braço 959 M arm
alma 1053 F soul

dedo 1324 M finger
janela 1386 F window
sombra 1420 F shadow, shade
silêncio 1512 M silence
cabelo 1516 M hair
dona 1630 F madam, owner
rosto 1729 M face
alegria 1784 F happiness, joy
cama 1810 F bed
gesto 1831 M gesture
coronel 1882 M colonel
instante 1942 M instant
tio 2048 M uncle
pescoço 2065 M neck
moça 2066 F girl, young woman
peito 2119 M chest, breast
pássaro 2130 M bird
curiosidade 2256 F curiosity
anjo 2262 M angel
cozinha 2342 F kitchen
amiga 2367 F female friend
avô 2369 M grandfather
patrão 2420 M boss, business owner
chapéu 2435 M hat
cheiro 2446 M smell, odor
vergonha 2469 F shame
fumo 2530 M smoke

Newspaper:

câmara 396 F city council, chamber
milhão 449 M million
comissão 646 F commission
deputado 676 M congressman, representative
clube 729 M club
reunião 736 F meeting, reunion

ministério 813 M ministry
candidato 890 M candidate
secretário 1032 M secretary
iniciativa 1102 F initiative
policial 1127 M policeman [BP]
líder 1334 M leader
salário 1430 M salary, wage
distrito 1484 M district
edição 1529 F edition
instalação 1614 F installation, company building
freguesia 1655 F municipality, parish, clientele
dólar 1708 M dollar
adversário 1718 M opponent, adversary
agência 1745 F agency
negociação 1782 F negotiation
equipa 1788 F team
empresário 1811 M business owner
sessão 1857 F session
atraso 1896 M delay
concelho 1965 M municipality, council
senador 1992 M senator
cartão 2002 M card
acusação 2062 F accusation
aprovação 2083 F approval

Academic:

século 298 M century
origem 707 F origin
planta 871 F plant
teoria 1062 F theory
quantidade 1078 F quantity
característica 1154 F characteristic
filosofia 1186 F philosophy
factor 1223 M factor

análise 1252 F analysis

território 1337 M territory

método 1358 M method

império 1406 M empire

década 1464 F decade

velocidade 1498 F speed, velocity

representação 1500 F representation

reino 1550 M kingdom

metal 1561 M metal

secção 1633 F section

superfície 1644 F surface

padrão 1646 M standard, pattern

frequência 1674 F frequency, rate

arquitectura 1676 F architecture

composição 1723 F composition

organismo 1735 M organism, organization

álcool 1803 M alcohol

planeta 1846 M planet

sentença 1887 F sentence

camada 1959 F sheet, layer

significado 1987 M meaning, significance

núcleo 1996 M nucleus, core

Comments: Notice how the words from fiction tend to focus on concrete things and emotions, while the words from non-fiction deal more with abstract concepts.

2266 habitação nf home, dwelling place, habitat
- a maioria das habitações está concentrada em duas vilas distantes – *Most of the homes are concentrated in two distant villages.*
64 | 705

2267 psicológico aj psychological
- quatro agentes da comunidade já haviam iniciado as sessões de tortura física e psicológica – *Four of the community's agents had already begun sessions of physical and psychological torture.*
64 | 559

2268 passe nm assist, pass
- Luizinho marcou dois gols e deu passe para outro – *Luizinho made 2 goals and an assisted another.*
64 | 640

2269 consciente aj conscious, aware
- de regresso, carregam-no ao colo, meio adormecido mas consciente – *On their way back, they carried him in their arms, half asleep, but conscious.*
64 | 483

2270 postura nf position, posture, attitude
- é uma atitude incompatível com a postura de um magistrado – *This attitude is incompatible with the position of a magistrate.*
63 | 613

2271 pó nm powder, dust
- os extintores espalham um pó que libera dióxido de carbono – *Extinguishers spread a powder that releases carbon dioxide.*
64 | 645

2272 relacionamento nm relationship
- o bom relacionamento entre os dois solidificou-se ainda mais – *The already good relationship between the two became even more so.*
64 | 665 +s -f

2273 substância nf substance
- a substância activa do novo medicamento é meloxicam – *The new medicine's active substance is meloxicam.*
62 | 1502 +a

2274 cientista nm scientist
- cientistas britânicos descobriram o factor genético que determina o sexo – *British scientists discovered the genetic factor that determines gender.*
63 | 1081 +a -f

2275 jornalismo nm journalism
- em jornalismo, informação é a enunciação dos factos desconhecidos – *In journalism, information is the pronouncement of unknown facts.*
64 | 465 +s

2276 devido aj due to, owing to
- as avalanches ocorrem devido à natureza instável das massas de neve – *Avalanches occur due to the unstable nature of snow masses.*
63 | 743

2277 resumir v to summarize, sum up
- o arcebispo, no encerramento, resumiu o conteúdo da mensagem em três palavras – *The archbishop, in conclusion, summarized the content of his message in three words.*
64 | 571

2278 nomeado na nominee, nominated
- há uma semana elegemos o nomeado democrata para um lugar no Senado – *A week ago we elected the Democratic nominee to a place in the Senate.*
62 | 1319 +a

2279 previsão nf forecast, prediction
- só o tempo dirá se a previsão foi correcta – *Only time will tell if the forecast was correct.*
63 | 802 +n

2280 espiritual aj spiritual
- quando escrevi, quis deixar tudo num nível mais elevado, espiritual – *When I wrote, I wanted to leave everything on a higher, spiritual level.*
64 | 529

2281 sonoro aj pertaining to sound
- a acústica estuda também os níveis de intensidade sonora – *Acoustics also studies sound intensity levels.*
63 | 669

2282 recuar *v* to retreat, draw back
• afasta-te de mim! – disse-lhe ela, recuando para a parede húmida – *Get away from me! – She said to him, retreating to the humid wall.*
63 | 771

2283 assinado *aj* signed
• não têm contrato assinado com o clube paulista – *They don't have a signed agreement with the club from São Paulo.*
62 | 970 +n

2284 requerer *v* to require
• o teatro italiano requer grandes espaços – *Italian theatre requires large spaces.*
63 | 818 +a

2285 pregar *v* to preach, nail
• foi o último sermão que pregou entre o povo daquela região – *It was the last sermon that he preached among the people of that region.*
63 | 704

2286 defeito *nm* shortcoming, defect
• o defeito do homem moderno é sonhar pouco – *Modern man's shortcoming is that he dreams so little.*
63 | 541

2287 sofrimento *nm* suffering, pain
• a irmã não compreendia sofrimento sem lágrimas – *His sister didn't understand suffering without tears.*
63 | 675

2288 determinação *nf* determination
• a determinação do grupo sanguíneo é também importante na medicina forense – *The determination of blood type is also important in forensic medicine.*
63 | 825

2289 efectivo *na* effective, strength, assets
• este remédio, senhor, verdadeiramente é o mais efectivo – *This remedy, sir, is truly the most effective one.*
63 | 765

2290 global *aj* global
• a competição global exigirá de nossas empresas muita criatividade – *Global competition will require lots of creativity from our companies.*
65 | 970 -f

2291 marco *nm* landmark, boundary
• foi considerada um marco na história do cinema europeu – *It was considered a landmark moment in the history of European films.*
62 | 789

2292 financiamento *nm* financing
• o financiamento do seguro-desemprego receberá uma contribuição adicional da empresa – *The financing of unemployment benefits will receive an additional contribution from the company.*
64 | 1148 +n -f

2293 registro *nm* record [BP]
• os generais recomendavam que não se fizessem registros dos acontecimentos – *The generals recommended that they should not keep records of the events.*
63 | 875 +a

2294 típico *aj* typical, characteristic
• constitui um exemplo típico das artes decorativas do período vitoriano – *This constitutes a typical example of decorative arts of the Victorian period.*
63 | 749

2295 solicitar *v* to solicit
• os cidadãos portugueses podem solicitar toda a ajuda de que necessitarem – *Portuguese citizens can solicit any help they might need.*
62 | 828 +n

2296 académico *na* academic
• este é o grande pólo económico, académico e desportivo do Norte – *This is the great economic, academic, and athletic center of the North.*
63 | 644

2297 compositor *nm* composer
• ele é considerado um dos maiores compositores portugueses de música para teclados – *He is considered one of the greatest Portuguese composers of keyboard music.*
61 | 965 +a -f

2298 frequente *aj* common, frequent
• a causa mais frequente da anemia é a deficiência de ferro – *The most common cause of anemia is iron deficiency.*
63 | 857

2299 residência *nf* residence
• tinham residência permanente na Suíça cerca de 135 mil portugueses – *Around 135 thousand Portuguese citizens had permanent residence in Switzerland.*
64 | 701 -s

2300 matriz *nf* mould, mother (e.g. church)
• os filmes servem como matriz para impressão – *These films serve as a mould for printing.*
64 | 647

2301 oriente *na* East, Orient
• vimos a sua estrela no Oriente e viemos adorá-lo – *We saw his star in the East and came to worship him.*
63 | 739

2302 colorido *aj* colored, colorful
• o solo e as árvores estavam coloridos de borboletas – *The ground and the trees were colored by butterflies.*
63 | 615

2303 arquivo *nm* archive
• o núcleo fundamental do arquivo é constituído por documentação das antigas colónias – *The core of the archive is made up of documents from the old colonies.*
62 | 671

2304 rocha *nf* large rock
• as rochas de um aquífero são porosas – *The large rocks in an aquifer are porous.*
62 | 1104 +a -n

2305 indicação *nf* indication
• No Brasil não há indicação de terrenos do Jurássico devido à ausência de fósseis – *In Brazil there is no indication of Jurassic fields given the absence of Jurassic fossils.*
63 | 636

2306 escutar *v* to listen
- você seria incapaz de escutar a mesma música 20 ou 30 vezes – *You would be incapable of listening to the same music twenty or thirty times.*
61 | 1167 +f -a -n

2307 agradar *v* to please
- a gente procura agradar, procura ser boa – *We seek to please, we seek to be good.*
63 | 646

2308 associar *v* to associate
- as pessoas costumam associar os escorpiões com regiões desérticas – *People tend to associate scorpions with desert regions.*
63 | 630 +a

2309 continuidade *nf* continuity
- o filho deu continuidade à obra do pai – *The son gave continuity to the work of his father.*
63 | 563

2310 liderar *v* to lead
- King liderou um movimento não-violento por direitos civis – *King led a non-violent civil rights movement.*
62 | 1234 +n -f

2311 obstáculo *nm* obstacle
- superaram o maior obstáculo que impedia o seu progresso – *They were able to overcome the greatest obstacle that stood in the way of their progress.*
63 | 517

2312 autorizar *v* to authorize
- Manuel António decidiu autorizar seus escravos a casar – *Manuel Antonio decided to authorize his slaves to marry.*
63 | 744 +n

2313 destruição *nf* destruction
- o relatório denuncia a destruição em massa da vida animal no Sul – *The report exposes the mass destruction of animal life in the South.*
63 | 697

2314 britânico *na* British
- No seu apogeu, Império Britânico possuía um quinto de superfície da Terra – *At its height, the British Empire controlled a fifth of the Earth's surface.*
60 | 1890 +a -s

2315 correspondente *na* corresponding, correspondent
- o banco vai adiantar o valor correspondente a 40% das ações – *The bank will advance an amount corresponding to 40% of their assets.*
61 | 997

2316 matemática *nf* mathematics
- em matemática, há vários tipos de números – *In mathematics, there are different types of numbers.*
62 | 900 +a

2317 encarregar *v* to put in charge of, entrust
- depois da morte da mãe, ela ficou encarregado de criar todos os irmãos – *After the death of her mother, she was put in charge of raising all of her siblings.*
64 | 559

2318 enganar *v* to trick, deceive
- ele é capaz de se fingir de morto só para nos enganar – *He's capable of faking death just to trick us.*
62 | 832 -a

2319 desfazer *v* to undo
- quando terminava o trabalho, não tinha coragem para desfazer o que lhe custara tanto a fazer – *When he finished his work, he didn't have the courage to undo that which had taken so much work to do.*
62 | 795

2320 suspender *v* to suspend
- o evento suspendeu o trânsito, durante mais de uma hora – *The event suspended the flow of traffic for more than an hour.*
63 | 624

2321 aguardar *v* to await
- o capitão levou todo aquele dia aguardando por eles – *The captain waited all that day, awaiting them.*
62 | 1058 +n

2322 dirigente *na* leader, director, directing
- na época, Adolf Hitler foi o dirigente máximo da Alemanha – *At the time, Adolf Hitler was the supreme leader of Germany.*
61 | 1450 +n -f

2323 rodear *v* to surround
- o acampamento é rodeado por um alarme electrónico – *The camp is surrounded by an electronic alarm.*
63 | 660

2324 palmeira *nf* palm tree
- existe um grande número de palmeiras, sendo a maioria endémica das regiões tropicais – *There are a large number of palm trees, most being native to tropical regions.*
61 | 763 +n

2325 macho *na* male, masculine
- os dois elementos básicos são o macho e a fêmea – *The two basic elements are the male and female.*
62 | 731 -n

2326 beneficiar *v* to benefit
- Simões acredita que a Argentina poderá beneficiar-se muito da experiência – *Simões believes that Argentina will be able to benefit a lot from the experience.*
62 | 820 +n -f

2327 privilégio *nm* privilege
- a confissão é um privilégio de quem peca – *Confession is a privilege for those who sin.*
62 | 539

2328 inteiramente *av* entirely, wholly
- as paredes estavam quase inteiramente cobertas – *The walls were almost entirely covered.*
63 | 652 +f -n

2329 destinar *v* to be geared to, earmarked for
- a empresa foi criada para ajudar pessoas pobres; não se destina a fins lucrativos – *The company was created to help the poor; it is not geared for profit.*
62 | 761

2330 lidar *v* to deal with, treat
• com uma mulher daquele tipo ele não sabia lidar – *He didn't know how to deal with a woman like that.*
63 | 458

2331 desconhecer *v* to not know, ignore
• confessou que desconhecia a sua própria força – *He confessed that he didn't even know his own strength.*
63 | 611

2332 basear *v* to base
• a equação é baseada em leis da física – *The equation is based on the laws of physics.*
62 | 1098 +a -f

2333 evoluir *v* to evolve
• estas doenças podem evoluir de maneira aguda ou crónica – *These diseases can evolve in acute or chronic ways.*
63 | 563 +s -f

2334 íntimo *na* intimate, close friend
• por isso o descrevera como seu amigo íntimo, cúmplice até – *For that reason he described him as his intimate friend, even as an accomplice.*
61 | 1003 +f

2335 comboio *nm* train
• hoje, com a auto-estrada, é raro viajar de comboio – *Today, with interstates, people rarely travel by train.*
62 | 712

2336 repente *av* (de r.) suddenly
• de repente houve uma explosão – *All of a sudden, there was an explosion.*
60 | 1657 +f -a -n

2337 marcado *aj* set, marked
• o casamento está marcado para o próximo ano – *The wedding is set for next year.*
63 | 650

2338 rock *nm* rock music
• mas de repente o rock and roll entrou em cena – *But suddenly rock and roll came on the scene.*
63 | 628 +s -f

2339 criminoso *na* criminal
• ele foi julgado como criminoso de guerra – *He was judged as a war criminal.*
62 | 629

2340 candidatura *nf* candidacy
• a Constituição não autoriza a candidatura presidencial para um terceiro período consecutivo – *The constitution does not allow a third consecutive presidential candidacy.*
61 | 1480 +n +s -f

2341 lixo *nm* trash, waste, garbage
• não jogue o lixo na rua, por favor – *Please, don't throw trash onto the streets.*
63 | 561

2342 cozinha *nf* kitchen
• ocorreu na cozinha ao colocarmos uma panela com comida no fogo – *It happened in the kitchen as we were putting a pot of food on the stove.*
61 | 1090 +f -a

2343 agrário *aj* agrarian
• o Partido assumiu formalmente a luta pela reforma agrária – *The Party formally took on the fight for agrarian reform.*
64 | 719 +n +s -f

2344 consultar *v* to look up, consult
• até trazia palavras que ela tinha que ir consultar ao dicionário – *It even had words that she had to go look up in the dictionary.*
63 | 545

2345 bebida *nf* drink
• o Texas foi o primeiro estado a proibir o consumo de bebidas alcoólicas – *Texas was the first state to prohibit the consumption of alcoholic drinks.*
63 | 542

2346 carvão *nm* coal
• eles trabalhavam nas minas de carvão para manter nossa indústria bélica operando – *They worked in the coal mines to keep the war industry going.*
62 | 558 +s -n

2347 partidário *na* party member, relating to a political party
• os partidários da União Soviética dominavam o ambiente – *The party members from the Soviet Union dominated the event.*
63 | 655 +n

2348 festival *nm* festival
• tem em Recife um Festival Nacional de Dança – *There is a National Festival of Dance in Recife.*
63 | 984 +n -f

2349 celebrar *v* to celebrate
• os sobreviventes celebraram o primeiro dia de Acção de Graças em 1621 – *The survivors celebrated the first Thanksgiving Day in 1621.*
63 | 594

2350 judiciário *na* judicial, judiciary
• todos os julgamentos dos órgãos do Poder Judiciário serão públicos – *All verdicts of the offices of the judiciary branch will be made public.*
62 | 982 +n -f

2351 arquitecto *nm* architect
• seu sucesso como arquitecto começou quando reconstruiu a Catedral de São Paulo – *His success as an architect began when he rebuilt the Cathedral of Saint Paul.*
61 | 804

2352 exclusivo *aj* exclusive
• agora, eles abrem as portas do exclusivo Clube Suíço para caras comuns – *Now, the exclusive Swiss Club is opening its doors to normal guys.*
62 | 576

2353 numeroso *aj* numerous
• na década de 1960, surgiram numerosos grupos feministas pelo mundo inteiro – *In the 60s, numerous feminist groups emerged around the entire world.*
63 | 722 -s

2354 cruzar *v* to cross
• ela sentiu um arrepio e cruzou os braços sobre o busto – *She felt the shivers and crossed her arms over her chest.*
61 | 802

2355 designar *v* to designate
- o ADN de um vírus é designado por Phi X174 – *The DNA of one virus is designated Phi X174.*
  60 | 1642 +a -f -s

2356 espectador *nm* spectator
- os espectadores viram uma partida com momentos de bom futebol – *The spectators saw a match that had moments of good soccer.*
  63 | 502 +s

2357 neve *nf* snow
- as regióes polares saõ cobertas de neve – *The polar regions are covered by snow.*
  62 | 507

2358 recuperação *nf* recovery, recuperation
- o ritmo de recuperação da economia mundial deverá acentuar-se – *The rate of worldwide economic recovery is expected to increase.*
  62 | 959 +n -f

2359 ilusão *nf* illusion
- tudo na vida é ilusão – *Everything in life is an illusion.*
  62 | 632

2360 denúncia *nf* accusation, denunciation
- as denúncias são muito graves – *The accusations are very serious.*
  60 | 961 +n

2361 destaque *nm* prominence, distinction
- o Brasil ganhou posição de destaque no cenário internacional – *Brazil obtained a position of prominence on the international scene.*
  61 | 1170 +n

2362 planejamento *nm* planning [BP]
- é direito de todos o acesso ao planejamento familiar [BP] – *Everyone should have access to family planning.*
  63 | 636

2363 campeão *nm* champion
- ele sagrou-se campeão, título que viria a reconquistar no ano seguinte – *He became champion, a title that he would again earn that following year.*
  61 | 903 +n

2364 confessar *v* to confess
- os meninos ajoelhavam-se para confessar e pedir perdão – *The young boys knelt down to confess and ask forgiveness.*
  61 | 972 -a

2365 projecção *nf* projection
- a projecção para o período aponta para um aumento do custo de vida – *The projection for the period points to an increase in the cost of living.*
  62 | 559

2366 integração *nf* integration
- eles rejeitaram a integração na União Europeia – *They rejected integration into the European Union.*
  63 | 883 -f

2367 amiga *nf* female friend
- Clara resolveu afinal seguir o conselho da amiga – *In the end, Clara decided to follow her friend's advice.*
  62 | 846 +f -a

2368 madrugada *nf* early morning
- Somente pela madrugada o mineiro adormeceu – *Only in the early morning did the miner get to sleep.*
  61 | 1142 -a

2369 avô *nm* grandfather
- o meu avô tem 83 anos – *My grandfather is 83 years old.*
  60 | 1049 +f -a

2370 restaurante *nm* restaurant
- se você quiser comer, o restaurante serve grelhados simples – *If you feel like eating, the restaurant does serve some light grilled items.*
  61 | 871 +n -a

2371 descartar *v* to disagree, deny, get rid of [BP]
- ele descarta a hipótese de uma recessão – *He disagrees with the idea that there is a recession.*
  61 | 986

2372 captar *v* to attract, capture
- vamos investir no varejo e captar clientes com mais produtos e serviços – *We will invest in retail and attract clients with more products and services.*
  62 | 527

2373 sacrifício *nm* sacrifice
- no cumprimento do seu dever, ele ia até ao sacrifício da vida – *To fulfill his duty, he would even give his life as a sacrifice.*
  62 | 592

2374 ditadura *nf* dictatorship
- a brutalidade da ditadura militar era chocante – *The brutality of the military dictatorship was shocking.*
  62 | 515 +s

2375 fila *nf* line, row, series
- por favor, senhores passageiros, formem filas nas bilheterias de forma organizada – *Dear passengers, please form queues in front of the ticket office in an organized manner.*
  62 | 667 -a

2376 largar *v* to release, get rid of
- foram oito os barcos turcos que largaram três mil refugiados na costa – *There were eight Turkish boats that released three thousand refugees on shore.*
  60 | 1026

2377 situado *aj* located, situated
- a loja fica situada no coração da aldeia – *The store is located in the heart of the village.*
  61 | 1254 +a

2378 imperador *nm* emperor
- este foi o primeiro imperador de Roma que mandou que o adorassem – *This was the first Roman Emperor that commanded them to worship him.*
  62 | 909 +a -s

2379 reproduzir *v* to reproduce
- por me parecerem interessantes, eu vou reproduzir as histórias que ele me contou – *Because they seem interesting to me, I will reproduce the stories that he told me.*
  62 | 574 +a

2380 presidir *v* to preside
- ele se encontrava no tribunal e presidia a sessão – *He was at the tribunal and presided over the session.*
  62 | 662 +n

2381 receio *nm* fear, apprehension
- seu receio era o de morrer antes de terminar seu romance – *His greatest fear was dying before finishing his novel.*
  61 | 641

2382 poético *aj* poetic
- a obra poética foi publicada depois da morte do poeta – *His poetic work was published after his death.*
  61 | 621

2383 servidor *nm* servant, server
- o servidor público é quem ainda mantém este país mergulhado na corrupção – *It's the public servants who still keep the country immersed in corruption.*
  61 | 867 +n

2384 primeiro-ministro *nm* prime minister
- o primeiro-ministro é nomeado pelo presidente da República – *The prime minister is appointed by the president of the Republic.*
  62 | 1850 -f

2385 almoço *nm* lunch
- o almoço era peixe cozido com batatas – *Lunch was boiled fish with potatoes.*
  61 | 1061 -a

2386 piloto *nm* pilot
- o avião chinês, cujo piloto conseguiu ejectar-se, despenhou-se – *The Chinese aircraft, whose pilot was able to eject, was blown apart.*
  61 | 971 +n -s

2387 tesouro *nm* treasury, treasure
- o dinheiro que entra para o Tesouro, pode gastar no que for necessário – *You can spend the money that comes into the treasury on whatever is necessary.*
  63 | 611

2388 fresco *aj* cool, fresh
- o vento fresco e perfumado aos poucos movia as copas das árvores – *The cool, scented wind lightly rustled the tops of the trees.*
  61 | 809 +f -n

2389 contraste *nm* contrast
- exacerba-se em mim o contraste entre o desejo e a vontade frouxa – *In me, the contrast between desire and lack of willpower is exacerbated.*
  62 | 486

2390 assinatura *nf* signature, subscription
- o senador busca mais duas assinaturas que faltam para apresentar o requerimento – *The senator is seeking the last two signatures he needs in order to submit the request.*
  61 | 702 +n

2391 álbum *nm* album
- o grupo lançou o seu primeiro álbum – *The group released its first album.*
  61 | 561

2392 válido *aj* valid
- estes princípios, contudo, não são válidos do ponto de vista lógico – *These principles, however, are not valid from a logical point of view.*
  62 | 509 +s

2393 apagar *v* to turn off, erase
- deitou-se e apagou a luz – *He lay down and turned off the light.*
  60 | 970

2394 chá *nm* tea
- depois ela trouxe uma bandeja com rícaras de chá e as distribuiu na sala – *Afterwards, she brought out a platter with cups of tea and passed it around the room.*
  61 | 705 -n

2395 relatar *v* to narrate, relate
- as histórias sempre relataram a presença de diversas personagens – *The stories always narrate the presence of a variety of characters.*
  62 | 631

2396 agravar *v* to worsen, aggravate
- o estresse pode causar, ou agravar, uma doença de natureza física – *Stress can cause, or worsen, a sickness of a physical nature.*
  62 | 517

2397 prefeito *nm* mayor [BP]
- Entre 1914 e 1920 ele foi prefeito da cidade de São Paulo [BP] – *Between 1914 and 1920, he was mayor of the city of São Paulo.*
  59 | 1280 +n -a

2398 pormenor *nm* detail [EP]
- Os telespectadores gostariam de saber pormenores [EP] – *Television audiences would like to know the details.*
  61 | 600

2399 esgotar *v* to exhaust (supplies), deplete
- vou a cada senador, esgotar todas as possibilidades de convencê-los – *I will go to each senator and exhaust every possibility to convince them.*
  61 | 505

2400 derivar *v* to derive
- de uma só palavra derivamos muitos verbos e muitos nomes – *From just one word we derive many verb and many nouns.*
  60 | 1065 +a -n

2401 correspondência *nf* mail, correspondence
- o carteiro deixou a correspondência na caixa do correio – *The mailman left the mail in the mailbox.*
  61 | 585

2402 autonomia *nf* autonomy, self-sufficiency
• um partido unido, aberto e preparado, para conseguir mais autonomia, é o objectivo – *A united party, open and prepared to gain more autonomy, is the objective.*
61 | 663 -f

2403 incapaz *aj* incapable
• ele é incapaz de esquecer os amigos – *He is incapable of forgetting his friends.*
61 | 648

2404 célebre *na* famous, renowned, celebrity
• ele vagamente compreendia que eram títulos célebres, de obras dos melhores autores – *He vaguely understood that they were famous titles, from the works of the best authors.*
61 | 620

2405 circuito *nm* circuit
• a cidade possui ainda um circuito de desporto automóvel – *The city still has a car racing circuit.*
61 | 769 -f

2406 teatral *aj* theatrical
• trata-se de uma peça teatral onde se misturam episódios cantados e falados – *We're dealing with a theatrical piece where singing and talking are mixed.*
61 | 512

2407 dispensar *v* to dismiss, give up, dispense
• vamos contratar alguns e dispensar outros – *We will hire some and dismiss others.*
61 | 572

2408 eventual *aj* eventual
• contudo, desde 1999 que se especula sobre a eventual ressurreição da empresa – *However, since 1999 there has been speculation about an eventual comeback of the company.*
61 | 779 +n

2409 tinta *nf* paint, ink
• eu quero pintar a minha casa, mas infelizmente nem tenho dinheiro para comprar tinta – *I want to paint my house but, unfortunately, don't even have money to buy the paint.*
62 | 569

2410 aquecer *v* to heat
• isso ele acrescentou, esfregando as mãos e aquecendo-as ao hálito – *This he added, rubbing his hands together and heating them with his breath.*
61 | 519 -n

2411 cristal *nm* crystal
• não tenho bola de cristal, nem me arvoro em futurólogo – *I don't have a crystal ball, nor do I have the pretense to know the future.*
62 | 806 -n -s

2412 bolso *nm* pocket
• ela tirou do bolso da saia um maço de cédulas – *She took a wad of bills from her skirt pocket.*
61 | 922 +f -a

2413 examinar *v* to examine
• hoje examinei o meu primeiro doente – *Today I examined my first patient.*
60 | 777

2414 virgem *na* virgin
• as ilgrejas Católica e Ortodoxa aceitam orações à Virgem Maria – *The Catholic and Orthodox Churches accept prayers to the Virgin Mary.*
61 | 753 -n

2415 fama *nf* fame, reputation
• com a participação nas Cruzadas eles pretendiam obter fama e fortuna – *By participating in the Crusades, they expected to get fame and fortune.*
61 | 582

2416 semelhança *nf* resemblance, similarity
• que semelhança tão extraordinária era essa, entre as duas criaturas – *What an extraordinary resemblance there was between those two creatures.*
61 | 571

2417 alimentação *nf* nourishment, food
• a falta de alimentação contribui para as doenças infantis – *Lack of nourishment contributes to childhood disease.*
61 | 675

2418 confronto *nm* confrontation
• os confrontos com militantes de esquerda deixaram uma centena de mortos – *The confrontations with the leftist militants left hundreds dead.*
61 | 722

2419 transição *nf* transition
• o país mergulhou num período de transição – *The country moved into a period of transition.*
60 | 643

2420 patrão *nm* boss, business owner
• sob as ordens do patrão, o caixeiro pediu ao cliente que se fosse embora – *Fulfilling orders from the boss, the employee asked the customer to leave.*
60 | 1075 +f -a

2421 desportivo *na* athletic, sports (club) [EP]
• a actividade é integrada nos primeiros jogos desportivos [EP] – *The activity is an integral part of the first sporting events.*
60 | 1067 +n -f

2422 depositar *v* to deposit
• ele pagava e recebia, depositava dinheiro, e arbitrava os preços – *He paid and received, deposited money, and decided what prices should be.*
62 | 550

2423 mérito *nm* merit
• as decisões, em geral, dependem não somente do mérito da proposta – *Decisions, in general, don't depend only on the merit of the proposal.*
61 | 551

2424 testemunha *nf* witness
• os depoimentos de testemunhas são apresentados sob juramento – *The witnesses' testimonies are given under oath.*
61 | 668

16. Colors

Comments: Psychologists and linguists have noted that the more basic color distinctions (*light/dark*; *white/black*) and the primary colors (*red, yellow*, and *blue*) are lexicalized more frequently in languages of the world than secondary colors like *orange* or *purple*. The frequency data for these color terms in Portuguese shows the same tendency.

branco 250 white

negro 447 black

verde 536 green

preto 713 black

vermelho 819 red

amarelo 947 yellow

azul 1215 blue

prata 2482 silver [BP]

laranja 2638 orange

cinza 2769 gray [BP]

rosa 2792 pink (also rose)

dourado 2822 golden

castanho 3049 brown

cinzento 3085 gray

moreno 4353 dark-skinned

roxo 4476 purple

violeta 4949 violet

ruivo 5608 red (hair)

cor-de-rosa 5849 pink

prateado 6179 silver

marrom 7345 brown [EP]

loiro 7949 blonde

2425 disparar *v* to fire (weapon)
- ainda tive tempo de pegar a arma e disparar contra os soldados – *I still had time to grab my gun and fire it at the soldiers.*
62 | 621 -s

2426 autorização *nf* authorization
- o pedido de autorização é para um empréstimo – *The authorization request is for a loan.*
61 | 704

2427 treinar *v* to train
- o ano passado treinei mais a sério para ir ao Jogos Olímpicos – *Last year I trained more seriously to go to the Olympic Games.*
61 | 610 +n -f

2428 oeste *nm* West
- o bairro fica na Zona Oeste da cidade – *The neighborhood is in the West part of the city.*
61 | 1129 -s

2429 lateral *na* outfielder, sideline, lateral
- o vento é o movimento lateral da atmosfera da Terra – *The wind is the lateral movement of Earth's atmosphere.*
62 | 640 -s

2430 porte *nm* size, price, fare
- eles tornaram o porte ilegal de armas um crime – *We made the illegal transport of arms a crime.*
61 | 606

2431 obrigatório *aj* mandatory, obligatory
- o serviço militar obrigatório deverá ser abolido – *Mandatory military service should be done away with.*
61 | 578

2432 vinda *nf* arrival, coming
- ela esperava talvez a vinda de alguém, que nunca ali chegara – *Maybe she was expecting the arrival of someone, who ended up never getting there.*
61 | 575

2433 profundamente *av* profoundly, deeply
- a morte de um irmão alterou profundamente a vida familiar – *A brother's death changed their family life profoundly.*
60 | 499

2434 classificação *nf* classification
- a classificação dos minerais baseia-se principalmente na sua composição química – *The classification of minerals is mainly based on their chemical composition.*
60 | 1040 -f

2435 chapéu *nm* hat
- tenho de tirar o chapéu para eles – *I have to take my hat off to them.*
58 | 1321 +f -a -n

2436 manifesto *na* manifesto, manifested
- a igualdade social pregada no Manifesto Comunista não foi atingida – *The social equality preached in the Communist Manifesto has not been achieved.*
60 | 665

2437 são *aj* sound, safe
- a vítima da caluniosa imputação saiu sã e salva – *The victim of the slanderous accusation walked away safe and sound.*
63 | 628

2438 firme *aj* firm
- ouvi-lhe a resposta, em tom lento e firme – *I heard the answer given in a slow and firm tone.*
60 | 798 +f

2439 cruzeiro *nm* cruise, old Brazilian coin
- mas é na República Dominicana que o cruzeiro atinge seu ponto alto – *But it is in the Dominican Republic that the cruise reaches its high point.*
61 | 533 +s

2440 embaixador *nm* ambassador
- quatro anos depois, mudou-se para Washington como embaixador austríaco nos EUA – *Four years later, he moved to Washington as the Austrian ambassador to the USA.*
60 | 657 +n

2441 algodão *nm* cotton
- a produção de algodão aumentou naquele ano – *Cotton production grew that year.*
60 | 561

2442 censura *nf* censorship, censure
- em 1990, foi abolida a censura exercida sobre os meios de comunicação – *In 1990, media censorship was abolished.*
61 | 462

2443 guia *nc* guide
- o Guia do Estudante tem informações sobre todos os cursos – *The Student Guide has information about all the majors.*
61 | 579

2444 oficina *nf* shop, workshop
- vamos tomar um táxi. O meu carro está na oficina – *Let's take a taxi. My car is in the shop.*
61 | 530

2445 sucessivo *aj* successive
- desta maneira, as sucessivas gerações guardam semelhança progressivamente menor – *In this way, successive generations maintain progressively fewer similarities.*
61 | 575

2446 cheiro *nm* smell, odor
- o cheiro do esgoto aberto entranha-se na roupa – *The odor of the open sewer stuck to the clothes.*
59 | 1131 +f -a

2447 plantar *v* to plant
- o presidente plantou uma árvore na Praça dos Trabalhadores – *The president planted a tree in Worker's Square.*
60 | 536

2448 seminário *nm* seminary, seminar
- ele foi ordenado presbítero no seminário episcopal de Coimbra – *He was ordained a priest in the Episcopal Seminary of Coimbra.*
60 | 659 +n

2449 finanças *nf* finance
- nove anos como ministro das Finanças bastam – *Nine years as Finance Minister is enough.*
60 | 758 +n

2450 convenção *nf* convention
- por motivos de convenção científica, as eras são subdivididas em períodos – *Due to scientific convention, eras are subdivided into periods.*
60 | 718

2451 harmonia *nf* harmony
- no candomblé sinto uma harmonia perfeita entre tudo – *In candomblé, I feel a perfect harmony among all things.*
61 | 517

2452 anual *aj* yearly, annual
- o calendário anual consiste em 365 dias – *The yearly calendar consists of 365 days.*
59 | 946

2453 sobrevivência *nf* survival
- é uma protecção deles, uma questão de sobrevivência – *It's one of their defenses; it's a matter of survival.*
62 | 454

2454 girar *v* to spin, turn, rotate
- a minha cabeça gira mil rotações por minuto – *My head spins a thousand times a minute.*
61 | 558

2455 violar *v* to violate, rape
- o Iraque não pode continuar violando a lei internacional – *Iraq cannot continue to violate international law.*
61 | 518

2456 tradução *nf* translation
- a sua tradução das obras de Fernando Pessoa foi muito homenageada – *His translation of the works of Fernando Pessoa was highly praised.*
60 | 874 +a

2457 carteira *nf* wallet
- vi que ele tinha várias notas de conto na carteira: um homem rico – *I saw that he had several large bills in his wallet: a rich man.*
61 | 619

2458 habitar *v* to inhabit
- muitas habitam as regiões polares, outras vivem nos trópicos – *Many inhabit the polar regions, others live in the tropics.*
61 | 711 +a -s

2459 adaptação *nf* adaptation
- durou um mês este período de adaptação a uma realidade diferente – *This period of adaptation to a different reality lasted a month.*
60 | 643

2460 exprimir *v* to express
- terá outra forma de exprimir os seus sentimentos? – *Do you have another way of expressing your feelings?*
61 | 533

2461 miúdo *na* scrawny, small, child
- vemos a figura magra daquele homem miúdo – *We see the thin figure of that scrawny man.*
61 | 759 +s -a

2462 gasolina *nf* gasoline
- senti o cheiro de gasolina, característico de motor afogado – *I smelled the scent of gasoline, typical of a flooded engine.*
61 | 748 +a

2463 aço *nm* steel
- tem panelas de aço inoxidável – *There are pots made of stainless steel.*
62 | 597 -s

2464 litoral *nm* coast, coastal
- o clima do país é mediterrâneo no litoral e continental no interior – *The climate of the country is Mediterranean on the coast and continental inland.*
61 | 644

2465 acertar *v* to be right on, hit the mark
- quando o ourives escolheu a noiva, acertou em cheio – *When the jeweler chose his bride, he was right on.*
59 | 819 +n -a

2466 bancário *nm* banker
- o milionário foi cumprimentado pelo bancário com a usual simpatia – *The millionaire was greeted by the banker with the usual warmth.*
59 | 834 +n

2467 rodar *v* to spin, turn around, roll
- quando o autogiro se move, o rotor começa a rodar por si próprio – *When the helicopter moves, the rotor blades begin to spin on their own.*
60 | 563

2468 carnaval *nm* carnival, mardi gras
- o samba é hoje internacionalmente conhecido devido ao Carnaval do Rio – *Today samba is internationally known due to Carnival in Rio.*
60 | 495

2469 vergonha *nf* shame
- ele queria, porém, evitar a vergonha de ser visto naquelas circunstâncias – *He wanted, however, to avoid the shame of being seen in those circumstances.*
59 | 929 +f -a

2470 triunfo *nm* victory, triumph
- a equipa tem 21 triunfos e 11 derrotas – *The team has 21 victories and 11 defeats.*
62 | 585 -s

2471 aderir *v* to adhere, join
- até mesmo muitos antropólogos aderiram a essa teoria naquele momento – *Even many anthropologists adhered to this theory at that time.*
60 | 563 -f

2472 estímulo *nm* stimulus, stimulant
- os principais estímulos utilizados na terapia são eléctricos – *The main stimuli used in the therapy are electrical.*
61 | 530

2473 preservar *v* to preserve
- o projeto leva em conta a necessidade de preservar áreas de floresta – *The project takes into account the necessity of preserving forested areas.*
60 | 550 -f

2474 turismo *nm* tourism
- o turismo é a principal fonte de rendimento desta ilha paradisíaca – *Tourism is the principal source of revenue for this paradisiacal paradise.*
59 | 1093 +n -f

2475 tribo *nf* tribe
- dos 900 povos indígenas no Brasil, hoje restam apenas 200 tribos – *Of the 900 indigenous peoples of Brazil, today only 200 tribes remain.*
61 | 484

2476 admirar *v* to admire
- há anos que admiro profissionalmente esse sujeito que trabalha na mesma área que eu – *For years I have admired professionally this individual that works in the same area that I do.*
58 | 999 | +f -a

2477 inicialmente *av* at first, initially
- elas tiveram dificuldades de adaptação inicialmente, mas já se estão acostumando – *They had difficulty adapting at first, but now they're getting used to it.*
59 | 1137 +a -f

2478 publicidade *nf* advertising, publicity
- existe hoje publicidade clara e deliberadamente enganadora – *Today there is clearly and deliberately deceitful advertising.*
60 | 581

2479 frequentemente *av* frequently
- as suas decisões são frequentemente postas em prática – *His decisions are frequently put into practice.*
58 | 1126 +a

2480 indicador *na* indicator, indicating
- assim, estas medidas são indicadores adequados da qualidade – *Thus, these measures are adequate indicators of quality.*
60 | 611

2481 preocupado *aj* worried, preoccupied
- ele anda preocupado com a mulher, que ficou doente – *He is worried about his wife who is sick.*
60 | 529 +s -a

2482 prata *nf* silver
- hoje em dia, as flautas são feitas em prata, ouro ou platina – *Nowadays, flutes are made of silver, gold or platinum.*
60 | 844 -s

2483 eterno *aj* eternal
- há o conceito de um Deus eterno e invisível – *There is the concept of an eternal and invisible God.*
60 | 679

2484 variação *nf* fluctuation, variation
- as variações são imensas e refletem a instabilidade da economia – *The fluctuations are immense and reflect the instability of the economy.*
58 | 1442 +a

2485 profundidade *nf* depth
- as suas fundações têm apenas cerca de 3 metros de profundidade – *Its foundations reach only about 3 meters in depth.*
59 | 612 +a

2486 ovelha *nf* sheep
- era com essa tesoura que se cortava a lã da ovelha – *It was with those scissors that the sheep's wool was cut.*
59 | 508 +s -n

2487 delicado *aj* delicate
- as senhoras verdadeiras exibem mãos delicadas – *True ladies have delicate hands.*
60 | 601

2488 enfermeiro *nm* nurse
- ela pediu à enfermeira que lhe desse a injeção – *She asked the nurse to give her the shot.*
60 | 566

2489 definitivamente *av* definitively
- ela própria não saberia dizer definitivamente de que tinha saudade – *She herself wouldn't be able to definitively say what made her nostalgic.*
61 | 574 -s

2490 calar *v* to be or keep quiet, shut up
- eles todos aceitavam e calavam a boca sobre os campos de concentração – *They all complied and kept quiet about the concentration camps.*
57 | 1629 +f

2491 circulação *nf* circulation
- o coração é vital para a circulação do sangue – *The heart is vital to the circulation of blood.*
60 | 611

2492 célula *nf* cell
- o objectivo é ajudar o cirurgião a identificar as células cancerosas – *The objective is helping the surgeon identify the cancerous cells.*
58 | 2149 +a -f

2493 providência *nf* providence, welfare
- tudo foi ordenado pela Providência Divina – *Everything was ordained by Divine Providence.*
60 | 517

2494 sexto *aj* sixth
- eu tenho um sexto sentido que nunca falha – *I have a sixth sense that never fails me.*
61 | 588 +n

2495 transmissão *nf* transmission
- aumentaram o alcance da transmissão via rádio – *They increased the range of the radio transmission.*
60 | 873 +a -f

2496 maravilhoso *aj* marvelous, wonderful
- ela é uma pessoa maravilhosa – *She is a marvelous person.*
60 | 561 +s -a

2497 presidencial *aj* presidential
- prometendo um programa de reforma social, Kennedy venceu a eleição presidencial – *Promising a program of social reform, Kennedy won the presidential election.*
61 | 794 +n -f

2498 legítimo *aj* legitimate
- ele subiu ao trono com 13 anos de idade, sendo o legítimo herdeiro – *He assumed the throne when he was 13 years old, being the legitimate heir.*
60 | 482

2499 escolar *aj* relating to school
- apesar da sua limitada instrução escolar, conseguiu entrar para a faculdade – *Despite his limited formal education, he was able to enter college.*
59 | 644 +n

2500 colónia *nf* colony
- as colónias britânicas são administradas por um governador nomeado pela coroa – *The British colonies are administered by a governor appointed by the crown.*
59 | 787 +a

2501 melhoria *nf* improvement, benefit
- um dos objetivos é a melhoria das condições de vida da população – *One of the objectives is the improvement of living conditions for the population.*
60 | 632 -f

2502 eficaz *aj* effective
- os quebra-mares são eficazes na protecção de praias – *Breakwaters are effective in protecting beaches.*
60 | 564

2503 bilhão *num* billion [BP]
- existem mais de um bilhão de galáxias observáveis – *There are more than a billion observable galaxies.*
58 | 1999 | +n -f

2504 sabor *nm* taste, flavor
- é considerado um peixe de excelente sabor, sendo utilizado em culinária – *The fish has an excellent taste; it is used for cooking.*
60 | 531

2505 movimentar *v* to move
- ela ficou quase paralisada mas pode movimentar bem a articulação do ombro – *She became nearly paralyzed but she can move her shoulder joint well.*
60 | 563

2506 cego *aj* blind
- o pior cego é aquele que não quer ver – *The worst blind man is he who doesn't want to see.*
59 | 855 +f

2507 reportagem *nf* news report
- ele realizou reportagens, documentários e filmes de ficção – *He produced news reports, documentaries, and fictional films.*
57 | 1335 +n -a

2508 batata *nf* potato
- eu bem podia comer um bife com ovos e batatas fritas – *I could sure eat a steak with eggs and fried potatoes.*
59 | 476 +s

2509 primavera *nf* Spring
- nas regiões montanhosas na primavera, florescem pequenas flores rosadas – *In mountainous regions in the spring, small pink flowers bloom.*
60 | 560

2510 índice *nm* index, rate
- a Nicarágua ocupa o 121º lugar do índice de desenvolvimento humano – *Nicaragua is ranked 121st on the index of human development.*
58 | 1175 -f

2511 revelação *nf* revelation, development
- na crença cristã, Jesus Cristo constitui a suprema revelação divina – *In Christian belief, Jesus Christ constitutes the supreme divine revelation.*
60 | 508

2512 amante *nc* lover, mistress
- os seus amantes, na grande maioria, sentiam por ela pura paixão – *Her lovers, for the most part, feel sheer passion for her.*
60 | 756

2513 pátria *nf* homeland, native country
- este documento promete aos judeus uma pátria na Palestina – *This document promises the Jews a homeland in Palestine.*
60 | 557

2514 tabela *nf* table, chart
- considere os dados ilustrados na Tabela 2, que mostra as relações – *Consider the data presented in Table 2, which shows the relationships.*
58 | 1492 +a

2515 demissão *nf* dismissal, resignation
- o governador exigiu a demissão em troca de seu depoimento – *The governor demanded his dismissal in exchange for his testimony.*
59 | 664 +n -f

2516 rebelde *aj* rebel, rebellious
- a situação militar era vantajosa para os rebeldes – *The military situation was advantageous to the rebels.*
61 | 637 -s

2517 gráfico *na* graph, graphic
- neste gráfico, a curva representa as notas obtidas por cada par – *On this graph, the curve represents the grades obtained by each pair.*
59 | 947 +a -f

2518 aeroporto *nm* airport
- entramos no aeroporto, às pressas; só tínhamos meia hora para fazer a conexão – *We went into the airport in a hurry; we only had half an hour to make the connection.*
59 | 664 +n

2519 franco *aj* honest, frank
- eu estava a ser franco e a dizer-lhe a verdade – *I was being honest and telling him the truth.*
60 | 616 +n

2520 improvisar *v* to improvise
- não sou bom orador, não sei improvisar – *I'm not a good public speaker. I don't know how to improvise.*
41 | 290

2521 excluir *v* to exclude
- é possível excluir o Estado de qualquer ação na área da Previdência Social? – *Is it possible to exclude the government from any action in the area of Social Security?*
59 | 616

2522 manual *na* manual
- salientou a importância do trabalho manual – *He highlighted the importance of manual labor.*
59 | 578

2523 prestação *nf* installment
- os débitos foram parcelados em 84 prestações mensais – *The payments were divided into 84 monthly installments.*
60 | 730

2524 aproximação *nf* act of getting closer, approximation
- ele teve um gesto de aproximação dela – *He acted in a way that suggested he wanted to get closer to her.*
59 | 517

2525 ombro *nm* shoulder
- seu gesto constante, que me irritava, era de encolher os ombros – *His constant gesture of shrugging his shoulders irritated me.*
58 | 1760 +f -n -s

2526 aguentar *v* to bear, withstand, stand
- eu não aguento mais, meu nariz escorre o dia inteiro – *I cannot bear it anymore, my nose runs all day.*
60 | 572 +s -a

2527 provável *aj* probable
- é provável que ele recuse – *It is probable that he will refuse.*
58 | 649

2528 químico *na* chemical, chemist
- o ferro é um elemento químico metálico, duro, e maleável – *Iron is a chemical element that is metallic, hard, and maleable.*
56 | 2029 +a -f

2529 terror *nm* terror
- são imagens de terror, de crueldade absoluta – *These are images of terror, of absolute cruelty.*
60 | 593

2530 fumo *nm* smoke
- o fumo do cigarro contém pelo menos quatro mil substâncias carcinogénicas – *Cigarette smoke contains at least 4000 carcinogenic substances.*
59 | 701 +f

2531 efectuar *v* to put into action, take place, perform
- Napoleão planejou efectuar um ataque frontal – *Napoleon planned to put into action a frontal attack.*
59 | 941 +a -f

2532 cansado *aj* tired
- ele está cansado, não tem mais força – *He is tired; he has no more strength.*
58 | 825 +f -a

2533 traçar *v* to set (goals), plan, trace
- as metas que você traçou estão a ser cumpridas – *The goals that you set are being fulfilled.*
60 | 472

2534 assalto *nm* assault
- em 1923 ele foi condenado por assalto à mão armada – *In 1923, he was found guilty of assault with a deadly weapon.*
60 | 588

2535 feijão *nm* bean
- ele chegou em casa e comeu o feijão e arroz com farinha – *He got home and ate rice and beans with manioc flour.*
59 | 535

2536 abalar *v* to shake, rock back and forth
- a crise não abalou a economia do território – *The crisis did not shake the territory's economy.*
58 | 665

2537 monetário *aj* monetary
- o país usa o Euro como unidade monetária oficial – *The country uses the Euro as its official monetary unit.*
60 | 765 -f

2538 **prático** *aj* practical
- foi uma das principais questões do seu trabalho prático e teórico – *This was one of the main issues regarding both his practical and his theoretical work.*
59 | 448

2539 **agradável** *aj* pleasant, pleasing
- foi uma conversa muito agradável – *It was a very pleasant conversation.*
59 | 547

2540 **estágio** *nm* stage, internship
- o primeiro estágio seria a entrada da nave em órbita terrestre – *The first stage would be the space shuttle's entry into the Earth's orbit.*
59 | 688 +a -f

2541 **celular** *na* cellular (phone)
- a parede celular existe em plantas e bactérias – *Cellular walls exist in plants and bacteria.*
60 | 776 -f

2542 **retorno** *nm* return
- o Renascimento pretende um retorno à Antiguidade – *The Renaissance sought a return to antiquity.*
59 | 548

2543 **favorecer** *v* to favor
- a situação do mercado da arte favoreceu a comercialização de obras de arte – *The situation in the art market favored the commercialization of works of art.*
59 | 529

2544 **divino** *aj* divine
- os atributos divinos são caridade, sabedoria e grandeza – *The divine attributes are charity, wisdom, and greatness.*
61 | 696 -n -s

2545 **falecer** *v* to pass away, die
- ele faleceu em janeiro de 2003, vítima de doença prolongada – *He passed away in January of 2003, a victim of prolonged illness.*
59 | 638 +a -n

2546 **guiar** *v* to guide, lead
- as estrelas só existem para nos guiar – *Stars only exist to guide us.*
59 | 531

2547 **sobrar** *v* to remain, be left
- poucos recursos lhe sobraram depois de liquidar os negócios do finado – *Few resources remained after settling the businesses of the deceased.*
59 | 602 -a

2548 **major** *nm* major (military rank)
- ele foi nomeado major do Exército holandês – *He was appointed a major in the Dutch army.*
59 | 938 +f -a

2549 **oração** *nf* prayer, clause (grammar)
- temos fé no poder da oração – *We have faith in the power of prayer.*
59 | 740 -n

2550 **alegar** *v* to allege
- a defesa vai alegar que não existem provas suficientes para a condenação – *The defense will allege that there isn't sufficient proof to condemn him.*
58 | 794 +n

2551 **taça** *nf* glass (e.g. for wine)
- o criado se aproximou da taça de vinho e sorveu três largos goles – *The servant approached the glass of wine and took three large gulps.*
58 | 640

2552 **motorista** *nm* driver
- o motorista ofereceu carona ao militar – *The driver offered a ride to the serviceman.*
59 | 768 +n -a

2553 **restrição** *nf* restriction
- a reserva natural não impõe uma restrição total à intervenção humana – *The natural reserve doesn't impose a complete restriction on human use.*
59 | 705 +a

2554 **árabe** *na* Arab, Arabic
- o incidente ocorreu próximo do Túmulo dos Patriarcas, sagrado para árabes e judeus – *The incident occurred near the Tomb of the Patriarchs, sacred to both Arabs and Jews.*
58 | 820 +a -s

2555 **modificação** *nf* change, modification
- você foi fiel ao texto ou fez muitas modificações? – *Were you faithful to the text or did you make a lot of changes?*
58 | 640

2556 **porquê** *av* why, for what reason [EP]
- a oposição recuou e enviou uma carta a explicar porquê – *The opposition backed off and sent a letter explaining why.*
60 | 737 +s -a

2557 **inevitável** *aj* inevitable, unavoidable
- sua ação é lenta, porém inevitável como a morte – *Its action is, however, slow; it is as inevitable as death.*
59 | 477

2558 **orgulho** *nm* pride
- pus-me a resmungar, pois sentia ferido o meu orgulho – *I started muttering, for my pride was hurt.*
58 | 814 +f -a

2559 **financiar** *v* to fund, finance
- nos últimos anos, ele tem financiado vários projectos que beneficiam as populações rurais – *In recent years, he has funded several projects that benefit rural populations.*
60 | 623 +n -f

2560 **adesão** *nf* admission, enlistment
- a adesão de Portugal à UE ocorreu em 1986 – *The admission of Portugal to the EU occurred in 1986.*
58 | 668

2561 **esquerdo** *aj* left (direction)
- ele continuou a tocar com a mão esquerda, enquanto bebia com a direita – *He continued to play using his left hand, while he drank with his right.*
60 | 506

2562 **arriscar** *v* to risk
- Marta determinou de imediato arriscar sua vida em busca da irmã – *Marta decided right away the she would risk her life looking for her sister.*
59 | 655 -a

17. Opposites

Comments: In most cases, the positive term (*mais, bom, forte*) is more common than the "negative" term (*menos, mau, fraco*)

WORD 1	#	#	WORD 2	DEF 1	DEF 2
mais	19	112	menos	more, much	less, fewer
muito	28	78	pouco	very, much	small, a little
mesmo	39	205	diferente	same	different
grande	45	139	pequeno	big	small
primeiro	55	134	último	first	last
novo	63	287	velho	new	old
bem	67	1863	mal	well	badly
sempre	74	160	nunca	always	never
bom	90	490	mau	good	bad
maior	93	432	menor	larger	smaller
direito	146	2561	esquerdo	right	left
público	147	678	particular	public	private
alto	185	244	baixo	tall, high	short, low
possível	206	925	impossível	possible	impossible
claro	211	1423	escuro	light	dark
frente	230	515	atrás	front	behind
branco	250	447	negro	white	black
sim	255	11	não	yes	no
tarde	261	941	cedo	late	early
forte	265	1219	fraco	strong	weak
jovem	324	287	velho	young	old
aberto	407	1837	fechado	open	closed
interior	444	932	exterior	inside	outside
simples	491	1242	complexo	simple	complex
perto	507	814	longe	close	far
verdadeiro	540	1531	falso	true	false
vivo	542	575	morto	alive	dead
rico	551	552	pobre	rich	poor
fácil	573	333	difícil	easy	difficult
acima	617	909	abaixo	above	below
moderno	691	276	antigo	modern	old
cheio	712	1443	vazio	full	empty
máximo	743	596	mínimo	maximum	minimum
frio	753	984	quente	cold	hot
caro	1474	1635	barato	expensive	inexpensive

2563 reduzido *aj* reduced, small
• devido ao seu tamanho reduzido, os meteoritos não podem ser observados individualmente – *Due to their small size, meteorites cannot be observed individually.*
59 | 509

2564 evidentemente *av* evidently
• evidentemente, amizade é importante, mas não é tudo – *Evidently, friendship is important, but it isn't everything.*
59 | 487 +s -a

2565 audiência *nf* hearing, audience
- a audiência está marcada para o dia 22 – *The hearing is scheduled for the 22nd.*
59 | 685 +n

2566 editora *nf* publishing house
- existem editoras interessadas em disponibilizar livros pela Internet – *There are publishing houses interested in making books available on the Internet.*
58 | 549 +s

2567 cooperação *nf* cooperation
- a cooperação entre os dois países deve-se a um acordo muito antigo – *The cooperation between the two countries dates back to a very old alliance*
60 | 737 -f

2568 lar *nm* home
- abandonei tudo, lar, marido – *I abandoned everything, my home, my husband.*
60 | 519

2569 partilhar *v* to share, divide among
- partilhamos todos 99,9% do mesmo material genético – *We all share 99.9% of the same genetic material.*
60 | 501

2570 enterrar *v* to bury
- é preciso enterrar os mortos e começar outra vez com os vivos – *It is necessary to bury the dead and begin once again with the living.*
58 | 715

2571 guerreiro *nm* warrior
- o samurai era um guerreiro – *The samurai was a warrior.*
59 | 534

2572 inspiração *nf* inspiration
- o romance moderno tomou o seu nome e inspiração da novela italiana – *The modern novel took its name and inspiration from the Italian novella.*
59 | 476

2573 filósofo *nm* philosopher
- o filósofo defendeu que a razão era a escrava das paixões – *The philosopher defended the idea that reason was a slave to passion.*
57 | 903 +a -n

2574 forçado *aj* obligated, forced
- Constantino viu-se forçado a convocar um concílio em Niceia – *C. was obligated to call together a council in Nicea.*
59 | 590

2575 resíduo *na* remains, residue, residual
- o resíduo fibroso da cana-de-açúcar é chamado bagaço – *The fibrous residue of sugar cane is called "bagaço" in Portuguese.*
59 | 484

2576 temporada *nf* season, period
- durante esta temporada, ela apresentou projectos considerados ambiciosos – *During this season, she worked on some projects that can be considered ambitious.*
58 | 759 +n

2577 expulsar *v* to expel
- as autoridades expulsaram numerosos imigrantes – *The authorities expelled numerous immigrants.*
59 | 604 -s

2578 empurrar *v* to push
- abre a porta, empurra-a para dentro – *Open the door, push it forward.*
58 | 735

2579 mergulhar *v* to submerge, dive
- a cura das carnes consiste em mergulhá-las numa solução salina – *Curing meat consists of submerging them in a saline solution.*
58 | 651

2580 sono *nm* sleep
- em grandes doses os sedativos induzem ao sono – *In large doses, sedatives induce sleep.*
58 | 1080 +f -n

2581 ópera *nf* opera
- concertos, balés e óperas irão rechear as noites da cidade – *Concerts, ballets and operas will fill the city's nights.*
58 | 622 +a

2582 entrega *nf* delivery
- negociaram a entrega de ouro futura – *They negotiated the future delivery of the gold.*
58 | 639 +n

2583 apelo *nm* appeal
- na Declaração era feito um apelo à paz, à reconciliação – *In the Declaration, an appeal for peace and reconciliation was made.*
58 | 581

2584 magistrado *nm* magistrate
- o político iniciou a carreira de magistrado em 1803 – *The politician began his career as a magistrate in 1803.*
58 | 489

2585 bota *nf* boot
- as classes pobres preferem as botas aos sapatos – *The poor classes prefer boots to shoes.*
58 | 688 +f +s -a

2586 aparência *nf* appearance
- ele tinha uma aparência bondosa – *He had a kind appearance.*
59 | 551

2587 suporte *nm* support
- a implosão envolve a remoção dos suportes verticais, das colunas – *Implosion involves the removal of the vertical supports, of the columns.*
59 | 575

2588 transferir *v* to transfer
- o calor é transferido por condução – *Heat is transferred through conduction.*
59 | 518

2589 republicano *na* republican
- ele trocou o Partido Democrata pelo Republicano em 1982 – *He switched from the Democratic to the Republican Party in 1982.*
60 | 674 -s

2590 cavaleiro *nm* rider, horseman, knight
• em um conjunto, é igualmente importante o cavaleiro e o cavalo – *As a team, the rider and the horse are equally important.*
58 | 585

2591 quebra *nf* decrease, break, fracture
• era uma demora grande, uma queda considerável de rendimento – *Things really slowed down; there was a considerable decrease in revenue.*
58 | 618 +n

2592 atendimento *nm* care, service
• também se prestava atendimento aos pobres e aos doentes – *They also rendered care to the poor and the sick.*
60 | 727 -f

2593 parcela *nf* portion, parcel, segment
• o Brasil precisa saldar parcelas de sua dívida externa – *Brazil needs to pay off portions of its foreign debt.*
58 | 660

2594 constatar *v* to notice, realize
• o laboratório de York constatou que as alergias à soja aumentaram 50% – *The York Laboratory became aware that allergies to soy increased 50%.*
58 | 569 +n

2595 gelo *nm* ice
• o ponto de fusão do gelo é 0°C, sob condições-padrão de pressão – *The freezing point of ice is 0° Celsius under standard conditions.*
58 | 535

2596 orelha *nf* ear
• ele puxou o chapéu até às orelhas e entrou na estrada de terra – *He pulled his hat down over his ears and set out on the dirt road.*
58 | 783 +f -n

2597 rígido *aj* rigid, strict
• é rígido ou é flexível? – *Is it rigid or flexible?*
58 | 554

2598 dupla *nf* pair, set of two
• eles vão produzir, em dupla, os dois trabalhos – *They are going to produce the two works as a pair.*
58 | 596

2599 marítimo *aj* maritime
• o mar é caminho para qualquer lugar, as rotas marítimas são ilimitadas – *The sea is a path to anywhere, the maritime routes are limitless.*
59 | 588

2600 digital *aj* digital
• os computadores modernos são digitais porque utilizam dígitos binários – *Modern computers are digital because they use binary digits.*
59 | 786 -f

2601 inflação *nf* inflation
• no final da década, o Peru assistiu a uma subida da inflação – *At the end of the decade, Peru witnessed a rise in inflation.*
58 | 1236 +n -f

2602 aconselhar *v* to counsel
• ela desejava aconselhar a moça a abandonar a idéia – *She wanted to counsel the young woman to abandon the idea.*
58 | 583

2603 limpeza *nf* cleaning, cleanliness
• o estudante fez um bom trabalho de limpeza ao dormitório – *The student did a good job of cleaning the dormitory.*
58 | 476

2604 dependência *nf* dependency
• o uso habitual da maioria destas drogas provoca dependência psicológica – *The habitual use of most of these drugs causes psychological dependency.*
58 | 570

2605 ética *nf* ethics
• em termos de ética, o país está totalmente em frangalhos – *In terms of ethics, the country is totally in pieces.*
59 | 508

2606 grandeza *nf* greatness, amplitude
• as pirâmides são monumentos que documentam a grandeza da civilização egípcia antiga – *The pyramids are monuments that witness to the greatness of the ancient Egyptian civilization.*
59 | 502

2607 intensidade *nf* intensity
• o número de electrões emitidos depende da intensidade da radiação – *The number of electrons emitted depends on the intensity of the radiation.*
57 | 744 +a -n

2608 descansar *v* to rest
• ele não descansará enquanto não tiver as cabeças dos assassinos – *He won't rest as long as he doesn't have the murderers' heads.*
58 | 744 -a

2609 incidente *nm* incident
• o incidente não foi o único problema – *The incident was not the only problem.*
59 | 568 -s

2610 solar *na* solar, sole, manor house
• a energia solar também é fundamental para o processo de fotossíntese – *Solar energy is also fundamental to the process of photosynthesis.*
59 | 969 +a -s

2611 trem *nm* train [BP]
• o tipo mais moderno de locomotiva é o vulgarmente chamado trem – *The most modern type of locomotive is commonly called a train.*
58 | 558 +s -a

2612 renovar *v* to renew
• o técnico foi convidado a renovar o contracto por mais uma época – *The technician was invited to renew the contract for another term.*
58 | 512

2613 assassinato *nm* murder, assassination
- todos os assassinatos foram cometidos com tiros de um revólver calibre 32 – *All the murders were committed with shots from a 32 caliber pistol.*
58 | 539

2614 colonial *aj* colonial
- destacam-se os monumentos da época colonial – *The monuments of the colonial period stand out.*
58 | 539

2615 estrutural *aj* structural
- existem vilas com mais condições estruturais do que os centros populacionais – *There are small towns with better structural conditions than the urban centers.*
60 | 651 +s -f

2616 separação *nf* separation
- a partir daí, definiu-se claramente a separação entre os dois esportes – *From then on, the separation between the two sports was clearly established.*
57 | 606 +a

2617 incomodar *v* to inconvenience, bother
- não quero incomodar – *I don't want to inconvenience you.*
58 | 606 -a

2618 decreto *nm* decree
- o texto é um decreto promulgado por um concílio de sacerdotes – *The text is a decree sent forth by a council of priests.*
58 | 563

2619 planeamento *nm* planning, scheduling [EP]
- a equipe trabalhou no planeamento e concretização do plano [EP] – *The team worked on the planning and realization of the plan.*
58 | 842 -f

2620 tonelada *nf* ton
- doamos mais de 200 toneladas de alimentos – *We donated more than 200 tons of food.*
57 | 858 +n

2621 essência *nf* essence
- estas três partes constituem a essência da pintura – *These three aspects constitute the essence of the painting.*
58 | 435

2622 holandês *na* Dutch
- o governo holandês chegou mesmo a recomendar a descriminalização da eutanásia – *The Dutch government went as far as recommending the decriminalization of euthanasia.*
57 | 810 +a

2623 lição *nf* lesson
- nunca me esqueço de uma lição que aprendi quando eu era menino – *I've never forgotten a lesson I learned when I was a boy.*
58 | 599

2624 relacionar *v* to equate, relate
- a sociedade relaciona a violência com a pobreza – *Society equates violence with poverty.*
57 | 650 +a -f

2625 infinito *na* infinite, infinity
- o universo é infinito em extensão e está preenchido por estrelas – *The universe is infinite in expanse and is filled with stars.*
58 | 642 -n

2626 mosteiro *nm* monastery
- temos as imagens no mosteiro de S. Francisco – *We have the paintings in the monastery of St. Francisco.*
61 | 611 -s

2627 voluntário *na* voluntary, volunteer
- essa escolha foi voluntária – *That choice was voluntary.*
58 | 548

2628 ângulo *nm* angle
- a luz formou, com o vidro, um ângulo de 60° – *The light formed an angle of 60° with the glass.*
57 | 733 +a -n

2629 intensivo *aj* intensive
- a mãe quis sujeitar-se a um tratamento intensivo – *The mother wanted to submit to an intensive treatment.*
37 | 248

2630 gritar *v* to yell, shout
- ela gritou bem alto com voz cristalina – *She yelled very loudly with a piercing voice.*
56 | 2225 +f -a

2631 auxílio *nm* help, aid, service
- muitas vezes ele tem o auxílio de um tutor com quem aprende matemática – *Often he has the help of a tutor with whom he learns maths.*
58 | 667 -s

2632 debater *v* to debate, discuss
- debatiam a questão da legitimidade da autoridade do rei – *They debated the question of the legitimacy of the authority of the king.*
58 | 532 +n

2633 ribeira *nf* stream, riverbank
- são retalhadas estas campinas de ribeiras de água – *These fields are criss-crossed by streams of water.*
58 | 437

2634 sobrinho *nm* nephew
- o livro expressa uma bela amizade entre o sobrinho e o tio – *The book describes a beautiful relationship between the nephew and his uncle.*
57 | 534

2635 gigante *na* giant
- as montanhas pareciam gigantes adormecidos – *Mountains looked like sleeping giants.*
59 | 527

2636 esporte *nm* sport [BP]
- é importante praticar algum esporte, como capoeira ou judô – *It is important to play some sort of sport, like capoeira or judo.*
57 | 560 +s

2637 gravidade *nf* severity, gravity
- a imunização diminui a incidência e a gravidade da tosse – *Immunization decreases the frequency and severity of the cough.*
59 | 544

2638 laranja *nf* orange
- entre uma garfada e outra, davam-lhe a chupar um gomo de laranja – *Between bites, they gave him an orange slice to suck on.*
58 | 496

2639 saudade *nf* longing, nostalgia
- tenho saudades de Londres – *I miss London.*
56 | 1048 +f -a

2640 monumento *nm* monument
- os monumentos mais antigos de Corinto incluem o arruinado templo de Apolo – *The oldest monuments of Corinth include the ruined temple of Apollo.*
59 | 578 -s

2641 senso *nm* sense
- ninguém que tivesse bom senso faria aqui uma provocação – *Nobody with any common sense would provoke an incident here.*
57 | 425

2642 lindo *aj* beautiful
- não há nada mais lindo no mundo do que a poesia – *There is nothing more beautiful in the world than poetry.*
57 | 764 +f +s -a -n

2643 apartamento *nm* apartment
- era um apartamento do tamanho do meu, eu não conseguia imaginar como eles cabiam – *It was an apartment the same size as mine, so I couldn't imagine how they could fit in it.*
58 | 675 -a

2644 incorporar *v* to incorporate
- as coisas boas que vemos em outros países, podemos incorporar nos nossos – *The good things that we see in other countries we can incorporate in ours.*
57 | 635 +a -f

2645 diabo *nm* devil
- para os cristãos, o Diabo é o representante das forças do mal – *To Christians, the Devil represents the forces of evil.*
55 | 1279 +f -a -n

2646 luxo *nm* luxury
- o arquitecto não era dado a luxos já que de origem humilde tinha vindo – *The architect wasn't given to luxury since he came from humble beginnings.*
58 | 593 -a

2647 indígena *na* indigenous (person)
- dos 900 povos indígenas no Brasil, hoje restam apenas 200 tribos – *Of the 900 indigenous peoples of Brazil, today only 200 tribes remain.*
58 | 549

2648 distinção *nf* distinction
- os gregos faziam frequentemente a distinção entre o amor erótico e o amor altruístico – *The Greeks frequently made a distinction between erotic and altruistic love.*
57 | 511

2649 somar *v* to add up, sum up
- era necessário somar o tempo de dois atletas – *It was necessary to add up the two athletes' time.*
57 | 635 +n

2650 visual *aj* visual
- suas primeiras manifestações nas artes visuais foi como desenhista – *His first experiences in the visual arts were as an animator.*
57 | 541

2651 produtivo *aj* productive
- a colonização permitiu tornar produtivas as extensas terras descobertas – *Colonization allowed the vast discovered lands to become productive.*
59 | 536 -f

2652 duzentos *num* two hundred
- o preço era seis contos e 200 escudos – *The price was six contos and two hundred escudos.*
57 | 464 -n

2653 comédia *nf* comedy
- é uma comédia engraçada e ao mesmo tempo muito amarga – *It's a funny comedy and, at the same time, very bitter.*
56 | 515

2654 inédito *aj* unpublished
- editou ele mesmo um fanzine em que distribuía 11 contos inéditos – *He himself edited a fanzine in which he distributed eleven unpublished short stories.*
57 | 507 +n

2655 sertão *nm* arid and remote interior region
- ele procurou ouro no sertão do Parnaíba e o encontrou no sítio do Voturuna – *He searched for gold in the arid, remote, interior region of Parnaíba and found it at the Voturuna Ranch.*
57 | 604 +f

2656 fluxo *nm* flux, flow
- o fluxo de imigrantes foi, de facto, uma surpresa para os habitantes da região – *The flow of immigrants was really a great surprise to the people of the region.*
57 | 840 +a

2657 traseiro *na* rear, bottom
- o motorista abriu a porta traseira do ônibus – *The driver opened the rear door of the bus.*
57 | 600

2658 véspera *nf* eve, night before
- falei com a Maria na véspera de ela ter morrido – *I spoke to Maria the night before she died.*
56 | 780 -a

2659 prefeitura *nf* municipal government [BP]
- os cidadãos poderão saber onde a sua prefeitura gasta o imposto que recolhe – *The citizens will be able to know where the municipal government spends the taxes it collects.*
55 | 1257 +n -a

2660 planalto *nm* plateau
- este território é formado por um planalto suavemente inclinado – *This territory is formed by a slightly inclined plateau.*
60 | 730 -s

2661 anel *nm* ring
- ela levava no dedo um anel de brilhantes que ele recentemente lhe dera – *She had on her finger a diamond ring that he had recently given her.*
58 | 618 -n

2662 inferno *nm* hell, inferno
- na sua definição, o inferno é o lugar onde mora o demônio – *According to their definition, hell is the place where the devil lives.*
57 | 659 +f

2663 herdeiro *nm* heir
- a criança, mesmo antes de nascer, foi reconhecida como herdeira do trono – *The child, even before being born, was accepted as the heir to the throne.*
58 | 586 -s

2664 ferramenta *nf* tool
- estas ferramentas facilitam a análise e manutenção dos sistemas – *These tools help in the analysis and maintenance of the systems.*
56 | 932 +a

2665 aquisição *nf* acquisition
- investiu 800 milhões de dólares na aquisição de novos equipamentos – *He invested 800 million dollars in the acquisition of new equipment.*
58 | 649

2666 anúncio *nm* announcement
- o anúncio foi feito ontem à tarde pelo capitão dos bombeiros voluntários – *The announcement was made yesterday afternoon by the captain of the volunteer firefighters.*
57 | 648 +n -a

2667 fantasia *nf* fantasy
- não chega a ser uma hipótese, apenas uma fantasia – *It's not even a hypothesis, it's only a fantasy.*
58 | 536

2668 localizado *aj* located
- a maior parte da Gália estava localizada onde hoje fica a França – *The greater part of Gaul was located where France is today.*
57 | 1199 | +a -f

2669 namorado *nm* boyfriend/girlfriend
- ela jura não serem namorados, apenas amigos – *She swears they are not boyfriend and girlfriend, only friends.*
57 | 522

2670 grito *nm* shout, scream, yell
- com gritos ensurdecedores, o herói fez com que o animal abandonasse seu covil – *With deafening shouts, the hero forced the animal out of its den.*
55 | 1516 +f -a

2671 queixar *v* to complain
- o político queixou-se da falta de apoio do Parlamento – *The politician complained about the lack of support from the Parliament.*
57 | 699 | -a

2672 fundador *na* founder, founding
- este fisiologista francês é considerado o fundador da medicina experimental – *This French physiologist is considered the founder of experimental medicine.*
57 | 759 +a

2673 firmar *v* to sign, settle, fix
- o Brasil também firmará um acordo de integração energética com a Argentina – *Brazil will also sign an energy integration agreement with Argentina.*
57 | 520

2674 precioso *aj* precious
- as pedras preciosas eram lapidadas para serem utilizadas na forma de jóias – *The precious stones were cut to be used as jewelry.*
58 | 538

2675 briga *nf* fight, quarrel [BP]
- no final da briga, o marido morreu a pauladas – *At the end of the fight, her husband died from blows with a stick.*
56 | 536

2676 inquérito *nm* survey, inquiry
- a forma como a pergunta aparece no inquérito pode influenciar o entrevistado – *The way a question appears on a survey can influence the person taking it.*
57 | 841 +n

2677 horta *nf* vegetable garden
- ele lhe fornece verduras e legumes da horta que cultiva no quintal – *He provides her with all kinds of vegetables from the garden that he has in his backyard.*
57 | 458 +s -a

2678 multiplicar *v* to multiply
- o gado vive e multiplica-se à gandaia – *Cattle live and multiply in the open range.*
58 | 434

2679 insecto *nm* insect
- esse terrível insecto traz as asas envenenadas – *This terrible insect has poison on its wings.*
56 | 805

2680 inaugurar *v* to inaugurate, start
- o período 1905 – 06 inaugurou a explosão automóvel mundial que continua até ao presente – *The period of 1905 – 1906 inaugurated the worldwide automobile explosion that continues to the present.*
57 | 746 +n -f

2681 ambiental *aj* environmental
- este sistema terá um impacto ambiental benéfico, ao reduzir a emissão de gases – *This system will have a beneficial environmental impact, reducing the emission of gases.*
61 | 1216 -f

2682 patente *na* obvious, patent, rank
- além de ser patente que está desanimando muito – *In addition to being obvious that he is really feeling down.*
58 | 504

2683 viúva *nf* widow
- minha mãe perdeu o marido e fez-se viúva – *My mother lost her husband and became a widow.*
56 | 662

2684 editor *nm* editor
- ele tornou-se editor de um jornal político – *He became editor of a political newspaper.*
56 | 472 +s

2685 dignidade *nf* dignity, worthiness
- um homem, depois de morto, merece ser tratado com dignidade – *A man, after he is dead, deserves to be treated with dignity.*
57 | 506

2686 elaborar *v* to create, elaborate
- seu pensamento procura elaborar teorias reguladoras da educação e da política – *His thought seeks to create regulatory theories for education and politics.*
58 | 567 +a -f

2687 lance *nm* glance, throw, slap
- a sua aparência, entretanto, ao primeiro lance de vista, revela o contrário – *His appearance, however, at first glance, reveals the opposite.*
57 | 528 -a

2688 manobra *nf* maneuver
- o piloto indica a manobra que o avião deve executar – *The pilot indicates what maneuver the airplane should perform.*
57 | 468

2689 tronco *nm* trunk
- de um mesmo tronco nascem ramos opostos – *From the same trunk, opposing branches shoot out.*
57 | 873 -n

2690 apostar *v* to bet, wager
- apostámos em jogadores portugueses – *We bet on Portuguese players.*
56 | 650 +n

2691 praga *nf* plague
- foi revelada uma nova vacina capaz de tornar as plantas imunes às pragas – *A new vaccine was unveiled capable of making plants immune to plagues.*
57 | 471

2692 escada *nf* stair, staircase
- os filhos do rei subiram a escada do castelo para ver a paisagem – *The children of the king climbed the stairs to look at the countryside.*
55 | 1140 +f -a -n

2693 sucessão *nf* series, succession
- porém, uma sucessão de problemas tornaram a data uma incerteza – *However, a series of problems made the date uncertain.*
57 | 599 | +a

2694 fortuna *nf* fortune
- ele foi herdeiro de boa fortuna – *He was the heir of a great fortune.*
56 | 715 +f

2695 fotógrafo *nm* photographer
- fui o primeiro fotógrafo em Cuba a fazer fotos de moda – *I was the first photographer in Cuba to take fashion shots.*
56 | 479 +s

2696 segmento *nm* segment
- este último setor era o menor segmento da economia na época – *This last sector was the smallest segment of the economy at the time.*
57 | 961 +a -f

2697 singular *aj* singular
- estamos vivendo um momento singular no Brasil, como nunca se viu – *We are going through a singular moment in the history of Brazil, the likes of which have never been seen.*
59 | 562 -s

2698 balança *nf* scales
- a balança está desequilibrada – *The scales are not reliable.*
57 | 421

2699 modalidade *nf* way, form
- esta modalidade de pensar surgiu na Antiguidade – *This way of thinking originated in Antiquity.*
57 | 697 -f

2700 cigarro *nm* cigarette
- no cinzeiro, havia apenas um cigarro que, pelo cheiro, parecia recente – *There was only one cigarette in the ashtray which, by the smell, seemed to have been put recently there.*
55 | 1254 +f -a

2701 garoto *nm* young boy
- o garoto chegou da escola e fez sua lição de casa – *The young boy came home from school and did his homework.*
56 | 628 -a

2702 arranjo *nm* arrangement
- a natureza do quartzo é determinada pelo arranjo dos tetraedros – *The nature of quartz is determined by the arrangement of its tetrahedrons.*
56 | 446

2703 promoção *nf* promotion, sale
- a cifra inclui patrocínio de TV, promoções e concursos para consumidores – *The total includes TV sponsorships, promotions and consumer contests.*
56 | 724 +n

2704 garrafa *nf* bottle
- então se abriu uma garrafa de cerveja – *A bottle of beer was then opened.*
56 | 635 +f

2705 identificação *nf* identification
- tem algum documento para a sua identificação? – *Do you have any document as personal identification?*
57 | 657 +a

2706 bordo *nm* aboard
- passei quatro noites a bordo do navio – *I spent four nights aboard the ship.*
58 | 481

2707 calças *nf* pants, trousers
- ele vestia calças americanas e camisa estampada – *He was wearing American pants and a flowered shirt.*
55 | 792

2708 simultaneamente *av* simultaneously
- a luz exibe simultaneamente propriedades corpusculares e ondulatórias – *Light exhibits simultaneously properties common to particles and waves.*
57 | 593

2709 circular *na* circular, shuttle
- o jogo é jogado num campo circular ou oval – *The game is played in a circular or oval field.*
57 | 548 +a

2710 estátua *nf* statue
- os franceses fizeram a réplica da Estátua da Liberdade – *The French made the replica of the Statue of Liberty.*
57 | 540

2711 proximidade *nf* nearness, proximity
- desenvolvem-se onde a proximidade do mar lhes garante um clima moderado – *They are developed where the nearness to the sea ensures a moderate climate.*
57 | 502

2712 chover *v* to rain
- prevê que não choverá o suficiente para se recuperar o nível dos mananciais – *He forecasts that it will not rain enough to restore the level of the springs.*
56 | 564 +s -a

2713 elaborado *aj* planned, created, mapped out
- é um programa muito bem elaborado, acessível aos interessados – *It is a well-planned program, quite accessible to those who are interested.*
58 | 702 -f

2714 desvio *nm* detour, redirection
- o programa prevê o desvio das águas para abastecer a zona semi-árida – *The program provides for a redirection of water supplies to the semi-arid location.*
56 | 510

2715 salientar *v* to highlight, point out
- o presidente salientou a importância da rede de escolas – *The president highlighted the importance of the school network.*
56 | 1008 +n -f -s

2716 formular *v* to formulate
- a defesa é formulada pelo advogado – *The defense is formulated by the lawyer.*
57 | 510 +a

2717 herdar *v* to inherit
- ela é quem herdará metade dos bens – *She's the one who will inherit half of the wealth.*
57 | 456

2718 dominante *aj* dominant
- a vegetação hidrófila é dominante nas áreas inundadas – *Aqueous vegetation is dominant in flooded areas.*
57 | 646 +a

2719 carioca *na* From Rio de Janeiro [BP]
- ao fim de três dias de permanência no Rio sentia-me cidadão carioca – *After having been for three days, I felt like a citizen of Rio.*
57 | 542 +n +s -a

2720 passear *v* to go for a walk or stroll
- ela costuma levar o cão enorme a passear no parque – *She usually takes her giant dog to go for a walk in the park.*
57 | 734 -a

2721 tanque *nm* tank
- se eu tivesse 200 litros de gasolina no tanque, não precisaria parar – *If I had 200 liters of gasoline in my tank, I wouldn't need to stop.*
57 | 423

2722 autónomo *aj* autonomous, self-employed
- existiu um forte movimento a favor de um governo autónomo – *There was a strong movement in favor of an autonomous government.*
56 | 655

2723 comunitário *aj* of the community
- o Conselho Comunitário do bairro vai pedir a implantação das medidas – *The neighborhood Community Council will ask that the measures be implemented.*
58 | 668 +n +s -f

2724 competente *aj* competent
- chegou à notoriedade através de um desempenho competente e eficaz – *He came to notoriety through competent and efficient performance.*
57 | 462

2725 horror *nm* horror, fear
- o horror daquela cena nunca a abandonou durante os seus longos anos de vida – *The horror of that scene never left her in her many years of life.*
56 | 627 +f -a

2726 alheio *aj* belonging to someone else, alien
- não gostavam daquelas reuniões, onde se falava da vida alheia – *They weren't fond of those meetings in which people talked about other people's lives.*
56 | 673 +f

2727 acolher *v* to welcome, shelter
- a cidade tem acolhido sucessivas levas de imigrantes – *The city has welcomed successive waves of immigrants.*
57 | 502

2728 duque *nm* duke
- o palácio foi construído em 1703 para o duque de Buckingham – *The palace was built in 1703 for the Duke of Buckingham.*
59 | 672 -s

2729 entusiasmo *nm* enthusiasm
- é uma grande festa que provoca enorme entusiasmo na cidade – *It's a huge party that creates an enormous amount of enthusiasm throughout the city.*
56 | 625

18. Nationalities and place adjectives

Portuguese-speaking cities, regions, and countries:

português 142 Portuguese

brasileiro 221 Brazilian

paulista 1774 From São Paulo

mineiro 1900 From Minas Gerais

carioca 2719 From Rio de Janeiro

baiano 3033 From Bah2ía

gaúcho 3145 From Rio Grande do Sul

galego 3786 Galician

angolano 3793 Angolan

pernambucano 3825 From Pernambuco

nordestino 4648 From Northeastern Brazil

lusitano 5819 Lusitanian

lisboeta 5850 From Lisbon

paulistano 6206 From São Paulo

fluminense 6330 From Rio De Janeiro

Other nationalities:

americano 532 American

francês 535 French

inglês 556 English

europeu 638 European

espanhol 980 Spanish

alemão 1007 Germany

italiano 1188 Italian

africano 1240 African

russo 1432 Russian

japonês 1514 Japanese

grego 1721 Greek

latino 1746 Latin

judeu 1873 Jewish

chinês 1947 Chinese

romano 1963 Roman

norte-americano 2137 North American (US)

argentino 2200 Argentine

britânico 2314 British

árabe 2554 Arab

holandês 2622 Dutch

soviético 2767 Soviet

asiático 3051 Asian

turco 3166 Turkish

indiano 3402 Indian (India)

sueco 4112 Swedish

mexicano 4195 Mexican

cubano 4200 Cuban

suíço 4471 Swiss

escocês 4607 Scottish

australiano 4742 Australian

sul-africano 4834 South African

2730 **foco** *nm* focus, epicenter
- o foco do tremor foi a 150 quilômetros ao oeste – *The earthquake's epicenter was 150 kilometers to the west.*
56 | 515

2731 **cercar** *v* to surround
- 80 homens vão cercar o prédio – *80 men will surround the building.*
58 | 490 -s

2732 **evidência** *nf* evidence
- não há evidência empírica sobre a infelicidade ou não dele na infância – *There is no empirical evidence regarding unhappiness or happiness as a child.*
57 | 508

2733 **variedade** *nf* variety
- há umas variedades de peixe que são boas para comer – *There are some varieties of fish that are good to eat.*
55 | 843 +a

2734 **rotina** *nf* routine
- a rotina diária de Filippo era intensa – *Philip's daily routine was intense.*
57 | 435

2735 **cobra** *nf* snake
- são animais perigosos, sendo que algumas cobras possuem veneno mortal – *They are dangerous animals, being that some snakes have deadly venom.*
56 | 493 +s -n

2736 **militante** *na* party member, militant
- ele tinha sido militante comunista, mas tinha abandonado o partido – *He had been a communist party member, but had left the party.*
56 | 605 +n +s -f

2737 **subsídio** *nm* subsidy
- além disso eles deram o direito de subsídio de desemprego aos beneficiários – *In addition, they have given the beneficiaries the right to an unemployment subsidy.*
57 | 553 -f

2738 **ambição** *nf* ambition
- a catedral é o resultado da ambição dos arquitectos do Renascimento – *That cathedral is the result of the ambition of Renaissance architects.*
56 | 510 -a

2739 **processar** *v* to process, sue
- o computador processa a informação, calculando a intensidade de cada pixel – *The computer processes the information, calculating the intensity of each pixel.*
56 | 543 +a -f

2740 **pacote** *nm* package, packet, bundle
- os passageiros compraram um pacote turístico de uma semana – *The passengers bought a one-week tourist package.*
56 | 607 +n

2741 músculo *nm* muscle
- o coração é um músculo – *The heart is a muscle.*
57 | 832 +a -n -s

2742 assistente *nc* assistant
- ele iniciou a sua actividade cinematográfica como assistente de realização – *He began his cinematographic activity as an assistant director.*
56 | 488

2743 lama *nf* mud
- ele arrastou-se pelas folhas apodrecidas e pela lama – *He crawled through the rotting leaves and the mud.*
56 | 509

2744 primitivo *aj* primitive
- antropólogos acreditam que ainda existam povos primitivos desconhecidos – *Anthropologists believe that unknown primitive peoples still exist.*
57 | 626 -n

2745 fêmea *nf* female
- as fêmeas das espécies maiores podem devorar os machos durante a cópula – *The females of the largest species can devour the males during copulation.*
55 | 709 +a -n

2746 razoável *aj* reasonable
- foi para ela a solução mais razoável, a única possível no momento – *It seemed to her to be the most reasonable solution, the only one possible at the moment.*
56 | 429

2747 pata *nf* hoof, paw, foot
- o cavalo ergueu as patas dianteiras – *The horse raised its front hooves.*
57 | 621 -n

2748 raramente *av* seldom, rarely
- ela escrevia ao marido raramente e só para dar notícias da filha – *She seldomly wrote to her husband and then only to give him news about their daughter.*
56 | 483

2749 vocação *nf* vocation
- a sua vocação artística viria a ressurgir quando conseguiu ganhar algum dinheiro – *His artistic vocation would reappear when he had been able to earn some money.*
56 | 406

2750 coberto *aj* covered
- a planície costeira está coberta por uma densa floresta tropical – *The coastal plain is covered by a dense tropical forest.*
56 | 514

2751 veia *nf* vein
- o mestre sentiu o sangue ferver-lhe nas veias – *The master felt his blood boil in his veins.*
57 | 600 -n

2752 ladrão *nm* thief
- ele vinha agora, de noite, como um ladrão – *He was now coming like a thief in the night.*
56 | 681 +f -a

2753 pavilhão *nm* pavilion
- o evento será realizado no pavilhão de exposições do parque – *The event will be held in the park's event pavilion.*
56 | 596 +n

2754 chance *nf* chance [BP]
- ele é o candidato com mais chances de vitória – *He is the candidate with the greatest chance of victory.*
55 | 589 +n

2755 usuário *nm* user, consumer [BP]
- abrir e-mail é uma dificuldade comum entre usuários – *Opening e-mail is a common difficulty among users.*
58 | 1085 +a -f

2756 camponês *na* peasant, field-worker, farmer, rustic
- os camponeses careciam de terras férteis e estavam sendo oprimidos – *The peasants were in need of fertile land and were being oppressed.*
56 | 484 -n

2757 fundamento *nm* basis, foundation
- os fundamentos da metafísica foram estabelecidos por Platão – *The basis of metaphysics was established by Plato.*
56 | 503

2758 gozar *v* to enjoy, take pleasure
- os idosos precisam, antes de tudo, gozar de boa saúde – *The elderly need, above all, to enjoy good health.*
55 | 664

2759 protestar *v* to protest
- as crianças das escolas protestaram contra o uso obrigatório de uniformes escolares – *The school children protested against the obligatory use of school uniforms.*
57 | 612

2760 topo *nm* top
- em 1997, ele já estava no topo da hierarquia militar – *In 1997, he was already at the top of the military hierarchy.*
57 | 452

2761 essencialmente *av* essentially
- os democratas cristãos são essencialmente conservadores moderados – *Christian Democrats are essentially moderate conservatives.*
56 | 627 +a

2762 argumentar *v* to argue
- a ala radical do movimento começou a argumentar que as mulheres eram oprimidas – *The radical wing of the movement began to argue that women were oppressed.*
56 | 693 +n -s

2763 estádio *nm* stadium, stage
- havia mais de 110 mil pessoas no estádio – *There were more than 110 thousand people in the stadium.*
55 | 945 +n

2764 aniversário *nm* anniversary, birthday
- este ano se comemorou o 25º aniversário da corrida – *This year marks the 25th anniversary of the race.*
56 | 536 +n

2765 cerveja *nf* beer
- uma noite, encontrei Renato bebendo sozinho, rodeado por algumas garrafas de cerveja – *One night, I found Renato drinking alone, surrounded by some beer bottles.*
  56 | 469

2766 cana *nf* sugar cane
- é mais doce do que o açúcar de cana – *It is sweeter than the sugar from sugar cane.*
  56 | 416

2767 soviético *aj* soviet
- a KGB soviética anunciou ter detido os autores – *The Soviet KGB announced that it had arrested the authors.*
  56 | 1065 +a -f

2768 rigoroso *aj* rigorous
- a fiscalização é muito rigorosa e demorada – *The inspection is very rigorous and drawn out.*
  56 | 434

2769 cinza *nf* ashes (PL)
- entre as relíquias contam-se as cinzas fúnebres do corpo do Buda histórico – *Among the relics are the funeral ashes of the historic Buddha.*
  55 | 546

2770 copo *nm* glass, cup
- ela pegou na garrafa para encher o copo – *He grabbed the bottle to fill up his glass.*
  55 | 871 +f -a

2771 pretensão *nf* pretense, demand
- não tem a pretensão de ser perfeito – *He has no pretense of being perfect.*
  56 | 419

2772 rota *nf* route
- é a rota marítima mais curta entre a Europa e o Oriente – *It is the shortest maritime route between Europe and the East.*
  57 | 502 -s

2773 dependente *aj* dependent
- os imigrantes ilegais ficam dependentes do patrão – *Illegal immigrants are dependent on their bosses.*
  56 | 521

2774 agricultor *nm* farmer
- o agricultor ajudava a preparar a ração para os animais – *The farmer helped to prepare the feed for the animals.*
  55 | 696 +n -f

2775 morador *nm* resident, inhabitant
- é forte o sentimento de comunidade entre os moradores daquela zona – *It's strong, the sense of community that exists among the residents of that area.*
  55 | 760 +n

2776 mentira *nf* lie
- não sei se isto que estou a contar é mentira ou verdade! – *I don't know if what I am saying is the truth or a lie!*
  55 | 692 +f -a

2777 ocidente *nm* west
- a arte de tatuar foi reintroduzida no Ocidente pelos navegadores – *The art of tattooing was reintroduced to the West by navigators.*
  56 | 574 +a

2778 anteriormente *av* previously
- é composta por territórios anteriormente pertencentes ao Império Britânico – *It is made up of territories previously belonging to the British Empire.*
  54 | 799 | +a

2779 vulgar *aj* common, average, vulgar
- o anti-herói distingue-se pelo seu carácter débil e vulgar – *The anti-hero is distinguished by his weak and common character.*
  56 | 567 -n

2780 articulação *nf* joint, articulation
- o reumatismo moía-lhe as articulações – *Rheumatism wore down his joints.*
  56 | 514

2781 jornada *nf* workday, journey, round (sports)
- a jornada de trabalho seria reduzida para sete horas – *The workday would be reduced to 7 hours.*
  55 | 843 +n

2782 relato *nm* account, report
- eu fiz um relato sobre uma de minhas experiências – *I gave an account of one of my experiences.*
  55 | 450

2783 penetrar *v* to penetrate
- através das mais brilhantes expressões ela sabia penetrar no fundo dos corações – *Through the most brilliant expressions, she knew how to penetrate deep into peoples' hearts.*
  56 | 600 -n

2784 calma *nf* peace, calm
- toda a fazenda fora envolvida pela calma da natureza – *The whole farm was surrounded by the peace of nature.*
  54 | 830

2785 frango *nm* young chicken, cooked chicken
- os cortes de frango são marinados num molho picante – *The pieces of chicken are marinated in a spicy sauce.*
  55 | 444

2786 concretizar *v* to come to pass, bring about
- a promessa nunca chegou a se concretizar – *The promise never came to pass.*
  56 | 535 +n -f

2787 riso *nm* laughter
- o seu riso fez iluminar-se a sala – *Her laughter lit up the room.*
  55 | 1071 +f +s -a -n

2788 administrar *v* to manage, administer
- o seu avô paterno não soubera administrar as propriedades que recebera de herança – *His paternal grandfather didn't know how to manage the properties that he received as an inheritance.*
  55 | 520 -f

2789 camisa *nf* shirt
- ele vestia calças e camisas justas ao corpo – *He wore pants and shirts that were snug against his body.*
  54 | 931 +f -a

2790 multidão *nf* masses, multitude
- a multidão é louca; louca e poderosa – *The masses are crazy, crazy and powerful.*
55 | 699 | +f -a

2791 judicial *aj* judicial
- separamos o poder legislativo do judicial – *We separated the legislative power from the judicial.*
56 | 841 +n -f

2792 rosa *na* rose, pink
- os apaixonados enviavam cartas e rosas vermelhas – *The lovers sent letters and red roses.*
56 | 567

2793 compensação *nf* compensation
- eles pagam custos de compensação aos acidentados – *The pay the compensation costs to accident victims.*
55 | 451

2794 filosófico *aj* philosophical
- existem várias teorias filosóficas sobre a beleza – *There are several philosophical theories about beauty.*
54 | 714 +a -n

2795 nariz *nm* nose
- o septo do nariz é cartilaginoso – *The septum of the nose is made of cartilage.*
55 | 896 +f -n

2796 dinâmica *nf* change, dynamics
- o país viveu tempos de dinâmica social muito diversa – *The country went through times of very diverse social change.*
56 | 562

2797 palestra *nf* lecture, discussion
- o programa prossegue com uma palestra do professor Henrique – *The program will continue with a lecture by Professor Henrique.*
55 | 480

2798 milagre *nm* miracle
- o milagre foi o nascimento da criança – *The miracle was the birth of the child.*
55 | 658 +f -a

2799 joelho *nm* knee
- ela via-o de joelhos pedindo por tudo que ela lhe poupasse a vida – *She saw him on his knees, begging that she would spare his life.*
55 | 834 +f

2800 informática *nf* computer science
- frequentei um curso de informática – *I attended a computer science class.*
58 | 854 -f

2801 crença *nf* belief
- os egípcios possuíam a crença da vida após a morte – *Egyptians maintained a belief in a life after death.*
55 | 713 +a -n

2802 conviver *v* to spend time with, live with
- Olívio gravou depoimentos com muitas pessoas que conviveram com o artista – *Olivio recorded the testimonies of many who spent time with the artist.*
54 | 404 +s

2803 amostra *nf* sample, specimen
- é retirada uma amostra de tecido que é analisada sob o microscópio – *A sample of tissue is taken and analyzed under a microscope.*
55 | 921 +a

2804 borracha *nf* rubber
- Extrairemos o látex do seringueiro e comerciaremos a borracha – *We'll extract the rubber from the rubber-trees and we'll market it.*
55 | 529 -n

2805 variado *aj* varied
- havia-os das mais variadas formas e feitios – *They existed in the most varied forms and configurations.*
56 | 503

2806 finalizar *v* to conclude, wrap up
- o governo está finalizando uma política agrícola permanente – *The government is putting the finishing touches on a long-term agricultural plan.*
55 | 494

2807 reter *v* to retain
- o pântano, como uma esponja, retém água, sedimentos e nutrientes – *The swamp, like a sponge, retains water, sediments, and nutrients.*
55 | 426

2808 ó *at* oh + N (vocative)
- salva-me, ó Deus – *Save me, O God.*
55 | 921 +f +s -a -n

2809 roteiro *nm* script, itinerary, route
- não havia um roteiro ou uma seleção de perguntas previamente estabelecida – *There was no script or list of questions previously established.*
55 | 474 +s

2810 valorizar *v* to value
- a maioria dos movimentos desse século valorizava a subjetividade na arte – *The majority of this century's movements valued subjectivity in art.*
55 | 422

2811 intermédio *na* intermediary, intermediate
- a rainha era sempre a intermediária entre o rei e os seus súbditos – *The queen was always the intermediary between the kings and his subjects.*
56 | 431

2812 ritual *nm* ritual
- as universidades têm o seu ritual de iniciação – *Universities have their initiation rituals.*
55 | 471

2813 planejar *v* to plan [BP]
- o rapaz estudava medicina e planejava especializar-se em cirurgia plástica – *The young man studied medicine and planned to specialize in plastic surgery.*
55 | 422

2814 pecado *nm* sin
- a Igreja redigiu uma lista de pecados que tinham de ser confessados – *The Church composed a list of sins that had to be confessed.*
54 | 653 +f

2815 satisfeito *aj* satisfied
- o director literário sorria, satisfeito com a fluência da frase – *The literary director smiled, satisfied with how the phrase flowed.*
55 | 496 -a

2816 divertir *v* to have fun, entertain
- não tinha coragem de se divertir vendo sua melhor amiga naquele estado – *She didn't have the heart to have fun, seeing her best friend in that state.*
55 | 608 -a

2817 setenta *num* seventy
- o velho, à beira dos setenta, continuava com firmeza – *The old man, about to turn seventy, was still strong.*
55 | 405 +s -n

2818 geográfico *aj* geographic
- os pólos geográficos são diferentes dos pólos magnéticos – *The geographic poles are different from the magnetic poles.*
55 | 532

2819 brilho *nm* brightness, shine
- ele adquiriu uma coloração azulada, como se refletisse o brilho dum relâmpago – *He acquired a bluish hue, as if he were reflecting the brightness of lightning.*
57 | 609 -s

2820 oh *i* oh
- oh, nunca, nunca Fernando faria tal, jurou-me – *Oh, never, never would Fernando do such a thing; he swore it to me.*
54 | 1218 +f +s -a -n

2821 suspeita *nf* suspicion, distrust
- o árbitro foi denunciado por suspeita de suborno – *The referee was denounced on suspicion of bribery.*
55 | 626

2822 dourado *aj* golden, gilded
- essa borboleta pode ter coloração dourada ou prateada – *This butterfly can have shades of gold or silver.*
55 | 530

2823 remoto *aj* remote
- o avião é dirigido por controlo remoto nas mãos de dois pilotos – *The plane is piloted by remote control at the hands of two pilots.*
56 | 503 -s

2824 tecnológico *aj* technological
- passamos por uma revolução tecnológica que faz o mundo cada vez menor – *We've undergone a technological revolution that has made the world smaller and smaller.*
58 | 702 -f

2825 inserir *v* to insert, include
- o acupuncturista insere uma agulha na pele – *The acupuncturist inserts a needle in your skin.*
55 | 576 +a -f

2826 governamental *aj* governmental
- além de inconstitucional e ilegal, a intervenção governamental só agravou os problemas – *Besides being unconstitutional and illegal, the governmental intervention only made the problems worse.*
56 | 680 +n -s

2827 introdução *nf* introduction
- uma mudança fundamental deste sistema foi a introdução do zero – *The fundamental change in this system was the introduction of the zero.*
54 | 926 +a -f

2828 poço *nm* water well
- instalamos uma bomba para puxar água do poço, lá no acampamento – *We installed a pump to pull water from the well, there in the camp.*
55 | 446

2829 equivalente *na* equivalent
- a potência da bomba era o equivalente a 12.700 toneladas de TNT – *The power of the bomb was equivalent to 12,700 tons of TNT.*
55 | 685

2830 dever *nm* duty
- os pais têm o dever de assistir, criar e educar os filhos – *Parents have the duty to attend to, raise and teach their children.*
55 | 470

2831 empreendimento *nm* undertaking, venture
- o êxito alcançado com este empreendimento conduziu à sua nomeação – *The success gained from this undertaking led to his nomination.*
56 | 531

2832 transacção *nf* transaction
- a transacção realizou-se no mercado de âmbito nacional – *The transaction took place on the national market.*
56 | 419

2833 combinação *nf* combination
- a combinação amarelo com preto é chamativa – *The combination of yellow with black attracts one's attention.*
55 | 701 +a

2834 avançado *aj* advanced
- o Greenpeace utiliza-se da mais avançada tecnologia de comunicação – *Greenpeace uses the most advanced communication technology.*
55 | 420

2835 prisioneiro *nm* prisoner
- o Artigo 14º protege um prisioneiro de guerra – *The 14th article protects prisoners of war.*
56 | 481 -s

2836 registo *nm* record, ledger [EP]
- os mais antigos registos escritos em chinês remontam a cerca de 1500 a.C. [EP] – *The oldest written records in Chinese go back to around 1500 BC.*
55 | 597 +a

2837 clínica *nf* clinic
- um dos 26 médicos de clínica geral no Centro de Saúde – *One of 26 doctors in the general clinic in the Health Center . . .*
54 | 475

2838 protocolo *nm* protocol
- a União Europeia adoptou o Protocolo de Cartagena de biossegurança – *The European Union adopted the Carthage Protocol for bio-security.*
55 | 594 +n -f

2839 reforço *nm* reinforcement
- nas delegacias estarão equipes de peritos para reforço especial – *At the police stations, there will be expert special reinforcement teams.*
55 | 537 +n

2840 artificial *aj* artificial
- a área de inteligência artificial aqui é muito boa – *The artificial intelligence department here is very good.*
55 | 534

2841 conduta *nf* behavior, conduct
- pela sua boa conduta ele teve a pena reduzida em três meses – *For his good behavior, his sentence was reduced by three months.*
55 | 422

2842 rebanho *nm* flock, herd
- os rebanhos marchavam vagarosos e o pastor não se apressava – *The flocks were going slowly and the shepherd didn't hurry them.*
55 | 396 +s

2843 condutor *nm* driver, director
- o condutor é portador de uma carta de condução – *The driver holds a driver's license.*
55 | 519

2844 atleta *nc* athlete
- o principal atleta é que conquistou a medalha de ouro – *Their main athlete was the one who won the gold medal.*
53 | 786 +n

2845 emissão *nf* emission
- isso ajudará a diminuir as emissões de gases poluentes – *This will help to reduce the emission of gas pollutants.*
56 | 890 -f

2846 simpatia *nf* sympathy, friendliness
- a simpatia pelos nazis manchou a sua reputação – *His sympathies for the Nazis stained his reputation.*
55 | 506

2847 mito *nm* myth
- a obra foi inspirada em lendas e mitos – *The work was inspired by legends and myths.*
54 | 448

2848 circular *v* to circulate, circle
- na Idade Média circulavam histórias sobre a Índia – *During the Middle Ages, stories circulated about India.*
54 | 492 +a

2849 igualdade *nf* equality, parity
- o Estado deve criar condições de igualdade de financiamento para todos os sectores da economia – *The government should create parity in the financing of all sectors of the economy.*
55 | 438

2850 gravação *nf* recording
- não há planos para a gravação da sua obra em vídeo? – *Aren't there plans for the recording of your work on video?*
55 | 500 +s -f

2851 mero *aj* mere
- a poesia autêntica não é mero discurso verbal – *Authentic poetry is not mere verbal discourse.*
55 | 414

2852 fortemente *av* strongly
- este período foi fortemente marcado por influências intelectuais – *This period was strongly characterized by intellectual influences.*
55 | 502

2853 emenda *nf* amendment [BP]
- o Parlamento turco rejeitou uma emenda constitucional – *The Turkish Parliament rejected a constitutional amendment.*
52 | 988 +n

2854 convencional *aj* conventional
- ela rejeitou as formas convencionais a favor de uma expressão livre – *She rejected conventional forms in favor of free expression.*
55 | 459

2855 esfera *nf* sphere, area of influence
- antigamente acreditava-se que a esfera celeste rodava em torno da Terra – *Anciently, it was believed that the heavenly sphere revolved around the Earth.*
56 | 495 +a

2856 recto *aj* straight
- o procurador nos pode mostrar o caminho direito e recto – *The lawyer will be able to show us the direct and straight path.*
55 | 586

2857 brincadeira *nf* joke, game, play
- papai não estava para brincadeira, falava sério – *Daddy wasn't in the mood to joke, he was talking seriously.*
54 | 523 -a

2858 programação *nf* programming
- é basicamente utilizada na programação de inteligência artificial – *It's basically used in the programming of artificial intelligence.*
55 | 613 +n -f

2859 extrair *v* to extract
- para extrair o alumínio da bauxita, são necessárias temperaturas elevadas – *To extract aluminum from bauxite, high temperatures are needed.*
55 | 535 +a -s

2860 paço *nm* palace, court, official building
- o antigo Paço Episcopal era o edifício ideal – *The old Episcopal Palace was the ideal building.*
55 | 465

2861 convir *v* to be right/just, be fit
- afinal, não convinha amargurar-lhe os últimos anos de vida – *In the end, it wasn't right to embitter the last years of her life.*
55 | 502

2862 câmbio *nm* exchange (rate)
- como no Brasil, lá o câmbio em relação ao dólar é definido politicamente – *There, like in Brazil, the exchange rate in relation to the dollar is decided politically.*
54 | 524 +n

2863 doutrina *nf* doctrine
- assim, surgiram diversas doutrinas, sob a ordem do protestantismo – *Thus, several doctrines emerged under the banner of Protestantism.*
54 | 681 +a -n

2864 motivar *v* to motivate
- gostaria de apontar alguns fatores que me motivaram a elaborar esta dissertação – *I would like to point out some factors that motivated me to write this dissertation.*
55 | 465 +n -f

2865 júnior *aj* junior
- temos também uma companhia júnior que formou metade dos dançarinos – *We also have a junior company that trained half of the dancers.*
53 | 691 +n

2866 prévio *aj* preliminary, previous
- algum trabalho prévio poupará maçadas e tempo – *Some preliminary work will save both headaches and time.*
54 | 506

2867 incentivo *nm* incentive
- a redução de impostos constitui um incentivo para a aquisição de uma casa – *Lowering taxes constitutes an incentive for buying a house.*
54 | 584 +n -f

2868 importação *nf* importing
- em 1743 foi proibida a importação de café estrangeiro – *In 1743, the importing of foreign coffee was prohibited.*
54 | 861 +n -f

2869 dano *nm* damage
- a exposição a baixos níveis de radiação também pode causar danos genéticos – *Exposure to low levels of radiation can also cause genetic damage.*
55 | 698 +a

2870 habilidade *nf* skill, ability
- homem de grande habilidade política, soube conquistar a adesão popular – *Being a man of great political skill, he knew how to win popular support.*
55 | 424

2871 comprovar *v* to substantiate, prove
- a perícia policial comprovou o arrombamento da porta do quarto – *The police expertise substantiated the fact that the bedroom door was broken into.*
54 | 510 -f

2872 bairro *nm* neighborhood
- assim, no Brasil o bairro de barracas é a favela – *Thus, in Brazil, shantytown neighborhoods are the slums.*
53 | 507

2873 sumo *na* extreme, juice
- a alegoria é de suma importância no pensamento cristão – *Allegories are of the highest importance in Christian thought.*
54 | 430

2874 extinto *aj* extinct, extinguished
- a dinastia foi extinta e apareceu uma república – *The dynasty became extinct and a republic appeared.*
55 | 436

2875 óbvio *aj* obvious
- mas já era óbvio que os franceses não iriam regressar – *But it was already obvious that the French would not return.*
52 | 492 +s

2876 modesto *aj* modest
- não sei se a minha modesta casa lhe convirá – *I don't know if my modest home will serve his purposes.*
54 | 475 -a

2877 isolar *v* to isolate
- ele conseguiu isolar o vírus – *He succeeded in isolating the virus.*
54 | 428

2878 originar *v* to originate
- da raiz do blues originou-se o rock – *From the roots of blues originated rock.*
53 | 916 +a -f

2879 vício *nm* addiction, vice
- ele se internou em uma clínica para se recuperar do vício da droga – *He checked himself into a clinic so he could recover from his drug addiction.*
54 | 493

2880 laço *nm* tie, bond, bow
- os grupos estavam ligados por laços de parentesco ou matrimónio – *The groups were connected by ties of blood and marriage.*
54 | 473

2881 lamentar *v* to mourn, be sorry
- dei-me muito com o meu irmão, cuja morte muito lamento – *I was very close to my brother, whose death I mourn greatly.*
54 | 745 +n -a

2882 ruído *nm* loud and unpleasant noise
- ele não ouvia ruído algum a não ser o coaxar dos sapos – *He didn't hear any loud noises aside from the croaking of frogs.*
54 | 853 +f -n -s

2883 combustível *na* fuel, combustible
- os preços de combustíveis vão subir gradualmente – *The price of fuel will gradually go up.*
54 | 860 +a -f -s

2884 necessariamente *av* necessarily
- a divisão do trabalho conduz, necessariamente, à especialização – *Labor division necessarily leads to specialization.*
55 | 466

2885 trato *nm* dealing, tract
- no trato com os conhecidos, porém, ele agiu totalmente ao contrário – *In dealing with acquaintances, however, he acted exactly the opposite.*
55 | 395

2886 automático *aj* automatic
- carros com transmissão automática não têm embraiagem – *Cars with automatic transmissions don't have a clutch.*
53 | 912 +a

2887 precisão *nf* precision
- esse tipo de erro afeta a precisão das medidas – *This type of error affects the precision of the measurements.*
54 | 618 +a

2888 porção *nf* part, portion, section
- essa porção da nossa espinha curva-se em direção à região anterior – *That part of our spine curves towards the front.*
53 | 665 +a -n

2889 titular *na* title holder, cabinet member
- o titular da conta é alguém que se chama José – *The title holder of the account is someone called Joseph.*
55 | 622 +n

2890 vídeo *nm* video
- técnicas audiovisuais como vídeo e fotografia são muito utilizadas – *Audiovisual techniques like video and photography are very common.*
54 | 700 +n -f

2891 ausente *aj* absent
- Andrade estava ausente de Lisboa e só regressaria no dia seguinte – *Andrade was absent from Lisbon and would only be coming back the next day.*
55 | 444

2892 mato *nm* thicket, brush, weeds
- os homens da fazenda entraram no mato à sua procura – *The men from the farm entered into the thicket, searching for him.*
54 | 617 +f +s -a -n

2893 articular *v* to articulate
- emocionado, incapaz de articular palavras, o bispo lançava risos nervosos – *Full of emotion, incapable of articulating words, the bishop laughed nervously.*
54 | 426

2894 morro *nm* hill
- comecei a subir para o morro, onde entre as árvores se erguiam os grandes pavilhões – *I began to climb the hill where the large pavilions rose up amid the trees.*
54 | 602 +f -a

2895 altamente *av* highly
- o Japão é um país altamente industrializado – *Japan is a highly industrialized country.*
54 | 487

2896 depoimento *nm* testimony, affidavit
- os depoimentos de testemunhas são apresentados sob juramento – *The testimonies of witnesses are presented under oath.*
53 | 646 +n

2897 estrear *v* to premiere, inaugurate
- o filme estreou-se no Festival de Veneza – *The film premiered at the Festival of Venice.*
53 | 661 +a -f

2898 casca *nf* peel, skin, bark
- o fruto é globoso, com casca dura, e polpa ácida – *The fruit is spherical, with a hard peel and acidic pulp.*
53 | 415 -n

2899 frei *nm* friar
- ele fora por frei Serafim escolhido para zelador da capelinha – *He was chosen by friar Seraphim as caretaker of the small chapel.*
54 | 456

2900 salgado *aj* relating to salt
- o Mediterrâneo é mais salgado e mais quente que o Atlântico – *The Mediterranean is saltier and warmer than the Atlantic.*
53 | 398

2901 nervo *nm* nerve
- o estribilho incessante arranhava-lhe os nervos – *The constant refrain grated on his nerves.*
55 | 618 -n -s

2902 toque *nm* touch
- havia um leve toque de ironia na voz – *There was a light touch of irony in his voice.*
54 | 505

2903 vertente *nf* slope, downgrade, incline
- o ar que desce pela vertente oposta contém menos humidade – *The air that comes down the opposite slope is less humid.*
54 | 428

2904 fumar *v* to smoke
- tirou o maço de cigarros da algibeira e começou a fumar – *She took the pack of cigarettes out of her purse and began to smoke.*
52 | 655

2905 duplo *aj* dual, double
- existe a natureza dupla (angélica e carnal) do homem – *There exists in man a dual nature (angelic and earthly).*
54 | 435

2906 convento *nm* convent
- anos seguintes, os dominicanos construíram conventos de frades – *In the following years, the Dominicans built convents for monks.*
55 | 531 -s

2907 teórico *na* theoretical, theorist
- o zero absoluto é apenas um estado teórico – *Absolute zero is only a theoretical construct.*
53 | 726 +a

2908 delgado *aj* thin, delicate, fine
- o moço era perfeito, um pouco delgado, mas sólido – *The young boy was perfect, a little thin, but solid.*
54 | 458

2909 invenção *nf* invention
- os anos de 1700 viram uma série de invenções, inicialmente na indústria têxtil – *The 1700's witnessed a series of inventions, beginning within the textile industry.*
54 | 445

2910 historiador *nm* historian
- nenhum historiador cita um texto sem o situar ou o comentar – *No historian cites a text without putting it into context or commenting on it.*
53 | 485

2911 nomear *v* to appoint, name
- pensou em nomear Thomas Edison ministro da Energia – *He thought to appoint Thomas Edison as Minister of Energy.*
54 | 491 +a

2912 loucura *nf* insanity
- ela me põe tonta, passa para mim a sua loucura – *She makes my head spin; she's passing her insanity on to me.*
53 | 653 +f

2913 expressar *v* to express
- os olhos não expressavam alegria nenhuma – *Her eyes didn't express any joy.*
53 | 495 +a -f

2914 turma *nf* class, group, team
- eu era o melhor aluno da turma – *I was the best student in the class.*
54 | 417

2915 assustar *v* to frighten, scare
- ela gritara com tal veemência que cheguei a me assustar – *She shouted with such vehemence that I began to be frightened.*
53 | 725 +f -a

2916 urgência *nf* urgency
- não há grande urgência no meu pedido – *There is no great urgency in my request*
53 | 534 +n -a

2917 cheque *nm* check
- tal como um cheque, é negociável caso seja endossada pelo beneficiário – *Just like a check, it is cashable when it is endorsed by the person to whom it was written.*
53 | 525 +n -a

2918 impresso *aj* printed
- foram impressos cerca de 50 mil folhetos informativos – *About 50 thousand informative brochures were printed.*
54 | 377

2919 duração *nf* duration
- o projeto tem uma duração prevista de dez anos – *The project has a projected duration of ten years.*
54 | 671 +a

2920 fantasma *nm* ghost
- os fantasmas costumam assombrar locais associados a um acontecimento trágico – *Ghosts tend to haunt areas associated with some tragic occurrence.*
53 | 476

2921 pequenino *aj* little (familial), very small
- aos sete anos, porém, ele era um pequenino anjo – *When seven years old, however, he was a little angel.*
55 | 757 +s -a -n

2922 pessoalmente *av* personally
- não o conheço pessoalmente, mas tenho acompanhado o seu trabalho – *I don't know him personally, but I have followed his work.*
53 | 413 +n

2923 colheita *nf* harvest
- o seu rápido crescimento permite várias colheitas por ano – *Its rapid growth allows for several harvests per year.*
53 | 402

2924 guitarra *nf* guitar
- a guitarra de 12 cordas é usada na música country – *The 12 string guitar is used in country music.*
52 | 402

2925 aperceber *v* to realize, perceive [EP]
- as tropas ficaram cercadas e, apercebendo-se do seu erro, bateram em retirada [EP] – *The troops were surrounded and, realizing their error, retreated.*
54 | 384

2926 ruína *nf* ruin
- as ruínas de Pompeia oferecem a perspectiva mais completa de uma cidade romana – *The ruins of Pompeii offer the most complete look at a Roman city.*
55 | 517 -s

2927 tortura *nf* torture
- na Idade Média, a tortura física utilizava instrumentos tais como a roda – *In the Middle Ages, physical torture was performed with instruments such as the wheel.*
54 | 413

2928 medalha *nf* medal
- em 1955, recebeu uma medalha de ouro como melhor pintor do ano – *In 1955, he received a gold medal for best painter of the year.*
53 | 523

2929 abandono *nm* abandonment
- a mídia divulga com freqüência o abandono dos velhos em asilos – *The media reports frequently on the abandonment of the elderly in rest homes.*
54 | 443

2930 suspensão *nf* suspension
- na rápida vistoria técnica, notaram a suspensão independente nas quatro rodas – *During the quick, technical inspection, they noted the four-wheel independent suspension.*
54 | 664 +n -s

2931 vírus *nm* virus
- os vírus multiplicam-se invadindo células hospedeiras – *The viruses multiply, invading host cells.*
54 | 642 +a -f

2932 ideológico *aj* ideological
- os sentidos ideológicos do romance, contudo, não escondem uma dimensão existencial – *Overall, the ideological meanings of the novel do not hide its existential dimension.*
55 | 447 +s -f

2933 utilidade *nf* usefulness, use
- esta técnica revelou-se ser de grande utilidade para o desenvolvimento da psicologia – *This technique would be of great usefulness in the development of psychology.*
53 | 510

2934 eficiente *aj* efficient
- acredito mesmo que era a forma mais eficiente – *I really believe that it was the most efficient way.*
54 | 506

2935 ressaltar *v* to emphasize, point out [BP]
- o vestido escuro, abotoado até o queixo, fazia-lhe ressaltar a palidez do rosto – *Her dark dress, buttoned up to the chin, emphasized the paleness of her face.*
54 | 686 +n -f -s

19. Ser / estar / ficar

Portuguese has three words that express the concept [to be]: *ser, estar, and ficar*. *Ser* is used to refer to the norm (*o João é gordo*: "John has always been fat"), while *estar* refers to a change from the norm (*o João comeu muito, e **agora** está gordo*: "John has eaten a lot, and now he's fat"). Because some adjectives naturally express the norm and others naturally express a more temporary departure from the norm, they tend to occur more with one or the other of these two verbs. Finally, unlike Spanish, which has just *ser* and *estar*, Portuguese also has the verb *ficar*, which typically expresses the end result of an action (*quase todos sairam, e ela ficou sozinha*: "almost everyone went away, and she was left alone").

The following lists show the most common adjectives that occur with *ser, estar*, or *ficar*. In each case, the table shows the percent of all occurrences with the indicated verb (rather than the other two verbs), the adjective, its number in the frequency dictionary, and the English gloss.

Mainly with *ser*:

1.00 **importante** 207 important

0.99 **comum** 422 common

0.99 **justo** 1588 just, fair

0.99 **simples** 491 simple

0.99 **inútil** 3015 useless

0.99 **impossível** 925 impossible

0.98 **constante** 1343 constant

0.98 **inferior** 1360 less, inferior

0.98 **semelhante** 946 similar

0.98 **interessante** 738 interesting

0.97 **igual** 442 equal

0.97 **longo** 246 long

0.97 **superior** 424 above, superior

0.97 **pequenino** 2921 very small

0.97 **qualquer** 110 whichever

0.97 **pequeno** 139 small

0.97 **fácil** 573 easy

0.97 **curto** 607 short

0.97 **terrível** 1891 terrible

0.97 **insuficiente** 4174 insufficient

Mainly with *estar*:

0.98 **prestes** 3248 about to, ready to

0.93 **ausente** 2891 absent

0.92 **inscrito** 4198 enrolled, inscribed

0.90 **disponível** 1623 available

0.86 **apto** 1261 apt, capable

0.83 **operacional** 3829 operational

0.81 **pronto** 776 ready

0.78 **cheio** 712 full

0.78 **ansioso** 4133 anxious

0.76 **atento** 2233 attentive

0.74 **repleto** 4041 full of, overrunning with

0.71 **doente** 769 sick, ill

0.70 **patente** 2682 evident

0.68 **exposto** 3296 displayed, exposed

0.68 **consciente** 2269 aware, conscious

0.63 **próximo** 226 next, close, near

0.62 **assente** 4189 agreed

0.61 **quente** 984 hot

Mainly with *ficar*:

0.70 **célebre** 2404 renowned, famous

0.52 **furioso** 4551 furious

0.46 **nu** 2116 naked, nude

0.41 **sozinho** 1170 alone

0.37 **silencioso** 3905 silent

0.37 **vermelho** 819 red

0.35 **nervosa** 1658 nervous

0.34 **tranquilo** 2220 calm, tranquil

0.33 **distante** 1570 distant

0.33 **inconsciente** 3442 unconscious

0.33 **mudo** 1809 silent, mute

0.31 **tenso** 4899 tense

0.31 **exposto** 3296 displayed, exposed

0.30 **roxo** 4476 dark red, purple

0.30 **vazio** 1443 empty

0.30 **assente** 4189 agreed

0.29 **incompleto** 4767 incomplete

0.29 **famoso** 1185 famous

0.28 **confuso** 3848 confusing, confused

2936 bacia *nf* basin
- a serra separa as bacias hidrográficas dos dois rios – *The mountain range separates the hydrographic basins from the two rivers.*
54 | 478

2937 finalidade *nf* objective, purpose, end
- o vereador revelou que a finalidade da comissão é recolher informações – *The congressman revealed that the committee's objective is to gather information.*
52 | 601 +a

2938 abrigar *v* to shelter, protect
- eles construíram galpões para abrigar os sem-teto do terremoto – *They built pavilions to shelter the homeless from the earthquake.*
54 | 434 -s

2939 simbólico *aj* symbolic
- o ato tem significados simbólicos e religiosos muito importantes para os nativos – *The act has very important symbolic and religious significance to the natives.*
53 | 394

2940 comité *nm* committee
- o comité é composto por um presidente e 19 vice-presidentes – *The committee is composed of a president and 19 vice-presidents.*
54 | 590

2941 contratado *aj* contracted (employees)
- os contratados vão passar por um curso de 30 dias – *The contracted employees will take a 30-day course.*
53 | 453

2942 paraíso *nm* paradise
- você foi expulsa do Paraíso. Agora faz parte do mundo dos mortais – *You have been cast out of paradise. You are now part of the world of mortals.*
54 | 489

2943 burro *na* donkey, ass, fool
- Este animal é um híbrido de um burro macho com uma égua – *This animal is a hybrid of a male donkey with a mare.*
52 | 687 +f +s -a -n

2944 punir *v* to punish
- este crime é punido com pena de prisão – *This crime is punished with a prison sentence.*
54 | 403 +n

2945 usado *aj* used
- tornou-se possível a importação de veículos usados – *Then it became possible to import used cars.*
53 | 670 +a

2946 pá *nf* shovel, scoop
- foi buscar outra pá dos trabalhadores rurais – *He went to get another shovel from the field workers.*
52 | 573 +s -a -n

2947 abater *v* to come down, cut down
- as chuvadas de granizo se abateram sobre a região – *The falling hail came down on the region.*
54 | 432

2948 subida *nf* rise, ascent
- com a subida dos nazis ao poder, ele emigrou para os EU – *With the rise of the Nazis to power, he immigrated to the US.*
53 | 535

2949 bala *nf* shot, bullet, candy [BP]
- dispararam uma bala de canhão – *They fired a cannon shot.*
53 | 552 -a

2950 questionar *v* to question
- as empresas questionaram a relação causal entre fumo e doenças – *Companies questioned the causal relation between smoking and diseases.*
53 | 509 +n +s -f

2951 desastre *nm* disaster
- ele morreu num desastre de aviação – *He died in an airplane disaster.*
53 | 449

2952 verdadeiramente *av* truly
- uma sociedade verdadeiramente democrática exige a participação de todos os cidadãos – *A truly democratic society requires the participation of all its citizens.*
53 | 408

2953 separado *aj* separated
- ele não é separado legalmente da mulher – *He is not legally separated from his wife.*
54 | 423

2954 agudo *aj* sharp, acute
- ouviram um grito agudo – *They heard a sharp cry.*
53 | 566 -n

2955 cemitério *nm* cemetery
- Ele foi sepultado no cemitério da vila – *He was buried in the village cemetery.*
53 | 588 -a

2956 telefónico *aj* telephone
- ele respondia a dezenas de faxes e chamadas telefónicas que chegavam ao seu escritório – *He answered dozens of faxes and telephone calls that came into his office.*
53 | 551

2957 baile *nm* dance, ball
- no baile achei bonito vê-la dançar com o pai – *At the dance, I thought it was nice to see her dance with her father.*
53 | 469 -a

2958 desporto *nm* sport [EP]
- ginástica e ténis são os únicos desportos que eles praticam. [EP] – *Gymnastics and tennis are the only sports they participate in.*
53 | 610 +n -f

2959 electricidade *nf* electricity
- a electricidade é das formas de energias mais facilmente convertíveis em calor – *Electricity is one of the forms of energy that is most easily converted into heat.*
53 | 449

2960 castigo *nm* punishment, curse
- o castigo corporal de crianças pelos pais é proibido em alguns países – *The corporal punishment of children by their parents is forbidden in some countries.*
53 | 505

2961 descrição *nf* description
- ele pediu-me uma descrição minuciosa das pessoas – *He asked me for a detailed description of the persons.*
52 | 672 +a -n

2962 isolamento *nm* isolation
- O isolamento e a calma da prisão permitem-me pensar melhor – *The isolation and calm of prison allow me to think more clearly.*
53 | 398

2963 demonstração *nf* demonstration
- eles fizeram uma louvável demonstração de resistência – *They made a laudable demonstration of resistance.*
54 | 454

2964 integrante *na* integral, member
- outro elemento integrante do conceito de diplomacia é a existência de intermediários – *Another integral element of the concept of diplomacy is the existence of intermediaries.*
54 | 711 +n -f

2965 caderno *nm* notebook
- ela tinha um pequeno caderno em que escrevia pensamentos e opiniões – *She had a small notebook in which she wrote her thoughts and opinions.*
53 | 437

2966 luminoso *aj* bright, luminous
- o sinal luminoso à minha frente fica vermelho – *The bright traffic signal in front of me turns red.*
55 | 637 -n -s

2967 nomeação *nf* nomination
- sua nomeação para presidente da Comissão Europeia foi vetada pelo anterior primeiro-ministro – *His nomination to president of the European Council was vetoed by the former prime minister.*
54 | 449

2968 coligação *nf* alliance, federation, union
- um mês depois, a coligação era estabelecida com o Partido Democrata – *A month later, the alliance with the Democratic Party was made.*
56 | 653 -f

2969 comportar *v* to behave
- nossa equipe aprendeu como se comporta um time vencedor – *Our team learned how a winning team behaves.*
53 | 420

2970 excepto *prp* except
- todos os monges, excepto frei Manuel, adoeceram – *All the monks, except Frei Manuel, got sick.*
54 | 464

2971 armazém *nm* storehouse
- os armazéns estão abarrotados de arroz e continua entrando o produto – *The storehouses are full of rice and still more is coming in.*
53 | 558 +f

2972 caçador *nm* hunter
- 200 tigres são mortos todos os anos por caçadores ilegais – *200 tigers are killed every year by illegal hunters.*
53 | 376

2973 poupar *v* to save, spare
- consumir mais e poupar menos é uma tendência dos países desenvolvidos – *To consume more and save less is a tendency of developed countries.*
53 | 533 +n

2974 iluminação *nf* lighting, illumination
- o prédio tem uma iluminação que ressalta a sua arquitetura e as cores – *The lighting of the building highlights its architecture and colors.*
54 | 380

2975 fracasso *nm* failure
- a campanha foi um fracasso até o general assumir o comando – *The campaign was a failure until the general took command.*
53 | 399

2976 pressa *nf* hurry, urgency
- sem saber porquê, ele sentiu que estava com pressa e não quis demorar-se – *Without knowing why, he felt that he was in a hurry and didn't want to be late.*
52 | 788 +f -a

2977 vice-presidente *nm* vice president
- ele é Vice-Presidente do Partido Popular Europeu – *He is Vice President of the European People's Party.*
54 | 839 +n -f

2978 tempestade *nf* storm, tempest
- apanhados por uma violenta tempestade de neve, toda a expedição sucumbiu – *Hit by a violent snow storm, the whole expedition perished.*
53 | 428

2979 compensar *v* to compensate
- os lucros compensam as perdas – *The profit compensates for the loss.*
53 | 393 +n

2980 sintoma *nm* symptom
- os principais sintomas da doença são dor de cabeça, vômito e diarréia – *The main symptoms of the disease are headache, vomiting and diarrhea.*
52 | 629 +a

2981 discreto *aj* discrete
- o carro parou à porta, discreto, quase silencioso – *The car stopped at the door, discrete, almost silent.*
53 | 484

2982 touro *nm* bull
- ele tornou-se o primeiro matador português a matar um touro no país – *He became the first Portuguese matador in the country to kill a bull on Portuguese soil.*
52 | 393

2983 agradecer *v* to thank
- o Paulo agradecia a Deus aquela água – *Paulo thanked God for that water.*
53 | 626 -a

2984 recomendação *nf* recommendation
- ele lhe dá uma carta de recomendação, encaminhando-o a um amigo – *He is giving him a letter of recommendation and directing him to a friend of his.*
53 | 414

2985 emergência *nf* emergency
- a violência dos protestos levou à declaração do estado de emergência – *The violence of the protests led to the declaration of a state of emergency.*
53 | 471

2986 tranquilidade *nf* tranquility, peace
- os problemas perturbam o sossego e a tranquilidade dele – *His problems are perturbing his peace and tranquility.*
53 | 406 -a

2987 caçar *v* to hunt
- os noruegueses caçam baleias desde o século IX – *The Norwegians have hunted whales since the 9th century.*
52 | 439 -n

2988 substituição *nf* substitution
- no que se refere à qualidade dos produtos, eles não aceita substituições – *So far a product quality is concerned, he will not accept substitutions.*
54 | 614 -f

2989 vital *aj* vital
- o esterno protege órgãos de importância vital – *The sternum protects organs of vital importance.*
53 | 411

2990 repórter *nc* reporter
- após certo alvoroço, os repórteres saem às ruas entrevistando os moradores – *After some commotion, the reporters went out into the streets, interviewing the locals.*
52 | 450 +s -a

2991 fornecedor *nm* provider
- são 15 os principais fornecedores de auxílio aos países pobres do mundo – *There are fifteen main providers of aid to the poor countries of the world.*
53 | 583 -f

2992 cauda *nf* tail
- ele media cerca de 1 metro, possuindo um longo pescoço e uma longa cauda – *It was about 1 meter long, with a long neck and a long tail.*
53 | 705 +a -n

2993 posto *nm* station, post
- foi um edifício destinado a albergar o posto emissor da TV1 – *It was a building that would become the transmission station for TV1.*
53 | 466 +n

2994 ruptura *nf* rupture, break
- estávamos em ruptura com a geração que nos antecedera – *We were in a state of rupture with the preceding generation.*
53 | 406

2995 paciência *nf* patience
- a espera era aborrecida. Ele não tinha paciência – *The wait was boring. He lacked patience.*
53 | 717 +f -a

2996 firma *nf* firm (business)
- ao trabalhar numa firma de patentes, aprendeu desenho técnico – *While working in a patent firm, he learned technical design.*
52 | 380

2997 abraçar *v* to hug, embrace
- Maria não deixou também de abraçar e confortar os amigos do filho – *Maria also hugged and comforted her son's friends.*
52 | 688 +f

2998 planície *nf* plain, prairie
- uma planície de inundação é composta por aluviões depositados periodicamente – *A flood plain is made up of periodically deposited alluvial material.*
54 | 588 -n

2999 comprador *nm* buyer
- em nenhum caso houve comprador no primeiro leilão – *In no case was there a buyer at the first auction.*
53 | 441

3000 polémico *na* controversial
- eu ainda não cheguei a uma conclusão sobre este polêmico tema – *I still haven't come to a conclusion on this controversial topic.*
53 | 498

3001 empresarial *aj* related to a company
- ele liderou a campanha contra a classe empresarial para reduzir a competição – *He led the campaign to reduce competition against the business owner's class.*
54 | 671 +n -f

3002 manga *nf* sleeve, mango
- ele arregaçou as mangas da camisa e foi bater umas bolas – *He rolled up his shirt sleeves and went to bat some balls.*
52 | 508

3003 seda *nf* silk
- para se obter o fio de seda, o casulo é cuidadosamente desenrolado – *To obtain the silk thread, the cocoon is carefully unraveled.*
52 | 664 +f -n

3004 constantemente *av* constantly
- os hipocondríacos preocupam-se constantemente com a sua saúde – *Hypochondriacs are constantly worried about their health.*
52 | 410

3005 ajuste *nm* adjustment, agreement
- há, ainda, muitos ajustes dolorosos a serem feitos – *There are still many painful adjustments to be made.*
53 | 413

3006 posteriormente *av* later, afterwards
- Mário fugia para África, de onde regressou posteriormente – *Mario fled to Africa, from where he later returned.*
52 | 1692 +a -f

3007 realista *aj* realist
- os romances realista e psicológico expressaram a desilusão que marcou esta época – *The realist and psychological novels expressed the disillusionment that marked this time period.*
53 | 394 +s

3008 perseguição *nf* persecution
- a Santa Inquisição empreendia perseguições a todos aqueles que fugiam às regras religiosas – *The Holy Inquisition carried out persecutions against those who strayed from religious norms.*
52 | 448

3009 fusão *nf* merger, fusion
- projetam a fusão das duas polícias, civil e militar – *They're planning a merger of the two police forces, both the civilian and the military.*
53 | 669 +a

3010 digno *aj* worthy
- ele era um auxiliar competente, hábil e digno de confiança – *He was a competent aide who was capable and worthy of one's trust.*
53 | 517

3011 defrontar *v* to face, confront
- o ser humano se defronta dia a dia com dois impulsos contrastantes – *Human beings face two contrasting impulses daily.*
52 | 484

3012 abrigo *nm* shelter, refuge, sanctuary
- a maioria dos habitats fornece abrigo a um grande número de espécies – *Most habitats provide shelter to a large number of species.*
53 | 422

3013 residente *na* resident
- a população era constituída por 40.808 residentes – *The population consisted of 40,808 residents.*
54 | 747 +a -f -s

3014 sujo *aj* dirty, soiled
- é necessário que a roupa suja seja sempre lavada – *It is imperative that dirty clothes always be washed.*
52 | 680 +f -a

3015 inútil *aj* useless
- qualquer oposição seria inútil, porque o rapaz não obedecia a ninguém – *Any opposition would be useless, because the young boy didn't obey anybody.*
52 | 785 +f -a

3016 cabra *nmf* goat (F), guy (M)
- ainda hoje as cabras são usadas para a produção de leite – *Even today, goats are used for milk production.*
51 | 616 +f +s -a -n

3017 complementar *aj* complementary, additional
- estes dois aspectos são complementares – *These two aspects are complementary.*
53 | 529 -f

3018 proveniente *aj* proceeding or resulting from
- esse tipo de erro é proveniente de fatores incontroláveis – *That type of error results from factors beyond our control.*
54 | 687 +a -s

3019 solitário *aj* solitary
- ele esperava com secreto ardor as horas solitárias da noite – *He secretly and passionately awaited the solitary hours of the night.*
53 | 544 -s

3020 muralha *nf* city wall
- a então capital era protegida por muralhas de quatro quilómetros – *The then capital was protected by four kilometer long walls.*
53 | 417

3021 lenda *nf* legend, story
- segundo uma lenda, este instrumento foi inventado pelo deus pagão Pã – *According to legend, this instrument was invented by the pagan god Pan.*
52 | 444

3022 jazz *nm* jazz
- um dos músicos mais famosos do jazz já surgira: o trompetista Louis Armstrong – *One of the most famous jazz musicians had already emerged: the trumpeter Louis Armstrong.*
53 | 504

3023 medicamento *nm* medication, medicine
- ela tomou seu medicamento e ficou restabelecida – *She took her medication and felt better.*
53 | 485

3024 auto *nm* legal document, theatrical play
- os autos foram arquivados no dia 22 – *The legal documents were archived on the 22nd.*
52 | 452

3025 pulmão *nm* lung
- fumar provoca cancro do pulmão – *Smoking causes lung cancer.*
53 | 482 +a -n

3026 estreia *nf* debut, premiere
- ela fez a sua estreia como solista no teatro de São Carlos – *She made her debut as a soloist in the São Carlos Theater.*
51 | 704

3027 catedral *nf* cathedral
- foi comemorado com a celebração de uma missa na Catedral da Sé – *It was commemorated with a Mass at the Cathedral of the Holy See.*
53 | 516 +a

3028 estável *aj* stable
- o trióxido de hidrogénio é estável a baixas temperaturas – *Hydrogen trioxide is stable at low temperatures.*
53 | 471

3029 bebé *nc* baby
- a bebé chorava muito nos braços da ama – *The baby girl cried a lot in the arms of the wet nurse.*
52 | 436

3030 misto *na* mix, mixed
- os vulcões compósitos ou mistos caracterizam-se por apresentarem os dois tipos de actividade – *Composite or mixed volcanoes are characterized as exhibiting both types of activity.*
53 | 385

3031 desencadear *v* to unleash, cause
- a independência desencadeou uma guerra – *Independence unleashed a war.*
53 | 453

3032 estatal *aj* relating to the state
- apesar de ser estatal, a companhia tem mostrado bom desempenho na competição – *Although it is state-run, the company demonstrated high performance in face of competition.*
53 | 750 +n -f

3033 baiano *na* from Bahia [BP]
- os preços dos produtores paulistas e baianos são reajustados – *The prices of the producers from the city of São Paulo and from the state of Bahia are readjusted.*
52 | 497 +n -a

3034 assinalar *v* to point out
- não podemos deixar de assinalar a importância do facto – *We cannot fail to point out the importance of the fact.*
53 | 497 +n -s

3035 excelência *nf* excellence
- a excelência artística foi atingida no início da Renascença em Itália – *Artistic excellence was reached at the beginning of the Renaissance in Italy.*
52 | 462

3036 abuso *nm* abuse
- ela foi acusada de corrupção e de abuso de poder – *She was accused of corruption and abuse of power.*
52 | 459

3037 física *nf* physics
- Einstein tornou-se professor de física em 1900 – *Einstein became a professor of physics in 1900.*
50 | 1098 +a -f

3038 lembrança *nf* memory, souvenir
- a lembrança daquela noite angustiou muito o coronel – *The memory of that night gave the colonel great anxiety.*
51 | 822 +f -a

3039 visitante *na* visitor, visiting
- alguns países exigem que o visitante obtenha um visto – *Some countries require that visitors obtain a visa.*
54 | 598 +n -s

3040 maré *nf* tide, flux
- esperou então que, depois da maré alta, viesse a maré baixa – *He expected then that after the high tide, the low tide would come.*
52 | 399

3041 abastecimento *nm* supply, provision, ration
- o rio Jordão é a fonte de abastecimento de água da Jordânia – *The River Jordan is the source of Jordan's water supply.*
53 | 472

3042 localização *nf* location
- os estudos para a definição da localização do futuro aeroporto arrastam-se – *The studies to decide the location of the future airport are being carried out.*
53 | 520 -f

3043 iluminar *v* to illuminate
- iluminava então o sol os arvoredos – *The sun then illuminated the groves.*
52 | 717 +f -n

3044 leito *nm* bed (archaic)
- ela deitava-se no leito, e logo se soerguia – *No sooner had she laid down on her bed, she would get herself up again.*
53 | 597 +f -n -s

3045 plataforma *nf* platform
- a Plataforma de Esquerda deverá ainda ficar representada nos concelhos – *The Leftist Platform will still be represented in the councils.*
52 | 390

3046 arrumar *v* to organize, arrange
- o primeiro passo para arrumar o armário é livrar-se dos entulhos – *The first step in organizing your closet is getting rid of your junk.*
53 | 630 -a

3047 independentemente *av* independently
- todos podiam participar nos Jogos, independentemente do seu estatuto social – *All could participate in the Games, independently of their social stature.*
53 | 481 -f

3048 pico *nm* peak, highest point, insect bite
- o monte Fuji é o pico mais elevado do Japão – *Mount Fuji is the highest peak in Japan.*
52 | 409

3049 castanho *aj* brown
- ela é esbelta, airosa, ágil, de cabelos castanhos e profundos olhos – *She is svelte, light, and agile, with brown hair and deep eyes.*
52 | 410 -n

3050 colocação *nf* placement
- o segredo do cinema é a colocação correta da câmera – *The secret to film-making is the correct placement of the camera.*
52 | 492 +n

3051 asiático *na* Asian
- a bananeira é originária do sudeste asiático – *The banana tree is native to southeast Asia.*
53 | 533 -f

3052 vaga *nf* vacancy, opening
- ambos foram eleitos, assumindo as vagas deixadas pelos seus predecessores – *Both were elected, filling the vacancies left by their predecessors.*
52 | 490

3053 mortal *aj* mortal, fatal, terminal
- a gravidade da doença varia de ligeira a rapidamente mortal – *The seriousness of the disease varies from slow to quickly terminal.*
54 | 456 -s

3054 elaboração *nf* preparation, elaboration
- na elaboração do plano eles esqueceram-se que o preço dos materiais de construção tinha aumentado – *In the preparation of the plan they forgot that the cost of construction materials had gone up.*
53 | 639 +a -f

3055 depor *v* to depose, put down, set aside
- a intervenção militar depôs o presidente – *Military intervention deposed the president.*
53 | 443 -s

3056 preconceito *nm* prejudice, preconceived notion
• o preconceito contra os judeus é designado por anti-semitismo – *Prejudice against the Jewish people is called anti-Semitism.*
51 | 353 +s

3057 proibido *aj* prohibited, forbidden
• o comércio de marfim é totalmente proibido – *The sale of ivory is completely prohibited.*
53 | 386

3058 prevenção *nf* prevention
• o objetivo é estimular a prevenção da doença – *The objective is to encourage the prevention of the disease.*
52 | 510

3059 vapor *nm* steam, vapor
• a terapia é feita através da inalação de vapores – *The therapy is done through steam inhalation.*
53 | 631 +a -n -s

3060 solidão *nf* solitude
• nas horas de silêncio e solidão ele murmurava suas orações – *During hours of silence and solitude, he would mutter his prayers.*
51 | 635 +f -a

3061 possibilitar *v* to make possible
• o bico possibilita que o animal abra as sementes – *Beaks make it possible for the animal to open seeds.*
52 | 702 +a -f

20. Adjectives of emotion

The following are the most common adjectives that occur in the context:

person + *ficar/estar/sentir(se)* + ADJ, e.g.
ele sentia-se triste "he felt sad"
a Maria ficou muito assustada "Mary got really scared"

The number in each entry below shows the number of occurrences with the adjective in question, rather than the rank order of the adjective in the main dictionary.

Positive:

57 **feliz** happy
40 **bom** good
39 **contente** happy
26 **melhor** better
20 **satisfeito** satisfied
17 **apaixonado** in love
13 **livre** free
11 **emocionado** excited
10 **quieto** calm
10 **seguro** sure, self-assured
10 **sério** serious
9 **encantado** very happy
9 **grato** grateful
9 **obrigado** thankful
9 **orgulhoso** proud
8 **alegre** happy
8 **impressionado** impressed

Neutral:

46 **disposto** willing
41 **convencido** convinced
29 **certo** sure

29 **habituado** used to
27 **acostumado** used to
24 **interessado** interested
21 **perdido** lost
16 **bêbado** drunk
12 **envolvido** involved
12 **surpreso** surprised
11 **tranquilo** calm
9 **calado** quiet
8 **acordado** awake
8 **atento** attentive
8 **surpreendido** surprised
7 **comovido** choked up
7 **exausto** exhausted
7 **responsável** responsible
7 **tenso** tense
6 **embriagado** drunk

Negative:

62 **doente** sick
54 **mal** bad
51 **sozinho** alone
39 **preocupado** worried

34 **cansado** tired
30 **louco** crazy
21 **triste** sad
15 **maluco** crazy
15 **nervoso** nervous
14 **culpado** guilty
14 **enganado** deceived
13 **zangado** angry
11 **arrependido** sorry
11 **assustado** scared
11 **errado** wrong
10 **desesperado** desperate
9 **aborrecido** annoyed
9 **apavorado** terrified
9 **envergonhado** embarassed
9 **furioso** furious
8 **irado** upset
7 **incapaz** unable
6 **aflito** distressed
6 **chateado** annoyed
6 **irritado** irritated
6 **perplexo** confused

3062 relevo *nm* relief, relevance
- no canto direito tinha as iniciais A. V. gravadas em relevo dourado – *In the right corner, the initials A.V. were engraved in gold relief.*
- 53 | 555 +a -n -s

3063 criatura *nf* creature
- essa angelical criatura morreu atacada pelo bicho – *This angelic creature died, after having been attacked by the beast.*
- 51 | 834 +f -n

3064 coordenação *nf* coordination
- o cérebro regula a coordenação motora – *The brain regulates motor coordination.*
- 55 | 568 -f

3065 suicídio *nm* suicide
- depois da tentativa de suicídio, seu estado de fraqueza era enorme – *After his suicide attempt, he was incredibly weak.*
- 53 | 367

3066 dispositivo *nm* device, gadget
- o dispositivo possui um foto-receptor na ponta, que emite sinais – *The device has a photoreceptor on the tip that gives off signals.*
- 52 | 739 +a -f

3067 aliviar *v* to alleviate, relieve
- a dor é inevitável, mas a água quente alivia um pouco – *The pain is inevitable, but hot water does alleviate it a little.*
- 52 | 427

3068 cachorro *nm* dog
- um cachorro começava a latir, e por fim lançava uivos – *A dog started by barking and ended up howling.*
- 50 | 589 +f +s -a

3069 bando *nm* group, band, flock of birds
- animais gregários tendem a viver em bandos de até 100 indivíduos – *Herding animals tend to live in groups of up to one hundred individuals.*
- 52 | 477

3070 moinho *nm* mill
- vamos buscar o milho e levá-lo ao moinho – *We go to get the corn and take it to the mill.*
- 51 | 383 +s

3071 assassino *nm* assassin, murderer
- o filme é sobre um assassino psicopata serial que está à solta – *The movie is about a psychopathic serial killer on the loose.*
- 52 | 472

3072 gravura *nf* painting, picture
- o maior relevo tem sido dado a sua obra gráfica, com gravuras de grande expressividade – *The greatest emphasis has been placed on his visual art, which includes highly expressive paintings*
- 51 | 404

3073 trabalhista *na* labor party member, characteristic of a worker
- em 1888 ele foi o primeiro candidato trabalhista ao Parlamento – *In 1888, he was the first labor party candidate to Parliament.*
- 53 | 594 +n -f

3074 uniforme *na* uniform
- as áreas ocorrentes apresentam clima uniforme de norte a sul – *The regions in which this occurs have a uniform climate from the North to the South.*
- 52 | 382

3075 inesperado *aj* unexpected
- temos mais uma surpresa, um lance inesperado que te há de agradar – *We have one more surprise, unexpected news that's bound to make you happy.*
- 52 | 539 +f

3076 foz *nf* mouth of a river
- a terra imensa pertencia-lhe, da foz dos grandes rios às cabeceiras longínquas – *The extensive land belonged to him, from the mouths of the great rivers to their faraway headwaters.*
- 52 | 519 +n

3077 autoria *nf* authorship
- a autoria do livro é atribuída a Confúcio – *The book's authorship is attributed to Confucius.*
- 53 | 536

3078 fiscalização *nf* inspection
- os mercados foram criados sob a fiscalização das autoridades – *The markets were created under the inspection of the authorities.*
- 52 | 520 +n

3079 raciocínio *nm* reasoning
- usando o mesmo raciocínio chegamos à conclusão de que será mais difícil – *Using the same reasoning, we came to the conclusion that it will be more difficult.*
- 52 | 359

3080 diplomático *aj* diplomatic
- alguns chegaram a ameaçar romper as relações diplomáticas com a Áustria – *Some went as far as threatening to cut off diplomatic relations with Austria.*
- 52 | 484

3081 vaso *nm* vessel, vase
- esse fino vaso fornece sangue à parede da cavidade timpânica – *That small vessel provides blood to the wall of the tympanic cavity.*
- 52 | 603 +a -n -s

3082 piscina *nf* pool
- ela desceu à piscina, tomou o seu banho de sol, mergulhou na água – *She went down to the pool, sunbathed and dove into the water.*
- 51 | 447 +n -a

3083 inscrição *nf* enrollment, inscription
- não é preciso inscrição para participar do processo – *Enrollment is not needed in order to participate in the process.*
- 51 | 578 +n

3084 calendário *nm* calendar
- o calendário gregoriano conta os anos a partir do nascimento de Jesus – *The Gregorian calendar counts years starting with the birth of Jesus.*
- 51 | 455

3085 cinzento *aj* gray
- as nuvens amontoavam-se no céu cinzento; ia chover – *The clouds gathered in the gray sky; it was going to rain.*
52 | 493 -n

3086 time *nm* team
- eles jogaram no time que venceu o Campeonato Brasileiro de 1977 – *They played on the team that won the Brazilian Championship in 1977.*
49 | 1376 +n -a -f

3087 angústia *nf* anxiety, anguish
- trava-se-me a respiração em angústia asfixiante – *My breath was stopped in an asphyxiating anxiety.*
51 | 613 +f

3088 baixa *nf* reduction
- nunca pensei que uma baixa salarial me viesse acontecer – *I never thought that I would ever experience a salary reduction.*
52 | 422

3089 governante *na* governor, politician, governing
- uma eleição representa um contrato entre governantes e governados – *An election represents a contract between the rulers and the ruled.*
51 | 471

3090 expressivo *aj* expressive
- era um rosto jovem e expressivo – *It was a young and expressive face.*
51 | 387

3091 limitação *nf* limitation
- mas apesar de suas limitações, ele podia ajudar seus companheiros – *But despite his limitations, he could help his companions.*
51 | 517

3092 barulho *nm* noise
- ouvia-se um barulho ensurdecedor de malhos embatendo nas paredes – *You could hear the deafening noise of sledgehammers hitting against the walls.*
51 | 597 +f -a

3093 impressionar *v* to impress
- o porte grave e ar penitente dela impression-aram grandemente os recém-chegados – *Her grave look and penitent air greatly impressed the newcomers.*
51 | 454

3094 seleccionar *v* to select
- caberá às escolas do ensino secundário seleccionar os participantes – *It will fall to the high schools to select the participants.*
52 | 530 +a -f

3095 conversação *nf* talk, conversation
- o novo regime encetou conversações de paz com a Alemanha, em dezembro – *The new regime began peace talks with Germany in December.*
51 | 420

3096 sé *nf* see, parochial headquarters
- politicamente, Pombal entrou em conflito com as prerrogativas da Santa Sé – *Politically, Pombal entered into conflict with the prerogatives of the Holy See.*
52 | 430

3097 fibra *nf* fiber
- a introdução de fibras sintéticas prejudicou inicialmente a indústria da seda – *Initially, the introduction of synthetic fibers adversely affected the silk industry.*
51 | 605 +a -n

3098 interrogar *v* to ask (a question), interrogate
- o coronel sabe, interrogou a zoóloga, qual é a definição da palavra? – *Does the colonel know, asked the zoologist, "what the word's definition is?"*
51 | 567

3099 renunciar *v* to resign, renounce
- ele foi reeleito presidente, mas acabou por renunciar ao cargo – *He was reelected president, but he ended up resigning.*
52 | 454 -s

3100 outrora *av* formerly, anciently
- outrora pertencente à Jordânia, a cidade foi ocupada por Israel, em 1967 – *Having formerly belonged to Jordan, the city was occupied by Israel in 1967.*
54 | 467 +f -n -s

3101 desculpa *nf* excuse
- me parece que é uma desculpa que ele arranjou para não vir! – *It seems to me that that is an excuse he made up not to come!*
51 | 602 -a

3102 vegetal *na* vegetable, relating to vegetables
- a couve é um vegetal típico da culinária regional portuguesa – *Cabbage is a typical vegetable of regional Portuguese cuisine.*
50 | 742 +a -n

3103 incrível *aj* incredible
- por incrível que pareça, um deles sobreviveu às balas e ao fogo – *As incredible as it seems, one of them survived the shooting and the fire.*
51 | 406 +s -a

3104 alternar *v* to take turns, alternate
- durante cerca de uma década, foi alternando a sua carreira de actriz com outros trabalhos – *For nearly a decade, she took turns working as an actress and doing other jobs.*
52 | 488

3105 enriquecer *v* to make or become rich, enrich
- os lucros das exportações enriqueceram a família – *The profit from the exports made the family rich.*
51 | 391

3106 diminuição *nf* decrease, diminishing
- a diminuição da hemoglobina no sangue caracteriza a anemia – *The decrease of hemoglobin in the blood is a characteristic of anemia.*
52 | 557 +a -f

3107 dose *nf* dose
- a infusão foi administrada em doses diárias durante cerca de seis semanas – *The injection was administered in daily doses for about six weeks.*
51 | 412

3108 narrativa *nf* narrative
- em outro relanço desta narrativa darei conta do remate deste episódio – *In another version of this narrative, I will give an account of this episode's outcome.*
51 | 389

3109 psicologia *nf* psychology
- na psicologia social são comuns os estudos sobre a análise de grupo – *In social psychology, studies about group dynamics are common.*
50 | 467 +a

3110 acompanhamento *nm* follow-up, accompaniment
- o paciente deve ter acompanhamento médico – *The patient should have a medical follow-up.*
51 | 431

3111 eficiência *nf* efficiency
- as tecnologias permitem ganhos de eficiência incríveis na produção – *Technology allows incredible gains in production efficiency.*
52 | 497 -f

3112 atrasado *aj* late, behind
- a carta chegava atrasada, com apenas cinco dias de antecedência do evento – *The letter arrived late, only five days before the event.*
51 | 389 +s -a

3113 diagnóstico *na* diagnosis, diagnostic
- não precisou de maiores exames para fazer o seu diagnóstico: pneumonia – *I don't need any more tests to make the diagnosis: pneumonia.*
51 | 442

3114 suficientemente *av* sufficiently
- as causas desse processo não estão suficientemente esclarecidas – *The reasons behind this process are not sufficiently clear.*
51 | 369

3115 ódio *nm* hatred
- deixaram atrás de si uma onda de ódio e destruição – *They left a wave of hatred and destruction behind them.*
50 | 798 +f -n

3116 controlo *nm* control [EP]
- as políticas de controlo têm-se mostrado pouco eficientes. [EP] – *Control policies have been shown not to be very effective.*
53 | 954 +a -f

3117 resultante *aj* resulting from, a result of
- as areias são resultantes do fracionamento das rochas – *Sand is a result of the process of fragmentation of rocks.*
51 | 743 +a

3118 arder *v* to burn, sting
- o vestido começou a arder em chamas – *The dress began to burn up in flames.*
51 | 552 +f -n

3119 palha *nf* straw, hay
- ele trazia na cabeça um chapéu de palha de largas abas – *He wore a wide-brimmed straw hat on his head.*
51 | 597 +f +s -a -n

3120 muçulmano *na* Muslim
- os rituais da peregrinação muçulmana tiveram ontem seu ponto culminante – *The ritual of Muslim pilgrimage reached its high point yesterday.*
52 | 649 +a -f -s

3121 piso *nm* floor, level, story
- todo o piso era lajeado, com paredes grossas como um forte – *The whole floor was paved, with thick walls like a fort.*
51 | 392

3122 andamento *nm* progress
- o bom andamento deste processo depende fortemente do compartilhamento de informações – *Good progress in this case depends a great deal on the sharing of information.*
51 | 374

3123 escasso *aj* scarce
- se os recursos são escassos, não há progresso – *If resources are scarce, there is no progress.*
52 | 390

3124 lata *nf* can, tin
- eu ia comprar, entre outras coisas, algumas latas de cerveja – *I was going to buy, among other things, some cans of beer.*
51 | 420

3125 expandir *v* to expand
- a economia norte-americana expandiu 30%, gerando renda numa velocidade espantosa – *The North American economy expanded 30%, generating income at an amazing rate.*
52 | 423 +a -s

3126 terminal *nm* terminal, outlet
- para a medirmos, ligamos os terminais do voltímetro a estes pontos – *To measure it, we connect the terminals of the voltmeter to these points.*
51 | 550 -f

3127 respirar *v* to breathe
- ele pensou em levantar-se, abrir a janela, e respirar o ar da noite – *He thought about getting up, opening the window, and breathing the night air.*
49 | 705 +f

3128 montante *nm* amount
- a dívida nacional é o montante total de dinheiro devido pelo Estado – *The national debt is the total amount of money owed by the government.*
52 | 508 +n

3129 persistir *v* to persist
- na hepatite crónica os sintomas persistem por seis meses – *In chronic hepatitis, the symptoms persist for 6 months.*
52 | 369

3130 convencido *aj* convinced
- o capitão estava convencido de que o fugitivo se tinha afogado – *The captain was convinced that the fugitive had drowned.*
51 | 407 +s -a

3131 coincidir *v* to match up, coincide
- estas gravuras não coincidem necessariamente com as apresentadas no texto-fonte – *These drawings don't necessarily match up with those found in the source text.*
51 | 399

3132 votação *nf* voting, election
- mas tiveram de começar a votação mesmo com um quórum de 445 – *But they had to start the voting, even with a quorum of 445.*
50 | 1095 +n -f

3133 estômago *nm* stomach
- quando consumido, o álcool é rapidamente absorvido pelo estômago e pelo intestino – *When consumed, alcohol is rapidly absorbed by the stomach and the intestines.*
52 | 475 -n

3134 lã *nf* wool
- era com essa tesoura que se cortava a lã da ovelha – *It was with those scissors that they cut wool from the sheep.*
52 | 423 +s -n

3135 empenhar *v* to strive, get involved
- ele empenhou-se activamente em colocar a opinião pública do lado dos aliados – *He actively strove to put public opinion on the side of the allies.*
51 | 372

3136 descendente *nc* descendant
- o Messias é considerado descendente de David – *The Messiah is considered a descendant of David.*
52 | 491 +a -s

3137 múltiplo *aj* multiple
- são necessários múltiplos sensores, que avaliam todas as relações do veículo – *Multiple sensors are necessary to evaluate all the parts of the vehicle.*
51 | 523 -s

3138 renovação *nf* renovation, renewal
- o seu primeiro projecto foi a renovação urbana da frente marítima de Chicago – *His first project was the urban renovation of Chicago's shoreline.*
52 | 408

3139 oficialmente *av* officially
- o novo bispo toma oficialmente posse na terça-feira – *The new bishop officially takes over on Tuesday.*
52 | 496 +n -s

3140 transparente *aj* clear, transparent
- a água transparente deixava entrever o fundo arenoso – *Through the clear water one could see the sandy bottom.*
52 | 376

3141 soma *nf* sum
- um todo é muito mais do que a soma das partes – *The whole is much greater than the sum of its parts.*
53 | 462 -s

3142 irregular *aj* irregular
- os volumes de sólidos irregulares podem ser calculados pela técnica de integração – *The volumes of irregular solids can be calculated through the technique of integration.*
52 | 433 -s

3143 cinematográfico *aj* cinematographic
- em termos cinematográficos, o western foi um género praticamente abandonado – *In cinematographic terms, the Western is a genre that was practically abandoned.*
52 | 413 -f

3144 vendedor *nm* seller, vendor
- o comprador e o vendedor determinam o prazo do contrato – *The buyer and the seller determine the length of the contract.*
51 | 423

3145 gaúcho *nm* South American cowboy; from Rio Grande do Sul [BP]
- foi a época em que o gaúcho, e o seu cavalo, sozinhos, dominaram – *It was a time when the South American cowboy, and his horse, alone, conquered.*
50 | 776 +n -a

3146 ilustrar *v* to illustrate
- os seus quadros ilustram passagens das obras literárias – *His paintings illustrate passages from literary works.*
51 | 492 +a

3147 aparente *aj* apparent
- a vítima chora sem motivo aparente – *The victim cries without any apparent motive.*
50 | 422

3148 encomenda *nf* order, package
- estou até com uma encomenda para entregar e não encontro o endereço – *I even have an order to deliver and I can't find the address.*
51 | 392

3149 feio *aj* ugly
- ela não era feia; ao contrário, suas feições eram ainda belas – *She wasn't ugly; on the contrary, her features were still beautiful.*
50 | 619 +f -a

3150 barroco *aj* baroque
- o teatro barroco esteve ligado ao melodrama italiano – *Baroque theatre was associated with Italian melodrama.*
50 | 502 +a -n

3151 imaginário *aj* imaginary
- o eixo da Terra constitui uma linha imaginária que parte do Pólo Sul – *The meridian of the Earth constitutes an imaginary line that starts at the South Pole.*
50 | 399

3152 agitar *v* to disturb, shake up, trouble
- gritos e gemidos agitaram ainda mais as pessoas presentes – *Shouts and cries disturbed those present even more.*
51 | 776 +f -s

3153 dificilmente *av* hardly, barely
- as suas mãos tremiam-lhe e dificilmente podia articular palavra – *His hands shook and he could hardly say a word.*
50 | 380 +n

3154 baleia *nf* whale
- a salvação de Jonas da baleia é vista como uma prefiguração da ressurreição – *Jonas being saved from the whale is seen as a foreshadowing of the resurrection.*
51 | 341

3155 restrito *aj* restricted
- o uso dele está restrito aos domingos e feriados – *Its use is restricted to Sundays and holidays.*
51 | 387

3156 queijo *nm* cheese
- mas o pão com queijo e o copo de vinho foram o bastante – *But bread with cheese and a cup of wine was enough.*
50 | 384 +s

3157 ala *nf* wing, branch
- da ala direita do partido conservador, ele empenhou-se na restauração da lei – *From the right wing of the conservative party, he fought for the reinstatement of the law.*
50 | 411

3158 produtividade *nf* productivity
- a produção cresceu porque os produtores aumentaram a produtividade com mais fertilizantes – *Production grew because the growers increased productivity by using more fertilizer.*
51 | 450 -f

3159 portador *nm* carrier
- todos os seus antepassados eram portadores do mesmo erro genético – *All of his ancestors were carriers of the same genetic defect.*
51 | 489 +a -s

3160 mosca *nf* fly
- a mosca doméstica tem um par de asas bastante reduzido em tamanho – *Houseflies have very small pairs of wings.*
50 | 459 +f -n

3161 desafiar *v* to challenge
- na sua filosofia, ele desafiou a ortodoxia da igreja – *In his philosophy, he challenged the orthodoxy of the church.*
52 | 403

3162 adiar *v* to put off, procrastinate
- adiou para o próximo mês discussões sobre reformas – *Discussions about reforms were put off until next month.*
51 | 521 +n

3163 permanência *nf* stay, permanence
- a longa permanência entre as raças amarelas tornara-o quase um chinês – *His long stay among the yellow races had practically turned him Chinese.*
51 | 414

3164 estúdio *nm* studio
- vamos gravar um clip num estúdio daqui a pouco – *We're going to record a clip in a studio in a little while.*
51 | 420 +s -f

3165 aviso *nm* warning, notice
- podia ser um aviso lhe dizendo para não partir – *It could be a warning telling you not to leave.*
51 | 468 -s

3166 turco *na* Turk
- a destruição da sua armada deixou os turcos altamente vulneráveis na Grécia – *The destruction of their fleet left the Turks highly vulnerable in Greece.*
52 | 536 +a -s

3167 apaixonado *aj* in love with, passionate
- adoro a minha esposa. Sou apaixonado por ela – *I love my wife. I am in love with her.*
50 | 412

3168 nativo *na* native
- essas espécies são nativas de regiões tropicais – *Those species are native to tropical regions.*
52 | 621 +a -s

3169 cura *nmf* cure(F), curate (M)
- eles querem encontrar a cura para uma enfermidade que aflige 150 mil pessoas – *They want to find the cure for an illness which affects 150 thousand people.*
51 | 392

3170 cessar *v* to cease, end
- só no verão cessaram definitivamente os combates – *Only in the summer did combat definitively cease.*
52 | 499 | -n -s

3171 rolar *v* to roll
- do morro abaixo, a pedra vem rolando – *From the top of the hill, the stone came rolling down.*
50 | 609 +f -a

3172 leilão *nm* auction [BP]
- nesse segundo leilão o preço mínimo já é mais alto do que era em novembro – *In this second auction, the minimum price is already greater than it was in November.*
49 | 913 +n -a

3173 marinho *aj* of the sea, marine
- o cavalo marinho é caracteristicamente um peixe de fundo – *The sea horse is characteristically a deep sea fish.*
50 | 438

3174 azeite *nm* olive oil
- a lamparina de azeite dava luz à sala – *The oil lamp gave light to the room.*
50 | 383 +s -a

3175 inovação *nf* innovation
- o teclado é uma importante inovação da música ocidental – *The keyboard is an important innovation in Western music.*
51 | 431

3176 cobre *nm* copper
- não há quem dê uma moeda de cobre a um mendigo – *Nobody will give a copper coin to a beggar.*
52 | 490 +a -n -s

3177 cartaz *nm* poster
- o pequeno cartaz no mural era como um anúncio de um final feliz – *The small poster on the wall was like the announcement of a happy ending.*
50 | 479 +n -a

3178 apelar *v* to appeal (to)
- o governador apelou ao Congresso Nacional – *The governor appealed to the National Congress.*
51 | 442 +n -s

3179 directoria *nf* directors (organization) [BP]
- os torcedores, contudo, esperam que a diretoria adote alguma postura – *The fans, however, hope that the directors will adopt some sort of stand.*
  50 | 441

3180 posterior *aj* later, posterior
- análises posteriores desaprovaram a conclusão inicial – *Later analyses disproved the initial conclusion.*
  48 | 1065 +a

3181 botão *nm* button
- apertei o botão do elevador – *I pushed the elevator button.*
  51 | 432

3182 atentado *nm* criminal attempt
- o terrorista assumiu a responsabilidade pelo atentado – *The terrorist took responsibility for the attempt.*
  53 | 451 -s

3183 circo *nm* circus
- no circo eu conheci também um palhaço que se chamava Gregório – *At the circus, I also met a clown called Gregório.*
  49 | 436 -a

3184 cimento *nm* cement
- construíram uma protecção de aço e cimento – *We built a shelter out of steel and cement.*
  49 | 352 +s

3185 interferir *v* to interfere
- o governo interferiu nas negociações – *The government interfered in the negotiations.*
  50 | 345

3186 milímetro *nm* millimeter
- as artérias têm geralmente menos de meio milímetro de diâmetro – *Arteries generally have a diameter of less than half a millimeter.*
  50 | 492

3187 nuclear *aj* nuclear
- esta bomba obtém a sua força explosiva através da fissão nuclear – *This bomb gets its explosive force through nuclear fission.*
  52 | 1021 +a -f -s

3188 expedição *nf* expedition
- como piloto chefe de uma expedição, ele procurou a Passagem do Noroeste – *As chief navigator of an expedition, he looked for the Northwest Passage.*
  51 | 583 +a -n -s

3189 intermediário *na* intermediate, intermediary
- numa dimensão mais ampla muitos elos intermediários poderão ser recuperados – *In a wider sense, many intermediate links can be recovered.*
  51 | 443

3190 deficit *nm* deficiency, deficit
- estes bebés nascem com um déficit crónico de oxigénio e usualmente não sobrevivem – *These babies are born with a chronic oxygen deficiency and usually don't survive.*
  51 | 658 +n +s -f

3191 lentamente *av* slowly
- espinosa atravessou lentamente a rua, olhar no chão, mãos nos bolsos – *Espinosa slowly crossed the street, his eyes on the ground and his hands in his pockets.*
  50 | 639 +f -n -s

3192 dúzia *nf* dozen
- aluguei meia dúzia de cassetes – *I rented half a dozen cassettes.*
  50 | 514 -a

3193 duvidar *v* to doubt
- homem de pouca fé, porque duvidaste? – *Man of little faith, wherefore didst thou doubt?*
  50 | 507

3194 enrolar *v* to roll up, complicate
- ele enrolou devagar o lenço – *He slowly rolled up the handkerchief.*
  50 | 501 -n

3195 figurar *v* to represent, look like
- Abdallah passou a figurar como chefe do Governo e como chefe de Estado – *Abdallah began to appear in the role of chief of government and head of state.*
  52 | 395 -s

3196 esquina *nf* corner
- em qualquer esquina de cidade grande, há um traficante – *In large cities, there is a drug dealer on every street corner.*
  50 | 610 +f -a

3197 bolo *nm* cake
- as escravas se esmeravam em bolos, doces, biscoitos, tudo servido em louça fina – *The slaves took pride in the cakes, sweets and cookies they made, all served on fine china.*
  50 | 371

3198 exílio *nm* exile
- em 1986, ele regressou do seu exílio, esperando voltar a governar – *In 1986, he returned from exile, hoping to be able to govern again.*
  51 | 403 +a

3199 caminhão *nm* freight truck [BP]
- o caminhão não costuma respeitar carros pequenos – *Freight trucks generally do not respect small cars.*
  51 | 431 -a

3200 observador *na* observer, observant
- ele usava a câmara como observador passivo dos acontecimentos – *He was using his camera as a passive observer of events.*
  50 | 415

3201 contrair *v* to contract
- o país contraiu enormes dívidas com o estrangeiro – *The country contracted enormous debts with foreign nations.*
  52 | 447 -s

3202 consolidar *v* to consolidate
- a estabilidade política consolidou-se nos últimos meses – *Political stability has been consolidated in recent months.*
  50 | 443 -f

3203 reitor *nm* dean
- o reitor advogou que os professores não devem ser despedidos sem o seu conhecimento – *The dean argued that professors should not be let go without his knowledge.*
49 | 356

3204 molde *nm* (casting) mold
- era uma face imóvel como um molde de cera – *Hers was an unmoving face like a wax mold.*
50 | 390

3205 oitenta *num* eighty
- o rei comandou uma frota de 80 navios – *The king commanded a fleet of eighty ships.*
49 | 395 -n

3206 ideologia *nf* ideology
- esta ideologia educacional define a maneira como cada sexo deve comportar-se – *This educational ideology defines the way in which each sex should behave.*
51 | 403 +s -f

3207 respiração *nf* breathing, respiration
- o funcionamento dos pulmões durante a respiração é consideravelmente complexo – *The way the lungs function during the breathing process is considerably complex.*
50 | 531 -n

3208 desenvolvido *aj* developed
- os grandes países desenvolvidos enfrentam problemas técnicos e económicos muito complexos – *Large developed countries face very complex technical and economic problems.*
50 | 631 +a -f

3209 abstracto *aj* abstract
- em filosofia, o conceito de igualdade é altamente abstracto – *In philosophy, the concept of equality is highly abstract.*
49 | 434

3210 amador *na* amateur, enthusiast, lover
- eles iniciaram a sua carreira com filmes amadores e depois continuaram no cinema independente – *They began their career with amateur films and later moved on to independent films.*
50 | 353

3211 semear *v* to sow (agriculture)
- quem semeia acabará por colher – *He who sows, will end up reaping.*
50 | 442 +s -a -n

3212 referente *aj* pertaining to, relating to
- ele superintendia todos os assuntos referentes à coroa – *He supervised all subjects pertaining to the crown.*
51 | 610 +a -s

3213 felizmente *av* fortunately, happily
- felizmente a sacola era plastificada, caso contrário poderia ficar molhada – *Fortunately, the bag was made of plastic, otherwise it could get wet.*
51 | 459 +f -a

3214 referendo *nm* referendum [EP]
- a lei do aborto é matéria susceptível de referendo, confirmou o constitucionalista. [EP] – *The abortion law is an issue which can be open to a referendum, confirmed the constitutionalist.*
59 | 545 +s -f

3215 gordura *nf* fat, grease
- a maionese tem um alto teor em gordura – *Mayonnaise has a high fat content.*
48 | 759 +a -n

3216 contradição *nf* contradiction
- o capitalismo puro não pode existir; é uma contradição – *Pure capitalism doesn't exist; it is a contradiction.*
49 | 371

3217 lavoura *nf* farming, agriculture
- seu governo incentivou a lavoura da cana-de-açúcar, instalando vários engenhos – *His government encouraged the farming of sugar cane, so they created several farms.*
50 | 326

3218 severo *aj* harsh, severe
- o pai, muito severo, de pé, fitava-o duramente; – *His very harsh father, standing, stared at him sharply.*
51 | 459 -s

3219 perdoar *v* to forgive
- ele sentia vontade de perdoar ao ofensor – *He felt the desire to forgive the offender.*
49 | 774 +f -a

3220 fraqueza *nf* weakness
- os homens são "proibidos" de chorar come se isso fosse um sinal de fraqueza – *Men are "forbidden" to cry, as if it were a sign of weakness.*
50 | 427

3221 cirurgia *nf* surgery
- a cirurgia a laser também tem sido eficaz no tratamento dos cancros – *Laser surgery has also been effective in the treatment of cancer.*
51 | 397

3222 guerrilheiro *nm* guerilla (military)
- o comando judeu foi reprimido por grupos de guerrilheiros árabes num desembarque ao sul – *The Jewish command was defeated by groups of Arab guerillas in a battle in the south.*
50 | 364

3223 esfregar *v* to rub, scrub
- sentou-se na cama, esfregando os olhos – *She sat up in bed, rubbing her eyes.*
50 | 567 +f -a

3224 eleitor *nm* voter
- os eleitores escolherão também prefeitos para as cidades – *The voters will also choose mayors for their cities.*
49 | 613 +n

3225 atribuição *nf* awarding, assignment
- a atribuição dos prémios será realizada no dia 25 – *The awarding of the prizes will be done on the 25th.*
51 | 552 +a -f

3226 escultura *nf* sculpture
- Na entrada antiga do hotel, havia uma escultura de pedra – *At the old entryway to the hotel, there was a stone sculpture.*
49 | 705 +a -f

3227 orgânico *aj* organic
- o lixo orgânico pode ser tratado e reutilizado como fertilizante – *Organic waste can be treated and reused as fertilizer.*
49 | 666 +a

3228 recepção *nf* reception
- a recepção do público foi positiva, graças à popularidade dos temas – *Their reception by the public was positive, thanks to the popularity of the themes.*
50 | 384

3229 basicamente *av* basically
- os cromossomas consistem basicamente de proteína e DNA – *Chromosomes basically consist of protein and DNA.*
53 | 508 -f

3230 privilegiado *aj* privileged
- umas certas pessoas privilegiadas moram de graça em belos e magníficos palácios – *Certain privileged people live for free in beautiful and magnificent palaces.*
50 | 329

3231 potência *nf* power, potency
- hoje o Brasil não está entre as grandes potências econômicas do mundo – *Today, Brazil isn't among the great economic powers of the world.*
51 | 505 +a

3232 mediante *prp* through, by means of
- a doença pode ser tratada mediante processos cirúrgicos – *The illness can be treated through surgical processes.*
51 | 705 +a -s

3233 trágico *aj* tragic
- erros, violências, sobressaltos se acumularam na trágica história dos homens – *Mistakes, violence and upheavals have accumulated in the tragic history of man.*
50 | 432

3234 anónimo *aj* anonymous
- por meio de um telefonema anônimo, policiais o descobriram – *Through an anonymous phone call, the police officers discovered him.*
49 | 404

3235 dicionário *nm* dictionary
- procurei no dicionário o que isso quer dizer e encontrei – *I looked in the dictionary for the meaning and I found it.*
50 | 446

3236 desgraça *nf* disgrace
- foi uma desgraça que eu nem tenho coragem de contar – *It was a disgrace that I don't even have the courage to tell.*
49 | 825 +f -a

3237 participante *nc* participant
- a competição conta com 20 participantes – *The competition has 20 participants.*
51 | 644 +n -f

3238 treinamento *nm* training [BP]
- ela iniciou seu treinamento em enfermagem em 1850 – *She began her training as a nurse in 1850.*
50 | 480

3239 ingressar *v* to enlist, enter, be admitted
- com apenas 17 anos ingressou no Exército, servindo nas Forças Armadas – *At only 17 years of age, he was enlisted in the Army, where he served in the Armed Forces.*
50 | 459 +a -f

3240 bravo *aj* mad, angry, wild
- ele ficou bravo quando viu a filha a beijar o namorado – *He got mad when he saw his daughter kissing her boyfriend.*
50 | 392 +s -a

3241 vista *nf* sight, view
- o que não se deve é perder de vista a trajetória – *What you shouldn't do is lose sight of where you are headed.*
49 | 616 +f -a

3242 dificultar *v* to make difficult
- as pernas inchadas dificultavam a marcha – *His swollen legs made the march difficult.*
50 | 391 -f

3243 bilhete *nm* note, ticket, pamphlet
- o bilhete, manuscrito num papel de embrulhar pão, foi descoberto um mês depois – *The note, handwritten on a piece of paper used to wrap bread in, was discovered a month later.*
51 | 502 -a

3244 colaborador *na* collaborator, collaborative
- o seu colaborador favorito era Charles, com quem trabalhava na escrita – *His favorite collaborator was Charles, with whom he worked on writing.*
50 | 408

3245 linho *nm* flax, linen
- o fio de linho tem uma resistência duas vezes superior ao fio de algodão – *Flax thread is twice as resistant as cotton thread.*
49 | 402 +s -n

3246 trajectória *nf* trajectory
- a trajetória e o impacto dos projécteis são influenciados por muitos factores – *The trajectory and impact of projectiles are influenced by many factors.*
50 | 405

3247 barba *nf* beard
- ele era magro no rosto de rala barba, grisalhando – *He had a bony face, with a thin, graying beard.*
49 | 657 +f -a -n

3248 prestes *aj* about to, ready to
- o moço triste estava prestes a chorar – *The sad young man was about to cry.*
51 | 376 -s

3249 selo *nm* seal, stamp
- foi criado o selo de autenticidade, que os cartórios estão obrigados a usar – *The seal of authenticity was created and the notary offices are required to use it.*
49 | 342

21. Adjectives – differences across registers

The following lists show the adjectives that occur with a much higher frequency than would be expected in the spoken, fiction, newspaper, or the academic registers. In each case, the word is in the top ten percent of words for that register, in terms of its relative frequency to the other three registers.

Spoken:

esse 26 that

outro 27 other

muito 28 very, much, many

todo 31 all, every

mesmo 39 same

grande 45 big, grand, great

algum 47 some

aquele 53 that

meu 69 my, mine

nosso 86 our

bom 90 good

certo 123 certain, right, sure

quanto 140 how much

nenhum 200 none, not a single one

diferente 205 different

importante 207 important

social 209 social

claro 211 clear, light

brasileiro 221 Brazilian

baixo 244 low, short

preciso 297 necessary, precise

difícil 333 difficult

contrário 348 contrary

cima 379 above, top

fácil 573 easy

interessante 738 interesting

sério 740 serious

pronto 776 ready

determinado 926 determined, certain

Fiction:

triste 2003 sad

nu 2116 naked, nude

gordo 2206 fat, thick

íntimo 2334 intimate, inner

fresco 2388 fresh, cool

firme 2438 firm

cansado 2532 tired

sujo 3014 dirty, soiled

inútil 3015 useless

inesperado 3075 unexpected

feio 3149 ugly

magro 3378 thin

súbito 3433 sudden, unexpected

suave 3439 soft, pleasing, smooth

mole 3450 soft, weak

ridículo 3464 ridiculous

contente 3492 glad, content

perdido 3521 lost

indiferente 3572 indifferent

sábio 3591 wise

doloroso 3595 painful, hurtful

elegante 3627 elegant

magnífico 3629 magnificent

generoso 3702 generous

cerrado 3709 closed

desesperado 3714 desperate

invisível 3749 invisible

humilde 3782 humble

nítido 3797 clear, explicit, focused (image), sharp

misterioso 3807 mysterious

Newspaper:

real 202 real, royal

federal 1060 federal

municipal 1184 municipal

eleitoral 1393 electoral

regional 1540 regional

parlamentar 1767 parliamentary

paulista 1774 from São Paulo

internacional 1819 international

estadual 1862 state (ADJ)

expresso 1976 expressed

legislativo 2004 legislative

previsto 2223 foreseen

assinado 2283 signed

dirigente 2322 directing

judiciário 2350 judicial

eventual 2408 eventual

sexto 2494 sixth

presidencial 2497 presidential

escolar 2499 relating to school

franco 2519 frank, honest

inédito 2654 unheard of, unpublished

judicial 2791 judicial

governamental 2826 governmental

júnior 2865 junior

integrante 2964 integral

empresarial 3001 company (ADJ)

estatal 3032 state (ADJ)

urgente 3284 urgent

Academic:

composto 1984 composed

baseado 2005 based

ocidental 2217 western

nomeado 2278 nominated, named

situado 2377 situated

solar 2610 solar

localizado 2668 located

dominante 2718 dominant

soviético 2767 soviet

filosófico 2794 philosophical

geográfico 2818 geographic

artificial 2840 artificial

automático 2886 automatic

usado 2945 used

residente 3013 resident	**nativo** 3168 native	**orgânico** 3227 organic
proveniente 3018 proceeding from	**posterior** 3180 following	**metálico** 3265 metallic
vegetal 3102 vegetable (ADJ)	**nuclear** 3187 nuclear	**tropical** 3275 tropical
resultante 3117 resulting from	**desenvolvido** 3208 developed	**terrestre** 3278 of the earth
	referente 3212 relating to	**relevante** 3290 relevant
		biológico 3355 biological

Comments: As might be expected, the adjectives from fiction texts tend to provide information on physical appearance, personality, and emotions. Adjectives in academic texts tend to refer to the properties of more abstract nouns. The adjectives in spoken texts that are more common vis-à-vis the other registers tend to express very basic notions (esse *that*, muito *much/many*)

3250 **espada** *nf* sword
- a luta de espada existe como desporto desde o antigo Egipto – *Sword fighting has existed as a sport since ancient Egypt.*
49 | 478 +f -n

3251 **burguês** *aj* bourgeois
- a menina burguesa vestida de roupa branca surgiu de debaixo da cama – *The bourgeois girl, dressed in white, came out from under the bed.*
50 | 359 -n

3252 **hierarquia** *nf* hierarchy
- ele era o terceiro na hierarquia da tribo – *He was third within the tribe's hierarchy.*
50 | 325

3253 **representativo** *aj* representative
- o filósofo rejeitou a democracia representativa, preferindo uma democracia directa – *The philosopher rejected representative democracy, preferring direct democracy.*
51 | 392

3254 **lágrima** *nf* tear
- uma lágrima veio-lhe aos olhos – *A tear came to his eyes.*
48 | 1382 +f -a

3255 **nave** *nf* spaceship, vessel
- quando a nave espacial se encontrava na órbita da Lua, dois astronautas desceram – *When the spaceship was in the moon's orbit, two astronauts came down.*
53 | 453 -s

3256 **cadáver** *nm* corpse, cadaver
- ela quis enxugar as lágrimas diante do cadáver da mãe – *Before her mother's corpse, she wanted to dry her tears.*
50 | 536 +f -s

3257 **operador** *nm* operator
- não foi falha do equipamento; foi erro do operador – *It was not a mechanical error; it was the operator's mistake.*
50 | 504

3258 **passivo** *aj* passive, lethargic
- o seu temperamento era completamente passivo – *His temperament was completely passive.*
50 | 370

3259 **implantar** *v* to initiate, implant
- o chanceler implantou diversas reformas militares – *The chancellor initiated diverse military reforms.*
50 | 403 +n -f

3260 **raiva** *nf* anger, rabies
- na época fiquei com muito ódio dele, muita raiva; queria matá-lo – *At the time, I was filled with lots of hate, lots of anger toward him; I wanted to kill him.*
48 | 789 +f -a -n

3261 **culpado** *na* guilty, guilty party
- o rei mandou castigar os culpados – *The king ordered that the guilty parties be punished.*
50 | 376

3262 **item** *nm* item [BP]
- também isso ajuda a separar itens numa lista complexa – *That also helps to separate items in a complex list.*
51 | 713 +a -f -s

3263 **prevenir** *v* to prevent
- a vacina contra o câncer não previne a doença – *The vaccine against cancer does not prevent the disease.*
50 | 412 -n -s

3264 **formato** *nm* format, form
- codificamos os dados para o formato binário – *We coded the data into binary format.*
49 | 469 +a

3265 **metálico** *aj* metallic
- o óxido de ferro é reduzido a ferro metálico – *Iron oxide is reduced to metallic iron.*
50 | 651 +a -n -s

3266 **envolvimento** *nm* involvement
- as investigações demonstraram o envolvimento da polícia – *The investigations showed police involvement.*
51 | 489 -f

3267 **agressivo** *aj* aggressive
- animais pouco agressivos só reagem quando ameaçados – *Less aggressive animals only attack when threatened.*
49 | 354

3268 extinção *nf* extinction
- as espécies em vias de extinção estão perto do aniquilamento total – *Species on their way to extinction are close to total annihilation.*
50 | 505 +a -f

3269 dezoito *num* eighteen
- os cidadãos maiores são os de 18 anos ou mais – *Adult citizens are those eighteen years old or older.*
49 | 361 -n

3270 engenho *nm* engine, sugar mill
- um míssil de cruzeiro é um engenho não pilotado, guiado por computador – *A cruise missile is an unpiloted engine, guided by computer.*
49 | 452

3271 despedir *v* to say goodbye, to fire (job)
- vou-me embora e queria despedir-me – *I'm leaving and I wanted to say goodbye.*
49 | 889 +f -a

3272 ocultar *v* to conceal, hide
- o Iraque continua a ocultar as suas ambições nucleares – *Iraq continues to conceal its nuclear ambitions.*
50 | 560 -s

3273 cerco *nm* siege, blockade, enclosing
- se o cerco durar mais um mês, a vila entrega-se – *If the siege lasts one more month, the village will surrender.*
50 | 445 -s

3274 montagem *nf* assembly, editing
- foi pioneiro no método da linha de montagem para a produção de automóveis – *He was the pioneer of the assembly line method used in automobile production.*
51 | 439 +s -f

3275 tropical *aj* tropical
- as florestas tropicais caracterizam-se por uma grande diversidade de espécies – *Tropical forests are characterized by a large diversity of species.*
50 | 837 +a -s

3276 extenso *aj* extensive
- a colonização permitiu tornar produtivas as extensas terras descobertas – *Colonization allowed for the extensive, newly-discovered lands to become productive.*
50 | 430 -s

3277 misericórdia *nf* mercy
- serei maldito e condenado ao Inferno, se Deus não tiver misericórdia de mim – *I will be damned and sent to Hell, if God doesn't have mercy on me.*
50 | 370

3278 terrestre *aj* of the earth, earthly
- para uma efectiva cobertura do globo terrestre são necessários 60 satélites – *To have effective coverage of the earth we need 60 satellites.*
49 | 876 +a -s

3279 portão *nm* gate
- esta muralha possuía sete portões de acesso – *This wall had seven access gates.*
49 | 608 +f

3280 poeira *nf* dust
- a cor salmão do céu deve-se à presença de partículas de poeira – *The salmon color of the air is due to the presence of dust particles.*
51 | 533 +f -n -s

3281 capitalismo *nm* capitalism
- a globalização da economia é uma forma de capitalismo selvagem – *The globalization of the economy is a form of savage capitalism.*
50 | 361

3282 multa *nf* fine
- esta lei prevê igualmente uma multa de um milhão de euros – *This law equally predicts a fine of one million euros.*
49 | 503 +n -f

3283 explodir *v* to explode
- as granadas explodindo entre os restolhos secos incendiavam-nos – *The grenades exploding amidst the dry stubble ignited them.*
49 | 419

3284 urgente *aj* urgent
- eu sentia uma urgente necessidade de mudança – *I felt an urgent need to change.*
49 | 445 +n -a

3285 vosso *aj* your (PL, mainly EP)
- nosso Senhor seja em vossa guarda – *May our Lord be your guide.*
49 | 609 +f -a

3286 aborto *nm* abortion
- a Justiça autorizou a realização de aborto num feto – *The court authorized the abortion of a fetus.*
50 | 400 +n -f

3287 faca *nf* knife
- ele pediu que fosse buscar uma faca com que cortar o laço – *He asked him to go get a knife to cut the bow with.*
49 | 525 +f -a

3288 concha *nf* shell
- ele cobriu as paredes da casa com conchas que trouxe da praia – *He covered the walls of the house with shells he brought from the beach.*
50 | 425 -n

3289 marginal *na* delinquent, lawless, marginal
- o marginal foi preso pelos policiais militares – *The delinquent was arrested by the military police.*
49 | 350

3290 relevante *aj* relevant
- o jornal não traz mais nenhuma informação que seja relevante – *The newspaper doesn't have more relevant information.*
50 | 541 +a -f

3291 couro *nm* leather
- o cinturão é de couro cru e nele se prende a faca – *The wide belt is made of raw leather and the knife hangs on it.*
49 | 532 +f

3292 aposta *nf* bet
- isso é uma aposta e o governo pode sair perdendo – *This is a bet and the government could end up losing.*
48 | 641 +n

3293 espontâneo *aj* spontaneous
- os braços caíram-lhe numa espontânea manifestação de desânimo – *His arms fell to his sides in a spontaneous manifestation of disappointment.*
50 | 330

3294 gratuito *aj* free of charge
- era um colégio gratuito em que ensinavam meninas pobres – *It was a school that was free of charge, where they taught poor young girls.*
50 | 386 +n

3295 conservação *nf* conservation
- o contrato visa à conservação, preservação e recuperação da floresta – *The contract seeks the conservation, preservation and recuperation of the forest.*
50 | 469 +a -f

3296 exposto *aj* displayed, exposed
- as jóias ficaram expostas em um museu – *The jewels were displayed in a museum.*
51 | 383 -s

3297 guerrilha *nf* guerilla warfare
- quando você entrou para a guerrilha de resistência à ocupação indonésia? – *When did you join the resistance's guerilla warfare against the Indonesian occupation?*
49 | 350

3298 imitar *v* to imitate
- os papagaios podem imitar os sons de palavras – *Parrots can imitate the sounds of words.*
48 | 448 -n

3299 diamante *nm* diamond
- o principal uso do diamante é em gemas, ou seja, como pedra preciosa – *The principal use of diamonds is in jewelry, that is, it is used as a precious stone.*
51 | 418 -s

3300 ocorrência *nf* occurrence
- a ocorrência de crimes ameaça a existência da convivência pacífica – *The occurrence of crimes threatens the existence of peaceful coexistence.*
50 | 911 +a -s

3301 telhado *nm* roof
- os telhados eram feitos com vigas de madeira – *The roofs were made with wood beams.*
49 | 465 +f

3302 pescador *na* fisherman, fishing
- durante muito tempo os pescadores mataram orcas presentes nas imediações dos cardumes – *For a long time, fishermen used to kill the killer whales that were close to the schools of fish.*
49 | 328

3303 aparecimento *nm* appearance
- acreditava-se que o aparecimento do anticristo assinalaria a segunda vinda de Cristo – *It was believed that the appearance of the Anti-Christ would mark the Second Coming of Christ.*
49 | 508 +a

3304 desempregado *aj* unemployed
- os alemães pagam aos desempregados o mesmo salário da ativa durante seis meses – *For six months, Germans pay the same salary to the unemployed as they do to those who are employed.*
49 | 415 +n

3305 ordinário *aj* usual, customary, vulgar
- a ação seguirá o processo ordinário estabelecido no Código – *The suit will follow the usual process established in the legal code.*
49 | 383

3306 anular *v* to revoke, annul
- a sentença foi anulada pelo Supremo Tribunal de Justiça – *The sentence was revoked by the Supreme Court of justice.*
49 | 382 +n

3307 quotidiano *aj* day-to-day
- nas grandes zonas urbanas, a vida quotidiana tem um ritmo mais rápido – *In large urban zones, everyday life has a faster pace.*
50 | 327

3308 apropriado *aj* appropriate
- em condições apropriadas do solo, o desenvolvimento completa-se em duas semanas – *In appropriate soil conditions, development is complete within two weeks.*
49 | 382

3309 poluição *nf* pollution
- a principal fonte de poluição atmosférica tem a ver com o tráfego automóvel – *The main source of air pollution is automobile traffic.*
51 | 420 -f

3310 dotar *v* to endow, provide
- era importante dotar o país de infra-estruturas físicas – *It was important to provide the country with infrastructure*
49 | 314

3311 liceu *nm* high school
- ele estudou no liceu da Guarda, passando pelo Colégio Militar – *He studied in the high school of Guarda, and then in military school.*
49 | 328

3312 lagoa *nf* large lake
- um dia, mergulhei nesta lagoa de águas escuras – *One day, I took a swim in this dark water lake.*
50 | 413

3313 credor *nm* creditor
- o credor pode ceder o seu crédito – *The creditor is able to grant credit to people.*
50 | 594 +a -s

3314 abordagem *nf* approach
- em pintura, esta nova abordagem deu origem a um maior naturalismo – *In painting, this new approach gave way to a greater degree of naturalism.*
49 | 730 +a -f

3315 antena *nf* antenna
- à cabeça está ligado um par de antenas que diferem nos sexos – *The head is connected to a pair of antennae that differ according to gender.*
51 | 354

3316 capturar *v* to capture
- na Guerra dos Seis Dias, Israel capturou a Margem Ocidental – *In the Six Day War, Israel captured the West Bank.*
51 | 546 +n -f

3317 vingança *nf* vengeance, revenge
- não quero vingança: só desejo justiça – *I don't want revenge; I only want justice.*
50 | 461 +f -s

3318 tapar *v* to cover, close
- tapei a cabeça com o travesseiro para não escutar nada – *I covered my head with the pillow so as to not hear anything.*
49 | 472 +s -a -n

3319 tábua *nf* board, tablet, plank
- a prancha de *bodyboard* é mais curta do que a de *surf* – *A body board is shorter than a surf board.*
48 | 457 +s -n

3320 mel *nm* honey
- os solitários eremitas comiam gafanhoto e bebiam mel – *The solitary hermits ate locusts and honey.*
49 | 361

3321 encargo *nm* responsibility, duty, job
- o encargo de avaliar a qualidade dos produtos foi progressivamente transferida para os produtores – *The responsibility for quality assurance has been progressively transferred to the producers.*
50 | 356

3322 condução *nf* driving (transportation)
- o número de detenções efectuadas por condução sob influência do álcool aumentou – *The number of arrests made for driving under the influence of alcohol has increased.*
50 | 344

3323 táctico *na* tactical, tactician
- a execução desse plano tático dependerá de apoio aéreo – *The execution of this tactical plan will depend on aerial support.*
49 | 403

3324 barriga *nf* belly, stomach
- os cabras tinham enchido a barriga com galinha do seu terreiro – *The rough men had filled their bellies with chicken from his yard.*
48 | 572 +f +s -a -n

3325 prosa *nf* prose
- já Maria vinha traçando a carta, numa prosa alegre – *Maria had already begun to write the letter in a joyous prose.*
50 | 464 -n -s

3326 percepção *nf* perception
- muitos sofrem da deterioração da percepção visual e auditiva – *Many suffer from the deterioration of visual and aural perception.*
49 | 438 +a

3327 diariamente *av* daily
- o museu está aberto diariamente, exceto no dia de Natal – *The Museum is open daily except on Christmas.*
49 | 387 +n

3328 nacionalista *na* nationalist
- nacionalistas sérvios pregam uma união de todos os países com população sérvia – *Serbian nationalists advocate a union of all countries with Serbian populations.*
49 | 556 +a -f

3329 investigador *nm* researcher, investigator
- em 1999, investigadores alemães identificaram o mecanismo molecular responsável pelo cancro colo-rectal. – *In 1999, German researchers identified the molecular mechanism that may be responsible for colon cancer.*
49 | 454

3330 salvação *nf* salvation
- para ele a salvação era dada somente pela fé – *To him, salvation was achieved only through faith.*
49 | 371

3331 tubo *nm* tube
- os tubos de microcentrífuga receberam um volume de 50 microlitros – *The micro-centrifuge tubes can hold a volume of 50 micro liters.*
47 | 766 +a -s

3332 instância *nf* occurrence, instance
- a decisão de primeira instância foi suspensa – *The decision of the first occurrence was suspended.*
48 | 455

3333 endereço *nm* address
- entrou no carro e deu o endereço ao motorista – *He got in the car and gave the address to the driver.*
49 | 423 -s

3334 frágil *aj* fragile
- era uma mulher frágil e delicada, com uma saúde muito débil – *She was a fragile and delicate woman with very weak health.*
50 | 403

3335 eficácia *nf* effectiveness
- a eficácia da vacina contra a gripe é de 90% – *The effectiveness of the flu vaccine is 90%.*
50 | 407

3336 revestir *v* to cover, line
- as paredes serão revestidas de paineis de madeira – *The walls will be covered with wood panels.*
51 | 379 -s

3337 amoroso *aj* loving, tender, sweet
- a alma perfeita e amorosa de Maria não está longe de nós – *The perfect and loving soul of Maria is never far from us.*
48 | 446

3338 implantação *nf* implementation, implantation
- são ações em implantação, que só mostrarão seus efeitos depois de concluídas – *These are implementation actions, whose effects will only be known after the whole process has been completed.*
50 | 564 +n -f

3339 **privatização** *nf* privatization
- a privatização de serviços significa que estes deixam de ser fornecidos pelo Estado – *Privatization of services means that such services will stop being provided by the government.*
56 | 1255 +n +s -f

3340 **parcial** *aj* partial
- a cólica intestinal é devida à obstrução parcial ou completa do intestino – *Intestinal colic is due to the partial or complete obstruction of the intestine.*
50 | 498

3341 **monge** *nm* monk
- um monge é um discípulo de Buda – *A monk is a disciple of Buddha.*
48 | 356 -n

3342 **grama** *nmf* grass (F), gram (M)
- são animais herbívoros, por isso alimentam-se de grama – *They are herbivorous animals, so they eat grass.*
48 | 358

3343 **temporal** *na* temporal, tempest
- o documento reafirmava o total poder temporal e espiritual do papado – *The document reaffirmed the absolute temporal and spiritual power of the pope.*
49 | 414

3344 **aproximadamente** *av* approximately
- o total movimentado chega a aproximadamente 1 milhão de dólares por dia – *The total amount circulated daily is approximately 1 million dollars.*
50 | 774 +a -f -s

3345 **convidado** *na* guest, invited
- recebia os convidados com frases longas – *He greeted the guests with kind words.*
49 | 428 +n -a

3346 **regulamento** *nm* regulation
- um regulamento de 1963 proibiu os testes nucleares – *A 1963 regulation prohibited nuclear tests.*
49 | 361

3347 **simpático** *aj* friendly, nice
- foi um encontro simpático entre pessoas que se respeitam – *It was a friendly meeting between people that respect each other.*
49 | 396 -a

3348 **idoso** *aj* elderly, aged
- ele cumprimentou um homem idoso, de cabelos todos brancos, numa mesa próxima – *He greeted an elderly man with completely white hair at a nearby table.*
49 | 413 +n

3349 **mensal** *aj* monthly
- a empresa deverá pagar também pensão mensal à família da vítima – *The company should also pay a monthly pension to the victim's family.*
49 | 568 +n

3350 **ansiedade** *nf* anxiety
- doses elevadas do remédio podem produzir ansiedade e pânico – *High doses of the medicine can produce anxiety and panic.*
48 | 392

3351 **disponibilidade** *nf* availability
- com a larga disponibilidade de antibióticos, a sífilis é agora menos comum – *With the wide availability of antibiotics, syphilis is now less common.*
48 | 375

3352 **povoação** *nf* settlement [EP]
- estas duas povoações nunca chegaram a se integrar no território português [EP] – *These two settlements never became part of Portuguese territory.*
49 | 368

3353 **afastamento** *nm* separation, dismissal, removal
- o afastamento entre o pai e a filha teve consequências graves para as duas gerações que se seguiram – *The rift between father and daughter had serious consequences for the following two generations.*
48 | 386

3354 **minério** *nm* mineral
- o minério de ferro e os fosfatos são, frequentemente, extraídos a céu aberto – *Iron ore and phosphates are frequently extracted from open-pit mines.*
50 | 373 -s

3355 **biológico** *aj* biological
- há um corte radical com os pais biológicos e, emalguns casos, é alterado o nome – *There is a permanent separation from the biological parents and, in some cases, the name is changed.*
48 | 594 +a

3356 **intimidade** *nf* familiarity, intimacy
- nunca conseguiu estabelecer intimidade com nenhuma das parentes – *He never managed to gain much familiarity with any of his relatives.*
49 | 548 +f

3357 **cardeal** *nm* cardinal (religion, point, etc.)
- os cardeais actuam como um corpo de conselheiros do papa – *The cardinals act as a body of counselors to the Pope.*
50 | 427 -s

3358 **rival** *na* rival
- George W. Bush derrotou o seu rival John McCain – *George W. Bush defeated his rival John McCain.*
51 | 398 -s

3359 **instalado** *aj* installed
- forneceria a interligação entre os diversos aparelhos instalados – *It would provide a connection between the different installed devices.*
48 | 396 +n

3360 **comemorar** *v* to commemorate
- o município comemora hoje 70 anos de emancipação – *The town today commemorates 70 years of freedom.*
48 | 607 +n

3361 **comprimento** *nm* length
- o comprimento do campo de futebol foi assunto muito falado – *The length of the soccer field was a much-debated topic.*
46 | 1599 | +a -n

3362 roubo *nm* theft, robbery
- a polícia impediu o roubo de um carro – *The police prevented a car theft.*
49 | 413 -a

3363 respectivamente *av* respectively
- os dois são, respectivamente, líderes de correntes de esquerda e extrema-esquerda – *The two are respectively leaders of the left and extreme left.*
51 | 906 +a +n -f -s

3364 banca *nf* news stand, bench, board
- as livrarias tornaram-se bancas de magazines – *The bookstores became magazine news stands.*
49 | 336

3365 aceitação *nf* acceptance
- esta ideia foi ultrapassada com a aceitação generalizada da teoria da relatividade – *This idea became outdated with the general acceptance of the theory of relativity.*
47 | 368

3366 ida *nf* (outbound) trip, departure
- a mulher acostumara-se àquelas idas de fim de semana a Lisboa – *The woman had gotten used to those weekend trips to Lisbon.*
48 | 384

3367 deparar *v* to run into, come across
- tinha medo de abrir a porta e deparar com um ser terrível – *I was afraid to open the door and run into a terrible being.*
48 | 398

3368 génio *nm* temperament
- de sua mãe herdara a placidez, o génio manso – *From his mother, he inherited calmness and a gentle temperament.*
48 | 525

3369 denominar *v* to call, name
- o estudo da doença é denominado patologia – *The study of disease is called pathology.*
48 | 1266 +a -f -s

3370 editar *v* to edit, publish
- em 1930, ele passou a editar a revista – *In 1930, he began editing the magazine.*
48 | 463 -f

3371 cobrança *nf* money collecting
- o banco é rigoroso na cobrança dos empréstimos – *The bank is rigorous in collecting its loan payments.*
48 | 401 +n

3372 esmagar *v* to crush, smash
- um massacre esmagou o movimento pró-democracia na China – *A massacre crushed the pro-democracy movement in China.*
48 | 451 +f -n

3373 colono *nm* colonist, colonizer
- os velhos colonos conheciam quase todos os indígenas – *The old colonists knew almost all of the natives.*
49 | 387 -s

3374 fachada *nf* facade, appearance
- há uma pintura mural na fachada da casa – *There is a mural on the facade of the house.*
48 | 396

3375 túnel *nm* tunnel
- o automóvel bateu numa pilastra de concreto, dentro do túnel sob o rio – *The automobile collided with a concrete pillar inside the tunnel built over the river.*
49 | 370

3376 ousar *v* to dare
- ele não ousou aproximar-se, tomado de súbito receio – *He didn't dare come closer, taken suddenly by fear.*
48 | 517

3377 chumbo *nm* lead (metal)
- o preço da gasolina sem chumbo aumentou – *The price of unleaded gasoline went up.*
49 | 381 -n

3378 magro *aj* thin
- no rosto magro, ossudo, os olhos resplandeciam-lhe – *His eyes gleamed out of a thin, bony face.*
48 | 716 +f -a

3379 treino *nm* training
- em tempo de guerra, certas brigadas são sujeitas a um treino específico – *In time of war, certain brigades are subjected to specific kinds of training.*
48 | 680 +n -f

3380 jóia *nf* jewel
- um brilho de jóia tremia na ponta da sua tiara – *The sparkling of a jewel was shining on the peak of her tiara.*
49 | 500 +f -s

3381 vós *pn* you (PL) (OBJ = vos)
- eu tenho confiança em vós – *I have faith in you (all).*
46 | 553 +f -a -n

3382 popularidade *nf* popularity
- a popularidade das top-models é sintoma da decadência criativa – *The popularity of the top models is a symptom of deteriorating creative standards.*
49 | 406 +a

3383 satélite *nm* satellite
- os satélites artificiais são colocados em órbita com diversas finalidades – *Artificial satellites are put into orbit for different reasons.*
50 | 945 +a -f -s

3384 coordenador *na* coordinator, coordinating
- segundo a coordenadora do projeto, a grande preocupação foi evitar acidentes – *According to the coordinator of the project, the biggest worry was how to avoid accidents.*
49 | 789 +n -f

3385 quartel *nm* barracks, quarters
- a cidade inclui o quartel-general das forças aliadas – *The city housed the main barracks of the allied forces.*
48 | 379

3386 desconfiar *v* to suspect, distrust
- ele começou a desconfiar que talvez todas aquelas mortes tivessem alguma ligação – *He began to suspect that maybe all those deaths were somehow connected.*
47 | 699 | +f -a

3387 invés *av* instead (ao i.)
- ao invés de indicar o número 551, escrevi 550 – *Instead of the number 551, I wrote 550.*
49 | 304

3388 derrotar *v* to defeat, overthrow
- por isso, ele vai utilizar todas as armas para derrotar o rival – *For this cause, he will utilize all his weapons to defeat his rival.*
50 | 502 +a -f -s

3389 golo *nm* goal (soccer, football) [EP]
- o jogador marcou alguns golos decisivos. [EP] – *The player made some decisive goals.*
46 | 894 +n -f

3390 fado *nm* Portuguese musical genre, fate [EP]
- canta-se o fado em restaurantes típicos. [EP] – *The fado is sung in traditional restaurants.*
47 | 337

3391 sorriso *nm* smile
- um sorriso abria-se-lhe nos lábios – *A smile parted her lips.*
46 | 1526 +f -a

3392 ilegal *aj* illegal
- o comércio ilegal de elefantes é cruel – *The illegal elephant market is cruel.*
49 | 468 +n -f

3393 vereador *nm* city council member
- ele é vereador na Câmara Municipal – *He is a member of the City Council.*
46 | 1117 +n -a -f

3394 pertencente *aj* pertaining to, belonging to
- 87% do público é pertencente às classes A e B – *87% of the public belongs to classes A and B.*
49 | 1605 +a -s

3395 extinguir *v* to extinguish
- os dialectos ibéricos extinguiram-se cerca do ano 100 d.C – *Iberian dialects were extinguished around the year 100 AD.*
48 | 362

3396 calhar *v* to happen (by accident) [EP]
- calhou que eu estava ali e ajudei-a [EP] – *It just so happened that I was there and I helped her.*
52 | 466 +s -a

3397 acender *v* to light, turn on the lights
- ela gastou três fósforos para acender o cigarro – *He used three matches to light the cigarette.*
46 | 974 +f -a -n

3398 desprezar *v* to despise, ignore
- podemos amar o Senhor, sem desprezar os irmãos – *We can love the Lord, without despising our brothers.*
48 | 415

3399 encomendar *v* to order, commission
- ele parou no restaurante para encomendar um prato de peixe – *He stopped at the restaurant to order a fish dish.*
48 | 368

3400 complicar *v* to complicate
- o incêndio complicou o trânsito – *The fire complicated the flow of traffic.*
48 | 338 +n +s

3401 unha *nf* fingernail, toenail
- as mãos dela eram claras, de dedos longos e unhas bem tratadas – *Her hands were fair-skinned, with long fingers and well cared for fingernails.*
47 | 684 +f -n

3402 indiano *na* Indian (from India)
- o líder indiano Gandhi liderou uma campanha de resistência passiva – *The Indian leader Gandhi led a non-violent resistance campaign.*
48 | 468 +a

3403 bronze *nm* bronze
- a medalha de bronze foi para outro representante da Hungria – *The bronze medal went to yet another representative of Hungary.*
50 | 435 -s

3404 navegação *nf* navigation
- os icebergs constituem enorme perigo para a navegação – *Icebergs constitute an enormous threat to navigation.*
49 | 368

3405 macaco *nm* monkey
- os macacos alimentam-se, principalmente, de folhas e frutos – *Monkeys mainly eat leaves and fruit.*
48 | 356

3406 adepto *na* adept, supporter, fan
- nada disto faz de alguém um político adepto da democracia – *None of this makes anyone an adept democratic politician.*
48 | 367 +n

3407 ocupado *aj* busy, occupied
- ele era muito ocupado – trabalhava o dia inteiro e estudava à noite – *He was very busy - he worked all day and studied at night.*
48 | 306

3408 apreensão *nf* capture, apprehension
- procederam à busca e apreensão do aparelho ilegal – *They took the necessary steps to search and capture of the illegal device.*
49 | 337

3409 frota *nf* fleet
- há poucos séculos, a nossa frota dominava o Mar Dourado – *A few centuries ago, our fleet had control over the Golden Sea.*
48 | 425 +a

3410 fotográfico *aj* photographic
- outros instrumentos, como os amplificadores fotográficos, são usados para reproduzir imagens – *Other instruments, such as the photographic amplifiers, are used to reproduce images.*
47 | 388

3411 livrar *v* to free
- os chineses ainda não se tinham livrado do domínio estrangeiro – *The Chinese hadn't yet freed themselves from foreign dominion.*
48 | 471

3412 protagonista *nc* protagonist, main character
- ela se guarda para o seu único amor, o protagonista dessa obra – *She is saving herself for her only love, the protagonist of the piece.*
48 | 344

22. Verbs of movement (go from A to B)

ir 30 to go	**conduzir** 818 to conduct, lead	**retornar** 1917 to return to
passar 58 to go through, pass through (spend time)	**afastar** 829 to withdraw	**arrastar** 2021 to drag
	atravessar 961 to cross, pass	**perseguir** 2115 to pursue
vir 65 to come	**baixar** 1008 to lower, go down	**saltar** 2148 to leap, jump
chegar 76 to arrive		**acelerar** 2168 to accelerate
entrar 148 to enter	**regressar** 1025 to return	**rodear** 2323 to surround
sair 156 to leave	**descer** 1096 to descend, go down	**rodar** 2467 to turn around, roll
voltar 162 to return	**voar** 1181 to fly	**movimentar** 2505 to move
cair 288 to fall	**mover** 1340 to move	**passear** 2720 to stroll, walk slowly, go for a walk
correr 387 to run	**ultrapassar** 1378 to surpass, pass (while driving)	**rolar** 3171 to roll
andar 397 to walk, go, ride		
fugir 598 to flee, run away	**caminhar** 1486 to walk, go on foot	**emergir** 3589 to emerge
subir 648 to ascend, climb		**navegar** 3680 to navigate
avançar 704 to go or move ahead	**transportar** 1649 to transport, carry	**pular** 4035 to jump, skip
		nadar 4211 to swim
viajar 788 to travel	**elevar** 1815 to elevate	**marchar** 4305 to march

3413 contestar v to contest, appeal
• a empresa de Bill Gates contestou as decisões, alegando o direito a inovar – *Bill Gates' company contested the decisions, claiming the right to innovate.*
47 | 419 +n

3414 demora nf delay, wait
• após uma demora de 20 minutos, conseguimos que o comboio começasse a andar – *After a twenty minute delay, we were able to get the train moving.*
48 | 365

3415 embarcar v to embark
• os peregrinos embarcaram ao largo do porto de Southampton – *The pilgrims embarked at the port of Southampton.*
47 | 399

3416 ignorância nf ignorance
• a ignorância é a mãe de todos os vícios, ele concluiu – *Ignorance is the mother of all vice, he concluded.*
47 | 360

3417 cooperativa nf cooperative
• ele trabalhou em gravura na Cooperativa de Gravadores Portugueses – *He worked as an engraver for the Portuguese Engravers' Cooperative.*
48 | 429

3418 jurar v to swear
• quero que o senhor me jure, me dê sua palavra de honra – *Sir, I want you to swear; I want you to give me your word of honor.*
48 | 578 +f -n -s

3419 metropolitano na metropolitan, region
• agora 13 municípios integram a região metropolitana – *Now 13 municipalities make up the metropolitan region.*
49 | 475 +n -f

3420 conforto nm comfort
• são melhorias que trazem luxo e maior conforto à pessoa – *These are improvements that afford greater luxury and comfort to people.*
48 | 354

3421 devidamente av duly, rightfully
• as informações recolhidas foram devidamente organizadas e sistematizadas – *The information gathered was duly organized and systematized.*
47 | 358 +n

3422 revisor na proofreader, examining
• esta correcção fê-la o próprio revisor – *This correction was made by the proofreader himself.*
48 | 402

3423 inocente aj innocent
• o céu é injusto, fazendo pagar o filho inocente pelo pai culpado – *Heaven is unjust, making an innocent child pay for a guilty father.*
48 | 509 +f -a -s

3424 deficiência nf deficiency
• a causa mais frequente de anemia é a deficiência de ferro – *The most frequent cause of anemia is iron deficiency.*
48 | 388 -f

3425 reprodução nf reproduction
• esta técnica oferece uma reprodução de som de elevada qualidade – *This technique provides for high quality sound reproduction.*
48 | 576 +a

3426 telefonar v to call, telephone
• mas é melhor telefonar antes para confirmar o compromisso – *But it is better to call beforehand to confirm the appointment.*
51 | 501 -a

3427 colo *nm* lap
- satisfeita, a criança adormeceu ao colo de Maria – *Content, the child went to sleep in Maria's lap.*
48 | 543 +f -n

3428 quadra *nf* block, court (sports)
- Júlio morava a poucas quadras de distância – *Julio lived only a few blocks away.*
48 | 398 -a

3429 torcer *v* to twist, root (for a team)
- vamos conversar, moleque! Dizendo isso torceu-lhe o braço – *Let's talk, young man! That said, he twisted his arm.*
48 | 543 +f -a

3430 mútuo *aj* mutual
- existe também a questão da confiança mútua entre técnico e jogadores – *There is also the question of mutual trust between the coach and the players.*
47 | 353

3431 verba *nf* funding, amount (money)
- a verba para aquisição das obras veio das mais diferentes fontes – *The funding for the acquisition of the works of art came from a variety sources.*
46 | 715 +n +s -a -f

3432 monstro *nm* monster
- mesmo depois de morto, o monstro de negrume infligia medo – *Even after death, the sinister monster inspired fear.*
47 | 408 +f

3433 súbito *aj* sudden, unexpected
- eu gostaria de uma morte súbita, não por acidente, mas em paz – *I would prefer a sudden death, not in an accident, but peacefully.*
47 | 987 +f -n -s

3434 minoria *nf* minority
- na China existem muitas minorias que falam línguas não chinesas – *In China there are many minorities that speak non-Chinese languages.*
48 | 347

3435 elogio *nm* compliment, praise
- ninguém poupava elogios à beleza da noiva – *Nobody held back their compliments to the bride about her beauty.*
47 | 377

3436 bárbaro *na* barbaric, barbarian
- o bárbaro linchamento de três pessoas ocorreu esta semana – *The barbaric lynching of three people occurred this week.*
48 | 377

3437 brinquedo *nm* toy
- para as crianças ainda não crescidas, tudo é brinquedo – *For children who haven't yet grown up, everything is a toy.*
48 | 381

3438 aprofundar *v* to go into depth, deepen
- a organização pretende aprofundar o estudo das medidas adotadas – *The organization plans to go into depth in its study of the adopted measures.*
47 | 318

3439 suave *aj* soft, pleasing, smooth
- na pequena sala espalhou-se um perfume suave, doce – *A soft, sweet smell began to spread throughout the small room.*
48 | 585 +f -n -s

3440 leal *aj* loyal
- como amigo, ele era leal e cooperativo – *As a friend, he was loyal and cooperative.*
47 | 372

3441 perturbar *v* to disturb, trouble, annoy
- isto pode ser feito com calma, sem perturbar o trabalho normal – *This can be done leisurely, without disturbing the work routine.*
47 | 533 +f

3442 inconsciente *na* unconscious
- o objeto de estudo da psicanálise é o inconsciente – *The object of psychoanalytic study is the unconscious.*
48 | 355 -n

3443 desespero *nm* despair
- é um inferno de ânsia, um desespero sem consciência e sem gritos – *It is the anxiety of hell, a despair which has neither conscience nor voice.*
47 | 688 +f -a

3444 piorar *v* to get worse
- pode ficar como está ou até piorar – *It can stay as it is, or even get worse.*
48 | 387

3445 chapa *nf* (metal) plate, sheet
- quer uma chapa de ferro para o fogão – *He wants a sheet of metal to make a stove.*
47 | 335

3446 precipitar *v* to come to a head, rush, act rashly
- o risco de internacionalização do conflito precipitou-se no início do mês – *The risk of the conflict becoming international came to a head at the beginning of the month.*
47 | 439

3447 coro *nm* choir, chorus
- o coro viajou por muitas aldeias e popularizou a música tradicional da região – *The choir traveled to many of the smaller villages and popularized the traditional music of the region.*
48 | 389 -s

3448 safra *nf* harvest [BP]
- a última safra de cana-de-açúcar foi a maior – *The last harvest of sugar cane was the largest.*
48 | 424 +n

3449 repressão *nf* repression
- de novo no Brasil, ele foi implacável na repressão de uma revolta – *He was once again relentless in his repression of a rebellion in Brazil.*
47 | 350

3450 mole *aj* soft, weak
- tenho o coração mole – *I have a soft heart.*
47 | 482 +f -n

3451 adolescência *nf* adolescence
• a adolescência é uma fase difícil, de conflito, marcada por rebeldia – *Adolescence is a difficult phase, a phase of conflict, marked by rebellion.*
47 | 290

3452 convivência *nf* coexistence, socializing
• a convivência entre os grupos não é exatamente pacífica – *Coexistence among the groups isn't exactly peaceful.*
46 | 320

3453 camarada *nm* comrade, friend, guy
• Ricardo chorou a morte do bom camarada e amigo – *Ricardo cried over the death of his good friend and comrade.*
48 | 517 +f +s -a -n

3454 testar *v* to test
• estes ratos são utilizados para testar tratamentos contra o câncer – *These rats are utilized to test cancer treatments.*
48 | 396 +a -f

3455 maduro *aj* ripe, mature
• os tomates estavam já maduros demais e iam ficando adocicados – *The tomatoes were already too ripe and were getting sweet.*
47 | 303

3456 fragmento *nm* fragment
• os vestígios encontrados consistiam em fragmentos do esqueleto craniano – *The remains found consisted of skeletal cranial fragments.*
48 | 478 +a

3457 obviamente *av* obviously
• os traficantes, obviamente, não se vão queixar à polícia – *The drug dealers will obviously not go and complain to the police.*
47 | 363 +n +s

3458 insuportável *aj* unbearable
• foi um insuportável aumento do custo de vida – *It was an unbearable increase in the cost of living.*
48 | 376

3459 maravilha *nf* wonder, marvel
• é considerado uma das sete maravilhas do mundo – *It is considered one of the seven wonders of the world.*
46 | 373

3460 refugiar *v* to take refuge (+se)
• com a queda de Napoleão, David foi exilado, refugiando-se em Bruxelas – *With the fall of Napoleon, David was exiled, taking refuge in Brussels.*
50 | 378 -s

3461 borda *nf* bank, edge, margin
• devido à erosão nas bordas, o canal apresenta-se com mais de 300 metros de largura – *Due to the erosion of the banks, the canal is more than 300 meters wide.*
48 | 430 +f -n

3462 concorrente *nc* competitor, contestant
• atualmente a empresa detém 28% do mercado, contra 33% da concorrente – *Currently, the company holds 28% of the market share, compared to the 33% of its competitor.*
47 | 481 +n -f

3463 indício *nm* hint, sign, trace
• de meu pai, nem um indício sequer de velhice e cansaço – *From my father, there wasn't even a hint of age or weariness.*
47 | 352

3464 ridículo *na* ridiculous (thing)
• é ridículo estar com óculos escuros a estas horas da noite – *It is ridiculous to wear dark glasses at this time of night.*
46 | 548 +f -a

3465 sanitário *aj* sanitary, health
• as condições sanitárias na favela são deploráveis – *Sanitary conditions in the slum are deplorable.*
48 | 368 +n

3466 remeter *v* to send, remit, forward
• pelo correio lhe remeto um cheque de dois mil dólares – *I am sending you a check for two thousand dollars by mail.*
47 | 352

3467 desligar *v* to turn off, disconnect
• ela caminha até ao quadro da luz elétrica, desliga-o, e o casarão fica às escuras – *She walked to the fuse box, turned it off, and the mansion was left in darkness.*
46 | 346

3468 pêlo *nm* fur
• existem variedades de pêlo liso e curto e de pêlo áspero – *There are short and straight varieties of fur as well as harsh fur.*
48 | 501 +a -n

3469 consenso *nm* consensus
• o consenso chegou poucos dias depois – *They arrived at a consensus a few days later.*
48 | 396 +n +s -f

3470 experimental *aj* experimental
• uma vacina experimental aumenta as defesas naturais do organismo – *An experimental vaccine heightens the organism's natural defenses.*
48 | 561 +a -f

3471 cúpula *nf* dome, cupola
• a Arte é a cúpula que coroa o edifício da civilização – *Art is the dome that crowns the edifice of civilization.*
47 | 369 +n

3472 diploma *nm* diploma
• ela obteve o diploma da Academia de Belas-Artes – *She got her diploma from the Academy of Fine Arts.*
47 | 339

3473 recado *nm* message, note
• Rose não veio trabalhar hoje; o senhor quer deixar recado? – *Rose didn't come to work today, would you like to leave a message, sir?*
48 | 481 +f -a

3474 gerir *v* to manage, direct, guide
• o sistema europeu é gerido e controlado por civis – *The European system is managed and controlled by civilians.*
47 | 392 +n -f

3475 pretexto *nm* pretext
• um almoço é o pretexto para o encontro – *A lunch is the pretext for the meeting.*
47 | 402

3476 software *nm* software
- é possível utilizar *software* anti-vírus para detectar e destruir os vírus – *It is possible to use anti-virus software to detect and destroy viruses.*
55 | 567 +s -f

3477 refeição *nf* meal
- uma refeição muito pesada pode provocar dores no peito – *A very large meal can cause chest pain.*
47 | 384

3478 proclamar *v* to proclaim
- o senhor resolveu vir a público proclamar a sua inocência – *The gentleman decided to go public and proclaim his innocence.*
49 | 428 +a -s

3479 telecomunicações *nf* telecommunications
- os sinais de telecomunicações são enviados ao longo das fibras – *Telecommunication signals are sent along fiber cables.*
56 | 669 +n -f

3480 esquisito *aj* strange
- os filhos da revolução suportam esses nomes esquisitos como uma cruz – *The children of the revolution bear those strange names as they would a cross.*
47 | 304

3481 gota *nf* drop (liquid)
- as gotas de água congelam no frio – *Drops of water freeze in the cold.*
48 | 421 -n -s

3482 sexta-feira *nf* Friday
- ele passou o fim de semana de ressaca por causa da festa de sexta-feira – *He spent the weekend with a hangover because of the party on Friday.*
45 | 1140 +n -a

3483 diversidade *nf* diversity
- a Terra contém uma imensa diversidade de organismos vivos – *The Earth contains an immense diversity of living organisms.*
47 | 446 +a -f

3484 samba *nm* samba
- o desfile das escolas de samba tornou-se um dos símbolos da festa – *The parade of the samba schools became one of the icons of the celebrations.*
46 | 332 +s

3485 tabaco *nm* tobacco [EP]
- ela fumava com a convicção dum homem, saboreando o tabaco [EP] – *She smoked with the conviction of a man, savoring the tobacco.*
48 | 366 -s

3486 noventa *num* ninety
- pensa-se que ele continuou a escrever até ter 90 anos – *It is believed that he continued writing up until the age of ninety.*
46 | 359 -n

3487 óptimo *na* excellent, optimal
- temos um óptimo relacionamento com todos os nossos professores – *We have an excellent relationship with all of our professors.*
45 | 329

3488 adopção *nf* adoption
- a adoção atribui a condição de filho ao adotado – *The adoption grants the status of son or daughter to the adopted child.*
48 | 473

3489 ascensão *nf* rise, ascension
- a década de 1930 é marcada pela ascensão do nazismo – *The 30s were marked by the rise of Nazism.*
46 | 395

3490 parto *nm* childbirth
- as dores do parto foram terríveis – *The childbirth pain was terrible.*
46 | 331

3491 medieval *aj* medieval
- a cidade possui um castelo medieval e diversas igrejas medievais redondas – *The city has a medieval castle and several round medieval churches.*
46 | 539 +a

3492 contente *aj* glad, satisfied, content
- fiquei contente ao saber que podes visitar-nos – *I was glad when I found out that you could come to visit us.*
47 | 524 +f -a

3493 resumo *nm* summary
- o documento, de que a autora faz um resumo, contém dez pontos – *The document, of which the author makes a summary, has ten main points.*
47 | 362

3494 variável *aj* varying, variable
- tem tamanho variável (de um a dez centimetros). – *There are varying sizes (from 1 to 10 cm).*
45 | 981 +a

3495 confederação *nf* confederation
- a informação é do presidente da Confederação Brasileira de Professores – *This information comes from the president of the Brazilian Confederation of Teachers.*
47 | 445 +n -s

3496 ironia *nf* irony
- a ironia é aceitável dentro de certos limites – *Irony is acceptable within certain limits.*
47 | 470 +f

3497 liso *aj* straight, smooth
- seus cabelos eram lisos e aloirados – *Her hair was straight and blonde.*
47 | 459 -n

3498 eventualmente *av* eventually
- os satélites artificiais podem, eventualmente, reentrar na atmosfera terrestre – *Artificial satellites can eventually reenter Earth's atmosphere.*
48 | 367 -f

3499 lente *nf* lens
- a lente côncava é também usada para corrigir defeitos da visão – *Concave lenses are also used to correct vision defects.*
47 | 444 +a -n

3500 habitualmente *av* usually, habitually
- as bactérias reproduzem-se habitualmente por divisão binária – *Bacteria usually reproduce by mitosis.*
46 | 347

3501 feição *nf* feature, appearance
 • a classe operária era anteriormente de feições anarquistas – *The worker's class used to have anarchist features.*
 49 | 509 +f -n -s

3502 calçada *nf* sidewalk
 • crianças brincavam de roda na calçada – *Children played in a circle on the sidewalk.*
 48 | 627

3503 óptico *aj* optic, optical
 • essa iniciativa ficará completa com uma rede de transmissão por fibras ópticas – *With a fiber optic communication net, this initiative will be complete.*
 46 | 524 +a

3504 previdência *nf* precaution, welfare [BP]
 • nós usamos muita previdência e vigilância – *We use much precaution and vigilance.*
 46 | 548 +n

3505 defensor *na* defender, defending
 • o Papa é um extremo defensor da vida humana – *The Pope is an ardent defender of human life.*
 47 | 392

3506 determinante *aj* determining, decisive
 • ele será discriminado, sua cor vai ser o fator determinante – *He will be discriminated against; and his color will be the determining factor.*
 47 | 360

3507 secar *v* to dry
 • roupas lavadas secavam no gramado – *Washed clothes were drying on the lawn.*
 46 | 382 +s -n

3508 espacial *aj* space, spatial
 • ela esperava encontrar uma construção avançadíssima, semelhante à das naves espaciais – *She was expecting to find a highly advanced structure, similar to that of space ships.*
 49 | 711 +a -f -s

3509 saia *nf* skirt
 • ele comprou-lhe um conjunto de saia e blusa, bonito e elegante – *He bought her a beautiful and elegant skirt and jacket suit.*
 45 | 677

3510 barragem *nf* dam, barrier
 • essa ponte, que servia também de barragem, foi construída há uns 12 anos – *That bridge, which also worked as a dam, was built some 12 years ago.*
 47 | 383

3511 genético *aj* genetic
 • O DNA resultante é inserido no material genético da célula infectada – *The resulting DNA is inserted into the genetic material of the infected cell.*
 48 | 691 +a -f

3512 economista *nc* economist
 • a economista Clarice diz que é aí que devem ser investidos os recursos – *Clarice, the economist, says that the resources should be invested there.*
 46 | 605 +n -f

3513 designação *nf* designation, assignment [EP]
 • ao se graduar, o enfermeiro recebe a designação de generalista. [EP] – *Upon graduation, nurses receive the designation of generalists.*
 45 | 1135 +a -f -s

3514 candidatar *v* to become a candidate
 • a minha intenção é não me candidatar à reeleição – *My intention is not to become a candidate for reelection.*
 46 | 382 +n -f

3515 vanguarda *nf* avant-garde, front line
 • alguns movimentos de vanguarda afirmaram-se à margem dos princípios neo-realistas – *Some avant-garde movements made their mark without reference to neo-realistic ideas.*
 46 | 283 +s

3516 chocar *v* to shock
 • a morte da princesa Diana chocou todo o mundo – *The death of Princess Diana shocked the whole world.*
 45 | 328

3517 provir *v* to come from, proceed from
 • O magma bastante fluido provém do manto da Terra – *Liquid magma comes from the Earth's mantle.*
 48 | 426 +a -s

3518 verbo *nm* verb
 • as variações dos verbos podem indicar tempo de ocorrência – *Variations in verb tenses can indicate time of occurrence.*
 46 | 922 +a -n -s

3519 balcão *nm* counter, balcony
 • ele começou a dispor os alimentos disponíveis no balcão do bar – *He began to put out the available food on the bar counter.*
 47 | 567 +f -a

3520 painel *nm* panel
 • dos muros da capela pendiam ainda painéis representando umas santas – *Panels representing some saints could also be found hanging from the walls of the chapel.*
 47 | 414 +n -s

3521 perdido *aj* lost
 • devemos lamentar a oportunidade perdida de o ter feito – *We should regret the lost opportunity to have done it.*
 47 | 455 +f

3522 brigar *v* to fight, argue [BP]
 • os galos são territorialistas e podem brigar até a morte – *Roosters are territorial and can fight to the death.*
 46 | 360 +s -a

3523 engraçado *aj* funny
 • ela seria engraçada, se não tentasse parecer tão séria – *She would be funny if she didn't try to look so serious.*
 48 | 447 +s -a -n

3524 oriundo *aj* originating from
 • este género engloba cerca de 60 espécies, oriundas de diferentes continentes – *This genus covers around 60 species, originating from different continents.*
 48 | 412 -s

3525 **cercado** *na* enclosure, fenced
- ia para o cercado de tarde, tratar dos animais – *In the afternoon he'd go to the enclosure and take care of the animals.*
48 | 375 -s

3526 **pulso** *nm* pulse, wrist
- a música é produzida por um pulso de frequência entre dois osciladores – *The music is produced by a regular pulse between two oscillators.*
49 | 452 -n -s

3527 **contorno** *nm* contour, outline
- o sol principiava a destacar o contorno irregular das árvores – *The sun was beginning to make the irregular contours of the trees stand out.*
48 | 322 -s

3528 **divergência** *nf* disagreement, divergence
- em 1939, por divergências com o regime nazi, ele emigrou para os EUA – *In 1939, because of disagreements with the Nazi regime, he emigrated to the United States.*
46 | 402 +n -f

3529 **bombeiro** *nm* fireman
- os bombeiros atacaram o fogo pela boca de cena e pelos lados – *The firemen attacked the fire from the front and from the sides.*
45 | 704 +n -a

3530 **possivelmente** *av* possibly
- temos sete, mas possivelmente vamos ter de aumentar o número – *We have seven, but we will possibly need to increase that number.*
46 | 286

3531 **comparecer** *v* to attend, appear at
- a família toda compareceu ao casamento de hoje – *The whole family attended the wedding today.*
47 | 450 +n -s

3532 **reinar** *v* to rule, reign
- no reinado de Montezuma I (que reinou desde 1440), eles criaram um império – *During the reign of Montezuma I (who had ruled since 1440), they created an empire.*
46 | 386 -s

3533 **máscara** *nf* mask
- durante a epidemia, o governo distribuiu máscaras cirúrgicas – *During the epidemic, the government distributed surgical masks.*
45 | 357

3534 **dissolver** *v* to dissolve
- a maior parte dos sais inorgânicos dissolve-se rapidamente em água – *The greater part of inorganic salts rapidly dissolves in water.*
47 | 417 +a -n -s

3535 **pânico** *nm* panic
- através de um botão de pânico, pode fazer piscar as lâmpadas – *Using a panic button, you can make the lights flash.*
46 | 338

3536 **bíblia** *nf* Bible
- ao longo dos tempos, a Bíblia é a obra que mais exemplares vendeu – *Throughout time, the Bible has been the book that has sold the most copies.*
45 | 333

3537 **pinheiro** *nm* pine tree
- havia florestas de pinheiros e grandes montanhas cobertas de neve – *There were pine trees forests and large mountains covered in snow.*
45 | 334

3538 **embarcação** *nf* boat, ship
- tais rios são navegáveis, mas apenas por pequenas embarcações – *Such rivers are navigable, but only by small boats.*
46 | 323

3539 **educativo** *aj* educational
- o nosso sistema educativo está a precisar de uma reforma profunda – *Our educational system is in need of major reform.*
49 | 447 +n -f

3540 **simplicidade** *nf* simplicity
- ela tem uma simplicidade de expressão que a faz parecer um anjo – *She has a simplicity of expression that makes her look like an angel.*
46 | 324

3541 **paralelamente** *av* at the same time, concurrently
- pode-se desfrutar das duas exibições paralelamente – *You can enjoy both exhibits at the same time.*
46 | 360 +n

3542 **rapidez** *nf* speed
- a tecnologia desenvolve-se com grande rapidez – *Technology is advancing at high speeds.*
46 | 313

3543 **hesitar** *v* to hesitate
- ele hesitou durante um minuto, olhando para o homem – *He hesitated for a minute, looking at the man.*
47 | 530 +f -a

3544 **sintético** *aj* synthetic
- lã, algodão, seda, náilon e outras fibras sintéticas – *Wool, cotton, silk, nylon, and other synthetic fibers.*
47 | 449

3545 **elite** *nf* elite
- a maior hipocrisia é a das elites diante da gravidade dos problemas sociais – *The greatest hypocrisy is that of the elites in face of the serious social problems.*
47 | 362 -f

3546 **vulnerável** *aj* vulnerable
- um empresário emotivo estará sempre vulnerável perante um negociador experimentado – *An emotional business owner will always be vulnerable when dealing with an experienced negotiator.*
46 | 304

3547 **pátio** *nm* courtyard, patio, atrium
- acenderam-se fogueiras no pátio – *They lit bonfires in the courtyard.*
46 | 530 +f -s

3548 **irritar** *v* to irritate
- o que me irritou foi a insolência desse homem – *What irritated me was that man's insolence.*
47 | 566 +f -a

3549 apressar *v* to hurry, hasten
• cheio de espanto, apresso-me para ver o
que se passa – *Amazed, I'm hurrying to see
what's going on.*
47 | 648 +f -a -s

3550 lesão *nf* lesion
• o jogador teve uma lesão muito séria –
The player had a very serious lesion.
47 | 647 +a -f -s

3551 avó *nf* grandmother
• Glória foi para a casa da avó muito pequena;
foi ela quem a criou – *Gloria moved to her
grandmother's house when she was very
young; it was her grandmother who raised
her.*
45 | 669 +f -a -n

3552 copiar *v* to copy
• os persas copiaram os terraços e jardins
suspensos tão famosos na Babilônia – *The
Persians copied the terraces and hanging
gardens that were so famous in Babylon.*
45 | 329

3553 capitalista *na* capitalist
• o capitalista monopoliza o acesso aos meios
de produção – *Capitalists monopolize access
to the means of production.*
45 | 332

3554 túmulo *nm* tomb
• os túmulos reais são das obras de escultura
mais significativas – *Royal tombs are some
of the most significant works of sculpture.*
48 | 408 -s

3555 movimentação *nf* movement
• o avanço era apoiado pela rápida
movimentação das forças alemãs – *The
advance was supported by the rapid
movement of the German forces.*
46 | 404

3556 cintura *nf* waist
• o filho abraçou-o pela cintura – *His son
hugged him around the waist.*
46 | 431 +f -n

3557 ligeiramente *av* slightly, lightly
• os dois lances de escada me deixaram
ligeiramente ofegante – *The two flights of
stairs left me slightly winded.*
46 | 344 -s

3558 olímpico *aj* Olympic
• nos jogos olímpicos vencem os melhores –
At the Olympic Games, the best win.
47 | 524 +n

3559 politicamente *av* politically
• a Groenlândia é politicamente subordinada à
Dinamarca – *Greenland is politically
subordinate to Denmark.*
47 | 362 +n -f

3560 juvenil *aj* youthful, juvenile
• podiam incluir-se atletas juvenis, juniores e
séniores – *It could include youth, junior, and
senior levels of athletes.*
45 | 365 +n

3561 proibição *nf* prohibition
• foi aprovada a proibição de fumar –
The smoking prohibition was approved.
46 | 360

3562 galo *nm* rooster
• os galos já começam a cantar, o novo dia
desperta – *The roosters have already begun
to crow, a new day is born.*
44 | 447 +f -n

3563 induzir *v* to induce, incite
• os sedativos induzem ao sono – *Sedatives
induce sleep.*
46 | 369 +a

3564 órbita *nf* orbit
• existem milhares de satélites artificiais em
órbita da Terra – *There are thousands of
satellites in orbit around the Earth.*
49 | 622 +a -s

3565 sublinhar *v* to emphasize, underline, stress
[EP]
• o enfermeiro sublinhou a importância da
lavagem das mãos [EP] – *The nurse
emphasized the importance of washing your
hands.*
46 | 539 +n

3566 totalidade *nf* totality, fullness
• o Estado garante a totalidade do pagamento
– *The government guarantees that the
payment will be made in its totality.*
46 | 410

3567 vigilância *nf* surveillance, vigilance
• o país permaneceu sob uma apertada
vigilância soviética – *The country remained
under close Soviet surveillance.*
47 | 381 -s

3568 geografia *nf* geography
• a geografia moderna existe como disciplina
académica – *Modern geography exists as an
academic disciple.*
46 | 313

3569 gravidez *nf* pregnancy
• ela não quer filhos, porque acha que a
gravidez irá estragar-lhe o corpo – *She
doesn't want to have children, because she
thinks that pregnancy would ruin her body.*
45 | 363 +a

3570 bancada *nf* bench, parliamentary group
• o político tornou-se líder da bancada
parlamentar – *The politician became the
leader of the parliamentary bench.*
45 | 666 +n -a

3571 poupança *nf* savings
• o capital especulativo está indo para a
poupança por causa do rendimento
excepcional – *The speculation capital is
going into savings because of the exceptional
rate of return.*
46 | 443 +n -f

3572 indiferente *aj* indifferent
• totalmente indiferente à vida humana, ele
sacrificou as suas tropas – *Totally indifferent
to human life, he sacrificed his troops.*
46 | 555 +f -a

3573 óculos *nm* glasses, spectacles
• os óculos bifocais corrigem a visão à
distância e ao pé – *Bifocal glasses correct
near and far sightedness.*
46 | 477 +f -a -n

3574 descanso *nm*   rest (from labor)
• esse trabalho é contínuo, não tem descanso – *This work is ongoing; there is no rest.*
45 | 361 -a

3575 confissão *nf*   confession
• a confissão faz parte da prática religiosa dos católicos – *Confession is an integral part of the religious practice of Catholics.*
45 | 395

3576 fundir *v*   to smelt, melt
• os garimpeiros tentaram fundir o ouro – *The prospectors tried to smelt the gold.*
47 | 409 +a -n -s

3577 admiração *nf*   admiration
• ele tinha pelo homem um misto de respeito e admiração – *He had both respect and admiration for the man.*
45 | 391 +f

3578 rebentar *v*   to burst, explode
• os sacos rebentavam no chão, espalhando a farinha – *The sacks burst open on the ground, spilling the flour.*
45 | 397 -n

3579 substituto *na*   substitute
• é utilizado como substituto da gasolina, pois o custo é inferior – *It is used as a substitute for gasoline since it costs less.*
47 | 374 -s

3580 pesquisador *nm*   researcher, investigator [BP]
• esse estudo poderá ser feito por pesquisadores do Instituto Brasileiro de Desenvolvimento – *That study might be carried out by the researchers of the Brazilian Development Institute.*
47 | 540 +a -f

3581 temático *aj*   thematic
• ele pinta quadros de temática religiosa – *He paints works with religious themes.*
49 | 500 +a -f

3582 sacerdote *nm*   priest
• o príncipe era ungido pelos sacerdotes – *The prince was anointed by the priests.*
48 | 364 -n -s

3583 animação *nf*   encouragement
• ele me enviou as primeiras palavras de animação que já recebi – *He sent me the first words of encouragement I'd ever received.*
45 | 419 +n

3584 excepcional *aj*   exceptional
• os temas dos roteiros são de uma variedade excepcional – *The TV program's themes have an exceptional variety.*
44 | 309

3585 engolir *v*   to swallow
• eva engoliu a pílula suave e naturalmente – *Eva swallowed the pill easily and naturally.*
45 | 427

3586 garganta *nf*   throat
• houve um silêncio doloroso. O mineiro sentia apertar-se-lhe a garganta – *There was a painful silence. The miner felt the muscles in his throat become tense.*
46 | 521 +f -n

3587 biografia *nf*   biography
• a biografia é a história da vida de um homem – *A biography is the story of a man's life.*
45 | 287

3588 intuito *nm*   motive, design, goal
• os seus intuitos eram fáceis de presumir – *It was easy to figure out what his motives were.*
46 | 398 +a -s

3589 emergir *v*   to emerge
• a Turquia emergiu como a nova superpotência regional – *Turkey emerged as a new regional superpower.*
46 | 333

3590 eco *nm*   echo
• o eco respondia ao longe nas quebradas da serra – *The echo resounded all along the mountain ridges.*
46 | 389

3591 sábio *aj*   wise
• vários homens sábios apresentaram as suas visões e reflexões – *Several wise men presented their ideas and reflections.*
45 | 420 +f

3592 retórica *nf*   rhetoric
• a retórica maliciosa do candidato tornou a campanha muito desagradável – *The candidate's malicious rhetoric made the campaign very unpleasant.*
45 | 622 +a -n -s

3593 testemunho *nm*   witness, testimony
• ele também é acusado de falso testemunho – *He is also accused of false witness.*
45 | 331

3594 sumir *v*   to disappear
• por isso ele sumiu de casa sem deixar notícias – *For that reason he disappeared from home without saying a word.*
44 | 679 +f -n

3595 doloroso *aj*   painful, hurtful
• um pormenor doloroso completou esta encenação cruel – *A painful incident completed this cruel scene.*
45 | 552 +f -n

3596 fabricante *nm*   manufacturer, producer
• muitos fabricantes copiaram o design básico, que é agora considerado como um padrão – *Many manufacturers copied the basic design that is now considered a standard.*
46 | 475 +n -f

3597 errado *aj*   wrong
• os hindus acreditam que é errado matar ou ferir qualquer animal – *Hindus believe that it is wrong to kill or injure any animal.*
45 | 272 +s

3598 mencionar *v*   to mention
• foi a primeira vez que um parlamentar mencionou tal possibilidade – *It was the first time that a member of parliament had mentioned such a possibility.*
45 | 338

3599 exemplar *na* copy, exemplary
• os editores vendem anualmente quatro mil exemplares de seu livro – *Editors sell four thousand copies of his book yearly.*
45 | 342

3600 injustiça *nf* unfairness, injustice
• desde essa época senti a injustiça da vida, a dor que ela envolve – *Since that time, I have felt the unfairness of life, the pain it involves.*
45 | 304

3601 institucional *aj* institutional
• criámos um aparelho institucional e jurídico semelhante ao que existia noutros países – *We created an institutional and judicial framework similar to that in other countries.*
47 | 403 +n -f

3602 localidade *nf* place, location
• a seguir a esta data ele retornou à localidade onde nasceu – *After that date, he returned to the place of his birth.*
47 | 420 +n -s

3603 molho *nm* sauce
• coloque o molho de tomate sobre o disco de pizza, na medida certa – *Put the tomato sauce on the pizza dough in the right amount.*
45 | 315 +s -a

3604 engano *nm* mistake, error, deceit
• ele o matou por engano, dando-lhe um veneno em vez de um afrodisíaco – *He killed him by mistake, giving him poison instead of an aphrodisiac.*
45 | 375 +s -a

3605 agulha *nf* needle
• na tatuagem as agulhas perfuravam a pele e inseriam a tinta – *In tattooing, needles pierce the skin and insert the dye.*
45 | 335 -n

3606 turno *nm* round, shift
• no segundo turno, o Maranhão obteve melhores performances do que São Paulo – *During the second round, Maranhão obtained better results than São Paulo.*
42 | 777 +n -a

3607 surdo *aj* deaf
• ou o senhor é surdo e cego, ou tem um coração de ferro! – *Sir, either you are deaf and blind or you have a heart of stone!*
46 | 545 +f -a -s

3608 descida *nf* drop, decrease
• antes de cada tsunami, pode ocorrer uma descida súbita das águas – *Before each tsunami, a sudden drop in the water level may occur.*
45 | 355

3609 recorde *nm* record
• posso confirmar que vamos atingir um novo recorde de exportações este ano – *I can assure you that we will set a new export record this year.*
47 | 577 +n -f -s

3610 calda *nf* syrup
• comprei uma lata de pêssegos em calda – *I bought a can of peaches in syrup.*
44 | 410 +n -a

3611 dotado *aj* endowed, gifted
• todos os indivíduos dotados de autoconsciência podem compreender sua própria existência – *All individuals endowed with self-awareness can comprehend their own existence.*
46 | 312

3612 naval *aj* naval
• a superioridade naval inglesa foi confirmada pelas vitórias – *English naval superiority was reaffirmed by their victories.*
46 | 481 +a -s

3613 proferir *v* to utter, state, say
• o Presidente proferiu lindas palavras que valem a pena repetir – *The President uttered beautiful words that are worth repeating.*
46 | 354 -s

3614 mármore *nm* marble
• a basílica é muito bonita, tem mármores de muitas cores – *The Basilica is very pretty; it has many colors of marble.*
47 | 444 +f -n -s

3615 especialidade *nf* specialty
• minha especialidade é mais dar golos. Sempre fiz uma média de 16 – *My specialty is more in the area of scoring goals. I've always scored an average of 16.*
44 | 310

3616 gerente *nm* manager
• o gerente da loja afirmou que ainda não tinha decidido se iria ou não baixar os preços. – *The store manager announced that he hadn't yet decided whether he was going to lower the prices.*
45 | 492 +n

3617 detectar *v* to detect
• análises anteriores detectaram 1.8 gramas de álcool por litro no sangue – *Previous analyses detected 1.8 grams of alcohol per liter of blood.*
47 | 459 +a -f

3618 picar *v* to sting, prick, bite
• umas alfinetadas que me subiam até o peito, como se me estivessem picando – *Some sharp pains that came up to my chest, as they they were biting me.*
45 | 362 +s -n

3619 infra-estrutura *nf* infrastructure
• desenvolveu a infra-estrutura com investimentos, ecriou indústrias de base, portos, estradas, etc – *He developed the infrastructure using investments, and created industries, ports, highways, etc.*
53 | 545 +n +s -f

3620 sindical *aj* relating to a trade union
• os representantes sindicais dos trabalhadores concentraram-se, ontem, em frente à associação – *The workers' union representatives gathered yesterday in front of the association building.*
47 | 465 +n +s -f

3621 trono *nm* throne
• o rei abdicou do trono, deixando aberta a luta pela sucessão – *The king abdicated the throne, leaving succession open to be fought over.*
46 | 551 +a -n -s

23. Verbs of communication

dizer 34 **to say, tell**

falar 95 **to speak, talk**

chamar 118 **to call**

contar 201 **to tell, count**

explicar 352 **to explain**

responder 416 **to answer**

afirmar 511 **to affirm**

discutir 518 **to discuss, dispute**

propor 716 **to propose**

admitir 739 **to admit**

indicar 742 **to indicate**

anunciar 898 **to announce**

perguntar 906 **to ask (a question)**

citar 916 **to cite, quote**

acusar 1035 **to accuse**

declarar 1134 **to declare**

conversar 1144 **to converse, talk**

prometer 1207 **to promise**

comentar 1213 **to comment**

comunicar 1382 **to communicate**

descrever 1403 **to describe**

criticar 1536 **to criticize**

reclamar 1558 **to complain**

esclarecer 1650 **to clear up, clarify**

denunciar 1733 **to denounce**

disputar 1792 **to compete, dispute**

divulgar 2011 **to make known**

pronunciar 2077 **to pronounce**

recomendar 2136 **to recommend**

pregar 2285 **to preach (also, to nail)**

confessar 2364 **to confess**

relatar 2395 **to tell, relate**

alegar 2550 **to allege**

aconselhar 2602 **to counsel**

gritar 2630 **to yell, shout**

debater 2632 **to debate, discuss**

queixar 2671 **to complain**

protestar 2759 **to protest**

argumentar 2762 **to argue**

articular 2893 **to articulate**

expressar 2913 **to express**

questionar 2950 **to question**

agradecer 2983 **to thank**

proclamar 3478 **to proclaim**

mencionar 3598 **to mention**

rezar 3664 **to pray**

ditar 3926 **to dictate**

advertir 4021 **to warn**

alertar 4130 **to alert, warn**

elogiar 4151 **to praise**

invocar 4210 **to invoke**

exagerar 5144 **to exaggerate**

3622 accionista *nc* stockholder
- não há nenhum accionista que vá investir 240 milhões – *There's not a single stockholder who is going to invest 240 million.*
45 | 433

3623 reeleição *nf* re-election [BP]
- Nixon venceu a reeleição com uma margem esmagadora – *Nixon won re-election by a landslide.*
46 | 655 +n +s -a -f

3624 socorro *nm* aid, help, relief
- ele fugiu sem prestar socorro à criança, que veio a morrer – *He fled without rendering aid to the child, who ended up dying.*
47 | 371 -s

3625 turístico *aj* tourist
- muitos são os locais de atracção turística e interesse arquitectónico – *There are many sites that have tourist attractions and are of architectural interest.*
46 | 444 +n -f

3626 agitação *nf* commotion, agitation
- o ambiente é de barulho e agitação – *The environment is full of noise and commotion.*
46 | 354 -s

3627 elegante *aj* elegant
- o comandante era um cavalheiro elegante e fino – *The commander was an elegant and polished gentleman.*
45 | 436 +f -s

3628 sucedido *aj* successful, succeeded
- a técnica é razoavelmente bemsucedida em obter concepção e gravidez – *The technique is reasonably successful in aiding conception and pregnancy.*
46 | 363

3629 magnífico *aj* magnificent
- a nova colheita deu ainda magnífico resultado – *The new harvest still yielded magnificent results.*
45 | 377

3630 irregularidade *nf* irregularity
- a empresa foi acusada de irregularidades financeiras – *The company was accused of financial irregularities.*
45 | 451 +n -f

3631 tráfico *nm* trafficking
- pretende-se também combater o tráfico e o comércio ilícito de armas – *They are also planning to fight the trafficking and black market trade of weapons.*
46 | 436 +n -f

3632 equilibrado *aj* balanced
- o orçamento da Universidade não está equilibrado – *The University's budget is not balanced.*
45 | 284

3633 lógico *aj* logical
- os computadores oferecem jogos educativos que treinam o raciocínio lógico – *Computers offer educational games that support the development of logical reasoning.*
43 | 326 +s

3634 decorrente *aj* resulting from
• a medicina desportiva previne e trata doenças decorrentes da prática esportiva – *Sports medicine diagnoses and treats problems resulting from practicing sports.*
47 | 450 +a -s

3635 integral *aj* full, whole, integral
• temos direito a recebimento integral, o advogado alegava – *We have the right to receive in full, the lawyer alleged.*
45 | 347

3636 consequentemente *av* consequently, as a result
• o orçamento é maior e, consequentemente, o investimento público diminui – *The budget is bigger and, consequently, public investment has diminished.*
46 | 496 +a -f

3637 intérprete *nc* performer, Interpreter
• começou a sua carreira como intérprete de Shakespeare – *He started his career as a performer of Shakespeare.*
45 | 294

3638 educado *aj* polite, well-mannered, educated
• ele é respeitoso, culto e educado – *He is respectful, intelligent and polite.*
44 | 348 -n

3639 recordação *nf* recollection, souvenir
• ele tinha do avô uma recordação cheia de respeito e ternura – *He had a fond recollection of his grandfather, full of respect and tenderness for him.*
44 | 443 +f -a

3640 inspector *nm* inspector
• o inspector mirou o papel, remirou-o, apôs-lhe o carimbo – *The inspector stared at the paper, looked at it again, and stamped it.*
45 | 355

3641 instituir *v* to institute
• o reino de Portugal foi instituído no século XII – *The kingdom of Portugal was instituted in the 12th century.*
46 | 487 +a -f

3642 leque *nm* range, scope, hand-fan
• o texto abarca um leque variado de temas relacionados com a Internet – *The text deals with a wide range of themes on the topic of the Internet.*
46 | 283

3643 filmar *v* to film
• o realizador decidiu filmar de uma assentada os três filmes – *The producer decided to film the three movies all at once.*
46 | 366 +s -f

3644 estatístico *na* statistical, statistician
• é feito um estudo estatístico que interpreta as preferências do público – *A statistical study is being done to interpret public preference.*
46 | 604 +a -f

3645 estabelecido *aj* established
• procurava pregar a reforma social sem a destruição do regime já estabelecido – *He attempted to impose social reform without destroying the established order.*
45 | 399 | +a

3646 denso *aj* dense, thick
• o ar quente, menos denso, sobe por cima do ar frio – *Hot air, which is less dense, rises above cold air.*
45 | 376 -n

3647 convívio *nm* act of living together
• ela não sabia como o irmão suportava o convívio com uma mulher como aquela – *She didn't know how her brother could stand being around a woman like that.*
45 | 316

3648 fígado *nm* liver
• todas as vezes que ingere álcool, está prejudicando o seu fígado – *Every time that you drink alcohol, you are hurting your liver.*
44 | 308 -n

3649 habituado *aj* used to, accustomed
• deu pouco trabalho a fazer porque nós já estamos habituados – *It wasn't hard to do, because we were already used to doing it.*
45 | 349 -a

3650 mala *nf* suitcase, luggage
• a cabeleireira está a arrumar a mala para viajar – *The hairdresser is packing up her suitcase to travel.*
45 | 582 +f -a

3651 repouso *nm* rest, repose
• o paciente deve permanecer em repouso e ingerir bastante líquido – *The patient should remain at rest and drink plenty of fluids.*
46 | 382 -n -s

3652 batalhão *nm* battalion
• uma patrulha do 4° Batalhão da Polícia Militar foi mandada ao local – *A patrol from the 4th Battalion of the Military Police was sent to the location.*
46 | 402 +n -a -s

3653 dispersar *v* to disperse, scatter
• o governo procurou dispersar os grupos aglomerados nos centros povoados – *The government sought to disperse groups gathered in population centers.*
46 | 325 -n -s

3654 apaixonar *v* to fall in love with
• o homem se apaixonou pela moça – *The man fell in love with the young woman.*
44 | 308

3655 vegetação *nf* vegetation
• o clima é tropical húmido, havendo muita vegetação – *The climate is humid and tropical and there is lots of vegetation.*
45 | 466 +a -n -s

3656 procurador *nm* proxy, attorney
• é uma responsabilidade profunda minha como procuradora de Justiça – *It is one of my gravest responsibilities as an attorney of the Court.*
44 | 365 +n

3657 tristeza *nf* sadness
• uma onda de tristeza afogou-lhe o coração – *A wave of sadness drowned his heart.*
44 | 808 +f -a

3658 enfiar *v* to put into or through
- a gente enfiava todo mundo no carro e saía para passear – *We put everybody into the car and went for a drive.*
45 | 601 +f -a -n

3659 afundar *v* to sink
- estes abriram fogo e afundaram o cruzador japonês – *These opened fire and sunk the Japanese cruiser.*
45 | 367 -n

3660 exibição *nf* showing, exhibition
- o filme teve uma única exibição pública, em 1930 – *The film only had one public showing, in 1930.*
45 | 366 +n

3661 espantar *v* to surprise
- o cavalo espantou-se com o redemoinho das águas – *The horse was surprised by the whirlpool.*
44 | 585 +f -a

3662 gigantesco *aj* gigantic
- os rinocerontes são gigantescos herbívoros – *Rhinoceroses are gigantic herbivores.*
44 | 329

3663 cordão *nm* cord, string, necklace
- após os acontecimentos principais, o cordão umbilical é cortado – *After the main events, the umbilical cord is cut.*
44 | 308

3664 rezar *v* to say a rote prayer
- os católicos rezaram em voz alta – *Catholics say prayers out loud.*
44 | 702 +f -a

3665 exportar *v* to export
- as bananas são exportadas quando estão ainda verdes – *Bananas are exported when they are green.*
44 | 341 +n +s -f

3666 precário *aj* precarious
- a situação continuou precária, mas não desesperada – *The situation continued to be precarious, but not without hope.*
45 | 280

3667 tentação *nf* temptation
- Quase ninguém resistiu à tentação de ir ver o que ali se passava – *Almost nobody could resist the temptation of going to see what was transpiring there.*
44 | 351

3668 sino *nm* bell
- ouviu o sino de uma igreja a tocar – *I heard a church bell tolling.*
44 | 508 +f -n -s

3669 decorar *v* to memorize, decorate
- ele parecia ter decorado o texto – *He seemed to have memorized the text.*
45 | 280

3670 suspeito *na* suspect, suspected
- os cinco rapazes são suspeitos de dois assassinatos de mendigos – *The five young men are suspects in the murders of two beggars.*
45 | 380 +n

3671 saldo *nm* balance, remainder
- no ano passado o saldo negativo ficou em 1,7% – *Last year, the negative balance came to 1.7%.*
43 | 364 +n

3672 síntese *nf* synthesis
- acho que essa mistura, essa síntese, é a chave para a música – *I think that that mixture, that synthesis, is the key to music.*
45 | 452 +a

3673 malha *nf* knit clothing, net, club
- ele puxou a gola do sobretudo, e pôs o cachecol de malha – *He flipped up the collar of his overcoat and put on his knit scarf.*
44 | 285

3674 coelho *nm* rabbit
- o coelho comum é castanho-acinzentado, com orelhas longas – *The common rabbit is grayish brown with long ears.*
44 | 290

3675 soar *v* to sound
- o relógio dava 11 horas, com o seu tom que soava triste – *The clock tolled 11:00 with a tone that sounded sad.*
44 | 470 +f

3676 atrapalhar *v* to get in the way of, frustrate
- porém a morte do pai, em agosto, atrapalhou seus planos – *However, his father's death in August got in the way of his plans.*
44 | 326 +s -a

3677 falência *nf* bankruptcy, failure
- a empresa não resistiu à crise e abriu falência – *The company couldn't make it through the crisis and declared bankruptcy.*
44 | 304

3678 imposição *nf* imposition
- era seu objectivo a imposição, pela força, de um novo governo – *His objective was the imposition, by force, of a new government.*
43 | 296

3679 recusa *nf* refusal
- esta recusa firme afogava o espírito do garoto – *This firm refusal drowned the young boy's spirits.*
44 | 337

3680 navegar *v* to navigate
- ele navegou então pelo novo oceano, enfrentando condições adversas – *He then navigated through the new ocean, facing adverse conditions.*
44 | 309

3681 inspecção *nf* inspection
- o relatório da inspecção confirma esta acusação – *The inspection's report confirms the accusation.*
45 | 357

3682 embaixada *nf* embassy
- a embaixada americana está ameaçada por numerosos populares – *The American embassy is being threatened by large mobs.*
45 | 321 +n

3683 moço *nm* young man, boy
- elas queriam vê-la casada com o moço – *They wanted to see her married to the young man.*
42 | 1014 +f -a -n

3684 conversão *nf* conversion
- o projecto inclui a conversão do edifício antigo em apartamentos – *The project includes the conversion of the old building into apartments.*
46 | 453 -f -s

3685 ânimo *nm* spirit, courage, excitement
- para levantar o ânimo dele chamaram um grande amigo – *In order to raise his spirits they called over a great friend of his.*
45 | 405 +f

3686 acampamento *nm* camp, encampment
- a situação dos refugiados no acampamento de leste é cada vez pior – *The refugees' situation, in the camp to the east, is getting worse and worse.*
46 | 379 -s

3687 altar *nm* altar
- teria sido esta mesa o altar escolhido para os ritos primitivos deles – *This table would have been the altar chosen for their primitive rites.*
47 | 412 +f -s

3688 assento *nm* seat, spot
- o secretário tem assento no gabinete ministerial – *The secretary has a seat on the ministerial cabinet.*
44 | 317

3689 doar *v* to bequeath, donate
- após o fim da guerra, ele doou sua fortuna para as irmãs – *After the end of the war, he bequeathed his fortune to his sisters.*
44 | 322

3690 coordenar *v* to manage, coordinate
- o órgão vai coordenar a política ambiental do município – *The organization will manage the city's environmental policy.*
45 | 433 +n -f

3691 vestuário *nm* clothing, garment
- a loja especializa-se em vestuário masculino – *The store specializes in mens' clothing.*
45 | 349 -s

3692 desagradável *aj* unpleasant
- o doente exala um odor bastante desagradável devido às lesões – *The patient gives off a very unpleasant odor due to his lesions.*
44 | 316

3693 treze *num* thirteen
- o país está dividido em 13 regiões – *The country is divided into thirteen regions.*
43 | 295

3694 ácido *nm* acid
- o ácido tinha corroído o metal – *The acid had corroded the metal.*
43 | 1002 +a -n -s

3695 saudável *aj* healthy
- é saudável e indispensável cultivar o sentido do humor – *It is healthy and indispensable to cultivate a sense of humor.*
43 | 300

3696 lençol *nm* sheet
- ele tinha muito sono, e lembrou-se da cama com lençóis, travesseiros e almofadas – *He was very tired and was reminded of his bed, his sheets, pillows and cushions.*
44 | 405 +f -a -n

3697 decadência *nf* decline, decadence
- a velhice é uma decadência progressiva cujo limite é a morte – *Old age is a progressive decline, the end of which is death.*
44 | 296

3698 uva *nf* grape
- o prato com frutas – uvas, maçãs – enchia o ar dum perfume adocicado – *The platter with fruit – grapes, apples – filled the air with a sweet scent.*
43 | 282 +s

3699 retirada *nf* retreat, withdrawal
- deles próprios partiu o aviso da retirada, com uma fanfarra prolongada – *They themselves sounded the cry of retreat accompanied by a lengthy fanfare.*
47 | 373

3700 tapete *nm* rug, carpet
- eles vendem tapetes orientais na feira – *They sell oriental rugs at the fair.*
44 | 358 +f -n

3701 fiar *v* to spin (cloth), trust
- eu mesma fiei o algodão, armei o tear, trancei o pano – *I spun the cotton myself, set up the loom, and wove the cloth.*
44 | 308 +s -a

3702 generoso *aj* generous
- papai não fora generoso ao me dar o dinheiro para o vestido? – *Wasn't daddy generous in giving me money for my dress?*
44 | 370 +f -a

3703 penal *aj* penal
- o Código Penal não prevê penalidades por fraude em computadores – *The Penal Code doesn't set forth penalties for computer fraud.*
45 | 430 -f

3704 incentivar *v* to encourage, motivate
- a URSS passou a incentivar a instalação do regime socialista em outros países – *The USSR began to encourage the installation of socialist regimes in other countries.*
44 | 350 +n -f

3705 foguete *nm* firework, rocket, fast train
- um foguete explodiu no ar – *The fireworks exploded in the air.*
45 | 340 -s

3706 barraca *nf* shack, tent, hut
- os bairros de barracas são um resultado das migrações rurais em massa – *Neighborhoods made of shacks are a result of mass rural migrations.*
45 | 433 +f -a

3707 soberania *nf* sovereignty, authority
- há uma frase da Constituição que diz que a soberania reside no povo – *There is a clause in the Constitution that says that sovereignty rests with the people.*
44 | 303

3708 curar *v* to cure, heal
- eu não faço milagres, eu não curo doenças – *I don't do miracles, I don't cure diseases.*
44 | 354

3709 cerrado *aj* closed
- com os olhos cerrados ele ia escutando os passos das pessoas que entravam – *With his eyes closed, he could hear the steps of the people entering.*
44 | 448 +f -n

3710 repertório *nm* repertoire
- o compositor deixou um repertório de obras- primas da música brasileira – *The composer left a repertoire of masterpieces of Brazilian music.*
44 | 270 +s

3711 árbitro *nm* referee
- se for comprovado o suborno, o árbitro será eliminado do futebol – *If it's proven that he was bribed, the referee will be banned from soccer.*
44 | 596 +n -f

3712 maciço *na* in mass, solid, mountain range
- a chegada maciça de imigrantes judeus modificou a composição do bairro – *The arrival of Jewish immigrants in mass changed the makeup of the neighborhood.*
44 | 320

3713 fatal *aj* fatal
- o ferimento, embora não fosse fatal, iria imobilizá-lo – *The injury, although not fatal, would incapacitate him.*
45 | 359 -s

3714 desesperado *aj* in despair, without hope
- eu estava desesperado porque não conseguia encontrar a pessoa – *I was in despair because I wasn't able to find the person.*
44 | 457 +f -a

3715 terreiro *nm* yard, spacious outdoor area
- eles estão sentados no terreiro ainda húmido do orvalho – *They are sitting in a yard still wet with dew.*
44 | 493 +f -a

3716 imperial *aj* imperial
- ele cumprimentou pessoalmente as majestades imperiais do Japão – *He personally greeted the imperial family of Japan.*
44 | 380 -s

3717 cineasta *nc* film producer
- cada cineasta ou roteirista quer testar a elasticidade dos textos de Shakespeare – *Every film producer and screenwriter wants to test the elasticity of Shakespeare's texts.*
47 | 402 +s -f

3718 percentagem *nf* percentage
- a percentagem daqueles vivendo abaixo da linha de pobreza aumentou 16% – *The percentage of those living below the poverty line increased by 16%.*
43 | 347

3719 escalar *v* to scale, climb
- pus-me a escalar o muro até atingir a fresta – *I set myself to scale the wall until I reached the air duct.*
44 | 335

3720 ficha *nf* form, slip, card
- os voluntários preenchem uma ficha a indicar os serviços para os quais estão disponíveis – *The volunteers fill out a form indicating what services they are available to perform.*
44 | 299

3721 fingir *v* to pretend, fake
- enquanto eu ia falando, olhava para Maria, que fingia não ouvir – *As I went on talking, I looked right at Maria, who pretended not to hear.*
44 | 602 +f -a

3722 ofensiva *nf* offensive
- os Aliados lançaram uma grande ofensiva contra esta nova linha – *The allies initiated a large-scale offensive against this new battlefront.*
45 | 385

3723 oscilar *v* to shake, oscillate
- o tremor fez oscilar os prédios – *The earthquake made the buildings shake.*
45 | 337 -s

3724 enxergar *v* to catch sight of, make out
- Marx enxergava a sociedade como uma constante luta entre as classes – *Marx saw society as a constant fight between the classes.*
43 | 404 +f -n

3725 desequilíbrio *nm* imbalance
- o governo comprometeu-se a arbitrar o desequilíbrio entre o patronato e os sindicatos – *The government is committed to arbitrating the imbalances between employers and labor unions.*
43 | 284

3726 pop *na* pop
- ele é o *pop star* britânico mais rico de todos – *He is the richest of all British pop stars.*
46 | 366 +s -f

3727 detrás *av* behind
- o sol desaparecera por detrás de grossa nuvem – *The sun had disappeared behind a thick cloud.*
43 | 424 +f -a

3728 vestígio *nm* remains, vestige
- vestígios ósseos nos níveis pré-históricos fornecem dados complementares sobre as variações climatéricas – *Bone remains from the pre-historic ages provide complementary data about climatic variations.*
46 | 408 +a -s

3729 vaidade *nf* vanity
- simplesmente, por vaidade, eu achava delicioso ver o meu nome impresso – *Simply for vanity's sake, I thought it delightful to see my name in print.*
44 | 383 +f -a

3730 pressionar *v* to pressure, press
- o Legislativo está agindo para pressionar e negociar com o Executivo – *The Legislative branch is trying to pressure, and negotiate with, the Executive branch.*
44 | 378 +n -f

24. Use of the 'reflexive marker' se

Portuguese [se] has a wide range of uses, including the true reflexive (o João se matou "John killed himself"), replacing other objects (o João se levantou "John got up" vs. o João o levantou "John picked it up"), lexicalized se (o João se queixava "John was complaining"), impersonal (não se fala disso "one doesn't speak about that"), passive (que se venderam tres carros "that three cars were sold"), and other suppression of subjects (afundou-se o barco "the boat sank" vs. os piratas afundaram o barco "the pirates sank the boat"), among others. In nearly all cases, se "focuses" in on a particular participant, to the suppression or exclusion of others. Mastery of the uses of se is a characteristic of advanced learners.

The following lists provide an overview of which verbs occur with se. The first list contains the verbs from the Top 5,000 list in this dictionary with the highest percentage of occurrences with se. The number after the headword shows the number from the dictionary, and the leftmost column shows what percent are with se, either immediately before (de se sentar) or after (de sentar-se) the verb. Because not all reflexives are se (i.e. not all are third person), the total percentage of occurrences in a reflexive sense are probably 15–20% higher than the number shown here.

0.77 **refugiar** 3460 **to take refuge**

0.73 **debruçar** 4004 **to bend over, consider**

0.67 **suicidar** 4923 **to commit suicide**

0.60 **sentar** 1366 **to sit down**

0.56 **assemelhar** 3984 **to be similar to**

0.55 **distanciar** 4414 **to distance**

0.52 **esforçar** 3877 **to strive, exert oneself**

0.52 **revoltar** 3856 **to become infuriated, revolt**

0.51 **queixar** 2671 **to complain**

0.50 **demitir** 2150 **to resign, quit**

0.50 **dedicar** 757 **to be dedicated to**

0.49 **atrever** 4701 **to dare**

0.48 **aperceber** 2925 **to realize, perceive**

0.47 **candidatar** 3514 **to become a candidate**

0.47 **banhar** 3930 **to take a bath**

0.45 **aproximar** 859 **to come near, move closer**

0.45 **despedir** 3271 **to say goodbye**

0.45 **deslocar** 1548 **to move (place)**

0.44 **arrepender** 4499 **to repent, feel bad about**

0.43 **sujeitar** 2000 **to become subjected to**

0.42 **habituar** 3993 **to become accustomed to**

0.42 **inclinar** 4036 **to incline, lean towards**

0.41 **encostar** 4285 **to rest, lean against**

0.40 **encarregar** 2317 **to become entrusted with**

0.40 **furtar** 4619 **to steal**

0.40 **mover** 1340 **to move**

0.40 **livrar** 3411 **to become free**

0.39 **desculpar** 3818 **to apologize for**

0.38 **situar** 2196 **to be situated**

0.38 **associar** 2308 **to be associated with**

The following list shows other verbs that have a high percentage of se, but which are not in the Top 5000 list. The leftmost column shows the percentage with an immediately preceding or following se, and again (due to the fact that only third person pronouns have been counted here) the total number is probably 10–20% higher.

0.86 **acercar** to come closer

0.82 **exilar** to become exiled

0.75 **eximir** to be exempt from

0.71 **esvair** to disappear, faint

0.71 **vangloriar** to boast of

0.71 **apoderar** to take control of

0.71 **evadir** to escape from

0.71 **recostar** to lean back

0.70 **postar** to position oneself

0.69 **apossar** to take possession of

0.69 **agachar** to bend down

0.69 **estatelar** to fall flat on

0.65 **abster** to abstain from

0.64 **deliciar** to be delighted with

0.64 **aventurar** to dare to do something

0.64 **despenhar** to fall to the ground

0.62 **esgueirar** to slip away

0.62 **impacientar** to lose patience

0.61 **esquivar** to dodge something

0.60 **infiltrar** to permeate, to infiltrate

0.60 **aninhar** to nestle

3731 bailarina *nf* ballerina
- actualmente as bailarinas clássicas dançam coreografias inteiras sobre pontas – *Nowadays, classic ballerinas dance entire choreographies on the tips of their toes.*
42 | 301

3732 fórum *nm* court, forum
- no ano passado, recebi uma intimação para comparecer ao fórum – *Last year, I received a summons to go to court.*
43 | 381 +n

3733 bicicleta *nf* bicycle
- a bicicleta é uma forma de transporte não- poluente e energicamente eficiente – *The bicycle is a non-polluting and energy-efficient form of transportation.*
43 | 289

3734 consagrar *v* to be recognized for (+se), consecrate
- consagrou-se atleta de excepção ao conquistar a medalha de prata – *He was recognized as an exceptional athlete after winning the silver medal.*
44 | 296

3735 torneio *nm* tournament
- aquilo era como um torneio de xadrez e eles o estavam jogando calmamente – *It was like a chess tournament and they were playing calmly.*
44 | 598 +n

3736 realismo *nm* realism
- o realismo na obra dele é mais real do que a realidade que cada um de nós conhece – *The realism in his works is more real than the reality most of us know.*
44 | 353 +a

3737 aranha *nf* spider
- as aranhas manifestavam-se pelas teias – *One could tell there were spiders around by their webs.*
43 | 281

3738 quinhentos *num* five hundred
- no ano quinhentos antes de Cristo, o senado voltou-se contra a monarquia – *Five hundred years before Christ, the Senate revolted against the monarchy.*
43 | 284

3739 brilhar *v* to sparkle, shine
- a luz do dia entrava pela sala e fazia brilhar os cristais – *Daylight was coming into the room making the crystals sparkle.*
44 | 641 +f -a -s

3740 delegação *nf* delegation
- está pedindo a todos os sindicatos filiados que enviem delegações ao Rio – *He is asking all member labor unions to send delegations to Rio.*
44 | 556 +n -f

3741 aquando *av* at the time (of) [EP]
- ele deixou Roma aquando das invasões francesas [EP] – *He left Rome at the time of the French invasions.*
45 | 332 -f

3742 fotografar *v* to photograph
- estas sondas fotografaram numerosas pequenas luas de Saturno – *These probes photographed several small moons around Saturn.*
43 | 281 +s -f

3743 morder *v* to bite
- estes animais são inofensivos, pois não mordem o homem – *These animals are harmless since they don't bite humans.*
43 | 525 +f -a -n

3744 bateria *nf* battery, percussion
- as baterias de pilhas primárias são uma forma de energia pouco económica – *Electrochemical batteries are a not very economical form of energy.*
43 | 325

3745 restringir *v* to restrict
- muitos países restringiram nossa pregação e não nos permitiram falar em público – *Many countries restricted our preaching and didn't allow us to speak in public.*
43 | 332 +a -f

3746 cofre *nm* safe, coffer, chest
- o dinheiro foi retirado do cofre – *The money was taken out of the safe.*
46 | 411 -a -s

3747 sudeste *nm* Southeast
- a Indonésia é um país situado no sudeste da Ásia – *Indonesia is a country situated in Southeast Asia.*
46 | 580 +a -f -s

3748 lírico *aj* lyric
- ele transformou as baladas nos mais belos poemas líricos da língua inglesa – *He transformed the ballads into the most beautiful lyric poems of the English language.*
44 | 341 -n

3749 invisível *aj* invisible
- as bactérias eram inimigos invisíveis – *Bacteria were invisible enemies.*
44 | 418 +f -n

3750 místico *na* mystic, mystical
- o filósofo pregou a união mística com uma divindade pessoal – *The philosopher preached about one's mystic union with a personal divinity.*
43 | 287 -n

3751 reger *v* to rule, manage, conduct (music)
- o universo rege-se por leis naturais e imutáveis – *The universe is ruled by natural and unchangeable laws.*
43 | 356 +a

3752 culpar *v* to blame, place guilt
- os políticos culpavam os jornalistas – *The politicians blamed the journalists.*
43 | 301

3753 automaticamente *av* automatically
- o número de URVs será convertido automaticamente em reais – *The number of URV's will be automatically converted to reais.*
43 | 322

3754 clareza *nf* clarity
- o autor expõe com clareza os conflitos interiores dos personagens – *The author exposes, with clarity, the inner conflicts.*
43 | 259

3755 elevação *nf* rising, elevation, ascent
- o primeiro meio utilizado para a elevação no ar foi o balão – *The first means used for an ascent into the air was the hot air balloon.*
43 | 371 -s

3756 transparência *nf* clarity, transparency
- era milagrosa a transparência da atmosfera nas várzeas da Torre – *The clarity of the air in the fields of Torre was miraculous.*
43 | 300

3757 cansar *v* to get tired (+se)
- ele não se cansava de apreciar o mundo à sua volta – *He never got tired of enjoying the world around him.*
44 | 401 -a

3758 cunhado *nm* brother or sister-in-law
- fomos com a minha cunhada, irmã do meu marido – *We went with my sister-in-law, my husband's sister.*
43 | 363 +f -n

3759 vencimento *nm* expiration, salary
- tem de ser usado antes do prazo de vencimento – *It has to be used before the expiry date.*
43 | 342 +n

3760 liberado *aj* free, available [BP]
- se aplicar corretamente os recursos liberados para os programas sociais – *If they use the available resources well for social programs.*
44 | 313

3761 doação *nf* donation
- a doação de órgãos só pode ser um ato humanitário – *Organ donation can only be a humanitarian act.*
43 | 333

3762 nascente *na* source, East, emerging
- o lago é uma nascente do rio Nilo – *The lake is a source of the Nile River.*
43 | 302

3763 consagrado *aj* consecrated
- o dia consagrado a Nossa Senhora é 8 de dezembro – *The day consecrated to Our Lady is December 8th.*
43 | 280

3764 ingénuo *aj* naive, innocent
- se eu fosse ingénuo eu acreditaria nisso – *If I were naive, I would believe you.*
43 | 416

3765 sopa *nf* soup
- a sopa pobre era pouco mais que água – *The meager soup was little more than water.*
42 | 358

3766 livraria *nf* bookstore
- papai, para me distrair, mandou buscar novos livros nas livrarias – *Daddy, in order to entertain me, had new books sent from the bookstores.*
44 | 284

3767 panorama *nm* scene, panorama, view
- o realismo social dominava o panorama cultural português – *Social realism dominated the Portuguese cultural scene.*
42 | 279

3768 treinador *nm* coach, trainer
- ainda não temos treinador para a selecção nacional – *We still don't have a coach for the national team.*
43 | 947 +n -a -f

3769 segunda-feira *nf* Monday
- o dia do trabalhador é celebrado na primeira segunda-feira de setembro – *Labor Day is celebrated on the first Monday of September.*
42 | 1090 +n -a

3770 lâmpada *nf* lamp, light bulb
- a lua é como uma lâmpada que o sol deixa acesa quando parte – *The moon is like a lamp that the sun leaves lit when it goes down.*
46 | 394 -n -s

3771 sentado *aj* seated
- a estátua de granito está sentada com as pernas cruzadas – *The granite statue is seated with its legs crossed.*
42 | 483 +f -a -n

3772 turista *nm* tourist
- o Rio atrai milhares de turistas, especialmente no verão – *Rio attracts thousands of tourists, especially in the summer.*
43 | 467 +n

3773 alugar *v* to rent
- ali pode-se alugar um apartamento de um quarto por 40 dólares – *There one can rent a one-bedroom apartment for $40 dollars.*
43 | 321

3774 ante *prp* before (in front of)
- um esplêndido horizonte se lhe alargava ante os olhos – *A splendid horizon spread out before his eyes.*
45 | 540 +f -a -s

3775 cheirar *v* to smell
- eles cheiraram seus dedos para ver se ele havia fumado – *They smelled his fingers to see if he had smoked.*
44 | 606 +f -a -n

3776 altitude *nf* altitude
- a altitude do Evereste é 8.872 metros – *The altitude of Everest is 8,872 meters.*
44 | 608 +a -s

3777 limpo *aj* clear, clean
- o céu estava limpo, praticamente sem nuvens – *The sky was clear, almost cloudless.*
43 | 318 +s -a

3778 generalizado *aj* widespread, generalized
- esta ideia foi ultrapassada com a aceitação generalizada da teoria da relatividade – *With the widespread acceptance of the theory of relativity, this idea was abandoned.*
45 | 340

3779 seca *nf* drought
- a grande seca durou 27 anos – *The great drought lasted twenty-seven years.*
44 | 341

3780 escultor *nm* sculptor
- Teve um escultor aqui que lhe fez um monumento – *He had a sculptor here who made him a monument.*
43 | 377 +a

3781 parágrafo *nm* paragraph [BP]
- os documentos de que trata o parágrafo 1° serão acolhidos e contabilizados – *The documents mentioned the 1st paragraph will be gathered and accounted for.*
43 | 1069 +a -s

3782 humilde *aj* humble
- ela tem um ar preocupado e pretensioso, mas é humilde, sacrificada – *She has a worried and pretentious air about her, but she is humble and hard-working.*
42 | 545 +f -a

3783 desconfiança *nf* distrust
- todos olhavam para o ladrão com desconfiança – *Everyone looked at the robber with distrust.*
43 | 352 -a

3784 considerável *aj* considerable
- a única perda considerável que sofreram ocorreu durante a Revolução Americana – *The only considerable loss they suffered was during the American Revolution.*
44 | 375 +a -s

3785 marcação *nf* measuring, marking
- o relógio resolveu o problema da "marcação do tempo" – *The clock solved the problem of "measuring time."*
45 | 426 -f -s

3786 galego *na* Galician
- instalou-se o bilinguismo: falava-se galego, mas escrevia-se em castelhano – *Bilingualism was instated: They spoke Galician, but they wrote in Spanish.*
42 | 291

3787 favela *nf* slum, ghetto [BP]
- todos foram unânimes em acusar os traficantes da favela – *There was unanimous agreement in accusing the slum's drug traffickers.*
43 | 377

3788 vingar *v* to avenge, take revenge
- sorrateiramente, ela tramava vingar a morte do pai – *Secretly, she planned to avenge her father's death.*
42 | 349

3789 farmácia *nf* pharmacy
- existem as drogas encontradas em farmácias, que são os calmantes e sedativos – *There are the drugs found in pharmacies, like tranquilizers and sedatives.*
42 | 304

3790 quintal *nm* yard
- Felícia estava no quintal, lavando, ao sol – *Felícia was in the yard, washing in the sun.*
42 | 605 +f -a -n

3791 agressão *nf* aggression
- a mulher é vítima de agressão pelos homens – *Women are victims of aggression at the hands of men.*
44 | 342 +n

3792 ônibus *nm* bus
- é o suficiente para pegar o ônibus da rodoviária do Recife para casa – *That's all you need to ride the bus from the Recife bus station home.*
44 | 719

3793 angolano *na* Angolan [EP]
- os rebeldes continuaram a exigir a retirada das tropas angolanas do Congo [EP] – *The rebels continued to demand the withdrawal of Angolan troops from the Congo.*
44 | 390

3794 superficial *aj* superficial
- o laser tem sido eficaz no tratamento dos cancros superficiais – *Laser has been effective in treating superficial cancer.*
43 | 383 +a

3795 nacionalidade *nf* nationality
- quem poderia saber donde ele viera, qual a sua nacionalidade? – *Who could even tell where he's from, what his nationality is?*
43 | 285

3796 instinto *nm* instinct
- o instinto básico na vida é o da sobrevivência – *The basic instinct in life is that of survival.*
43 | 437 +f -n

3797 nítido *aj* clear, explicit, sharp
- é nítida uma distinção entre as áreas húmidas e secas – *There is a clear distinction between humid and dry areas.*
43 | 354 +f

3798 tia *nf* aunt
- a tia é irmã do pai – *My aunt is my father's sister.*
42 | 1145 +f -a -n

3799 autoritário *aj* authoritarian
- é um Estado autoritário que inclui as Forças Armadas – *It is an authoritarian state, including the Armed Forces.*
42 | 254

3800 contrapartida *nf* (em c.) on the other hand
- perderam mais de 15 quilos, mas, em contrapartida, deixaram de comer pão e outras coisas saudáveis – *They lost more than 15 kilograms, but, on the other hand, they did stop eating bread and other healthy foods.*
43 | 361 +n -f

3801 continuação *nf* continuation
- estes comentários foram interrompidos pela continuação da leitura – *These commentaries were interrupted by the continuation of the reading.*
43 | 279

3802 bandido *nm* outlaw, bandit
- o bandido estava em companhia de dois comparsas e fez terror – *The outlaw was in the company of two cohorts and spread terror wherever he went.*
42 | 305 -a

3803 tráfego *nm* traffic
• achei melhor sair antes que o tráfego ficasse engarrafado – *I thought it better to leave before the traffic bottlenecked.*
42 | 350 +n

3804 recomeçar *v* to resume, restart
• a produção recomeçou após a substituição dos filtros – *Production resumed after the substitution of the filters.*
42 | 448 +f

3805 reivindicação *nf* demand, formal complaint
• a reivindicação dos grevistas é por um aumento de salário – *The strikers' demand is for a salary increase.*
42 | 364 +n

3806 quantia *nf* sum, portion, amount
• a quantia de 650 milhões de dólares foi financiada em 1996 – *The sum of 650 million dollars was financed in 1996.*
44 | 287

3807 misterioso *aj* mysterious
• ele teve também, depois de sua morte, um misterioso sonho, ou visão – *He also had a mysterious dream, or vision, after her death.*
43 | 550 +f -s

3808 têxtil *nmf* textile [EP]
• o náilon foi a primeira fibra têxtil completamente sintética. [EP] – *Nylon was the first completely synthetic textile fiber.*
47 | 485 +a -f

3809 subterrâneo *aj* underground
• durante a sua passagem subterrânea, a água pode dissolver substâncias minerais – *During its underground passage, water can dissolve mineral substances.*
43 | 298

3810 disfarçar *v* to disguise, pretend
• ele disfarçou-se de marinheiro – *He disguised himself as a sailor.*
45 | 426 +f -s

3811 sucessor *nm* successor
• sem sucessor, o rei pensou em abdicar a favor da sua sobrinha – *Without a successor, the king considered abdicating in favor of his niece.*
43 | 414 +a -f

3812 apetecer *v* to appeal (to) [EP]
• tenho uma casa nova, e não me apetece mudar [EP] – *I have a new house, and I don't feel like moving.*
46 | 468

3813 étnico *aj* ethnic
• os grupos étnicos dividem-se em mongóis, cazaques, russos, chineses e outros – *The ethnic groups are divided into Mongols, Kazaks, Russians, Chinese, and others.*
44 | 359 +a -s

3814 noiva *nf* bride, fiancée
• a noiva ficou doente e não foi ao copo-d'água – *The bride got sick and didn't attend the reception.*
42 | 429 +f -a

3815 fundado *aj* based, founded
• a idéia de raça, ela não está fundada na biologia – *The idea of race, that's not based in biology.*
44 | 577 +a -s

3816 demónio *nm* devil, demon
• apossou-se em Manapar o Demónio de um homem rico e honrado – *In Manapar, the devil took hold of a rich and honorable man.*
43 | 379

3817 honesto *aj* honest
• o seu carácter honesto e íntegro foi amplamente reconhecido – *His honest character and integrity were widely recognized.*
43 | 335 +f -a

3818 desculpar *v* to forgive, excuse
• desculpas-me, se não te acompanhar ao portão? – *Will you forgive me if I don't accompany you to the gate?*
43 | 663 +f -a -n

3819 ultimamente *av* lately
• tem dado muitas festas ultimamente? – *Have you held many parties lately?*
43 | 269 -a

3820 degradação *nf* degradation
• a poluição visual diz respeito à degradação do ambiente natural – *Visual pollution has to do with the degradation of the natural environment.*
44 | 339 +a

3821 cruzamento *nm* mixing, intersection
• o cruzamento de raças fez progredir a agropecuária – *The mixing of breeds improved cattle raising.*
42 | 327

3822 acarretar *v* to cause, provoke
• as drogas podem acarretar efeitos indesejados – *Drugs can cause undesirable effects.*
42 | 312 +a

3823 verbal *aj* verbal
• as mensagens verbais estão longe de ser as mais claras – *Verbal messages are far from being the clearest.*
44 | 359 +a -n

3824 nobreza *nf* nobility
• ainda hoje há fidalgos de nobreza, que utilizam os títulos herdados – *There are still people born to nobility that use their inherited titles.*
45 | 345 -n -s

3825 pernambucano *na* from Pernambuco [BP]
• prometeu doar o animal assim que o pernambucano retornar a Recife – *He promised to donate the animal as soon as the person from Pernambuco returned to Recife.*
42 | 425

3826 estatística *nf* statistic, statistics
• somente essa estatística seria capaz de justificar um decréscimo de 7% – *Only such a statistic would be able to justify a 7% decrease.*
44 | 346

3827 táxi *nm* taxi
- ela tomou um táxi e deu a morada do
doutor ao *chauffeur* – *She took a taxi and
gave the doctor's address to the driver.*
44 | 361 +f -a

3828 preservação *nf* preservation
- esta legislação contém vários dispositivos
considerados de preservação ambiental –
*This legislation contains several
clauses dealing with environmental
preservation.*
45 | 401 +a -f

3829 operacional *aj* operational, operating
- o governo central teve um déficit
operacional de 404 milhões de reais em
março – *The central government had an
operational deficit of 404 million in March.*
45 | 425 +n -f

3830 manteiga *nf* butter
- ela fez manteiga com a nata do leite –
*She made butter with the cream from the
milk.*
41 | 310 -a

3831 emocional *aj* emotional
- o divórcio não lhe causou problemas
emocionais – *The divorce didn't cause him
any emotional problems.*
42 | 308

3832 perdão *nm* forgiveness
- o papa pediu perdão por erros cometidos
por seus antecessores – *The Pope asked
forgiveness for the errors committed by his
predecessors.*
42 | 446 +f -a -s

3833 rasgar *v* to tear, rip
- os espinhos rasgaram as roupas –
The spines tore his clothes.
42 | 619 +f -a -n

3834 gene *nm* gene
- a doença de Alzheimer é causada por um
gene defeituoso – *Alzheimer's disease is
caused by a defective gene.*
45 | 512 +a -f -s

3835 vertical *aj* vertical
- os movimentos podem ser verticais,
horizontais ou de rotação – *Movement can
be vertical, horizontal or rotational.*
43 | 385 +a -n

3836 lenha *nf* firewood
- o fogo devorou a lenha – *The fire devoured
the firewood.*
42 | 316 +s -a -n

3837 mentalidade *nf* mentality
- o treinador desenvolveu nele a mentalidade
de um campeão – *The coach instilled in him
the mentality of a champion.*
41 | 272 +s

3838 terrorista *nc* terrorist
- os EUA bombardearam importantes campos
de treino de terroristas islâmicos – *The US
bombed important camps that trained
Islamic terrorists.*
45 | 311 -s

3839 perturbação *nf* disturbance, commotion
- as perturbações mentais sofridas por ele
foram se agravando, culminando no suicídio
– *The mental disturbances from which he
suffered became progressively worse, leading
to suicide.*
45 | 412 +a -n -s

3840 lote *nm* lot
- os lavradores começavam a dividir
as suas terras em pequenos lotes – *The
farmers began to divide their land into small
lots.*
43 | 391 +n -a

3841 bem-estar *nm* well-being
- o bem-estar económico foi provocado pela
venda do petróleo – *Economic well-being
was brought about by the sale of oil.*
42 | 273

3842 cruel *aj* cruel
- fui vítima de mentiras cruéis – *I was the
victim of cruel lies.*
42 | 370 +f

3843 rondar *v* to be approximately, circle
- o orçamento total da obra ronda os 20 mil
contos – *The total budget for the work is
about 20 million escudos.*
44 | 367 +n -s

3844 reclamação *nf* complaint, grievance
- o Senado deve aprovar o projeto mas as
reclamações são muitas – *The Senate should
approve the project but there are many
complaints.*
41 | 312

3845 infeliz *aj* unhappy
- a falta dela fazia-o infeliz – *Her absence
made him unhappy.*
42 | 567 +f -a

3846 ténis *nm* tennis, tennis shoes
- ele estava jogando tênis com ela nas quadras
do clube – *He was playing tennis with her in
the courts of the club.*
42 | 294

3847 manso *aj* meek, tame, gentle
- é um animal manso e pode ser domesticado
– *It is a tame animal and it can be
domesticated.*
42 | 533 +f -a -n

3848 confuso *aj* confused, confusing
- a pessoa senil fica confusa e padece
de esquecimentos – *Senile people become
confused and suffer from
forgetfulness.*
42 | 448 +f -a

3849 oposto *na* opposite, opposing
- os dois já estiveram em lados opostos da
guerra – *Both have already been on opposite
sides of the war.*
42 | 314 -n

3850 degrau *nm* step
- ele acabou de subir os últimos degraus;
chegou à porta do salão – *He finished
climbing the last few steps; he arrived at the
ballroom door.*
42 | 432 +f -n

3851 camisola *nf* nightgown [BP], sweater [EP]
- a barriga enorme esticava-lhe a camisola de algodão ralo – *Her enormous belly stretched her thin cotton nightgown.*
42 | 318 -a

3852 magnético *aj* magnetic
- daqui a 1.200 anos o pólo norte magnético será no sul – *1200 years from now, the magnetic North pole will be in the south.*
42 | 1006 +a -s

3853 hectare *nm* hectare
- na Bulgária cerca de 58 mil hectares de florestas foram varridos pela chamas – *In Bulgaria, around 58 thousand hectares of forest were swept away by the flames.*
44 | 510 +n -f

3854 beijo *nm* kiss
- o beijo mais íntimo é o chamado beijo francês – *The most intimate of kisses is the so-called French kiss.*
42 | 712 +f -a -n

3855 reformar *v* to reform
- as suas tentativas de reformar o clero ganharam o apoio popular – *His attempts to reform the clergy gained popular support.*
42 | 277

3856 revoltar *v* to revolt, disgust
- a etnia turca revoltou-se contra a população grega, retirando-se do governo – *The ethnic Turks revolted against the Greek population, withdrawing from the government.*
43 | 313 -s

3857 ascender *v* to go up, ascend
- os pobres podem ascender na escada social através da educação nas boas escolas – *The poor can go up the social ladder by being educated in good schools.*
45 | 342 -s

3858 interlocutor *nm* spokesperson, speaker
- tornou-se um importante interlocutor nas relações entre brancos e negros nos EUA – *He became an important spokesperson in negotiations between blacks and whites in the US.*
42 | 267

3859 centrar *v* to center, focus
- o símbolo visual centrava-se na área designada por locus – *The visual symbol was centered in the area designated as the locus.*
43 | 339 +a -f

3860 mobilizar *v* to mobilize
- a esquadra portuguesa foi mobilizada – *The Portuguese squadron was mobilized.*
42 | 307 +n -f

3861 incerteza *nf* uncertainty
- a incerteza e o risco sempre foram inseparáveis do erro – *Uncertainty and risk have always been inseparable from error.*
43 | 277

3862 testamento *nm* will, testament
- esses retratos, ele havia de os deixar, em testamento, aos amigos – *He was going to leave those portraits to his friends in his will.*
42 | 435 +a -n

3863 feroz *aj* fierce, ferocious
- seguiu-se uma feroz perseguição a todos os que veneravam ícones – *A fierce persecution ensued for all those who worshipped idols.*
42 | 356 +f -n

3864 comercialização *nf* marketing, commercialization
- o mercado da arte favoreceu a comercialização das obras – *The art market favored the marketing of the works.*
46 | 510 +a -f -s

3865 despejar *v* to pour, evict
- ela apanhou um copo e despejou um gole na boca – *She took a cup and poured a big gulp into her mouth.*
42 | 300

3866 encosta *nf* slope, hillside
- as águas desceram pelas encostas das montanhas – *The waters flowed down the sides of the mountain.*
44 | 392 +f -s

3867 aprendizagem *nf* learning
- os golfinhos têm grande capacidade de aprendizagem – *Dolphins are capable of a great deal of learning.*
42 | 321

3868 aproveitamento *nm* act of taking advantage
- o aproveitamento das oportunidades era um ponto capital em negócios – *Taking advantage of opportunities used to be a critical aspect of business.*
42 | 334

3869 escritura *nf* scriptures, legal document
- segundo a crença, as escrituras religiosas deverão ter sido fruto de inspiração – *According to belief, religious scriptures must have been the fruit of inspiration.*
42 | 263

3870 pancada *nf* blow, hit
- o lutador fora deitar-se com o corpo moído de pancadas – *The fighter went to lie down, his body tired out by the blows.*
42 | 360 +f

3871 cansaço *nm* fatigue, exhaustion
- fui fechando os olhos, vencido pelo cansaço, e acabei por dormir – *My eyes slowly closed as I was overtaken by fatigue, and I ended up falling asleep.*
41 | 393 +f -a

3872 racional *aj* rational
- os animais não são seres racionais – *Animals are not rational beings.*
42 | 280 +s

3873 virtual *aj* virtual
- a realidade virtual é uma simulação em computador – *Virtual reality is a computer simulation.*
44 | 449 +n -f

3874 disciplinar *v* to discipline
- o relator vai sugerir regras mais rigorosas para os disciplinar – *The representative will suggest more rigorous rules to discipline them.*
42 | 268

3875 fornecimento *nm* supply, furnishing
- o fornecimento de água à cidade for feito através do aqueduto durante vários séculos – *The supply of water to the city was furnished by an aqueduct for several centuries.*
43 | 334

3876 monarquia *nf* monarchy
- a monarquia foi abolida em 1946 e proclamada a república – *The monarchy was abolished in 1946 and a Republic was declared.*
44 | 363 +a -s

3877 esforçar *v* to strive, try hard
- Gandhi esforçou-se para apaziguar os distúrbios inter-religiosos – *Gandhi strove to pacify inter-religious disputes.*
42 | 375 +f

3878 repartição *nf* office, distribution
- um bocejo ecoou pela repartição e foi acordar todos os empregados – *A yawn echoed through the office and woke up the employees.*
42 | 294

3879 indirecto *aj* indirect
- os efeitos indiretos do não cumprimento desta lei recaem diretamente sobre a população – *The indirect consequences of not obeying this law directly affect the population.*
42 | 363

3880 característico *na* characteristic (feature)
- as flores têm um odor agradável característico – *Flowers have a pleasing characteristic odor.*
42 | 407

3881 quinta-feira *nf* Thursday
- a viagem do governador está prevista para quarta ou quinta-feira – *The governor's trip is planned for Wednesday or Thursday.*
42 | 873 +n -a

3882 fraude *nf* fraud
- os oposicionistas denunciaram fraudes eleitorais e, em setembro, organizaram protestos – *The opposition claimed there had been electoral fraud and, in September, organized protests.*
42 | 350 +n

3883 especificamente *av* specifically
- alguns sistemas operativos foram escritos especificamente para determinados computadores – *Some operating systems were specifically written for certain computers.*
45 | 370 +a -f

3884 júri *nm* jury
- o júri tomou a decisão por unanimidade – *The jury made the decision unanimously.*
42 | 311 +n

3885 sétimo *aj* seventh
- por isto repousamos no sétimo dia – *For this reason, we rest on the seventh day.*
42 | 296

3886 cela *nf* cell (building)
- o denunciante está preso numa cela de segurança máxima – *The whistle blower is incarcerated in a maximum security cell.*
42 | 269

3887 pousar *v* to land, rest
- o avião não conseguiu pousar por causa da forte neblina – *The plane wasn't able to land because of the heavy fog.*
42 | 524 +f -n

3888 sanção *nf* sanction
- eles exigiram, ainda, o fim imediato das sanções impostas ao Iraque – *In addition, they demanded an immediate end to the sanctions placed on Iraq.*
44 | 372 -f -s

3889 empenho *nm* dedication, effort, focus
- suplicaram-lhe empenho e rapidez no andamento do inventário – *They requested dedication and speed in the preparation of the inventory.*
42 | 292 +n

3890 afastado *aj* cut off, removed, distanced
- o excomungado fica afastado da participação nos ritos e sacramentos – *The excommunicated remain cut off from participation in rites and sacraments.*
41 | 268

3891 decoração *nf* decoration, embellishment
- a decoração das louças apresenta flores e pássaros pintados a vermelho – *The decorations on the dishes include flowers and birds painted in red.*
42 | 318 +a

3892 ponderar *v* to ponder
- eu estava absorto em meus pensamentos, ponderando todas as possibilidades – *I was absorbed in my thoughts, pondering all of the possibilities.*
43 | 292

3893 fogueira *nf* bonfire
- a lenha estalava na fogueira – *The wood crackled in the bonfire.*
41 | 338 +f

3894 exceder *v* to exceed
- a produção no Brasil, neste período, excedia muito o consumo mundial total – *The production in Brazil, during this period, greatly exceeded total worldwide consumption.*
42 | 291

3895 mentir *v* to lie
- tive de mentir e de inventar que estávamos de passagem – *I had to lie and pretend that we were just passing through.*
42 | 431 +f -a

3896 polémica *nf* controversy [EP]
- a investigação destas células estaminais acarreta uma enorme polémica [EP] – *Stem cell research is surrounded by an enormous controversy.*
42 | 444

25. Preterit / imperfect

Unlike English, Portuguese has a morphological distinction between two "simple" past tenses. The preterit indicates completed actions (*a Maria saiu* "Mary left", *o João o comprou* "John bought it"), while the imperfect refers to an internal point in the action (*enquanto estava* [IMPF] *na loja comprou* [PRET] *um presente* "while she was in the store, she bought a present") or habitual actions in the past (*nós íamos sempre à praia* "we always used to go to the beach").

The meaning of the verb is also important. Some verbs refer to actions that naturally have a clear, sudden endpoint ("to close, die, fall") while others refer more to actions or states without clear endpoints ("to believe, to know, to have") or that refer to naturally repeated actions ("to breathe, to beat [a heart]").

The following lists show which verbs most commonly occur in the preterite, in the imperfect, and which are evenly distributed between the two.

Highly preterite:
(At least 95% preterite (rather than imperfect); number is rank order number from dictionary)

decidir 446 **to decide**

publicar 602 **to publish**

eleger 1005 **to chose, elect**

contribuir 1148 **to contribute**

conquistar 1243 **to conquer**

adoptar 1351 **to adopt**

introduzir 1660 **to introduce**

optar 1997 **to opt**

influenciar 2006 **to influence**

divulgar 2011 **to make known**

fundar 2058 **to found**

convocar 2133 **to summon**

demitir 2150 **to resign, quit**

falecer 2545 **to pass away**

salientar 2715 **to point out**

herdar 2717 **to inherit**

estrear 2897 **to inaugurate**

ingressar 3239 **to enter**

derrotar 3388 **to defeat, overthrow**

comparecer 3531 **to attend, show up**

detectar 3617 **to detect**

restaurar 3918 **to restore**

liberar 4110 **to release**

culminar 4126 **to culminate**

baptizar 4136 **to baptize**

contactar 4334 **to contact**

aperfeiçoar 4440 **to perfect**

accionar 4559 **to set in motion**

abdicar 4605 **to abdicate**

actualizar 4769 **to update**

fracassar 4793 **to fail**

solucionar 4867 **to solve**

suicidar 4923 **to commit suicide**

Highly imperfect:
(At least 80% imperfect (rather than preterit); dictionary number)

estar 18 **to be (change from norm)**

dever 57 **must, to owe**

parecer 138 **to seem**

precisar 299 **to need**

pretender 417 **to plan to, intend**

morar 570 **to live (in or at), dwell**

depender 612 **to depend**

possuir 749 **to possess**

importar 872 **to mind, care**

costumar 892 **to be in the habit of**

necessitar 1480 **to need**

temer 1618 **to fear**

visar 1687 **to have in sight**

competir 2038 **to compete**

aguardar 2321 **to await**

desconhecer 2331 **to ignore, not know**

convir 2861 **to be suitable to**

fumar 2904 **to smoke**

arder 3118 **to burn**

cheirar 3775 **to smell**

assemelhar 3984 **to be similar to**

ferver 4295 **to boil**

moer 4342 **to mill, grind**

flutuar 4386 **to fluctuate, float**

vigiar 4468 **to watch over, oversee**

englobar 4496 **to encompass**

diferir 4606 **to differ**

suprir 4691 **to supply**

fluir 4812 **to flow**

detestar 4844 **to detest**

escorrer 4876 **to trickle, drain, drip**

carecer 5014 **to need**

cozer 5352 **to cook by boiling**

Mix of preterit/ imperfect:
(At least 60% / 40% mix)

Explanation: % preterit, verb, dictionary number, definition

0.42 **ser** 6 **to be (norm)**

0.44 **vir** 65 **to come**

0.42 **falar** 95 **to speak, talk**

0.45 **encontrar** 103 **to find, meet**

0.53 **chamar** 118 **to call**

0.40 **pensar** 120 **to think**

0.57 **conhecer** 125 **to know, be familiar with**

0.57 **viver** 150 **to live**

0.43 **continuar** 158 **to continue**

0.51 **sentir** 181 **to feel**

0.44 **achar** 195 **to find, think, suppose**

0.41 **procurar** 218 **to look for, seek**

0.49 **trazer** 228 **to bring**

0.43 **servir** 273 **to serve**

0.40 **olhar** 322 **to look at**

0.56 **representar** 343 **to represent**

0.46 **correr** 387 **to run**

0.41 **acompanhar** 401 **to keep company, go with**

0.44 **compreender** 448 **to understand**

0.47 **tocar** 486 **to touch, play (an instrument)**

0.57 **valer** 500 **to be worth**

0.52 **discutir** 518 **to discuss, dispute**

0.55 **buscar** 525 **to search for, seek**

0.56 **julgar** 534 **to judge**

0.58 **exigir** 576 **to require, demand**

0.41 **oferecer** 586 **to offer, give**

0.54 **preparar** 588 **to prepare**

0.42 **constituir** 589 **to constitute**

0.58 **comer** 597 **to eat**

0.55 **funcionar** 635 **to function**

0.42 **prestar** 653 **to render (aid), be useful**

0.50 **preferir** 687 **to prefer**

0.41 **repetir** 697 **to repeat**

0.51 **imaginar** 700 **to imagine**

3897 acessível *aj* accessible
- os livros só se tornaram mais acessíveis depois da invenção da impressão – *Books only became more accessible after the invention of the printing press.*
42 | 267

3898 confrontar *v* to confront
- as tropas governamentais e os rebeldes confrontaram-se – *The government troops and the rebels confronted each other.*
42 | 276 +n

3899 secretário-geral *nm* secretary-general
- o secretário-geral do Partido Comunista era Zhao Ziyang – *The secretary-general of the Communist Party was Zhao Ziyang.*
44 | 398 +n -f

3900 requisito *nm* requirement, requisite
- a simpatia e o profissionalismo são requisitos cada vez mais necessários – *Friendliness and professionalism are requirements that are becoming ever more necessary.*
43 | 407 +a -f

3901 valorização *nf* appreciation (in value)
- essa situação contribuiu para a valorização de 0,1% do índice – *This situation contributed to the appreciation of 0.1 percent of the index.*
43 | 329 +n -f

3902 litro *nm* liter
- o coração bombeia seis litros de sangue por minuto – *The heart pumps six liters of blood per minute.*
40 | 361 +n

3903 criativo *aj* creative
- o trabalho do artista é realmente criativo e inovador – *The artist's work is truly creative and innovative.*
43 | 309 +s -f

3904 constituinte *na* constituent, part of, member
- É um mineral constituinte de várias rochas – *It is constituent mineral of various rocks.*
41 | 518 +a -n -f

3905 silencioso *aj* silent
- Verônica permanecera imperturbável e silenciosa, fechada como um túmulo – *Veronica remained inaccessible and silent, shut off like a tomb.*
42 | 623 +f -a -n

3906 salarial *aj* relating to salary
- os manifestantes em greve há 27 dias reivindicam 27% de aumento salarial – *The demonstrators, who have been on strike for 27 days, are demanding a 27% salary increase*
42 | 572 +n -a -f

3907 adjunto *na* assistant, adjunct
- passados dois meses da derrota, viria a ser nomeado adjunto do governador – *Two months after the defeat, he would be named assistant to the governor.*
44 | 427 +a -f

3908 caridade *nf* charity
- se não fosse a caridade das pessoas das aldeias próximas, morreria à fome – *If it weren't for the charity of people from nearby villages, he would die of hunger.*
42 | 334 +f

3909 carência *nf* lack of, need
- a carência de habitações adequadas constitui um dos problemas mais graves da sociedade brasileira – *The lack of adequate housing is one of the most serious problems in Brazilian society.*
42 | 291 +n

3910 grávida *aj* pregnant
- depois eu casei-me; fiquei logo grávida – *Later I got married; I soon became pregnant.*
41 | 273

3911 sofisticado *aj* sophisticated
- a audição utiliza um sofisticado receptor: a orelha humana – *Hearing uses a sophisticated receiver: the human ear.*
43 | 316 -f

3912 mobiliário *nm* furniture
- entrei na sala espaçosa de mobiliário antigo – *I went into the spacious room with antique furniture.*
44 | 335 -s

3913 repetição *nf* repetition
- não seria mais do que a repetição do que já me tem ouvido – *It wouldn't be any more than a repetition of what you've already been hearing me say.*
41 | 290

3914 discípulo *nm* disciple
- a seus discípulos disse Cristo que ficassem no seu amor – *Christ told his disciples to remain in his love.*
42 | 318 +a -n

3915 trezentos *num* three hundred
- a velocidade do veículo pode ultrapassar 300 quilômetros por hora – *This vehicle's speed can exceed three hundred kilometers per hour.*
41 | 262 -n

3916 pianista *nc* pianist
- acho que o pianista, antes de ser músico, é um artista – *I think that pianists are first and foremost artists and then musicians.*
39 | 321

3917 alastrar *v* to spread
- uma senhora muito gorda se alastrava pela cama – *An obese woman lay spread across the bed.*
41 | 261

3918 restaurar *v* to restore
- os transplantes de córnea podem restaurar a visão de um olho doente – *Cornea transplants can restore vision to an unhealthy eye.*
43 | 272 +a

3919 teia *nf* web (spider)
- a matéria da teia da aranha é tão resistente como o aço – *The material that makes up a spider web is as resistant as steel.*
41 | 262

3920 cova *nf* opening, cave, hole
- o índio foi enterrado esquartejado, de cabeça para baixo, dentro de uma cova – *The Indian was buried all cut up, upside down, inside a hole.*
42 | 365 +f -a

3921 tarifa *nf* tariff
- a tarifa média de importação era de 54% – *The average import tariff was 54%.*
44 | 486 +n -f

3922 carregado *aj* loaded with, carried
- o instituto apreendeu 40 caminhões carregados de madeiras em Rondônia – *In Rondonia, the institute apprehended 40 trucks loaded with wood.*
42 | 275 -n

3923 decretar *v* to decree
- o governo decretou o estado de calamidade em algumas regiões – *The government decreed a state of emergency in some regions.*
42 | 363 +n -s

3924 intuição *nf* intuition
- os sufis acreditam que a profunda intuição é o único guia verdadeiro – *Sufis believe that deep intuition is the only true guide.*
41 | 253 +s

3925 imigrante *nc* immigrant
- grandes fluxos de imigrantes italianos tiveram entrada no Brasil – *Large groups of Italian immigrants entered Brazil.*
42 | 303

3926 ditar *v* to dictate
- o sistema de leis islâmico é ditado pelo Alcorão – *The system of Islamic law is dictated by the Koran.*
41 | 252

3927 infecção *nf* infection
- não há cura definitiva para a infecção por filovírus – *There is no definitive cure for a filovirus infection.*
43 | 552 +a -s

3928 sabedoria *nf* wisdom
- colhíamos dos velhos a sua sabedoria e o seu conselho – *From the elderly we received their wisdom and counsel.*
41 | 272

3929 pioneiro *na* pioneer, pioneering
- Ernest Rutherford foi pioneiro na moderna física atómica – *Ernest Rutherford was a pioneer of modern atomic physics.*
42 | 400 +a

3930 banhar *v* to bathe
- quando terminaram, foram até a lagoa se banhar – *When they finished, they went to the lake to take a bath.*
42 | 309 -n

3931 tremendo *aj* tremendous
- o desquite provocaria um escândalo tremendo. Prejudicaria a todos – *The separation would cause a tremendous scandal. It would hurt everyone.*
42 | 361 +f +s -a -n

3932 aparição *nf* apparition, appearance
- pareceu-lhe uma aparição, um sonho, uma miragem – *It looked to him like an apparition, a dream, a vision.*
41 | 276

3933 devagar *av* slowly, slow
- desdobrei-o devagar, cada movimento uma eternidade – *I unfolded it slowly, each movement lasting an eternity.*
41 | 637 +f -a -n

3934 libra *nf* pound
- aquilo custou-me 15 libras – *That cost me fifteen pounds.*
42 | 278

3935 acalmar *v* to calm down, appease
- José, interpretando seu silêncio como nervosismo, procurou acalmá-la – *José, interpreting her silence as nervousness, sought to calm her down.*
42 | 334 +f

3936 esclarecimento *nm* clarification, explanation
• precisamos de mais esclarecimentos sobre o que a prefeitura espera do nosso gabinete – *We need more clarification concerning what the mayor expects from our office.*
42 | 309 +n

3937 proveito *nm* profit, taking advantage
• as árvores são de grande proveito econômico – *Trees are a source of great economic profit.*
42 | 251

3938 comemoração *nf* commemoration
• o acontecimento marca a comemoração dos 500 anos da cidade – *The event marks the commemoration of the city's 500th anniversary.*
41 | 439 +n

3939 desembarcar *v* to get out, disembark
• o motorista abriu a porta para que o banqueiro desembarcasse – *The motorist opened the door so the banker could get out.*
44 | 327 -s

3940 adeus *i* goodbye, farewell, adieu
• nunca mais nos veremos. Adeus, adeus – *We'll never see each other again. Goodbye, farewell.*
41 | 541 +s +f -a

3941 massacre *nm* massacre
• o objetivo é relembrar o massacre dos judeus pelos nazistas – *The main objective is to memorialize the massacre of the Jews by the Nazis.*
42 | 315 +n

3942 retratar *v* to portray
• as suas caricaturas retratam professores universitários – *His caricatures portray university professors.*
40 | 306 +a -f

3943 injusto *aj* unjust, unfair
• ele considera injustas as críticas e acusações levantadas – *He considered unjust the criticisms and accusations leveled against him.*
41 | 258

3944 limitado *aj* limited
• a minha poesia é limitada do ponto de vista musical – *My poetry is limited from a musical point of view.*
41 | 291

3945 tributário *na* related to taxes, tributary
• os empresários querem que o atual regime tributário seja substituído – *The business owners want the current tax code to be reviewed.*
42 | 356 +n -f

3946 florestal *aj* relating to the forest
• os macacos que vivem nas regiões florestais das Américas são bastante diversos – *The monkeys that live in the forest regions of the Americas are very diverse.*
42 | 326

3947 sociologia *nf* sociology
• a sociologia analisa instituições como a família e a igreja – *Sociology studies institutions such as the family and the church.*
41 | 309 +a +s -n

3948 fidelidade *nf* loyalty, faithfulness, fidelity
• eram precisamente a sua solidez e a sua fidelidade que davam ao povo a ideia de segurança – *It was precisely because of his steadfastness and loyalty that the people felt secure.*
41 | 246

3949 contraditório *aj* contradictory
• as proposições que não podem ser ambas verdadeiras e ambas falsas são contraditórias – *Propositions that can't be both true and false are contradictory.*
41 | 249

3950 mineral *na* mineral
• trata-se de uma fonte de água mineral pura – *It is a source of pure mineral water.*
45 | 785 +a -s

3951 partícula *nf* particle
• o fotão exibe características tanto de partícula como de onda – *Photons exhibit both particle and wave characteristics.*
41 | 1064 +a -n -s

3952 auxiliar *v* to help, aid
• a luz do Sol auxilia as plantas na produção de nutrientes – *The light of the Sun helps plants to produce nutrients.*
41 | 364 +a -s

3953 estoque *nm* stock [BP]
• o estoque das concessionárias está quase todo vendido [BP] – *The vendors' stock has almost run out.*
42 | 295

3954 probabilidade *nf* probability
• é importante diminuir a probabilidade de erro e aumentar a precisão – *It is important to reduce the probability of error and increase exactness.*
42 | 511 +a -n -s

3955 gol *nm* soccer goal [BP]
• o atacante Romário fez o gol brasileiro no primeiro tempo – *Romario, the attacker, made the goal for Brazil during the first period.*
40 | 849 +n -f

3956 coral *aj* coral, choral
• no passeio de barco se pode ver indescritíveis recifes de corais – *On the boat trip you can see indescribable coral reefs.*
41 | 340 +a

3957 contratar *v* to contract
• no início ter-se-iam que contratar músicos estrangeiros e portugueses para os concertos – *In the beginning they would have to contract foreign and Portuguese musicians for the concerts.*
40 | 323 +n

3958 cambial *aj* related to exchange rates
• o governo tem um problema cambial que pode matar o real a curto prazo, disse o economista – *The Government has an exchange rate problem that could devalue the real in the short term, the economist said.*
43 | 375 +n -f

3959 coxa *nf* thigh
- na região da coxa, há muitas veias pequenas – *In the thigh area, there are many small veins.*
42 | 341 +f -s

3960 progressivo *aj* progressive
- faz-se dentro de parâmetros bem definidos, permitindo o evoluir constante e progressivo – *It is done within defined parameters, allowing for constant and progressive evolution.*
41 | 320

3961 reivindicar *v* to demand, ask for
- os sindicados se unem para reivindicar melhores salários – *The trade unions came together to demand better salaries.*
42 | 339 +n -f

3962 narrar *v* to narrate
- o enredo central do romance narra a história do novo amor dele – *The central plot of the novel narrates the story of his new love.*
40 | 303

3963 obtenção *nf* getting, obtaining
- a melhor fonte para a obtenção do cálcio é o espinafre – *The best source for getting calcium is spinach.*
43 | 455 +a -f

3964 eh *i* hey
- eh rapaz, dá-me aí fogo – *Hey kid, give me a light.*
45 | 658 +s -a -n

3965 península *nf* peninsula
- a Península Ibérica foi invadida pelos bárbaros – *The Iberian Peninsula was invaded by barbarians.*
42 | 425 +a

3966 actualidade *nf* the present, modern times
- os maiores produtores mundiais da actualidade são os EUA e a Rússia – *The largest world producers at present are the USA and Russia.*
42 | 269

3967 vibração *nf* vibration
- sentimos as vibrações produzidas pelas explosões – *We felt the vibrations produced by the explosions.*
42 | 318 -n -s

3968 fabrico *nm* production [EP]
- o plutónio daria para o fabrico de quatro ou cinco engenhos nucleares. [EP] – *The plutonium will be sufficient for the production of four or five nuclear engines.*
41 | 483 +a -s

3969 moderado *aj* moderate
- a ambição é o que separa os moderados dos extremistas dentro de cada campo – *Ambition is what separates moderates from extremists inside each camp.*
42 | 338

3970 esportivo *aj* sporting, sport [BP]
- o evento esportivo da primeira olimpíada consistia simplesmente de uma corrida – *The sporting event of the first Olympic Games consisted simply of a race.*
40 | 310

3971 ênfase *nf* emphasis
- damos uma ênfase ainda maior à prevenção – *We place an even bigger emphasis on prevention.*
40 | 329 +a

3972 contabilidade *nf* bookkeeping, accounting
- estes registos constituem a base da contabilidade de qualquer entidade empresarial – *The bookkeeping of any business entity is based on these records.*
42 | 314 +a

3973 cerebral *aj* cerebral, of the brain
- vítima de tumor cerebral, ele faleceu ontem em Porto Alegre – *Victim of a brain tumor, he passed away yesterday in Porto Alegre.*
41 | 376 +a

3974 marinheiro *nm* sailor, seaman
- em tempo de nevoeiro, o velho marinheiro leva o barco devagar – *In foggy weather, the old sailor takes the boat slowly along.*
41 | 335 -n

3975 publicamente *av* publicly
- o congresso divulgou publicamente o relatório – *Congress made the report available publicly.*
41 | 281 +n

3976 provedor *nm* provider
- a America Online é o maior provedor mundial de serviços de correio eletrônico – *America Online is the world's largest provider of e-mail services.*
42 | 290

3977 reprimir *v* to repress, control
- ele reprimiu violentamente as manifestações estudantis de Maio de 1968 – *He violently repressed the student manifestations in May of 1968.*
40 | 288

3978 subordinado *aj* subordinate, subordinated
- não é normal um oficial permitir que um subordinado chefie – *It isn't normal for an official to allow a subordinate to lead.*
41 | 275

3979 abundante *aj* abundant
- tais exemplos são abundantes no decorrer da história – *Such examples are very abundant in the course of history.*
44 | 395 +a -n -s

3980 ilustre *aj* illustrious
- as universidades norte-americanas mais ilustres são a de Harvard e a de Yale – *The most illustrious of North American universities are Harvard and Yale.*
43 | 324 +f -a -s

3981 socialismo *nm* socialism
- a Revolução Russa tirou o socialismo da esfera da teoria – *The Russian Revolution took socialism out of the theoretical sphere.*
42 | 258 +s -f

3982 atómico *aj* atomic
- a primeira bomba atómica foi largada em Hiroshima a 6 de agosto – *The first atomic bomb was dropped in Hiroshima on the 6th of August.*
40 | 708 +a -n -f

3983 delegacia *nf* police station, office [BP]
- o dono da propriedade fez queixa na delegacia da polícia – *The owner of the property complained at the police station.*
43 | 383

3984 assemelhar *v* to be similar to
- a língua euskara não se assemelha a qualquer outra – *The Basque language is not similar to any other.*
41 | 326 +a -n -s

3985 desenrolar *v* to take place, unfold
- o ataque surpresa desenrolou-se em duas fases – *The surprise attack took place in two phases.*
41 | 292

3986 tijolo *nm* brick
- era uma casa de tijolo branco – *It was a house made of white brick.*
41 | 273 -n

3987 sacudir *v* to shake
- o tremor de terra sacudiu uma área com alta densidade populacional – *The earthquake shook an area of high population density.*
40 | 965 +f -a -n

3988 parecido *aj* similar to, resembling
- ele faria uma casa parecida com aquela onde os pais moravam – *He would build a house similar to that in which his parents lived.*
40 | 240 +s

3989 propagar *v* to spread, propagate
- minhas irmãs propagam essa mentira, e é uma ofensa muito grande – *My sisters are spreading that lie, and that's a real crime.*
40 | 247

3990 funcional *aj* functional
- a idéia é lógica e funcional – *The idea is logical and functional.*
42 | 378 +a -f

3991 perfeição *nf* perfection
- a escola clássica é a da perfeição da forma – *The classical school is the one based on the perfection of form.*
41 | 301

3992 coitado *na* poor thing, pitiful, wretch
- ele faz o possível, coitado – *He does what he can, the poor thing.*
43 | 662

3993 habituar *v* to get used to (+se)
- eles habituaram-se à ideia de que a mãe iria morrer em breve – *They got used to the idea that their mother would die soon.*
43 | 333 -a

3994 rebelião *nf* rebellion
- a rebelião foi esmagada pelo exército – *The rebellion was crushed by the army.*
40 | 337

3995 pisar *v* to step
- por favor, não pise na relva – *Please, don't step on the grass.*
40 | 492 +f -a -n

3996 vizinhança *nf* neighborhood
- a vizinhança estava agitada: mulheres às janelas, crianças às portas, olhando – *The neighborhood was in an uproar: women at the windows and children at the doors, all watching.*
42 | 312 +f

3997 motivação *nf* motivation
- qual foi a sua principal motivação para fazer este filme? – *What was your principal motivation for making this movie?*
42 | 320 -f

3998 educar *v* to educate
- não vai educar o aluno nesse sentido – *She's not going to educate the student by doing that*
40 | 253 +s

3999 inveja *nf* envy
- a inveja é um sentimento que pode ser destrutivo – *Envy is a feeling that can be destructive.*
41 | 357 +f -a

4000 equilibrar *v* to balance
- aprendemos a equilibrar o orçamento em tempos de extrema crise – *We learned to balance the budget in times of extreme crisis.*
40 | 257

4001 pesquisar *v* to research, investigate
- os professores pesquisaram as estruturas de várias moléculas – *The professors researched the structures of various molecules.*
40 | 279 +a -f

4002 emissora *nf* network (TV and radio)
- a informação está sendo divulgada por emissoras locais de rádio e televisão – *The information is being broadcast by local radio and television networks.*
41 | 342 +n

4003 réu *nm* defendant, accused
- os réus foram acusados de sabotagem e de conspiração – *The defendants were accused of sabotage and conspiracy.*
41 | 315 -s

4004 debruçar *v* to bend or lean over
- Marina debruçou-se sobre a banquinha para abrir a gaveta do fundo – *Marina bent over the little bench to open the back drawer.*
41 | 378 +f -n -s

4005 autarquia *nf* self-governing unit [EP]
- a universidade é, sim, uma autarquia especial, que tem autonomia administrativa e financeira. [EP] – *The university is indeed a special self-governing body which has administrative and financial autonomy.*
47 | 1359 +n -f

4006 bezerro *nm* calf
- sinto-me como se fosse um bezerro levado ao matadouro – *I feel like a calf going to slaughter.*
40 | 306 +s -a

4007 depressão *nf* depression
- a depressão é o principal factor de risco do suicídio – *Depression is the primary risk factor for suicide.*
41 | 368 +a -n

4008 idioma *nm* language
- a sua literatura foi traduzida em 74 idiomas
  – *His literature was translated into 74
  languages.*
  41 | 327 +a

4009 rumor *nm* rumor
- temos que silenciá-lo antes que o rumor
  chegue aos ouvidos dele – *We have to
  silence this before the rumor reaches his ears.*
  42 | 560 +f -a -s

4010 gruta *nf* cave, grotto
- durante o último período glacial, o homem
  começou a viver em grutas – *During the last
  Ice Age, Man started to live in caves.*
  40 | 274

4011 marcante *aj* memorable, noteworthy
- as horas marcantes de minha infância
  pertencem aos campos de Itaqui – *The
  memorable hours of my childhood were
  spent in the fields of Itaqui.*
  41 | 293 -f

4012 espectro *nm* spectrum, specter
- o arco-íris exibe as cores do espectro
  electromagnético na região do visível –
  *Rainbows display the colors of the electro-
  magnetic spectrum visible to the human eye.*
  43 | 383 +a -n -s

4013 plantação *nf* plantation
- eles importaram escravos africanos para
  trabalhar nas plantações de açúcar – *They
  imported African slaves to work on the sugar
  plantations.*
  41 | 282

4014 soberano *aj* sovereign
- no tratado o Vaticano foi reconhecido como
  um estado soberano – *In the treaty, the
  Vatican was recognized as a sovereign state.*
  41 | 268

4015 cláusula *nf* clause (of a contract)
- é, portanto, lícita a cláusula contratual que
  estipula a variação cambial – *Therefore, the
  contractual clause that allows for fluctuations
  in the exchange rate is legal.*
  42 | 381 +a -f

4016 controvérsia *nf* controversy
- as condições sociais são objeto de muita
  controvérsia – *The social conditions are the
  object of much controversy.*
  41 | 407

4017 pedagógico *aj* pedagogical, teaching
- os pupilos do professor Policarpo
  conheciam métodos pedagógicos. –
  *The pupils of Professor Polycarp were familiar
  with pedagogical methods.*
  41 | 297 +n

4018 descarga *nf* discharge, flush
- o seu funcionamento baseia-se numa
  descarga de corrente eléctrica – *Its
  functioning is based on the discharge of an
  electric current.*
  43 | 282 -s

4019 carinho *nm* endearment, tenderness
- a família criou laços de amizade e carinho –
  *The family forged bonds of friendship and
  endearment.*
  40 | 329 +f -a

4020 estimativa *nf* estimate
- tem alguma estimativa das eventuais
  perdas? – *Do you have some sort of estimate
  of the eventual losses?*
  43 | 473 +n -f -s

4021 advertir *v* to warn
- ele próprio advertiu que este seria um
  processo difícil – *He himself warned that it
  would be a difficult process.*
  43 | 315 +n -a -s

4022 borboleta *nf* butterfly
- no horto, descansaremos da jornada,
  enquanto, entre as boninas, voam as
  borboletas – *In the vegetable garden we will
  rest from our journey, while, among the
  daisies the butterflies fly about.*
  40 | 285 -n

4023 volante *nm* steering wheel
- falar ao telefone ao volante de um
  carro quadruplica os riscos de acidentes –
  *Talking on the telephone while at the
  wheel quadruples the risk of a car
  accident.*
  41 | 367 +n -a -s

4024 extremidade *nf* end, edge
- a outra extremidade do tubo é tapada
  também – *The other end of the tube is also
  plugged.*
  42 | 543 +a -n -s

4025 bloqueio *nm* blockade, siege, obstruction
- o bloqueio dos portos é um golpe
  devastador – *The blockade of the ports
  is a devastating blow.*
  42 | 340 +n -f

4026 promotor *na* promoting, promoter
- promovido a general em 1922, ele foi o
  promotor de justiça no julgamento – *Having
  been promoted to general in 1922, he was
  the promoter of a fair trial.*
  40 | 374 +n

4027 rabo *nm* tail, buttocks
- um dos cães veio atrás de mim, tímido, de
  rabo encolhido – *One of the dogs followed
  timidly behind me, with its tail between its
  legs.*
  41 | 378 +f +s -a -n

4028 semestre *nm* semester
- uma vez por semestre o Conselho da
  Universidade reunir-se-á – *One time
  per semester, the University Council will
  meet.*
  41 | 452 +n -f

4029 décimo *na* units of ten, tenth
- na realidade, usamos a escala em décimos
  para facilitar os cálculos – *In reality, we use
  a scale based on units of ten in order to make
  calculations easier.*
  40 | 295

4030 democrata *na* democrat
- os democratas liberais obtiveram ganhos
  significativos nas eleições locais de maio –
  *The liberal democrats scored significant gains
  in May's local elections.*
  42 | 386 +n -f

4031 cigano *nm* gypsy
- acontecia acamparem por lá bandos de ciganos em peregrinação pelo mundo – *It so happened that bands of gypsies who roamed the world used to camp there.*
41 | 302

4032 ventre *nm* womb
- foram necessárias quatro mãos para arrancar o menino do ventre da mãe – *Four hands were needed in order to get this baby out of its mother's womb.*
42 | 464 +f -n -s

4033 embalagem *nf* container, wrapping
- o verso das embalagens contém receitas que podem ser destacadas e colecionadas – *The back of the containers contains receipes that can be cut out and collected.*
41 | 346

4034 almoçar *v* to eat lunch
- ele janta e almoça com diplomatas – *He eats dinner and lunch with diplomats.*
44 | 454 +f -a

4035 pular *v* to jump, skip
- ele atirou-se na estrada, pulou a cerca e correu – *He threw himself onto the highway, jumped the fence, and ran.*
42 | 382 +f -a

4036 inclinar *v* to lean, incline
- actualmente, a torre inclina-se 5,5 graus na vertical – *Currently, the tower leans 5.5 degrees from the vertical.*
41 | 423 +f -n -s

4037 lavrador *nm* farmer, peasant
- apareciam também lavradores das redondezas, que adquiriam sementes para as suas terras – *Farmers also came from neighboring areas to get seeds for their land.*
40 | 407 +f -a -n

4038 biologia *nf* biology
- em biologia isto é um método de identificação de um organismo – *In biology, this is a method for identifying an organism.*
41 | 372 +a -f

4039 quota *nf* amount, quota
- punem aqueles que deixam de pagar as quotas – *They punish those who fail to pay the designated amount.*
41 | 304

4040 estético *aj* aesthetic, elegant
- o movimento estético surrealista baseou-se enormemente nas idéias de Freud – *The aesthetic surrealist movement is widely based on Freud's ideas.*
40 | 265 +s

4041 repleto *aj* full, overrunning
- o prato dele estava repleto, gorduroso e odorento – *His plate was full, greasy and smelly.*
42 | 282 -s

4042 cesta *nf* basket, trash can, hoop
- o Capuchinho Vermelho saiu com um pano pela cabeça e uma cesta no braço – *Little Red Riding Hood left with a hood on her head and a basket on her arm.*
40 | 268 -a

4043 genro *nm* son-in-law
- o pai dela não gostava do genro e discutia muito com ele – *Her father didn't like his son-in-law and argued a lot with him.*
40 | 292

4044 macio *aj* soft
- o travesseiro feito com pena de ganso é mais macio – *Pillows made with goose feathers are softer.*
41 | 411 +f -n

4045 clandestino *aj* illegal, clandestino
- na Califórnia faz-se sentir muito pouco a emigração clandestina brasileira – *In California, the effects of illegal Brazilian immigration aren't very noticeable.*
40 | 268 +n

4046 aspiração *nf* aspiration, desire
- o homem é um ser movido por aspirações e paixões – *Man is a being moved by aspirations and passions.*
40 | 241

4047 sereno *aj* serene, calm, peaceful
- apesar dos problemas na vida, ele era uma pessoa muito serena – *In spite of the problems in his life, he was a very serene person.*
41 | 563 +f -a -s

4048 lume *nm* light, fire [EP]
- acendam-se as lanternas, quero lume. [EP] – *Light the lanterns, I want light.*
41 | 422 +f +s -a -n

4049 injecção *nf* injection
- o tratamento dele envolve a injecção de um ARN específico – *His treatment includes the injection of a specific RNA.*
40 | 318

4050 sistemático *aj* systematic
- somos levados a concluir que existe um erro sistemático – *We are compelled to conclude that the error is systematic.*
41 | 304 +a

4051 atrasar *v* to delay, make late
- a chegada dos filhos atrasava-se; os vôos eram muitas vezes cancelados – *The children's arrival was delayed; their flights were often cancelled.*
40 | 279 +n

4052 latim *nm* Latin
- a palavra "artigo" é derivada do latim "articulum" – *The word "article" is derived from the Latin "articulum."*
41 | 392 +a -n -s

4053 tenente *nm* lieutenant
- ele tornou-se tenente da Irlanda e conduziu um exército contra os rebeldes – *He became an Irish Lieutenant and led an army against the rebels.*
41 | 360 +f -s

4054 santuário *nm* sanctuary
- o santuário mais venerado da religião xintoísta localiza-se em Ise – *The most venerated sanctuary of the Shinto religion is found in Ise.*
42 | 278 -s

26. Subjunctive triggers

Portuguese has two "moods" of the verb. As opposed to the indicative, the Portuguese subjunctive (now moribund in English) refers to events or states whose reality is either negated or uncertain. Examples would be *quero que o compre* "I want him to buy it", *é preciso que o compre* "it's necessary for him to buy it", or *preciso de **alguém** que o compre* "I need someone who can buy it". In all cases, it is uncertain whether someone actually buys it, and the verb *comprar* "to buy" is in the subjunctive.

In addition to some conjunctions and adverbs (*para que* "so that", *antes que* "before", etc.), certain classes of verbs and adjectives tend to serve as "triggers" for the subjunctive. These include verbs of doubt, desire, force, and emotional reaction, as well as adjectives expressing opinion, as opposed to fact. The following tables show the most common triggers for the subjunctive where the verb expresses 1) emotion or desire 2) belief (or lack thereof), and 3) force or control, or 4) the adjective expresses opinion. In each case, the number represents the number of tokens with the verb or adjective, rather than the rank order listing of the word in the dictionary list.

Emotion/desire:

1059 **querer** to want
414 **esperar** to hope, expect
157 **gostar** to like
79 **temer** to fear
67 **desejar** to desire, wish
61 **bastar** to be enough
50 **importar** to care, be interested in
44 **preferir** to prefer

Belief/opinion:

203 **pensar** to think
202 **acreditar** to believe
92 **crer** to believe in
80 **admitir** to admit
77 **imaginar** to imagine
72 **achar** to find, think
72 **negar** to deny
71 **supor** to suppose
57 **significar** to signify, mean
38 **parecer** to seem
36 **julgar** to judge
35 **pretender** to plan to, intend

Force/control:

441 **pedir** to request, ask for
269 **dizer** to say, tell
241 **permitir** to permit
140 **impedir** to stop from doing
125 **deixar** to allow
115 **evitar** to avoid
91 **mandar** to command, order
89 **exigir** to require, demand
82 **ordenar** to order, command
69 **sugerir** to suggest
54 **propor** to propose
42 **consentir** to consent
42 **fazer** to make
42 **recomendar** to recommend
34 **conseguir** to succeed in, obtain
34 **determinar** to determine

Adjectives:

153 **preciso** necessary
114 **possível** possible
85 **bom** good
77 **natural** natural
70 **necessário** necessary
46 **importante** important
42 **provável** probable
39 **melhor** better
21 **fundamental** fundamental
15 **justo** just, fair
11 **impossível** impossible
8 **comum** common
8 **normal** normal, norm
8 **preferível** preferable
7 **estranho** strange, uncommon
7 **interessante** interesting
7 **urgente** urgent
6 **essencial** essential
5 **compreensível** understandable
5 **conveniente** convenient
5 **improvável** unlikely
5 **indiferente** indifferent
4 **curioso** curious
4 **desejável** desirable
4 **forçoso** necessary
4 **inevitável** inevitable, unavoidable
4 **lógico** logical
4 **obrigatório** obligatory, compulsory
4 **raro** rare

4055 solidário *aj* fully supportive
- o político recebeu o apoio solidário dos deputados social-democratas – *The politician received the full-fledged support from the social democrat representatives.*
40 | 255

4056 cívico *aj* civic
- as coalizões e movimentos cívicos tiveram um forte avanço nas eleições – *The coalitions and civic movements made great progress in the elections.*
40 | 254

4057 cano *nm* pipe, tube, gun barrel
- o cano de água para alimentação do tanque estará escondido pelas pedras – *The water pipe that feeds the tank will be hidden by the rocks.*
40 | 267

4058 violão *nm* acoustic guitar
- uma voz de homem cantava uma modinha conhecida, acompanhada de violão – *A man's voice sung a familiar tune accompanied by acoustic guitar.*
39 | 253

4059 dama *nf* lady, dame
- a dama loura habitava uma casa elegante e discreta, com duas criadas – *The blonde lady lived in an elegant but modest house with two servants.*
41 | 416 +f -s

4060 sacrificar *v* to sacrifice
- tudo ela sacrificara, tudo abandonara pelo amor dele – *She sacrificed everything; she abandoned everything for his love.*
39 | 296

4061 ciúme *nm* jealousy
- ela atribui o fim de seu casamento ao ciúme obsessivo do marido – *She attributed her marriage's failure to her husband's obsessive jealousy.*
39 | 416 +f -a -n

4062 cómodo *na* comfort, room, comfortable
- poucos eram os lugares que lhe podiam dar cómodo e satisfação – *Few were the places that could offer him comfort and satisfaction.*
40 | 372

4063 supermercado *nm* supermarket
- por exemplo, um supermercado comercializa bens alimentares, mas também vestuário – *For example, a supermarket sells food goods, but also sells clothing.*
40 | 354 +n -f

4064 lábio *nm* lip
- sobre seus lábios perpassou um sorriso de inefável contentamento – *A smile of unspeakable contentment passed over his lips.*
40 | 1194 +f -n -s

4065 aliar *v* to join, ally oneself with
- os dois movimentos aliaram-se numa coligação governamental – *The two movements joined in a single governmental alliance.*
40 | 275

4066 romancista *nm* novelist
- o público tende a confundir os romancistas com os heróis de seus romances – *The public tends to confuse novelists with the heroes from their novels.*
39 | 424 +a

4067 periferia *nf* outskirts, periphery
- a população mais pobre fica nas periferias da cidade – *The poorest among the population live on the outskirts of the city.*
40 | 242 +s

4068 fundamentalmente *av* basically, fundamentally
- os computadores modernos operam fundamentalmente em base dois – *Modern computers basically operate in base two.*
40 | 294 +a -f

4069 coincidência *nf* coincidence
- por uma estranha coincidência, todos esses instrutores são conhecidos como Franz – *By a strange coincidence, all of the instructors are known as Franz.*
39 | 270 -a

4070 obstante *av* (não o.) notwithstanding, nevertheless
- não obstante esta aliança entre os dois países, Espanha declarou guerra a Portugal – *Notwithstanding this alliance between the two countries, Spain declared war on Portugal.*
40 | 280 -s

4071 alinhar *v* to align, line up with
- uma agulha magnética suspensa alinha-se com as linhas do campo magnético – *A suspended magnetic needle aligns itself with the lines of a magnetic field.*
40 | 278

4072 parâmetro *nm* parameter
- a largura é um dos parâmetros e a altura é o outro – *Width is on of the parameters and height is the other.*
44 | 580 +a -f

4073 corno *nm* horn
- fiquei preso, pela camisa, aos cornos do boi – *I got stuck, by my shirt, on the bull's horns.*
40 | 395 +f -n

4074 variante *nf* variant, variable
- o argumento filosófico possui diversas variantes subtis – *The philosophical argument has several subtle variants.*
39 | 323 +a

4075 elenco *nm* troupe, list, index
- o elenco é constituído por actores e músicos – *The troupe is made up of actors and musicians.*
40 | 351 +n -f

4076 tardar *v* to delay, be late
- a família Ribeiro não chegara ainda, mas não devia tardar muito – *The Ribeiro family still hadn't arrived, but it shouldn't be too long now.*
41 | 501 +f -s

4077 horrível *aj* horrible
- eles ouvem contar histórias horríveis de fraudes perpetradas por criminosos – *They heard horrible stories told about frauds perpetrated by criminals.*
41 | 410 +f +s -a -n

4078 viajante *nc* traveler
- para o viajante é desoladora a primeira impressão de São Paulo – *For the traveler, the first impression of São Paulo is devastating.*
40 | 302 +f

4079 meio-dia *nm* noon, mid-day
• eu sentia agora o mormaço do meio-dia, um calor úmido – *I now felt the noon-day sweltering heat, a humid heat.*
41 | 329 +f -a

4080 investidor *nm* investor
• os investidores estão muito satisfeitos com os resultados dos seus investimentos – *The investors are very happy with the results of their investments.*
47 | 602 +n -f

4081 agenda *nf* agenda, schedule
• de tudo ele tomou nota numa destas agendas – *He took note of everything in one of these agendas.*
40 | 401 +n -a

4082 condenação *nf* sentence, condemnation
• esta foi a primeira condenação à morte ordenada pelo governo – *This was the first death sentence issued by the government.*
40 | 268

4083 afecto *nm* affection
• ele apertou-me a mão com afeto, e separamo-nos – *He shook my hand with affection, and we parted.*
39 | 302

4084 remuneração *nf* payment, salary
• acrescenta-se que a remuneração diária pelo serviço do turno da noite é de 15 contos – *Furthermore, the salary for the night shift is 15 thousand escudos per day.*
42 | 329 -f

4085 auge *nm* apex, climax, pinnacle
• as fronteiras do império otomano, no seu auge, estenderam-se até à Hungria – *The borders of the Ottoman Empire, at its apex, extended to Hungary.*
40 | 250

4086 punição *nf* punishment
• a punição pela violação dessa lei será a detenção prolongada – *The punishment for the violation of that law is a lengthy imprisonment.*
40 | 288 +n

4087 muscular *aj* muscular
• sintomas mais severos podem incluir espasmos musculares – *More severe symptoms may include muscular spasms.*
42 | 420 +a -s

4088 selva *nf* jungle
• eles estão bem nas selvas das onças e das cobras – *They fit right in the jungle with all the panthers and the snakes.*
40 | 454 +f -s

4089 similar *aj* similar
• procuramos grupos com ideologia similar a nossa – *We are looking for groups with an ideology similar to ours.*
42 | 443 +a -f

4090 noivo *nm* fiancé, bridegroom
• o noivo a quem destino minha filha é um moço muito distinto – *The groom to whom my daughter is promised is a very distinguished young man.*
40 | 383 +f -a

4091 gramática *nf* grammar
• a escrupulosa sujeição às regras da gramática impede saber falar a língua – *Scrupulous subjection to the rules of grammar keeps one from being able to speak the language.*
40 | 497 +a -n

4092 varrer *v* to sweep
• minha mãe fazia-me varrer a casa e fazer outros serviços menores – *My mother made me sweep the house and do other minor chores.*
39 | 344 +f -n

4093 veneno *nm* poison, venom
• o tabaco é um veneno – *Tobacco is a poison.*
39 | 289 -n

4094 longínquo *aj* far away, distant
• ele viu uma antiga caixa de música vinda de terras longínquas – *He saw an old music box that came from far away lands.*
41 | 362 +f -n -s

4095 encerramento *nm* closing
• tem havido encerramentos de minas e fábricas, mas também têm sido feitos investimentos – *There have been closings of mines and factories, but there have also been investments.*
42 | 392 +n -f

4096 conformar *v* to accept, conform, adapt
• não me conformo com a idéia – *I do not accept the idea.*
40 | 287

4097 higiene *nf* hygiene
• a ênfase residia na higiene geral para a prevenção de doenças – *The emphasis was on general hygiene which prevents diseases.*
40 | 243

4098 comissário *nm* commissioner, superintendent
• libertou-o o próprio comissário que o prendera – *The very commissioner that had captured him, released him.*
38 | 276 +s

4099 hospitalar *aj* relating to a hospital
• gasta-se mais em saúde hospitalar do que em saúde preventiva – *More is spent on hospital visits than on preventive measures.*
41 | 307

4100 incidir *v* to focus on, fall upon, occur
• as críticas incidem nos poderes adquiridos pelas autoridades nacionais – *The criticism focuses on the powers acquired by national authorities.*
40 | 371 +a -f -s

4101 elementar *aj* elementary
• essa proposta foi criticada por ignorar princípios elementares do método – *That proposal was criticized for ignoring the method's elementary principles.*
40 | 286

4102 evidenciar *v* to become noted for, stand out
• o cardeal evidenciou-se pela defesa da monarquia – *The cardinal became noted for his defense of the monarchy.*
40 | 336 +a -f

4103 susto *nm* fright, shock, scare
- Com um grande susto dei-me conta de que havia vozes à minha volta – *With terrible fear, I realized there were voices all around me.*
40 | 400 +f -a

4104 temor *nm* fear, apprehension, concern
- há sempre o temor da má vizinhança, – *There is always the fear of bad neighborhood.*
39 | 308

4105 materno *aj* maternal, motherly
- ela sugere que o leite materno vá sendo gradualmente substituído pelos alimentos – *She suggests that the mother's milk be gradually replaced by solid foods.*
41 | 266 -s

4106 genérico *aj* generic
- os medicamentos genéricos são idênticos aos de marca – *Generic medicines are identical to those with name brands.*
41 | 378 +a -f

4107 cidadania *nf* citizenship
- os índios não partilhavam os direitos de cidadania com a minoria branca – *The Indians didn't partake in the rights of citizenship along with the white minority.*
41 | 333 +n -f

4108 regionalização *nf* regionalization [EP]
- a regionalização do continente tem como objectivo os investimentos [EP] – *One of the objectives of the regionalization of the continent is investment.*
49 | 641

4109 cautela *nf* caution, care
- os três soldados avançaram com cautela. Não sabiam se haveria nova surpresa – *The three soldiers advanced with caution. They didn't know if there would be any new surprise.*
41 | 309 -a -s

4110 liberar *v* to release, liberate [BP]
- o rapaz foi liberado – *The young man was released.*
39 | 280 +n -f

4111 arredor *nm* outskirts, suburbs (PL) [EP]
- queremos visitar os principais pontos turísticos nos arredores de Roma. [EP] – *We want to visit the main tourist attractions in the outskirts of Rome.*
39 | 275

4112 sueco *na* Swedish
- escândio foi descoberto pelo químico sueco Lars Nilson – *Scandium was discovered by the Swedish chemist Lars Nilson.*
40 | 351 -f

4113 regular *v* to regulate
- a vila regula-se por hábitos e regras seculares – *The village is regulated by customs and secular rules.*
39 | 287 +a

4114 largura *nf* width
- na foz, onde o rio deságua no mar, sua largura é de 300 quilômetros – *At the mouth of the river, where it flows into the sea, its width is three hundred kilometers.*
37 | 346

4115 pendente *aj* waiting for, pending, hanging
- todas as demais questões estão pendentes de uma iniciativa moralizadora da administração – *All remaining matters are waiting for a positive initiative from the administration.*
40 | 246

4116 testa *nf* forehead, forefront
- Sílvio sentou-se na cama, os olhos ardentes, a testa molhada de suor – *Silvio sat down on the bed, his eyes burning and his forehead covered in sweat.*
39 | 802 +f -a -n -s

4117 renúncia *nf* renunciation, resignation
- o historiador registou a renúncia da rainha ao seu reino – *The historian noted the queen's renouncing of her kingdom.*
40 | 269 -s

4118 renascimento *nm* renaissance, rebirth
- o Renascimento fez reviver a escrita histórica, assim como o estudo da história – *The Renaissance revived historical writing as well as the study of history.*
40 | 404 +a -f

4119 visconde *nm* viscount
- a cidade foi governada pelo visconde de Milão – *The city was governed by the viscount of Milan.*
40 | 556 +f -n -s

4120 suspeitar *v* to suspect
- ela suspeitava que todas as pessoas a procuravam evitar – *She suspected that everyone tried to avoid her.*
39 | 436 -s

4121 simultâneo *aj* simultaneous
- o cérebro compara estas duas imagens simultâneas – *The brain compares these two simultaneous images.*
40 | 318 -s

4122 beijar *v* to kiss
- o homem abraçou e beijou a mulher – *The man embraced and kissed the woman.*
39 | 929 +f -a -n

4123 favorito *na* favorite, preferred
- a série policial é uma das favoritas do nosso amigo – *The police movie series is one of our friend's favorites.*
40 | 330 +n

4124 brigada *nf* brigade
- a brigada real irlandesa atacou o exército francês – *The Irish Royal Brigade attacked the French army.*
38 | 315

4125 sorrir *v* to smile
- sorrimos quando vimos o pequeno Duarte a beijar a nossa filhinha – *We smiled when we saw little Duarte kissing our little daughter.*
39 | 2344 +f -a -n -s

4126 culminar *v* to culminate
- o movimento culminou com o envio de um documento assinado pelo prefeito – *The movement culminated in the sending of a document signed by the mayor.*
42 | 355 +a -f -s

4127 bacalhau *nm* cod fish
- trazia-se um barco carregado de peixe, de bacalhau – *He brought in a boat full of fish, cod fish.*
39 | 256 +s -a

4128 alga *nf* algae, seaweed
- eu revi aquele mar de águas verdes, cheias de algas flutuantes – *I again saw that sea of green waters, full of floating algae.*
39 | 343

4129 especulação *nf* speculation
- houve especulação sobre a excêntrica órbita do planeta – *There was speculation about the unusual orbit of the planet.*
39 | 268

4130 alertar *v* to advise, warn
- o melhor remédio é mesmo a prevenção, alertou o médico – *Prevention really is the best medicine, the doctor advised.*
40 | 379 +n -f -s

4131 desprezo *nm* contempt, disdain
- castiga-me com o teu desdém, com o teu desprezo, se quiseres – *Punish me with your disdain, with your contempt, if you will.*
40 | 380 +f -a

4132 vitorioso *aj* victorious
- em 1964 ele saiu vitorioso de um longo conflito com o seu irmão – *In 1964, he came off victorious from a long conflict with his brother.*
39 | 256

4133 ansioso *aj* anxious
- à noite ela não dormiu, inquieta, ansiosa por chegar a manhã – *During the night, she didn't sleep, being restless and anxious for the morning to arrive.*
39 | 358 +f -a -n

4134 expulsão *nf* expulsion
- a sua expulsão deixou um rasto luminoso na crónica escolar – *His expulsion left a searing mark on his scholastic transcripts.*
40 | 359 +n -s

4135 caos *nm* chaos
- era um caos. Fui eu que pus ordem em tudo – *It was a chaos. I was the one who put everything in order.*
38 | 233

4136 baptizar *v* to baptize
- ele foi baptizado quando era já adulto – *He was baptized when he was already an adult.*
40 | 261

4137 apreciação *nf* appreciation
- a apreciação da arte constitui uma das chaves para o desenvolvimento espiritual – *The appreciation of art constitutes one of the keys to spiritual development.*
39 | 270 +n

4138 avistar *v* to catch sight of, see in the distance
- passados 20 dias, ele chegou a avistar terra – *After twenty days, he caught sight of land.*
40 | 441 +f -s

4139 artéria *nf* artery
- o sangue oxigenado é transportado pelas artérias – *Oxygenated blood is transported through the arteries.*
42 | 527 +a -s

4140 intitulado *aj* entitled
- ontem o Teatro Lírico representou um baile intitulado "Remorso" – *Yesterday, the Lyric Theatre performed a ballet entitled "Remorse."*
41 | 353

4141 imprimir *v* to print, mark, influence
- esta impressora imprimia os dois lados da folha de papel – *This printer printed on both sides of the paper.*
40 | 259 -s

4142 temporário *aj* temporary
- eles assinarão contratos temporários de trabalho e depois serão substituídos pelos concursados – *They will sign temporary work agreements and later they will be replaced by permanent workers.*
40 | 322

4143 restauração *nf* restoration
- especializa-se em restauração e digitalização de imagens de filmes – *He specializes in the restoration and digitalization of film images.*
41 | 354 +a -f -s

4144 desaparecimento *nm* disappearance, vanishing
- amargurado com o desaparecimento da filha, ele vagou pelo mundo inteiro à sua procura – *Distraught by his daughter's disappearance, he wandered the whole world searching for her.*
39 | 293 -s

4145 emigrante *nc* emigrant [EP]
- na Europa encontram-se muitos descendentes de emigrantes chineses [EP] – *In Europe, there are many descendents of Chinese emigrants.*
39 | 274

4146 territorial *aj* territorial
- o Brasil é um país de tamanho territorial imenso – *Brazil is a country with immense territorial size.*
41 | 344 +a -f

4147 realizador *na* producer [EP]
- no cinema, o realizador é responsável pelos aspectos interpretativos do filme. [EP] – *In cinematography, the producer is responsible for the interpretative aspects of the film.*
40 | 439

4148 arrecadação *nf* collection, saving [BP]
- o prefeito coordenou a arrecadação dos fundos – *The mayor coordinated the collection of funds.*
39 | 333 +n

4149 deficiente *aj* deficient
- a retardação do crescimento resulta de uma dieta deficiente em certas gorduras – *Growth delay is the result of a diet deficient in certain fats.*
41 | 290 +n -f

4150 padrinho *nm* godfather, godparents (pl)
- na cerimónia do baptismo católico, as testemunhas ou padrinhos fazem votos – *In a Catholic baptismal ceremony, the witnesses or godparents, make vows.*
40 | 524 +f -a

4151 elogiar *v* to praise, compliment
- eles elogiaram efusivamente seus esforços – *They effusively praised his efforts.*
39 | 326 +n -a

4152 casaco *nm* coat
- ela tinha obrigado Madalena a proteger-se do frio com um casaco – *She had forced Madalena to protect herself from the cold with her coat.*
39 | 447 +f -a -n

4153 lâmina *nf* blade
- os meus dedos correm a delgada lâmina da faca – *My fingers run along the sharp blade of the knife.*
41 | 301 -n -s

4154 alongar *v* to extend, lengthen
- naquele ponto, porém, a terra permanece elevada, alongando-se em planuras amplas – *In that area, however, the land remains elevated, extending out into great plains.*
42 | 364 -n -s

4155 doido *na* crazy (person)
- o doido que estava guiando deu mais velocidade, desrespeitando o sinal vermelho – *The crazy person who was driving sped up, ignoring the red light.*
39 | 611 +f -a -n

4156 golfo *nm* gulf (of water)
- em 1991 começou a Guerra do Golfo – *In 1991, the Gulf War began.*
42 | 410 +a -f -s

4157 prevalecer *v* to prevail
- a teoria dos quatro elementos prevaleceu até ao século XVII – *The theory of four elements prevailed until the 17th century.*
39 | 262 -f

4158 esgoto *nm* sewage
- o esgoto desemboca descaradamente no rio, sem qualquer pré-tratamento – *The sewage pours directly into the river without any sort of treatment.*
39 | 271 +n

4159 povoado *nm* settlement, small village
- os navegadores fundaram o primeiro povoado na região – *The navigators founded the first settlement in the region.*
42 | 333 -n -s

4160 traição *nf* betrayal, treason
- Judas, com remorsos da traição feita ao Mestre, enforcou-se – *Judas, feeling remorse for his betrayal of the Master, hung himself.*
39 | 270

4161 plenário *nm* general assembly
- a proposta foi aceite pelo plenário do Consema em 06/08/93 – *The proposal was accepted by the general assembly of Consema on August 6, 1993.*
40 | 562 +n -f

4162 encanto *nm* enchantment, fascination
- Sua música tem uma leveza e um encanto característicos da música do período – *His music has a lightness and enchantment characteristic of music at that time.*
39 | 420 +f -a

4163 sombrio *aj* somber, dark, melancholy
- ele enterrou as mãos nos bolsos e tornou-se sombrio – *He buried his hands in his pockets and became somber.*
39 | 404 +f -n

4164 complexidade *nf* complexity
- a complexidade de um exército mecanizado exigia das tropas um vasto leque de capacidades – *The complexity of a mechanized army required a wide range of capabilities from the troops.*
39 | 362 +a

4165 acerto *nm* success, agreement
- assumo total responsabilidade por seus acertos e erros – *I take full responsibility for his successes and failures.*
39 | 266 +n

4166 licitação *nf* bidding, auction [BP]
- a contratação foi feita por meio de licitação – *The contracting was done through open bidding.*
43 | 329

4167 molhado *aj* wet
- depois da chuva, o ar cheirava a terra molhada – *After the rain, the air smelled of wet earth.*
39 | 422 +f -a -n

4168 colina *nf* hill
- o sol tinha desaparecido para lá das colinas arborizadas – *The sun had disappeared behind the wooded hills.*
39 | 289 -s

4169 querido *aj* dear, beloved
- meu querido amigo Pedro é de uma dignidade incomum – *My dear friend Pedro is uncommonly dignified.*
39 | 358 +f -a

4170 adormecer *v* to fall asleep
- ele adormeceu ao som da suave melodia – *He fell asleep to the sound of soft music.*
38 | 725 +f -n -s

4171 abundância *nf* abundance
- ele concentrou o seu estudo na abundância de Hélio no universo – *He focused his studies on the abundance of helium in the universe.*
39 | 287 -n

4172 pescar *v* to fish
- por várias vezes foram ao mar pescar e ao mato caçar – *Several times they went to the sea to fish and to the wilderness to hunt.*
38 | 267 +s

4173 recear *v* to fear
- os médicos receiam que a inalação dos fumos constitua um desastre absoluto – *The doctors fear that inhaling the fumes will be an absolute disaster.*
39 | 373 -a

4174 insuficiente *aj* insufficient
- Contudo, esta teoria tem-se demonstrado insuficiente para explicar o fenómeno – *However, this theory has proved to be insufficient to explain the phenomenon.*
39 | 270

4175 conveniente *aj* convenient
- Ir agora a Lisboa não me é nada conveniente – *Going to Lisbon right now is not convenient for me at all.*
38 | 255

4176 patamar *nm* level, threshold, degree
- Bill Gates alcançou assim o patamar de um dos empresários de maior sucesso – *Bill Gates thus attained the level of being one of the most successful businessmen.*
39 | 259

4177 fortalecer *v* to strengthen
- é importante fortalecer os valores da família – *It is important to strengthen family values.*
39 | 262

4178 banana *nmf* banana (F), fool (M)
- ele tinha escorregado numa casca de banana – *He had slipped on a banana peel.*
37 | 260 +s

4179 furar *v* to penetrate, make a hole
- os Aliados tentaram furar a linha usando as tropas do Quinto Exército – *The Allies tried to penetrate the line using troops from the Fifth Battalion.*
39 | 275

4180 antiguidade *nf* antiquity, ancient times
- Goethe revela bem a sua admiração pela Antiguidade Clássica – *Goethe clearly demonstrated his admiration for classic antiquity.*
40 | 381 +a -n -s

4181 consórcio *nm* consortium, union (business)
- os dois consórcios deram a garantia de não aumentarem o preço – *The two consortiums guaranteed that they would not raise the price.*
38 | 574 +n -a -f

4182 ecológico *aj* ecological
- a reserva ecológica abriga o último ecossistema original existente na região – *The ecological reserve houses the last existing original ecosystem in the region.*
43 | 361 -f

4183 signo *nm* sign of the zodiac
- a astrologia ocidental está baseada nos 12 signos do Zodíaco – *Western astrology is based on the twelve signs of the Zodiac.*
40 | 411 +a -n -s

4184 formiga *nf* ant
- embaixo, os homens eram como pequenas formigas apressadas – *Down below, the men looked like small, hurried ants.*
38 | 261 -n

4185 sondagem *nf* analysis, poll, investigation
- cheguei a fazer uma sondagem no mercado para saber quanto ela ganha – *I even went as far as doing a market analysis to find out how much she makes.*
39 | 288 +n

4186 resistente *aj* resistant
- eles são bastante resistentes a condições adversas – *They are very resistant to adverse conditions.*
39 | 318 +a -n

4187 repassar *v* to go back and forth, revise
- a mão do cego passava e repassava pelas cordas da guitarra – *The blind man's hand went back and forth over the guitar strings.*
38 | 260 +n

4188 devedor *nm* debtor [BP]
- a maior parte dos municípios devedores deixou de pagar as parcelas – *The larger part of the municipal debtors stopped making their payments.*
40 | 439 +a -f -s

4189 assente *aj* settled, established [EP]
- todos tinham a decisão por assente e definitiva [EP] – *All considered the decision to be settled and definitive.*
38 | 229

4190 optimista *nc* optimist
- pedro mostra-se optimista quanto ao futuro dos nossos atletas – *Pedro feels optimistic as to the future of our athletes.*
38 | 305

4191 trilha *nf* trail [BP]
- como a trilha estava coberta por vegetação, o grupo seguiu o rio – *Since the trail is covered by vegetation, the group followed the river.*
38 | 248

4192 incapacidade *nf* inability
- a incapacidade de distinguir verdadeiros de falsos inimigos é um dos fatais vícios – *The inability to distinguish true from false enemies is a fatal vice.*
38 | 285

4193 inverter *v* to reverse, invert
- a situação política inverteu-se nas eleições – *The political situation got reversed during the elections.*
38 | 260

4194 olhar *nm* look
- seus olhos brilhavam e lançavam olhares mortais umas às outras – *Their eyes shone and shot deadly looks at one another.*
38 | 670 +f +s -n

4195 mexicano *na* Mexican
- com auxílio americano, porém, Maximiliano foi assassinado pelos mexicanos revoltados – *With American help, however, Maximilian was assassinated by Mexican rebels.*
41 | 290 +n -f

4196 agrupamento *nm* collection
- desde a geração e o agrupamento de idéias até a composição de um texto contínuo – *From the creation of a collection of ideas until the creation of a coherent text.*
58 | 651

4197 diferenciado *aj* different (type of)
- não são motivos para se esperar tratamento diferenciado – *These are not good enough reasons to expect a different type of treatment.*
41 | 275 -f

4198 inscrito *aj* enrolled, inscribed
• chegou a ter cerca de 60 mil alunos inscritos – *It had up to 60,000 students enrolled.*
39 | 290 +n

4199 consoante *av* according to, in conformity with
• Consoante a tática costumeira, os jagunços deslizavam adiante – *According to their usual tactics, the hired gunmen crawled onward.*
40 | 259 -s

4200 cubano *na* Cuban
• Che Guevara participou na Revolução Cubana – *Che Guevara participated in the Cuban Revolution.*
39 | 335 +n -f

4201 monopólio *nm* monopoly
• num monopólio, existe apenas um produtor, pelo que não há concorrência – *In a monopoly, there is only one producer, with no competition.*
38 | 273

4202 espanto *nm* surprise, wonder, fright
• para nosso espanto, a besta reagiu como se fosse um boi – *To our surprise, the animal reacted as if it were a bull.*
39 | 570 +f -a -s

4203 pilha *nf* battery, pile
• uma pequena pilha tem um potencial de 1,5 volts – *A small battery has a power of 1.5 volts.*
38 | 253

4204 mesquita *nf* mosque
• a mesquita é o centro da vida religiosa do mundo islâmico – *The mosque is the center of religious life in the Islamic world.*
38 | 272

4205 ampliação *nf* enlargement, amplification
• a ampliação do metro tem como base de custos 250 milhões – *The metro's enlargement is expected to cost 250 million.*
40 | 342 +n -f

4206 farmacêutico *na* pharmaceutical, pharmacist
• a química farmacêutica pesquisa substâncias fisiologicamente ativas, contidas nas drogas naturais – *Pharmaceutical chemistry researches physiologically active substances found in natural drugs.*
39 | 277 -s

4207 repercussão *nf* repercussion
• o incidente teve amplas repercussões e resultou numa grave crise política – *The incident had far-reaching repercussions and resulted in a serious political crisis.*
38 | 257

4208 fiscalizar *v* to regulate, inspect, supervise
• caberá à União regulamentar a lei e fiscalizar o seu cumprimento – *It falls to the Union to regulate the law and oversee its application.*
37 | 254

4209 baía *nf* bay, harbor
• entrava na baía do Rio de Janeiro – *They were coming into the bay at Rio de Janeiro.*
39 | 258

4210 invocar *v* to invoke, call upon
• o velho prometeu invocando o nome de vários santos – *The old man promised by invoking the name of several saints.*
40 | 286 -s

4211 nadar *v* to swim
• ele se atirou ao mar, e nadou para a ilhota – *He threw himself into the sea, and swam to the little island.*
38 | 253

4212 soprar *v* to blow
• o vento soprava com violência; quase não se ouviam as vozes – *The wind blew violently; the voices almost couldn't be heard.*
40 | 405 +f -n -s

4213 pauta *nf* agenda, guideline
• os assuntos em pauta no Congresso estão lá há muito tempo aguardando votação – *The topics on the congressional agenda have been awaiting a vote for some time.*
39 | 293 +n

4214 erudito *aj* educated, scholarly, learned
• a cultura deixou de ser erudita ou popular – *The culture was no longer educated or popular.*
38 | 253

4215 interacção *nf* interaction
• alguns destes efeitos resultam da interacção com outras hormonas – *Some of these effects are the result of the interaction with other hormones.*
41 | 563

4216 fumaça *nf* smoke
• a fumaça dos cigarros preenche novamente a sala – *The cigarette smoke once again fills the room.*
39 | 557 +f -a -n -s

4217 matéria-prima *nf* raw material
• a sua madeira, de boa qualidade, é usada como matéria-prima para esculturas – *Its high quality wood is used as a raw material for sculptures.*
40 | 288 +a -f

4218 docente *nm* faculty member, educator
• é uma escola boa, com um corpo docente muito interessado e capaz – *It is a good school, with a very involved and capable faculty.*
47 | 374 -f

4219 ordenado *na* salary, ordained, ordered
• hoje o ordenado de uma professora é uma miséria – *Nowadays the salary of a professor is pathetic.*
38 | 213

4220 seara *nf* field of grains [EP]
• dava-se um ano de folga à terra dessa seara e punha-se outra [EP] – *They would allow one field's soil to rest for a year while they planted another.*
38 | 269

4221 aposentadoria *nf* retirement, retirement fund [BP]
• É facultada aposentadoria proporcional, após 30 anos de trabalho – *A proportional retirement is granted after thirty years of work.*
38 | 395

27. Verbs – differences across registers

The following lists show the verbs that occur with a much higher frequency than would be expected in the spoken, fiction, newspaper, or the academic registers. In each case, the word is in the top ten percent of words for that register, in terms of its relative frequency to the other three registers.

Spoken:

ter 13 to have

estar 18 to be (change from norm)

fazer 21 to do, make

haver 29 to have, there is

ir 30 to go

dizer 34 to say, tell

ver 40 to see

ficar 56 to stay, be located, get (ADJ)

saber 59 to know (something)

querer 61 to want

começar 91 to begin, start

falar 95 to speak, talk

chamar 118 to call

pensar 120 to think

existir 127 to exist

pôr 152 to put, place

sair 156 to leave

trabalhar 167 to work

criar 173 to create, raise

acontecer 187 to happen, occur

achar 195 to find, think, suppose

escrever 196 to write

entender 248 to understand

ganhar 252 to earn, win, gain

pagar 274 to pay

acreditar 292 to believe

precisar 299 to need

ler 300 to read

mudar 314 to change

olhar 322 to look

Fiction:

sentar 1366 to sit

rir 1848 to laugh

saltar 2148 to leap, jump

apertar 2218 to press, tighten

chorar 2234 to cry

erguer 2248 to raise up, support

escutar 2306 to listen

apagar 2393 to erase, turn off

admirar 2476 to admire, be astonished

calar 2490 to be quiet, shut up

descansar 2608 to rest

gritar 2630 to yell, shout

assustar 2915 to frighten, scare

abraçar 2997 to embrace, hug

iluminar 3043 to illuminate

arder 3118 to burn, irritate with pain

respirar 3127 to breath

agitar 3152 to agitate, shake up, bother

rolar 3171 to roll

perdoar 3219 to forgive

despedir 3271 to bid farewell, let go

ocultar 3272 to conceal, hide

esmagar 3372 to crush, squelch, smash

ousar 3376 to dare

desconfiar 3386 to suspect, doubt, distrust

acender 3397 to light, turn on the lights

jurar 3418 to swear

torcer 3429 to twist, root (for a team)

perturbar 3441 to disturb, trouble, annoy

sumir 3594 to disappear

Newspaper:

afirmar 511 to affirm

garantir 582 to guarantee

prever 785 to foresee

anunciar 898 to announce

acusar 1035 to acuse

informar 1210 to inform

confirmar 1256 to confirm

votar 1288 to vote

ultrapassar 1378 to surpass, pass (driving)

cobrar 1515 to collect (money), charge

criticar 1536 to criticize

negociar 1641 to negociate

esclarecer 1650 to clear up, clarify

adiantar 1724 to put or move forward

encerrar 1738 to close, end

disputar 1792 to compete, dispute

reforçar 1822 to reinforce

aprovar 1874 to approve, pass a law

optar 1997 to opt

apurar 2001 to find out, investigate, perfect

divulgar 2011 to make known, publicize

superar 2022 to surpass, overcome

concorrer 2047 to compete, run against, apply for

registrar 2061 to register, record

antecipar 2123 to anticipate

convocar 2133 to summon, call a meeting

investigar 2260 to investigate

solicitar 2295 to solicit

autorizar 2312 to authorize

beneficiar 2326 to benefit

Academic:

formar 340 to form, graduate

produzir 451 **to produce**

constituir 589 **to constitute**

obter 633 **to obtain**

estabelecer 641 **to establish**

desenvolver 650 **to develop**

possuir 749 **to possess**

incluir 784 **to include**

exercer 904 **to exercise, exert, practice**

utilizar 912 **to utilize**

conter 982 **to contain**

gerar 1069 **to generate, create**

destacar 1107 **to stand out, highlight**

atribuir 1114 **to attribute**

alimentar 1179 **to nourish, feed**

adoptar 1351 **to adopt**

descrever 1403 **to describe**

fornecer 1467 **to furnish, provide**

executar 1488 **to execute, carry out**

medir 1551 **to measure**

variar 1631 **to vary**

introduzir 1660 **to introduce**

cultivar 1953 **to cultivate**

caracterizar 1967 **to characterize**

influenciar 2006 **to influence**

emitir 2010 **to issue, broadcast**

fundar 2058 **to found**

converter 2089 **to convert**

consistir 2251 **to consist**

regular 4113 **to regulate**

Comments: The words from the spoken register represent some of the most common verbs in Portuguese. This is because verbs are in general more common in conversation, which tends to express feelings and opinions more than presenting information about objects and processes. The verbs from fiction texts tend to express concrete actions, whereas those in non-fiction tend to express relationships between more abstract concepts.

4222 anteceder *v* to precede, take place before
- uma rápida palestra antecedeu a noite de autógrafos – *A quick discussion preceded the night of autographs.*
39 | 228

4223 magia *nf* magic
- eles exerciam rituais de magia, que incluíam sacrifícios de animais – *They would perform magic rituals which included animal sacrifices.*
37 | 231

4224 tutela *nf* auspices, tutelage
- iniciou-se, sob a tutela do Estado Novo, uma fase de renovação – *A phase of renovation began under the auspices of the Estado Novo.*
39 | 255

4225 outono *nm* fall, autumn
- as árvores perdem as folhas no outono, o que modifica totalmente a floresta – *Trees lose their leaves in the fall, which totally changes the forest.*
39 | 285 -s

4226 impossibilidade *nf* impossibility
- esses exemplos não ilustram precisamente a impossibilidade de a União Europeia se entender? – *Don't those examples illustrate perfectly the impossibility of agreement among the members of the European Union?*
38 | 261

4227 namorar *v* to date steadily
- Tive muitos namorados; eu namorava uns três meses cada namorado e acabava – *I had a lot of boyfriends; I would steadily date each boyfriend for about three months and end it.*
37 | 329 +f -n

4228 acostumado *aj* used to, accustomed
- estou acostumado a situações como esta – *I am used to situations like this.*
38 | 244 +s -a

4229 seguido *aj* followed (by)
- partiram dois clarões seguidos de detonações – *There were two brief flashes, followed by explosions.*
38 | 254

4230 caseiro *aj* household, homemade
- o óleo de anis é usado como remédio caseiro contra a tosse – *Anise oil is used as a household remedy for cough.*
38 | 282 -a

4231 diplomata *nm* diplomat
- os diplomatas brasileiros e argentinos ainda estão trabalhando para encontrar uma solução – *The Brazilian and Argentine diplomats are still working to find a solution.*
38 | 359 +n -s

4232 flexível *aj* flexible
- a escola deve ser flexível a ponto de acompanhar as mudanças culturais – *School should be flexible to the point of keeping up with cultural changes.*
38 | 245

4233 utilizador *nm* user [EP]
- se o utilizador for bruscamente privado da droga, o seu organismo reage [EP] – *If the user is suddenly deprived of the drug, his body will react.*
44 | 379

4234 dedicação *nf* dedication
- o Brasil jamais chegará a isto se não tiver a total dedicação à causa – *Brazil will never achieve it if it doesn't have complete dedication to the cause.*
38 | 243

4235 bagagem *nf* luggage, baggage
• toda a sua bagagem se resumia num pequeno pacote – *All he had in the way of luggage was a small package.*
38 | 249 -a

4236 qualificação *nf* qualification
• sua aprovação no exame lhe daria as qualificações necessárias para ser professor – *If he passed the exam he would have the necessary qualifications to be a teacher.*
39 | 299 | +n -f

4237 surpreendente *aj* surprising, admirable, amazing
• são surpreendentes as informações reveladas pela nave espacial – *The data gathered by the spaceship is amazing.*
37 | 272

4238 integrado *aj* made up of, integrated
• o Grupo estará integrado por quatro membros titulares – *The Group will be made up of four title-holding members.*
39 | 266

4239 doer *v* to hurt
• o peso dos mantimentos fazia-lhe doer os ombros – *The weight of the provisions made his shoulders hurt.*
39 | 593 +f -a -n

4240 periódico *na* newspaper, periodic
• Lenine fundou o periódico *Pravda* (A Verdade) em 1912 – *Lenin started the newspaper* Pravda *(The Truth) in 1912.*
39 | 344 +a -s

4241 alargamento *nm* expansion, widening [EP]
• o alargamento da União Europeia para 20 países já teve lugar [EP] – *An expansion of the European Union to 20 countries has already taken place.*
39 | 302 +n +s -f

4242 madame *nf* madam
• fui atendida pela própria Madame Maria Zilda, moça bonita e simpática – *I was greeted by Madam Maria Zilda herself, a young and friendly girl.*
37 | 696 +f -a -n

4243 gelado *na* cold, chilled, ice-cream
• o queixo treme-lhe como se um arrepio gelado lhe percorresse o corpo – *His chin shook as if a frosty chill had run through his body.*
39 | 326 +f -n -s

4244 trair *v* to betray
• ele traiu a amizade de uma pessoa que sempre o tratou bem – *He betrayed the friendship of a person who had always treated him well.*
38 | 286

4245 distrair *v* to distract
• para a distrair durante os longos dias no hospital, ele comprava-lhe revistas da moda – *To distract her during the long days at the hospital, he would buy her magazines.*
39 | 468 +f -a -n

4246 grade *nf* bars, railing
• para as sessões dos domingos, deixava aberto o velho portão de grades – *For Sunday sessions, he left the old iron-barred gate open.*
38 | 360 +f -a

4247 cancro *nm* cancer [EP]
• a incidência de cancro de pele aumentou nos últimos anos. [EP] – *The incidence of skin cancer has increased in recent years.*
39 | 340 +a

4248 húmido *aj* humid, moist
• o chão do bosque encontra-se bastante húmido, favorecendo o crescimento de fungos – *The forest floor is fairly humid, thus favoring the growth of fungus.*
43 | 422

4249 corporação *nf* corporation
• as grandes corporações americanas disputam um mercado livre e competitivo – *Large American corporations fight for a free and competitive market.*
39 | 259 +n

4250 diferenciar *v* to differentiate
• aqui, as duas versões diferenciam-se entre elas pela escolha das cores – *Here, the two versions are differentiated by the choice of color.*
38 | 316 +a -f

4251 lazer *nm* leisure, relaxation
• tradicionalmente a caça é um esporte de lazer – *Traditionally, hunting is a leisure sport.*
38 | 270 +n

4252 citação *nf* citation
• existe um grande número de citações a serem incluídas numa revisão bibliográfica – *There are a large number of citations that need to be included in a literature review.*
37 | 258

4253 andar *nm* floor, level, walk
• moro no quinto andar. Queres subir? – *I live on the fifth floor. Do you want to come up?*
38 | 274

4254 resgatar *v* to rescue, save
• equipes da Polícia Militar resgataram nove pessoas que estavam desaparecidas – *Military police teams rescued nine people that had disappeared.*
38 | 238 +n

4255 vibrar *v* to vibrate
• um diafragma vibra com as ondas sonoras – *The diaphragm vibrates with sound waves.*
39 | 387 +f -n -s

4256 terça-feira *nf* Tuesday
• a festa de inauguração será na terça-feira – *The inauguration party will take place on Tuesday.*
38 | 912 +n -a

4257 vão *aj* vain
• em vão ela tentava reavivar tudo o que tinha existido – *In vain, she tried to bring back everything that had existed before.*
38 | 270

4258 mania *nf* craze, habit
• ao final da década, o telefone celular torna-se uma verdadeira mania – *At the end of the decade, cell phones became a complete craze.*
39 | 442 +f -a

4259 imobiliário *na* relating to real-estate
• largas avenidas interligando os bairros provocaram um *boom* imobiliário – *Large avenues connecting the neighborhoods caused a real estate boom.*
40 | 326 +n -f

4260 seita *nf* sect, religion
• geralmente, cada seita reclama para si o monopólio da verdade – *Generally, each sect claims for itself a monopoly on truth.*
38 | 248

4261 boneca *nf* doll
• ela brincava também ainda com suas bonecas de pano, conversava com elas – *She would also play with her cloth dolls, and would talk to them.*
39 | 291 +f -a

4262 piedade *nf* compassion, piety, pity
• sinto por ti uma grande ternura e uma grande piedade – *I feel great tenderness and compassion for you.*
38 | 502 +f -a -n -s

4263 diligência *nf* diligence
• isto fez os capitães fazerem ainda muito maior diligência por chegar ao local – *This made the captains strive with even greater diligence to arrive at the location.*
38 | 227

4264 alumínio *nm* aluminum
• aquele volume de alumínio daria para fazer 275 mil latas – *That amount of the aluminum would be enough to make 275 thousand cans.*
39 | 280 +a

4265 solene *aj* solemn, official, formal
• a sua dignidade, tão solene, tinha desaparecido – *His dignity, once so solemn, had disappeared.*
39 | 395 +f -s

4266 elefante *nm* elephant
• é cruel ter elefantes no circo – *It's cruel to have elephants in the circus.*
37 | 244 -n

4267 ofender *v* to offend
• as pessoas acharam que era ofensivo, mas a mim não ofendeu – *The people thought it was offensive, but it didn't offend me.*
38 | 396 +f -s

4268 varanda *nf* balcony, porch
• um intenso perfume encheu o quarto, saiu pela varanda, pairou pela rua – *A strong perfume filled the room, wafted out through the balcony and hung in the air over the street.*
38 | 657 +f -a -n -s

4269 responsabilizar *v* to take responsibility for
• a nora foi responsabilizada pelas brigas do casal – *My daughter-in-law was made responsible for the couple's fights.*
38 | 295 +n -f

4270 discordar *v* to disagree
• todos têm o direito de discordar da legislação em vigor – *Everyone has the right to disagree with current legislation.*
37 | 233 +n

4271 documentário *na* documentary
• é um documentário exemplar sobre a natureza e o ambiente – *It's an exemplary documentary about nature and the environment.*
42 | 294

4272 plateia *nf* audience
• carlos voltou à plateia, ao principiar o segundo acto – *Carlos returned to his seat in the audience at the beginning of the second act.*
39 | 260

4273 alívio *nm* relief
• algumas drogas são usadas para o alívio da dor – *Some drugs are used for pain relief.*
39 | 353 +f -s

4274 fazendeiro *nm* farmer
• o fazendeiro diz que optou pelo morango após experiências nem sempre vantajosas – *The farmer said that he opted for strawberries after some less-than-successful other crops.*
38 | 272

4275 abelha *nf* bee
• o mel é feito pela abelha – *Honey is made by bees.*
38 | 244 +s -n

4276 aceso *aj* lit
• ela segurava um cigarro aceso – *He was holding a lit cigarette.*
39 | 397 +f -a -n

4277 reconstrução *nf* reconstruction
• a reconstrução da ponte vai durar cerca de 45 dias – *The reconstruction of the bridge will take about 45 days.*
39 | 279 +a

4278 teor *nm* content, nature of
• o produto contém um alto teor de vitamina C – *The product has a high Vitamin C content.*
39 | 324 +a -s

4279 manta *nf* blanket, bedspread
• ia buscar a manta e adormecia ao lado da lareira – *He would always get a blanket and would fall sleep in front of the fireplace.*
37 | 369 +f +s -a -n

4280 judaico *aj* Jewish
• segundo a tradição judaica, a arca conteria as tábuas de pedra – *According to Jewish tradition, the ark contained the stone tables.*
38 | 295

4281 paragem *nf* (bus) stop
• esta é a última paragem em Lisboa – *This is the last stop in Lisbon.*
40 | 305 -s

4282 refém *nc* hostage
• no final de junho, os dois últimos reféns portugueses foram libertados – *At the end of June, the last two Portuguese hostages were freed.*
39 | 358 +n

4283 sentimental *aj* sentimental
• ele cultivou uma poesia simples, de tom sentimental e nostálgico – *He developed a simple poetic style with a sentimental and nostalgic flavor.*
38 | 258 +f -n

4284 austríaco *na* Austrian
• o ator austríaco Arnold Schwarzenegger deve deixar esta semana o hospital – *The Austrian actor Arnold Schwarzenegger should leave the hospital this week.*
40 | 465 +a -s

4285 encostar *v* to rest, lean, place against
• ela pôs os cotovelos na banca e encostou o queixo às mãos abertas – *She placed her elbows on the bench and rested her chin on her open hands.*
38 | 562 +f -a -n

4286 portaria *nf* reception or information desk
• na portaria do hotel indicaram-lhe o 4° andar – *At the reception of the hotel, they pointed him to the fourth floor.*
38 | 286

4287 evocar *v* to evoke
• a cena toda evoca a tradição oriental – *The whole scene evokes the oriental tradition.*
39 | 281 -s

4288 modernização *nf* modernization
• esta mudança chegou ao país guiada pela modernização e industrialização – *This change first came to the country due to modernization and industrialization.*
41 | 325 +n -f

4289 interferência *nf* interference
• ele disse que não admitirá a interferência do Judiciário em assuntos do Legislativo – *He said that interference from the Judiciary in legislative matters will not be permitted.*
38 | 297 +a

4290 exagerado *aj* exaggerated
• o cinema mudo exigia uma gesticulação exagerada – *Silent film required exaggerated gestures.*
37 | 241

4291 gémeo *na* twin
• Rómulo e o seu irmão gémeo Remo foram lançados ao rio – *Romulus and his twin brother Remus were cast into the river.*
37 | 233

4292 garota *nf* girl
• a garota tinha 14 anos – *The girl was 14 years old.*
37 | 265 -a

4293 competitivo *aj* competitive
• as economias de Cingapura e Hong Kong são muito competitivas – *The economies of Singapore and Hong Kong are very competitive.*
45 | 436 +n -f

4294 cru *aj* raw
• eu fartei-me de batata e de peixe cru – *I got tired of eating potatoes and raw fish.*
37 | 252 +f -n

4295 ferver *v* to boil
• o vácuo permite que a água ferva a uma temperatura mais baixa que 100° C – *A vacuum permits water to boil at a temperature lower than 100° C.*
38 | 286 +s -n

4296 cesto *nm* basket
• a ave viajara espremida num cesto, pernas e asas presas – *The bird traveled crammed into a basket, with its legs and wings bound.*
38 | 251 +f -n

4297 saneamento *nm* sanitation
• a obra terá um efeito muito importante no saneamento básico da capital – *The work will have a very important effect on the capital's basic sanitation.*
39 | 291 +n +s -f

4298 cais *nm* dock, pier
• eles foram ao cais do porto e requisitaram umas caçambas – *They went down to the docks and requested some buckets.*
39 | 356 +f -a -s

4299 escondido *aj* hidden
• descobriu um segredo escondido – *He discovered a hidden secret.*
38 | 301 +f -a

4300 anualmente *av* annually, yearly
• ele fundou o Simpósio Nobel, que decorre anualmente – *He founded the Nobel Symposium that takes place annually.*
39 | 309 +n -f -s

4301 fósforo *nm* match
• ele levava tabaco e fósforos – *He carried tobacco and matches with him.*
38 | 290 +f -n

4302 eliminação *nf* elimination
• a competição leva, invariavelmente, à eliminação de um dos competidores – *The competition leads to, invariably, the elimination of one of the competitors.*
39 | 296 -f

4303 quarta-feira *nf* Wednesday
• o museu está fechado às quartas-feiras – *The museum is closed on Wednesdays.*
37 | 847 +n -a

4304 química *nf* chemistry
• a biologia e a química são ciências – *Biology and Chemistry are sciences.*
38 | 386

4305 marchar *v* to march
• o duque marchou sobre a cidade com um exército de 30 mil – *The duke marched upon the city with an army of 30,000.*
38 | 294 -n

4306 pensador *nm* intellectual, thinker
• alguns pensadores gregos (os estóicos) adotaram uma visão de tempo cíclico – *Some Greek intellectuals (the Stoics) adopted a vision of cyclical time.*
38 | 328 +a -n

4307 metrópole *nf* large city, metropolis
• as metrópoles monopolizavam o transporte de mercadorias – *The large cities monopolized the transport of goods.*
37 | 244

4308 arqueológico *aj* archeological
- o levantamento arqueológico realizado no local revelou interessantes descobertas – *The archeological dig held at the location brought forth some interesting discoveries.*
40 | 335 +a -f

4309 perfume *nm* perfume
- no entanto, quase todos os perfumes comerciais contêm fragrâncias animais – *However, almost all commercial perfumes contain animal fragrances.*
39 | 453 +f -n -s

4310 gaveta *nf* drawer
- Maria Helena abriu a gaveta da cômoda e retirou a jóia – *Maria Helena opened her dresser drawer and took out the jewel.*
39 | 413 +f -a

4311 conveniência *nf* convenience
- nem tudo o que se faz deve ser por conveniência – *Not everything you do should be out of convenience.*
37 | 240

4312 criminal *aj* criminal
- os rapazes não têm antecedentes criminais nem espírito violento – *The young men don't have criminal histories or violent predispositions.*
39 | 325 +n -f

4313 ingresso *nm* admission, entrance
- no Rio, os ingressos para a exposição custarão reais 3 – *In Rio, the admission to the exhibit will cost 3 reals.*
37 | 334 +n

4314 delírio *nm* delirium
- são relativamente comuns os delírios por causa da febre – *Delirium caused by fever is fairly common.*
38 | 308 +f -n

4315 desigualdade *nf* inequality
- muitas desigualdades sociais podem e devem ser eliminadas – *Many social inequalities can and should be eliminated.*
38 | 264

4316 largamente *av* widely, extensively
- suas teses logo ganharam fôlego ao serem largamente propagadas – *His theses soon gained momentum after being widely spread.*
38 | 284 +a -n

4317 tímido *aj* shy, timid
- era um homem tímido e não queria que o filme fosse sobre ele – *He was a shy man and didn't want the movie to be about him.*
38 | 386 +f -a -n

4318 crista *nf* crest, plume
- a Islândia localiza-se sobre esta crista, tendo-se formado por sucessivos derrames vulcânicos – *Iceland is located on this crest, having been formed by successive volcanic eruptions.*
37 | 266

4319 tributo *nm* tribute
- os senhores pagavam um tributo ao rei – *The lords paid tribute to the king.*
38 | 233

4320 regulamentação *nf* regulation
- essa regulamentação e controle são exercidos através de normas legais – *Those regulations and controls are carried out according to legal norms.*
38 | 303 +n -f

4321 câmera *nf* camera
- é incrível o que fazemos diante de uma câmera – *It's incredible what we do in front of a camera.*
37 | 225

4322 irónico *aj* ironic, sarcastic
- John consegue ser irônico sem perder o sentido da tragédia – *John manages to be ironic without losing a sense of tragedy.*
37 | 312

4323 agredir *v* to attack, assault
- ele pegou em um pau e agrediu o alegado violador – *He grabbed a stick and attacked the alleged violator.*
37 | 270 +n

4324 fluido *nm* fluid
- o plasma é um fluido condutor de eletricidade – *Plasma is a fluid that conducts of electricity.*
40 | 398 +a -n -s

4325 redigir *v* to write, handwrite
- os documentos redigidos em língua estrangeira serão traduzidos – *The documents written in a foreign language will be translated.*
37 | 227

4326 restabelecer *v* to reestablish
- o padre de novo conseguiu restabelecer a ordem – *The Catholic priest was again able to reestablish order.*
38 | 234

4327 oral *aj* oral
- eles têm uma tradição oral que é transmitida através dos gurus – *They have an oral tradition that is passed down by the gurus.*
38 | 286 +a -n

4328 calmo *aj* calm
- seu rosto calmo reflectia, no abandono, mais graça angélica – *His calm face reflected, in that forlorn condition, even more angelic grace.*
37 | 349 +f -a

4329 impressionante *aj* impressive, impressing
- era impressionante a transformação da adolescência – *The transformation from adolescence was impressive.*
36 | 239

4330 arrecadar *v* to collect, store, save
- anualmente, os casinos portugueses arrecadam cerca de 280 milhões de euros – *Every year Portuguese casinos collect around 280 million euros.*
37 | 296 +n

4331 interrupção *nf* interruption
- o cronómetro pára sempre que acontece uma interrupção – *The chronometer stops whenever there's an interruption.*
38 | 241

4332 fabricação *nf* manufacturing, production
• é uma empresa especializada na fabricação de produtos químicos para indústria – *It is a company that specializes in the manufacturing of industrial chemical products.*
40 | 302 +a -f -s

4333 convergência *nf* convergence
• aquele crioulo é o ponto de convergência de duas línguas – *That creole is the point of convergence of two languages.*
38 | 235 -f

4334 contactar *v* to contact
• para outras informações, os interessados poderão contactar a Associação – *For more information, those interested may contact the Association.*
38 | 314 +n -f

4335 missionário *nm* missionary
• os missionários foram não só evange-lizadores, como também diplomatas – *The missionaries weren't only preachers but also diplomats.*
37 | 249

4336 auditório *na* auditorium, audible
• a Orquestra dá hoje um concerto de música contemporânea no Auditório Municipal – *Today at the Municipal Auditorium, the Orchestra is holding a concert featuring contemporary music.*
37 | 406 +n -a

4337 ambicioso *aj* ambitious
• os primeiros projetos resultantes desses investimentos não alcançaram suas ambiciosas metas – *The first projects that resulted from those investments didn't reach their ambitious goals.*
36 | 233

4338 comunismo *nm* communism
• essas políticas conduziriam ao colapso do comunismo soviético – *These policies would lead to the collapse of Soviet communism.*
37 | 230

4339 cardíaco *aj* cardiac, of the heart
• ele morreu aos 62 anos, vítima de um ataque cardíaco – *He died at 62, victim of a heart attack.*
41 | 416 +a -s

4340 hostilidade *nf* hostility
• sem dúvida temia a hostilidade latente que vislumbrava em todas aquelas fisionomias – *Certainly, he feared the latent hostility that he saw in all those countenances.*
38 | 251 -s

4341 diversão *nf* amusement, diversion
• Disneylândia é o maior parque de diversões do mundo – *Disneyland is the biggest amusement park in the world.*
36 | 220 +s

4342 moer *v* to grind, crush
• lá era onde iam moer o milho, para fazer as papas – *There is where they would go to grind corn to make porridge.*
37 | 268 +s -n

4343 partilha *nf* division, distribution
• será sempre judicial a partilha, se os herdeiros divergirem – *Dividing the inheritance will be done by legal means if the heirs disagree.*
37 | 228

4344 puramente *av* purely, only
• contemporaneamente os deveres do monarca são puramente cerimoniais – *Nowadays, the monarch's duties are purely ceremonial.*
37 | 205

4345 enterro *nm* burial
• fui encarregado do enterro dos mortos – *I was put in charge of the burial of the dead.*
39 | 356 +f -a -s

4346 amargo *aj* bitter
• o casamento fora uma miragem que acabou em amargos arrependimentos – *The marriage was a mirage that ended in bitter regrets.*
38 | 353 +f -a -s

4347 pureza *nf* purity
• o quartzo possui pureza quase completa e propriedades físicas constantes – *Quartz has almost complete purity and constant physical properties.*
37 | 248 -n

4348 mídia *nf* media [BP]
• a platéia contemporânea e a mídia querem sempre a novidade – *Contemporary audiences and the media always want what's new.*
40 | 281

4349 colar *v* to glue, stick
• três das meninas colavam bandeirinhas de papel em longos barbantes – *Three of the girls glued little paper flags onto long threads.*
38 | 288 +f

4350 cacho *nm* bunch, cluster
• não acredito que eles consigam comer um cacho de bananas num dia! – *I don't believe they are able to eat a bunch of bananas in a day!*
39 | 265

4351 adivinhar *v* to predict, guess
• ela está a olhar a sua bola, tentando adivinhar o futuro – *She's looking into her crystal ball, trying to predict the future.*
38 | 636 +f -a -n -s

4352 canoa *nf* canoe
• eles soltaram a canoa e levaram-na rio abaixo – *They loosed to canoe and steered it downstream.*
37 | 259

4353 moreno *na* brown, dark-skinned (person)
• sua pele era dum moreno terroso, os olhos negros e saltados – *His skin was an earth brown; his eyes prominent and black.*
38 | 359 +f -a

4354 divórcio *nm* divorce
• Charles e Diana definiram os termos do divórcio – *Charles and Diana defined the terms of their divorce.*
37 | 219

4355 foro *nm* court
- a autoridade judiciária manterá, em cada foro regional, um registro de crianças – *The judiciary authority shall maintain, in each regional court, a record of minors.*
37 | 243

4356 casco *nm* hull, hoof
- o elemento essencial do barco é o casco – *The essential part of a boat is the hull.*
38 | 281 +f -n

4357 cimeira *nf* summit (politics) [EP]
- decorreu a Cimeira Israelo-Árabe cujo anfitrião foi Bill Clinton [EP] – *The Israeli-Arab summit took place; its host was Bill Clinton.*
38 | 319

4358 formoso *aj* beautiful, attractive
- és mais formosa do que um crisântemo, mulher gentil – *Thou art more beautiful than a chrysanthemum, gentle lady.*
39 | 303 +f -a -s

4359 caminhada *nf* walk, trek
- ela retomou a caminhada vagarosa, sempre apoiada no braço do companheiro – *She resumed her slow walk, always supported on her companion's arm.*
38 | 289 -a

4360 banqueiro *nm* banker
- um banqueiro importante como ele nunca tem tempo para pessoas como eu – *An important banker like he is, never has time for people like me.*
37 | 263

4361 colecta *nf* collection, tax, fee
- o amor desses políticos pela coleta de impostos é comovente – *The love these politicians have for the collection of taxes is moving.*
38 | 269

4362 besta *nf* beast
- a besta engoliu outro batel com todos os guerreiros – *The beast swallowed another boat full of warriors.*
38 | 462 +f -a -n

4363 noroeste *na* northwest
- no noroeste do Brasil há a presença da Floresta Amazônica – *In the Brazilian northwest, the Amazon Rainforest is located.*
39 | 474 +a -s

4364 vácuo *nm* vacuum, without air
- no vácuo não há propagação de som – *In a vacuum, there is no propagation of sound.*
38 | 277 +a -n

4365 amarrar *v* to bind, tie down
- os dois assaltantes amarraram os seguranças – *The two robbers bound the guards.*
37 | 295 +f +s -a -n

4366 jornalístico *aj* journalistic
- iniciou a carreira jornalística no semanário O Tempo – *He began his career in journalism at the weekly paper O Tempo.*
37 | 219

4367 complicação *nf* complication
- a obesidade causa complicações de saúde – *Obesity causes health complications.*
36 | 226

4368 odiar *v* to hate
- por que me odeia ele? Que lhe fiz eu? – *Why does he hate me? What have I done to him?*
38 | 410 +f -a -n

4369 exclusão *nf* exclusion
- a exclusão social é normalmente ligada à pobreza material – *Social exclusion is normally connected to material poverty.*
38 | 260 -f

4370 parado *aj* stopped, parked
- o carro roubado está parado uns metros acima – *The stolen car is parked a few meters up from here.*
35 | 267 -a

4371 dobro *nm* twice the amount, double
- nas regiões tropicais existe o dobro das espécies presentes nas regiões temperadas – *In tropical regions, there is twice the amount of species found in temperate regions.*
36 | 265

4372 ira *nf* anger, indignation, wrath
- ela repetia o insulto, no mesmo tom e com a mesma ira – *She repeated the insult, in the same tone and with the same anger.*
39 | 283 -s

4373 fidalgo *na* noble, rich, aristocratic
- o rei fez muitas doações de terras aos fidalgos de seu reino – *The king made many land donations to the nobles of his kingdom.*
37 | 489 +f -n -s

4374 anexo *na* attached, attachment
- em anexo a esta carta, remeto o fax da proposta de crédito – *Attached to this letter, I am sending the credit proposal fax.*
39 | 328 +a -s

4375 cólera *nf* anger, irritation
- no meio da sua cólera, vomitou insultos – *In his anger he spewed out insults.*
40 | 427 +f -a -s

4376 ensinamento *nm* teaching
- o ensinamento de Buda é constituído pelas Quatro Nobres Verdades – *The teachings of Buddha are made up of the Four Noble Truths.*
38 | 246 +a

4377 infante *nm* non-heir son of a king, infant
- o homem era neto de Dom Manuel e filho natural do infante Dom Luís – *The man was the grandson of Dom Manuel and natural son of the prince Dom Luís.*
39 | 284 -s

4378 débito *nm* debit, debt
- ela não gosta de usar cartão de débito porque pensa que não é seguro – *She doesn't like to use her debit card because she doesn't think it is safe.*
38 | 299 | +n -f

28. Adverbs – differences across registers

The following lists show the adjectives that occur with a much higher frequency than would be expected in the spoken, fiction, newspaper, or the academic registers. In each case, the word is in the top ten percent of words for that register, in terms of its relative frequency to the other three registers.

Spoken:

muito 28 very, much
assim 60 thus, so, in this way
então 72 then, so
aqui 105 here
lá 131 there, over there
aí 137 there
sim 255 yes
realmente 569 really, truly
completamente 670 completely
exactamente 695 exactly
inclusive 710 including, even
naturalmente 1161 naturally
cá 1266 here
justamente 1429 actually, just
absolutamente 1505 absolutely
antigamente 1868 used to, anciently
infelizmente 2247 sadly, unfortunately
porquê 2556 for what reason, why
evidentemente 2564 evidently

Fiction:

longe 814 far
afinal 1135 after all, at last
senão 1246 or else, except, if not
enfim 1263 in the end, finally
jamais 1414 never
depressa 1841 rapidly, quickly, fast
debaixo 1869 beneath, below

amanhã 2030 tomorrow
adiante 2179 farther ahead, in front
redor 2231 all around
inteiramente 2328 entirely, wholly
repente 2336 sudden
outrora 3100 fomerly, in times past
lentamente 3191 slowly
felizmente 3213 fortunately, happily
detrás 3727 behind
devagar 3933 slowly, slow
embaixo 4454 underneath, below
porventura 4490 by chance

Newspaper:

hoje 99 today
segundo 109 second (also 'according to')
ontem 1693 yesterday
praticamente 1749 practically
nomeadamente 1816 namely
recentemente 1828 recently
claramente 2012 clearly
aparentemente 2098 apparently
pessoalmente 2922 personally
oficialmente 3139 officially
dificilmente 3153 hardly, rarely
diariamente 3327 daily
devidamente 3421 duly, deservingly
paralelamente 3541 concurrently

politicamente 3559 politically
publicamente 3975 publicly
anualmente 4300 annually, yearly
curiosamente 4608 curiously

Academic:

geralmente 1433 generally, usually
juntamente 2106 together
inicialmente 2477 initially
frequentemente 2479 frequently
essencialmente 2761 essentially
anteriormente 2778 previously
posteriormente 3006 later, afterwards
basicamente 3229 basically
aproximadamente 3344 approximately
consequentemente 3636 consequently
aquando 3741 at the time of
especificamente 3883 specifically
consoante 4199 according to
largamente 4316 extensively, widely
previamente 4419 previously
parcialmente 4429 partially
progressivamente 4781 gradually, progressively
correctamente 4860 correctly
tradicionalmente 4869 traditionally

4379 ronda *nf* round, surveillance
- Belize e Guatemala realizaram uma ronda de conversações, em busca de acordo – *Belize and Guatemala held a round of talks hoping to reach an agreement.*
36 | 273 -a

4380 consecutivo *aj* consecutive
- foi o sétimo mês consecutivo de retração nas vendas – *It was the seventh consecutive month of falling sales.*
39 | 292 +n

4381 cozido *na* cooked, stew
- depois do peixe cozido, desligue o fogo – *After the fish is cooked, turn off the stove.*
36 | 214

4382 virado *aj* facing, turned to, aimed at
- ele ajoelhou-se virado para o sol e começou a recitar a oração – *He knelt facing the Sun and began to recite his prayer.*
36 | 211

4383 fileira *nf* row, rank
- era suportado por uma fileira de colunas – *It was held up by a row of columns.*
37 | 226

4384 submarino *na* submarine, under-water
- os submarinos alemães mantiveram-se como a maior ameaça aos navios aliados – *German submarines continued to be the greatest threat to Allied ships.*
36 | 263 +a

4385 arame *nm* (metal) wire
- eles cercaram o terreno com arame farpado e colocaram avisos – *They surrounded the lot with barbed wire and put up warning signs.*
36 | 251 +f -n

4386 flutuar *v* to float, fluctuate
- os navios flutuavam na superfície do mar – *The ships floated on the surface of the sea.*
37 | 271 -n -s

4387 atractivo *na* attractive (quality)
- o lago foi um local turisticamente atractivo, durante a colonização – *The lake was an area attractive to tourists during the colonization.*
37 | 239

4388 luva *nf* glove
- calmo, o marquês tirou a luva de sua mão direita – *The Marquis calmly removed the glove from his right hand.*
38 | 350 +f -s

4389 vinculado *aj* linked, bound, connected to
- o jogo do bicho é sujo porque está vinculado ao tráfico de drogas – *The game of bicho is tainted because it is linked to drug trafficking.*
39 | 328 +a -f

4390 propício *aj* favorable, propitious
- se aquela ocasião fosse propícia, talvez consumássemos o ato – *If that occasion had been favorable, maybe we would have done the deed.*
37 | 210

4391 envelhecer *v* to grow old
- o tenente envelhecia, presa da artrite que progredia inexoravelmente – *The lieutenant was growing older, a captive to his arthritis which was progressing relentlessly.*
36 | 290 +f -n

4392 dia-a-dia *nm* everyday life, day to day
- rusgas e pequenas desavenças fazem parte do dia-a-dia do vigário – *Fights and small disagreements are a part of the everyday life of the vicar.*
36 | 239 +s

4393 casto *aj* chaste
- ele cobiçava a mulher, não era casto – *He lusted after the woman, he wasn't chaste.*
37 | 247 -n

4394 cera *nf* wax
- vimos uma espécie de museu de cera – *We saw a kind of wax museum.*
38 | 298 +f -n

4395 reverter *v* to reverse, revert
- em 1999, médicos norte-americanos conseguiram reverter os efeitos – *In 1999, North American doctors succeeded in reversing the effects.*
37 | 240 +n -f

4396 obscuro *aj* obscure
- um obscuro instinto dizia-lhes que havia uma desgraça iminente – *An obscure instinct told them that some misfortune was imminent.*
37 | 312 +f -s

4397 continental *aj* continental
- existem actualmente dois glaciares continentais; um cobre a Groenlândia – *There are currently two continental glaciers; one covers Greenland.*
38 | 389 +a -f

4398 publicitário *na* advertising
- o rádio interrompeu a mensagem publicitária – *The radio station interrupted the commercial advertising.*
38 | 302 +n -f

4399 choro *nm* weeping
- gritos, choro, lágrimas foi a resposta da população enraivecida – *Shouting, weeping and tears were the response from the outraged population.*
37 | 393 +f -a

4400 explosivo *na* explosive
- uma bomba, dez quilos de explosivos misturados com pregos, desfez completamente um autocarro – *A bomb made up of ten kilograms of explosives mixed with nails, totally destroyed a bus.*
38 | 275

4401 protector *na* protector, protective, patron
- este rei foi grande amante e protector das artes – *This king was a great admirer and patron of the arts.*
39 | 258

4402 marketing *nm* marketing
- alguns produtos são apoiados por campanhas de marketing a longo prazo – *Some products are supported by long-term marketing campaigns.*
41 | 454 +n -f

4403 sincero *aj* sincere
- as suas crenças religiosas eram sinceras; acreditava firmemente – *His religious beliefs were sincere; he firmly believed.*
37 | 341 +f -a -n

4404 sargento *nm* sergeant
- muitos dos sargentos que fizeram a guerra são hoje tenentes e capitães – *Many of the sergeants that caused the war are now lieutenants and captains.*
37 | 280 -a

4405 oitavo *aj* eighth
- os alunos do oitavo ano terão também transporte gratuito – *Eighth grade students will also have free transportation.*
37 | 253

4406 troço *nm* something, stuff, section of road [EP]
- ele levou uma multa. Foi um troço ruim, um troço chato – *He got a fine. That was something bad, something upsetting.*
36 | 236

4407 livremente *av* freely
- o termo pode ser livremente interpretado – *The term can be freely interpreted.*
37 | 220

4408 difusão *nf* spreading, diffusion
- ele deu um grande contributo para a difusão do hinduísmo no Ocidente – *He made a great contribution to the spreading of Hinduism in the West.*
38 | 282 +a -f

4409 defensivo *aj* defensive
- é sempre necessária pilotagem defensiva e preventiva – *Defensive and preventive driving is always necessary.*
38 | 253 +n

4410 atar *v* to bind, tie up
- o policial atou as mãos do homem – *The police officer bound the man's hands.*
36 | 300 +s -a -n

4411 indiferença *nf* indifference
- ele respondia-lhes com indiferença ou desprezo – *He would respond to them with indifference or disdain.*
38 | 385 +f -a -s

4412 acervo *nm* large collection [BP]
- o museu possui um acervo variado de obras famosas e belíssimas – *The museum owns a large collection of famous and beautiful works.*
37 | 264

4413 concentrado *aj* concentrated
- o poeta estava tão concentrado que só à quarta interrogação respondeu – *The poet was so concentrated that he only answered after being asked four times.*
37 | 232

4414 distanciar *v* to distance
- o tempo faz-nos distanciar dos acontecimentos – *Time distances us from events.*
36 | 235

4415 credibilidade *nf* credibility
- é uma região cujos políticos não têm nenhuma credibilidade – *It is a region whose politicians have no credibility.*
38 | 287 +n +s -f

4416 acusado *na* accused
- os acusados vão aguardar na prisão o julgamento – *The accused will wait for the verdict in prison*
41 | 365 +n -f -s

4417 rolo *nm* scroll, roll
- ela trazia na mão um rolo de papiro grosseiro – *She was carrying a scroll of coarse papyrus in her hand.*
35 | 260 +f -n

4418 usina *nf* plant, factory [BP]
- a usina se capacitará a vender o equivalente a 100mW/h – *The power plant is able to sell the equivalent of 100 megawatts per hour.*
37 | 307

4419 previamente *av* previously
- os astronautas foram previamente treinados para enfrentar a exaustão – *The astronauts were previously trained to deal with exhaustion.*
38 | 304 +a -s

4420 violação *nf* violation
- onde existir regra, haverá violação da regra – *Where a rule exists, there will be a violation of that rule.*
39 | 320 +n -f -s

4421 arquipélago *nm* archipelago
- o arquipélago tem cerca de 651 mil habitantes – *The archipelago has about 651 thousand inhabitants.*
39 | 318 +a -s

4422 especificar *v* to specify
- o primeiro-ministro anunciou a criação, sem especificar quando, de uma nova polícia secreta – *The prime minister announced the creation, without specifying when, of a new secret police force.*
36 | 306 +a -f

4423 pasto *nm* animal feed, pasture, food
- a boca animal precisava de pasto e de frescura – *The animal mouth needed feed and fresh air.*
37 | 244 +f -n

4424 feixe *nm* shaft, ray (light), bundle
- um feixe de luz branca incide sobre a superfície – *A shaft of white light fell upon the surface.*
37 | 368 +a -n

4425 discriminação *nf* discrimination
- note-se que a discriminação contra os estrangeiros é legal no Japão – *Let it be noted that discrimination against foreigners is legal in Japan.*
39 | 280 -f

4426 fértil *aj* fertile
- é incrível ver campos enormes e férteis por cultivar – *It is incredible to see enormous, fertile fields yet to be cultivated.*
36 | 257

4427 marcador *nm* goal scorer, marker
- foi o melhor marcador do campeonato – *He was the best scorer of the championship.*
39 | 324 -f -s

4428 vector *nm* vector
- um vector pode ser representado geometricamente por uma seta – *A vector can be represented geometrically by an arrow.*
43 | 512

4429 parcialmente *av* partially
- o tubo tem uma forma compacta, parcialmente cilíndrica e parcialmente cónica – *The tube has a compact form, which is partially cylindrical and partially conical.*
38 | 398 +a -f -s

4430 compacto *aj* compact
- os discos tradicionais e os discos compactos (CD) armazenam música – *Traditional records and compact discs (CDs) store music.*
36 | 233

4431 aluguel *nm* rent [BP]
- eu não tinha como pagar aluguel e mudei – *I didn't have anyway to pay rent so I moved.*
36 | 251

4432 remover *v* to remove
- a decisão remove o último obstáculo à formação de um novo governo – *The decision removes the last obstacle to the formation of a new government.*
38 | 271 +a -s

4433 instabilidade *nf* instability
- a culpa da instabilidade no país é dos dirigentes – *The blame for the instability in the country goes to its leaders.*
36 | 279

4434 superioridade *nf* superiority
- a sua evidente superioridade militar possibilitou-lhe a negociação do tratado – *Their obvious military superiority made it possible for them to negotiate the treaty.*
36 | 246

4435 suposto *aj* supposed
- outros cinco supostos integrantes da quadrilha estão sendo procurados – *Another five supposed members of the gang are being searched for.*
37 | 280 +n

4436 miserável *aj* miserable
- ai de mim, que tantos anos desperdiçados vivi neste miserável estado! – *Wo is me, for all the many wasted years I have lived in this miserable condition!*
36 | 338 +f -a -n

4437 mouro *aj* moor
- sua vitória contra os mouros permitiu travar o avanço islâmico na Europa – *His victory against the Moors stopped the Islamic advance in Europe.*
38 | 264 -n -s

4438 cumprimentar *v* to greet
- os dois homens cumprimentaram-se reservadamente – *The two men reservedly greeted one another.*
37 | 385 +f -a -s

4439 coerente *aj* coherent
- cada acção realizada deve ser lógica e coerente – *Every action taken should be logical and coherent.*
36 | 240

4440 aperfeiçoar *v* to perfect
- o artista partiu para Roma, a fim de aperfeiçoar a sua técnica – *The artist left for Rome in order to perfect his technique.*
36 | 249 +a

4441 unicamente *av* solely, only
- ele passou a dedicar-se, unicamente, a seus cursos – *He started to dedicate himself solely to his classes.*
36 | 222

4442 boletim *nm* bulletin
- as informações serão publicadas no boletim oficial – *The information will be published in the official bulletin.*
37 | 270 +n

4443 tabuleiro *nm* (game) board, tray
- as pedras do tabuleiro de xadrez movimentam-se – *Some game pieces on a chess board are moved about.*
35 | 247 +s

4444 didáctico *na* teaching, didactic
- a universidade dirige-se a populações adultas utilizando meios didácticos escritos – *The university is geared towards the adult population by using written teaching methods.*
36 | 237

4445 assaltar *v* to rob, assault, mug
- a velhinha foi assaltada durante a noite – *The little old lady was robbed during the night*
39 | 300 -a -s

4446 toca *nf* den, burrow, lair
- resolvi que o melhor era vir pessoalmente à toca do lobo – *I decided that it was best to personally come to the wolf's den.*
35 | 234

4447 contribuinte *nm* taxpayer, contributor
- quem paga tudo somos nós, os contribuintes, e queremos nosso retorno – *We, the taxpayers, pay for everything and we want what's ours.*
38 | 340 +n -f

4448 consequente *aj* subsequent
- a seca prolongada e a consequente escassez de comida pôs em risco a vida de milhões – *The prolonged drought and the subsequent scarcity of food threatened the lives of millions.*
39 | 267 -s

4449 desmentir *v* to deny, contradict, expose
- a candidata não confirma nem desmente esta possibilidade – *The candidate doesn't confirm nor deny this possibility.*
37 | 292 +n -a

4450 indenização *nf* reparation [BP]
- Carlos foi reclamar ao governo uma indemnização pelos prejuízos sofridos – *Carlos went to the government and demanded reparations for the damages suffered.*
38 | 305

4451 intensificar *v* to intensify
- as forças norte-americanas intensificaram, assim, os bombardeios aéreos – *The North American forces thus intensified their air attacks.*
38 | 261 +a -f

4452 ente *nm* being, person
- acreditamos num Ente Supremo – *We believe in a Supreme Being.*
38 | 333 +a -n -s

4453 analista *nm* analyst
- na avaliação de analistas, o negócio deve ter forte impacto no mercado – *According to the analysts' evaluation, the deal should have a strong impact on the market.*
36 | 394 +n -f

4454 embaixo *av* under, beneath, underneath [BP]
- Arnaldo fora sentar-se embaixo da árvore – *Arnaldo went to sit under the tree.*
36 | 343 +f -a -n

4455 explícito *aj* explicit
- os parágrafos fazem alusão explícita à idéia principal do texto – *The paragraphs make explicit allusion to the main idea of the text.*
36 | 224

4456 compartilhar *v* to share
- temos compartilhado nossas experiências com eles – *We have shared our experiences with them.*
36 | 208

4457 ibérico *na* Iberian
- os romanos chegaram à Península Ibérica em 218 a.C – *The Romans arrived on the Iberian Peninsula in 218 B.C.*
38 | 310 +a -f

4458 inocência *nf* innocence
- até aos 12 anos viveu em santa inocência na casa dos pais – *Until the age of twelve, he lived in holy innocence in his parents' home.*
36 | 271 +f -a

4459 horizontal *aj* horizontal
- o tabuleiro inclui 19 linhas horizontais e 19 verticais – *The board includes 19 horizontal lines and 19 vertical lines.*
37 | 291 +a -n

4460 brando *aj* gentle, tender, soft
- a sua voz era branda, sem os tons ingratos, intimativos e duros – *His voice was gentle, without those unpleasant, intimidating or hard tones.*
36 | 261 +f -n

4461 nó *nm* knot
- ele queria dizer mais mas punha-se-lhe um nó na garganta – *He wanted to speak but he felt as if he had a knot in his throat.*
35 | 240

4462 estrago *nm* damage, destruction
- pastilhas impuras podem provocar estragos devastadores no organismo – *Impure pills can cause devastating damage to an organism.*
37 | 216

4463 espantoso *aj* shocking, surprising
- o saldo de mortos da guerra é espantoso – *The death toll from the war is shocking.*
36 | 234

4464 inscrever *v* to enroll, register
- a diretora do curso sugeriu que me inscrevesse nele – *The course's director suggested that I enroll in it.*
36 | 252 +n

4465 frade *nm* friar
- o frade espanhol foi da ordem dos carmelitas – *The Spanish friar was from the Order of the Carmelites.*
37 | 301 +f -s

4466 antecedente *na* previous (history)
- os suspeitos não têm antecedentes criminais nem espírito violento – *The suspects don't have a criminal history or a violent predisposition.*
37 | 275 +a

4467 ginásio *nm* middle school [BP], gymnasium
- fiz o primário e o ginásio em colégios particulares – *I completed elementary and middle school in private schools.*
36 | 240 +n

4468 vigiar *v* to keep an eye on, watch over
- o Banco Central continua vigiando de perto o mercado do dólar – *The Central Bank continues to keep a close eye on the dollar market.*
37 | 290 +f -n -s

4469 aviação *nf* aviation
- este tipo de avião é muito utilizado na aviação de transporte regional – *This type of plane is used a lot in regional aviation.*
37 | 233

4470 galho *nm* branch
- os ovos encontram-se nos galhos de diversas árvores – *The eggs are found in the branches of a variety of trees.*
36 | 368 +f -n

4471 suíço *na* Swiss
- eles não punham dinheiro nos bancos suíços; só os ricos punham – *They didn't put money in Swiss banks; only the rich do.*
36 | 271

4472 inovador *aj* innovative, innovator
- o cinema dele afirmou-se revolucionário e inovador – *His film-making proved to be revolutionary and innovative.*
37 | 238 -f

4473 brutal *aj* brutal
- as tácticas brutais empregues pelo governo, tais como a tortura, foram condenadas – *The brutal tactics employed by the government, such as torture, were condemned.*
35 | 261 +f

4474 ilustração *nf* illustration
- ele tornou-se conhecido através das suas inúmeras ilustrações para livros e revistas – *He became known for his countless illustrations for books and magazines.*
35 | 263 +a

4475 homossexual *na* homosexual
- não é verdade que todos os homossexuais tenham aparência afeminada – *It isn't true that all homosexuals have an effeminate appearance.*
36 | 244

4476 roxo *aj* dark red, scarlet
- havia flores roxas e vermelhas, manchadas pelo sangue do santo – *There were scarlet and red flowers, which had been stained by the blood of the saint.*
37 | 387 +f -a -n

4477 difundir *v* to spread, broadcast
- estes estudiosos vieram depois a difundir as novas ideias como professores – *These scholars later came to spread their new ideas as professors.*
36 | 267 +a -f

4478 recolha *nf* compilation, collection [EP]
- será feita uma recolha de todas as publicações existentes sobre a matéria [EP] – *A compilation will be made of all existing publications on the subject.*
38 | 277

4479 despacho *nm* decree, resolution, decision
- não há nem poderia haver, por despacho, qualquer alteração da situação actual, comunicou o Ministério – *There is not, nor could there be, by decree, any alteration to the current situation, the Ministry communicated.*
36 | 222

4480 cortina *nf* curtain
- das janelas e portas pendiam cortinas e sanefas, graciosamente postas – *Curtains and valances were graciously hung from the windows and doors.*
36 | 407 +f -a -n -s

4481 solicitação *nf* request, solicitation
- o consulado recebeu 650 mil solicitações de visto de entrada nos Estados Unidos – *The Consulate received 650 thousand requests for entry visas to the United States.*
36 | 216

4482 agregado *na* aggregate, mixture
- a religião dos samaritanos era um agregado do verdadeiro e do falso – *The religion of the Samaritans was an aggregate of the true and the false.*
36 | 230

4483 inundação *nf* flood
- os últimos três anos foram marcados por inundações e secas alternadas – *The last three years have been characterized by alternating floods and droughts.*
39 | 238 -s

4484 exigente *aj* demanding
- às vezes eu penso que eu sou muito exigente comigo mesma – *Sometimes I think I am too demanding of myself.*
36 | 217

4485 fatia *nf* share, slice, piece
- a maior fatia do novo investimento destina-se à compra de equipamentos – *The biggest share of the new investment has been earmarked for the purchase of equipment.*
36 | 237 +n -a

4486 espreitar *v* to peek, pry
- ele abriu a porta devagarinho, espreitando se tinha alguém que pudesse vê-lo – *He slowly opened the door, peeking out to see if anyone could see him.*
38 | 572 +f -a -n

4487 cota *nf* quota
- discutiram um aumento das cotas de importação – *They discussed an increase in import quotas.*
36 | 235 +n

4488 enquadrar *v* to fall into, fit into, abide by
- as pessoas que beneficiam-se de asilo político enquadram-se na categoria de refugiados – *The people that benefit from political asylum fall into the category of refugees.*
35 | 255 -f

4489 melodia *nf* melody
- o guitarrista aprende harmonia e melodia, já que o ritmo está implícito – *Guitar players learn harmony and melody, since rhythm is implicit.*
35 | 229 -n

4490 porventura *av* perhaps, maybe, by chance
- tu és triste, e porventura tens razão de ser assim – *You're sad, and perhaps you have reason to be.*
35 | 264 +f -a

4491 sufocar *v* to suffocate
- sua respiração ficou ofegante; ele quase sufocou – *He became short of breath; he almost suffocated.*
36 | 328 +f -s

4492 helicóptero *nm* helicopter
- duas das feridas foram transportadas de helicóptero – *Two of the wounded women were transported by helicopter.*
36 | 239

4493 especialização *nf* specialization
- quatro homens com especialização em áreas específicas cumpriram missão no país africano – *Four men with specializations in specific areas filled missions in the African country.*
37 | 256 +a -f

4494 antepassado *nm* ancestor
- Abraão é, segundo a tradição, o antepassado de Maomé e do povo árabe – *Abraham is, according to tradition, the ancestor of Muhammad and of the Arab people.*
36 | 238 -s

4495 equivaler *v* to be equivalent
- um excesso de 1,5 milhão de sacas equivale a 10% da cota anual – *An excess of 1.5 million sacks is equivalent to 10% of the annual quota.*
35 | 270

4496 englobar *v* to encompass
- a federação israelita engloba 64 entidades do Estado – *The Israelite federation encompasses 64 governmental entities.*
37 | 314 +a -f

4497 grilo *nm* cricket
- os grilos friccionam as asas para produzir som – *Crickets rub their wings together to make sound.*
36 | 269 -a

4498 oportuno *aj* opportune, timely
- por isso fomos aguardando por um momento mais oportuno – *For that reason we were waiting for a more opportune moment.*
36 | 572

4499 arrepender *v* to repent, regret
- todos precisamos nos arrepender de vez em quando – *We all need to repent once in a while.*
36 | 399 | +f -a -n

4500 energético *aj* of energy, energetic
- utiliza-se esta fonte energética para gerar electricidade – *This energy source is utilized to generate electricity.*
41 | 316 +a -f

4501 pendurado *aj* hung
- um quadro pendurado na parede pode ter a função de decorar a sala – *A painting hung on a wall can serve to decorate a room.*
36 | 251 +f -a -n

4502 inclusão *nf* inclusion
- a inclusão do basquete nos Jogos Olímpicos deu-se em 1936 – *The inclusion of basketball in the Olympic Games took place in 1936.*
39 | 321 -f

4503 berço *nm* crib, cradle, homeland
- a menina tornou a chorar no berço – *The little girl began to cry again in her crib.*
37 | 264 +f -s

4504 revólver *nm* revolver
- o exame mostrou que o revólver foi usado para matar duas das vítimas – *The test showed that the revolver was used to kill two of the victims.*
36 | 327 +f -a

4505 pálido *aj* pale
- o padre levava as mãos ao rosto, pálido do cansaço e da abstinência – *The Catholic Father lifted his hands to his face, pale from exhaustion and fasting.*
36 | 613 +f -a -n -s

4506 fecho *nm* bolt, latch, clasp, lock
- Bento esperava com a mão no fecho da porta – *Bento waited with his hand on the door's bolt.*
36 | 267

4507 cómico *na* comic, comedian
- era um cômico nato, espontâneo, capaz do seu próprio show – *He was a natural-born comic, spontaneous and capable of creating his own show.*
35 | 242

4508 vivência *nf* life, life experience
- as suas criações são influenciadas pela sua vivência em África – *His creations are influenced by life experience in Africa.*
35 | 216

4509 omissão *nf* omission
- a publicidade é enganosa por omissão quando deixa de informar – *Publicity is deceitful by omission when it neglects to inform.*
36 | 253 +a

4510 empreender *v* to undertake
- napoleão empreendeu um golpe de Estado – *Napoleon undertook a coup.*
37 | 287 +a -n -s

4511 adicional *aj* additional
- isso poderá provocar um aumento adicional de 0,1% a 3,7% no preço – *That could cause an additional 0.1 to 3.7 percent increase in the price.*
40 | 359 +a -f

4512 oxigénio *nm* oxygen
- os organismos anaeróbicos sobrevivem sem oxigénio – *Anaerobic organisms can survive without oxygen.*
37 | 622

4513 sigilo *nm* secrecy
- como o sigilo era completo, ninguém sabia o meu paradeiro – *As complete secrecy was maintained, nobody knew where I was staying.*
37 | 329 +n

4514 suor *nm* sweat
- o suor escorria-lhe por todo o corpo – *Sweat was running down his whole body.*
38 | 545 +f -n -s

4515 espesso *aj* thick, dense, opaque
- pela janela aberta entrava o ar frio da serra e a névoa espessa – *The cold mountain air and the thick fog poured in through the open window.*
40 | 359 -n -s

4516 inverso *na* opposite, inverse, contrary
- era a fé que fazia um acto ser bom ou mau, e não o inverso – *It was faith which made an act good or bad, not the opposite.*
35 | 266 +a

4517 toalha *nf* towel
- o cabelo, depois de muito esfregado pela toalha, transformou-se numa grenha medonha – *Her hair, after being rubbed with the towel, became a tangled mess.*
36 | 390 +f -a -n

4518 incerto *aj* uncertain, unsure
- não vamos investir, já que o futuro é incerto – *We won't invest, since the future is uncertain.*
37 | 262 +f -s

4519 densidade *nf* density
- a densidade populacional para o estado é de 90 habitantes por quilômetro quadrado – *The state's population density is 90 inhabitants per square kilometer.*
36 | 561 +a -n -f -s

4520 hino *nm* anthem, hymn
- a banda tocava o hino nacional, festejando a vitória – *The band played the national anthem, celebrating the victory.*
37 | 267 -s

4521 preceito *nm* precept, order, norm
- a educação é adotada como um preceito de suma importância nesta religião – *Education is adopted as a precept of utmost importance in this religion.*
35 | 213

4522 bruxa *nf* witch
- a caça às bruxas é muitas vezes acompanhada de histeria – *Witch hunts are often accompanied by hysteria.*
34 | 250 -a

4523 sobrepor *v* to take precedence over, surpass
- de acordo com o redactor do jornal, as notícias locais devem sobrepôr-se às nacionais – *According to the newspaper editor, local news should take precedence over national news.*
35 | 222

4524 sobrinha *nf* niece
- ele chamou a irmã e a sobrinha e mostrou-lhes a caixa vazia – *He called over his sister and his niece and showed them the empty box.*
36 | 319 +f -a -n

4525 cultivo *nm* act of planting
- o cultivo das plantas pode ser feito ao ar livre – *The cultivation of these plants can be done in open air.*
37 | 340 +a

4526 desvantagem *nf* disadvantage
- este estudo visa apontar vantagens e desvantagens de ambos – *The objective of the study is to point out the advantages and disadvantages of both.*
36 | 203

4527 punho *nm* fist, wrist, cuff
- ele fechou o punho enfraquecido, e começou a atirar murros – *He closed his weakened fist and began to swing.*
37 | 423 +f -a -n -s

4528 bosque *nm* grove
- nas planícies do norte, há grandes bosques de coníferas – *On the northern plains, there are large groves of conifer trees.*
40 | 403 +a -n -s

4529 cotação *nf* value, estimate
- variavam as cotações do mercado internacional de petróleo – *The international market value of oil fluctuates.*
36 | 290 +n

4530 luto *nm* mourning
- venho de luto, o meu pai morreu – *I am in mourning; my father has died.*
37 | 315 +f -a

4531 precedente *nm* precedent
- tratou-se de um atentado terrorista sem precedentes – *It was a terrorist attack without precedent.*
37 | 218

4532 pontapé *nm* kick
- o jogador fez um bonito golo em pontapé de bicicleta – *The player made a beautiful goal with a bicycle kick.*
36 | 278 -a

4533 varejo *nm* retail (trade) [BP]
- levariam a um aumento de 0,1345% no preço ao varejo – *They would cause a 0.1345% increase in the retail price.*
39 | 314

4534 espectacular *aj* spectacular
- estas cataratas constituem uma espectacular atracção turística – *These water falls are a spectacular tourist attraction.*
35 | 228

4535 esquecimento *nm* forgetfulness
- a pessoa senil fica confusa e padece de um esquecimento extremo – *Senile people become confused and suffer from extreme forgetfulness.*
36 | 235

4536 aplicado *aj* applied
- exerceram grande influência na arquitectura e nas artes aplicadas – *They exert a big influence on architecture and the applied arts.*
36 | 268 +a

4537 documentação *nf* documentation
- o protocolo faz parte da documentação enviada pelo governo à Assembléia Legislativa – *The protocol is part of the documentation sent by the government to the Legislative Assembly.*
37 | 274 -f

4538 inauguração *nf* inauguration
- o momento alto foi a inauguração do monumento aos Bombeiros Portugueses – *The highlight was the inauguration of the monument to the Portuguese firefighters.*
35 | 401 +n -a -s

4539 satisfatório *aj* satisfactory
- os testes realizados apresentaram resultados em geral satisfatórios – *The tests performed have yielded results that are generally satisfactory.*
36 | 225

4540 gótico *aj* gothic
- uma das mais conhecidas peças de arquitetura gótica é a catedral de Notre Dame – *One of the most well-known pieces of Gothic architecture is the Cathedral of Notre Dame.*
37 | 332 +a -n

4541 sumário *nm* brief, summary [BP]
- o sumário do caso foi apresentado ao juiz – *The briefs from the case were given to the judge.*
35 | 725 +a -n -s

4542 politécnico *na* polytechnic
- em 1982 ele licenciou-se pelo departamento electrotécnico do Instituto Politécnico – *In 1982 he received his degree from the department of electronics in the Polytechnic Institute.*
36 | 228

29. New words since the 1800s

The following lists show the most common nouns, verbs, adjectives, and adverbs that occur in the 1900s, but which do not occur in the 1800s portion of the Corpus do Português (www.corpusdoportugues.org).

Nouns:

televisão 499 television

futebol 1066 soccer

avião 1092 airplane

investimento 1469 investment

equipa 1788 team

desemprego 2073 unemployment

liderança 2085 leadership

campeonato 2087 championship

relacionamento 2272 relationship

financiamento 2292 financing

aeroporto 2518 airport

estágio 2540 stage, internship

motorista 2552 driver

planejamento 2619 planning, scheduling

programação 2858 programming

controlo 3116 control

privatização 3339 privatization

telecomunicações 3479 telecommunications

treinador 3768 coach, trainer

autarquia 4005 self-governing body

investidor 4080 investor

regionalização 4108 regionalization

proteína 4552 protein

Adjectives:

global 2290 global

desportivo 2421 athletic, sporting

ambiental 2681 environmental

comunitário 2723 community (ADJ)

soviético 2767 soviet

tecnológico 2824 technological

empresarial 3001 business (ADJ)

turístico 3625 tourist (ADJ)

angolano 3793 Angolan

operacional 3829 operational

ecológico 4182 ecological

competitivo 4293 competitive

autárquico 4545 self-governing

percentual 5177 percent (ADJ)

islâmico 5309 Islamic

conceitual 6936 conceptual

israelense 7592 Israeli

lexical 11240 lexical

Verbs:

liderar 2310 to lead

financiar 2559 to finance, fund

candidatar 3514 to run for office

incentivar 3704 to encourage

solucionar 4867 to solve

minimizar 5329 to minimize

protagonizar 5615 to play a leading role

posicionar 5694 to position

disponibilizar 5787 to make available

implementar 5858 to implement

reencontrar 5944 to meet again

enfatizar 5974 to emphasize

estabilizar 6349 to stabilize

comercializar 6631 to commercialize

estruturar 6906 to structure

totalizar 7186 to total up

desvalorizar 7193 to devaluate

visualizar 7856 to visualize

interagir 7923 to interact with

equacionar 8298 to equate

privatizar 8333 to privatize

inviabilizar 8425 to make unviable

contabilizar 8997 to keep accounts, to add up

supervisionar 9215 to supervise

Adverbs:

praticamente 1749 practically

basicamente 3229 basically

obviamente 3457 obviously

internacionalmente 6120 internationally

predominantemente 6588 mainly

maioritariamente 7734 mainly

potencialmente 7884 potentially

minimamente 8352 minimally

alegadamente 9018 allegedly

futuramente 9064 in the future

culturalmente 9326 culturally

mundialmente 9473 worldwide

notadamente 9735 notably

drasticamente 10765 drastically

globalmente 11000 globally

geneticamente 12339 genetically

marcadamente 12821 markedly

postumamente 14079 posthumously

4543 nulo *aj* void, null
- na eleição houve 12,03% de votos nulos – *In the election, 12.03% of the votes were void.*
37 | 299 +a -s

4544 protestante *na* protestant
- os Baptistas do Sul é a maior igreja protestante norte-americana – *The Southern Baptist Church is the largest Protestant church in North America.*
35 | 256 +a

4545 autárquico *aj* non-governmental [EP]
- o poder autárquico tem estado nas mãos de uma pequena oligarquia [EP] – *The non-governmental power has been in the hands of a small oligarchy.*
43 | 760

4546 interrogação *nf* question, interrogation
- essas interrogações eram tão inteligentes que nos obrigavam a pensar – *Those questions were so intelligent that they made us think.*
35 | 236

4547 terapia *nf* therapy, treatment
- a terapia consiste em infusão de líquidos intravenosos e eventual cirurgia – *The treatment consists of an infusion of intravenous liquids and eventual surgery.*
37 | 269

4548 temperamento *nm* temperament
- meu temperamento não combinava com a rigidez do exército – *My temperament didn't work with the discipline of the army.*
34 | 281 +f -n

4549 arbitragem *nf* arbitration
- a arbitragem é preferível ao conflito como meio de solucionar as disputas – *Arbitration is preferable to conflict as a means to resolve disputes.*
38 | 376

4550 falecido *aj* deceased
- por determinação do falecido monarca, Dom Pedro deveria ocupar o trono – *By decree of the deceased monarch, Dom Pedro was to assume the throne.*
34 | 212

4551 furioso *aj* sharp, furious
- as relações raciais sul-africanas foram alvo de furiosas críticas – *South African racial relations were the target of sharp criticisms.*
37 | 343 +f -a -s

4552 proteína *nf* protein
- a ingestão excessiva de glúcidos, proteínas e lípidos está associada à arterosclerose – *The excessive ingestion of sugars, proteins and fats is associated with arteriosclerosis.*
38 | 628 +a -f -s

4553 extra *aj* extra, added
- o ano tem um dia extra acrescentado cada quatro anos – *The year has an extra day added to it every four years.*
35 | 294 +n

4554 bordado *na* embroidered, embroidery
- enrolava a lã e metia o trabalho no saco de linho bordado – *She rolled up the wool and placed it in the embroidered linen bag.*
35 | 282 +f -n

4555 coesão *nf* cohesion
- devido a sua grande capacidade de coesão, a cola mantém-nos unidos – *Due to its great cohesive capacity, the glue keeps them both together.*
36 | 214

4556 colonização *nf* colonization, colonizing
- a Inglaterra foi responsável pela colonização da América do Norte – *England was responsible for the colonization of North America.*
38 | 272 +a -f -s

4557 proporcional *aj* proportional
- o benefício deve ser proporcional ao tempo trabalhado – *The benefits should be proportional to the time worked.*
37 | 371 +a -f

4558 psicólogo *nm* psychologist
- dizem os psicólogos que as crianças devem crescer, tendo um animal por perto – *Psychologists say that children should grow up having an animal close by.*
34 | 231

4559 accionar *v* to activate, put into action
- a acção oscilatória pode ser utilizada para accionar bombas – *Oscillatory action can be utilized to activate bombs.*
35 | 246

4560 recair *v* to go back to, revert to
- a casa recaía no silêncio, o menino embrulhava-se nos cobertores – *The house went back to being silent; the boy wrapped himself in his covers.*
35 | 235 -s

4561 equívoco *nm* error, equivocal
- é um equívoco reduzir a liberalização comercial ao neoliberalismo – *It is an error to reduce commercial liberalization to neo-liberalism.*
35 | 235

4562 desconto *nm* discount
- os empreiteiros estão dando um desconto de 21% – *The contractors are giving a 21% discount.*
35 | 361 +n

4563 espinho *nm* thorn
- um espinho da rosa me arranhava a pele – *A rose thorn was scratching my skin.*
37 | 276 -n

4564 espinha *nf* spine, fish bone, acne
- ele sentiu pela espinha um arrepio, e o coração encolher-se – *He felt a shiver go up his spine and his heart tightening.*
34 | 218 +s

4565 esqueleto *nm* skeleton
- um esqueleto de *Tyrannosaurus rex*, com o crânio completo, foi desenterrado – *A Tyrannosaurus Rex skeleton with an intact cranium was excavated.*
36 | 257 -n

4566 metodologia *nf* methodology
- a metodologia científica tem evoluído muito nas últimas décadas – *Scientific methodology has evolved a great deal in recent decades.*
39 | 448 +a -f

4567 teclado *nm* keyboard
- o pianista corria as mãos pelo teclado e tocava uma valsa – *The pianist ran his hands up and down the keyboard, playing a waltz.*
35 | 209

4568 condicionado *aj* conditioned
- os motéis tornaram-se mais sofisticados, com ar condicionado, piscinas e televisão – *The motels became more sophisticated, with air conditioning, pools, and TV.*
35 | 230

4569 corrector *nm* broker, agent
- o corretor liquidaria logo que a perda atingisse dois mil florins – *As soon as his losses reached 2,000 florins, the broker would sell.*
37 | 279

4570 artilharia *nf* artillery
- também os da fortaleza dispararam algumas peças de artilharia – *Those in the fortress also shot some artillery shells.*
38 | 276

4571 tubarão *nm* shark
- quem tem dentes, entre os peixes, é só o tubarão – *The shark alone, among the fish, has teeth.*
33 | 242

4572 comunhão *nf* communion
- através dele, o ofertante procura entrar em comunhão com o Ser Supremo – *Through it, the giver seeks to enter into communion with the Supreme Being.*
35 | 230 -n

4573 abraço *nm* embrace, hug
- meu pai, dê-me um abraço e um beijo, porque ainda os mereço – *My father, give me a hug and a kiss, because I still deserve them.*
36 | 297 +f -a

4574 rim *nm* kidney
- cada quatro minutos circula pelo rim todo o sangue do nosso corpo – *Every four minutes, all of the blood in our body circulates through our kidneys.*
35 | 232

4575 fracção *nf* fraction, bit
- cada utilizador possui o uso exclusivo do computador apenas por uma fracção de segundo – *Each user has the exclusive use of the computer for barely a fraction of a second.*
35 | 285

4576 editorial *na* editorial
- o mercado editorial brasileiro não quer este tipo de publicação – *The Brazilian editorial market doesn't want this type of publication.*
35 | 261 +n

4577 resgate *nm* rescue, ransom
- várias equipes de resgate foram enviadas para a região atingida pelo tremor de terra – *Several rescue teams were sent to the region affected by the earthquake.*
35 | 241

4578 mercê *nf* (a m. de) at the mercy of
- este incidente colocou a Dinamarca à mercê da França – *This incident put Denmark at the mercy of France.*
36 | 296 +f -s

4579 marechal *nm* marshal
- os generais podem ser distinguidos com o título honorífico de marechal – *Generals can be distinguished by the honorific title of marshal.*
35 | 312 +a -s

4580 balão *nm* balloon
- ele fá-lo-ia explodir como um balão de circo picado por um alfinete – *He will make it explode like a circus balloon poked with a pin.*
35 | 234 -s

4581 tremer *v* to shake, tremble
- José arrepiou-se, tremeram-lhe as pernas – *José got goose bumps, his legs shook.*
35 | 771 +f -a -n -s

4582 milénio *nm* millennium
- eles acreditam que Jesus irá regressar, no próximo milénio – *They believe that Christ will return in the next millennium.*
36 | 215

4583 reajuste *nm* adjustment (income) [BP]
- o reajuste salarial prometido aos empregados de mesa não foi cumprido – *The salary adjustment that was promised to other waiters never came about.*
35 | 448

4584 aquecimento *nm* warming, heating
- o El Niño é causado por um aquecimento das águas do Oceano Pacífico – *El Nino is caused by the warming of the waters of the Pacific Ocean.*
38 | 291 +a -f -s

4585 torturar *v* to torture
- a polícia secreta torturou o escritor durante anos – *The secret police tortured the writer for years.*
36 | 283 -s

4586 afogar *v* to drown, flood
- nada se perdeu, ninguém se afogou, mas todos se molharam – *Nothing got lost, no one drowned, but everyone did get wet.*
39 | 339

4587 estragar *v* to ruin, go bad, spoil
- ela acha que a gravidez irá estragar-lhe o corpo – *She thinks that the pregnancy will ruin her body.*
36 | 315 +f -a -n

4588 alinhado *aj* aligned
- a conjunção planetária ocorre quando um planeta está alinhado com outro – *Planetary line-ups occur when one planet is aligned with another.*
36 | 293

4589 charuto *nm* cigar
- eu gosto de fumar um bom charuto depois do jantar – *I like to smoke a good cigar after dinner.*
35 | 283 +f -a

4590 nora *nf* daughter-in-law
- enquanto fui sogra, nunca tive boa nora – *While I was a mother-in-law, I never had a good daughter-in-law.*
35 | 276

4591 aposentado *aj* retired [BP]
- "quero receber meu dinheiro", dizia o aposentado, Miguel, 70 anos – *"I want to receive my money," said the retired man, Michael, 70 years old.*
34 | 337

4592 consentir *v* to approve, grant
- ali não entrava ninguém que ele não consentisse – *No one entered in there, whom he didn't approve.*
45 | 571

4593 romantismo *nm* romanticism
- a carreira de Beethoven atravessou a passagem do Classicismo para o Romantismo – *Beethoven's career bridged the passage from classicism to romanticism.*
35 | 250 +a -n

4594 agrupar *v* to group
- pode-se agrupar as rochas da seguinte forma: sedimentares, eruptivas ou cristalinas – *Rocks can be grouped in the following manner: sedimentary, igneous, or metamorphic.*
35 | 318 +a -n -s

4595 narrativo *aj* narrative
- normalmente os documentários não têm forma narrativa, são muito sérios – *Normally, documentaries are not in narrative format; they are very serious.*
35 | 227

4596 canhão *nm* cannon
- os marinheiros dispararam tiros de canhão contra a capital – *The sailors fired cannon shots toward the capital.*
37 | 273 -n -s

4597 sanguíneo *aj* relating to blood
- o sangue circula num estado fluido, no interior dos vasos sanguíneos – *Blood circulates in a fluid state inside blood veins.*
38 | 422 +a -n -s

4598 bandeirante *nm* bandeirante (frontiersmen) [BP]
- os bandeirantes foram, pois, uma tropa de choque a serviço do colonialismo – *The bandeirantes were, therefore, a shock troop at the service of colonialism.*
36 | 282

4599 atlântico *na* Atlantic (ocean)
- estas ilhas estão ou no oceano Atlântico ou no oceano Etiópico – *These islands are found either in the Atlantic Ocean or in the Ethiopian Ocean.*
36 | 265 +a

4600 reputação *nf* reputation
- ele ascendeu ao cargo com a reputação de homem honesto – *He rose to the position with the reputation of being an honest man.*
35 | 251 -s

4601 saudar *v* to greet, salute
- Rafael era popular entre eles; saudavam-no quando o viam – *Rafael was popular among them; they greeted him when they saw him.*
36 | 313 +f -a -s

4602 traçado *na* drawn out, planned, plan
- o plano está traçado, agora vamos ao rumo – *The plan has been drawn up, now let's follow it.*
34 | 229

4603 preliminar *aj* preliminary
- os números são preliminares e ainda não foram auditados – *The numbers are preliminary and have still not been audited.*
35 | 276 +n

4604 confirmação *nf* confirmation
- a confirmação da teoria foi feita pelo grupo de cientistas – *The confirmation of the theory was made by the group of scientists.*
35 | 235

4605 abdicar *v* to abdicate
- no mês seguinte, o rei abdicava do trono, em favor do seu irmão – *In the following month, the king abdicated the throne, in favor of his brother.*
34 | 211

4606 diferir *v* to differ, be different from
- achas que este disco difere radicalmente dos anteriores? – *Do you think this record differs radically from previous ones?*
35 | 312 +a -n -f

4607 escocês *na* Scottish
- o uísque escocês é, normalmente, uma mistura de duas ou mais qualidades – *Scotch whiskey is usually a mix of two or more types.*
36 | 327 +a -s

4608 curiosamente *av* curiously
- as moças olharam-me curiosamente – *The girls looked at me curiously.*
34 | 249 +n

4609 ídolo *nm* idol
- ele é um dos grandes heróis nacionais da Argentina e um ídolo – *He is one of the great national heroes of Argentina and an idol.*
34 | 200 +s

4610 grosseiro *aj* crude, coarse, rude
- era uma habitação grosseira, quase perdida na mata, onde repousavam os tropeiros – *It was a crude building, almost lost in the jungle, which the herdsmen used to rest in.*
35 | 278 +f -n

4611 serpente *nf* snake, serpent
- a anaconda é a maior serpente do mundo – *The anaconda is the biggest snake in the world.*
36 | 273 -n -s

4612 tomada *nf* seizure, socket
- o Império Bizantino caiu em poder muçulmano com a tomada de Constantinopla – *With the seizure of Constantinople, the Byzantine Empire fell under Muslim rule.*
35 | 244

4613 terno *na* suit [BP], tender, kindly [EP]
- ele estava com um terno azul-marinho e uma gravata vermelha bem fina – *He was dressed in a sea blue suit and a very nice red tie.*
35 | 335 +f -a -n

4614 civilizado *aj* civilized
- Tudo isso era contra as boas normas de um povo civilizado – *All this went against the norms of a civilized people.*
35 | 205

4615 anotar *v* to write down, annotate
- não lhe ocorreu anotar a placa do carro; estava muito nervosa – *It didn't occur to her to write down the license plate number, she was very nervous.*
34 | 213

4616 desdobrar *v* to unfold
- este, ao desdobrar a meia folha de papel, tornou-se lívido – *This man, upon unfolding the half-sheet of paper, became livid.*
36 | 263 +f -n

4617 progredir *v* to progress
- a doença pode progredir para eclâmpsia, se não for tratada – *The disease can progress to eclampsia if not treated.*
34 | 208

4618 montado *aj* mounted, assembled
- já montado em seu cavalo, ele disse aos amigos um adeus – *Already mounted on his horse, he said goodbye to his friends.*
35 | 204

4619 furtar *v* to steal
- o macaco furtou a navalha do barbeiro – *The monkey stole the razor from the barber.*
36 | 281 -s

4620 contributo *nm* contribution [EP]
- este grupo parlamentar deu um contributo decisivo para a estabilidade política [EP] – *This parliamentary group made a decisive contribution to political stability.*
37 | 247

4621 precoce *aj* premature, precocious
- um acidente de trabalho atirou-o para uma invalidez precoce – *A work accident sent him into premature disability.*
35 | 218

4622 pardo *aj* mulatto, off-white
- apenas 0,6% de negros e pardos tinham obtido um diploma de nível superior – *Only 0.6% of blacks and mulattoes had obtained a college degree.*
36 | 267 -n -s

4623 poste *nm* pole, vertical post
- esses índios esculpiam postes de madeira com desenhos de animais – *Those Indians sculpted totem poles from wood, with animal designs.*
34 | 210

4624 milionário *nm* millionaire
- os nossos milionários e políticos não pagam os impostos – *Our millionaires and politicians don't pay taxes.*
34 | 237

4625 panela *nf* pot, pan
- a panela grande, que cozinhava o feijão, estava no fogo – *The large pot, in which the beans were cooking, was on the stove.*
34 | 244

4626 hostil *aj* hostile
- papai devia ter sentido o ambiente hostil, todo mundo de cara séria – *Daddy must have sensed the hostile atmosphere, being that everybody had such a serious face.*
36 | 230 +f

4627 sudoeste *nm* southwest
- o Iraque é um país situado no sudoeste da Ásia – *Iraq is a country situated in the southwest part of Asia.*
35 | 423 +a -f -s

4628 cavalaria *nf* cavalry
- além de um regimento de cavalaria havia também uma força auxiliar – *Aside from a regiment of cavalry, there was also an auxiliary force.*
35 | 262

4629 bonde *nm* streetcar [BP]
- no Porto um bonde elétrico foi de encontro a um carro de bois [BP] – *In Porto, a streetcar collided with an ox-drawn cart.*
36 | 448

4630 exagero *nm* exaggeration
- no que o doutor disse há exagero, mas também há verdade – *There is exaggeration in what the doctor said, but there is also truth.*
34 | 238 -a

4631 liquidar *v* to pay off (debt), liquidate
- ainda tenho que pagar 119 mil reais para liquidar o débito – *I still have to pay 119 thousand reals to pay off the debt.*
34 | 227

4632 rosado *aj* rosy, pink
- o seu rosto, habitualmente rosado, tornou-se lívido – *His face, generally rosy, became livid.*
36 | 258

4633 referido *aj* above-mentioned, referred
- o modelo formulado pelo referido autor considerou as seguintes variáveis – *The model put together by the above-mentioned author took into consideration the following variables.*
37 | 276 +n -s

4634 brisa *nf* breeze
- a brisa soprou mais forte, esparramando o pó pela varanda – *The breeze blew stronger, scattering the dust about the porch.*
35 | 262 -a

4635 internado *aj* hospitalized
- ela passou uns três meses internada no hospital português – *She spent about three months hospitalized in the Portuguese hospital.*
35 | 256 +n

4636 convocação *nf* convocation, gathering
- foi responsável pela convocação da primeira conferência pan-americana – *He was responsible for the convocation of the first Pan-American conference.*
34 | 274 +n

4637 adjectivo *nm* adjective
- no verso são frequentes muitos adjectivos compostos – *In verse, compound adjectives are frequent.*
36 | 378

4638 trajecto *nm* route, distance, stretch
- é esse o trajecto a percorrer – *This is the route to be traveled.*
34 | 227

4639 chefiar *v* to head, lead
- a rebelião foi chefiada pelo ex-imperador – *The rebellion was headed up by the ex-emperor.*
36 | 275 +a -f -s

4640 vocabulário *nm* vocabulary
- a palavra deveria ser eliminada de nosso vocabulário – *That word ought to be eliminated from our vocabulary.*
34 | 198

4641 coerência *nf* coherence
- a maioria não mostrava grande coerência interna, tampouco consistência – *Most didn't show much internal coherence, let alone consistency.*
34 | 212

4642 aspirar *v* to aspire to, inhale
- é o ideal a que os seres humanos deveriam aspirar – *That is the ideal human beings should aspire to.*
36 | 226 +f

4643 multinacional *na* international corporation
- a multinacional já é a maior importadora de soja brasileira – *The multinacional corporation is already the largest importer of Brazilian soy.*
35 | 287 +n -f

4644 homenagear *v* to pay homage to, honor
- o museu procura homenagear a artista – *The Museum seeks to pay homage to the artist.*
35 | 288 +n -f

4645 asilo *nm* asylum
- ele garantiu que sairia do país e aceitaria o asilo oferecido pela Nigéria – *He guaranteed that he would leave the country and would accept the asylum offered by Nigeria.*
35 | 225

4646 ceia *nf* supper, dinner
- Leonardo da Vinci pintou a *Última Ceia* entre 1495 e 1497 – *Leonardo da Vinci painted* The Last Supper *between 1495 and 1497.*
35 | 374 +f -a -n

4647 moradia *nf* dwelling
- as novas casas são moradias unifamiliares, com dois quartos – *The new houses are single-family dwellings with two rooms.*
35 | 210

4648 nordestino *na* northeastern, northeasterner [BP]
- como nos demais estados nordestinos, a população maranhense também enfrenta problemas – *Like those from other northeastern states, the population of Maranhão also faces problems.*
34 | 197

4649 apelido *nm* nickname [BP], family name [EP]
- a partir de 1898, passou a usar o apelido Picasso em vez de Ruiz – *From 1898 on, he began to use the last name of Picasso instead of Ruiz.*
34 | 247

4650 celeste *aj* heavenly
- o segundo telescópio analisará outros corpos celestes, como determinados tipos de galáxias – *The second telescope will analyze other heavenly bodies, such as certain types of galaxies.*
36 | 264 -n -s

4651 abismo *nm* abyss
- atirei-me num abismo sem saída, no qual devo ficar para sempre sepultado – *I threw myself into an abyss with no way out where I shall remain forever entombed.*
35 | 295 +f -a

4652 aprendizado *nm* the act of learning [BP]
- o professor deve acompanhar o aprendizado de seus alunos – *Teachers ought to follow up on their students' learning.*
34 | 292

4653 contestação *nf* challenge
- nenhuma contestação à autoridade do rei era tolerada – *No challenge to the king's authority was tolerated.*
35 | 222 +n

4654 liberação *nf* disbursement, absolving [BP]
- o passo seguinte será a liberação dos cheques – *The next step will be the disbursement of the checks.*
37 | 297

4655 homicídio *nm* murder, homicide
- não tenho a índole de matar, não cometi nenhum homicídio – *I don't have the inclination to kill; I have never committed any murder.*
40 | 325 +n -f -s

4656 terraço *nm* porch, patio, balcony
- estavam no terraço em frente à casa, na sombra da papaieira – *There they were on the porch in front of the house in the shade of the papaya tree.*
35 | 258

4657 fixação *nf* stability, settlement
- garantir a fixação de um novo modelo de estabilidade – *To guarantee the establishment of a new model of stability.*
35 | 256 +a -f

4658 heróico *aj* heroic
- ele lhe foi contando pelo caminho as proezas e os heróicos feitos em armas – *He went on telling his tales of bravery and heroic feats at war.*
35 | 244 -n

4659 ensaiar *v* to practice, rehearse
- os astronautas ensaiavam para a missão em simuladores – *The astronauts practiced for the mission in simulators.*
33 | 241

4660 pontual *aj* punctual
- o prefeito foi pontual e chegou às 17 horas – *The mayor was punctual and arrived at 5 pm.*
33 | 203

4661 manto *nm* mantle, robe
- o planeta possui o núcleo, o manto e a crosta – *The planet has a nucleus, a mantle and a crust.*
37 | 281 +f -n -s

4662 globalização *nf* globalization
- a globalização está a ampliar a concorrência em níveis nunca antes observados – *Globalization is increasing competition at levels never seen before.*
42 | 348

4663 catálogo *nm* index, catalog
- em 1624, ele publicou um catálogo com as 750 espécies vegetais – *In 1624, he published an index of 750 vegetable species.*
35 | 224

4664 socorrer *v* to aid, relieve
- a vítima foi socorrida por quatro médicos – *The victim was aided by four doctors.*
35 | 231 -s

4665 colocado *aj* positioned, placed
- estava bem colocado e cabeceou para marcar o segundo gol – *He was well-positioned and he made a head shot to score the second goal.*
34 | 210

4666 desgaste *nm* deterioration
- foi uma paralisia provocada pelas dificuldades financeiras e o desgaste político – *It was a paralysis that was caused by financial difficulties and political deterioration.*
35 | 234 +n -f

4667 cantiga *nf* song, ballad
- saíram-se todos cantando a cantiga seguinte – *They all went out singing the next song.*
36 | 258 -n -s

4668 recinto *nm* chamber, enclosure
- eles entraram num recinto comprido e sem janela, povoado de caixotes semi-abertos – *They entered into a long, windowless chamber, full of semi-opened boxes.*
34 | 227 -s

4669 qualificado *aj* qualified
- não queremos elites mas queremos um Exército altamente qualificado – *We don't want an elitist army, but we do want a highly-qualified army.*
36 | 273

4670 encaixar *v* to fit (in or together), belong
- no aperto de mão, encontrou tempo para encaixar outro comentário – *As they shook hands, he found the time to fit in another comment.*
33 | 194 +s

4671 preceder *v* to precede, predate
- a revolução industrial inglesa precedeu a do resto da Europa – *The English Industrial Revolution preceded that of the rest of Europe.*
36 | 248 +a -s

4672 ditador *nm* dictator
- o ditador fascista da Itália manda invadir a Abissínia – *The fascist dictator of Italy ordered the invasion of Abysinnia.*
35 | 238 -s

4673 nominal *aj* nominal
- a redução do déficit nominal tem sido relativamente lenta – *The reduction of the nominal deficit has been relatively slow in coming.*
36 | 294 +a -f

4674 maturidade *nf* maturity
- não é uma questão de idade, é uma questão de maturidade – *It isn't a question of age; it is a question of maturity.*
34 | 219

4675 inquietação *nf* unrest, disturbance
- diante da inquietação asiática, os mercados europeus reagiram com nervosismo – *In face of Asian unrest, the European markets reacted nervously.*
34 | 285 +f -a

4676 cerâmica *nf* pottery, ceramics
- a cerâmica tradicional é de barro vermelho – *Their traditional pottery is made from red clay.*
35 | 286

4677 mecânica *nf* mechanics
- a mecânica dos carros é mais complicada do que outras – *Car mechanics are more complicated than other mechanics.*
35 | 265 +a -s

4678 sacar *v* to take out, pull out
- sacou da bolsa três pacotes de notas – *She took three wads of bills out of her purse.*
39 | 379

4679 porta-voz *nm* spokesperson
- segundo o porta-voz da polícia, os seis foram torturados – *According to the police's spokesperson, the six individuals were tortured.*
34 | 495 +n -a -f

4680 mão-de-obra *nf* labor, workers
- a instalação do caminho-de-ferro exigiu o recurso a mão-de-obra semi-escrava – *The building of the railway required the use of semi-slave labor.*
34 | 234

4681 distrital *aj* relating to a district [EP]
- ele foi internado no hospital distrital. [EP] – *He was admitted to the district hospital.*
37 | 710 +n -a -f

4682 burocrático *aj* bureaucratic
- há um longo e burocrático processo de autorizações – *There is a long and bureaucratic process of authorizations.*
34 | 187 +n

4683 extracção *nf* extraction
- a extracção de petróleo envolve os riscos de derrames acidentais – *Oil extraction involves the risk of accidental spills.*
39 | 456

4684 descobrimento *nm* discovery
- é-lhe por isso atribuída a autoria do descobrimento da Ilha da Madeira – *It's for this cause that the discovery of the island of Madeira is attributed to him.*
35 | 209

4685 complemento *nm* object (grammar), addition
- devido ao tipo de verbo, esta oração tem um complemento directo e um complemento indirecto – *Given the nature of the main verb, this clause has a direct and an indirect object.*
34 | 227 +a

4686 desordem *nf* disorder, quarrel, fight
- a desordem da personalidade anti-social começa na adolescência – *Anti-social personality disorder begins in adolescence.*
35 | 285 +f -n -s

4687 ex-presidente *nm* ex-president
- a Constituição não permitia que um ex-presidente reassumisse o posto – *The Constitution wouldn't allow an ex-president to reassume the post.*
36 | 466 +n -f

4688 influente *aj* influential
- pessoas influentes e com boa situação financeira tinham preferência – *Influential persons in good financial standing had first choice.*
35 | 230

4689 postal *aj* postal
- o endereço de contato de vocês já era a caixa postal 1022 – *Your contact address was already postal box 1022.*
34 | 210 +n

4690 queima *nf* burning
- a queima de carvão é uma das principais causas das chuvas ácidas – *The burning of coal is one of the main causes of acid rain.*
33 | 203

4691 suprir *v* to supply
- as fontes estatais foram criadas para suprir uma falta de capital privado – *State reserves were created to supply a lack of private capital.*
34 | 205 +a -f

4692 clínico *aj* clinical
- a apresentação clínica do doente é muito variável – *The clinical profile of the patient varies greatly.*
33 | 259

4693 alinhamento *nm* alignment, line up [BP]
- nas luas cheia e nova, há um alinhamento do sistema Sol – Terra – Lua – *During full and new moons, the Sun-Earth-Moon system is in alignment.*
34 | 721 +a -n -f -s

4694 desembargador *nm* judge of a court of appeals
- o desembargador foi acusado de corrupção e finalmente foi achado inocente – *The judge was accused of corruption and was finally proven innocent.*
33 | 263

4695 catástrofe *nf* catastrophe
- o mundo esteve à beira de uma catástrofe imensa e inimaginável – *The world was on the brink of an immense and unimaginable catastrophe.*
35 | 213

4696 deslocamento *nm* movement, travel
- ocorre o deslocamento dos elétrons num material condutor – *There is a movement of electrons in a conducting material.*
35 | 289

4697 indagar *v* to inquire, question
- o senhor não vai? – indagou o gordo – *You're not going? inquired the fat man.*
36 | 597 +f -a -n -s

4698 mobilização *nf* mobilization
- a mobilização foi coordenada pela União Nacional dos Estudantes – *The mobilization was coordinated by the National Students' Union.*
33 | 239 +n -f

4699 seduzir *v* to seduce, entice
- eu não seduzi a rainha e não a droguei – *I did not seduce the Queen and I didn't drug her.*
34 | 225

4700 equipado *aj* equipped
- os computadores vêm equipados com Windows – *The computers come equipped with Windows.*
35 | 267 +n -s

4701 atrever *v* to dare
- eles não se tinham atrevido a atacar com força a nossa retaguarda – *They hadn't dared to attack our rearguard at full force.*
35 | 383 +f -a

4702 regimento *nm* regiment
- no flanco a norte, o regimento bávaro sofreu perdas graves – *On the north flank, the Bavarian regiment suffered serious losses.*
35 | 239 -s

4703 estranhar *v* to find strange, be surprised
- estranhei vê-lo ali parado em vez de ir logo para o seu quarto – *I found it strange to see him there lingering instead of going straight to his room.*
36 | 371 +f -a -s

4704 vulto *nm* notable person, appearance
- ele é considerado por muitos um dos grandes vultos literários do século XVIII – *He is considered by many to be one of the great, notable writers of the 18th century.*
36 | 587 +f -a -n -s

4705 legião *nf* legion
- no mesmo período, os militares da Legião Estrangeira salvaram muitas vidas – *During this same period, the soldiers of the Foreign Legion saved many lives.*
32 | 207

4706 elevador *nm* elevator
- o policial me acompanhou no elevador até o 13° andar – *The police accompanied me in the elevator to the thirteenth floor.*
34 | 219

4707 afinidade *nf* affinity
- apesar de manterem fortes afinidades linguísticas com os croatas, são culturalmente diferentes – *Despite strong linguistic affinity with the Croatians, they are culturally different.*
34 | 195

4708 corporal *aj* relating to the body, bodily
- a doença aumenta a temperatura corporal – *The sickness increases body temperature.*
36 | 291 +a -s

4709 inerente *aj* inherent
- a lei natural é inerente à sobrevivência – *Natural law is inherent to survival.*
36 | 234 +a -f

30. Differences between Brazilian and European Portuguese

As explained in the introduction, there is only one entry in the dictionary for words that have systematic spelling differences between Brazilian Portuguese (BP) and European Portuguese (EP) (e.g. *eléctrico/elétrico* "electric"). There are two separate entries for words whose form is slightly different in the two dialects (e.g. BP *controle* – EP *controlo* "control", BP *planejamento* – EP *planeamento*), because these differences occur word by word and are not systematic.

The following lists show those words that are more common in either Portugal or Brazil, with at least 90% of the tokens from one of the two countries and no more than 10% from the other. As mentioned, some words have only slightly different forms in the two dialects (*controle/controlo, planejamento/ planeamento*, as discussed above). Other words exist primarily in one dialect or the other simply because they refer to a specific geographical area or former colony (e.g. BP *paulista, carioca, baiano, pernambucano, nordestino, sertanejo*; EP *angolano*), or perhaps to a different governmental or administrative structure (e.g. BP *federal, estadual, senador, prefeito, emenda*; EP *autárquico, distrital, freguesia, concelho, referendo*).

Perhaps more interesting are words where the same "concept" is undoubtedly as frequently discussed in the two dialects, but entirely different words are used (BP *retornar* – EP *regressar* "to return", or BP *safra* "harvest", *chance* "chance", *brigar* "to fight"). And perhaps the most interesting are those words where the frequency of a word tells us something about the culture: BP *gaúcho* "gaucho", *favela* "urban slum", *bandeirante* "early Brazilian frontiersmen", or EP *seara* "field of grains", *azeitona* "olive", *fado* "Portuguese musical genre, fate".

Mainly Brazil:

Adverbs

710 **inclusive** including, even

4454 **embaixo** under, beneath, underneath

Verbs

1917 **retornar** to return to

2061 **registrar** to register, record

2371 **descartar** to disagree, deny, get rid of

2813 **planejar** to plan

2935 **ressaltar** to emphasize, point out

3522 **brigar** to fight, argue

4110 **liberar** to release, liberate

Adjectives (and noun/adjective)

1060 **federal** federal

1774 **paulista** from the city of São Paulo

1862 **estadual** relating to the state

2719 **carioca** From Rio de Janeiro

3033 **baiano** from the state of Bahia

3145 **gaúcho** South American cowboy, resident of Rio Grande do Sul

3760 **liberado** free, available

3825 **pernambucano** from Pernambuco

3970 **esportivo** sporting, sport

4591 **aposentado** retired

4648 **nordestino** northeastern, northeasterner

4790 **sertanejo** from rural Brazil

4980 **edital** public notice, relating to editing

Nouns

1418 **controle** control

1804 **convênio** agreement, accord

1992 **senador** senator

2143 **demanda** demand

2293 **registro** record

2362 **planejamento** planning

2397 **prefeito** mayor

2503 **bilhão** billion

2636 **esporte** sport

2659 **prefeitura** municipal government

2675 **briga** fight, quarrel

2754 **chance** chance

2755 **usuário** user, consumer

2853 **emenda** amendment

3172 **leilão** auction

3179 **diretoria** directors (organization)

3199 **caminhão** freight truck

3238 **treinamento** training

3262 **item** item

3448 **safra** harvest

3504 **previdência** precaution, welfare

3580 **pesquisador** researcher, investigator

3623 **reeleição** re-election

3781 **parágrafo** paragraph

3787 **favela** slum, ghetto

3953 **estoque** stock

3955 **gol** soccer goal

3983 **delegacia** police station, office

4148 **arrecadação** collection, saving

4166 **licitação** bidding, auction

4188 **devedor** debtor

4191 **trilha** trail

4221 **aposentadoria** retirement, retirement fund

4348 **mídia** media

4412 **acervo** large collection

4418 **usina** factory, plant

4431 **aluguel** rent

4450 **indenização** reparation

4533 **varejo** retail (trade)

4541 **sumário** brief, abstract, synopsis, summary

4583 **reajuste** adjustment (income)

4598 **bandeirante** bandeirante (early Brazilian frontiersmen)

4629 **bonde** streetcar

4652 **aprendizado** the act of learning

4654 **liberação** disbursement, absolving

4693 **alinhamento** alignment, line up

4744 **câncer** cancer

4753 **rodada** round, rotation

4773 **papai** daddy

4896 **experimento** experiment

Mainly Portugal:

Adverbs (and adverb/adjective)

1905 **demasiado** too much

2556 **porquê** why (por que in BP)

3741 **aquando** at the time (of)

Verbs

1025 **regressar** to return to

2092 **registar** to register

2925 **aperceber** to realize, perceive

3396 **calhar** to happen (by accident)

3565 **sublinhar** to emphasize, underline, stress

3812 **apetecer** to appeal (to)

Adjectives

2421 **desportivo** athletic, sports (club)

3793 **angolano** Angolan

4147 **realizador** producer

4189 **assente** settled, established

4545 **autárquico** non-governmental

4681 **distrital** relating to a district

Nouns

1590 **regresso** return

1655 **freguesia** municipality, clientele

1680 **escudo** shield, old monetary unit

1965 **concelho** municipality, county, council

2249 **bocado** piece, portion, mouthful

2398 **pormenor** detail

2619 **planeamento** planning, scheduling

2836 **registo** record, ledger

2958 **desporto** sport

3116 **controlo** control

3214 **referendo** referendum

3352 **povoação** settlement

3389 **golo** soccer goal

3390 **fado** Portuguese musical genre, fate

3485 **tabaco** tobacco

3513 **designação** designation, assignment

3808 **têxtil** textile

3896 **polémica** controversy

3968 **fabrico** production

4005 **autarquia** self-governing unit

4048 **lume** light, fire

4108 **regionalização** regionalization

4111 **arredor** outskirts, surroundings, suburbs, area (PL)

4145 **emigrante** emigrant

4220 **seara** field of grains

4233 **utilizador** user

4241 **alargamento** expansion, widening, enlarging

4247 **cancro** cancer

4357 **cimeira** summit (politics)

4478 **recolha** compilation, collection

4620 **contributo** contribution

4907 **azeitona** olive

4945 **deslocação** travel, displacement

4965 **cimo** peak, highest point, top

4710 **suscitar** *v* to rouse, excite
- a morte inesperada suscitou comentários – *The unexpected death roused debate.*
  34 | 227 +n

4711 **conciliar** *v* to reconcile, harmonize
- uma coisa não elimina a outra; bem podíamos conciliar as duas – *One does not preclude the other; we could easily reconcile the two.*
  33 | 188 +s

4712 **estabilização** *nf* stability, stabilization
- com a estabilização da moeda, esse mercado deve crescer ainda mais – *With the new stability of the currency, this market ought to grow even more.*
  37 | 308

4713 **intriga** *nf* intrigue
- ele retirou-se devido a intrigas políticas – *He resigned due to political intrigue.*
  34 | 221

4714 facção *nf* faction
- surgiram intensos combates, entre facções rivais do Exército – *Intense combat began between rival factions within the army.*
36 | 262 +a -f

4715 indignação *nf* indignation
- os assassinatos provocaram uma onda de indignação pública e a polícia foi duramente criticada – *The killings caused a wave of public indignation and the police were harshly criticized.*
37 | 301 -a -s

4716 lavagem *nf* washing
- o empregado voltou à lavagem dos copos – *The employee went back to washing the glasses.*
33 | 190

4717 tigre *nm* tiger
- a África é uma terra desconhecida, com savanas cheias de leões e tigres – *Africa is an unexplored land, with savannas full of lions and tigers.*
33 | 222

4718 humidade *nf* humidity, moisture
- é uma região de forte precipitação e elevada humidade atmosférica – *It is a region of ample precipitation and high humidity.*
35 | 225

4719 cumplicidade *nf* complicity
- essa intriga tem tido a cumplicidade de alguns dos colonistas – *This plot has had the complicity of some of the colonists.*
34 | 210

4720 travessia *nf* crossing
- a primeira travessia transatlântica em balão foi realizada em 1978 – *The first transatlantic crossing in a hot-air balloon was accomplished in 1978.*
34 | 229 -s

4721 gerador *nm* generator
- o primeiro gerador de electricidade foi fabricado em 1832 – *The first electric generator was built in 1832.*
35 | 291 +a -s

4722 arraial *nm* encampment, fair
- o Infante assentou seu arraial fora da vila – *The prince made his encampment outside of the village.*
33 | 258

4723 assessor *nm* assistant, advisor, consultant
- não havia nenhum assessor do presidente disponível para comentar as declarações – *None of the president's advisors was available to comment on the declarations.*
33 | 474 +n -a

4724 saca *nf* bag, sack
- tenho uma saca em cada quarto para porem a roupa suja – *I have a bag in each bedroom for you to put your dirty clothes in.*
35 | 249

4725 prosperidade *nf* prosperity
- fiquei contente em rever vocês; desejo-lhes prosperidade cada vez maior – *I am so happy to see you again; I wish you ever greater prosperity.*
35 | 217 -s

4726 simular *v* to simulate
- as naves simulariam gravidade artificial através do movimento de rotação – *The spaceships would simulate artificial gravity through rotational movement.*
35 | 219 -s

4727 estacionar *v* to park
- um táxi estacionou, abriu a porta e um sujeito desceu – *The taxi parked, its door opened and a man came out.*
34 | 226

4728 peculiar *aj* peculiar
- o quarto de cada filho tinha um odor peculiar – *Each child's bedroom had a peculiar odor.*
34 | 195

4729 competitividade *nf* competitiveness
- a estabilidade da economia e a competitividade levou as empresas a investirem – *The stability and competitiveness of the economy led the companies to invest.*
42 | 341 +n +s -f

4730 torcida *nf* fans, fan club
- mais uma vez, a torcida lotará o estádio e empurrará o time – *Once again, the fans will flood the stadium and root for the team.*
35 | 290

4731 predominar *v* to predominate, prevail
- a influência dos trovadores fez-se predominar durante a Idade Média – *The influence of troubadours predominated the Middle Ages.*
33 | 272 +a -f

4732 concretização *nf* realization
- este facto impede a concretização de um tratado de paz – *This fact is standing in the way of the realization of a peace treaty.*
35 | 224

4733 chato *aj* bothersome, unpleasant, boring
- o homem era um chato quando bebia – *The man was bothersome when he drank.*
33 | 224 +s -a

4734 insistência *nf* insistence
- apesar de todas as minhas insistências ele quis estar de pé – *Despite all of my insistence, he wanted to remain standing.*
33 | 275 -a

4735 problemática *nf* issue, problem
- a problemática do alcoolismo tem, de facto, proporções alarmantes – *The issue of alcoholism is, in fact, of alarming proportions.*
33 | 226

4736 semanal *aj* weekly
- os operários trabalham menos de 40 horas semanais – *The workers work fewer than 40 hours weekly.*
33 | 257 +n

4737 atributo *nm* attribute, trait
- a ginástica é um desporto que envolve muitos atributos físicos, tais como o equilíbrio e a força muscular – *Gymnastics is a sport which makes use of many physical attributes such as balance and muscular strength.*
38 | 358 +a -n -s

4738 educacional *aj* educational
- por meio do sistema educacional é possível preparar e distribuir material didático – *Through the educational system it is possible to prepare and distribute didactic material.*
37 | 267 -f

4739 acrescido *na* increased, addition
- vivem dificuldades acrescidas desde o declínio do sector têxtil – *They are experiencing increased difficulties since the decline of the textile industry.*
33 | 206

4740 tona *nf* (à tona) to the surface
- a paleontologia traz à tona o conhecimento das origens dos seres vivos – *Paleontology brings to the surface knowledge concerning the origins of living beings.*
33 | 205

4741 sonda *nf* probe, catheter
- a primeira lua asteróide foi observada pela sonda espacial Galileu – *The first asteroid moon was observed by the space probe Galileo.*
34 | 238

4742 australiano *na* Australian
- a crença num espírito criador é muito frequente entre os aborígenes australianos – *The belief in a creator spirit is very common among Australian aborigines.*
35 | 310 +a -f -s

4743 ferimento *nm* wound
- não havia muito sangue, o ferimento não parecia grave – *There wasn't much blood, the wound didn't look serious.*
35 | 221 -s

4744 câncer *nm* cancer [BP]
- a maior incidência de câncer nos dias de hoje ocorre em fumantes [BP] – *Nowadays, the largest incidence of cancer occurs among smokers.*
33 | 252

4745 subúrbio *nm* suburbs
- na sua generalidade, os subúrbios consistem em casas de habitação e pequenas lojas – *Generally speaking, the suburbs are made up of homes and small stores.*
34 | 198

4746 neutro *aj* neutral
- ele prefere ser neutro porque já esteve do lado dos revolucionários – *He prefers to be neutral since he was once on the revolutionaries' side.*
33 | 205 -n

4747 estudioso *na* studious, scholar, erudite
- ele é um moço inteligente e estudioso – *He is an intelligent and studious young man.*
34 | 273 +a

4748 flagrante *aj* flagrant
- o holandês foi preso em flagrante por tráfico internacional de drogas – *The Dutchman was arrested for a flagrant violation of international drug trafficking laws.*
34 | 222 +n

4749 pneu *nm* tire (car)
- todos os carros precisam de pneus – *All cars need tires.*
35 | 276 +n -s

4750 tostão *nm* an old coin worth 10 cents
- cada gato vale dez tostões – *Each cat is worth ten tostões.*
34 | 236 +f -a

4751 acta *nf* minutes (meeting)
- então, eles resolveram ler todas as actas das sessões – *They then decided to read all the minutes of the meetings.*
34 | 197

4752 naturalidade *nf* ease, place of birth
- tudo era dito com naturalidade, como se ele falasse de outra pessoa – *Everything was said with such ease, as if he were speaking of some other person.*
33 | 213 +f -a

4753 rodada *nf* round, rotation [BP]
- a terceira rodada do playoff semifinal será amanhã – *The third round of the semifinal playoffs will be tomorrow.*
34 | 307

4754 procissão *nf* procession
- a procissão começou em frente à igreja – *The procession began in front of the Church.*
34 | 255 +f

4755 chocolate *nm* chocolate
- no inverno eles bebiam chocolate quente – *During winter, they would drink hot chocolate.*
33 | 204

4756 vice *nm* vice (assistant)
- no caso do governador ser condenado, o vice assumirá o cargo – *In the case that the governor is convicted, the vice will assume his position.*
34 | 299

4757 alimentar *aj* relating to food
- o rapaz apresentava vômitos e diarréias em decorrência de intoxicação alimentar – *The young man had symptoms of vomiting and diarrhea as a result of food poisoning.*
36 | 315 +a -s

4758 robusto *aj* strong, robust
- são homens de corpos robustos e estatura mais avultada que a ordinária – *They are men of strong body and larger-than-average stature.*
37 | 276 -n -s

4759 contaminado *aj* contaminated
- a ingestão de água contaminada pode ser a fonte de infecção – *Drinking contaminated water can be the source of infection.*
34 | 213

4760 detalhado *aj* detailed
- o resultado era detalhado e minucioso – *The result was detailed and minute.*
36 | 264 +a -s

4761 pausa *nf* pause, rest
- este ponto e vírgula é uma pausa maior que a vírgula – *This semi-colon represents a larger pause than a comma does.*
34 | 439 +f -n -s

4762 marfim *nm* ivory
- a caça furtiva para a obtenção de marfim levou ao declínio das populações de elefantes – *Poaching to obtain ivory led to a decline in the elephant population.*
34 | 234 -n -s

4763 rejeição *nf* rejection
- o transplante correu bem e não houve rejeição – *The transplant went well and there was no rejection.*
33 | 207

4764 acomodar *v* to make comfortable, accommodate
- eles acomodaram-se em suas camas – *They made themselves comfortable in their beds.*
33 | 260 +f

4765 mocidade *nf* youth
- a minha mocidade ainda vive na minha alma e no meu coração, disse o velho – *My youth still lives in the soul and in my heart, the old man said.*
35 | 291 +f -a -n

4766 fúria *nf* fury, wrath
- ele apanhou um tamanco e atirou-o às galinhas, com fúria – *In his fury, he grabbed a wooden shoe and threw it at the chickens.*
37 | 405 +f -a -s

4767 incompleto *aj* incomplete
- a visita seguinte foi incompleta, mas a terceira missão teve êxito – *The following trip was not completed, but the third mission was a success.*
34 | 219 -s

4768 implementação *nf* implementation
- a Câmara propôs também a implementação de nova legislação – *The city hall also proposed the implementation of the new legislation.*
40 | 453 +a -f -s

4769 actualizar *v* to update, modernize
- a sociedade deve atualizar periodicamente o registro – *The society ought to periodically update the record.*
34 | 238 +n -f

4770 sábado *nm* Saturday
- eu passava os sábados e domingos inteiros dentro do cinema – *I spent all my Saturdays and Sundays in the movie theater.*
33 | 229 -a

4771 crente *na* believer, believing
- em cada peregrinação, milhares de crentes reúnem-se no Santuário de Fátima – *During each pilgrimage, thousands of believers meet in the sanctuary of Fatima.*
34 | 215 +f

4772 preventivo *aj* preventative
- como medida preventiva, os responsáveis militares decidiram evacuar a aldeia – *As a preventative measure, the military leaders in charge decided to evacuate the village.*
34 | 261 +n

4773 papai *nm* daddy [BP]
- mamãe, chame papai e façam as pazes – *Mommy, call daddy and kiss and make up.*
36 | 578

4774 meia-noite *nf* midnight
- não conseguia dormir até a meia-noite – *He wasn't able to fall asleep until midnight.*
34 | 235 +f -a

4775 risca *nf* stripe, line
- mais próxima do espelho, examino a risca ao longo da cabeça – *Closer to the mirror, I examine the part in my hair all along my head.*
33 | 203

4776 sardinha *nf* sardine
- a gente vive, tudo amontoado como em lata de sardinha – *We live all crammed together like a can of sardines.*
32 | 205

4777 espingarda *nf* shotgun
- irritado, ele foi buscar uma espingarda US 30 semiautomática – *Irritated, he went looking for a US 30 semi-automatic shotgun.*
34 | 271 +f -n

4778 profeta *nm* prophet
- os profetas do Velho Testamento eram considerados homens eleitos por Deus – *The Prophets of the Old Testament were considered men elected by God.*
32 | 215 -n

4779 emigrar *v* to emigrate
- devido à perseguição, ele viu-se obrigado a emigrar para os EUA – *Due to persecution, he was compelled to emigrate to the USA.*
33 | 220 +a -n

4780 eleitorado *nm* electorate
- o candidato foi rejeitado pelo eleitorado nas eleições legislativas – *The candidate was rejected by the electorate in the legislative elections.*
34 | 286 +n -f

4781 progressivamente *av* gradually, progressively
- o doente deve regressar progressivamente à sua actividade normal – *The patient should gradually return to normal activity.*
34 | 214 +a

4782 cavar *v* to dig
- ele começou a cavar os buracos no chão – *He began to dig holes in the ground.*
34 | 265 +f +s -n

4783 contagem *nf* counting
- na contagem dos votos ficou claro que não seria o vencedor – *During the counting of the votes, it became obvious that he would not be the winner.*
35 | 238 -s

4784 pesadelo *nm* nightmare
- Isso tudo é um pesadelo que pode acabar com a minha carreira – *All this is a nightmare that could put an end to my career.*
35 | 336 +f -a -s

4785 honrar *v* to honor
- tudo faremos para honrar a memória deste homem – *We will do everything to honor the memory of this man.*
33 | 210

4786 susceptível *aj* susceptible
- o vírus lesa o sistema imunitário, tornando o doente susceptível a infecções – *The virus weakens the immune system, making those infected susceptible to infections.*
34 | 196

4787 cereal *nm* grain, cereal
- sorghum é o principal cereal em algumas regiões de África – *Sorghum is the principal grain in some regions of Africa.*
34 | 234

4788 renascer *v* to be reborn
- perdida há mais de 20 anos, a tradição renasceu das cinzas – *Lost for more than 20 years, the tradition was reborn from the ashes.*
33 | 198

4789 apetite *nm* appetite
- ele sempre tinha tido um grande apetite e naquele momento estava com muita fome – *He had always had a healthy appetite and at that moment he was really hungry.*
34 | 284 +f -s

4790 sertanejo *na* from rural Northeastern Brazil [BP]
- eu fui um menino sertanejo, do interior – *I was a country boy, from the backlands.*
34 | 359

4791 cartório *nm* records office
- o título deve ser entregue no cartório para protesto – *The title needs be delivered to the records office to be contested.*
33 | 198

4792 privilegiar *v* to favor, choose
- o Mercosul deve privilegiar seus sócios e não terceiros – *Mercosul must favor its members and not third parties.*
36 | 249 +n -f

4793 fracassar *v* to fail
- infelizmente todas as minhas tentativas fracassaram – *Unfortunately, all of my attempts failed.*
33 | 211 -f

4794 sinistro *aj* sinister
- e há mais aspectos sinistros nesta violenta transformação da China – *And there are yet more sinister aspects behind this violent transformation in China.*
36 | 254 +f -s

4795 atenuar *v* to reduce, die down, ease
- as estratégias do governo foram implementadas para atenuar alguns dos problemas mais graves – *The government's strategies were implemented to reduce some of the more serious problems.*
34 | 178

4796 catorze *num* fourteen
- eu teria nesse tempo uns catorze ou quinze anos – *I would have been about fourteen or fifteen years old at that time.*
32 | 186 +s -n

4797 marxista *na* Marxist
- o partido social-democrata trabalhista da Rússia, liderado por Lenine, continuou marxista – *The Russian Socialist-Democratic Workers' Party continued to be Marxist.*
33 | 240

4798 substancial *aj* substantial
- há uma diferença substancial entre o gótico do Norte e o do Sul – *There is a substantial difference between the Gothic from the North and from the South.*
33 | 190

4799 bloquear *v* to block
- os japoneses bloquearam o porto, mantendo a frota russa do oriente encurralada – *The Japanese blocked the port, thus keeping the Russian fleet to the East surrounded.*
33 | 253 +n -f

4800 refazer *v* to redo
- segundo a economista, o governo deverá refazer o cálculo – *According to the economist, the government should redo its calculations.*
33 | 208 -a

4801 reafirmar *v* to reaffirm
- em julho, o governo reafirma seu compromisso de implementar profundas reformas – *In July, the government reaffirmed its commitment to implement far-reaching reforms.*
34 | 294 +n -f -s

4802 flanco *nm* flank
- começou de novo o ataque pelo flanco esquerdo – *The attack on the left flank resumed.*
36 | 257 -n -s

4803 estacionamento *nm* parking
- têm deixado o carro no estacionamento – *They've left their car in the parking lot.*
33 | 181

4804 equação *nf* equation
- o professor estava de costas a escrever uma equação no quadro – *The professor had his back turned as he wrote an equation on the board.*
33 | 885 +a -n -f

4805 secular *aj* secular
- muitos, conhecendo o perigo, fugiram do mundo e da vida secular para a religiosa – *Many, knowing of the danger, fled from the world and from secular life to a religious life.*
34 | 202

4806 acostumar *v* to get used to (+se)
- a primeira vez foi um choque, mas tentei me acostumar – *The first time was a shock, but I tried to get used to it.*
34 | 222 +s -a

4807 velar *v* to watch over, care for
- a noite, mãe caritativa, encarrega-se de velar a todos – *The night, a charitable mother, watched over everyone.*
34 | 284 +f -n -s

4808 derramar *v* to shed, spill
- isso a todos fazia derramar muitas lágrimas – *This caused everyone to shed many tears.*
34 | 267 +f -n

4809 encarnado *aj* incarnate, in the flesh
- os cristãos crêem que Jesus era Deus encarnado – *Christians believe that Jesus was God incarnated.*
33 | 218

4810 ternura *nf* tenderness, kindness
• ela acariciou o animalzinho com ternura
– *She caressed the small animal with tenderness.*
34 | 589 +f -a -n -s

4811 condicionar *v* to condition, subject
• se você não a condicionar, a criança não tem medo de nada – *If you don't condition them, children aren't afraid of anything.*
33 | 197 +s -f

4812 fluir *v* to flow
• em electromagnetes, os electrões fluem através de uma bobina de fio metálico – *In electromagnets, the electrons flow threw a spool of metallic thread.*
32 | 243 +a -n

4813 poça *nf* puddle
• ele ia meditando tão fundo que pisou numa enorme poça – *He was so deep in thought that he stepped in an enormous puddle.*
33 | 230

4814 irritação *nf* irritation
• a tosse provoca mais irritação no sistema cardiorespiratório – *Coughing causes even greater irritation to the cardio-respiratory system.*
34 | 210 -s

4815 esvaziar *v* to empty
• as guerras com a Inglaterra esvaziavam os cofres públicos – *The wars with England emptied the public treasury.*
34 | 211

4816 giro *nm* (take a) walk, return
• Bianca resolve dar um giro pelo bairro – *Bianca decided to take a walk around the neighborhood.*
31 | 199

4817 providenciar *v* to provide
• o Japão providenciaria dez bilhões para a assistência – *Japan provided 10 billion in aid.*
33 | 231 -s

4818 encostado *aj* leaning, resting on
• a rapariga foi ficar de pé, encostada à parede – *The young girl stood, leaning against the wall.*
33 | 432 +f -a -n

4819 perpétuo *aj* perpetual, permanent
• na sala o mesmo silêncio continuava perpétuo – *In the room, the same perpetual silence continued.*
34 | 248 -s

4820 declínio *nm* decline
• a espécie encontra-se em declínio, sendo protegida em algumas áreas – *The species is in decline, being protected in some areas.*
35 | 297 +a -f -s

4821 prematuro *aj* premature
• é prematuro dizer algo quando as circunstâncias ainda não estão claras – *It's premature to say anything when the circumstances aren't yet clear.*
32 | 227

4822 amplitude *nf* range, amplitude
• a soprano notabilizou-se pela grande amplitude da sua voz – *The soprano became notorious for the great range of her voice.*
34 | 287 +a -s

4823 piada *nf* joke
• não há nada como uma piada na hora certa para pôr toda a gente à vontade – *There is nothing like a joke at the right time to put everyone at ease.*
33 | 240 +s -a

4824 rancho *nm* ranch
• no rancho, os animais ficavam por ali, a turrar – *At the ranch, the animals stayed around, butting heads.*
34 | 263

4825 despeito *nm* despite, in spite of
• o rigor sonoro do músico prevaleceu a despeito de todas as críticas – *The virtuosity of the musician prevailed despite all the critics.*
35 | 319 +f -n -s

4826 acréscimo *nm* growth, addition, increase
• o salário mínimo terá um pequeno acréscimo de seis reais – *Minimum wage will experience a small increase of 6 reais.*
33 | 223

4827 fôlego *nm* breath
• que mergulhador terá fôlego tão longo que lhe permita descer ao fundo do abismo? – *What diver can hold his breath long enough to get to the bottom of the abyss?*
33 | 225 -a

4828 derivado *na* derivative, derived
• o petróleo e seus derivados também passam ao controle estatal – *Petroleum and its derivatives are also coming under state control.*
34 | 280 +a -f

4829 armamento *nm* weaponry
• a guerra continuou com ataques esporádicos e armamento sofisticado – *The war continued with sporadic attacks and sophisticated weaponry.*
35 | 200

4830 deduzir *v* to figure out, deduce
• finalmente o montanhista conseguiu deduzir o significado da mensagem – *Finally the climber was able to figure out the meaning of the message.*
33 | 200

4831 confortável *aj* comfortable
• ele venceu as eleições legislativas com uma confortável maioria de 59,5% – *He won the legislative elections with a comfortable majority of 59.5%.*
32 | 202

4832 cauteloso *aj* cautious, prudent
• ele caminhou, cauteloso, como que desejando que ninguém lhe ouvisse os passos – *He walked along, being cautious, as if he didn't want anyone to hear his steps.*
33 | 240 -a

4833 televisivo *aj* related to TV
- este é já o segundo debate televisivo entre os dois candidatos presidenciais – *This is the second televised debate between the two presidential candidates.*
37 | 264

4834 sul-africano *na* South African
- o governo sul-africano passou a sofrer pressões internacionais contra o segregacionismo – *The South African government began experiencing international pressure to end segregation.*
33 | 254

4835 boneco *nm* toy, action figure
- os habitantes e os animais eram bonecos articulados movidos por pequenos motores – *The inhabitants and animals were all moving toys propelled by small motors.*
33 | 228 -s

4836 castigar *v* to punish
- ele castigava a égua com impiedade – *He punished the mare without mercy.*
34 | 238

4837 curvar *v* to bow
- ele curvou de leve o joelho, fazendo submissa reverência ao capitão – *He bowed his knee slightly, thus paying submissive reverence to the captain.*
36 | 411 +f -n -s

4838 gestor *nm* manager
- o gestor envidará toda sua diligência na administração do negócio – *The manager will make every effort in his management of the business.*
36 | 268

4839 caldo *nm* broth, soup
- ela encontrou a Maria a caldos de galinha, em dieta rigorosa imposta pelo médico – *She found Maria having chicken broth; she was on a rigorous diet prescribed by her doctor.*
33 | 266 +f -a

4840 tolerância *nf* tolerance
- a tolerância é uma santa virtude – *Tolerance is a holy virtue.*
33 | 195

4841 feto *nm* fetus
- o embrião transforma-se em um feto – *The embryo changes into a fetus.*
34 | 204

4842 valioso *aj* valuable
- eles trabalham nas minas, escavando minerais valiosos, especialmente ouro e prata – *They work in the mines, digging for valuable minerals, especially gold and silver.*
36 | 225 -s

4843 fauna *nf* fauna
- os atrativos da reserva são a fauna, a flora e as nascentes de riachos – *The reserve's attractions are the fauna, flora and sources of the streams.*
33 | 218

4844 detestar *v* to detest
- muitas pessoas detestam a política dela mas respeitam a sua firmeza – *Many people detest her policies, but respect her firmness.*
34 | 321 +f -a -n

4845 cirúrgico *aj* surgical
- o transplante de fígado é o procedimento cirúrgico mais complexo que existe – *Liver transplants are the most complex surgical procedures in existence.*
34 | 226

4846 cavalheiro *nm* gentleman
- o comandante era um cavalheiro elegante e fino – *The commander was an elegant and fine gentleman.*
33 | 271 +f -a

4847 astro *nm* any heavenly body, pop-star
- observamos os astros através de telescópios – *We observe the stars through telescopes.*
34 | 227 -s

4848 presumir *v* to presume, suspect
- mal podia eu presumir que ele revelasse este segredo – *I could have hardly presumed that he would have revealed this secret.*
33 | 192

4849 ofensa *nf* offense
- o presidente reagiu ontem contra ofensas supostamente dirigidas a ele – *The president reacted yesterday to offenses supposedly directed at him.*
34 | 209 -s

4850 queimado *aj* burned
- os seus dedos queimados terminavam em unhas curtas e grossas – *His burnt fingers ended in short, stubby fingernails.*
32 | 199

4851 atraente *aj* attractive
- a jovem era um tanto atraente mas pouco feminina – *The girl was somewhat attractive but not very feminine.*
33 | 193 +n

4852 viável *aj* viable
- achava, porém, que a primeira hipótese seria mais viável – *He thought, however, that the first hypothesis would be more viable.*
33 | 192 +s

4853 afectivo *aj* affectionate, caring
- a criança tem sobretudo necessidade de envolvência afectiva – *Children have, above all, a need for affectionate bonding.*
32 | 175

4854 configuração *nf* configuration
- o racismo no Brasil tem uma configuração distinta do caso americano – *Racism in Brazil has a configuration distinct from that found in America.*
34 | 247 +a -f

4855 gravata *nf* necktie
- ele vestiu depois um fato azul escuro, com gravata vermelha e camisa branca – *Afterwards, he wore a dark blue suit with a red tie and a white shirt.*
35 | 320 +f -a

4856 influir *v* to influence, dominate
- esta obra influiu marcadamente em todo o pensamento medieval – *This work markedly influenced all medieval thought.*
31 | 188 -n

31. Word length (Zipf's Law)

Zipf's Law refers to the natural tendency for common words in the language (e.g. "time", "get", "good") to be shorter than less common words (e.g. "reverberation", "industrialize", "mechanistic"). The following table shows this to hold true for Portuguese. For example, there are about 3.4 million tokens (occurrences) in the 20-million-word corpus that have two letters. This decreases to 1.3 million tokens of eight letter words, and just about 58,000 tokens of fourteen letter words. The table also lists the number of distinct word forms ("types") and the most common words for each word length.

Number of letters	Unique word forms (types)	Total number of occurrences (tokens)	Most common words
1	14	2,859,209	a, o, e
2	122	3,393,340	de, em, do
3	482	2,678,281	que, não, com
4	1,431	1,857,096	para, mais, como
5	3,678	2,194,280	muito, entre, ainda
6	5,780	1,839,432	quando, também, depois
7	8,420	1,575,849	governo, segundo, durante
8	10,198	1,344,276	qualquer, primeiro, trabalho
9	9,668	901,836	movimento, sociedade, problemas
10	8,408	683,307	presidente, importante, diferentes
11	5,742	393,702	informações, importância, responsável
12	3,534	232,178	universidade, conhecimento, participação
13	1,969	127,973	internacional, administração, possibilidade
14	1,050	58,372	principalmente, posteriormente, internacionais
15+	914	52,026	desenvolvimento, características, responsabilidade

4857 chefia *nf* leadership, command
• a organização foi fundada sob a liderança de Karl Marx – *The organization was founded under the leadership of Karl Marx.*
32 | 219

4858 subitamente *av* suddenly
• a refeição foi subitamente interrompida pela aparição de dois soldados – *The meal was suddenly interrupted by the appearance of two soldiers.*
35 | 356 +f -a -s

4859 burocracia *nf* bureaucracy
• a burocracia reduz a productividade e aumenta o desespero – *Bureaucracy reduces productivity and increases despair.*
32 | 218 +n

4860 correctamente *av* accurately, correctly
• os exercícios estavam feitos correctamente, sem erros – *The exercises were accurately done, without any errors.*
33 | 226 +a

4861 criatividade *nf* creativity
• o programa dá grande ênfase à criatividade artística – *The program places great emphasis on artistic creativity.*
34 | 208 +n -f

4862 parasita *na* parasite, parasitic
• a pulga é uma parasita sanguinária – *Fleas are blood-sucking parasites.*
34 | 260

4863 findar *v* to end, finalize
• o governo de Afonso Pena findou com sua morte – *The government of Afonso Pena ended with his death.*
35 | 236 -s

4864 comunicado *nm* press release, announcement
• é o último comunicado administrativo que faço na abertura de uma sessão – *It is the last administrative press release that I will make before the opening of the session.*
32 | 397 +n -a

4865 fera *nf* wild animal, beast
• este homem tinha os instintos sanguinários da fera – *This man had the bloody instincts of a beast.*
33 | 292 +f -a

4866 rosário *nm* rosary
• ela foi à missa e rezou um rosário pela alma do pai – *She went to Mass and said a rosary for the soul of her father.*
37 | 325 +f -a -s

4867 solucionar *v* to solve, find a solution
- com que mecanismo jurídico se solucionariam tais problemas? – *What judicial mechanism can solve such problems?*
33 | 201 +n -f

4868 rito *nm* rite
- a atuação prática da religião está nos cultos, ritos e cerimônias – *The practical aspects of religion are its meetings, rites and ceremonies.*
33 | 216 -s

4869 tradicionalmente *av* traditionally
- os índios americanos usavam tradicionalmente esta droga nas cerimónias religiosas – *American Indians traditionally used this drug in religious ceremonies.*
36 | 285 +a -f -s

4870 embrião *nm* embryo
- o embrião existe dentro de um ovo no útero – *Embryos exist inside an egg in the uterus.*
33 | 251

4871 contido *aj* contained
- toda esta parte do aparelho estava contida numa caixa – *This entire part of the device was contained in a box.*
33 | 228 +a

4872 sopro *nm* puff, breath
- de repente, como que ao sopro dum vento glacial, apagaram-se as fogueiras – *All of a sudden, as if by a puff of glacial wind, the fires were extinguished.*
34 | 292 +f -n -s

4873 vulcão *nm* volcano
- nesta ilha está localizado o vulcão activo mais meridional do mundo – *On this island is found the world's southernmost active volcano.*
32 | 217

4874 site *nm* website
- vocês podem encontrá-las no site da presidência britânica na Internet – *You can find them on the British government's website on the internet.*
40 | 297

4875 índex *nm* index
- no fim do livro há-de acrescentar o índex – *You will need to add the index to the end of the book.*
34 | 254 +n -f

4876 escorrer *v* to trickle, drain, drip
- dos olhos húmidos escorriam lágrimas – *Tears trickled from his wet eyes.*
33 | 489 +f -a -n

4877 decerto *av* certainly
- as acusações decerto o levariam à condenação – *The accusations would certainly cause him to be convicted.*
34 | 629 +f -a -n -s

4878 detective *nc* detective
- o detetive precisa agora descobrir os motivos que o levaram a cometer tal crime – *The detective now needs to uncover the motives that led him to commit such a crime.*
32 | 219

4879 lavrar *v* to cultivate
- o fim de quem lavra e semeia é recolher o fruto – *The objective of those who cultivate and plant is to reap the fruit.*
31 | 209 +s -n

4880 calado *aj* quiet
- o outro, calado, nem gemia – *The other, quiet, didn't make a sound.*
34 | 363 +f -a

4881 gozo *nm* pleasure, joy, enjoyment
- o prazer inclui o bem-estar tanto do corpo como do espírito – *Pleasure includes the well-being of both body and spirit.*
33 | 252 +f -a

4882 isento *aj* exempt, free
- por se tratarem de bens intelectuais, são isentos de impostos – *Because they are intellectual goods, they are exempt from taxes.*
33 | 206 +n

4883 prudente *aj* prudent
- assim o mais prudente era calar-se – *Thus the most prudent thing to do was to remain silent.*
32 | 221

4884 envergonhar *v* to be ashamed (+se)
- não me faça envergonhar de o ter por filho – *Don't make me ashamed to have you as a son.*
34 | 281 +f -a

4885 confiante *aj* confident
- pessoas que têm auto-imagem positiva são mais confiantes – *People with a positive self-image are more confident.*
32 | 243 +n -a

4886 seriedade *nf* seriousness
- exemplos da seriedade deste problema são a intoxicação e a morte de dúzias de pessoas – *Examples of the seriousness of this problem are found in the intoxication and death of dozens of people.*
34 | 197 -a

4887 perito *na* expert
- ele é um perito em equipamento industrial de gás – *He is an expert in industrial gas equipment.*
31 | 218 +n

4888 peste *nf* plague, pest
- originária da China, uma epidemia da peste foi trazida à Europa – *Having originated in China, the plague epidemic was brought to Europe.*
33 | 226 -n -s

4889 obsessão *nf* obsession
- estou com uma obsessão de ficar lendo sem parar – *I have an obsession with reading non-stop.*
31 | 229

4890 cozinhar *v* to cook
- cozinhavam-se as batatas em potes de ferro – *We would cook the potatoes in iron pots.*
31 | 194 +s

4891 cristianismo *nm* Christianity
• cresceram as grandes religiões, o Judaísmo, Islamismo e o Cristianismo – *The big religions grew: Judaism, Islam, and Christianity.*
32 | 327 +a -n

4892 convicto *aj* die-hard, convinced
• ele é um europeísta convicto e defende a moeda única – *He is a die-hard advocate of the European Union and he defends a uniform monetary unit.*
32 | 218 +n

4893 detenção *nf* arrest, detention
• a polícia procedeu à detenção de 37 indivíduos – *The police proceeded to detain 37 individuals.*
32 | 268

4894 despedida *nf* farewell
• os soldados deixaram a China depois de uma despedida com honras militares – *The soldiers left China after a farewell with military honors.*
34 | 263 +f -a

4895 perverso *aj* pervert, perverse
• este rapaz é perverso, é sem-vergonha – *This young man is a pervert; he is shameless.*
34 | 211 +f -a

4896 experimento *nm* experiment [BP]
• os principais resultados do experimento são apresentados na Tabela – *The principal results from the experiment are presented in the table.*
34 | 557

4897 mandado *nm* warrant, mandate
• um mandado de prisão foi expedido contra um dos rebeldes – *An arrest warrant was issued for one of the rebels.*
33 | 208

4898 reservado *aj* reserved
• durante a feira, um auditório estará reservado para o encontro – *During the fair, an auditorium will be reserved for the meeting.*
33 | 190

4899 tenso *aj* tense
• percebeu que estava tenso e relaxou um pouco – *He realized he was tense and relaxed a little.*
32 | 220

4900 telefonema *nm* phone call
• a polícia foi alertada por um telefonema anónimo – *The police were warned through an anonymous phone call.*
34 | 254

4901 devorar *v* to devour
• essas criaturas chegam a devorar até mesmo os órgãos de suas vítimas – *These creatures devour even the organs of their victims.*
33 | 313 +f -n

4902 mola *nf* spring (of metal), driving force
• as molas permitem que o veículo tenha um movimento oscilatório – *The springs give the vehicle a circular movement.*
34 | 213 -n -s

4903 voltado *aj* intended for, turned towards
• o trabalho do Centro está voltado para um público bem diversificado – *The Center's work is geared towards a very diverse public.*
32 | 168

4904 descalço *aj* barefoot, shoeless
• pisava suavemente, como se estivesse descalça ou usasse sapatos de lã – *She stepped softly, as if she were barefoot or wearing woolen shoes.*
32 | 289 +f -a -n

4905 caixão *nm* coffin, casket, big box
• o caixão de madeira escura foi deitado na carroça – *The dark wooden coffin was put into the carriage.*
34 | 321 +f -a -s

4906 construtor *nm* builder
• os nossos construtores ergueram edificações em vários lugares de Angola – *Our builders erected buildings on several locations in Angola.*
32 | 211

4907 azeitona *nf* olive [EP]
• os produtos como azeitonas e uvas são colhidos no verão – *Their products, such as olives and grapes, are harvested in the summer.*
32 | 211

4908 violino *nm* violin
• ainda vibrava no ar a última nota do violino – *The last note of the violin still lingered in the air.*
32 | 199

4909 apreender *v* to comprehend, apprehend
• a ciência e a filosofia devem apreender os fenômenos constituidores da realidade – *Science and philosophy should comprehend those phenomena that constitute reality.*
31 | 207

4910 brusco *aj* abrupt, sudden, brusque
• ela atirou o cabelo para trás com um movimento brusco e correu – *She threw her hair back in an abrupt movement and ran away.*
33 | 301 +f -n -s

4911 tripa *nf* intestine, tripe
• este prato utiliza a tripa larga do porco – *This dish is made with the long intestine of the pig.*
32 | 205

4912 ginástica *nf* gymnastics
• as formas primitivas de ginástica tiveram origem na Grécia antiga – *The earliest forms of gymnastics originated in Ancient Greece.*
31 | 192

4913 povoar *v* to people
• as milenares civilizações povoaram a América – *Age-long civilizations peopled the Americas.*
33 | 227 -n -s

4914 reparação *nf* redress, reparation
• ele deve uma reparação à minha irmã! – *He owes my sister redress.*
34 | 215

4915 advogar *v* to advocate
- ele sabia advogar a sua causa – *He knew how to advocate his cause.*
31 | 180 +s

4916 justificação *nf* justification
- não foi apresentada qualquer justificação para a súbita mudança – *No justification was given for the sudden change.*
32 | 193

4917 firmeza *nf* steadiness, firmness
- ele tem sabido executar as ordens com autoridade, firmeza e convicção – *He has known how to execute orders with authority, steadiness, and conviction.*
32 | 243 +f

4918 originário *aj* originally from
- supõe-se que o amendoim é originário do Brasil – *It is commonly accepted that peanuts are originally from Brazil.*
34 | 355 +a -f

4919 peregrinação *nf* pilgrimage, journey
- Lourdes é um importante centro de peregrinação católica – *Lourdes is an important point of pilgrimage for Catholics.*
32 | 197

4920 validade *nf* validity
- a validade de seu mandato foi posto em xeque – *The validity of his mandate was called into question.*
32 | 237 +a -f

4921 proposição *nf* proposition
- nunca pensei que você me fizesse semelhante proposição! – *I never thought that you would make such a proposition.*
33 | 498 +a -n -f

4922 flauta *nf* flute
- pã inventou a famosa flauta de sete tubos – *Pan invented the famous seven-tubed flute.*
31 | 207

4923 suicidar *v* to commit suicide (+se)
- no dia seguinte, Eva suicidou-se, engolindo veneno – *On the following day, Eva committed suicide, swallowing poison.*
32 | 210 -s

4924 roer *v* to gnaw, bite (off)
- ele começa a andar para trás e para a frente, roendo algo estranho – *He started pacing, gnawing something strange.*
32 | 296 +f -n

4925 incómodo *na* inconvenient, difficulty
- houve um silêncio de alguns segundos, incómodo para ambos – *There was silence for a few seconds, which was uncomfortable for both of them.*
32 | 214

4926 edificação *nf* building, construction, edification
- o conjunto de edificações ergueu-se à volta da igreja – *The group of buildings sprang up around the church.*
32 | 211 +a

4927 regularmente *av* regularly
- os inquéritos que fazemos regularmente mostram um elevado índice de pobreza – *The surveys we conduct regularly show a high poverty index.*
32 | 204 -s

4928 opositor *na* opponent, opposing
- São Tomás de Aquino foi o primeiro grande opositor da teologia natural cristã – *Saint Thomas Aquinas was the first great opponent of natural Christian theology.*
35 | 239 -f

4929 fóssil *nm* fossil
- este fóssil tem cerca de 50 milhões de anos – *This fossil is about 50 million years old.*
33 | 287

4930 esquecido *aj* forgotten
- e quantos nomes esquecidos precisavam de ser repostos ao nível do seu valor real – *And these forgotten names should have been restored to their former glory.*
33 | 218 +f -a

4931 arbusto *nm* bush
- esta espécie é um arbusto ou pequena árvore de 3 a 5 metros de altura – *This species is a bush or small tree ranging in height from 3 to 5 meters.*
34 | 325

4932 celebração *nf* celebration
- para os católicos, o Natal é a celebração de um acontecimento muito concreto – *To Catholics, Christmas is the celebration of a very real event.*
32 | 226

4933 encarregado *aj* in charge, responsible
- um deles está encarregado de apoiar o controle da qualidade – *One of them is in charge of quality control.*
31 | 178

4934 cal *nf* limestone
- os pedreiros assentavam os adobes sobre as largas chapadas de cal – *The masons laid the adobe bricks on the wide limestone slabs.*
33 | 203

4935 ninho *nm* nest
- os andorinhões fazem, frequentemente, o ninho em colónias – *Sparrows often make their nests in colonies.*
33 | 212

4936 encantar *v* to fascinate, cast a spell on
- as pinturas não me cativaram apenas: encantaram-me durante uma hora – *The paintings didn't only captivate me: they cast a spell on me for an entire hour.*
32 | 205

4937 linear *aj* linear
- a demanda é uma função linear do preço – *Demand has a linear relation to price.*
34 | 353 +a -n

4938 colete *nm* vest, straight jacket
- o colete tinha uma cintilante abotoadura metálica – *The vest had a shiny cufflink.*
31 | 240 +f -a -n

4939 manipulação *nf* manipulation
- pela lei, a manipulação genética de células humanas é crime – *According to the law, the genetic manipulation of human cells is a crime.*
33 | 244 +a -f

4940 potencialidade *nf* potential
- sabemos que o mercado possui ainda grande potencialidade – *We know that the market has great potential.*
33 | 207 +n -f

4941 pia *nf* sink, font
- a mulher dele lava a louça na pia – *His wife washes the dish in the sink.*
31 | 196

4942 namoro *nm* affair (romance)
- após um namoro ligeiro, ela engravidou e voltou ao Brasil com o bebé – *After the affair, she became pregnant and returned to Brazil with the baby.*
33 | 228 +f -a

4943 divisa *nf* border, money [EP]
- ela mora na divisa entre as duas cidades – *She lives on the border of two cities.*
32 | 217 +n

4944 compatível *aj* compatible
- criamos um plano compatível com as circunstâncias – *We created a plan that was compatible with the circumstances.*
32 | 216

4945 deslocação *nf* travel, displacement [EP]
- que impressões colheu na sua deslocação à Africa do Sul? – *What impressions did you glean in your travels to South Africa?*
32 | 244

4946 amarrado *aj* fastened, tied
- o cão estava amarrado a um poste num pátio – *The dog was fastened to a post on the patio.*
33 | 270 +f -a -n

4947 paralisar *v* to paralyze
- uma grave doença paralisou partes de seu corpo – *A grave illness paralyzed parts of his body.*
31 | 181

4948 casado *aj* married
- fui casada com um homem que me batia todas as semanas – *I was married to a man who would hit me every week.*
30 | 251 +f -a -n

4949 violeta *na* violet
- a maioria das espécies apresenta flores azuis, violetas ou brancas – *Most species have blue, violet or white flowers.*
33 | 249 -n -s

4950 paradigma *nm* paradigm
- mundialmente, alterou-se o paradigma no financiamento rural – *Worldwide, the paradigm of rural financing has been changed.*
33 | 291

4951 encolher *v* to shrug
- Leopoldina encolheu os ombros, com um grande tédio – *Leopoldina shrugged her shoulder, completely bored.*
33 | 563 +f -a -n -s

4952 decorativo *aj* decorative
- o barroco abriu caminho para o estilo de caráter eminentemente decorativo – *The baroque opened the way for a style eminently decorative.*
33 | 254

4953 vigente *aj* current, currently in force
- a Constituição vigente data da independência, em 1979 – *The current constitution dates back to the independence in 1979.*
34 | 256 +a -f

4954 artifício *nm* device, tool
- a ambigüidade pode atuar como um artifício estilístico, e ser intencional – *Ambiguity can function as a stylistic device and be intentional.*
32 | 187

4955 club *nm* club
- é membro do Pen Club, de que já foi presidente – *He's a member of the Pen Club, of which he's already been president.*
36 | 257

4956 expediente *nm* business hours, escape from problem
- em Curitiba, o expediente para essa finalidade vai apenas até o meio-dia – *In Curitiba, business hours for that purpose only go until noon.*
33 | 210 -s

4957 armadilha *nf* trap
- a liberdade é uma selva cheia de armadilhas – *Freedom is a jungle full of traps.*
32 | 180

4958 gripe *nf* cold, flu
- os sintomas iniciais são os de uma simples gripe – *The initial symptoms are those of a simple cold.*
30 | 179

4959 contornar *v* to go around, bypass
- muitas vezes, as empresas credoras procuram contornar o problema – *Many times, credit companies seek to go around the problem.*
32 | 182

4960 epidemia *nf* epidemic
- na opinião de especialistas, isso conduzirá a uma epidemia entre a população – *In the specialists' opinion, this will lead to an epidemic among the population.*
33 | 218 -s

4961 aceitável *aj* acceptable
- o uso de brincos é muito aceitável nas mulheres – *It is very acceptable for women to wear earrings.*
31 | 182

4962 vocal *aj* vocal
- os seus diversos trabalhos incluem tanto música instrumental como vocal – *His diverse works include both instrumental and vocal music.*
32 | 196

4963 candeeiro *nm* lamp, light fixture
- a iluminação vinha das fogueiras e dos candeeiros – *The lighting was coming from the bonfires and the lamps.*
32 | 325 +f -a -n

4964 cancelar *v* to revoke, cancel
• o rei não podia cancelar as leis – *The king could not revoke the laws.*
31 | 220

4965 cimo *nm* peak, top [EP]
• chegaram, enfim, ao cimo do monte – *They arrived, at last, at the peak of the mountain.*
31 | 213

4966 bengala *nf* walking stick, cane
• na calçada da rua, Maria Olívia firmou-se na bengala – *On the sidewalk, Maria Olivia supported herself on her walking stick.*
32 | 271 +f -n

4967 consultor *nm* consultant
• ainda neste âmbito, contaremos com o saber de um consultor técnico – *Within this area, we will count on the technical expertise of a consultant.*
32 | 306 +n -f

4968 velhice *nf* old age
• o velho, abanando a cabeça, nas tremuras da velhice, insistia – *The old man, his head shaking from old age, insisted.*
32 | 244 +f

4969 escuridão *nf* darkness
• duas velas no altar atenuavam a escuridão – *Two candles on the altar kept the darkness away.*
35 | 397 +f -n -s

4970 telegrama *nm* telegram
• expediu-se um telegrama para o Maranhão, dando notícia do grande "acontecimento" – *They sent a telegram to Maranhão, notifying them of the great event.*
31 | 231

4971 carneiro *nm* ram
• no último momento, Deus colocou um carneiro no lugar de Isaac – *At the last moment, God put a ram in Isaac's place.*
30 | 208 +s -n

4972 iludir *v* to deceive, delude
• estes termos poderiam iludir o consumidor, dando-lhe a impressão errada – *These terms could deceive consumers, giving them the wrong impression.*
32 | 257 +f -a

4973 barca *nf* small boat
• por trás dos navios, uma barca atravessava a baía – *Behind the ships, a small boat was crossing the bay.*
31 | 214

4974 armazenar *v* to store
• este tipo de memórias pode armazenar até 4 megabits – *This type of memory can store up to 4 megabits.*
33 | 306 +a -n -f -s

4975 incidência *nf* incidence
• a incidência da asma pode estar a aumentar – *The incidence of asthma could be increasing.*
35 | 327 +a -f -s

4976 bondade *nf* kindness, goodness
• eu vim agradecer sua bondade e caridade ao me socorrer – *I have come to express gratitude for your kindness and charity when you aided me.*
32 | 357 +f -a -n

4977 carroça *nf* cart, wagon
• à porta estava um cavalo à carroça – *Outside the door was a horse hitched to a cart.*
32 | 234

4978 afectado *aj* affected
• o Alentejo é a região mais afectada, com 23,6% – *Alentejo is the most affected region, with a rate of 23.6%.*
32 | 212

4979 edificar *v* to build, edify
• Salomão começou a edificar o Templo em 1015 a.c. – *Solomon began to build the temple in 1015 BC.*
34 | 274 +a -n -s

4980 edital *na* public notice, relating to editing [BP]
• o governo deve publicar um edital – *The government should issue a public notice.*
33 | 229

4981 estúpido *na* stupid, brute
• cometer duas vezes o mesmo erro não é apenas estúpido, pode ser fatal – *Committing the same error twice is not only stupid, it can be fatal.*
34 | 435 +f -a -s

4982 idiota *na* idiot, idiotic
• não seja idiota – *Don't be an idiot.*
32 | 301 +f -a -n

4983 insegurança *nf* insecurity
• a cidade grande representa tumulto, violência, insegurança e poluição – *The big city represents strife, violence, insecurity and pollution.*
31 | 179

4984 despir *v* to take off (clothing), undress
• ela despiu a sobrecasaca – *She took off her overcoat.*
33 | 343 +f -a -s

4985 ancestral *aj* ancestor, ancestral
• os gatos domésticos têm um ancestral comum – *Domestic cats have a common ancestor.*
32 | 186

4986 rótulo *nm* label
• o empresário convidou o artista para ilustrar o rótulo da garrafa de vodca – *The businessman invited the artist to illustrate the vodka's bottle label.*
31 | 194

4987 vigoroso *aj* vigorous, strong
• é imperativo um esforço mais vigoroso de reforma – *A more vigorous reform effort is imperative.*
33 | 218 -s

4988 louro *aj* blond
• ela tinha cabelo ondulado e louro – *She had wavy, blond hair.*
32 | 339 +f -a -n

4989 deslizar *v* to slide, glide, slip
- estes ocorrem quando um glaciar desliza sobre a interrupção dum declive – *These occur when a glacier slides over a break in the slope.*
33 | 339 +f -n -s

4990 módulo *nm* module
- a Spacelab é um módulo pressurizado onde os astronautas podem trabalhar – *The Spacelab is a pressurized module where astronauts can work.*
36 | 555 +a -f -s

4991 ministrar *v* to administer
- os médicos ministraram os necessários cuidados médicos – *The doctors administered the necessary medical treatments.*
32 | 198 +n

4992 mendigo *nm* beggar
- não há quase nenhum mendigo nesta parte da cidade – *There are almost no beggars in this part of town.*
31 | 223 +f -a

4993 serenidade *nf* serenity
- é extraordinária a minha serenidade diante da catástrofe – *When faced with catastrophe, my serenity is extraordinary.*
32 | 306 +f -a

4994 informativo *aj* informative
- editam trimestralmente um boletim informativo – *They put together an informative bulletin every trimester.*
35 | 261

4995 crânio *nm* skull
- a bala atravessou o lado direito do crânio – *The bullet penetrated the right side of the skull.*
34 | 243 +a -n -s

4996 feitio *nm* personality, temperament, feature
- ela gostava do feitio esportivo do noivo – *She liked her fiancé's sporty personality.*
32 | 281 +f +s -a -n

4997 lápis *nm* pencil
- sem lápis nem papel, como sempre, fez as operações nos dedos – *Without pencil or paper, as always, he made the calculations on his fingers.*
31 | 244 +f -n

4998 penetração *nf* penetration
- os anticorpos neutralizam antígenos, impedindo sua penetração no organismo – *The antibodies neutralize antigens, thus impeding their penetration into the organism.*
31 | 188

4999 mamífero *nm* mammal
- paradoxalmente o ornitorrinco é um mamífero – porque tem pêlos – *Paradoxically, the platypus is a mammal, because it has hair.*
32 | 518

5000 sul-americano *na* South-American
- o Chile está situado no continente sul-americano – *Chile is situated on the South-American continent.*
34 | 238 +n -s

Alphabetical index

headword, *part of speech,* English equivalent, **rank frequency**

Aa

a *prp* to, at **10**

abaixo *av* below, beneath, under **909**

abalar *v* to shake, rock back and forth **2536**

abandonar *v* to leave, abandon **766**

abandono *nm* abandonment **2929**

abastecimento *nm* supply, provision, ration **3041**

abater *v* to come down, cut down **2947**

abdicar *v* to abdicate **4605**

abelha *nf* bee **4275**

aberto *aj* open **407**

abertura *nf* opening **1267**

abismo *nm* abyss **4651**

abordagem *nf* approach **3314**

abordar *v* to deal with, approach (a subject) **1890**

aborto *nm* abortion **3286**

abraçar *v* to hug, embrace **2997**

abraço *nm* embrace, hug **4573**

abranger *v* to span, encompass **2259**

abrigar *v* to shelter, protect **2938**

abrigo *nm* shelter, refuge, sanctuary **3012**

abrir *v* to open **262**

absolutamente *av* absolutely **1505**

absoluto *aj* absolute **868**

absorver *v* to absorb **1989**

abstracto *aj* abstract **3209**

absurdo *na* absurd, absurdity **2091**

abundância *nf* abundance **4171**

abundante *aj* abundant **3979**

abuso *nm* abuse **3036**

acabar *v* to finish, end up **157**

academia *nf* academy, gym **1593**

académico *na* academic **2296**

acalmar *v* to calm down, appease **3935**

acampamento *nm* camp, encampment **3686**

acarretar *v* to cause, provoke **3822**

acaso *av* by chance **1446**

acção *nf* action **247**

accionar *v* to activate, put into action **4559**

accionista *nc* stockholder **3622**

aceitação *nf* acceptance **3365**

aceitar *v* to accept **368**

aceitável *aj* acceptable **4961**

acelerar *v* to accelerate, speed up **2168**

acender *v* to light, turn on the lights **3397**

acentuar *v* to intensify, accentuate **2207**

acerca *av* about, near **2144**

acertar *v* to be right on, hit the mark **2465**

acerto *nm* success, agreement **4165**

acervo *nm* large collection [BP] **4412**

aceso *aj* lit **4276**

acessível *aj* accessible **3897**

acesso *nm* access **964**

achar *v* to find, think, suppose **195**

acidente *nm* accident **1171**

ácido *nm* acid **3694**

acima *av* above **617**

aço *nm* steel **2463**

acolher *v* to welcome, shelter **2727**

acomodar *v* to make comfortable, accommodate **4764**

acompanhamento *nm* follow-up, accompaniment **3110**

acompanhar *v* to go with, keep company **401**

aconselhar *v* to counsel **2602**

acontecer *v* to happen, occur **187**

acontecimento *nm* event, happening **1126**

acordar *v* to wake up **1572**

acordo *nm* agreement **321**

acostumado *aj* used to, accustomed **4228**

acostumar *v* to get used to (+se) **4806**

acreditar *v* to believe **292**

acrescentar *v* to add to **1000**

acrescido *na* increased, addition **4739**

acréscimo *nm* growth, addition, increase **4826**

acta *nf* minutes (meeting) **4751**

actividade *nf* activity **367**

activo *aj* active **1176**

acto *nm* act **986**

actor *nm* actor **973**

actriz *nf* actress **2162**

actuação *nf* performance, acting **1858**

actual *aj* current, up-to-date **574**

actualidade *nf* the present, modern times **3966**

actualizar *v* to update, modernize **4769**

actualmente *av* currently, nowadays 1149

actuar *v* to perform, act 1385

açúcar *nm* sugar 1732

acumular *v* to accumulate 1543

acusação *nf* accusation 2062

acusado *na* accused 4416

acusar *v* to accuse 1035

adaptação *nf* adaptation 2459

adaptar *v* to adapt 1697

adepto *na* adept, supporter, fan 3406

adequado *aj* adequate 1493

aderir *v* to adhere, join 2471

adesão *nf* admission, enlistment 2560

adeus *i* goodbye, farewell, adieu 3940

adiantar *v* to put forth, move forward 1724

adiante *av* further along, farther ahead 2179

adiar *v* to put off, procrastinate 3162

adicional *aj* additional 4511

adivinhar *v* to predict, guess 4351

adjectivo *nm* adjective 4637

adjunto *na* assistant, adjunct 3907

administração *nf* administration 659

administrador *nm* manager, administrator 1936

administrar *v* to manage, administer 2788

administrativo *aj* administrative 1302

admiração *nf* admiration 3577

admirar *v* to admire 2476

admitir *v* to admit 739

adolescência *nf* adolescence 3451

adolescente *nc* adolescent, teenager 1793

adopção *nf* adoption 3488

adoptar *v* to adopt 1351

adorar *v* to worship, adore 2254

adormecer *v* to fall asleep 4170

adquirir *v* to acquire 794

adulto *na* adult 1607

adversário *nm* opponent, adversary 1718

advertir *v* to warn 4021

advogado *nm* lawyer, attorney 838

advogar *v* to advocate 4915

aéreo *aj* by air, aerial 1692

aeroporto *nm* airport 2518

afastado *aj* cut off, removed, distanced 3890

afastamento *nm* separation, dismissal, removal 3353

afastar *v* to walk away, withdraw 829

afectado *aj* affected 4978

afectar *v* to affect 1522

afectivo *aj* affectionate, caring 4853

afecto *nm* affection 4083

afinal *av* finally, at last, in the end 1135

afinidade *nf* affinity 4707

afirmação *nf* affirmation 1820

afirmar *v* to affirm 511

afogar *v* to drown, flood 4586

africano *na* African 1240

afundar *v* to sink 3659

agarrar *v* to grab, seize, lay hold of 2054

agência *nf* agency 1745

agenda *nf* agenda, schedule 4081

agente *nm* agent 1178

agir *v* to act 1112

agitação *nf* commotion, agitation 3626

agitar *v* to disturb, shake up, trouble 3152

agora *av* now 83

agradar *v* to please 2307

agradável *aj* pleasant, pleasing 2539

agradecer *v* to thank 2983

agrário *aj* agrarian 2343

agravar *v* to worsen, aggravate 2396

agredir *v* to attack, assault 4323

agregado *na* aggregate, mixture 4482

agressão *nf* aggression 3791

agressivo *aj* aggressive 3267

agrícola *aj* agricultural 1492

agricultor *nm* farmer 2774

agricultura *nf* agriculture, farming 1431

agrupamento *nm* collection 4196

agrupar *v* to group 4594

água *nf* water 145

aguardar *v* to await 2321

agudo *aj* sharp, acute 2954

aguentar *v* to bear, withstand, stand 2526

agulha *nf* needle 3605

ah *i* ah, oh 1824

ai *i* oh, ouch, ow 1596

aí *av* there 137

ainda *av* still, yet 43

ajuda *nf* help 1010

ajudar *v* to help 359

ajustar *v* to adjust 1273

ajuste *nm* adjustment, agreement 3005

ala *nf* wing, branch 3157

alargamento *nm* expansion, widening [EP] 4241

alargar *v* to enlarge, increase, widen 2015

alastrar *v* to spread 3917

álbum *nm* album 2391

alcançar *v* to reach, attain 918

alcance *nm* range, reach 2043

álcool *nm* alcohol 1803

aldeia *nf* village 1174

alegar *v* to allege 2550

alegre *aj* happy 1308

alegria *nf* joy, happiness 1784

além *av* beyond, in addition to 151

alemão *na* German 1007

alertar *v* to advise, warn 4130

alga *nf* algae, seaweed 4128

algo *pn* something 513

algodão *nm* cotton 2441

alguém *pn* someone 523

algum *aj* some 47

alheio *aj* belonging to someone else, alien 2726

ali *av* there 210

aliado *na* ally, allied 2037

aliança *nf* alliance, wedding band 1441

aliar *v* to join, ally oneself with 4065

aliás *av* or rather, besides 758

alimentação *nf* nourishment, food 2417

alimentar *v* to feed, nourish 1179

alimentar *aj* relating to food 4757

alimento *nm* food, nourishment 1509

alinhado *aj* aligned 4588

alinhamento *nm* alignment, line up [BP] 4693

alinhar *v* to align, line up with 4071

aliviar *v* to alleviate, relieve 3067

alívio *nm* relief 4273

alma *nf* soul 1053

almoçar *v* to eat lunch 4034

almoço *nm* lunch 2385

alongar *v* to extend, lengthen 4154

altamente *av* highly 2895

altar *nm* altar 3687

alteração *nf* change, alteration 1478

alterar *v* to alter 1082

alternar *v* to take turns, alternate 3104

alternativa *nf* alternative 1471

altitude *nf* altitude 3776

alto *na* tall, high, top 185

altura *nf* height, time period 267

alugar *v* to rent 3773

aluguel *nm* rent [BP] 4431

alumínio *nm* aluminum 4264

aluno *nm* student, pupil 843

alvo *nm* target, aim, white as snow 1380

amador *na* amateur, enthusiast, lover 3210

amanhã *n/av* tomorrow 2030

amante *nc* lover, mistress 2512

amar *v* to love 1318

amarelo *aj* yellow 947

amargo *aj* bitter 4346

amarrado *aj* fastened, tied 4946

amarrar *v* to bind, tie down 4365

ambição *nf* ambition 2738

ambicioso *aj* ambitious 4337

ambiental *aj* environmental 2681

ambiente *nm* environment, surroundings 546

âmbito *nm* level, sphere of action or work 1979

ambos *aj* both 774

ameaça *nf* threat, threatening 1576

ameaçar *v* to threaten 1459

americano *na* American 532

amiga *nf* female friend 2367

amigo *nm* friend 311

amizade *nf* friendship 1756

amor *nm* love 498

amoroso *aj* loving, tender, sweet 3337

amostra *nf* sample, specimen 2803

ampliação *nf* enlargement, amplification 4205

ampliar *v* to increase, amplify, enlarge 2171

amplitude *nf* range, amplitude 4822

amplo *aj* ample, broad 1255

analisar *v* to analyze 1116

análise *nf* analysis 1252

analista *nm* analyst 4453

ancestral *aj* ancestor, ancestral 4985

andamento *nm* progress 3122

andar *v* to walk, go, ride 397

andar *nm* floor, level, walk 4253

anel *nm* ring 2661

anexo *na* attached, attachment 4374

angolano *na* Angolan [EP] 3793

ângulo *nm* angle 2628

angústia *nf* anxiety, anguish 3087

animação *nf* encouragement 3583

animal *nm* animal 319

animar *v* to encourage, cheer up 2079

ânimo *nm* spirit, courage, excitement 3685

aniversário *nm* anniversary, birthday 2764

anjo *nm* angel 2262

ano *nm* year 35

anónimo *aj* anonymous 3234

anormal *aj* unusual, abnormal 1254

anotar *v* to write down, annotate 4615

ansiedade *nf* anxiety 3350

ansioso *aj* anxious 4133

ante *prp* before (in front of) 3774

antecedente *na* previous (history) **4466**

anteceder *v* to precede, take place before **4222**

antecipar *v* to do earlier than planned, anticipate **2123**

antena *nf* antenna **3315**

antepassado *nm* ancestor **4494**

anterior *aj* previous, anterior **524**

anteriormente *av* previously **2778**

antes *av* before **128**

antigamente *av* used to, anciently **1868**

antigo *aj* ancient, old, former **276**

antiguidade *nf* antiquity, ancient times **4180**

anual *aj* yearly, annual **2452**

anualmente *av* annually, yearly **4300**

anular *v* to revoke, annul **3306**

anunciar *v* to announce **898**

anúncio *nm* announcement **2666**

apagar *v* to turn off, erase **2393**

apaixonado *aj* in love with, passionate **3167**

apaixonar *v* to fall in love with **3654**

apanhar *v* to catch, grab, lift **1195**

aparecer *v* to appear **231**

aparecimento *nm* appearance **3303**

aparelho *nm* device, apparatus **1142**

aparência *nf* appearance **2586**

aparente *aj* apparent **3147**

aparentemente *av* apparently **2098**

aparição *nf* apparition, appearance **3932**

apartamento *nm* apartment **2643**

apelar *v* to appeal (to) **3178**

apelido *nm* nickname (BP), family name (EP) **4649**

apelo *nm* appeal **2583**

apenas *av* only, just **107**

aperceber *v* to realize, perceive [EP] **2925**

aperfeiçoar *v* to perfect **4440**

apertar *v* to shake (a hand), press, tighten, tie **2218**

apesar *av* despite, even though **270**

apetecer *v* to appeal (to) [EP] **3812**

apetite *nm* appetite **4789**

aplicação *nf* application **1776**

aplicado *aj* applied **4536**

aplicar *v* to apply **816**

apoiar *v* to support, uphold, sustain **634**

apoio *nm* support **555**

apontar *v* to point out, indicate **763**

após *prp* after **467**

aposentado *aj* retired [BP] **4591**

aposentadoria *nf* retirement, retirement fund [BP] **4221**

aposta *nf* bet **3292**

apostar *v* to bet, wager **2690**

apreciação *nf* appreciation **4137**

apreciar *v* to appreciate **1884**

apreender *v* to comprehend, apprehend **4909**

apreensão *nf* capture, apprehension **3408**

aprender *v* to learn **595**

aprendizado *nm* the act of learning [BP] **4652**

aprendizagem *nf* learning **3867**

apresentação *nf* presentation **1592**

apresentar *v* to introduce, present **171**

apressar *v* to hurry, hasten **3549**

aprofundar *v* to go into depth, deepen **3438**

apropriado *aj* appropriate **3308**

aprovação *nf* approval **2083**

aprovar *v* to approve, pass a law **1874**

aproveitamento *nm* act of taking advantage **3868**

aproveitar *v* to make good use of, use **611**

aproximação *nf* act of getting closer, approximation **2524**

aproximadamente *av* approximately **3344**

aproximar *v* to approach, move closer **859**

apto *aj* capable, apt **1261**

apurar *v* to find out, investigate, perfect **2001**

aquando *av* at the time (of) [EP] **3741**

aquecer *v* to heat **2410**

aquecimento *nm* warming, heating **4584**

aquele *aj* that (more remote) **53**

aqui *av* here **105**

aquilo *pn* that (more remote) (NEUT) **289**

aquisição *nf* acquisition **2665**

ar *nm* air **440**

árabe *na* Arab, Arabic **2554**

arame *nm* (metal) wire **4385**

aranha *nf* spider **3737**

arbitragem *nf* arbitration **4549**

árbitro *nm* referee **3711**

arbusto *nm* bush **4931**

arco *nm* bow, arch, arc **2050**

arder *v* to burn, sting **3118**

área *nf* area **384**

areia *nf* sand **1416**

argentino *na* Argentine **2200**

argumentar *v* to argue **2762**

argumento *nm* argument **1347**

arma *nf* weapon, arm **837**

armadilha *nf* trap **4957**

armado *aj* armed, military **848**

armamento *nm* weaponry **4829**

armar *v* to arm, assemble, equip 1981

armazém *nm* storehouse 2971

armazenar *v* to store 4974

arqueológico *aj* archeological 4308

arquipélago *nm* archipelago 4421

arquitecto *nm* architect 2351

arquitectura *nf* architecture 1676

arquivo *nm* archive 2303

arraial *nm* encampment, fair 4722

arrancar *v* to tear away or out of 1908

arranjar *v* to arrange, obtain 1657

arranjo *nm* arrangement 2702

arrastar *v* to drag 2021

arrecadação *nf* collection, saving [BP] 4148

arrecadar *v* to collect, store, save 4330

arredor *nm* outskirts, suburbs (PL) [EP] 4111

arrepender *v* to repent, regret 4499

arriscar *v* to risk 2562

arroz *nm* rice 1990

arrumar *v* to organize, arrange 3046

arte *nf* art 253

artéria *nf* artery 4139

articulação *nf* joint, articulation 2780

articular *v* to articulate 2893

artificial *aj* artificial 2840

artifício *nm* device, tool 4954

artigo *nm* article 862

artilharia *nf* artillery 4570

artista *nc* artist 405

artístico *aj* artistic 1290

árvore *nf* tree 673

asa *nf* wing, wingspan 1808

ascender *v* to go up, ascend 3857

ascensão *nf* rise, ascension 3489

asiático *na* Asian 3051

asilo *nm* asylum 4645

aspecto *nm* aspect 404

aspiração *nf* aspiration, desire 4046

aspirar *v* to aspire to, inhale 4642

assaltar *v* to rob, assault, mug 4445

assalto *nm* assault 2534

assassinato *nm* murder, assassination 2613

assassino *nm* assassin, murderer 3071

assegurar *v* to secure, assure 1449

assembleia *nf* assembly 922

assemelhar *v* to be similar to 3984

assentar *v* to settle, rest on 1759

assente *aj* settled, established [EP] 4189

assento *nm* seat, spot 3688

assessor *nm* assistant, advisor, consultant 4723

assim *av* thus, so, like this 60

assinado *aj* signed 2283

assinalar *v* to point out 3034

assinar *v* to sign 1319

assinatura *nf* signature, subscription 2390

assistência *nf* assistance 1587

assistente *nc* assistant 2742

assistir *v* to watch, help, attend 627

associação *nf* association, organization 933

associado *na* associated, associate 1734

associar *v* to associate 2308

assumir *v* to assume (e.g. role) 585

assunto *nm* subject, topic 364

assustar *v* to frighten, scare 2915

astro *nm* any heavenly body, pop-star 4847

atacar *v* to attack 1121

ataque *nm* attack 1068

atar *v* to bind, tie up 4410

até *prp* until, even, up to 41

atenção *nf* attention 537

atender *v* to help, receive, give attention 809

atendimento *nm* care, service 2592

atentado *nm* criminal attempt 3182

atento *aj* alert, attentive 2233

atenuar *v* to reduce, die down, ease 4795

atingir *v* to reach, attain 516

atirar *v* to shoot, throw 1636

atitude *nf* attitude 708

atlântico *na* Atlantic (ocean) 4599

atleta *nc* athlete 2844

atmosfera *nf* air, atmosphere 1998

atómico *aj* atomic 3982

atracção *nf* attraction 2265

atractivo *na* attractive (quality) 4387

atraente *aj* attractive 4851

atrair *v* to attract 969

atrapalhar *v* to get in the way of, frustrate 3676

atrás *av* behind, back, ago 515

atrasado *aj* late, behind 3112

atrasar *v* to delay, make late 4051

atraso *nm* delay 1896

através *av* by way of, through 220

atravessar *v* to cross, pass 961

atrever *v* to dare 4701

atribuição *nf* awarding, assignment 3225

atribuir *v* to attribute 1114

atributo *nm* attribute, trait 4737

audiência *nf* hearing, audience 2565

auditório *na* auditorium, audible 4336

auge *nm* apex, climax, pinnacle 4085

aula *nf* class, lesson 811

aumentar *v* to increase, augment 394

aumento *nm* increase, growth 1190

ausência *nf* absence 1355

ausente *aj* absent 2891

australiano *na* Australian 4742

austríaco *na* Austrian 4284

autarquia *nf* self-governing unit [EP] 4005

autárquico *aj* non-governmental [EP] 4545

autêntico *aj* authentic 2035

auto *nm* legal document, theatrical play 3024

automaticamente *av* automatically 3753

automático *aj* automatic 2886

automóvel *nm* car, automobile 867

autonomia *nf* autonomy, self-sufficiency 2402

autónomo *aj* autonomous, self-employed 2722

autor *nm* author 391

autoria *nf* authorship 3077

autoridade *nf* authority 732

autoritário *aj* authoritarian 3799

autorização *nf* authorization 2426

autorizar *v* to authorize 2312

auxiliar *na* assistant, auxiliary 2165

auxiliar *v* to help, aid 3952

auxílio *nm* help, aid, service 2631

avaliação *nf* assessment 1707

avaliar *v* to evaluate, assess 1123

avançado *aj* advanced 2834

avançar *v* to advance 704

avanço *nm* advance 2103

ave *nf* bird 1317

avenida *nf* avenue 1974

aventura *nf* adventure 1584

aviação *nf* aviation 4469

avião *nm* airplane 1092

avisar *v* to warn, advise, inform 2252

aviso *nm* warning, notice 3165

avistar *v* to catch sight of, see in the distance 4138

avó *nf* grandmother 3551

avô *nm* grandfather 2369

azeite *nm* olive oil 3174

azeitona *nf* olive [EP] 4907

azul *aj* blue 1215

Bb

bacalhau *nm* cod fish 4127

bacia *nf* basin 2936

bagagem *nf* luggage, baggage 4235

baía *nf* bay, harbor 4209

baiano *na* from Bahia [BP] 3033

bailarina *nf* ballerina 3731

baile *nm* dance, ball 2957

bairro *nm* neighborhood 2872

baixa *nf* reduction 3088

baixar *v* to lower, go down 1008

baixo *aj/av* low, short 244

bala *nf* shot, bullet, candy (BP) 2949

balança *nf* scales 2698

balanço *nm* balance 1797

balão *nm* balloon 4580

balcão *nm* counter, balcony 3519

baleia *nf* whale 3154

banana *nmf* banana (F), fool (M) 4178

banca *nf* news stand, bench, board 3364

bancada *nf* bench, parliamentary group 3570

bancário *nm* banker 2466

banco *nm* bank, bench 330

banda *nf* band 501

bandeira *nf* flag 1183

bandeirante *nm* bandeirante (frontiersmen) [BP] 4598

bandido *nm* outlaw, bandit 3802

bando *nm* group, band, flock of birds 3069

banhar *v* to bathe 3930

banho *nm* bath 1840

banqueiro *nm* banker 4360

baptizar *v* to baptize 4136

bar *nm* bar 1826

barato *aj* cheap, inexpensive 1635

barba *nf* beard 3247

bárbaro *na* barbaric, barbarian 3436

barca *nf* small boat 4973

barco *nm* boat, ship 1046

barra *nf* stripe, bar 1698

barraca *nf* shack, tent, hut 3706

barragem *nf* dam, barrier 3510

barreira *nf* barrier 2101

barriga *nf* belly, stomach 3324

barro *nm* clay, mud 1276

barroco *aj* baroque 3150

barulho *nm* noise 3092

base *nf* basis, base, foundation 462

baseado *aj* based, on the basis of 2005

basear *v* to base 2332

basicamente *av* basically 3229

básico *aj* basic 1671

bastante *av* a lot, enough 349

bastar *v* to be enough, suffice 992

batalha *nf* battle 962

batalhão *nm* battalion 3652

batata *nf* potato 2508

bater *v* to hit, beat 610

bateria *nf* battery, percussion 3744

bebé *nc* baby 3029

beber *v* to drink 1511

bebida *nf* drink 2345

beijar *v* to kiss 4122

beijo *nm* kiss 3854

beira *nf* side, edge 2093

beleza *nf* beauty 1136

belo *aj* beautiful 680

bem *av* well, very 67

bem *nm* goods (PL) 1477

bem-estar *nm* well-being 3841

beneficiar *v* to benefit 2326

benefício *nm* benefit 1669

bengala *nf* walking stick, cane 4966

berço *nm* crib, cradle, homeland 4503

besta *nf* beast 4362

bezerro *nm* calf 4006

bíblia *nf* Bible 3536

biblioteca *nf* library 1422

bicho *nm* creature, bug, beast 2157

bicicleta *nf* bicycle 3733

bico *nm* beak 2186

bilhão *num* billion [BP] 2503

bilhete *nm* note, ticket, pamphlet 3243

biografia *nf* biography 3587

biologia *nf* biology 4038

biológico *aj* biological 3355

bispo *nm* bishop 1765

bloco *nm* block, bloc 1499

bloquear *v* to block 4799

bloqueio *nm* blockade, siege, obstruction 4025

boca *nf* mouth 796

bocado *nm* piece, portion, mouthful [EP] 2249

boi *nm* ox, steer, bull 2069

bola *nf* ball 1023

boletim *nm* bulletin 4442

bolo *nm* cake 3197

bolsa *nf* purse, bag 1172

bolso *nm* pocket 2412

bom *aj* good 90

bomba *nf* bomb 1877

bombeiro *nm* fireman 3529

bondade *nf* kindness, goodness 4976

bonde *nm* streetcar [BP] 4629

boneca *nf* doll 4261

boneco *nm* toy, action figure 4835

bonito *aj* beautiful, pretty, handsome 1138

borboleta *nf* butterfly 4022

borda *nf* bank, edge, margin 3461

bordado *na* embroidered, embroidery 4554

bordo *nm* aboard 2706

borracha *nf* rubber 2804

bosque *nm* grove 4528

bota *nf* boot 2585

botão *nm* button 3181

botar *v* to put, place 2238

braço *nm* arm 959

branco *aj* white 250

brando *aj* gentle, tender, soft 4460

brasileiro *na* Brazilian 221

bravo *aj* mad, angry, wild 3240

breve *aj* brief 1233

briga *nf* fight, quarrel [BP] 2675

brigada *nf* brigade 4124

brigar *v* to fight, argue [BP] 3522

brilhante *aj* bright, brilliant 1752

brilhar *v* to sparkle, shine 3739

brilho *nm* brightness, shine 2819

brincadeira *nf* joke, game, play 2857

brincar *v* to play, joke 2107

brinquedo *nm* toy 3437

brisa *nf* breeze 4634

britânico *na* British 2314

bronze *nm* bronze 3403

brusco *aj* abrupt, sudden, brusque 4910

brutal *aj* brutal 4473

bruto *aj* rude, gross (income or manner) 1762

bruxa *nf* witch 4522

buraco *nm* hole 1562

burguês *aj* bourgeois 3251

burocracia *nf* bureaucracy 4859

burocrático *aj* bureaucratic 4682

burro *na* donkey, ass, fool 2943

busca *nf* search 972

buscar *v* to look for, search for 525

Cc

cá *av* here 1266

cabeça *nf* head 266

cabelo *nm* hair 1516

caber *v* to fit (into), have capacity for 873

cabo *nm* cape (geography), cable, end 553

cabra *nmf* goat (F), guy (M) 3016

caça *nf* hunt 1600

caçador *nm* hunter 2972

caçar *v* to hunt 2987

cacho *nm* bunch, cluster 4350

cachorro *nm* dog 3068

cada *aj* each, every 98

cadáver *nm* corpse, cadaver 3256

cadeia *nf* jail, chain, sequence 1165

cadeira *nf* chair, college course 1374

caderno *nm* notebook 2965

café *nm* coffee 907

cair *v* to fall 288

cais *nm* dock, pier 4298

caixa *nf* box, cash register 840

caixão *nm* coffin, casket, big box 4905

cal *nf* limestone 4934

calado *aj* quiet 4880

calar *v* to be or keep quiet, shut up 2490

calçada *nf* sidewalk 3502

calças *nf* pants 2707

calcular *v* to calculate, reckon 1364

cálculo *nm* calculation, calculus 1883

calda *nf* syrup 3610

caldo *nm* broth, soup 4839

calendário *nm* calendar 3084

calhar *v* to happen (by accident) [EP] 3396

calma *nf* peace, calm 2784

calmo *aj* calm 4328

calor *nm* heat, warmth 1353

cama *nf* bed 1810

camada *nf* layer, sheet 1959

câmara *nf* city council, chamber 396

camarada *nm* comrade, friend, guy 3453

cambial *aj* related to exchange rates 3958

câmbio *nm* exchange (rate) 2862

câmera *nf* camera 4321

caminhada *nf* walk, trek 4359

caminhão *nm* freight truck [BP] 3199

caminhar *v* to walk, go on foot 1486

caminho *nm* path, way 336

camisa *nf* shirt 2789

camisola *nf* nightgown (BP), sweater (EP) 3851

campanha *nf* campaign 783

campeão *nm* champion 2363

campeonato *nm* championship 2087

campo *nm* field 219

camponês *na* peasant, field-worker, farmer, rustic 2756

cana *nf* sugar cane 2766

canal *nm* channel 1456

canção *nf* song 1325

cancelar *v* to revoke, cancel 4964

câncer *nm* cancer [BP] 4744

cancro *nm* cancer [EP] 4247

candeeiro *nm* lamp, light fixture 4963

candidatar *v* to become a candidate 3514

candidato *nm* candidate 890

candidatura *nf* candidacy 2340

canhão *nm* cannon 4596

cano *nm* pipe, tube, gun barrel 4057

canoa *nf* canoe 4352

cansaço *nm* fatigue, exhaustion 3871

cansado *aj* tired 2532

cansar *v* to get tired (+se) 3757

cantar *v* to sing 801

cantiga *nf* song, ballad 4667

canto *nm* corner, song 1194

cantor *nm* singer 1866

cão *nm* dog 938

caos *nm* chaos 4135

capa *nf* cover, cape, cloak 1714

capacidade *nf* capacity 800

capaz *aj* capable 426

capela *nf* chapel 1720

capital *nmf* capital (M investment, F city) 410

capitalismo *nm* capitalism 3281

capitalista *na* capitalist 3553

capitão *nm* captain 2080

capítulo *nm* chapter 1601

captar *v* to attract, capture 2372

capturar *v* to capture 3316

cara *nf* face 869

carácter *nm* personality, character 953

característica *nf* characteristic 1154

característico *na* characteristic (feature) 3880

caracterizar *v* to characterize 1967

cardeal *nm* cardinal (religion, point, etc.) 3357

cardíaco *aj* cardiac, of the heart 4339

carecer *v* to need, lack, do without 1916

carência *nf* lack of, need 3909

carga *nf* load, cargo, baggage 1057

cargo *nm* position, responsibility 799

caridade *nf* charity 3908

carinho *nm* endearment, tenderness 4019

carioca *na* From Rio de Janeiro [BP] 2719

carnaval *nm* carnival, mardi gras 2468

carne *nf* meat, flesh 706

carneiro *nm* ram 4971

caro *aj* expensive, esteemed 1474

carregado *aj* loaded with, carried 3922

carregar *v* to carry, transport 1157

carreira *nf* career, race 626

carro *nm* car, cart, buggy 441

carroça *nf* cart, wagon 4977

carta *nf* letter (to someone) 502

cartão *nm* card 2002

cartaz *nm* poster 3177

carteira *nf* wallet 2457

cartório *nm* records office 4791

carvão *nm* coal 2346

casa *nf* house, home 82

casaco *nm* coat 4152

casado *aj* married 4948

casal *nm* married couple 1309

casamento *nm* marriage 945

casar *v* to marry 549

casca *nf* peel, skin, bark 2898

casco *nm* hull, hoof 4356

caseiro *aj* household, homemade 4230

caso *nm* case 94

castanho *aj* brown 3049

castelo *nm* castle 1229

castigar *v* to punish 4836

castigo *nm* punishment, curse 2960

casto *aj* chaste 4393

catálogo *nm* index, catalog 4663

catástrofe *nf* catastrophe 4695

catedral *nf* cathedral 3027

categoria *nf* category 1417

católico *na* catholic 1063

catorze *num* fourteen 4796

cauda *nf* tail 2992

causa *nf* cause 275

causar *v* to cause 847

cautela *nf* caution, care 4109

cauteloso *aj* cautious, prudent 4832

cavalaria *nf* cavalry 4628

cavaleiro *nm* rider, horseman, knight 2590

cavalheiro *nm* gentleman 4846

cavalo *nm* horse 822

cavar *v* to dig 4782

ceder *v* to give in, yield 1372

cedo *av* early, soon 941

cego *aj* blind 2506

ceia *nf* supper, dinner 4646

cela *nf* cell (building) 3886

celebração *nf* celebration 4932

celebrar *v* to celebrate 2349

célebre *na* famous, renowned, celebrity 2404

celeste *aj* heavenly 4650

célula *nf* cell 2492

celular *na* cellular (phone) 2541

cem *num* (one) hundred 1222

cemitério *nm* cemetery 2955

cena *nf* scene 681

cenário *nm* backdrop (theater), scenery 1281

censura *nf* censorship, censure 2442

centena *nf* a hundred 1711

centímetro *nm* centimeter 2044

cento *nm* percent (por c.) 661

central *na* central, station, office 606

centrar *v* to center, focus 3859

centro *nm* center, downtown 305

cera *nf* wax 4394

cerâmica *nf* pottery, ceramics 4676

cerca *av* about, near, close by 495

cercado *na* enclosure, fenced 3525

cercar *v* to surround 2731

cerco *nm* siege, blockade, enclosing 3273

cereal *nm* grain, cereal 4787

cerebral *aj* cerebral, of the brain 3973

cérebro *nm* brain 1960

cerimónia *nf* ceremony 2146

cerrado *aj* closed 3709

certamente *av* certainly 1387

certeza *nf* certainty 751

certo *aj/av* certain, right, sure 123

cerveja *nf* beer 2765

cessar *v* to cease, end 3170

cesta *nf* basket, trash can, hoop 4042

cesto *nm* basket 4296

céu *nm* sky, heaven 1016

chá *nm* tea 2394

chama *nf* flame 2181

chamada *nf* phone call 1249

chamado *aj* called, so-called, named 1410

chamar *v* to call 118

chance *nf* chance [BP] 2754

chão *nm* ground, floor 1004

chapa *nf* (metal) plate, sheet 3445

chapéu *nm* hat 2435

charuto *nm* cigar 4589

chato *aj* bothersome, unpleasant, boring 4733

chave *nf* key 1175

chefe *nm* chief, boss 802

chefia *nf* leadership, command **4857**

chefiar *v* to head, lead **4639**

chegada *nf* arrival **1503**

chegar *v* to arrive **76**

cheio *aj* full **712**

cheirar *v* to smell **3775**

cheiro *nm* smell, odor **2446**

cheque *nm* check **2917**

chinês *na* Chinese **1947**

chocar *v* to shock **3516**

chocolate *nm* chocolate **4755**

choque *nm* shock **1604**

chorar *v* to cry **2234**

choro *nm* weeping **4399**

chover *v* to rain **2712**

chumbo *nm* lead (metal) **3377**

chuva *nf* rain **1109**

ciclo *nm* cycle **1725**

cidadania *nf* citizenship **4107**

cidadão *nm* citizen **993**

cidade *nf* city **111**

ciência *nf* science **565**

científico *aj* scientific **1083**

cientista *nm* scientist **2274**

cigano *nm* gypsy **4031**

cigarro *nm* cigarette **2700**

cima *nf* top (por/em c. = on top) **379**

cimeira *nf* summit (politics) [EP] **4357**

cimento *nm* cement **3184**

cimo *nm* peak, top [EP] **4965**

cinco *num* five **236**

cineasta *nc* film producer **3717**

cinema *nm* movie, movie theater **435**

cinematográfico *aj* cinematographic **3143**

cinquenta *num* fifty **1465**

cintura *nf* waist **3556**

cinza *nf* ashes (PL) **2769**

cinzento *aj* gray **3085**

circo *nm* circus **3183**

circuito *nm* circuit **2405**

circulação *nf* circulation **2491**

circular *na* circular, shuttle **2709**

circular *v* to circulate, circle **2848**

círculo *nm* circle **1556**

circunstância *nf* circumstance **1307**

cirurgia *nf* surgery **3221**

cirúrgico *aj* surgical **4845**

citação *nf* citation **4252**

citar *v* to cite, quote **916**

ciúme *nm* jealousy **4061**

cívico *aj* civic **4056**

civil *aj* civil **717**

civilização *nf* civilization **1907**

civilizado *aj* civilized **4614**

clandestino *aj* illegal, clandestino **4045**

claramente *av* clearly **2012**

clareza *nf* clarity **3754**

claro *aj* clear, light **211**

classe *nf* class, type **496**

clássico *aj* classic, classical **1040**

classificação *nf* classification **2434**

classificar *v* to classify **2212**

cláusula *nf* clause (of a contract) **4015**

cliente *nm* customer, client **1147**

clima *nm* climate **1292**

clínica *nf* clinic **2837**

clínico *aj* clinical **4692**

club *nm* club **4955**

clube *nm* club **729**

coberto *aj* covered **2750**

cobertura *nf* covering **2263**

cobra *nf* snake **2735**

cobrança *nf* money collecting **3371**

cobrar *v* to collect (money), charge **1515**

cobre *nm* copper **3176**

cobrir *v* to cover **896**

código *nm* code **1450**

coelho *nm* rabbit **3674**

coerência *nf* coherence **4641**

coerente *aj* coherent **4439**

coesão *nf* cohesion **4555**

cofre *nm* safe, coffer, chest **3746**

coincidência *nf* coincidence **4069**

coincidir *v* to match up, coincide **3131**

coisa *nf* thing **71**

coitado *na* poor thing, pitiful, wretch **3992**

colaboração *nf* collaboration **2113**

colaborador *na* collaborator, collaborative **3244**

colaborar *v* to collaborate **1872**

colar *v* to glue, stick **4349**

colecção *nf* collection **1961**

colecta *nf* collection, tax, fee **4361**

colectivo *na* collective, public transportation (BP) **1383**

colega *nc* colleague, friend, classmate **1093**

colégio *nm* high school, private school (EP) **1166**

cólera *nf* anger, irritation **4375**

colete *nm* vest, straight jacket **4938**

colheita *nf* harvest 2923
colher *v* to harvest, gather 1569
coligação *nf* alliance, federation, union 2968
colina *nf* hill 4168
colo *nm* lap 3427
colocação *nf* placement 3050
colocado *aj* positioned, placed 4665
colocar *v* to place, put 233
colónia *nf* colony 2500
colonial *aj* colonial 2614
colonização *nf* colonization, colonizing 4556
colono *nm* colonist, colonizer 3373
colorido *aj* colored, colorful 2302
coluna *nf* column, spinal column 1453
com *prp* with 12
comandante *nm* commander 1391
comandar *v* to command, lead 1705
comando *nm* command 1379
combate *nm* fight, combat 1122
combater *v* to fight, combat 1510
combinação *nf* combination 2833
combinar *v* to combine 2009
comboio *nm* train 2335
combustível *na* fuel, combustible 2883
começar *v* to begin, start 91
começo *nm* beginning, start 1401
comédia *nf* comedy 2653
comemoração *nf* commemoration 3938
comemorar *v* to commemorate 3360
comentar *v* to comment 1213
comentário *nm* comment, commentary 1472
comer *v* to eat 597
comercial *aj* commercial 824
comercialização *nf* marketing, commercialization 3864
comerciante *nm* business person, salesperson 2227
comércio *nm* commerce, trade 604
cometer *v* to commit (an act) 1260
cómico *na* comic, comedian 4507
comida *nf* food 1419
comissão *nf* commission 646
comissário *nm* commissioner, superintendent 4098
comité *nm* committee 2940
como *cj/av* how, like, as 17
cómodo *na* comfort, room, comfortable 4062
compacto *aj* compact 4430
companheiro *nm* companion, colleague 994
companhia *nf* company 520
comparação *nf* comparison 2078

comparar *v* to compare 1019
comparecer *v* to attend, appear at 3531
compartilhar *v* to share 4456
compatível *aj* compatible 4944
compensação *nf* compensation 2793
compensar *v* to compensate 2979
competência *nf* competence 1895
competente *aj* competent 2724
competição *nf* competition 2076
competir *v* to compete 2038
competitividade *nf* competitiveness 4729
competitivo *aj* competitive 4293
complementar *aj* complementary, additional 3017
complemento *nm* object (grammar), addition 4685
completamente *av* completely 670
completar *v* to complete 842
completo *aj* complete 1361
complexidade *nf* complexity 4164
complexo *na* complex 1242
complicação *nf* complication 4367
complicado *aj* complicated 1682
complicar *v* to complicate 3400
componente *nm* part, component 2152
compor *v* to compose, consist of 891
comportamento *nm* behavior, conduct 1306
comportar *v* to behave 2969
composição *nf* composition 1723
compositor *nm* composer 2297
composto *aj* composed (of), made up (of) 1984
compra *nf* purchase 1120
comprador *nm* buyer 2999
comprar *v* to buy 465
compreender *v* to comprehend, understand 448
compreensão *nf* understanding, comprehension 1940
comprido *aj* long 1787
comprimento *nm* length 3361
comprometer *v* to commit to, negatively compromise 1852
compromisso *nm* commitment, appointment 1338
comprovar *v* to substantiate, prove 2871
computador *nm* computer 1517
comum *aj* common 422
comunhão *nf* communion 4572
comunicação *nf* communication 718
comunicado *nm* press release, announcement 4864
comunicar *v* to convey, communicate 1382
comunidade *nf* community 934
comunismo *nm* communism 4338
comunista *na* communist 1375

comunitário *aj* of the community 2723

conceber *v* to conceive 2166

conceder *v* to grant 1485

conceito *nm* concept 1052

concelho *nm* municipality, county, council [EP] 1965

concentração *nf* concentration 1806

concentrado *aj* concentrated 4413

concentrar *v* to concentrate 1381

concepção *nf* concept, conception 1045

concerto *nm* concert 1739

concessão *nf* concession, favor, right 2169

concha *nf* shell 3288

conciliar *v* to reconcile, harmonize 4711

concluir *v* to conclude 770

conclusão *nf* conclusion 1169

concordar *v* to agree 878

concorrência *nf* competition 2216

concorrente *nc* competitor, contestant 3462

concorrer *v* to compete (against), apply for 2047

concretização *nf* realization 4732

concretizar *v* to come to pass, bring about 2786

concreto *aj* concrete 1567

concurso *nm* contest 1653

conde *nm* count 1864

condenação *nf* sentence, condemnation 4082

condenado *na* condemned (person) 2046

condenar *v* to condemn 1684

condição *nf* condition 269

condicionado *aj* conditioned 4568

condicionar *v* to condition, subject 4811

condução *nf* driving (transportation) 3322

conduta *nf* behavior, conduct 2841

condutor *nm* driver, director 2843

conduzir *v* to lead, conduct 818

confederação *nf* confederation 3495

conferência *nf* conference 1694

conferir *v* to confer, give the right to 2081

confessar *v* to confess 2364

confiança *nf* confidence, trust 1056

confiante *aj* confident 4885

confiar *v* to trust, confide 1870

configuração *nf* configuration 4854

confirmação *nf* confirmation 4604

confirmar *v* to confirm 1256

confissão *nf* confession 3575

conflito *nm* conflict 1173

conformar *v* to accept, conform, adapt 4096

conforme *av* according to 639

confortável *aj* comfortable 4831

conforto *nm* comfort 3420

confrontar *v* to confront 3898

confronto *nm* confrontation 2418

confundir *v* to confuse, confound 1913

confusão *nf* confusion 1825

confuso *aj* confused, confusing 3848

congresso *nm* congress 1031

conhecer *v* to know (person, place, etc.) 125

conhecido *aj* known 911

conhecimento *nm* knowledge, understanding 415

conjunto *nm* set, combination, group 643

conquista *nf* conquest 1675

conquistar *v* to conquer, secure 1243

consagrado *aj* consecrated 3763

consagrar *v* to be recognized for (+se), consecrate 3734

consciência *nf* conscience, awareness 682

consciente *aj* conscious, aware 2269

consecutivo *aj* consecutive 4380

conseguir *v* to succeed in, be able to 115

conselheiro *nm* counselor 2111

conselho *nm* advice, counsel, council 497

consenso *nm* consensus 3469

consentir *v* to approve, grant 4592

consequência *nf* consequence 870

consequente *aj* subsequent 4448

consequentemente *av* consequently, as a result 3636

conservação *nf* conservation 3295

conservador *na* conservative 2088

conservar *v* to keep, conserve 1790

consideração *nf* consideration 1859

considerar *v* to consider 174

considerável *aj* considerable 3784

consistir *v* to consist of 2251

consoante *av* according to, in conformity with 4199

consolidar *v* to consolidate 3202

consórcio *nm* consortium, union (business) 4181

constante *na* constant 1343

constantemente *av* constantly 3004

constar *v* to consist of, appear in 1878

constatar *v* to notice, realize 2594

constitucional *aj* constitutional 1780

constituição *nf* constitution 1285

constituinte *na* constituent, part of, member 3904

constituir *v* to constitute 589

construção *nf* construction 592

construir *v* to construct 493

construtor *nm* builder 4906

consulta *nf* consultation 2120

consultar *v* to look up, consult 2344

consultor *nm* consultant 4967

consumidor *na* consumer, consuming 2114

consumir *v* to consume 2019

consumo *nm* use, consumption 1898

conta *nf* account, bill 234

contabilidade *nf* bookkeeping, accounting 3972

contactar *v* to contact 4334

contacto *nm* contact 568

contagem *nf* counting 4783

contaminado *aj* contaminated 4759

contar *v* to tell, count 201

contemplar *v* to contemplate 1834

contemporâneo *aj* contemporary 1632

contente *aj* glad, satisfied, content 3492

conter *v* to contain 982

contestação *nf* challenge 4653

contestar *v* to contest, appeal 3413

conteúdo *nm* content 1778

contexto *nm* context 2189

contido *aj* contained 4871

continental *aj* continental 4397

continente *nm* continent 1625

continuação *nf* continuation 3801

continuar *v* to continue 158

continuidade *nf* continuity 2309

contínuo *aj* continuous 1892

conto *nm* short story, monetary value 408

contornar *v* to go around, bypass 4959

contorno *nm* contour, outline 3527

contra *prp* against 136

contracto *nm* contract 1087

contradição *nf* contradiction 3216

contraditório *aj* contradictory 3949

contrair *v* to contract 3201

contrapartida *nf* (em c.) on the other hand 3800

contrariar *v* to contradict, disagree 2257

contrário *na* contrary, opposite, enemy 348

contraste *nm* contrast 2389

contratado *aj* contracted (employees) 2941

contratar *v* to contract 3957

contribuição *nf* contribution 2074

contribuinte *nm* taxpayer, contributor 4447

contribuir *v* to contribute 1148

contributo *nm* contribution [EP] 4620

controlar *v* to control 1348

controle *nm* control [BP] 1418

controlo *nm* control [EP] 3116

controvérsia *nf* controversy 4016

contudo *av* however, although 1158

convenção *nf* convention 2450

convencer *v* to convince 1519

convencido *aj* convinced 3130

convencional *aj* conventional 2854

conveniência *nf* convenience 4311

conveniente *aj* convenient 4175

convénio *nm* agreement, accord 1804

convento *nm* convent 2906

convergência *nf* convergence 4333

conversa *nf* conversation 1206

conversação *nf* talk, conversation 3095

conversão *nf* conversion 3684

conversar *v* to talk, converse 1144

converter *v* to convert 2089

convicção *nf* conviction 2221

convicto *aj* die-hard, convinced 4892

convidado *na* guest, invited 3345

convidar *v* to invite 951

convir *v* to be right/just, be fit 2861

convite *nm* invitation 1559

convivência *nf* coexistence, socializing 3452

conviver *v* to spend time with, live with 2802

convívio *nm* act of living together 3647

convocação *nf* convocation, gathering 4636

convocar *v* to call (a meeting), summon, 2133

cooperação *nf* cooperation 2567

cooperativa *nf* cooperative 3417

coordenação *nf* coordination 3064

coordenador *na* coordinator, coordinating 3384

coordenar *v* to manage, coordinate 3690

copa *nf* cup (competition), tree top 1703

cópia *nf* copy 1854

copiar *v* to copy 3552

copo *nm* glass, cup 2770

cor *nf* color 437

coração *nm* heart 768

coragem *nf* courage 1886

coral *aj* coral, choral 3956

corda *nf* string, cord, spring 1413

cordão *nm* cord, string, necklace 3663

corno *nm* horn 4073

coro *nm* choir, chorus 3447

coroa *nf* crown 2246

coronel *nm* colonel 1882

corpo *nm* body 239

corporação *nf* corporation 4249

corporal *aj* relating to the body, bodily 4708

correcção *nf* correction 2229

correctamente *av* accurately, correctly 4860

correcto *aj* correct 1439

corrector *nm* broker, agent 4569

corredor *nm* corridor, runner 2100

correio *nm* mail (box), post office 1836

corrente *na* current, chain 804

correr *v* to run 387

correspondência *nf* mail, correspondence 2401

correspondente *na* corresponding, correspondent 2315

corresponder *v* to correspond (to) 1044

corrida *nf* race 1538

corrigir *v* to correct 1798

corrupção *nf* corruption 2205

cortar *v* to cut 629

corte *nmf* cut (M), court (F) 923

cortina *nf* curtain 4480

costa *nf* coast, back (anatomy) 382

costumar *v* to tend to, have the habit of 892

costume *nm* custom 1546

cota *nf* quota 4487

cotação *nf* value, estimate 4529

couro *nm* leather 3291

cova *nf* opening, cave, hole 3920

coxa *nf* thigh 3959

cozido *na* cooked, stew 4381

cozinha *nf* kitchen 2342

cozinhar *v* to cook 4890

crânio *nm* skull 4995

credibilidade *nf* credibility 4415

crédito *nm* credit 1262

credor *nm* creditor 3313

crença *nf* belief 2801

crente *na* believer, believing 4771

crer *v* to believe 995

crescente *aj* growing, increasing 1925

crescer *v* to grow 393

crescimento *nm* growth 1283

criação *nf* creation 539

criado *nm* servant 1695

criador *nm* creator 1783

criança *nf* child 225

criar *v* to create 173

criatividade *nf* creativity 4861

criativo *aj* creative 3903

criatura *nf* creature 3063

crime *nm* crime 684

criminal *aj* criminal 4312

criminoso *na* criminal 2339

crise *nf* crisis 688

crista *nf* crest, plume 4318

cristal *nm* crystal 2411

cristão *na* Christian 1954

cristianismo *nm* Christianity 4891

critério *nm* criterion 1408

crítica *nf* criticism 618

criticar *v* to criticize 1536

crítico *na* critic, critical 1359

crónica *nf* newspaper column, narrative 2045

cru *aj* raw 4294

cruel *aj* cruel 3842

cruz *nf* cross 950

cruzado *na* old Brazilian monetary unit, crossed 2261

cruzamento *nm* mixing, intersection 3821

cruzar *v* to cross 2354

cruzeiro *nm* cruise, old Brazilian coin 2439

cubano *na* Cuban 4200

cuidado *nm* caution, care 1020

cuidar *v* to take care 839

cujo *aj* whose 463

culminar *v* to culminate 4126

culpa *nf* fault, guilt 1228

culpado *na* guilty, guilty party 3261

culpar *v* to blame, place guilt 3752

cultivar *v* to cultivate 1953

cultivo *nm* act of planting 4525

culto *na* worship, cult, learned 1912

cultura *nf* culture 413

cultural *aj* cultural 1247

cumplicidade *nf* complicity 4719

cumprimentar *v* to greet 4438

cumprimento *nm* compliment, fulfillment 1839

cumprir *v* to fulfill, obey 567

cunhado *nm* brother or sister-in-law 3758

cúpula *nf* dome, cupola 3471

cura *nmf* cure(F), curate (M) 3169

curar *v* to cure, heal 3708

curiosamente *av* curiously 4608

curiosidade *nf* curiosity 2256

curioso *aj* curious, strange 1542

curso *nm* course, college major 392

curto *aj* short 607

curva *nf* curve 1805

curvar *v* to bow 4837

custar *v* to cost 1129

custo *nm* cost 849

Dd

dado *na* datum, given 750

dama *nf* lady, dame 4059

dança *nf* dance 1193

dançar *v* to dance 1789

dano *nm* damage 2869

dar *v* to give 36

data *nf* date 860

de *prp* of, from 2

debaixo *av* under, beneath, below 1869

debate *nm* debate, discussion 1619

debater *v* to debate, discuss 2632

débito *nm* debit, debt 4378

debruçar *v* to bend or lean over 4004

década *nf* decade 1464

decadência *nf* decline, decadence 3697

decerto *av* certainly 4877

decidir *v* to decide 446

décimo *na* units of ten, tenth 4029

decisão *nf* decision 395

decisivo *aj* decisive 1994

declaração *nf* declaration 1434

declarar *v* to declare 1134

declínio *nm* decline 4820

decoração *nf* decoration, embellishment 3891

decorar *v* to memorize, decorate 3669

decorativo *aj* decorative 4952

decorrente *aj* resulting from 3634

decorrer *v* to happen as a result of, elapse (time) 1271

decretar *v* to decree 3923

decreto *nm* decree 2618

dedicação *nf* dedication 4234

dedicar *v* to dedicate 757

dedo *nm* finger 1324

deduzir *v* to figure out, deduce 4830

defeito *nm* shortcoming, defect 2286

defender *v* to defend 361

defensivo *aj* defensive 4409

defensor *na* defender, defending 3505

defesa *nf* defense 715

deficiência *nf* deficiency 3424

deficiente *aj* deficient 4149

deficit *nm* deficiency, deficit 3190

definição *nf* definition 1830

definido *aj* defined 2090

definir *v* to define 260

definitivamente *av* definitively 2489

definitivo *aj* definitive 1560

defrontar *v* to face, confront 3011

degradação *nf* degradation 3820

degrau *nm* step 3850

deitar *v* to lie down 1409

deixar *v* to leave, allow 89

delegação *nf* delegation 3740

delegacia *nf* police station, office [BP] 3983

delegado *na* delegate, delegated 2159

delgado *aj* thin, delicate, fine 2908

delicado *aj* delicate 2487

delírio *nm* delirium 4314

demais *aj/av* too much 558

demanda *nf* demand [BP] 2143

demasiado *aj/av* too much [EP] 1905

demissão *nf* dismissal, resignation 2515

demitir *v* to resign, quit 2150

democracia *nf* democracy 1526

democrata *na* democrat 4030

democrático *aj* democratic 1615

demónio *nm* devil, demon 3816

demonstração *nf* demonstration 2963

demonstrar *v* to demonstrate 1024

demora *nf* delay, wait 3414

demorar *v* to take (time), delay 1365

denominar *v* to call, name 3369

densidade *nf* density 4519

denso *aj* dense, thick 3646

dente *nm* tooth 1496

dentro *av* within, in, inside 161

denúncia *nf* accusation, denunciation 2360

denunciar *v* to denounce 1733

deparar *v* to run into, come across 3367

departamento *nm* department 1755

dependência *nf* dependency 2604

dependente *aj* dependent 2773

depender *v* to depend 612

depoimento *nm* testimony, affidavit 2896

depois *av* after 49

depor *v* to depose, put down, set aside 3055

depositar *v* to deposit 2422

depósito *nm* deposit, safe, warehouse 1785

depressa *av* quickly, fast 1841

depressão *nf* depression 4007

deputado *nm* representative, deputy 676

derivado *na* derivative, derived 4828

derivar *v* to derive 2400

derramar *v* to shed, spill 4808

derrota *nf* defeat 1879

derrotar *v* to defeat, overthrow 3388

derrubar *v* to overthrow, demolish 1645

desafiar *v* to challenge 3161

desafio *nm* challenge 1269

desagradável *aj* unpleasant 3692

desaparecer *v* to disappear 937

desaparecimento *nm* disappearance, vanishing 4144

desastre *nm* disaster 2951

descalço *aj* barefoot, shoeless 4904

descansar *v* to rest 2608

descanso *nm* rest (from labor) 3574

descarga *nf* discharge, flush 4018

descartar *v* to disagree, deny, get rid of [BP] 2371

descendente *nc* descendant 3136

descer *v* to descend, go down 1096

descida *nf* drop, decrease 3608

descobrimento *nm* discovery 4684

descobrir *v* to discover 307

desconfiança *nf* distrust 3783

desconfiar *v* to suspect, distrust 3386

desconhecer *v* to not know, ignore 2331

desconhecido *aj* unknown 1807

desconto *nm* discount 4562

descrever *v* to describe 1403

descrição *nf* description 2961

desculpa *nf* excuse 3101

desculpar *v* to forgive, excuse 3818

desde *prp* since 135

desdobrar *v* to unfold 4616

desejar *v* to wish, desire 694

desejo *nm* desire 978

desembarcar *v* to get out, disembark 3939

desembargador *nm* judge of a court of appeals 4694

desempenhar *v* to perform, act, fulfill 2124

desempenho *nm* performance 2056

desempregado *aj* unemployed 3304

desemprego *nm* unemployment 2073

desencadear *v* to unleash, cause 3031

desenhar *v* to design, draw 1402

desenho *nm* drawing 1028

desenrolar *v* to take place, unfold 3985

desenvolver *v* to develop 650

desenvolvido *aj* developed 3208

desenvolvimento *nm* development 919

desequilíbrio *nm* imbalance 3725

deserto *na* desert, deserted 2031

desesperado *aj* in despair, without hope 3714

desespero *nm* despair 3443

desfazer *v* to undo 2319

desgaste *nm* deterioration 4666

desgraça *nf* disgrace 3236

designação *nf* designation, assignment [EP] 3513

designar *v* to designate 2355

desigualdade *nf* inequality 4315

desistir *v* to give up 1910

desligar *v* to turn off, disconnect 3467

deslizar *v* to slide, glide, slip 4989

deslocação *nf* travel, displacement [EP] 4945

deslocamento *nm* movement, travel 4696

deslocar *v* to move, dislocate 1548

desmentir *v* to deny, contradict, expose 4449

desordem *nf* disorder, quarrel, fight 4686

despacho *nm* decree, resolution, decision 4479

despedida *nf* farewell 4894

despedir *v* to say goodbye, to fire (job) 3271

despeito *nm* despite, in spite of 4825

despejar *v* to pour, evict 3865

despertar *v* to awaken 1903

despesa *nf* expense 1221

despir *v* to take off (clothing), undress 4984

desportivo *na* athletic, sports (club) [EP] 2421

desporto *nm* sport [EP] 2958

desprezar *v* to despise, ignore 3398

desprezo *nm* contempt, disdain 4131

destacar *v* to stand out, highlight 1107

destaque *nm* prominence, distinction 2361

destinado *aj* meant for, destined 1686

destinar *v* to be geared to, earmarked for 2329

destino *nm* destination 979

destruição *nf* destruction 2313

destruir *v* to destroy 1119

desvantagem *nf* disadvantage 4526

desviar *v* to avert, deviate, take a detour 2070

desvio *nm* detour, redirection 2714

detalhado *aj* detailed 4760

detalhe *nm* detail 1411

detectar *v* to detect 3617

detective *nc* detective 4878

detenção *nf* arrest, detention 4893

deter *v* to arrest, detain 1371

determinação *nf* determination 2288

determinado *aj* determined, certain 926

determinante *aj* determining, decisive 3506

determinar *v* to determine 669

detestar *v* to detest 4844

detrás *av* behind 3727

deus *nm* god 281

devagar *av* slowly, slow 3933

devedor *nm* debtor [BP] 4188

dever *v* must, should, to owe 57

dever *nm* duty 2830

devidamente *av* duly, rightfully 3421

devido *aj* due to, owing to 2276

devolver *v* to return (something) 2203

devorar *v* to devour 4901

dez *num* ten 371

dezena *nf* set of ten 2176

dezoito *num* eighteen 3269

dia *nm* day 51

dia-a-dia *nm* everyday life, day to day 4392

diabo *nm* devil 2645

diagnóstico *na* diagnosis, diagnostic 3113

diálogo *nm* dialogue 1143

diamante *nm* diamond 3299

diante *av* (em d.) from then on; in front of 577

diariamente *av* daily 3327

diário *na* diary, journal, daily 1017

dicionário *nm* dictionary 3235

didáctico *na* teaching, didactic 4444

diferença *nf* difference 506

diferenciado *aj* different (type of) 4197

diferenciar *v* to differentiate 4250

diferente *aj* different 205

diferir *v* to differ, be different from 4606

difícil *aj* difficult 333

dificilmente *av* hardly, barely 3153

dificuldade *nf* difficulty 445

dificultar *v* to make difficult 3242

difundir *v* to spread, broadcast 4477

difusão *nf* spreading, diffusion 4408

digital *aj* digital 2600

dignidade *nf* dignity, worthiness 2685

digno *aj* worthy 3010

diligência *nf* diligence 4263

dimensão *nf* dimension 1435

diminuição *nf* decrease, diminishing 3106

diminuir *v* to go down, diminish, reduce 1079

dinâmica *nf* change, dynamics 2796

dinheiro *nm* money 301

diploma *nm* diploma 3472

diplomata *nm* diplomat 4231

diplomático *aj* diplomatic 3080

direcção *nf* direction 369

directamente *av* directly 1234

directo *aj* direct 831

director *nm* director 487

directoria *nf* directors (organization) [BP] 3179

direito *na* right, law 146

dirigente *na* leader, director, directing 2322

dirigir *v* to direct, drive, conduct 485

disciplina *nf* discipline 1426

disciplinar *v* to discipline 3874

discípulo *nm* disciple 3914

disco *nm* record, disc 826

discordar *v* to disagree 4270

discreto *aj* discrete 2981

discriminação *nf* discrimination 4425

discurso *nm* speech, discourse 761

discussão *nf* discussion, debate 778

discutir *v* to discuss, dispute 518

disfarçar *v* to disguise, pretend 3810

disparar *v* to fire (weapon) 2425

dispensar *v* to dismiss, give up, dispense 2407

dispersar *v* to disperse, scatter 3653

disponibilidade *nf* availability 3351

disponível *aj* available 1623

dispor *v* to possess, have, use 899

disposição *nf* willingness, disposition 1251

dispositivo *nm* device, gadget 3066

disposto *aj* willing, arranged 1424

disputa *nf* dispute 2182

disputar *v* to compete, dispute 1792

dissolver *v* to dissolve 3534

distância *nf* distance 952

distanciar *v* to distance 4414

distante *aj* distant 1570

distinção *nf* distinction 2648

distinguir *v* to distinguish 1530

distinto *aj* distinct, distinctive 1812

distrair *v* to distract 4245

distribuição *nf* distribution 1651

distribuir *v* to distribute 1357

distrital *aj* relating to a district [EP] 4681

distrito *nm* district 1484

ditador *nm* dictator 4672

ditadura *nf* dictatorship 2374

ditar *v* to dictate 3926

divergência *nf* disagreement, divergence 3528

diversão *nf* amusement, diversion 4341

diversidade *nf* diversity 3483

diverso *aj* diverse, several (pl) 494

divertir *v* to have fun, entertain 2816

dívida *nf* debt 1003

dividir *v* to divide 654

divino *aj* divine 2544

divisa *nf* border, money (EP) 4943

divisão *nf* division 1297

divórcio *nm* divorce 4354

divulgação *nf* publication, spread, reporting 2237

divulgar *v* to make known, publicize 2011

dizer *v* to tell, say 34

doação *nf* donation 3761

doar *v* to bequeath, donate 3689

dobrar *v* to fold, double 2075

dobro *nm* twice the amount, double 4371

doce *na* sweet, candy 1163

docente *nm* faculty member, educator 4218

documentação *nf* documentation 4537

documentário *na* documentary 4271

documento *nm* document 1034

doença *nf* illness 563

doente *na* sick (person) 769

doer *v* to hurt 4239

doido *na* crazy (person) 4155

dois *num* two 42

dólar *nm* dollar 1708

doloroso *aj* painful, hurtful 3595

dom *nm* gift, honorific title 1889

doméstico *na* domestic (servant) 1544

dominante *aj* dominant 2718

dominar *v* to dominate 1030

domingo *nm* Sunday 1928

domínio *nm* dominion, domain, dominance 1029

dona *nf* Mrs, madam, owner 1630

dono *nm* owner, boss 1124

dor *nf* pain 1104

dormir *v* to sleep 1315

dose *nf* dose 3107

dotado *aj* endowed, gifted 3611

dotar *v* to endow, provide 3310

dourado *aj* golden, gilded 2822

doutor *nm* doctor 533

doutrina *nf* doctrine 2863

doze *num* twelve 1457

drama *nm* drama 1943

dramático *aj* dramatic 2072

droga *nf* drug 1554

dupla *nf* pair, set of two 2598

duplo *aj* dual, double 2905

duque *nm* duke 2728

duração *nf* duration 2919

durante *prp* during, for (time) 132

durar *v* to last 905

duro *aj* hard 1209

dúvida *nf* doubt 526

duvidar *v* to doubt 3193

duzentos *num* two hundred 2652

dúzia *nf* dozen 3192

Ee

e *cj* and 4

eco *nm* echo 3590

ecológico *aj* ecological 4182

economia *nf* economy 702

económico *aj* economic 548

economista *nc* economist 3512

edição *nf* edition 1529

edificação *nf* building, construction, edification 4926

edificar *v* to build, edify 4979

edifício *nm* building, edifice 1043

edital *na* public notice, relating to editing [BP] 4980

editar *v* to edit, publish 3370

editor *nm* editor 2684

editora *nf* publishing house 2566

editorial *na* editorial 4576

educação *nf* education 543

educacional *aj* educational 4738

educado *aj* polite, well-mannered, educated 3638

educar *v* to educate 3998

educativo *aj* educational 3539

efectivamente *av* in fact, effectively 2210

efectivo *na* effective, strength, assets 2289

efectuar *v* to put into action, take place, perform 2531

efeito *nm* effect 454

eficácia *nf* effectiveness 3335

eficaz *aj* effective 2502

eficiência *nf* efficiency 3111

eficiente *aj* efficient 2934

eh *i* hey 3964

eixo *nm* dividing line, axle, axis 2185

ela *pn* she, it (her in BP) 48

elaboração *nf* preparation, elaboration 3054

elaborado *aj* planned, created, mapped out 2713

elaborar *v* to create, elaborate 2686

ele *pn* he, it (him in BP) 25

electricidade *nf* electricity 2959

eléctrico *aj* electric 997

electrónico *aj* electronic 1740

elefante *nm* elephant 4266

elegante *aj* elegant 3627

eleger *v* to elect, choose 1005

eleição *nf* election 554

eleitor *nm* voter 3224

eleitorado *nm* electorate 4780

eleitoral *aj* electoral 1393

elementar *aj* elementary 4101

elemento *nm* element 461

elenco *nm* troupe, list, index 4075

elevação *nf* rising, elevation, ascent 3755

elevado *aj* high, elevated 1248

elevador *nm* elevator 4706

elevar *v* to raise, elevate 1815

eliminação *nf* elimination 4302

eliminar *v* to eliminate 2027

elite *nf* elite 3545

elogiar *v* to praise, compliment 4151

elogio *nm* compliment, praise 3435

em *prp* in, on 3

embaixada *nf* embassy 3682

embaixador *nm* ambassador 2440

embaixo *av* under, beneath, underneath [BP] 4454

embalagem *nf* container, wrapping 4033

embarcação *nf* boat, ship 3538

embarcar *v* to embark 3415

embora *cj* although, even though 204

embrião *nm* embryo 4870

emenda *nf* amendment [BP] 2853

emergência *nf* emergency 2985

emergir *v* to emerge 3589

emigrante *nc* emigrant [EP] 4145

emigrar *v* to emigrate 4779

emissão *nf* emission 2845

emissora *nf* network (TV and radio) 4002

emitir *v* to emit, issue, broadcast 2010

emoção *nf* emotion 1376

emocional *aj* emotional 3831

empenhar *v* to strive, get involved 3135

empenho *nm* dedication, effort, focus 3889

empreender *v* to undertake 4510

empreendimento *nm* undertaking, venture 2831

empregado *na* employee, employed 1400

empregar *v* to employ 1187

emprego *nm* job, work, employment 677

empresa *nf* company, firm, business 356

empresarial *aj* related to a company 3001

empresário *nm* entrepreneur, business owner 1811

emprestar *v* to lend, loan 2122

empréstimo *nm* loan 2125

empurrar *v* to push 2578

encaixar *v* to fit (in or together), belong 4670

encaminhar *v* to direct, put on the right path 1677

encantar *v* to fascinate, cast a spell on 4936

encanto *nm* enchantment, fascination 4162

encarar *v* to face 1224

encargo *nm* responsibility, duty, job 3321

encarnado *aj* incarnate, in the flesh 4809

encarregado *aj* in charge, responsible 4933

encarregar *v* to put in charge of, entrust 2317

encerramento *nm* closing 4095

encerrar *v* to close, end 1738

encher *v* to fill 1578

encolher *v* to shrug 4951

encomenda *nf* order, package 3148

encomendar *v* to order, commission 3399

encontrar *v* to find, meet 103

encontro *nm* encounter, meeting, date 675

encosta *nf* slope, hillside 3866

encostado *aj* leaning, resting on 4818

encostar *v* to rest, lean, place against 4285

endereço *nm* address 3333

energético *aj* of energy, energetic 4500

energia *nf* energy 671

ênfase *nf* emphasis 3971

enfermeiro *nm* nurse 2488

enfiar *v* to put into or through 3658

enfim *av* in the end, finally, in short 1263

enfrentar *v* to face, confront 948

enganar *v* to trick, deceive 2318

engano *nm* mistake, error, deceit 3604

engenharia *nf* engineering 1823

engenheiro *nm* engineer 1111

engenho *nm* engine, sugar mill 3270

englobar *v* to encompass 4496

engolir *v* to swallow 3585

engraçado *aj* funny 3523

enorme *aj* enormous 531

enquadrar *v* to fall into, fit into, abide by 4488

enquanto *av* while 193

enriquecer *v* to make or become rich, enrich 3105

enrolar *v* to roll up, complicate 3194

ensaiar *v* to practice, rehearse 4659

ensaio *nm* rehearsal, practice 1860

ensinamento *nm* teaching 4376

ensinar *v* to teach 942

ensino *nm* education, teaching 1054

entanto *av* however, even though 412

então *av* then, so 72

ente *nm* being, person 4452

entender *v* to understand 248

entendimento *nm* understanding 2147

enterrar *v* to bury 2570

enterro *nm* burial 4345

entidade *nf* entity 1342

entrada *nf* entrance, entryway 725

entrar *v* to come in, enter 148

entre *prp* between, among 50

entrega *nf* delivery 2582

entregar *v* to deliver, give 690

entretanto *av* meanwhile, however 844

entrevista *nf* interview 1132

entusiasmo *nm* enthusiasm 2729

envelhecer *v* to grow old 4391

envergonhar *v* to be ashamed (+se) 4884

enviar *v* to send 1130

envolver *v* to involve 562

envolvido *aj* involved 2024

envolvimento *nm* involvement 3266

enxergar *v* to catch sight of, make out 3724

epidemia *nf* epidemic 4960

episódio *nm* episode 1722

época *nf* time period, epoch 285

equação *nf* equation 4804

equilibrado *aj* balanced 3632

equilibrar *v* to balance 4000

equilíbrio *nm* balance, equilibrium 1521

equipa *nf* team [EP] 1788

equipado *aj* equipped 4700

equipamento *nm* equipment 1095

equipe *nf* team [BP] 1955

equivalente *na* equivalent 2829

equivaler *v* to be equivalent 4495

equívoco *nm* error, equivocal 4561

erguer *v* to erect, raise up, support 2248

errado *aj* wrong 3597

errar *v* to err, make a mistake 1405

erro *nm* mistake, error 655

erudito *aj* educated, scholarly, learned 4214

erva *nf* herb 2040

escada *nf* stair, staircase 2692

escala *nf* scale 1781

escalar *v* to scale, climb 3719

escândalo *nm* scandal 1972

escapar *v* to escape 1504

escasso *aj* scarce 3123

esclarecer *v* to clear up, clarify 1650

esclarecimento *nm* clarification, explanation 3936

escocês *na* Scottish 4607

escola *nf* school 237

escolar *aj* relating to school 2499

escolha *nf* choice 851

escolher *v* to choose 414

esconder *v* to hide 1310

escondido *aj* hidden 4299

escorrer *v* to trickle, drain, drip 4876

escravo *nm* slave 2053

escrever *v* to write 196

escrita *nf* writing 1606

escrito *na* writings, written 2129

escritor *nm* author, writer 590

escritório *nm* office 1634

escritura *nf* scriptures, legal document 3869

escudo *nm* shield, old Portuguese coin [EP] 1680

escultor *nm* sculptor 3780

escultura *nf* sculpture 3226

escuridão *nf* darkness 4969

escuro *aj* dark 1423

escutar *v* to listen 2306

esfera *nf* sphere, area of influence 2855

esforçar *v* to strive, try hard 3877

esforço *nm* effort 644

esfregar *v* to rub, scrub 3223

esgotar *v* to exhaust (supplies), deplete 2399

esgoto *nm* sewage 4158

esmagar *v* to crush, smash 3372

espacial *aj* space, spatial 3508

espaço *nm* space, room 318

espada *nf* sword 3250

espalhar *v* to spread 1458

espanhol *na* Spanish 980

espantar *v* to surprise 3661

espanto *nm* surprise, wonder, fright 4202

espantoso *aj* shocking, surprising 4463

especial *aj* special 433

especialidade *nf* specialty 3615

especialista *nm* specialist 1813

especialização *nf* specialization 4493

especializado *aj* specialized 2195

especializar *v* to specialize in (+se) 791

especialmente *av* especially 1245

espécie *nf* type, species, kind 295

especificamente *av* specifically 3883

especificar *v* to specify 4422

específico *aj* specific 1581

espetacular *aj* spectacular 4534

espetáculo *nm* show, spectacular, spectacle 748

espectador *nm* spectator 2356

espectro *nm* spectrum, specter 4012

especulação *nf* speculation 4129

espelho *nm* mirror 2105

espera *nf* wait, expectation 1287

esperança *nf* hope 1141

esperar *v* to wait, hope, expect 256

espesso *aj* thick, dense, opaque 4515

espingarda *nf* shotgun 4777

espinha *nf* spine, fish bone, acne 4564

espinho *nm* thorn 4563

espírito *nm* spirit 460

espiritual *aj* spiritual 2280

espontâneo *aj* spontaneous 3293

esporte *nm* sport [BP] 2636

esportivo *aj* sporting, sport [BP] 3970

esposa *nf* wife 1885

espreitar *v* to peek, pry 4486

esquecer *v* to forget 793

esquecido *aj* forgotten 4930

esquecimento *nm* forgetfulness 4535

esqueleto *nm* skeleton 4565

esquema *nm* scheme 1975

esquerda *nf* left (direction) 628

esquerdo *aj* left (direction) 2561

esquina *nf* corner 3196

esquisito *aj* strange 3480

esse *aj* that 26

essência *nf* essence 2621

essencial *aj* essential 1272

essencialmente *av* essentially 2761

estabelecer *v* to establish 641

estabelecido *aj* established 3645

estabelecimento *nm* establishment 1750

estabilidade *nf* stability 2086

estabilização *nf* stability, stabilization 4712

estação *nf* season, station 1049

estacionamento *nm* parking 4803

estacionar *v* to park 4727

estádio *nm* stadium, stage 2763

estado *nm* state, condition 108

estadual *aj* relating to the state [BP] 1862

estágio *nm* stage, internship 2540

estar *v* to be (change from norm) 18

estatal *aj* relating to the state 3032

estatística *nf* statistic, statistics 3826

estatístico *na* statistical, statistician 3644

estátua *nf* statue 2710

estatuto *nm* statute 1982

estável *aj* stable 3028

este *aj* this 23

estender *v* to extend, stretch 990

estética *nf* aesthetics, beauty 2135

estético *aj* aesthetic, elegant 4040

estilo *nm* style 699

estimar *v* to estimate, esteem 1571

estimativa *nf* estimate 4020

estimular *v* to stimulate 1993

estímulo *nm* stimulus, stimulant 2472

estômago *nm* stomach 3133

estoque *nm* stock [BP] 3953

estrada *nf* highway, road 591

estragar *v* to ruin, go bad, spoil 4587

estrago *nm* damage, destruction 4462

estrangeiro *na* foreigner, stranger, foreign 439

estranhar *v* to find strange, be surprised 4703

estranho *aj* strange, uncommon 1153

estratégia *nf* strategy 1388

estratégico *aj* strategic 2063

estrear *v* to premiere, inaugurate 2897

estreia *nf* debut, premiere 3026

estreito *na* straight, narrow, strait (water) 1535

estrela *nf* star 924

estrutura *nf* structure 815

estrutural *aj* structural 2615

estudante *nc* student 929

estudar *v* to study 338

estúdio *nm* studio 3164

estudioso *na* studious, scholar, erudite 4747

estudo *nm* study 419

estúpido *na* stupid, brute 4981

esvaziar *v* to empty 4815

etapa *nf* phase, stage 2059

eterno *aj* eternal 2483

ética *nf* ethics 2605

étnico *aj* ethnic 3813

eu *pn* I (OBJ = me) 32

europeu *na* European 638

evento *nm* event 1991

eventual *aj* eventual 2408

eventualmente *av* eventually 3498

evidência *nf* evidence 2732

evidenciar *v* to become noted for, stand out 4102

evidente *aj* evident 1140

evidentemente *av* evidently 2564

evitar *v* to avoid 545

evocar *v* to evoke 4287

evolução *nf* evolution 1200

evoluir *v* to evolve 2333

exactamente *av* exactly 695

exacto *aj* exact 1534

exagerado *aj* exaggerated 4290

exagero *nm* exaggeration 4630

exame *nm* exam 1212

examinar *v* to examine 2413

exceder *v* to exceed 3894

excelência *nf* excellence 3035

excelente *aj* excellent 1363

excepção *nf* exception 1354

excepcional *aj* exceptional 3584

excepto *prp* except 2970

excessivo *aj* excessive 2151

excesso *nm* excess 1727

excluir *v* to exclude 2521

exclusão *nf* exclusion 4369

exclusivamente *av* exclusively 1969

exclusivo *aj* exclusive 2352

execução *nf* execution 1971

executar *v* to carry out, execute 1488

executivo *na* executive (branch) 1394

exemplar *na* copy, exemplary 3599

exemplo *nm* example 126

exercer *v* to exert, exercise 904

exercício *nm* exercise 1275

exército *nm* army 803

exibição *nf* showing, exhibition 3660

exibir *v* to exhibit, display 1817

exigência *nf* demand, requirement 1664

exigente *aj* demanding 4484

exigir *v* to require, demand 576

exílio *nm* exile 3198

existência *nf* existence 726

existente *aj* existing 1726

existir *v* to exist 127

êxito *nm* success 1818

expandir *v* to expand 3125

expansão *nf* expansion, expanse 1904

expectativa *nf* expectation 1330

expedição *nf* expedition 3188

expediente *nm* business hours, escape from problem 4956

experiência *nf* experience 388

experimental *aj* experimental 3470

experimentar *v* to experiment, try (something) out 1528

experimento *nm* experiment [BP] 4896

explicação *nf* explanation 1286

explicar *v* to explain 352

explícito *aj* explicit 4455

explodir *v* to explode 3283

exploração *nf* exploration, exploitation 1893

explorar *v* to exploit, explore 1407

explosão *nf* explosion 2208

explosivo *na* explosive 4400

expor *v* to exhibit, expose 1323

exportação *nf* exportation 2191

exportar *v* to export 3665

exposição *nf* exposition, display 880

exposto *aj* displayed, exposed 3296

ex-presidente *nm* ex-president 4687

expressão *nf* expression 665

expressar *v* to express 2913

expressivo *aj* expressive 3090

expresso *aj* expressed 1976

exprimir *v* to express 2460

expulsão *nf* expulsion 4134

expulsar *v* to expel 2577

extensão *nf* extension, extent 1772

extenso *aj* extensive 3276

exterior *na* outside, exterior 932

externo *aj* external 1356

extinção *nf* extinction 3268

extinguir *v* to extinguish 3395

extinto *aj* extinct, extinguished 2874

extra *aj* extra, added 4553

extracção *nf* extraction 4683

extrair *v* to extract 2859

extraordinário *aj* extraordinary 1279

extremamente *av* extremely 1583

extremidade *nf* end, edge 4024

extremo *na* extreme 1268

Ff

fábrica *nf* factory 999

fabricação *nf* manufacturing, production 4332

fabricante *nm* manufacturer, producer 3596

fabricar *v* to manufacture 1931

fabrico *nm* production [EP] 3968

faca *nf* knife 3287

facção *nf* faction 4714

face *nf* face, surface 666

fachada *nf* facade, appearance 3374

fácil *aj* easy 573

facilidade *nf* ease 1800

facilitar *v* to facilitate, ease 1621

facilmente *av* easily 1909

facto *nm* fact 165

factor *nm* factor 1223

faculdade *nf* college, faculty 927

fado *nm* Portuguese musical genre, fate [EP] 3390

faixa *nf* strip, section, band 1442

fala *nf* speech 1438

falar *v* to speak, talk 95

falecer *v* to pass away, die 2545

falecido *aj* deceased 4550

falência *nf* bankruptcy, failure 3677

falha *nf* flaw, fault, failure 1769

falhar *v* to fail 2250

falso *aj* false 1531

falta *nf* lack 327

faltar *v* to lack, miss, not be present 755

fama *nf* fame, reputation 2415

família *nf* family 188

familiar *na* familiar, of the family, family member 841

famoso *aj* famous 1185

fantasia *nf* fantasy 2667

fantasma *nm* ghost 2920

fantástico *aj* fantastic 2036

farinha *nf* flour 2239

farmacêutico *na* pharmaceutical, pharmacist 4206

farmácia *nf* pharmacy 3789

fase *nf* phase 674

fatal *aj* fatal 3713

fatia *nf* share, slice, piece 4485

fauna *nf* fauna 4843

favela *nf* slum, ghetto [BP] 3787

favor *nm* favor 657

favorável *aj* favorable, in favor 1926

favorecer *v* to favor 2543

favorito *na* favorite, preferred 4123

fazenda *nf* farm, fabric (EP) 1051

fazendeiro *nm* farmer 4274

fazer *v* to do, make 21

fé *nf* faith 1322

febre *nf* fever 1894

fechado *aj* closed 1837

fechar *v* to shut, close 455

fecho *nm* bolt, latch, clasp, lock 4506

federação *nf* federation 2028

federal *aj* federal [BP] 1060

feição *nf* feature, appearance 3501

feijão *nm* bean 2535

feio *aj* ugly 3149

feira *nf* fair, open-air market 1436

feitio *nm* personality, temperament, feature 4996

feixe *nm* shaft, ray (light), bundle 4424

felicidade *nf* joy, happiness 2153

feliz *aj* happy 1373

felizmente *av* fortunately, happily 3213

fêmea *nf* female 2745

feminino *aj* female, feminine 1339

fenómeno *nm* phenomenon 1237

fera *nf* wild animal, beast 4865

féria *nf* vacation, holidays 1656

ferido *na* wound, wounded 2161

ferimento *nm* wound 4743

ferir *v* to wound, hurt 1744

feroz *aj* fierce, ferocious 3863

ferramenta *nf* tool 2664

ferro *nm* iron 730

fértil *aj* fertile 4426

ferver *v* to boil 4295

festa *nf* party, celebration 805

festival *nm* festival 2348

feto *nm* fetus 4841

fiar *v* to spin (cloth), trust 3701

fibra *nf* fiber 3097

ficar *v* to stay, be located, get ADJ 56

ficção *nf* fiction 2051

ficha *nf* form, slip, card 3720

fidalgo *na* noble, rich, aristocratic 4373

fidelidade *nf* loyalty, faithfulness, fidelity 3948

fiel *aj* faithful 1678

fígado *nm* liver 3648

figura *nf* figure, chart, character 443

figurar *v* to represent, look like 3195

fila *nf* line, row, series 2375

fileira *nf* row, rank 4383

filha *nf* daughter 468

filho *nm* son, children (PL) 143

filmar *v* to film 3643

filme *nm* movie, film 472

filosofia *nf* philosophy 1186

filosófico *aj* philosophical 2794

filósofo *nm* philosopher 2573

fim *nm* purpose, end 168

final *na* ending, end, final 291

finalidade *nf* objective, purpose, end 2937

finalizar *v* to conclude, wrap up 2806

finalmente *av* finally 1073

finanças *nf* finance 2449

financeiro *aj* financial 908

financiamento *nm* financing 2292

financiar *v* to fund, finance 2559

findar *v* to end, finalize 4863

fingir *v* to pretend, fake 3721

fino *aj* fine, thin 1220

fio *nm* strand, wire 1150

firma *nf* firm (business) 2996

firmar *v* to sign, settle, fix 2673

firme *aj* firm 2438

firmeza *nf* steadiness, firmness 4917

fiscal *na* fiscal, customs inspector 1462

fiscalização *nf* inspection 3078

fiscalizar *v* to regulate, inspect, supervise 4208

física *nf* physics 3037

físico *na* physical, physicist 855

fita *nf* tape, ribbon 1479

fixação *nf* stability, settlement 4657

fixar *v* to establish, fix (onto) 866

flagrante *aj* flagrant 4748

flanco *nm* flank 4802

flauta *nf* flute 4922

flexível *aj* flexible 4232

flor *nf* flower 1203

floresta *nf* forest 1468

florestal *aj* relating to the forest 3946

fluido *nm* fluid 4324

fluir *v* to flow 4812

flutuar *v* to float, fluctuate 4386

fluxo *nm* flux, flow 2656

foco *nm* focus, epicenter 2730

fogo *nm* fire 836

fogueira *nf* bonfire 3893

foguete *nm* firework, rocket, fast train 3705

fôlego *nm* breath 4827

folha *nf* sheet (of paper), page, leaf 1278

fome *nf* hunger, famine 1349

fonte *nf* source, fountain 696

força *nf* force, power, strength 186

forçado *aj* obligated, forced 2574

forçar *v* to force 1801

forma *nf* form, way 97

formação *nf* formation, graduation 637

formal *aj* formal 2190

formar *v* to create, form, graduate 340

formato *nm* format, form 3264

formiga *nf* ant 4184

formoso *aj* beautiful, attractive 4358

fórmula *nf* formula 1648

formular *v* to formulate 2716

fornecedor *nm* provider 2991

fornecer *v* to provide, supply 1467

fornecimento *nm* supply, furnishing 3875

forno *nm* oven 1612

foro *nm* court 4355

fortalecer *v* to strengthen 4177

fortaleza *nf* fortress, fort 2096

forte *na* strong, stronghold 265

fortemente *av* strongly 2852

fortuna *nf* fortune 2694

fórum *nm* court, forum 3732

fósforo *nm* match 4301

fóssil *nm* fossil 4929

foto *nf* photo 1775

fotografar *v* to photograph 3742

fotografia *nf* photograph, photography 910

fotográfico *aj* photographic 3410

fotógrafo *nm* photographer 2695

foz *nf* mouth of a river 3076

fracassar *v* to fail 4793

fracasso *nm* failure 2975

fracção *nf* fraction, bit 4575

fraco *aj* weak 1219

frade *nm* friar 4465

frágil *aj* fragile 3334

fragmento *nm* fragment 3456

francês *na* French 535

franco *aj* honest, frank 2519

frango *nm* young chicken, cooked chicken 2785

fraqueza *nf* weakness 3220

frase *nf* phrase 1088

fraude *nf* fraud 3882

freguesia *nf* municipality, clientele [EP] 1655

frei *nm* friar 2899

frente *nf* front 230

frequência *nf* frequency, rate 1674

frequentar *v* to attend 1602

frequente *aj* common, frequent 2298

frequentemente *av* frequently 2479

fresco *aj* cool, fresh 2388

frio *na* cold 753

fronteira *nf* border, frontier 1155

frota *nf* fleet 3409

fruta *nf* fruit 1888

fruto *nm* fruit 1199

fuga *nf* escape, flight (fugitive) 1821

fugir *v* to flee, run away 598

fumaça *nf* smoke 4216

fumar *v* to smoke 2904

fumo *nm* smoke 2530

função *nf* function 375

funcional *aj* functional 3990

funcionamento *nm* operation, functioning 1835

funcionar *v* to function 635

funcionário *nm* employee, worker 888

fundação *nf* foundation, founding 1851

fundado *aj* based, founded 3815
fundador *na* founder, founding 2672
fundamental *aj* fundamental, basic 1050
fundamentalmente *av* basically, fundamentally 4068
fundamento *nm* basis, foundation 2757
fundar *v* to found 2058
fundir *v* to smelt, melt 3576
fundo *nm* bottom, rear, fund 257
furar *v* to penetrate, make a hole 4179
fúria *nf* fury, wrath 4766
furioso *aj* sharp, furious 4551
furtar *v* to steal 4619
fusão *nf* merger, fusion 3009
futebol *nm* soccer 1066
futuro *nm* future 325

Gg

gabinete *nm* office, cabinet 1525
gado *nm* cattle 1168
galego *na* Galician 3786
galeria *nf* gallery 1978
galho *nm* branch 4470
galinha *nf* hen, chicken 2198
galo *nm* rooster 3562
ganhar *v* to win, earn, gain 252
ganho *na* earnings, profits, gained 2008
garantia *nf* warranty, guarantee 1316
garantir *v* to guarantee 582
garganta *nf* throat 3586
garota *nf* girl 4292
garoto *nm* young boy 2701
garrafa *nf* bottle 2704
gás *nm* gas 1395
gasolina *nf* gasoline 2462
gastar *v* to spend, waste 1270
gasto *nm* expenditure 1911
gato *nm* cat 1691
gaúcho *nm* Sam cowboy; from Rio Grande do Sul [BP] 3145
gaveta *nf* drawer 4310
gelado *na* cold, chilled, ice-cream 4243
gelo *nm* ice 2595
gémeo *na* twin 4291
gene *nm* gene 3834
general *na* general 1080
generalizado *aj* widespread, generalized 3778
genérico *aj* generic 4106
género *nm* kind, type, genus 656
generoso *aj* generous 3702

genético *aj* genetic 3511
génio *nm* temperament 3368
genro *nm* son-in-law 4043
gente *nf* people, we/us (BP) 283
geografia *nf* geography 3568
geográfico *aj* geographic 2818
geração *nf* generation 683
gerador *nm* generator 4721
geral *aj* general 229
geralmente *av* generally, usually 1433
gerar *v* to create, generate 1069
gerente *nm* manager 3616
gerir *v* to manage, direct, guide 3474
gestão *nf* management, administration 1609
gesto *nm* gesture 1831
gestor *nm* manager 4838
gigante *na* giant 2635
gigantesco *aj* gigantic 3662
ginásio *nm* middle school (BP), gymnasium 4467
ginástica *nf* gymnastics 4912
girar *v* to spin, turn, rotate 2454
giro *nm* (take a) walk, return 4816
global *aj* global 2290
globalização *nf* globalization 4662
globo *nm* globe 1764
glória *nf* glory 1941
gol *nm* soccer goal [BP] 3955
golfo *nm* gulf (of water) 4156
golo *nm* goal (soccer, football) [EP] 3389
golpe *nm* coup, hit, blow 1236
gordo *aj* fat, thick 2206
gordura *nf* fat, grease 3215
gostar *v* to like 423
gosto *nm* taste, preference 968
gota *nf* drop (liquid) 3481
gótico *aj* gothic 4540
governador *nm* governor 887
governamental *aj* governmental 2826
governante *na* governor, politician, governing 3089
governar *v* to govern, rule 1537
governo *nm* government 113
gozar *v* to enjoy, take pleasure 2758
gozo *nm* pleasure, joy, enjoyment 4881
graça *nf* thanks (PL), grace 529
grade *nf* bars, railing 4246
gráfico *na* graph, graphic 2517
grama *nmf* grass (F), gram (M) 3342
gramática *nf* grammar 4091
grande *aj* big, grand, great 45

grandeza *nf* greatness, amplitude 2606

grão *nm* grain 2102

gratuito *aj* free of charge 3294

grau *nm* degree 1108

gravação *nf* recording 2850

gravar *v* to record, engrave 1321

gravata *nf* necktie 4855

grave *aj* grave, serious 734

grávida *aj* pregnant 3910

gravidade *nf* severity, gravity 2637

gravidez *nf* pregnancy 3569

gravura *nf* painting, picture 3072

grego *na* Greek 1721

greve *nf* strike 2109

grilo *nm* cricket 4497

gripe *nf* cold, flu 4958

gritar *v* to yell, shout 2630

grito *nm* shout, scream, yell 2670

grosseiro *aj* crude, coarse, rude 4610

grosso *aj* thick, coarse, rude 1061

grupo *nm* group 154

gruta *nf* cave, grotto 4010

guarda *nf* guard, care 547

guardar *v* to keep, guard, put away 1059

guerra *nf* war 241

guerreiro *nm* warrior 2571

guerrilha *nf* guerilla warfare 3297

guerrilheiro *nm* guerilla (military) 3222

guia *nc* guide 2443

guiar *v* to guide, lead 2546

guitarra *nf* guitar 2924

Hh

habilidade *nf* skill, ability 2870

habitação *nf* home, dwelling place, habitat 2266

habitante *nc* inhabitant 1508

habitar *v* to inhabit 2458

hábito *nm* habit 1117

habituado *aj* used to, accustomed 3649

habitual *aj* familiar, customary 2222

habitualmente *av* usually, habitually 3500

habituar *v* to get used to (+se) 3993

harmonia *nf* harmony 2451

haver *v* "there is", to have 29

hectare *nm* hectare 3853

helicóptero *nm* helicopter 4492

herança *nf* heritage, inheritance 2188

herdar *v* to inherit 2717

herdeiro *nm* heir 2663

herói *nm* hero 1579

heróico *aj* heroic 4658

hesitar *v* to hesitate 3543

hierarquia *nf* hierarchy 3252

higiene *nf* hygiene 4097

hino *nm* anthem, hymn 4520

hipótese *nf* hypothesis 894

história *nf* story, history 153

historiador *nm* historian 2910

histórico *aj* historic, historical 754

hoje *n/av* today 99

holandês *na* Dutch 2622

homem *nm* man 79

homenagear *v* to pay homage to, honor 4644

homenagem *nf* homage, honor 1850

homicídio *nm* murder, homicide 4655

homossexual *na* homosexual 4475

honesto *aj* honest 3817

honra *nf* honor 1575

honrar *v* to honor 4785

hora *nf* hour 155

horário *nm* business hours, schedule, hours 1771

horizontal *aj* horizontal 4459

horizonte *nm* horizon 1335

horrível *aj* horrible 4077

horror *nm* horror, fear 2725

horta *nf* vegetable garden 2677

hospital *nm* hospital 779

hospitalar *aj* relating to a hospital 4099

hostil *aj* hostile 4626

hostilidade *nf* hostility 4340

hotel *nm* hotel 1699

humanidade *nf* humanity 1591

humano *na* human 278

humidade *nf* humidity, moisture 4718

húmido *aj* humid, moist 4248

humilde *aj* humble 3782

humor *nm* humor, mood 2235

Ii

ibérico *na* Iberian 4457

ida *nf* (outbound) trip, departure 3366

idade *nf* age 406

ideal *na* ideal 884

ideia *nf* idea 177

idêntico *aj* identical 1952

identidade *nf* identity 1709

identificação *nf* identification 2705

identificar *v* to identify 1038

ideologia *nf* ideology 3206

ideológico *aj* ideological 2932

idioma *nm* language 4008

idiota *na* idiot, idiotic 4982

ídolo *nm* idol 4609

idoso *aj* elderly, aged 3348

ignorância *nf* ignorance 3416

ignorar *v* to ignore 1751

igreja *nf* church 339

igual *aj* equal 442

igualdade *nf* equality, parity 2849

igualmente *av* also, equally, likewise 1451

ilegal *aj* illegal 3392

ilha *nf* island 747

iludir *v* to deceive, delude 4972

iluminação *nf* lighting, illumination 2974

iluminar *v* to illuminate 3043

ilusão *nf* illusion 2359

ilustração *nf* illustration 4474

ilustrar *v* to illustrate 3146

ilustre *aj* illustrious 3980

imagem *nf* image 284

imaginação *nf* imagination 2160

imaginar *v* to imagine 700

imaginário *aj* imaginary 3151

imediatamente *av* immediately 1133

imediato *aj* immediate 1086

imenso *aj* immense 1106

imigrante *nc* immigrant 3925

imitar *v* to imitate 3298

imobiliário *na* relating to real-estate 4259

imóvel *na* real-estate, immobile 1506

impacto *nm* impact 2121

impedir *v* to impede, prevent 746

imperador *nm* emperor 2378

imperial *aj* imperial 3716

império *nm* empire 1406

implantação *nf* implementation, implantation 3338

implantar *v* to initiate, implant 3259

implementação *nf* implementation 4768

implicar *v* to involve, imply 1620

impor *v* to impose, enforce 879

importação *nf* importing 2868

importância *nf* importance 450

importante *aj* important 207

importar *v* to be interested in, care, import 872

imposição *nf* imposition 3678

impossibilidade *nf* impossibility 4226

impossível *aj* impossible 925

imposto *nm* tax, imposed 1021

imprensa *nf* press 1055

impressão *nf* impression, printing 893

impressionante *aj* impressive, impressing 4329

impressionar *v* to impress 3093

impresso *aj* printed 2918

imprimir *v* to print, mark, influence 4141

improvisar *v* to improvise 2520

impulso *nm* impulse, impetus 2145

inauguração *nf* inauguration 4538

inaugurar *v* to inaugurate, start 2680

incapacidade *nf* inability 4192

incapaz *aj* incapable 2403

incêndio *nm* fire 2211

incentivar *v* to encourage, motivate 3704

incentivo *nm* incentive 2867

incerteza *nf* uncertainty 3861

incerto *aj* uncertain, unsure 4518

incidência *nf* incidence 4975

incidente *nm* incident 2609

incidir *v* to focus on, fall upon, occur 4100

inclinar *v* to lean, incline 4036

incluir *v* to include 784

inclusão *nf* inclusion 4502

inclusive *av* including, even [BP] 710

incomodar *v* to inconvenience, bother 2617

incómodo *na* inconvenient, difficulty 4925

incompleto *aj* incomplete 4767

inconsciente *na* unconscious 3442

incorporar *v* to incorporate 2644

incrível *aj* incredible 3103

indagar *v* to inquire, question 4697

indenização *nf* reparation [BP] 4450

independência *nf* independence 1399

independente *aj* independent 1089

independentemente *av* independently 3047

índex *nm* index 4875

indiano *na* Indian (from India) 3402

indicação *nf* indication 2305

indicador *na* indicator, indicating 2480

indicar *v* to indicate 742

índice *nm* index, rate 2510

indício *nm* hint, sign, trace 3463

indiferença *nf* indifference 4411

indiferente *aj* indifferent 3572

indígena *na* indigenous (person) 2647

indignação *nf* indignation 4715

índio *nm* Indian, Native American 823

indirecto *aj* indirect 3879

indispensável *aj* indispensable 2132

individual *aj* individual 1568

indivíduo *nm* individual 709

indústria *nf* industry 787

industrial *aj* industrial 1327

induzir *v* to induce, incite 3563

inédito *aj* unpublished 2654

inerente *aj* inherent 4709

inesperado *aj* unexpected 3075

inevitável *aj* inevitable, unavoidable 2557

infância *nf* childhood 1481

infante *nm* non-heir son of a king, infant 4377

infantil *aj* childish, infantile 1445

infecção *nf* infection 3927

infeliz *aj* unhappy 3845

infelizmente *av* unfortunately, sadly 2247

inferior *aj* lower, less, inferior 1360

inferno *nm* hell, inferno 2662

infinito *na* infinite, infinity 2625

inflação *nf* inflation 2601

influência *nf* influence 630

influenciar *v* to influence 2006

influente *aj* influential 4688

influir *v* to influence, dominate 4856

informação *nf* information 421

informar *v* to inform 1210

informática *nf* computer science 2800

informativo *aj* informative 4994

infra-estrutura *nf* infrastructure 3619

ingénuo *aj* naive, innocent 3764

inglês *na* English 556

ingressar *v* to enlist, enter, be admitted 3239

ingresso *nm* admission, entrance 4313

inicial *aj* initial 1312

inicialmente *av* at first, initially 2477

iniciar *v* to initiate, begin 756

iniciativa *nf* initiative 1102

início *nm* beginning, start 527

inimigo *nm* enemy 1392

injecção *nf* injection 4049

injustiça *nf* unfairness, injustice 3600

injusto *aj* unjust, unfair 3943

inocência *nf* innocence 4458

inocente *aj* innocent 3423

inovação *nf* innovation 3175

inovador *aj* innovative, innovator 4472

inquérito *nm* survey, inquiry 2676

inquietação *nf* unrest, disturbance 4675

inscrever *v* to enroll, register 4464

inscrição *nf* enrollment, inscription 3083

inscrito *aj* enrolled, inscribed 4198

insecto *nm* insect 2679

insegurança *nf* insecurity 4983

inserir *v* to insert, include 2825

insistência *nf* insistence 4734

insistir *v* to insist 1513

inspecção *nf* inspection 3681

inspector *nm* inspector 3640

inspiração *nf* inspiration 2572

inspirar *v* to inspire 1541

instabilidade *nf* instability 4433

instalação *nf* installation 1614

instalado *aj* installed 3359

instalar *v* to establish, install 1064

instância *nf* occurrence, instance 3332

instante *nm* instant 1942

instinto *nm* instinct 3796

institucional *aj* institutional 3601

instituição *nf* institution 903

instituir *v* to institute 3641

instituto *nm* institute 1230

instrução *nf* formal schooling, instruction 1786

instrumento *nm* instrument 780

insuficiente *aj* insufficient 4174

insuportável *aj* unbearable 3458

integração *nf* integration 2366

integrado *aj* made up of, integrated 4238

integral *aj* full, whole, integral 3635

integrante *na* integral, member 2964

integrar *v* to integrate, be part of 1301

inteiramente *av* entirely, wholly 2328

inteiro *aj* entire 623

intelectual *na* intellectual 988

inteligência *nf* intelligence 1598

inteligente *aj* intelligent 2064

intenção *nf* intention 760

intensidade *nf* intensity 2607

intensificar *v* to intensify 4451

intensivo *aj* intensive 2629

intenso *aj* intense 1497

interacção *nf* interaction 4215

interessado *aj* interested (party) 1594

interessante *aj* interesting 738

interessar *v* to interest, concern 517

interesse *nm* interest 310

interferência *nf* interference 4289

interferir *v* to interfere 3185

interior *na* interior, inland, inside 444

interlocutor *nm* spokesperson, speaker 3858

intermediário *na* intermediate, intermediary 3189

intermédio *na* intermediary, intermediate 2811

internacional *aj* international 1819

internado *aj* hospitalized 4635

interno *aj* internal 881

interpretação *nf* interpretation 1689

interpretar *v* to interpret, act (e.g. movie) 1367

intérprete *nc* performer, Interpreter 3637

interrogação *nf* question, interrogation 4546

interrogar *v* to ask (a question), interrogate 3098

interromper *v* to interrupt 1712

interrupção *nf* interruption 4331

intervalo *nm* interval, intermission 2057

intervenção *nf* intervention 1159

intervir *v* to intervene 1743

intimidade *nf* familiarity, intimacy 3356

íntimo *na* intimate, close friend 2334

intitulado *aj* entitled 4140

intriga *nf* intrigue 4713

introdução *nf* introduction 2827

introduzir *v* to introduce 1660

intuição *nf* intuition 3924

intuito *nm* motive, design, goal 3588

inúmero *aj* innumerable 1779

inundação *nf* flood 4483

inútil *aj* useless 3015

invadir *v* to invade 1518

invasão *nf* invasion 1899

inveja *nf* envy 3999

invenção *nf* invention 2909

inventar *v* to invent 1216

inverno *nm* winter 1145

inverso *na* opposite, inverse, contrary 4516

inverter *v* to reverse, invert 4193

invés *av* instead (ao i.) 3387

investidor *nm* investor 4080

investigação *nf* investigation 1298

investigador *nm* researcher, investigator 3329

investigar *v* to investigate 2260

investimento *nm* investment 1469

investir *v* to invest 1494

invisível *aj* invisible 3749

invocar *v* to invoke, call upon 4210

ir *v* to go 30

ira *nf* anger, indignation, wrath 4372

irmã *nf* sister 1100

irmão *nm* brother 488

ironia *nf* irony 3496

irónico *aj* ironic, sarcastic 4322

irregular *aj* irregular 3142

irregularidade *nf* irregularity 3630

irritação *nf* irritation 4814

irritar *v* to irritate 3548

isento *aj* exempt, free 4882

isolado *aj* isolated 1564

isolamento *nm* isolation 2962

isolar *v* to isolate 2877

isso *pn* that (NEUT) 44

isto *pn* this (NEUT) 122

italiano *na* Italian 1188

item *nm* item [BP] 3262

Jj

já *av* already, now 33

jamais *av* never 1414

janela *nf* window 1386

jantar *v* to eat dinner 2138

japonês *na* Japanese 1514

jardim *nm* garden 921

jazz *nm* jazz 3022

jeito *nm* way, manner 1384

joelho *nm* knee 2799

jogador *nm* player 1295

jogar *v* to play (a game), throw 583

jogo *nm* game 337

jóia *nf* jewel 3380

jornada *nf* workday, journey, round (sports) 2781

jornal *nm* newspaper 293

jornalismo *nm* journalism 2275

jornalista *nc* journalist 1097

jornalístico *aj* journalistic 4366

jovem *na* young (person) 324

judaico *aj* Jewish 4280

judeu *na* Jew 1873

judicial *aj* judicial 2791

judiciário *na* judicial, judiciary 2350

juiz *nm* judge, referee 1001

juízo *nm* judgment, good sense 1964

julgamento *nm* judgment 1814

julgar *v* to judge 534

júnior *aj* junior 2865

junta *nf* council, commission 1628

juntamente *av* together 2106

juntar *v* to join, gather together 745

junto *aj/av* together 296

jurar *v* to swear 3418

júri *nm* jury 3884

jurídico *aj* judicial 1717

juro *nm* interest (financial) 1018

justamente *av* exactly, actually, just 1429

justiça *nf* justice 541

justificação *nf* justification 4916

justificar *v* to justify 1189

justo *aj* just, fair 1588

juvenil *aj* youthful, juvenile 3560

juventude *nf* youth 1415

Ll

lá *av* there, over there 131

lã *nf* wool 3134

lábio *nm* lip 4064

laboratório *nm* laboratory 1668

laço *nm* tie, bond, bow 2880

lado *nm* side 117

ladrão *nm* thief 2752

lago *nm* lake 1902

lagoa *nf* large lake 3312

lágrima *nf* tear 3254

lama *nf* mud 2743

lamentar *v* to mourn, be sorry 2881

lâmina *nf* blade 4153

lâmpada *nf* lamp, light bulb 3770

lançamento *nm* release, launching 1980

lançar *v* to throw, send out 385

lance *nm* glance, throw, slap 2687

lápis *nm* pencil 4997

lar *nm* home 2568

laranja *nf* orange 2638

largamente *av* widely, extensively 4316

largar *v* to release, get rid of 2376

largo *aj* wide, large, broad 698

largura *nf* width 4114

lata *nf* can, tin 3124

lateral *na* outfielder, sideline, lateral 2429

latim *nm* Latin 4052

latino *na* relating to Latin America, Latin 1746

lavagem *nf* washing 4716

lavar *v* to wash, clean 1919

lavoura *nf* farming, agriculture 3217

lavrador *nm* farmer, peasant 4037

lavrar *v* to cultivate 4879

lazer *nm* leisure, relaxation 4251

leal *aj* loyal 3440

leão *nm* lion 1871

legal *aj* legal 1103

legião *nf* legion 4705

legislação *nf* legislation 2067

legislativo *aj* legislative 2004

legítimo *aj* legitimate 2498

lei *nf* law 224

leilão *nm* auction [BP] 3172

leite *nm* milk 771

leito *nm* bed (archaic) 3044

leitor *nm* reader 1074

leitura *nf* reading 857

lembrança *nf* memory, souvenir 3038

lembrar *v* to remember, remind 342

lençol *nm* sheet 3696

lenda *nf* legend, story 3021

lenha *nf* firewood 3836

lentamente *av* slowly 3191

lente *nf* lens 3499

lento *aj* slow 1652

leque *nm* range, scope, hand-fan 3642

ler *v* to read 300

lesão *nf* lesion 3550

leste *na* east 1937

letra *nf* letter, handwriting, lyrics 663

levantamento *nm* the act of raising; uprising 2224

levantar *v* to raise, stand up 479

levar *v* to carry (away), take (with oneself) 87

leve *aj* light (weight, color) 1291

lhe *pn* to you, him, her 84

liberação *nf* disbursement, absolving [BP] 4654

liberado *aj* free, available [BP] 3760

liberal *na* liberal 1832

liberar *v* to release, liberate [BP] 4110

liberdade *nf* liberty, freedom 578

libertação *nf* freedom, liberation 2020

libertar *v* to free, liberate 1332

libra *nf* pound 3934

lição *nf* lesson 2623

licença *nf* license, permission 1833

liceu *nm* high school 3311

licitação *nf* bidding, auction [BP] 4166

lidar *v* to deal with, treat 2330

líder *nm* leader 1334

liderança *nf* leadership 2085

liderar *v* to lead 2310

liga *nf* league, union, connection 1921

ligação *nf* connection, phone call 987

ligar *v* to connect, turn on 309

ligeiramente *av* slightly, lightly 3557

ligeiro *aj* light, swift, quick, agile 2175

limitação *nf* limitation 3091

limitado *aj* limited 3944

limitar *v* to limit 974

limite *nm* limit 808

limpar *v* to clean 1421

limpeza *nf* cleaning, cleanliness 2603

limpo *aj* clear, clean 3777

lindo *aj* beautiful 2642

linear *aj* linear 4937

língua *nf* language, tongue 530

linguagem *nf* language 833

linha *nf* line 315

linho *nm* flax, linen 3245

liquidar *v* to pay off (debt), liquidate 4631

líquido *na* liquid 1626

lírico *aj* lyric 3748

liso *aj* straight, smooth 3497

lista *nf* list 1012

literário *aj* literary 852

literatura *nf* literature 572

litoral *nm* coast, coastal 2464

litro *nm* liter 3902

livrar *v* to free 3411

livraria *nf* bookstore 3766

livre *aj* free 452

livremente *av* freely 4407

livro *nm* book 182

lixo *nm* trash, waste, garbage 2341

lobo *nm* wolf 1731

local *nm* place, location 326

localidade *nf* place, location 3602

localização *nf* location 3042

localizado *aj* located 2668

localizar *v* to find, pin point the location 2236

lógica *nf* logic 1585

lógico *aj* logical 3633

logo *av* soon, quickly, as soon as 213

loja *nf* store 1225

longe *av* far 814

longínquo *aj* far away, distant 4094

longo *aj* long 246

lote *nm* lot 3840

louco *aj* mad, crazy 1986

loucura *nf* insanity 2912

louro *aj* blond 4988

lua *nf* moon 1483

lucro *nm* profit 1329

lugar *nm* place 180

lume *nm* light, fire [EP] 4048

luminoso *aj* bright, luminous 2966

luta *nf* struggle, fight, conflict 510

lutar *v* to fight 883

luto *nm* mourning 4530

luva *nf* glove 4388

luxo *nm* luxury 2646

luz *nf* light 347

Mm

macaco *nm* monkey 3405

macho *na* male, masculine 2325

maciço *na* in mass, solid, mountain range 3712

macio *aj* soft 4044

madame *nf* madam 4242

madeira *nf* wood 473

madrugada *nf* early morning 2368

maduro *aj* ripe, mature 3455

mãe *nf* mother 272

magia *nf* magic 4223

mágico *na* magician, magical 2244

magistrado *nm* magistrate 2584

magnético *aj* magnetic 3852

magnífico *aj* magnificent 3629

magro *aj* thin 3378

maior *aj* greater, larger 93

maioria *nf* majority 400

mais *aj/av* more, most 19

major *nm* major (military rank) 2548

mal *av* poorly, hardly 353

mal *nm* evil 1863

mala *nf* suitcase, luggage 3650

malha *nf* knit clothing, net, club 3673

mamífero *nm* mammal 4999

mancha *nf* spot, stain 2155

mandado *nm* warrant, mandate 4897

mandar *v* to send, command, order 480

mandato *nm* mandate 1748

maneira *nf* way, manner 277

manga *nf* sleeve, mango 3002

manhã *nf* morning 723

mania *nf* craze, habit 4258

manifestação *nf* demonstration, protest 1333

manifestar *v* to manifest, express 1304

manifesto *na* manifesto, manifested 2436

manipulação *nf* manipulation 4939

manobra *nf* maneuver 2688

manso *aj* meek, tame, gentle 3847

manta *nf* blanket, bedspread 4279

manteiga *nf* butter 3830

manter *v* to maintain 232

manto *nm* mantle, robe 4661

manual *na* manual 2522

manutenção *nf* maintenance 2095

mão *nf* hand 212

mão-de-obra *nf* labor, workers 4680

mapa *nm* map 1853

máquina *nf* machine, device 559

mar *nm* sea 380

maravilha *nf* wonder, marvel 3459

maravilhoso *aj* marvelous, wonderful 2496

marca *nf* brand name, mark 981

marcação *nf* measuring, marking 3785

marcado *aj* set, marked 2337

marcador *nm* goal scorer, marker 4427

marcante *aj* memorable, noteworthy 4011

marcar *v* to mark, set (a date) 566

marcha *nf* march, long walk, parade (EP) 1770

marchar *v* to march 4305

marco *nm* landmark, boundary 2291

maré *nf* tide, flux 3040

marechal *nm* marshal 4579

marfim *nm* ivory 4762

margem *nf* margin, border, riverbank 773

marginal *na* delinquent, lawless, marginal 3289

marido *nm* husband 737

marinheiro *nm* sailor, seaman 3974

marinho *aj* of the sea, marine 3173

marítimo *aj* maritime 2599

marketing *nm* marketing 4402

mármore *nm* marble 3614

marquês *nm* marquis 1396

marxista *na* Marxist 4797

mas *cj* but 20

máscara *nf* mask 3533

masculino *aj* masculine, male 2042

massa *nf* mass, dough 645

massacre *nm* massacre 3941

mata *nf* jungle, woods, forest 1555

matar *v* to kill 431

matemática *nf* mathematics 2316

matéria *nf* material, (subject) matter 528

material *nm* material 615

matéria-prima *nf* raw material 4217

materno *aj* maternal, motherly 4105

mato *nm* thicket, brush, weeds 2892

matriz *nf* mould, mother (e.g. church) 2300

maturidade *nf* maturity 4674

mau *aj* bad, evil 490

máximo *na* maximum 743

meado *aj* middle (time), half-way 2245

mecânica *nf* mechanics 4677

mecânico *na* mechanic, mechanical 1932

mecanismo *nm* mechanism 1802

medalha *nf* medal 2928

média *na* average, middle (class) 931

mediante *prp* through, by means of 3232

medicamento *nm* medication, medicine 3023

medicina *nf* medicine 1440

médico *na* medical doctor, medical 409

medida *nf* measure (a m. que = to the degree/extent that) 316

medieval *aj* medieval 3491

médio *aj* middle, average 1613

medir *v* to measure 1551

medo *nm* fear 620

meia-noite *nf* midnight 4774

meio *n/aj/av* means, way, half-, middle 104

meio-dia *nm* noon, mid-day 4079

mel *nm* honey 3320

melhor *aj/av* better, best 119

melhorar *v* to improve, make better 806

melhoria *nf* improvement, benefit 2501

melodia *nf* melody 4489

membro *nm* member 967

memória *nf* memory 609

mencionar *v* to mention 3598

mendigo *nm* beggar 4992

menina *nf* little girl 1226

menino *nm* young boy 865

menor *aj* smaller, younger, less, least 432

menos *aj/av* less, fewer 112

mensagem *nf* message 1282

mensal *aj* monthly 3349

mental *aj* mental 1501

mentalidade *nf* mentality 3837

mente *nf* mind 1766

mentir *v* to lie 3895

mentira *nf* lie 2776

mercado *nm* market 334

mercadoria *nf* merchandise 2213

mercê *nf* (a m. de) at the mercy of 4578

merecer *v* to deserve 1232

mergulhar *v* to submerge, dive 2579

mérito *nm* merit 2423

mero *aj* mere 2851

mês *nm* month 184

mesa *nf* table 854

mesmo *aj* same 39

mesquita *nf* mosque 4204

mestre *nm* master, teacher 1084

meta *nf* goal 2180

metade *nf* half 830

metal *nm* metal 1561

metálico *aj* metallic 3265

meter *v* to put into, get involved (+se) 1595

método *nm* method 1358

metodologia *nf* methodology 4566

metro *nm* meter, subway 614

metrópole *nf* large city, metropolis 4307

metropolitano *na* metropolitan, region 3419

meu *aj* my, mine 69

mexer *v* to touch, shake, mix, stir 2013

mexicano *na* Mexican 4195

mídia *nf* media [BP] 4348

mil *num* thousand 191

milagre *nm* miracle 2798

milénio *nm* millennium 4582

milhão *num* million 449

milhar *nm* a thousand 1258

milho *nm* corn 1532

milímetro *nm* millimeter 3186

milionário *nm* millionaire 4624

militante *na* party member, militant 2736

militar *na* military, soldier 354

mina *nf* mine (M. Gerais: state in B) 1137

mineiro *na* mining, miner 1900

mineral *na* mineral 3950

minério *nm* mineral 3354

mínimo *na* minimum, least 596

ministério *nm* ministry 813

ministrar *v* to administer 4991

ministro *nm* minister 372

minoria *nf* minority 3434

minuto *nm* minute 781

miserável *aj* miserable 4436

miséria *nf* misery, poverty 1970

misericórdia *nf* mercy 3277

missa *nf* religious mass 2018

missão *nf* mission 1085

missionário *nm* missionary 4335

mistério *nm* mystery 1985

misterioso *aj* mysterious 3807

místico *na* mystic, mystical 3750

misto *na* mix, mixed 3030

mistura *nf* mixture, mix 1700

misturar *v* to mix 1452

mito *nm* myth 2847

miúdo *na* scrawny, small, child 2461

mobiliário *nm* furniture 3912

mobilização *nf* mobilization 4698

mobilizar *v* to mobilize 3860

moça *nf* young woman, girl 2066

mocidade *nf* youth 4765

moço *nm* young man, boy 3683

moda *nf* fashion, style 1167

modalidade *nf* way, form 2699

modelo *nm* model, example 584

moderado *aj* moderate 3969

modernização *nf* modernization 4288

moderno *aj* modern 691

modesto *aj* modest 2876

modificação *nf* change, modification 2555

modificar *v* to change, modify 1491

modo *nm* manner, way, style 282

módulo *nm* module 4990

moeda *nf* currency, coin 727

moer *v* to grind, crush 4342

moinho *nm* mill 3070

mola *nf* spring (of metal), driving force 4902

molde *nm* (casting) mold 3204

mole *aj* soft, weak 3450

molhado *aj* wet 4167

molho *nm* sauce 3603

momento *nm* moment 175

monarquia *nf* monarchy 3876

monetário *aj* monetary 2537

monge *nm* monk 3341

monopólio *nm* monopoly 4201

monstro *nm* monster 3432

montado *aj* mounted, assembled 4618

montagem *nf* assembly, editing 3274

montanha *nf* mountain 1589

montante *nm* amount 3128

montar *v* to assemble, ride (a horse) 1081

monte *nm* mount, mound, a lot of 782

monumento *nm* monument 2640

moradia *nf* dwelling 4647

morador *nm* resident, inhabitant 2775

moral *na* moral, ethics, morale 949

morar *v* to live (in or at), dwell 570

morder *v* to bite 3743

moreno *na* brown, dark-skinned (person) 4353

morrer *v* to die 240

morro *nm* hill 2894

mortal *aj* mortal, fatal, terminal 3053

morte *nf* death 328

morto *na* dead 575

mosca *nf* fly 3160

mosteiro *nm* monastery 2626

mostra *nf* sampling, exhibition, display 1741

mostrar *v* to show 208

motivação *nf* motivation 3997

motivar *v* to motivate 2864

motivo *nm* reason, motive 599

motor *nm* engine, motor 1320

motorista *nm* driver 2552

mouro *aj* moor 4437

móvel *na* piece of furniture, mobile 1520

mover *v* to move 1340

movimentação *nf* movement 3555

movimentar *v* to move 2505

movimento *nm* movement 249

muçulmano *na* Muslim 3120

mudança *nf* change 594

mudar *v* to change 314

mudo *aj* silent, mute 1809

muito *aj/av* very, much, many 28

mulato *na* mulatto 1605

mulher *nf* woman, wife 124

multa *nf* fine 3282

multidão *nf* masses, multitude 2790

multinacional *na* international corporation 4643

multiplicar *v* to multiply 2678

múltiplo *aj* multiple 3137

mundial *aj* world, worldwide 1277

mundo *nm* world 106

municipal *aj* municipal 1184

município *nm* municipality 1341

muralha *nf* city wall 3020

muro *nm* free-standing wall 1956

muscular *aj* muscular 4087

músculo *nm* muscle 2741

museu *nm* museum 1071

música *nf* music 242

musical *na* musical 1192

músico *na* musician, musical 1713

mútuo *aj* mutual 3430

Nn

nação *nf* nation 954

nacional *aj* national 227

nacionalidade *nf* nationality 3795

nacionalista *na* nationalist 3328

nada *pn* nothing 141

nadar *v* to swim 4211

namorado *nm* boyfriend/girlfriend 2669

namorar *v* to date steadily 4227

namoro *nm* affair (romance) 4942

não *av* no, not 11

nariz *nm* nose 2795

narrar *v* to narrate 3962

narrativa *nf* narrative 3108

narrativo *aj* narrative 4595

nascente *na* source, East, emerging 3762

nascer *v* to be born 304

nascimento *nm* birth 1670

nativo *na* native 3168

natural *aj* natural 381

naturalidade *nf* ease, place of birth 4752

naturalmente *av* naturally 1161

natureza *nf* nature 474

naval *aj* naval 3612

nave *nf* spaceship, vessel 3255

navegação *nf* navigation 3404

navegar *v* to navigate 3680

navio *nm* ship 1011

necessariamente *av* necessarily 2884

necessário *aj* necessary 323

necessidade *nf* necessity 370

necessitar *v* to need 1480

negar *v* to deny 1037

negativo *aj* negative 1326

negociação *nf* negotiation 1782

negociar *v* to negotiate 1641

negócio *nm* business, deal, thing 344

negro *na* black, dark (person) 447

nem *cj* neither, not, nor 100

nenhum *aj* none, not a single one 200

nervo *nm* nerve 2901

nervoso *aj* nervous 1658

neto *nm* grandson, grandchildren (PL) 1428

neutro *aj* neutral 4746

neve *nf* snow 2357

ninguém *pn* no one 489

ninho *nm* nest 4935

nítido *aj* clear, explicit, sharp 3797

nível *nm* level 538

nó *nm* knot 4461

nobre *na* noble, nobleman 1796

nobreza *nf* nobility 3824

noção *nf* notion 1553

nocturno *aj* nocturnal, of the night 2134

noite *nf* night 286

noiva *nf* bride, fiancée 3814

noivo *nm* fiancé, bridegroom **4090**

nome *nm* name **121**

nomeação *nf* nomination **2967**

nomeadamente *av* namely, more specifically [EP] **1816**

nomeado *na* nominee, nominated **2278**

nomear *v* to appoint, name **2911**

nominal *aj* nominal **4673**

nora *nf* daughter-in-law **4590**

nordeste *nm* northeast **1455**

nordestino *na* northeastern, northeasterner [BP] **4648**

norma *nf* norm, rule, standard **1527**

normal *na* normal, norm **744**

normalmente *av* normally, as normal **1265**

noroeste *na* Northwest **4363**

norte *nm* north **389**

norte-americano *na* North American (usually US) **2137**

nós *pn* we, us (OBJ = nos) **183**

nosso *aj* our **86**

nota *nf* note, grade, mark **846**

notar *v* to note, notice **767**

notável *aj* notable, noteworthy **2099**

notícia *nf* news **936**

nova *nf* news **2156**

novamente *av* again, newly, recently **975**

nove *num* nine **877**

novela *nf* soap opera **1906**

noventa *num* ninety **3486**

novidade *nf* news (gossip), new thing **1924**

novo *aj* new **63**

nu *aj* naked, nude **2116**

nuclear *aj* nuclear **3187**

núcleo *nm* nucleus, core **1996**

nulo *aj* void, null **4543**

número *nm* number **259**

numeroso *aj* numerous **2353**

nunca *av* never **160**

nuvem *nf* cloud **2192**

Oo

o *at* the (F a) **1**

o *pn* it, him, her, them, you (F a) **15**

ó *at* oh + N (vocative) **2808**

obedecer *v* to obey **1920**

objectivo *nm* objective **622**

objecto *nm* object **522**

obra *nf* work, project **164**

obrigação *nf* obligation **1244**

obrigado *aj* thank you, obligated **1701**

obrigar *v* to force, obligate **601**

obrigatório *aj* mandatory, obligatory **2431**

obscuro *aj* obscure **4396**

observação *nf* observation **1557**

observador *na* observer, observant **3200**

observar *v* to observe **705**

obsessão *nf* obsession **4889**

obstáculo *nm* obstacle **2311**

obstante *av* (não o.) notwithstanding, nevertheless **4070**

obtenção *nf* getting, obtaining **3963**

obter *v* to get, obtain **633**

obviamente *av* obviously **3457**

óbvio *aj* obvious **2875**

ocasião *nf* occasion **1077**

oceano *nm* ocean **2264**

ocidental *aj* Western, occidental **2217**

ocidente *nm* west **2777**

ocorrência *nf* occurrence **3300**

ocorrer *v* to occur **362**

óculos *nm* glasses, spectacles **3573**

ocultar *v* to conceal, hide **3272**

ocupação *nf* occupation **1842**

ocupado *aj* busy, occupied **3407**

ocupar *v* to occupy **605**

odiar *v* to hate **4368**

ódio *nm* hatred **3115**

oeste *nm* West **2428**

ofender *v* to offend **4267**

ofensa *nf* offense **4849**

ofensiva *nf* offensive **3722**

oferecer *v* to offer, give **586**

oferta *nf* supply, offer **1867**

oficial *na* official **658**

oficialmente *av* officially **3139**

oficina *nf* shop, workshop **2444**

ofício *nm* occupation, official letter **2173**

oh *i* oh **2820**

oitavo *aj* eighth **4405**

oitenta *num* eighty **3205**

oito *num* eight **457**

óleo *nm* oil **1930**

olhar *v* to look (at) **322**

olhar *nm* look **4194**

olho *nm* eye **376**

olímpico *aj* Olympic **3558**

ombro *nm* shoulder **2525**

omissão *nf* omission **4509**

onda *nf* wave 1131

onde *av* where 62

ônibus *nm* bus 3792

ontem *n/av* yesterday 1693

onze *num* eleven 2104

opção *nf* option 1665

ópera *nf* opera 2581

operação *nf* operation 741

operacional *aj* operational, operating 3829

operador *nm* operator 3257

operar *v* to operate 1463

operário *nm* worker, laborer, operator 1647

opinião *nf* opinion 508

opor *v* to oppose 1466

oportunidade *nf* opportunity 721

oportuno *aj* opportune, timely 4498

oposição *nf* opposition 863

opositor *na* opponent, opposing 4928

oposto *na* opposite, opposing 3849

optar *v* to opt 1997

óptico *aj* optic, optical 3503

optimista *nc* optimist 4190

óptimo *na* excellent, optimal 3487

ora *cj/av* now, presently 689

oração *nf* prayer, clause (grammar) 2549

oral *aj* oral 4327

órbita *nf* orbit 3564

orçamento *nm* budget, financing 1617

ordem *nf* order 360

ordenado *na* salary, ordained, ordered 4219

ordenar *v* to command, order 1973

ordinário *aj* usual, customary, vulgar 3305

orelha *nf* ear 2596

orgânico *aj* organic 3227

organismo *nm* organism, organization 1735

organização *nf* organization 797

organizado *aj* organized 1490

organizar *v* to organize 1156

órgão *nm* institution, organ 1094

orgulho *nm* pride 2558

orientação *nf* guidance, orientation 1875

oriental *aj* Eastern, oriental 2242

orientar *v* to direct, guide, orient 1845

oriente *na* East, Orient 2301

origem *nf* origin, root 707

original *na* original 1002

originar *v* to originate 2878

originário *aj* originally from 4918

oriundo *aj* originating from 3524

orquestra *nf* orchestra 2204

oscilar *v* to shake, oscillate 3723

osso *nm* bone 1673

ou *cj* or, either 24

ouro *nm* gold 996

ousar *v* to dare 3376

outono *nm* fall, autumn 4225

outro *aj* other, another 27

outrora *av* formerly, anciently 3100

ouvido *na* ear, heard 2108

ouvir *v* to hear 308

ovelha *nf* sheep 2486

ovo *nm* egg 1101

oxigénio *nm* oxygen 4512

Pp

pá *nf* shovel, scoop 2946

paciência *nf* patience 2995

paciente *na* patient 1716

pacífico *na* Pacific (ocean), calm 1988

paço *nm* palace, court, official building 2860

pacote *nm* package, packet, bundle 2740

pacto *nm* agreement, pact 1922

padrão *nm* standard, pattern 1646

padre *nm* priest, father (religious) 930

padrinho *nm* godfather, godparents (pl) 4150

pagamento *nm* payment 1344

pagar *v* to pay 274

página *nf* page 976

pai *nm* father, parents (PL) 170

painel *nm* panel 3520

pairar *v* to hover, hang over 1855

país *nm* country 96

paisagem *nf* landscape, view, surroundings 1470

paixão *nf* passion 1202

palácio *nm* palace 1300

palavra *nf* word 203

palco *nm* stage 1398

palestra *nf* lecture, discussion 2797

palha *nf* straw, hay 3119

pálido *aj* pale 4505

palmeira *nf* palm tree 2324

pancada *nf* blow, hit 3870

panela *nf* pot, pan 4625

pânico *nm* panic 3535

pano *nm* cloth 2140

panorama *nm* scene, panorama, view 3767

pão *nm* bread 1253

papa *nm* pope 1389

papai *nm* daddy [BP] 4773

papel *nm* paper, role 254

par *nm* pair 1065

para *prp* to, for, in order to 9

parada *nf* (bus) stop, break 2060

paradigma *nm* paradigm 4950

parado *aj* stopped, parked 4370

paragem *nf* (bus) stop 4281

parágrafo *nm* paragraph [BP] 3781

paraíso *nm* paradise 2942

paralelamente *av* at the same time, concurrently 3541

paralelo *aj* parallel 1948

paralisar *v* to paralyze 4947

parâmetro *nm* parameter 4072

parar *v* to stop 613

parasita *na* parasite, parasitic 4862

parceiro *nm* partner, social or game friend 1849

parcela *nf* portion, parcel, segment 2593

parceria *nf* partnership 2167

parcial *aj* partial 3340

parcialmente *av* partially 4429

pardo *aj* mulatto, off-white 4622

parecer *v* to seem 138

parecer *nm* opinion, appearance 1586

parecido *aj* similar to, resembling 3988

parede *nf* wall 835

parente *nc* relative, extended family member 1827

parlamentar *aj* parliamentary 1767

parlamento *nm* parliament 2034

parque *nm* park 1211

parte *nf* part 80

participação *nf* participation 1305

participante *nc* participant 3237

participar *v* to participate 550

partícula *nf* particle 3951

particular *aj* private, particular 678

particularmente *av* particularly 1923

partida *nf* departure 1241

partidário *na* party member, relating to a political party 2347

partido *nm* (political) party 306

partilha *nf* division, distribution 4343

partilhar *v* to share, divide among 2569

partir *v* (a p. de) starting at N 114

parto *nm* childbirth 3490

passado *na* past, last, previous 544

passageiro *nm* passenger 1799

passagem *nf* ticket, fare, way, passage 764

passar *v* to go through, spend (time) 58

pássaro *nm* bird 2130

passe *nm* assist, pass 2268

passear *v* to go for a walk or stroll 2720

passeio *nm* walk, stroll 2184

passivo *aj* passive, lethargic 3258

passo *nm* step 365

pasta *nf* folder, suitcase, paste 2084

pasto *nm* animal feed, pasture, food 4423

pastor *nm* pastor, shepherd 2241

pata *nf* hoof, paw, foot 2747

patamar *nm* level, threshold, degree 4176

patente *na* obvious, patent, rank 2682

pátio *nm* courtyard, patio, atrium 3547

patrão *nm* boss, business owner 2420

pátria *nf* homeland, native country 2513

património *nm* estate, heritage, patrimony 1685

pau *nm* stick, wood 2017

paulista *na* from São Paulo [BP] 1774

pausa *nf* pause, rest 4761

pauta *nf* agenda, guideline 4213

pavilhão *nm* pavilion 2753

paz *nf* peace 772

pé *nm* foot, tree shoot 357

peça *nf* piece, spare part, play 383

pecado *nm* sin 2814

peculiar *aj* peculiar 4728

pedaço *nm* chunk, piece 1638

pedagógico *aj* pedagogical, teaching 4017

pedido *na* request, requested 1951

pedir *v* to ask for, request 235

pedra *nf* stone 471

pegar *v* to get, grab, catch 861

peito *nm* chest, breast 2119

peixe *nm* fish 514

pele *nf* skin 1014

pêlo *nm* fur 3468

pena *nf* penalty, shame 436

penal *aj* penal 3703

pendente *aj* waiting for, pending, hanging 4115

pendurado *aj* hung 4501

penetração *nf* penetration 4998

penetrar *v* to penetrate 2783

península *nf* peninsula 3965

pensador *nm* intellectual, thinker 4306

pensamento *nm* thought 807

pensão *nf* pension 2243

pensar *v* to think 120

pequenino *aj* little (familial), very small 2921

pequeno *aj* small 139

perante *prp* before (in front of) 943

perceber *v* to understand, perceive 358

percentagem *nf* percentage 3718

percepção *nf* perception 3326

percorrer *v* to cover (distance), run by/through 1489

percurso *nm* route, path 1844

perda *nf* loss 1289

perdão *nm* forgiveness 3832

perder *v* to lose 194

perdido *aj* lost 3521

perdoar *v* to forgive 3219

peregrinação *nf* pilgrimage, journey 4919

perfeição *nf* perfection 3991

perfeitamente *av* perfectly 1939

perfeito *aj* perfect 1235

perfil *nm* profile 1757

perfume *nm* perfume 4309

pergunta *nf* question 795

perguntar *v* to ask (a question) 906

periferia *nf* outskirts, periphery 4067

perigo *nm* danger 1015

perigoso *aj* dangerous 1257

periódico *na* newspaper, periodic 4240

período *nm* period 475

perito *na* expert 4887

permanecer *v* to stay, remain 977

permanência *nf* stay, permanence 3163

permanente *aj* permanent 1293

permitir *v* to permit, allow 280

perna *nf* leg 874

pernambucano *na* from Pernambuco [BP] 3825

perpétuo *aj* perpetual, permanent 4819

perseguição *nf* persecution 3008

perseguir *v* to pursue, persecute 2115

persistir *v* to persist 3129

personagem *nc* character (literature), personage 632

personalidade *nf* personality 1204

perspectiva *nf* perspective 875

pertencente *aj* pertaining to, belonging to 3394

pertencer *v* to belong to 631

perto *av* close 507

perturbação *nf* disturbance, commotion 3839

perturbar *v* to disturb, trouble, annoy 3441

perverso *aj* pervert, perverse 4895

pesadelo *nm* nightmare 4784

pesado *aj* heavy 1582

pesar *v* to weigh 812

pesca *nf* fishing 2118

pescador *na* fisherman, fishing 3302

pescar *v* to fish 4172

pescoço *nm* neck 2065

peso *nm* weight 724

pesquisa *nf* study, research 1072

pesquisador *nm* researcher, investigator [BP] 3580

pesquisar *v* to research, investigate 4001

pessoa *nf* person 70

pessoal *na* personal, personnel 350

pessoalmente *av* personally 2922

peste *nf* plague, pest 4888

petróleo *nm* oil, petroleum 2033

pia *nf* sink, font 4941

piada *nf* joke 4823

pianista *nc* pianist 3916

piano *nm* piano 1640

picar *v* to sting, prick, bite 3618

pico *nm* peak, highest point, insect bite 3048

piedade *nf* compassion, piety, pity 4262

pilha *nf* battery, pile 4203

piloto *nm* pilot 2386

pinheiro *nm* pine tree 3537

pintar *v* to paint 1259

pintor *nm* painter 1350

pintura *nf* painting 820

pioneiro *na* pioneer, pioneering 3929

pior *aj* worse, worst 957

piorar *v* to get worse 3444

pisar *v* to step 3995

piscina *nf* pool 3082

piso *nm* floor, level, story 3121

pista *nf* rink, field, runway, lane 2127

placa *nf* plate, plaque, sign 1747

planalto *nm* plateau 2660

planeamento *nm* planning, scheduling [EP] 2619

planejamento *nm* planning [BP] 2362

planejar *v* to plan [BP] 2813

planeta *nm* planet 1846

planície *nf* plain, prairie 2998

plano *na* plan, flat, smooth 303

planta *nf* plant 871

plantação *nf* plantation 4013

plantar *v* to plant 2447

plástico *na* plastic 1412

plataforma *nf* platform 3045

plateia *nf* audience 4272

plenário *nm* general assembly 4161

pleno *aj* complete, full 1231

pneu *nm* tire (car) 4749

pó *nm* powder, dust 2271

pobre *aj* poor 552

pobreza *nf* poverty 2112

poça *nf* puddle 4813

poço *nm* water well 2828

poder *v* can, be able to 22

poder *nm* power 1160

poderoso *aj* powerful 1549

poeira *nf* dust 3280

poema *nm* poem 1274

poesia *nf* poetry 971

poeta *nm* poet 798

poético *aj* poetic 2382

pois *cj* for, because, whereas 88

polémica *nf* controversy [EP] 3896

polémico *na* controversial 3000

polícia *nmf* police (M officer, F force) 593

policial *nm* police (force), policeman (BP) 1127

politécnico *na* polytechnic 4542

política *nf* politics 178

politicamente *av* politically 3559

político *na* political, politician 329

pólo *nm* pole 2199

poluição *nf* pollution 3309

ponderar *v* to ponder 3892

ponta *nf* tip, point, end 1098

pontapé *nm* kick 4532

ponte *nf* bridge 864

ponto *nm* point, dot, period 166

pontual *aj* punctual 4660

pop *na* pop 3726

população *nf* population 418

popular *aj* popular 649

popularidade *nf* popularity 3382

por *prp* by, through, for 8

pôr *v* to put, place 152

porção *nf* part, portion, section 2888

porco *nm* pig, pork 1758

porém *cj* however, though 647

pormenor *nm* detail [EP] 2398

porque *cj* because 68

porquê *av* why, for what reason [EP] 2556

porta *nf* door 427

portador *nm* carrier 3159

portanto *cj* therefore 366

portão *nm* gate 3279

portaria *nf* reception or information desk 4286

porta-voz *nm* spokesperson 4679

porte *nm* size, price, fare 2430

porto *nm* port 1447

português *na* Portuguese 142

porventura *av* perhaps, maybe, by chance 4490

posição *nf* position 331

positivo *nm* positive 1075

posse *nf* possession 1328

possibilidade *nf* possibility 456

possibilitar *v* to make possible 3061

possível *aj* possible 206

possivelmente *av* possibly 3530

possuir *v* to have, possess 749

postal *aj* postal 4689

poste *nm* pole, vertical post 4623

posterior *aj* later, posterior 3180

posteriormente *av* later, afterwards 3006

posto *nm* station, post 2993

postura *nf* position, posture, attitude 2270

potência *nf* power, potency 3231

potencial *na* potential 2178

potencialidade *nf* potential 4940

pouco *aj/av* a little 78

poupança *nf* savings 3571

poupar *v* to save, spare 2973

pousar *v* to land, rest 3887

povo *nm* people 264

povoação *nf* settlement [EP] 3352

povoado *nm* settlement, small village 4159

povoar *v* to people 4913

praça *nf* square, plaza 1110

praga *nf* plague 2691

praia *nf* beach 1009

prata *nf* silver 2482

prática *nf* practice 636

praticamente *av* practically 1749

praticar *v* to practice 1070

prático *aj* practical 2538

prato *nm* plate 2041

prazer *nm* pleasure 1047

prazo *nm* deadline, term, amount of time 955

precário *aj* precarious 3666

precedente *nm* precedent 4531

preceder *v* to precede, predate 4671

preceito *nm* precept, order, norm 4521

precioso *aj* precious 2674

precipitar *v* to come to a head, rush, act rashly 3446

precisamente *av* precisely 1580

precisão *nf* precision 2887

precisar *v* to need 299

preciso *aj* necessary, precise 297

preço *nm* price 386

precoce *aj* premature, precocious 4621

preconceito *nm* prejudice, preconceived notion 3056

prédio *nm* building 1238

predominar *v* to predominate, prevail 4731

preencher *v* to fill (out) 2197

prefeito *nm* mayor [BP] 2397

prefeitura *nf* municipal government [BP] 2659

preferência *nf* preference 2026

preferir *v* to prefer 687

pregar *v* to preach, nail 2285

prejudicar *v* to harm, endanger 1482

prejuízo *nm* damage, loss 1719

preliminar *aj* preliminary 4603

prematuro *aj* premature 4821

prémio *nm* prize 960

prender *v* to apprehend, catch, fasten 1437

preocupação *nf* worry, preoccupation 640

preocupado *aj* worried, preoccupied 2481

preocupar *v* to worry about 828

preparação *nf* preparation 2158

preparado *aj* prepared 2007

preparar *v* to prepare 588

presença *nf* presence 672

presente *na* present, present time, gift 476

preservação *nf* preservation 3828

preservar *v* to preserve 2473

presidência *nf* presidency 1639

presidencial *aj* presidential 2497

presidente *nm* president 190

presidir *v* to preside 2380

preso *na* captive, imprisoned 483

pressa *nf* hurry, urgency 2976

pressão *nf* pressure 1091

pressionar *v* to pressure, press 3730

prestação *nf* installment 2523

prestar *v* to render (aid), be useful 653

prestes *aj* about to, ready to 3248

prestígio *nm* prestige 2183

presumir *v* to presume, suspect 4848

pretender *v* to plan to, intend 417

pretensão *nf* pretense, demand 2771

pretexto *nm* pretext 3475

preto *aj* black 713

prevalecer *v* to prevail 4157

prevenção *nf* prevention 3058

prevenir *v* to prevent 3263

preventivo *aj* preventative 4772

prever *v* to foresee 785

previamente *av* previously 4419

previdência *nf* precaution, welfare [BP] 3504

prévio *aj* preliminary, previous 2866

previsão *nf* forecast, prediction 2279

previsto *aj* foreseen 2223

primário *aj* primary, elementary 1829

primavera *nf* Spring 2509

primeiro *aj/av* first 55

primeiro-ministro *nm* prime minister 2384

primitivo *aj* primitive 2744

primo *nm* cousin, prime 1968

principal *aj* principal, main 363

principalmente *av* especially, mainly 458

príncipe *nm* prince 1313

princípio *nm* principle, start, beginning 390

prioridade *nf* priority 2232

prisão *nf* prison 1180

prisioneiro *nm* prisoner 2835

privado *aj* private, deprived 1067

privatização *nf* privatization 3339

privilegiado *aj* privileged 3230

privilegiar *v* to favor, choose 4792

privilégio *nm* privilege 2327

probabilidade *nf* probability 3954

problema *nm* problem 149

problemática *nf* issue, problem 4735

proceder *v* to proceed 1681

procedimento *nm* procedure, proceedings 2214

processar *v* to process, sue 2739

processo *nm* process 251

procissão *nf* procession 4754

proclamar *v* to proclaim 3478

procura *nf* search 850

procurador *nm* proxy, attorney 3656

procurar *v* to seek, look for 218

produção *nf* production 642

produtividade *nf* productivity 3158

produtivo *aj* productive 2651

produto *nm* product 561

produtor *na* producing, producer 1760

produzir *v* to produce 451

proferir *v* to utter, state, say 3613

professor *nm* teacher, professor 245

profeta *nm* prophet 4778

profissão *nf* profession 970

profissional *na* professional 621

profundamente *av* profoundly, deeply 2433

profundidade *nf* depth 2485

profundo *aj* deep, profound 810

programa *nm* program 492

programação *nf* programming 2858

progredir *v* to progress 4617

progressivamente *av* gradually, progressively 4781

progressivo *aj* progressive 3960

progresso *nm* progress 1662

proibição *nf* prohibition 3561

proibido *aj* prohibited, forbidden 3057

proibir *v* to prohibit 1533

projecção *nf* projection 2365

projectar *v* to project, make plans 1861

projecto *nm* project 290

prolongar *v* to go on, prolong 1934

promessa *nf* promise 1667

prometer *v* to promise 1207

promoção *nf* promotion, sale 2703

promotor *na* promoting, promoter 4026

promover *v* to promote 1346

pronto *aj* ready 776

pronunciar *v* to pronounce 2077

propaganda *nf* propaganda, advertisement 2258

propagar *v* to spread, propagate 3989

propício *aj* favorable, propitious 4390

propor *v* to propose 716

proporção *nf* proportion 1865

proporcional *aj* proportional 4557

proporcionar *v* to provide, offer 2055

proposição *nf* proposition 4921

propósito *nm* purpose 1099

proposta *nf* proposal 722

propriamente *av* exactly, properly 1901

propriedade *nf* property 1048

proprietário *nm* owner, proprietor 1616

próprio *aj* own, very own 92

prosa *nf* prose 3325

prosperidade *nf* prosperity 4725

prosseguir *v* to proceed 1603

protagonista *nc* protagonist, main character 3412

protecção *nf* protection 1362

protector *na* protector, protective, patron 4401

proteger *v* to protect 1113

proteína *nf* protein 4552

protestante *na* protestant 4544

protestar *v* to protest 2759

protesto *nm* protest 2023

protocolo *nm* protocol 2838

prova *nf* proof, test, evidence 608

provar *v* to prove, test, try 1239

provável *aj* probable 2527

provavelmente *av* probably 1201

provedor *nm* provider 3976

proveito *nm* profit, taking advantage 3937

proveniente *aj* proceeding or resulting from 3018

providência *nf* providence, welfare 2493

providenciar *v* to provide 4817

província *nf* province 1507

provir *v* to come from, proceed from 3517

provisório *aj* temporary, provisionary 2202

provocar *v* to provoke 581

proximidade *nf* nearness, proximity 2711

próximo *aj* next, close, near 226

prudente *aj* prudent 4883

psicologia *nf* psychology 3109

psicológico *aj* psychological 2267

psicólogo *nm* psychologist 4558

publicação *nf* publication 1962

publicamente *av* publicly 3975

publicar *v* to publish 602

publicidade *nf* advertising, publicity 2478

publicitário *na* advertising 4398

público *na* public 147

pular *v* to jump, skip 4035

pulmão *nm* lung 3025

pulso *nm* pulse, wrist 3526

punho *nm* fist, wrist, cuff 4527

punição *nf* punishment 4086

punir *v* to punish 2944

puramente *av* purely, only 4344

pureza *nf* purity 4347

puro *aj* pure 1036

puxar *v* to pull 1475

Qq

quadra *nf* block, court (sports) 3428

quadrado *na* square, squared 1683

quadro *nm* painting, panel 459

qual *aj* which 75

qualidade *nf* quality 373

qualificação *nf* qualification 4236

qualificado *aj* qualified 4669

qualquer *pn* any 110

quando *cj/av* when 38

quantia *nf* sum, portion, amount 3806

quantidade *nf* quantity 1078

quanto *aj/av* how much 140

quarenta *num* forty 1461

quarta-feira *nf* Wednesday 4303

quartel *nm* barracks, quarters 3385

quarto *na* room, bedroom, fourth 505

quase *av* almost 169

quatro *num* four 197

que *cj* that, than, what 5

quebra *nf* decrease, break, fracture 2591

quebrar *v* to break 1218

queda *nf* fall 1191

queijo *nm* cheese 3156

queima *nf* burning 4690

queimado *aj* burned 4850

queimar *v* to burn 1763

queixa *nf* complaint 2219

queixar *v* to complain 2671

quem *pn* whom, who 73

quente *aj* hot 984

querer *v* to want 61

querido *aj* dear, beloved 4169

questão *nf* question, issue, point 217

questionar *v* to question 2950

quilo *nm* kilo(gram) 1918

quilómetro *nm* kilometer 1294

química *nf* chemistry 4304

químico *na* chemical, chemist 2528

quinhentos *num* five hundred 3738

quinta-feira *nf* Thursday 3881

quintal *nm* yard 3790

quinto *aj* fifth 1118

quinze *num* fifteen 1198

quota *nf* amount, quota 4039

quotidiano *aj* day-to-day 3307

Rr

rabo *nm* tail, buttocks 4027

raça *nf* race 1397

raciocínio *nm* reasoning 3079

racional *aj* rational 3872

radical *na* radical 2170

rádio *nmf* radio (M device, F means of communication) 652

rainha *nf* queen 1299

raio *nm* ray 1573

raiva *nf* anger, rabies 3260

raiz *nf* root 1205

ramo *nm* branch 821

rancho *nm* ranch 4824

rapariga *nf* young girl, prostitute (BP) 2131

rapaz *nm* young man, kid 958

rapidamente *av* quickly, fast 1058

rapidez *nf* speed 3542

rápido *aj* fast, rapid 571

raramente *av* seldom, rarely 2748

raro *aj* rare 1139

rasgar *v* to tear, rip 3833

rato *nm* mouse 1777

razão *nf* reason 294

razoável *aj* reasonable 2746

reacção *nf* reaction 963

reafirmar *v* to reaffirm 4801

reagir *v* to react 1284

reajuste *nm* adjustment (income) [BP] 4583

real *na* real, royal, Brazilian currency 202

realidade *nf* reality, real life 351

realismo *nm* realism 3736

realista *aj* realist 3007

realização *nf* accomplishment, fulfillment 1622

realizador *na* producer [EP] 4147

realizar *v* to fulfill, make happen 374

realmente *av* really, truly 569

rebanho *nm* flock, herd 2842

rebelde *aj* rebel, rebellious 2516

rebelião *nf* rebellion 3994

rebentar *v* to burst, explode 3578

recado *nm* message, note 3473

recair *v* to go back to, revert to 4560

recear *v* to fear 4173

receber *v* to receive 176

receio *nm* fear, apprehension 2381

receita *nf* revenue, income, recipe 1404

recente *aj* recent 1128

recentemente *av* recently 1828

recepção *nf* reception 3228

recinto *nm* chamber, enclosure 4668

reclamação *nf* complaint, grievance 3844

reclamar *v* to complain 1558

recolha *nf* compilation, collection [EP] 4478

recolher *v* to collect, put away, remove 1370

recomeçar *v* to resume, restart 3804

recomendação *nf* recommendation 2984

recomendar *v* to recommend 2136

reconhecer *v* to recognize 484

reconhecimento *nm* recognition 1933

reconstrução *nf* reconstruction 4277

recordação *nf* recollection, souvenir 3639

recordar *v* to recall, remember 1599

recorde *nm* record 3609

recorrer *v* to appeal, resort to 1476

recto *aj* straight 2856

recuar *v* to retreat, draw back 2282

recuperação *nf* recovery, recuperation 2358

recuperar *v* to recover, recuperate 1182

recurso *nm* resource 478

recusa *nf* refusal 3679

recusar *v* to refuse 1022

redacção *nf* writing, editorial staff 2139

rede *nf* network, net 453

redigir *v* to write, handwrite 4325

redondo *aj* round 1950

redor *av* (em/ao r.) all around 2231

redução *nf* reduction 1935

reduzido *aj* reduced, small 2563

reduzir *v* to reduce 714

reeleição *nf* re-election [BP] 3623

refazer *v* to redo 4800

refeição *nf* meal 3477

refém *nc* hostage 4282

referência *nf* reference, referral 1105

referendo *nm* referendum [EP] 3214

referente *aj* pertaining to, relating to 3212

referido *aj* above-mentioned, referred 4633

referir *v* to refer to 470

reflectir *v* to reflect 897

reflexão *nf* reflection 1843

reflexo *nm* reflection, reflex 2141

reforçar *v* to reinforce 1822

reforço *nm* reinforcement 2839

reforma *nf* reform 789

reformar *v* to reform 3855

refugiar *v* to take refuge (+se) 3460

reger *v* to rule, manage, conduct (music) 3751

região *nf* region 243

regime *nm* regime 914

regimento *nm* regiment 4702

regional *aj* regional 1540

regionalização *nf* regionalization [EP] 4108

registar *v* to register [EP] 2092

registo *nm* record, ledger [EP] 2836

registrar *v* to register, record [BP] 2061

registro *nm* record [BP] 2293

regra *nf* rule 692

regressar *v* to return [EP] 1025

regresso *nm* return [EP] 1590

regulamentação *nf* regulation 4320

regulamento *nm* regulation 3346

regular *aj* regular 2039

regular *v* to regulate 4113

regularmente *av* regularly 4927

rei *nm* king 651

reinar *v* to rule, reign 3532

reino *nm* kingdom 1550

reitor *nm* dean 3203

reivindicação *nf* demand, formal complaint 3805

reivindicar *v* to demand, ask for 3961

rejeição *nf* rejection 4763

rejeitar *v* to reject 2201

relação *nf* relation 172

relacionado *aj* related 2215

relacionamento *nm* relationship 2272

relacionar *v* to equate, relate 2624

relatar *v* to narrate, relate 2395

relativamente *av* relatively, pertaining to 1460

relativo *aj* relative 1637

relato *nm* account, report 2782

relatório *nm* report 1552

relevante *aj* relevant 3290

relevo *nm* relief, relevance 3062

religião *nf* religion 1115

religioso *na* religious (person) 876

relógio *nm* watch, clock 1880

remédio *nm* medicine, remedy 2154

remeter *v* to send, remit, forward 3466

remoto *aj* remote 2823

remover *v* to remove 4432

remuneração *nf* payment, salary 4084

renascer *v* to be reborn 4788

renascimento *nm* renaissance, rebirth 4118

renda *nf* income 944

render *v* to yield, earn (interest) 1945

rendimento *nm* profit, revenue 1736

renovação *nf* renovation, renewal 3138

renovar *v* to renew 2612

renúncia *nf* renunciation, resignation 4117

renunciar *v* to resign, renounce 3099

reparação *nf* redress, reparation 4914

reparar *v* to make reparations, fix, notice 2032

repartição *nf* office, distribution 3878

repassar *v* to go back and forth, revise 4187

repente *av* (de r.) suddenly 2336

repercussão *nf* repercussion 4207

repertório *nm* repertoire 3710

repetição *nf* repetition 3913

repetir *v* to repeat 697

repleto *aj* full, overrunning 4041

reportagem *nf* news report 2507

repórter *nc* reporter 2990

repousar *v* to rest 1624

repouso *nm* rest, repose 3651

representação *nf* representation 1500

representante *na* representative 1377

representar *v* to represent 343

representativo *aj* representative 3253

repressão *nf* repression 3449

reprimir *v* to repress, control 3977

reprodução *nf* reproduction 3425

reproduzir *v* to reproduce 2379

república *nf* republic 430

republicano *na* republican 2589

reputação *nf* reputation 4600

requerer *v* to require 2284

requisito *nm* requirement, requisite 3900

reserva *nf* reserve 1280

reservado *aj* reserved 4898

reservar *v* to reserve 2172

resgatar *v* to rescue, save 4254

resgate *nm* rescue, ransom 4577

residência *nf* residence 2299

residente *na* resident 3013

residir *v* to live in, reside 2177

resíduo *na* remains, residue, residual 2575

resistência *nf* resistance 1197

resistente *aj* resistant 4186

resistir *v* to resist 1539

resolução *nf* resolution 1473

resolver *v* to resolve, decide 335

respectivamente *av* respectively 3363

respectivo *aj* respective 1706

respeitar *v* to respect 832

respeito *nm* respect 377

respiração *nf* breathing, respiration 3207

respirar *v* to breathe 3127

responder *v* to respond, answer 416

responsabilidade *nf* responsibility 701

responsabilizar *v* to take responsibility for 4269

responsável *na* responsible, person in charge 853

resposta *nf* answer, response 420

ressaltar *v* to emphasize, point out [BP] 2935

restabelecer *v* to reestablish 4326

restante *na* remaining, rest, remainder 1794

restar *v* to remain 1352

restauração *nf* restoration 4143

restaurante *nm* restaurant 2370

restaurar *v* to restore 3918

resto *nm* rest, remaining part 564

restrição *nf* restriction 2553

restringir *v* to restrict 3745

restrito *aj* restricted 3155

resultado *nm* result 482

resultante *aj* resulting from, a result of 3117

resultar *v* to result 719

resumir *v* to summarize, sum up 2277

resumo *nm* summary 3493

reter *v* to retain 2807

retirada *nf* retreat, withdrawal 3699

retirar *v* to remove 775

retomar *v* to resume, retake 1427

retórica *nf* rhetoric 3592

retornar *v* to return to [BP] 1917

retorno *nm* return 2542

retratar *v* to portray 3942

retrato *nm* picture, portrait 1761

réu *nm* defendant, accused 4003

reunião *nf* meeting, reunion 736

reunir *v* to gather 660

revelação *nf* revelation, development 2511

revelar *v* to reveal, develop (photos) 693

rever *v* to see again, look over, examine 1610

reverter *v* to reverse, revert 4395

revestir *v* to cover, line 3336

revisão *nf* revision 1524

revisor *na* proofreader, examining 3422

revista *nf* magazine, periodical 616

revolta *nf* revolt 1838

revoltar *v* to revolt, disgust 3856

revolução *nf* revolution 845

revolucionário *na* revolutionary 1730

revólver *nm* revolver 4504

rezar *v* to say a rote prayer 3664

ribeira *nf* stream, riverbank 2633

rico *aj* rich 551

ridículo *na* ridiculous (thing) 3464

rígido *aj* rigid, strict 2597

rigor *nm* rigor, worst of 2228

rigoroso *aj* rigorous 2768

rim *nm* kidney 4574

rio *nm* river 214

riqueza *nf* wealth, riches 1502

rir *v* to laugh 1848

risca *nf* stripe, line 4775

risco *nm* risk 679

riso *nm* laughter 2787

ritmo *nm* rhythm 1042

rito *nm* rite 4868

ritual *nm* ritual 2812

rival *na* rival 3358

robusto *aj* strong, robust 4758

rocha *nf* large rock 2304

rock *nm* rock music 2338

roda *nf* wheel 889

rodada *nf* round, rotation [BP] 4753

rodar *v* to spin, turn around, roll 2467

rodear *v* to surround 2323

roer *v* to gnaw, bite (off) 4924

rolar *v* to roll 3171

rolo *nm* scroll, roll 4417

romance *nm* novel, romance 731

romancista *nm* novelist 4066

romano *na* Roman 1963

romântico *aj* romantic 2142

romantismo *nm* romanticism 4593

romper *v* to tear, rip, begin to (+se) 1704

ronda *nf* round, surveillance 4379

rondar *v* to be approximately, circle 3843

rosa *na* rose, pink 2792

rosado *aj* rosy, pink 4632

rosário *nm* rosary 4866

rosto *nm* face 1729

rota *nf* route 2772

roteiro *nm* script, itinerary, route 2809

rotina *nf* routine 2734

rótulo *nm* label 4986

roubar *v* to steal, rob 1715

roubo *nm* theft, robbery 3362

roupa *nf* clothing, clothes 1033

roxo *aj* dark red, scarlet 4476

rua *nf* street 332

ruído *nm* loud and unpleasant noise 2882

ruim *aj* bad, vile, wicked, rotten 2082

ruína *nf* ruin 2926

rumo *nm* course of action, way, path 1737

rumor *nm* rumor 4009

ruptura *nf* rupture, break 2994

rural *aj* rural 1425

russo *na* Russian 1432

Ss

sábado *nm* Saturday 4770

sabedoria *nf* wisdom 3928

saber *v* to know (something) 59

sábio *aj* wise 3591

sabor *nm* taste, flavor 2504

saca *nf* bag, sack 4724

sacar *v* to take out, pull out 4678

sacerdote *nm* priest 3582

saco *nm* bag, sack, pouch 1754

sacrificar *v* to sacrifice 4060

sacrifício *nm* sacrifice 2373

sacudir *v* to shake 3987

safra *nf* harvest [BP] 3448

sagrado *aj* sacred 2029

saia *nf* skirt 3509

saída *nf* exit 792

sair *v* to leave 156

sal *nm* salt 1565

sala *nf* room 711

salão *nm* large room, meeting hall, salon 1957

salarial *aj* relating to salary 3906

salário *nm* salary, wage 1430

saldo *nm* balance, remainder 3671

salgado *aj* relating to salt 2900

salientar *v* to highlight, point out 2715

saltar *v* to jump, lead 2148

salto *nm* leap, jump 1710

salvação *nf* salvation 3330

salvar *v* to save 966

samba *nm* samba 3484

sanção *nf* sanction 3888

saneamento *nm* sanitation 4297

sangue *nm* blood 662

sanguíneo *aj* relating to blood 4597

sanitário *aj* sanitary, health 3465

santo *na* saint, holy 320

santuário *nm* sanctuary 4054

são *aj* sound, safe 2437

sapato *nm* shoe 2240

sardinha *nf* sardine 4776

sargento *nm* sergeant 4404

satélite *nm* satellite 3383

satisfação *nf* satisfaction 1966

satisfatório *aj* satisfactory 4539

satisfazer *v* to satisfy 1495

satisfeito *aj* satisfied 2815

saudade *nf* longing, nostalgia 2639

saudar *v* to greet, salute 4601

saudável *aj* healthy 3695

saúde *nf* health 425

se *pn* reflexive pronoun 14

se *cj* if 102

sé *nf* see, parochial headquarters 3096

seara *nf* field of grains [EP] 4220

seca *nf* drought 3779

secar *v* to dry 3507

secção *nf* department, section 1633

seco *aj* dry 998

secretaria *nf* office 1369

secretário *nm* secretary 1032

secretário-geral *nm* secretary-general 3899

secreto *aj* secret 2097

sector *nm* sector 882

secular *aj* secular 4805

século *nm* century 298

secundário *aj* secondary, supporting 1856

seda *nf* silk 3003

sede *nf* headquarters, thirst 939

seduzir *v* to seduce, entice 4699

segmento *nm* segment 2696

segredo *nm* secret 1946

seguida *av* (em s.) afterwards, then 1679

seguido *aj* followed (by) 4229

seguinte *aj* following 312

seguir *v* to follow 215

segunda-feira *nf* Monday 3769

segundo *n/aj/prp* second, according to 109

segurança *nf* security, safety 503

segurar *v* to hold, secure, make sure 2126

seguro *na* secure, safe, insurance 902

seio *nm* center, bosom, breast 1944

seis *num* six 355

seita *nf* sect, religion 4260

selecção *nf* selection, team of selected players 1661

seleccionar *v* to select 3094

selo *nm* seal, stamp 3249

selva *nf* jungle 4088

selvagem *aj* wild, savage 2117

sem *prp* without 64

semana *nf* week 346

semanal *aj* weekly 4736

semear *v* to sow (agriculture) 3211

semelhança *nf* resemblance, similarity 2416

semelhante *aj* similar 946

semente *nf* seed 1672

semestre *nm* semester 4028

seminário *nm* seminary, seminar 2448

sempre *av* always 74

senado *nm* senate 2014

senador *nm* senator [BP] 1992

senão *av* or else, except, if not 1246

senhor *nm* lord, sir, mister 258

senhora *nf* lady 403

sensação *nf* sensation 1162

sensibilidade *nf* sensitivity, sensibility 1977

sensível *aj* sensitive, sensible 1914

senso *nm* sense 2641

sentado *aj* seated 3771

sentar *v* to sit 1366

sentença *nf* sentence 1887

sentido *nm* sense, meaning, feeling 279

sentimental *aj* sentimental 4283

sentimento *nm* feeling 733

sentir *v* to feel 181

separação *nf* separation 2616

separado *aj* separated 2953

separar *v* to separate 956

sequência *nf* sequence 1983

sequer *av* (not) even (nem s.) 1345

ser *v* to be (norm) 6

ser *nm* being 1753

serenidade *nf* serenity 4993

sereno *aj* serene, calm, peaceful 4047

série *nf* series 664

seriedade *nf* seriousness 4886

sério *aj* serious 740

serpente *nf* snake, serpent 4611

serra *nf* mountain range, saw 1611

sertanejo *na* from rural Northeastern Brazil [BP] 4790

sertão *nm* arid and remote interior region 2655

serviço *nm* service 223

servidor *nm* servant, server 2383

servir *v* to serve 273

sessão *nf* session 1857

sessenta *num* sixty 2194

sete *num* seven 477

setenta *num* seventy 2817

sétimo *aj* seventh 3885

seu *aj* his, her(s), their(s), your(s) 16

severo *aj* harsh, severe 3218

sexo *nm* gender, sex 1227

sexta-feira *nf* Friday 3482

sexto *aj* sixth 2494

sexual *aj* sexual 1876

sigilo *nm* secrecy 4513

significado *nm* meaning, significance 1987

significar *v* to mean, signify 521

significativo *aj* significant, meaningful 1768

signo *nm* sign of the zodiac 4183

silêncio *nm* silence 1512

silencioso *aj* silent 3905

sim *av* yes 255

simbólico *aj* symbolic 2939

símbolo *nm* symbol 1547

similar *aj* similar 4089

simpatia *nf* sympathy, friendliness 2846

simpático *aj* friendly, nice 3347

simples *aj* simple 491

simplesmente *av* simply 935

simplicidade *nf* simplicity 3540

simular *v* to simulate 4726

simultaneamente *av* simultaneously 2708

simultâneo *aj* simultaneous 4121

sinal *nm* sign, signal 619

sincero *aj* sincere 4403

sindical *aj* relating to a trade union 3620

sindicato *nm* workers' union, syndicate 1577

singular *aj* singular 2697

sinistro *aj* sinister 4794

sino *nm* bell 3668

síntese *nf* synthesis 3672

sintético *aj* synthetic 3544

sintoma *nm* symptom 2980

sistema *nm* system 398

sistemático *aj* systematic 4050

site *nm* website 4874

sítio *nm* site, place, small farm (BP) 915

situação *nf* situation 216

situado *aj* located, situated 2377

situar *v* to situate 2196

só *av* only, just 52

soar *v* to sound 3675

sob *prp* below, under, underneath 469

soberania *nf* sovereignty, authority 3707

soberano *aj* sovereign 4014

sobrar *v* to remain, be left 2547

sobre *prp* about, over, above, upon 54

sobrepor *v* to take precedence over, surpass 4523

sobretudo *av* above all, mainly 411

sobrevivência *nf* survival 2453

sobreviver *v* to survive 1654

sobrinha *nf* niece 4524

sobrinho *nm* nephew 2634

social *aj* social 209

socialismo *nm* socialism 3981

socialista *na* socialist 1545

sociedade *nf* society 263

sócio *nm* partner, associate 1448

sociologia *nf* sociology 3947

socorrer *v* to aid, relieve 4664

socorro *nm* aid, help, relief 3624

sofisticado *aj* sophisticated 3911

sofrer *v* to suffer 438

sofrimento *nm* suffering, pain 2287

software *nm* software 3476

sol *nm* sun 603

solar *na* solar, sole, manor house 2610

soldado *nm* soldier 1090

solene *aj* solemn, official, formal 4265

solicitação *nf* request, solicitation 4481

solicitar *v* to solicit 2295

solidão *nf* solitude 3060

solidariedade *nf* solidarity, mutual responsibility 1995

solidário *aj* fully supportive 4055

sólido *aj* solid 1795

solitário *aj* solitary 3019

solo *nm* soil 1208

soltar *v* to release, unfasten 1949

solução *nf* solution 557

solucionar *v* to solve, find a solution 4867

som *nm* sound 600

soma *nf* sum 3141

somar *v* to add up, sum up 2649

sombra *nf* shadow, shade 1420

sombrio *aj* somber, dark, melancholy 4163

somente *av* only, solely 685

sonda *nf* probe, catheter 4741

sondagem *nf* analysis, poll, investigation 4185

sonhar *v* to dream 2230

sonho *nm* dream 920

sono *nm* sleep 2580

sonoro *aj* pertaining to sound 2281

sopa *nf* soup 3765

soprar *v* to blow 4212

sopro *nm* puff, breath 4872

sorrir *v* to smile 4125

sorriso *nm* smile 3391

sorte *nf* luck, lot 1368

soviético *aj* soviet 2767

sozinho *aj* alone, lonely 1170

suave *aj* soft, pleasing, smooth 3439

subida *nf* rise, ascent 2948

subir *v* to go up, climb 648

subitamente *av* suddenly 4858

súbito *aj* sudden, unexpected 3433

sublinhar *v* to emphasize, underline, stress [EP] 3565

submarino *na* submarine, under-water 4384

submeter *v* to subject, submit 2071

subordinado *aj* subordinate, subordinated 3978

subsídio *nm* subsidy 2737

substância *nf* substance 2273

substancial *aj* substantial 4798

substituição *nf* substitution 2988

substituir *v* to substitute 885

substituto *na* substitute 3579

subterrâneo *aj* underground 3809

subúrbio *nm* suburbs 4745

suceder *v* to happen, come next 1264

sucedido *aj* successful, succeeded 3628

sucessão *nf* series, succession 2693

sucessivo *aj* successive 2445

sucesso *nm* success 625

sucessor *nm* successor 3811

sudeste *nm* Southeast 3747

sudoeste *nm* southwest 4627

sueco *na* Swedish 4112

suficiente *aj* sufficient 858

suficientemente *av* sufficiently 3114

sufocar *v* to suffocate 4491

sugerir *v* to suggest 1164

sugestão *nf* suggestion 2052

suicidar *v* to commit suicide (+se) 4923

suicídio *nm* suicide 3065

suíço *na* Swiss 4471

sujeitar *v* to subject 2000

sujeito *nm* subject 827

sujo *aj* dirty, soiled 3014

sul *nm* south 434

sul-africano *na* South African 4834

sul-americano *na* South-American 5000

sumário *nm* brief, summary [BP] 4541

sumir *v* to disappear 3594

sumo *na* extreme, juice 2873

suor *nm* sweat 4514

superar *v* to overcome, surpass, exceed 2022

superficial *aj* superficial 3794

superfície *nf* surface 1644

superior *aj* greater, higher, superior 424

superioridade *nf* superiority 4434

supermercado *nm* supermarket 4063

supor *v* to suppose 667

suportar *v* to endure, support, bear 1574

suporte *nm* support 2587

suposto *aj* supposed 4435

supremo *aj* supreme 1566

suprir *v* to supply 4691

surdo *aj* deaf 3607

surgir *v* to appear, arise, emerge 341

surpreendente *aj* surprising, admirable, amazing 4237

surpreender *v* to surprise 2164

surpresa *nf* surprise 1659

susceptível *aj* susceptible 4786

suscitar *v* to rouse, excite 4710

suspeita *nf* suspicion, distrust 2821

suspeitar *v* to suspect 4120

suspeito *na* suspect, suspected 3670

suspender *v* to suspend 2320

suspensão *nf* suspension 2930

suspenso *aj* suspended 1927

sustentar *v* to support, sustain 1217

susto *nm* fright, shock, scare 4103

Tt

tabaco *nm* tobacco [EP] 3485

tabela *nf* table, chart 2514

tábua *nf* board, tablet, plank 3319

tabuleiro *nm* (game) board, tray 4443

taça *nf* glass (e.g. for wine) 2551

táctico *na* tactical, tactician 3323

tal *aj/av* such 129

talento *nm* talent 1629

talvez *av* maybe 302

tamanho *nm* size 856

também *av* also, too, as well 37

tanque *nm* tank 2721

tanto *aj/av* so much, enough 116

tão *av* so, as 159

tapar *v* to cover, close 3318

tapete *nm* rug, carpet 3700

tardar *v* to delay, be late 4076

tarde *n/av* late, afternoon 261

tarefa *nf* assignment, task, homework 786

tarifa *nf* tariff 3921

taxa *nf* rate, tax 1311

táxi *nm* taxi 3827

teatral *aj* theatrical 2406

teatro *nm* theater 317

tecer *v* to weave 2110

tecido *nm* fabric, material, tissue 2068

teclado *nm* keyboard 4567

técnica *nf* technique 1026

técnico *na* technical, coach, technician 825

tecnologia *nf* technology 1696

tecnológico *aj* technological 2824

tecto *nm* ceiling 1728

teia *nf* web (spider) 3919

tela *nf* screen, painting canvas 1791

telecomunicações *nf* telecommunications 3479

telefonar *v* to call, telephone 3426

telefone *nm* telephone 1214

telefonema *nm* phone call 4900

telefónico *aj* telephone 2956

telegrama *nm* telegram 4970

televisão *nf* television 499

televisivo *aj* related to TV 4833

telhado *nm* roof 3301

tema *nm* subject, theme, topic 765

temático *aj* thematic 3581

temer *v* to fear 1618

temor *nm* fear, apprehension, concern 4104

temperamento *nm* temperament 4548

temperatura *nf* temperature 2149

tempestade *nf* storm, tempest 2978

templo *nm* temple 2174

tempo *nm* time, weather 66

temporada *nf* season, period 2576

temporal *na* temporal, tempest 3343

temporário *aj* temporary 4142

tendência *nf* tendency 886

tender *v* to tend to 1608

tenente *nm* lieutenant 4053

ténis *nm* tennis, tennis shoes 3846

tensão *nf* anxiety, tension 2163

tenso *aj* tense 4899

tentação *nf* temptation 3667

tentar *v* to try, attempt 222

tentativa *nf* attempt 1006

teor *nm* content, nature of 4278

teoria *nf* theory 1062

teórico *na* theoretical, theorist 2907

ter *v* to have 13

terapia *nf* therapy, treatment 4547

terça-feira *nf* Tuesday 4256

terceiro *aj* third 428

terço *na* third, a third 2209

terminal *nm* terminal, outlet 3126

terminar *v* to end, finish 512

termo *nm* term 313

terno *na* suit (BP), tender, kindly (EP) 4613

ternura *nf* tenderness, kindness 4810

terra *nf* land, earth 133

terraço *nm* porch, patio, balcony 4656

terreiro *nm* yard, spacious outdoor area 3715

terreno *nm* land, terrain, ground 580

terrestre *aj* of the earth, earthly 3278

territorial *aj* territorial 4146

território *nm* territory 1337

terrível *aj* terrible 1891

terror *nm* terror 2529

terrorista *nc* terrorist 3838

tese *nf* thesis 1897

tesouro *nm* treasury, treasure 2387

testa *nf* forehead, forefront 4116

testamento *nm* will, testament 3862

testar *v* to test 3454

teste *nm* test, exam 1627

testemunha *nf* witness 2424

testemunho *nm* witness, testimony 3593

teu *aj* your, yours, thy, thine 1702

têxtil *nmf* textile [EP] 3808

texto *nm* text 720

tia *nf* aunt 3798

tigre *nm* tiger 4717

tijolo *nm* brick 3986

time *nm* team 3086

tímido *aj* shy, timid 4317

tinta *nf* paint, ink 2409

tio *nm* uncle 2048

típico *aj* typical, characteristic 2294

tipo *nm* type, like 189

tirar *v* to take out, remove 378

tiro *nm* shot 1663

titular *na* title holder, cabinet member 2889

título *nm* title 509

toalha *nf* towel 4517

toca *nf* den, burrow, lair 4446

tocar *v* to touch, play (instrument) 486

todavia *av* but, still 1999

todo *aj* all, every 31

tolerância *nf* tolerance 4840

tom *nm* tone, sound 989

tomada *nf* seizure, socket 4612

tomar *v* to take (possession of), drink 163

tona *nf* (à t.) to the surface 4740

tonelada *nf* ton 2620

topo *nm* top 2760

toque *nm* touch 2902

torcer *v* to twist, root (for a team) 3429

torcida *nf* fans, fan club 4730

tornar *v* to become, turn into 144

torneio *nm* tournament 3735

torno *nm* (em t.) around, about 752

torre *nf* tower 1013

tortura *nf* torture 2927

torturar *v* to torture 4585

tostão *nm* an old coin worth 10 cents 4750

total *na* total 728

totalidade *nf* totality, fullness 3566

totalmente *av* totally 1039

touro *nm* bull 2982

trabalhador *nm* worker 560

trabalhar *v* to work 167

trabalhista *na* labor party member, characteristic of a worker 3073

trabalho *nm* work 85

traçado *na* drawn out, planned, plan 4602

traçar *v* to set (goals), plan, trace 2533

traço *nm* trace, line, signal 2016

tradição *nf* tradition 917

tradicional *aj* traditional 1444

tradicionalmente *av* traditionally 4869

tradução *nf* translation 2456

traduzir *v* to translate 1331

tráfego *nm* traffic 3803

tráfico *nm* trafficking 3631

tragédia *nf* tragedy 2094

trágico *aj* tragic 3233

traição *nf* betrayal, treason 4160

trair *v* to betray 4244

trajecto *nm* route, distance, stretch 4638

trajectória *nf* trajectory 3246

tranquilidade *nf* tranquility, peace 2986

tranquilo *aj* calm, serene, tranquil 2220

transacção *nf* transaction 2832

transferência *nf* transfer 2255

transferir *v* to transfer 2588

transformação *nf* transformation 1688

transformar *v* to transform 464

transição *nf* transition 2419

trânsito *nm* traffic 2225

transmissão *nf* transmission 2495

transmitir *v* to transmit 1041

transparência *nf* clarity, transparency 3756

transparente *aj* clear, transparent 3140

transportar *v* to carry, transport 1649

transporte *nm* transportation 940

trás *prp* back, behind 985

traseiro *na* rear, bottom 2657

tratado *nm* treaty 1643

tratamento *nm* treatment 965

tratar *v* to treat, deal with 192

trato *nm* dealing, tract 2885

travar *v* to take place, impede, stop 2025

travessia *nf* crossing 4720

trazer *v* to bring 228

trecho *nm* excerpt, passage 1742

treinador *nm* coach, trainer 3768

treinamento *nm* training [BP] 3238

treinar *v* to train 2427

treino *nm* training 3379

trem *nm* train (BP) 2611

tremendo *aj* tremendous 3931

tremer *v* to shake, tremble 4581

três *num* three 101

treze *num* thirteen 3693

trezentos *num* three hundred 3915

tribo *nf* tribe 2475

tribunal *nm* court, tribunal 1196

tributário *na* related to taxes, tributary 3945

tributo *nm* tribute 4319

trigo *nm* wheat 1915

trilha *nf* trail [BP] 4191

trinta *num* thirty 762

tripa *nf* intestine, tripe 4911

triste *aj* sad 2003

tristeza *nf* sadness 3657

triunfo *nm* victory, triumph 2470

troca *nf* exchange, switch 1296

trocar *v* to change, exchange, switch 1125

troço *nm* something, stuff, section of road (EP) 4406

tronco *nm* trunk 2689

trono *nm* throne 3621

tropa *nf* army 1151

tropical *aj* tropical 3275

tu *pn* you (SG) 466

tubarão *nm* shark 4571

tubo *nm* tube 3331

tudo *pn* everything, all 81

túmulo *nm* tomb 3554

túnel *nm* tunnel 3375

turco *na* Turk 3166

turismo *nm* tourism 2474

turista *nm* tourist 3772

turístico *aj* tourist 3625

turma *nf* class, group, team 2914

turno *nm* round, shift 3606

tutela *nf* auspices, tutelage 4224

Uu

ultimamente *av* lately 3819

último *aj* last 134

ultrapassar *v* to overcome, surpass, pass (car) 1378

um *at* a, one 7

unha *nf* fingernail, toenail 3401

união *nf* union 834

unicamente *av* solely, only 4441

único *aj* only, unique 199

unidade *nf* unit 1152

unido *aj* united 481

uniforme *na* uniform 3074

unir *v* to unite 1390

universal *aj* universal 1597

universidade *nf* university 759

universitário *aj* relating to the university 1881

universo *nm* universe 1314

urbano *aj* urban 1336

urgência *nf* urgency 2916

urgente *aj* urgent 3284

usado *aj* used 2945

usar *v* to use 198

usina *nf* plant, factory [BP] 4418

uso *nm* use 817

usuário *nm* user, consumer [BP] 2755

útil *aj* useful, helpful 1303

utilidade *nf* usefulness, use 2933

utilização *nf* use, utilization 2187

utilizador *nm* user [EP] 4233

utilizar *v* to utilize 912

uva *nf* grape 3698

Vv

vaca *nf* cow 1773

vácuo *nm* vacuum, without air 4364

vaga *nf* vacancy, opening 3052

vago *aj* vague, vacant 1642

vaidade *nf* vanity 3729

vale *nm* valley, receipt 703

valer *v* to be worth 500

validade *nf* validity 4920

válido *aj* valid 2392

valioso *aj* valuable 4842

valor *nm* value, worth 271

valorização *nf* appreciation (in value) 3901

valorizar *v* to value 2810

vanguarda *nf* avant-garde, front line 3515

vantagem *nf* advantage 913

vão *aj* vain 4257

vapor *nm* steam, vapor 3059

vara *nf* stick, staff, rod 1487

varanda *nf* balcony, porch 4268

varejo *nm* retail (trade) [BP] 4533

variação *nf* fluctuation, variation 2484

variado *aj* varied 2805

variante *nf* variant, variable 4074

variar *v* to vary 1631

variável *aj* varying, variable 3494

variedade *nf* variety 2733

vários *aj* various, many 179

varrer *v* to sweep 4092

vaso *nm* vessel, vase 3081

vasto *aj* wide, vast 1666

vazio *na* empty, emptiness 1443

vector *nm* vector 4428

vegetação *nf* vegetation 3655

vegetal *na* vegetable, relating to vegetables 3102

veia *nf* vein 2751

veículo *nm* vehicle 1690

vela *nf* candle, sail, spark-plug 2193

velar *v* to watch over, care for 4807

velhice *nf* old age 4968

velho *aj* old 287

velocidade *nf* speed, velocity 1498

vencedor *nm* winner 2226

vencer *v* to win, triumph 777

vencimento *nm* expiration, salary 3759

venda *nf* sale 624

vendedor *nm* seller, vendor 3144

vender *v* to sell 429

veneno *nm* poison, venom 4093

vento *nm* wind 790

ventre *nm* womb 4032

ver *v* to see 40

verão *nm* summer 895

verba *nf* funding, amount (money) 3431

verbal *aj* verbal 3823

verbo *nm* verb 3518

verdade *nf* truth 238

verdadeiramente *av* truly 2952

verdadeiro *aj* true 540

verde *aj* green, unripe 536

vereador *nm* city council member 3393

vergonha *nf* shame 2469

verificar *v* to verify, check 686

vermelho *aj* red 819

versão *nf* version 1454

verso *nm* verse 1929

vertente *nf* slope, downgrade, incline 2903

vertical *aj* vertical 3835

véspera *nf* eve, night before 2658

vestido *nm* dress 1938

vestígio *nm* remains, vestige 3728

vestir *v* to wear, dress 2128

vestuário *nm* clothing, garment 3691

vez *nf* (a) time, turn 46

via *nf* way, road 345

viagem *nf* trip, journey, voyage 402

viajante *nc* traveler 4078

viajar *v* to travel 788

viável *aj* viable 4852

vibração *nf* vibration 3967

vibrar *v* to vibrate 4255

vice *nm* vice (assistant) 4756

vice-presidente *nm* vice president 2977

vício *nm* addiction, vice 2879

vida *nf* life 77

vídeo *nm* video 2890

vidro *nm* glass 1563

vigente *aj* current, currently in force 4953

vigiar *v* to keep an eye on, watch over 4468

vigilância *nf* surveillance, vigilance 3567

vigor *nm* (em v.) in effect; energy 2049

vigoroso *aj* vigorous, strong 4987

vila *nf* small town, village 668

vinculado *aj* linked, bound, connected to 4389

vinda *nf* arrival, coming 2432

vingança *nf* vengeance, revenge 3317

vingar *v* to avenge, take revenge 3788

vinho *nm* wine 983

vinte *num* twenty 504

violação *nf* violation 4420

violão *nm* acoustic guitar 4058

violar *v* to violate, rape 2455

violência *nf* violence 900

violento *aj* violent 1250

violeta *na* violet 4949

violino *nm* violin 4908

vir *v* to come 65

virado *aj* facing, turned to, aimed at 4382

virar *v* to turn, become 901

virgem *na* virgin 2414

virtual *aj* virtual 3873

virtude *nf* virtue 1523

vírus *nm* virus 2931

visão *nf* vision, view 587

visar *v* to aim at, have in sight, drive at 1687

visconde *nm* viscount 4119

visita *nf* visit 1177

visitante *na* visitor, visiting 3039

visitar *v* to visit 991

visível *aj* visible 1958

vista *nf* sight, view 3241

visual *aj* visual 2650

vital *aj* vital 2989

vítima *nf* victim 1146

vitória *nf* victory 735

vitorioso *aj* victorious 4132

viúva *nf* widow 2683

vivência *nf* life, life experience 4508

viver *v* to live 150

vivo *aj* alive 542

vizinhança *nf* neighborhood 3996

vizinho *nm* neighbor 1076

voar *v* to fly 1181

vocabulário *nm* vocabulary 4640

vocação *nf* vocation 2749

vocal *aj* vocal 4962

você *pn* you (EP formal, BP informal) 130

volante *nm* steering wheel 4023

volta *nf* return, turn 268

voltado *aj* intended for, turned towards 4903

voltar *v* to return 162

volume *nm* volume 1027

voluntário *na* voluntary, volunteer 2627

vontade *nf* desire, will 399

voo *nm* flight 1847

vós *pn* you (PL) (OBJ = vos) 3381

vosso *aj* your (PL, mainly EP) 3285

votação *nf* voting, election 3132

votar *v* to vote 1288

voto *nm* vote, vow 928

voz *nf* voice 519

vulcão *nm* volcano 4873

vulgar *aj* common, average, vulgar 2779

vulnerável *aj* vulnerable 3546

vulto *nm* notable person, appearance 4704

Zz

zero *num* zero 2253

zona *nf* zone 579

Part of speech index

Rank frequency (501, 502. . .), **headword,** English equivalent, [dialect], [alternate POS]

Function Words

Article

1	**o** the (F a)
7	**um** a, one
2808	**ó** oh + N (vocative)

Conjunction

4	**e** and
5	**que** that, than, what
17	**como** how, like, as [AV]
20	**mas** but
24	**ou** or, either
38	**quando** when [AV]
68	**porque** because
88	**pois** for, because, whereas
100	**nem** neither, not, nor
102	**se** if
204	**embora** although, even though
366	**portanto** therefore
647	**porém** however, though
689	**ora** now, presently [AV]

Interjection

1596	**ai** oh, ouch, ow
1824	**ah** ah, oh
2820	**oh** oh
3940	**adeus** goodbye, farewell, adieu
3964	**eh** hey

Number

42	**dois** two
101	**três** three
191	**mil** thousand
197	**quatro** four
236	**cinco** five
355	**seis** six
371	**dez** ten
449	**milhão** million
457	**oito** eight
477	**sete** seven
504	**vinte** twenty
762	**trinta** thirty
877	**nove** nine
1198	**quinze** fifteen
1222	**cem** (one) hundred
1457	**doze** twelve
1461	**quarenta** forty
1465	**cinquenta** fifty
2104	**onze** eleven
2194	**sessenta** sixty
2253	**zero** zero
2503	**bilhão** billion [BP]
2652	**duzentos** two hundred
2817	**setenta** seventy
3205	**oitenta** eighty
3269	**dezoito** eighteen
3486	**noventa** ninety
3693	**treze** thirteen
3738	**quinhentos** five hundred
3915	**trezentos** three hundred
4796	**catorze** fourteen

Pronoun

14	**se** reflexive pronoun
15	**o** it, him, her, them, you (F a)
25	**ele** he, it, (him in BP)
32	**eu** I (OBJ = me)
44	**isso** that (NEUT)
48	**ela** she, it (her in BP)
73	**quem** whom, who
81	**tudo** everything, all
84	**lhe** to you, him, her
110	**qualquer** any
122	**isto** this (NEUT)
130	**você** you (EP formal, BP informal)
141	**nada** nothing
183	**nós** we, us (OBJ = nos)
289	**aquilo** that (more remote) (NEUT)
466	**tu** you (SG)
489	**ninguém** no one

513	**algo** something
523	**alguém** someone
3381	**vós** you (PL) (OBJ = vos)

Preposition

2	**de** of, from
3	**em** in, on
8	**por** by, through, for
9	**para** to, for, in order to
10	**a** to, at
12	**com** with
41	**até** until, even, up to
50	**entre** between, among
54	**sobre** about, over, above, upon
64	**sem** without
132	**durante** during, for (time)
135	**desde** since
136	**contra** against
467	**após** after
469	**sob** below, under, underneath
943	**perante** before (in front of)
985	**trás** back, behind
2970	**excepto** except
3232	**mediante** through, by means of
3774	**ante** before (in front of)

Lexical words

Adverb

11	**não** no, not
33	**já** already, now
37	**também** also, too, as well
43	**ainda** still, yet
49	**depois** after
52	**só** only, just
60	**assim** thus, so, like this
62	**onde** where
67	**bem** well, very

72 **então** then, so

74 **sempre** always

83 **agora** now

105 **aqui** here

107 **apenas** only, just

128 **antes** before

131 **lá** there, over there

137 **aí** there

151 **além** beyond, in addition to

159 **tão** so, as

160 **nunca** never

161 **dentro** within, in, inside

169 **quase** almost

193 **enquanto** while

210 **ali** there

213 **logo** soon, quickly, as soon as

220 **através** by way of, through

255 **sim** yes

270 **apesar** despite, even though

302 **talvez** maybe

349 **bastante** a lot, enough

353 **mal** poorly, hardly

411 **sobretudo** above all, mainly

412 **entanto** however, even though

458 **principalmente** especially, mainly

495 **cerca** about, near, close by

507 **perto** close

515 **atrás** behind, back, ago

569 **realmente** really, truly

577 **diante** (em d.) from then on; in front of

617 **acima** above

639 **conforme** according to

670 **completamente** completely

685 **somente** only, solely

695 **exactamente** exactly

710 **inclusive** including, even [BP]

758 **aliás** or rather, besides

814 **longe** far

844 **entretanto** meanwhile, however

909 **abaixo** below, beneath, under

935 **simplesmente** simply

941 **cedo** early, soon

975 **novamente** again, newly, recently

1039 **totalmente** totally

1058 **rapidamente** quickly, fast

1073 **finalmente** finally

1133 **imediatamente** immediately

1135 **afinal** finally, at last, in the end

1149 **actualmente** currently, nowadays

1158 **contudo** however, although

1161 **naturalmente** naturally

1201 **provavelmente** probably

1234 **directamente** directly

1245 **especialmente** especially

1246 **senão** or else, except, if not

1263 **enfim** in the end, finally, in short

1265 **normalmente** normally, as normal

1266 **cá** here

1345 **sequer** (not) even (nem s.)

1387 **certamente** certainly

1414 **jamais** never

1429 **justamente** exactly, actually, just

1433 **geralmente** generally, usually

1446 **acaso** by chance

1451 **igualmente** also, equally, likewise

1460 **relativamente** relatively, pertaining to

1505 **absolutamente** absolutely

1580 **precisamente** precisely

1583 **extremamente** extremely

1679 **seguida** (em s.) afterwards, then

1749 **praticamente** practically

1816 **nomeadamente** namely, more specifically [EP]

1828 **recentemente** recently

1841 **depressa** quickly, fast

1868 **antigamente** used to, anciently

1869 **debaixo** under, beneath, below

1901 **propriamente** exactly, properly

1909 **facilmente** easily

1923 **particularmente** particularly

1939 **perfeitamente** perfectly

1969 **exclusivamente** exclusively

1999 **todavia** but, still

2012 **claramente** clearly

2098 **aparentemente** apparently

2106 **juntamente** together

2144 **acerca** about, near

2179 **adiante** further along, farther ahead

2210 **efectivamente** in fact, effectively

2231 **redor** (em/ao r.) all around

2247 **infelizmente** unfortunately, sadly

2328 **inteiramente** entirely, wholly

2336 **repente** (de r.) suddenly

2433 **profundamente** profoundly, deeply

2477 **inicialmente** at first, initially

2479 **frequentemente** frequently

2489 **definitivamente** definitively

2556 **porquê** why, for what reason [EP]

2564 **evidentemente** evidently

2708 **simultaneamente** simultaneously

2748 **raramente** seldom, rarely

2761 **essencialmente** essentially

2778 **anteriormente** previously

2852 **fortemente** strongly

2884 **necessariamente** necessarily

2895 **altamente** highly

2922 **pessoalmente** personally

2952 **verdadeiramente** truly

3004 **constantemente** constantly

3006 **posteriormente** later, afterwards

3047 **independentemente** independently

3100 **outrora** formerly, anciently

3114 **suficientemente** sufficiently

3139   **oficialmente** officially

3153   **dificilmente** hardly, barely

3191   **lentamente** slowly

3213   **felizmente** fortunately, happily

3229   **basicamente** basically

3327   **diariamente** daily

3344   **aproximadamente** approximately

3363   **respectivamente** respectively

3387   **invés** instead (ao i.)

3421   **devidamente** duly, rightfully

3457   **obviamente** obviously

3498   **eventualmente** eventually

3500   **habitualmente** usually, habitually

3530   **possivelmente** possibly

3541   **paralelamente** at the same time, concurrently

3557   **ligeiramente** slightly, lightly

3559   **politicamente** politically

3636   **consequentemente** consequently, as a result

3727   **detrás** behind

3741   **aquando** at the time (of) [EP]

3753   **automaticamente** automatically

3819   **ultimamente** lately

3883   **especificamente** specifically

3933   **devagar** slowly, slow

3975   **publicamente** publicly

4068   **fundamentalmente** basically, fundamentally

4070   **obstante** (não o.) notwithstanding, nevertheless

4199   **consoante** according to, in conformity with

4300   **anualmente** annually, yearly

4316   **largamente** widely, extensively

4344   **puramente** purely, only

4407   **livremente** freely

4419   **previamente** previously

4429   **parcialmente** partially

4441   **unicamente** solely, only

4454   **embaixo** under, beneath, underneath [BP]

4490   **porventura** perhaps, maybe, by chance

4608   **curiosamente** curiously

4781   **progressivamente** gradually, progressively

4858   **subitamente** suddenly

4860   **correctamente** accurately, correctly

4869   **tradicionalmente** traditionally

4877   **decerto** certainly

4927   **regularmente** regularly

Adjective

16   **seu** his, her(s), their(s), your(s)

19   **mais** more, most [AV]

23   **este** this

26   **esse** that

27   **outro** other, another

28   **muito** very, much, many [AV]

31   **todo** all, every

39   **mesmo** same

45   **grande** big, grand, great

47   **algum** some

53   **aquele** that (more remote)

55   **primeiro** first [AV]

63   **novo** new

69   **meu** my, mine

75   **qual** which

78   **pouco** a little [AV]

86   **nosso** our

90   **bom** good

92   **próprio** own, very own

93   **maior** greater, larger

98   **cada** each, every

112   **menos** less, fewer [AV]

116   **tanto** so much, enough [AV]

119   **melhor** better, best [AV]

123   **certo** certain, right, sure [AV]

129   **tal** such [AV]

134   **último** last

139   **pequeno** small

140   **quanto** how much [AV]

179   **vários** various, many

199   **único** only, unique

200   **nenhum** none, not a single one

205   **diferente** different

206   **possível** possible

207   **importante** important

209   **social** social

211   **claro** clear, light

226   **próximo** next, close, near

227   **nacional** national

229   **geral** general

244   **baixo** low, short [AV]

246   **longo** long

250   **branco** white

276   **antigo** ancient, old, former

287   **velho** old

296   **junto** together [AV]

297   **preciso** necessary, precise

312   **seguinte** following

323   **necessário** necessary

333   **difícil** difficult

363   **principal** principal, main

381   **natural** natural

407   **aberto** open

422   **comum** common

424   **superior** greater, higher, superior

426   **capaz** capable

428   **terceiro** third

432   **menor** smaller, younger, less, least

433   **especial** special

442   **igual** equal

452   **livre** free

463   **cujo** whose

481   **unido** united

490   **mau** bad, evil

491   **simples** simple

494   **diverso** diverse, several (pl)

524   **anterior** previous, anterior

531   **enorme** enormous

536   **verde** green, unripe

540   **verdadeiro** true

542   **vivo** alive

548   **económico** economic

551   **rico** rich

552   **pobre** poor

558   **demais** too much [AV]

571   **rápido** fast, rapid

573   **fácil** easy

574	**actual** current, up-to-date	1118	**quinto** fifth	1410	**chamado** called, so-called,
607	**curto** short	1128	**recente** recent		named
623	**inteiro** entire	1138	**bonito** beautiful, pretty,	1423	**escuro** dark
649	**popular** popular		handsome	1424	**disposto** willing, arranged
678	**particular** private, particular	1139	**raro** rare	1425	**rural** rural
680	**belo** beautiful	1140	**evidente** evident	1439	**correcto** correct
691	**moderno** modern	1153	**estranho** strange,	1444	**tradicional** traditional
698	**largo** wide, large, broad		uncommon	1445	**infantil** childish, infantile
712	**cheio** full	1170	**sozinho** alone, lonely	1474	**caro** expensive, esteemed
713	**preto** black	1176	**activo** active	1490	**organizado** organized
717	**civil** civil	1184	**municipal** municipal	1492	**agrícola** agricultural
734	**grave** grave, serious	1185	**famoso** famous	1493	**adequado** adequate
738	**interessante** interesting	1209	**duro** hard	1497	**intenso** intense
740	**sério** serious	1215	**azul** blue	1501	**mental** mental
754	**histórico** historic, historical	1219	**fraco** weak	1531	**falso** false
774	**ambos** both	1220	**fino** fine, thin	1534	**exacto** exact
776	**pronto** ready	1231	**pleno** complete, full	1540	**regional** regional
810	**profundo** deep, profound	1233	**breve** brief	1542	**curioso** curious, strange
819	**vermelho** red	1235	**perfeito** perfect	1549	**poderoso** powerful
824	**comercial** commercial	1247	**cultural** cultural	1560	**definitivo** definitive
831	**directo** direct	1248	**elevado** high, elevated	1564	**isolado** isolated
848	**armado** armed, military	1250	**violento** violent	1566	**supremo** supreme
852	**literário** literary	1254	**anormal** unusual,	1567	**concreto** concrete
858	**suficiente** sufficient		abnormal	1568	**individual** individual
868	**absoluto** absolute	1255	**amplo** ample, broad	1570	**distante** distant
881	**interno** internal	1257	**perigoso** dangerous	1581	**específico** specific
908	**financeiro** financial	1261	**apto** capable, apt	1582	**pesado** heavy
911	**conhecido** known	1272	**essencial** essential	1588	**justo** just, fair
925	**impossível** impossible	1277	**mundial** world, worldwide	1594	**interessado** interested
926	**determinado** determined,	1279	**extraordinário**		(party)
	certain		extraordinary	1597	**universal** universal
946	**semelhante** similar	1290	**artístico** artistic	1613	**médio** middle, average
947	**amarelo** yellow	1291	**leve** light (weight, color)	1615	**democrático** democratic
957	**pior** worse, worst	1293	**permanente** permanent	1623	**disponível** available
984	**quente** hot	1302	**administrativo**	1632	**contemporâneo**
997	**eléctrico** electric		administrative		contemporary
998	**seco** dry	1303	**útil** useful, helpful	1635	**barato** cheap,
1036	**puro** pure	1308	**alegre** happy		inexpensive
1040	**clássico** classic, classical	1312	**inicial** initial	1637	**relativo** relative
1050	**fundamental** fundamental,	1326	**negativo** negative	1642	**vago** vague, vacant
	basic	1327	**industrial** industrial	1652	**lento** slow
1060	**federal** federal [BP]	1336	**urbano** urban	1658	**nervoso** nervous
1061	**grosso** thick, coarse, rude	1339	**feminino** female, feminine	1666	**vasto** wide, vast
1067	**privado** private, deprived	1356	**externo** external	1671	**básico** basic
1083	**científico** scientific	1360	**inferior** lower, less, inferior	1678	**fiel** faithful
1086	**imediato** immediate	1361	**completo** complete	1682	**complicado** complicated
1089	**independente** independent	1363	**excelente** excellent	1686	**destinado** meant for,
1103	**legal** legal	1373	**feliz** happy		destined
1106	**imenso** immense	1393	**eleitoral** electoral	1692	**aéreo** by air, aerial

2563 **reduzido** reduced, small

2574 **forçado** obligated, forced

2597 **rígido** rigid, strict

2599 **marítimo** maritime

2600 **digital** digital

2614 **colonial** colonial

2615 **estrutural** structural

2629 **intensivo** intensive

2642 **lindo** beautiful

2650 **visual** visual

2651 **produtivo** productive

2654 **inédito** unpublished

2668 **localizado** located

2674 **precioso** precious

2681 **ambiental** environmental

2697 **singular** singular

2713 **elaborado** planned, created, mapped out

2718 **dominante** dominant

2722 **autónomo** autonomous, self-employed

2723 **comunitário** of the community

2724 **competente** competent

2726 **alheio** belonging to someone else, alien

2744 **primitivo** primitive

2746 **razoável** reasonable

2750 **coberto** covered

2767 **soviético** soviet

2768 **rigoroso** rigorous

2773 **dependente** dependent

2779 **vulgar** common, average, vulgar

2791 **judicial** judicial

2794 **filosófico** philosophical

2805 **variado** varied

2815 **satisfeito** satisfied

2818 **geográfico** geographic

2822 **dourado** golden, gilded

2823 **remoto** remote

2824 **tecnológico** technological

2826 **governamental** governmental

2834 **avançado** advanced

2840 **artificial** artificial

2851 **mero** mere

2854 **convencional** conventional

2856 **recto** straight

2865 **júnior** junior

2866 **prévio** preliminary, previous

2874 **extinto** extinct, extinguished

2875 **óbvio** obvious

2876 **modesto** modest

2886 **automático** automatic

2891 **ausente** absent

2900 **salgado** relating to salt

2905 **duplo** dual, double

2908 **delgado** thin, delicate, fine

2918 **impresso** printed

2921 **pequenino** little (familial), very small

2932 **ideológico** ideological

2934 **eficiente** efficient

2939 **simbólico** symbolic

2941 **contratado** contracted (employees)

2945 **usado** used

2953 **separado** separated

2954 **agudo** sharp, acute

2956 **telefónico** telephone

2966 **luminoso** bright, luminous

2981 **discreto** discrete

2989 **vital** vital

3001 **empresarial** related to a company

3007 **realista** realist

3010 **digno** worthy

3014 **sujo** dirty, soiled

3015 **inútil** useless

3017 **complementar** complementary, additional

3018 **proveniente** proceeding or resulting from

3019 **solitário** solitary

3028 **estável** stable

3032 **estatal** relating to the state

3049 **castanho** brown

3053 **mortal** mortal, fatal, terminal

3057 **proibido** prohibited, forbidden

3075 **inesperado** unexpected

3080 **diplomático** diplomatic

3085 **cinzento** gray

3090 **expressivo** expressive

3103 **incrível** incredible

3112 **atrasado** late, behind

3117 **resultante** resulting from, a result of

3123 **escasso** scarce

3130 **convencido** convinced

3137 **múltiplo** multiple

3140 **transparente** clear, transparent

3142 **irregular** irregular

3143 **cinematográfico** cinematographic

3147 **aparente** apparent

3149 **feio** ugly

3150 **barroco** baroque

3151 **imaginário** imaginary

3155 **restrito** restricted

3167 **apaixonado** in love with, passionate

3173 **marinho** of the sea, marine

3180 **posterior** later, posterior

3187 **nuclear** nuclear

3208 **desenvolvido** developed

3209 **abstracto** abstract

3212 **referente** pertaining to, relating to

3218 **severo** harsh, severe

3227 **orgânico** organic

3230 **privilegiado** privileged

3233 **trágico** tragic

3234 **anónimo** anonymous

3240 **bravo** mad, angry, wild

3248 **prestes** about to, ready to

3251 **burguês** bourgeois

3253 **representativo** representative

3258 **passivo** passive, lethargic

3265 **metálico** metallic

3267 **agressivo** aggressive

3275 **tropical** tropical

3276 **extenso** extensive

3278 **terrestre** of the earth, earthly

3284 **urgente** urgent

3285 **vosso** your (PL, mainly EP)

3290 **relevante** relevant

3293 **espontâneo** spontaneous

3294 **gratuito** free of charge

3296 **exposto** displayed, exposed

3978 **subordinado** subordinate, subordinated

3979 **abundante** abundant

3980 **ilustre** illustrious

3982 **atómico** atomic

3988 **parecido** similar to, resembling

3990 **funcional** functional

4011 **marcante** memorable, noteworthy

4014 **soberano** sovereign

4017 **pedagógico** pedagogical, teaching

4040 **estético** aesthetic, elegant

4041 **repleto** full, overrunning

4044 **macio** soft

4045 **clandestino** illegal, clandestino

4047 **sereno** serene, calm, peaceful

4050 **sistemático** systematic

4055 **solidário** fully supportive

4056 **cívico** civic

4077 **horrível** horrible

4087 **muscular** muscular

4089 **similar** similar

4094 **longínquo** far away, distant

4099 **hospitalar** relating to a hospital

4101 **elementar** elementary

4105 **materno** maternal, motherly

4106 **genérico** generic

4115 **pendente** waiting for, pending, hanging

4121 **simultâneo** simultaneous

4132 **vitorioso** victorious

4133 **ansioso** anxious

4140 **intitulado** entitled

4142 **temporário** temporary

4146 **territorial** territorial

4149 **deficiente** deficient

4163 **sombrio** somber, dark, melancholy

4167 **molhado** wet

4169 **querido** dear, beloved

4174 **insuficiente** insufficient

4175 **conveniente** convenient

4182 **ecológico** ecological

4186 **resistente** resistant

4189 **assente** settled, established [EP]

4197 **diferenciado** different (type of)

4198 **inscrito** enrolled, inscribed

4214 **erudito** educated, scholarly, learned

4228 **acostumado** used to, accustomed

4229 **seguido** followed (by)

4230 **caseiro** household, homemade

4232 **flexível** flexible

4237 **surpreendente** surprising, admirable, amazing

4238 **integrado** made up of, integrated

4248 **húmido** humid, moist

4257 **vão** vain

4265 **solene** solemn, official, formal

4276 **aceso** lit

4280 **judaico** Jewish

4283 **sentimental** sentimental

4290 **exagerado** exaggerated

4293 **competitivo** competitive

4294 **cru** raw

4299 **escondido** hidden

4308 **arqueológico** archeological

4312 **criminal** criminal

4317 **tímido** shy, timid

4322 **irónico** ironic, sarcastic

4327 **oral** oral

4328 **calmo** calm

4329 **impressionante** impressive, impressing

4337 **ambicioso** ambitious

4339 **cardíaco** cardiac, of the heart

4346 **amargo** bitter

4358 **formoso** beautiful, attractive

4366 **jornalístico** journalistic

4370 **parado** stopped, parked

4380 **consecutivo** consecutive

4382 **virado** facing, turned to, aimed at

4389 **vinculado** linked, bound, connected to

4390 **propício** favorable, propitious

4393 **casto** chaste

4396 **obscuro** obscure

4397 **continental** continental

4403 **sincero** sincere

4405 **oitavo** eighth

4409 **defensivo** defensive

4413 **concentrado** concentrated

4426 **fértil** fertile

4430 **compacto** compact

4435 **suposto** supposed

4436 **miserável** miserable

4437 **mouro** moor

4439 **coerente** coherent

4448 **consequente** subsequent

4455 **explícito** explicit

4459 **horizontal** horizontal

4460 **brando** gentle, tender, soft

4463 **espantoso** shocking, surprising

4472 **inovador** innovative, innovator

4473 **brutal** brutal

4476 **roxo** dark red, scarlet

4484 **exigente** demanding

4498 **oportuno** opportune, timely

4500 **energético** of energy, energetic

4501 **pendurado** hung

4505 **pálido** pale

4511 **adicional** additional

4515 **espesso** thick, dense, opaque

4518 **incerto** uncertain, unsure

4534 **espectacular** spectacular

4536 **aplicado** applied

4539 **satisfatório** satisfactory

4540 **gótico** gothic

4543 **nulo** void, null

4545 **autárquico** non-governmental [EP]

4550 **falecido** deceased

4551 **furioso** sharp, furious

4553 **extra** extra, added

4557 **proporcional** proportional

4568 **condicionado** conditioned

4588 **alinhado** aligned

4591 **aposentado** retired [BP]

4595 **narrativo** narrative

4597 **sanguíneo** relating to blood

4603 **preliminar** preliminary

4610 **grosseiro** crude, coarse, rude

4614 **civilizado** civilized

4618 **montado** mounted, assembled

4621 **precoce** premature, precocious

4622 **pardo** mulatto, off-white

4626 **hostil** hostile

4632 **rosado** rosy, pink

4633 **referido** above-mentioned, referred

4635 **internado** hospitalized

4650 **celeste** heavenly

4658 **heróico** heroic

4660 **pontual** punctual

4665 **colocado** positioned, placed

4669 **qualificado** qualified

4673 **nominal** nominal

4681 **distrital** relating to a district [EP]

4682 **burocrático** bureaucratic

4688 **influente** influential

4689 **postal** postal

4692 **clínico** clinical

4700 **equipado** equipped

4708 **corporal** relating to the body, bodily

4709 **inerente** inherent

4728 **peculiar** peculiar

4733 **chato** bothersome, unpleasant, boring

4736 **semanal** weekly

4738 **educacional** educational

4746 **neutro** neutral

4748 **flagrante** flagrant

4757 **alimentar** relating to food

4758 **robusto** strong, robust

4759 **contaminado** contaminated

4760 **detalhado** detailed

4767 **incompleto** incomplete

4772 **preventivo** preventative

4786 **susceptível** susceptible

4794 **sinistro** sinister

4798 **substancial** substantial

4805 **secular** secular

4809 **encarnado** incarnate, in the flesh

4818 **encostado** leaning, resting on

4819 **perpétuo** perpetual, permanent

4821 **prematuro** premature

4831 **confortável** comfortable

4832 **cauteloso** cautious, prudent

4833 **televisivo** related to TV

4842 **valioso** valuable

4845 **cirúrgico** surgical

4850 **queimado** burned

4851 **atraente** attractive

4852 **viável** viable

4853 **afectivo** affectionate, caring

4871 **contido** contained

4880 **calado** quiet

4882 **isento** exempt, free

4883 **prudente** prudent

4885 **confiante** confident

4892 **convicto** die-hard, convinced

4895 **perverso** pervert, perverse

4898 **reservado** reserved

4899 **tenso** tense

4903 **voltado** intended for, turned towards

4904 **descalço** barefoot, shoeless

4910 **brusco** abrupt, sudden, brusque

4918 **originário** originally from

4930 **esquecido** forgotten

4933 **encarregado** in charge, responsible

4937 **linear** linear

4944 **compatível** compatible

4946 **amarrado** fastened, tied

4948 **casado** married

4952 **decorativo** decorative

4953 **vigente** current, currently in force

4961 **aceitável** acceptable

4962 **vocal** vocal

4978 **afectado** affected

4985 **ancestral** ancestor, ancestral

4987 **vigoroso** vigorous, strong

4988 **louro** blond

4994 **informativo** informative

Noun / adjective

104 **meio** means, way, half-, middle [AV]

109 **segundo** second, according to [PRP]

142 **português** Portuguese

146 **direito** right, law

147 **público** public

185 **alto** tall, high, top

202 **real** real, royal, Brazilian currency

221 **brasileiro** Brazilian

265 **forte** strong, stronghold

278 **humano** human

291 **final** ending, end, final

303 **plano** plan, flat, smooth

320 **santo** saint, holy

324 **jovem** young (person)

329 **político** political, politician

348 **contrário** contrary, opposite, enemy

350 **pessoal** personal, personnel

354 **militar** military, soldier

409 **médico** medical doctor, medical

439 **estrangeiro** foreigner, stranger, foreign

444 **interior** interior, inland, inside

447 **negro** black, dark (person)

476 **presente** present, present time, gift

483 **preso** captive, imprisoned

505 **quarto** room, bedroom, fourth

532 **americano** American

535 **francês** French

544 **passado** past, last, previous

556 **inglês** English

575 **morto** dead

596 **mínimo** minimum, least

606 **central** central, station, office

621 **profissional** professional

638 **europeu** European

658 **oficial** official

728   **total** total

743   **máximo** maximum

744   **normal** normal, norm

750   **dado** datum, given

753   **frio** cold

769   **doente** sick (person)

804   **corrente** current, chain

825   **técnico** technical, coach, technician

841   **familiar** familiar, of the family, family member

853   **responsável** responsible, person in charge

855   **físico** physical, physicist

876   **religioso** religious (person)

884   **ideal** ideal

902   **seguro** secure, safe, insurance

931   **média** average, middle (class)

932   **exterior** outside, exterior

949   **moral** moral, ethics, morale

980   **espanhol** Spanish

988   **intelectual** intellectual

1002 **original** original

1007 **alemão** German

1017 **diário** diary, journal, daily

1063 **católico** catholic

1080 **general** general

1163 **doce** sweet, candy

1188 **italiano** Italian

1192 **musical** musical

1240 **africano** African

1242 **complexo** complex

1268 **extremo** extreme

1343 **constante** constant

1359 **crítico** critic, critical

1375 **comunista** communist

1377 **representante** representative

1383 **colectivo** collective, public transportation (BP)

1394 **executivo** executive (branch)

1400 **empregado** employee, employed

1412 **plástico** plastic

1432 **russo** Russian

1443 **vazio** empty, emptiness

1462 **fiscal** fiscal, customs inspector

1506 **imóvel** real-estate, immobile

1514 **japonês** Japanese

1520 **móvel** piece of furniture, mobile

1535 **estreito** straight, narrow, strait (water)

1544 **doméstico** domestic (servant)

1545 **socialista** socialist

1605 **mulato** mulatto

1607 **adulto** adult

1626 **líquido** liquid

1683 **quadrado** square, squared

1713 **músico** musician, musical

1716 **paciente** patient

1721 **grego** Greek

1730 **revolucionário** revolutionary

1734 **associado** associated, associate

1746 **latino** relating to Latin America, Latin

1760 **produtor** producing, producer

1774 **paulista** from São Paulo [BP]

1794 **restante** remaining, rest, remainder

1796 **nobre** noble, nobleman

1832 **liberal** liberal

1873 **judeu** Jew

1900 **mineiro** mining, miner

1912 **culto** worship, cult, learned

1932 **mecânico** mechanic, mechanical

1937 **leste** east

1947 **chinês** Chinese

1951 **pedido** request, requested

1954 **cristão** Christian

1963 **romano** Roman

1988 **pacífico** Pacific (ocean), calm

2008 **ganho** earnings, profits, gained

2031 **deserto** desert, deserted

2037 **aliado** ally, allied

2046 **condenado** condemned (person)

2088 **conservador** conservative

2091 **absurdo** absurd, absurdity

2108 **ouvido** ear, heard

2114 **consumidor** consumer, consuming

2129 **escrito** writings, written

2137 **norte-americano** North American (usually US)

2159 **delegado** delegate, delegated

2161 **ferido** wound, wounded

2165 **auxiliar** assistant, auxiliary

2170 **radical** radical

2178 **potencial** potential

2200 **argentino** Argentine

2209 **terço** third, a third

2244 **mágico** magician, magical

2261 **cruzado** old Brazilian monetary unit, crossed

2278 **nomeado** nominee, nominated

2289 **efectivo** effective, strength, assets

2296 **académico** academic

2301 **oriente** East, Orient

2314 **britânico** British

2315 **correspondente** corresponding, correspondent

2322 **dirigente** leader, director, directing

2325 **macho** male, masculine

2334 **íntimo** intimate, close friend

2339 **criminoso** criminal

2347 **partidário** party member, relating to a political party

2350 **judiciário** judicial, judiciary

2404 **célebre** famous, renowned, celebrity

2414 **virgem** virgin

2421 **desportivo** athletic, sports (club) [EP]

2429 **lateral** outfielder, sideline, lateral

2436 **manifesto** manifesto, manifested

2461 **miúdo** scrawny, small, child

2480 **indicador** indicator, indicating

2517 **gráfico** graph, graphic

2522 **manual** manual

2528 **químico** chemical, chemist

2541 **celular** cellular (phone)

2554 **árabe** Arab, Arabic

2575 **resíduo** remains, residue, residual

2589 **republicano** republican

2610 **solar** solar, sole, manor house

2622 **holandês** Dutch

2625 **infinito** infinite, infinity

2627 **voluntário** voluntary, volunteer

2635 **gigante** giant

2647 **indígena** indigenous (person)

2657 **traseiro** rear, bottom

2672 **fundador** founder, founding

2682 **patente** obvious, patent, rank

2709 **circular** circular, shuttle

2719 **carioca** From Rio de Janeiro [BP]

2736 **militante** party member, militant

2756 **camponês** peasant, field-worker, farmer, rustic

2792 **rosa** rose, pink

2811 **intermédio** intermediary, intermediate

2829 **equivalente** equivalent

2873 **sumo** extreme, juice

2883 **combustível** fuel, combustible

2889 **titular** title holder, cabinet member

2907 **teórico** theoretical, theorist

2943 **burro** donkey, ass, fool

2964 **integrante** integral, member

3000 **polémico** controversial

3013 **residente** resident

3030 **misto** mix, mixed

3033 **baiano** from Bahia [BP]

3039 **visitante** visitor, visiting

3051 **asiático** Asian

3073 **trabalhista** labor party member, characteristic of a worker

3074 **uniforme** uniform

3089 **governante** governor, politician, governing

3102 **vegetal** vegetable, relating to vegetables

3113 **diagnóstico** diagnosis, diagnostic

3120 **muçulmano** Muslim

3166 **turco** Turk

3168 **nativo** native

3189 **intermediário** intermediate, intermediary

3200 **observador** observer, observant

3210 **amador** amateur, enthusiast, lover

3244 **colaborador** collaborator, collaborative

3261 **culpado** guilty, guilty party

3289 **marginal** delinquent, lawless, marginal

3302 **pescador** fisherman, fishing

3323 **táctico** tactical, tactician

3328 **nacionalista** nationalist

3343 **temporal** temporal, tempest

3345 **convidado** guest, invited

3358 **rival** rival

3384 **coordenador** coordinator, coordinating

3402 **indiano** Indian (from India)

3406 **adepto** adept, supporter, fan

3419 **metropolitano** metropolitan, region

3422 **revisor** proofreader, examining

3436 **bárbaro** barbaric, barbarian

3442 **inconsciente** unconscious

3464 **ridículo** ridiculous (thing)

3487 **óptimo** excellent, optimal

3505 **defensor** defender, defending

3525 **cercado** enclosure, fenced

3553 **capitalista** capitalist

3579 **substituto** substitute

3599 **exemplar** copy, exemplary

3644 **estatístico** statistical, statistician

3670 **suspeito** suspect, suspected

3712 **maciço** in mass, solid, mountain range

3726 **pop** pop

3750 **místico** mystic, mystical

3762 **nascente** source, East, emerging

3786 **galego** Galician

3793 **angolano** Angolan [EP]

3825 **pernambucano** from Pernambuco [BP]

3849 **oposto** opposite, opposing

3880 **característico** characteristic (feature)

3904 **constituinte** constituent, part of, member

3907 **adjunto** assistant, adjunct

3929 **pioneiro** pioneer, pioneering

3945 **tributário** related to taxes, tributary

3950 **mineral** mineral

3992 **coitado** poor thing, pitiful, wretch

4026 **promotor** promoting, promoter

4029 **décimo** units of ten, tenth

4030 **democrata** democrat

4062 **cómodo** comfort, room, comfortable

4112 **sueco** Swedish

4123 **favorito** favorite, preferred

4147 **realizador** producer [EP]

4155 **doido** crazy (person)

4195 **mexicano** Mexican

4200 **cubano** Cuban

4206 **farmacêutico** pharmaceutical, pharmacist

4219 **ordenado** salary, ordained, ordered

4240 **periódico** newspaper, periodic

4243 **gelado** cold, chilled, ice-cream

4259 **imobiliário** relating to real-estate

4271 **documentário** documentary	4742 **australiano** Australian	145 **água** water
4284 **austríaco** Austrian	4747 **estudioso** studious, scholar, erudite	149 **problema** problem
4291 **gémeo** twin		153 **história** story, history
4336 **auditório** auditorium, audible	4771 **crente** believer, believing	154 **grupo** group
	4790 **sertanejo** from rural Northeastern Brazil [BP]	155 **hora** hour
4353 **moreno** brown, dark-skinned (person)		164 **obra** work, project
	4797 **marxista** Marxist	165 **facto** fact
4363 **noroeste** Northwest	4828 **derivado** derivative, derived	166 **ponto** point, dot, period
4373 **fidalgo** noble, rich, aristocratic	4834 **sul-africano** South African	168 **fim** purpose, end
	4862 **parasita** parasite, parasitic	170 **pai** father, parents (PL)
4374 **anexo** attached, attachment	4887 **perito** expert	172 **relação** relation
4381 **cozido** cooked, stew	4925 **incómodo** inconvenient, difficulty	175 **momento** moment
4384 **submarino** submarine, under-water		177 **ideia** idea
	4928 **opositor** opponent, opposing	178 **política** politics
4387 **atractivo** attractive (quality)		180 **lugar** place
4398 **publicitário** advertising	4949 **violeta** violet	182 **livro** book
4400 **explosivo** explosive	4980 **edital** public notice, relating to editing [BP]	184 **mês** month
4401 **protector** protector, protective, patron		186 **força** force, power, strength
	4981 **estúpido** stupid, brute	188 **família** family
4416 **acusado** accused	4982 **idiota** idiot, idiotic	189 **tipo** type, like
4444 **didáctico** teaching, didactic	5000 **sul-americano** South-American	190 **presidente** president
4457 **ibérico** Iberian		203 **palavra** word
4466 **antecedente** previous (history)	## Noun	212 **mão** hand
	35 **ano** year	214 **rio** river
4471 **suíço** Swiss	46 **vez** (a) time, turn	216 **situação** situation
4475 **homossexual** homosexual	51 **dia** day	217 **questão** question, issue, point
4482 **agregado** aggregate, mixture	66 **tempo** time, weather	
	70 **pessoa** person	219 **campo** field
4507 **cómico** comic, comedian	71 **coisa** thing	223 **serviço** service
4516 **inverso** opposite, inverse, contrary	77 **vida** life	224 **lei** law
	79 **homem** man	225 **criança** child
4542 **politécnico** polytechnic	80 **parte** part	230 **frente** front
4544 **protestante** protestant	82 **casa** house, home	234 **conta** account, bill
4554 **bordado** embroidered, embroidery	85 **trabalho** work	237 **escola** school
	94 **caso** case	238 **verdade** truth
4576 **editorial** editorial	96 **país** country	239 **corpo** body
4599 **atlântico** Atlantic (ocean)	97 **forma** form, way	241 **guerra** war
4602 **traçado** drawn out, planned, plan	99 **hoje** today [AV]	242 **música** music
	106 **mundo** world	243 **região** region
4607 **escocês** Scottish	108 **estado** state, condition	245 **professor** teacher, professor
4613 **terno** suit (BP), tender, kindly (EP)	111 **cidade** city	247 **acção** action
	113 **governo** government	249 **movimento** movement
4643 **multinacional** international corporation	117 **lado** side	251 **processo** process
	121 **nome** name	253 **arte** art
4648 **nordestino** northeastern, northeasterner [BP]	124 **mulher** woman, wife	254 **papel** paper, role
	126 **exemplo** example	257 **fundo** bottom, rear, fund
4739 **acrescido** increased, addition	133 **terra** land, earth	258 **senhor** lord, sir, mister
	143 **filho** son, children (PL)	259 **número** number
		261 **tarde** late, afternoon [AV]

263 **sociedade** society

264 **povo** people

266 **cabeça** head

267 **altura** height, time period

268 **volta** return, turn

269 **condição** condition

271 **valor** value, worth

272 **mãe** mother

275 **causa** cause

277 **maneira** way, manner

279 **sentido** sense, meaning, feeling

281 **deus** god

282 **modo** manner, way, style

283 **gente** people, we/us (BP)

284 **imagem** image

285 **época** time period, epoch

286 **noite** night

290 **projecto** project

293 **jornal** newspaper

294 **razão** reason

295 **espécie** type, species, kind

298 **século** century

301 **dinheiro** money

305 **centro** center, downtown

306 **partido** (political) party

310 **interesse** interest

311 **amigo** friend

313 **termo** term

315 **linha** line

316 **medida** measure (a m. que = to the degree/extent that)

317 **teatro** theater

318 **espaço** space, room

319 **animal** animal

321 **acordo** agreement

325 **futuro** future

326 **local** place, location

327 **falta** lack

328 **morte** death

330 **banco** bank, bench

331 **posição** position

332 **rua** street

334 **mercado** market

336 **caminho** path, way

337 **jogo** game

339 **igreja** church

344 **negócio** business, deal, thing

345 **via** way, road

346 **semana** week

347 **luz** light

351 **realidade** reality, real life

356 **empresa** company, firm, business

357 **pé** foot, tree shoot

360 **ordem** order

364 **assunto** subject, topic

365 **passo** step

367 **actividade** activity

369 **direcção** direction

370 **necessidade** necessity

372 **ministro** minister

373 **qualidade** quality

375 **função** function

376 **olho** eye

377 **respeito** respect

379 **cima** top (por/em c. = on top)

380 **mar** sea

382 **costa** coast, back (anatomy)

383 **peça** piece, spare part, play

384 **área** area

386 **preço** price

388 **experiência** experience

389 **norte** north

390 **princípio** principle, start, beginning

391 **autor** author

392 **curso** course, college major

395 **decisão** decision

396 **câmara** city council, chamber

398 **sistema** system

399 **vontade** desire, will

400 **maioria** majority

402 **viagem** trip, journey, voyage

403 **senhora** lady

404 **aspecto** aspect

405 **artista** artist

406 **idade** age

408 **conto** short story, monetary value

410 **capital** capital (M investment, F city)

413 **cultura** culture

415 **conhecimento** knowledge, understanding

418 **população** population

419 **estudo** study

420 **resposta** answer, response

421 **informação** information

425 **saúde** health

427 **porta** door

430 **república** republic

434 **sul** south

435 **cinema** movie, movie theater

436 **pena** penalty, shame

437 **cor** color

440 **ar** air

441 **carro** car, cart, buggy

443 **figura** figure, chart, character

445 **dificuldade** difficulty

450 **importância** importance

453 **rede** network, net

454 **efeito** effect

456 **possibilidade** possibility

459 **quadro** painting, panel

460 **espírito** spirit

461 **elemento** element

462 **base** basis, base, foundation

468 **filha** daughter

471 **pedra** stone

472 **filme** movie, film

473 **madeira** wood

474 **natureza** nature

475 **período** period

478 **recurso** resource

482 **resultado** result

487 **director** director

488 **irmão** brother

492 **programa** program

496 **classe** class, type

497 **conselho** advice, counsel, council

498 **amor** love

499 **televisão** television

501 **banda** band

502 **carta** letter (to someone)

503 **segurança** security, safety

506 **diferença** difference

508 **opinião** opinion

509 **título** title

510 **luta** struggle, fight, conflict

514 **peixe** fish

519 **voz** voice

520 **companhia** company

522 **objecto** object

526 **dúvida** doubt

527 **início** beginning, start

528 **matéria** material, (subject) matter

529 **graça** thanks (PL), grace

530 **língua** language, tongue

533 **doutor** doctor

537 **atenção** attention

538 **nível** level

539 **criação** creation

541 **justiça** justice

543 **educação** education

546 **ambiente** environment, surroundings

547 **guarda** guard, care

553 **cabo** cape (geography), cable, end

554 **eleição** election

555 **apoio** support

557 **solução** solution

559 **máquina** machine, device

560 **trabalhador** worker

561 **produto** product

563 **doença** illness

564 **resto** rest, remaining part

565 **ciência** science

568 **contacto** contact

572 **literatura** literature

578 **liberdade** liberty, freedom

579 **zona** zone

580 **terreno** land, terrain, ground

584 **modelo** model, example

587 **visão** vision, view

590 **escritor** author, writer

591 **estrada** highway, road

592 **construção** construction

593 **polícia** police (M officer, F force)

594 **mudança** change

599 **motivo** reason, motive

600 **som** sound

603 **sol** sun

604 **comércio** commerce, trade

608 **prova** proof, test, evidence

609 **memória** memory

614 **metro** meter, subway

615 **material** material

616 **revista** magazine, periodical

618 **crítica** criticism

619 **sinal** sign, signal

620 **medo** fear

622 **objectivo** objective

624 **venda** sale

625 **sucesso** success

626 **carreira** career, race

628 **esquerda** left (direction)

630 **influência** influence

632 **personagem** character (literature), personage

636 **prática** practice

637 **formação** formation, graduation

640 **preocupação** worry, preoccuption

642 **produção** production

643 **conjunto** set, combination, group

644 **esforço** effort

645 **massa** mass, dough

646 **comissão** commission

651 **rei** king

652 **rádio** radio (M device, F means of communication)

655 **erro** mistake, error

656 **género** kind, type, genus

657 **favor** favor

659 **administração** administration

661 **cento** percent (por c.)

662 **sangue** blood

663 **letra** letter, handwriting, lyrics

664 **série** series

665 **expressão** expression

666 **face** face, surface

668 **vila** small town, village

671 **energia** energy

672 **presença** presence

673 **árvore** tree

674 **fase** phase

675 **encontro** encounter, meeting, date

676 **deputado** representative, deputy

677 **emprego** job, work, employment

679 **risco** risk

681 **cena** scene

682 **consciência** conscience, awareness

683 **geração** generation

684 **crime** crime

688 **crise** crisis

692 **regra** rule

696 **fonte** source, fountain

699 **estilo** style

701 **responsabilidade** responsibility

702 **economia** economy

703 **vale** valley, receipt

706 **carne** meat, flesh

707 **origem** origin, root

708 **atitude** attitude

709 **indivíduo** individual

711 **sala** room

715 **defesa** defense

718 **comunicação** communication

720 **texto** text

721 **oportunidade** opportunity

722 **proposta** proposal

723 **manhã** morning

724 **peso** weight

725 **entrada** entrance, entryway

726 **existência** existence

727 **moeda** currency, coin

729 **clube** club

730 **ferro** iron

731 **romance** novel, romance

732 **autoridade** authority

733 **sentimento** feeling

735 **vitória** victory

736 **reunião** meeting, reunion

737 **marido** husband

741 **operação** operation

747 **ilha** island

748 **espectáculo** show, spectacular, spectacle

751 **certeza** certainty

752 **torno** (em t.) around, about

759 **universidade** university

989   **tom** tone, sound

993   **cidadão** citizen

994   **companheiro** companion, colleague

996   **ouro** gold

999   **fábrica** factory

1001 **juiz** judge, referee

1003 **dívida** debt

1004 **chão** ground, floor

1006 **tentativa** attempt

1009 **praia** beach

1010 **ajuda** help

1011 **navio** ship

1012 **lista** list

1013 **torre** tower

1014 **pele** skin

1015 **perigo** danger

1016 **céu** sky, heaven

1018 **juro** interest (financial)

1020 **cuidado** caution, care

1021 **imposto** tax, imposed

1023 **bola** ball

1026 **técnica** technique

1027 **volume** volume

1028 **desenho** drawing

1029 **domínio** dominion, domain, dominance

1031 **congresso** congress

1032 **secretário** secretary

1033 **roupa** clothing, clothes

1034 **documento** document

1042 **ritmo** rhythm

1043 **edifício** building, edifice

1045 **concepção** concept, conception

1046 **barco** boat, ship

1047 **prazer** pleasure

1048 **propriedade** property

1049 **estação** season, station

1051 **fazenda** farm, fabric (EP)

1052 **conceito** concept

1053 **alma** soul

1054 **ensino** education, teaching

1055 **imprensa** press

1056 **confiança** confidence, trust

1057 **carga** load, cargo, baggage

1062 **teoria** theory

1065 **par** pair

1066 **futebol** soccer

1068 **ataque** attack

1071 **museu** museum

1072 **pesquisa** study, research

1074 **leitor** reader

1075 **positivo** positive

1076 **vizinho** neighbor

1077 **ocasião** occasion

1078 **quantidade** quantity

1084 **mestre** master, teacher

1085 **missão** mission

1087 **contracto** contract

1088 **frase** phrase

1090 **soldado** soldier

1091 **pressão** pressure

1092 **avião** airplane

1093 **colega** colleague, friend, classmate

1094 **órgão** institution, organ

1095 **equipamento** equipment

1097 **jornalista** journalist

1098 **ponta** tip, point, end

1099 **propósito** purpose

1100 **irmã** sister

1101 **ovo** egg

1102 **iniciativa** initiative

1104 **dor** pain

1105 **referência** reference, referral

1108 **grau** degree

1109 **chuva** rain

1110 **praça** square, plaza

1111 **engenheiro** engineer

1115 **religião** religion

1117 **hábito** habit

1120 **compra** purchase

1122 **combate** fight, combat

1124 **dono** owner, boss

1126 **acontecimento** event, happening

1127 **policial** police (force), policeman (BP)

1131 **onda** wave

1132 **entrevista** interview

1136 **beleza** beauty

1137 **mina** mine (M. Gerais: state in B)

1141 **esperança** hope

1142 **aparelho** device, apparatus

1143 **diálogo** dialogue

1145 **inverno** winter

1146 **vítima** victim

1147 **cliente** customer, client

1150 **fio** strand, wire

1151 **tropa** army

1152 **unidade** unit

1154 **característica** characteristic

1155 **fronteira** border, frontier

1159 **intervenção** intervention

1160 **poder** power

1162 **sensação** sensation

1165 **cadeia** jail, chain, sequence

1166 **colégio** high school, private school (EP)

1167 **moda** fashion, style

1168 **gado** cattle

1169 **conclusão** conclusion

1171 **acidente** accident

1172 **bolsa** purse, bag

1173 **conflito** conflict

1174 **aldeia** village

1175 **chave** key

1177 **visita** visit

1178 **agente** agent

1180 **prisão** prison

1183 **bandeira** flag

1186 **filosofia** philosophy

1190 **aumento** increase, growth

1191 **queda** fall

1193 **dança** dance

1194 **canto** corner, song

1196 **tribunal** court, tribunal

1197 **resistência** resistance

1199 **fruto** fruit

1200 **evolução** evolution

1202 **paixão** passion

1203 **flor** flower

1204 **personalidade** personality

1205 **raiz** root

1206 **conversa** conversation

1208 **solo** soil

1211 **parque** park

1212 **exame** exam

1214 **telefone** telephone

1221 **despesa** expense

1223 **factor** factor

1225 **loja** store

1226 **menina** little girl

1227 **sexo** gender, sex

1496 **dente** tooth

1498 **velocidade** speed, velocity

1499 **bloco** block, bloc

1500 **representação** representation

1502 **riqueza** wealth, riches

1503 **chegada** arrival

1507 **província** province

1508 **habitante** inhabitant

1509 **alimento** food, nourishment

1512 **silêncio** silence

1516 **cabelo** hair

1517 **computador** computer

1521 **equilíbrio** balance, equilibrium

1523 **virtude** virtue

1524 **revisão** revision

1525 **gabinete** office, cabinet

1526 **democracia** democracy

1527 **norma** norm, rule, standard

1529 **edição** edition

1532 **milho** corn

1538 **corrida** race

1546 **costume** custom

1547 **símbolo** symbol

1550 **reino** kingdom

1552 **relatório** report

1553 **noção** notion

1554 **droga** drug

1555 **mata** jungle, woods, forest

1556 **círculo** circle

1557 **observação** observation

1559 **convite** invitation

1561 **metal** metal

1562 **buraco** hole

1563 **vidro** glass

1565 **sal** salt

1573 **raio** ray

1575 **honra** honor

1576 **ameaça** threat, threatening

1577 **sindicato** workers' union, syndicate

1579 **herói** hero

1584 **aventura** adventure

1585 **lógica** logic

1586 **parecer** opinion, appearance

1587 **assistência** assistance

1589 **montanha** mountain

1590 **regresso** return [EP]

1591 **humanidade** humanity

1592 **apresentação** presentation

1593 **academia** academy, gym

1598 **inteligência** intelligence

1600 **caça** hunt

1601 **capítulo** chapter

1604 **choque** shock

1606 **escrita** writing

1609 **gestão** management, administration

1611 **serra** mountain range, saw

1612 **forno** oven

1614 **instalação** installation

1616 **proprietário** owner, proprietor

1617 **orçamento** budget, financing

1619 **debate** debate, discussion

1622 **realização** accomplishment, fulfillment

1625 **continente** continent

1627 **teste** test, exam

1628 **junta** council, commission

1629 **talento** talent

1630 **dona** Mrs, madam, owner

1633 **secção** department, section

1634 **escritório** office

1638 **pedaço** chunk, piece

1639 **presidência** presidency

1640 **piano** piano

1643 **tratado** treaty

1644 **superfície** surface

1646 **padrão** standard, pattern

1647 **operário** worker, laborer, operator

1648 **fórmula** formula

1651 **distribuição** distribution

1653 **concurso** contest

1655 **freguesia** municipality, clientele [EP]

1656 **féria** vacation, holidays

1659 **surpresa** surprise

1661 **selecção** selection, team of selected players

1662 **progresso** progress

1663 **tiro** shot

1664 **exigência** demand, requirement

1665 **opção** option

1667 **promessa** promise

1668 **laboratório** laboratory

1669 **benefício** benefit

1670 **nascimento** birth

1672 **semente** seed

1673 **osso** bone

1674 **frequência** frequency, rate

1675 **conquista** conquest

1676 **arquitectura** architecture

1680 **escudo** shield, old Portuguese coin [EP]

1685 **património** estate, heritage, patrimony

1688 **transformação** transformation

1689 **interpretação** interpretation

1690 **veículo** vehicle

1691 **gato** cat

1693 **ontem** yesterday [AV]

1694 **conferência** conference

1695 **criado** servant

1696 **tecnologia** technology

1698 **barra** stripe, bar

1699 **hotel** hotel

1700 **mistura** mixture, mix

1703 **copa** cup (competition), tree top

1707 **avaliação** assessment

1708 **dólar** dollar

1709 **identidade** identity

1710 **salto** leap, jump

1711 **centena** a hundred

1714 **capa** cover, cape, cloak

1718 **adversário** opponent, adversary

1719 **prejuízo** damage, loss

1720 **capela** chapel

1722 **episódio** episode

1723 **composição** composition

1725 **ciclo** cycle

1727 **excesso** excess

1728 **tecto** ceiling

1729 **rosto** face

1731 **lobo** wolf

1732 **açúcar** sugar

1735 **organismo** organism, organization

1736 **rendimento** profit, revenue

1737 **rumo** course of action, way, path

1739 **concerto** concert

1741 **mostra** sampling, exhibition, display

1742 **trecho** excerpt, passage

1745 **agência** agency

1747 **placa** plate, plaque, sign

1748 **mandato** mandate

1750 **estabelecimento** establishment

1753 **ser** being

1754 **saco** bag, sack, pouch

1755 **departamento** department

1756 **amizade** friendship

1757 **perfil** profile

1758 **porco** pig, pork

1761 **retrato** picture, portrait

1764 **globo** globe

1765 **bispo** bishop

1766 **mente** mind

1769 **falha** flaw, fault, failure

1770 **marcha** march, long walk, parade (EP)

1771 **horário** business hours, schedule, hours

1772 **extensão** extension, extent

1773 **vaca** cow

1775 **foto** photo

1776 **aplicação** application

1777 **rato** mouse

1778 **conteúdo** content

1781 **escala** scale

1782 **negociação** negotiation

1783 **criador** creator

1784 **alegria** joy, happiness

1785 **depósito** deposit, safe, warehouse

1786 **instrução** formal schooling, instruction

1788 **equipa** team [EP]

1791 **tela** screen, painting canvas

1793 **adolescente** adolescent, teenager

1797 **balanço** balance

1799 **passageiro** passenger

1800 **facilidade** ease

1802 **mecanismo** mechanism

1803 **álcool** alcohol

1804 **convénio** agreement, accord

1805 **curva** curve

1806 **concentração** concentration

1808 **asa** wing, wingspan

1810 **cama** bed

1811 **empresário** entrepreneur, business owner

1813 **especialista** specialist

1814 **julgamento** judgment

1818 **êxito** success

1820 **afirmação** affirmation

1821 **fuga** escape, flight (fugitive)

1823 **engenharia** engineering

1825 **confusão** confusion

1826 **bar** bar

1827 **parente** relative, extended family member

1830 **definição** definition

1831 **gesto** gesture

1833 **licença** license, permission

1835 **funcionamento** operation, functioning

1836 **correio** mail (box), post office

1838 **revolta** revolt

1839 **cumprimento** compliment, fulfillment

1840 **banho** bath

1842 **ocupação** occupation

1843 **reflexão** reflection

1844 **percurso** route, path

1846 **planeta** planet

1847 **voo** flight

1849 **parceiro** partner, social or game friend

1850 **homenagem** homage, honor

1851 **fundação** foundation, founding

1853 **mapa** map

1854 **cópia** copy

1857 **sessão** session

1858 **actuação** performance, acting

1859 **consideração** consideration

1860 **ensaio** rehearsal, practice

1863 **mal** evil

1864 **conde** count

1865 **proporção** proportion

1866 **cantor** singer

1867 **oferta** supply, offer

1871 **leão** lion

1875 **orientação** guidance, orientation

1877 **bomba** bomb

1879 **derrota** defeat

1880 **relógio** watch, clock

1882 **coronel** colonel

1883 **cálculo** calculation, calculus

1885 **esposa** wife

1886 **coragem** courage

1887 **sentença** sentence

1888 **fruta** fruit

1889 **dom** gift, honorific title

1893 **exploração** exploration, exploitation

1894 **febre** fever

1895 **competência** competence

1896 **atraso** delay

1897 **tese** thesis

1898 **consumo** use, consumption

1899 **invasão** invasion

1902 **lago** lake

1904 **expansão** expansion, expanse

1906 **novela** soap opera

1907 **civilização** civilization

1911 **gasto** expenditure

1915 **trigo** wheat

1918 **quilo** kilo(gram)

1921 **liga** league, union, connection

1922 **pacto** agreement, pact

1924 **novidade** news (gossip), new thing

1928 **domingo** Sunday

1929 **verso** verse

1930 **óleo** oil

1933 **reconhecimento** recognition

1935 **redução** reduction

1936 **administrador** manager, administrator

1938 **vestido** dress

1940 **compreensão** understanding, comprehension

1941 **glória** glory

1942 **instante** instant

1943 **drama** drama

1944 **seio** center, bosom, breast

1946 **segredo** secret

1955 **equipe** team [BP]

1956 **muro** free-standing wall

1957 **salão** large room, meeting hall, salon

1959 **camada** layer, sheet

1960 **cérebro** brain

1961 **colecção** collection

1962 **publicação** publication

1964 **juízo** judgment, good sense

1965 **concelho** municipality, county, council [EP]

1966 **satisfação** satisfaction

1968 **primo** cousin, prime

1970 **miséria** misery, poverty

1971 **execução** execution

1972 **escândalo** scandal

1974 **avenida** avenue

1975 **esquema** scheme

1977 **sensibilidade** sensitivity, sensibility

1978 **galeria** gallery

1979 **âmbito** level, sphere of action or work

1980 **lançamento** release, launching

1982 **estatuto** statute

1983 **sequência** sequence

1985 **mistério** mystery

1987 **significado** meaning, significance

1990 **arroz** rice

1991 **evento** event

1992 **senador** senator [BP]

1995 **solidariedade** solidarity, mutual responsibility

1996 **núcleo** nucleus, core

1998 **atmosfera** air, atmosphere

2002 **cartão** card

2014 **senado** senate

2016 **traço** trace, line, signal

2017 **pau** stick, wood

2018 **missa** religious mass

2020 **libertação** freedom, liberation

2023 **protesto** protest

2026 **preferência** preference

2028 **federação** federation

2030 **amanhã** tomorrow [AV]

2033 **petróleo** oil, petroleum

2034 **parlamento** parliament

2040 **erva** herb

2041 **prato** plate

2043 **alcance** range, reach

2044 **centímetro** centimeter

2045 **crónica** newspaper column, narrative

2048 **tio** uncle

2049 **vigor** (em v.) in effect; energy

2050 **arco** bow, arch, arc

2051 **ficção** fiction

2052 **sugestão** suggestion

2053 **escravo** slave

2056 **desempenho** performance

2057 **intervalo** interval, intermission

2059 **etapa** phase, stage

2060 **parada** (bus) stop, break

2062 **acusação** accusation

2065 **pescoço** neck

2066 **moça** young woman, girl

2067 **legislação** legislation

2068 **tecido** fabric, material, tissue

2069 **boi** ox, steer, bull

2073 **desemprego** unemploy-ment

2074 **contribuição** contribution

2076 **competição** competition

2078 **comparação** comparison

2080 **capitão** captain

2083 **aprovação** approval

2084 **pasta** folder, suitcase, paste

2085 **liderança** leadership

2086 **estabilidade** stability

2087 **campeonato** championship

2093 **beira** side, edge

2094 **tragédia** tragedy

2095 **manutenção** maintenance

2096 **fortaleza** fortress, fort

2100 **corredor** corridor, runner

2101 **barreira** barrier

2102 **grão** grain

2103 **avanço** advance

2105 **espelho** mirror

2109 **greve** strike

2111 **conselheiro** counselor

2112 **pobreza** poverty

2113 **colaboração** collaboration

2118 **pesca** fishing

2119 **peito** chest, breast

2120 **consulta** consultation

2121 **impacto** impact

2125 **empréstimo** loan

2127 **pista** rink, field, runway, lane

2130 **pássaro** bird

2131 **rapariga** young girl, prostitute (BP)

2135 **estética** aesthetics, beauty

2139 **redacção** writing, editorial staff

2140 **pano** cloth

2141 **reflexo** reflection, reflex

2143 **demanda** demand [BP]

2145 **impulso** impulse, impetus

2146 **cerimónia** ceremony

2147 **entendimento** understanding

2149 **temperatura** temperature

2152 **componente** part, component

2153 **felicidade** joy, happiness

2154 **remédio** medicine, remedy

2155 **mancha** spot, stain

2156 **nova** news

2157 **bicho** creature, bug, beast

2158 **preparação** preparation

2160 **imaginação** imagination

2162 **actriz** actress

2163 **tensão** anxiety, tension

2167 **parceria** partnership

2169 **concessão** concession, favor, right

2173 **ofício** occupation, official letter

2174 **templo** temple

2176 **dezena** set of ten

2420 **patrão** boss, business owner
2423 **mérito** merit
2424 **testemunha** witness
2426 **autorização** authorization
2428 **oeste** West
2430 **porte** size, price, fare
2432 **vinda** arrival, coming
2434 **classificação** classification
2435 **chapéu** hat
2439 **cruzeiro** cruise, old Brazilian coin
2440 **embaixador** ambassador
2441 **algodão** cotton
2442 **censura** censorship, censure
2443 **guia** guide
2444 **oficina** shop, workshop
2446 **cheiro** smell, odor
2448 **seminário** seminary, seminar
2449 **finanças** finance
2450 **convenção** convention
2451 **harmonia** harmony
2453 **sobrevivência** survival
2456 **tradução** translation
2457 **carteira** wallet
2459 **adaptação** adaptation
2462 **gasolina** gasoline
2463 **aço** steel
2464 **litoral** coast, coastal
2466 **bancário** banker
2468 **carnaval** carnival, mardi gras
2469 **vergonha** shame
2470 **triunfo** victory, triumph
2472 **estímulo** stimulus, stimulant
2474 **turismo** tourism
2475 **tribo** tribe
2478 **publicidade** advertising, publicity
2482 **prata** silver
2484 **variação** fluctuation, variation
2485 **profundidade** depth
2486 **ovelha** sheep
2488 **enfermeiro** nurse
2491 **circulação** circulation
2492 **célula** cell

2493 **providência** providence, welfare
2495 **transmissão** transmission
2500 **colónia** colony
2501 **melhoria** improvement, benefit
2504 **sabor** taste, flavor
2507 **reportagem** news report
2508 **batata** potato
2509 **primavera** Spring
2510 **índice** index, rate
2511 **revelação** revelation, development
2512 **amante** lover, mistress
2513 **pátria** homeland, native country
2514 **tabela** table, chart
2515 **demissão** dismissal, resignation
2518 **aeroporto** airport
2523 **prestação** installment
2524 **aproximação** act of getting closer, approximation
2525 **ombro** shoulder
2529 **terror** terror
2530 **fumo** smoke
2534 **assalto** assault
2535 **feijão** bean
2540 **estágio** stage, internship
2542 **retorno** return
2548 **major** major (military rank)
2549 **oração** prayer, clause (grammar)
2551 **taça** glass (e.g. for wine)
2552 **motorista** driver
2553 **restrição** restriction
2555 **modificação** change, modification
2558 **orgulho** pride
2560 **adesão** admission, enlistment
2565 **audiência** hearing, audience
2566 **editora** publishing house
2567 **cooperação** cooperation
2568 **lar** home
2571 **guerreiro** warrior
2572 **inspiração** inspiration
2573 **filósofo** philosopher

2576 **temporada** season, period
2580 **sono** sleep
2581 **ópera** opera
2582 **entrega** delivery
2583 **apelo** appeal
2584 **magistrado** magistrate
2585 **bota** boot
2586 **aparência** appearance
2587 **suporte** support
2590 **cavaleiro** rider, horseman, knight
2591 **quebra** decrease, break, fracture
2592 **atendimento** care, service
2593 **parcela** portion, parcel, segment
2595 **gelo** ice
2596 **orelha** ear
2598 **dupla** pair, set of two
2601 **inflação** inflation
2603 **limpeza** cleaning, cleanliness
2604 **dependência** dependency
2605 **ética** ethics
2606 **grandeza** greatness, amplitude
2607 **intensidade** intensity
2609 **incidente** incident
2611 **trem** train (BP)
2613 **assassinato** murder, assassination
2616 **separação** separation
2618 **decreto** decree
2619 **planeamento** planning, scheduling [EP]
2620 **tonelada** ton
2621 **essência** essence
2623 **lição** lesson
2626 **mosteiro** monastery
2628 **ângulo** angle
2631 **auxílio** help, aid, service
2633 **ribeira** stream, riverbank
2634 **sobrinho** nephew
2636 **esporte** sport [BP]
2637 **gravidade** severity, gravity
2638 **laranja** orange
2639 **saudade** longing, nostalgia
2640 **monumento** monument
2641 **senso** sense

2853 **emenda** amendment [BP]

2855 **esfera** sphere, area of influence

2857 **brincadeira** joke, game, play

2858 **programação** programming

2860 **paço** palace, court, official building

2862 **câmbio** exchange (rate)

2863 **doutrina** doctrine

2867 **incentivo** incentive

2868 **importação** importing

2869 **dano** damage

2870 **habilidade** skill, ability

2872 **bairro** neighborhood

2879 **vício** addiction, vice

2880 **laço** tie, bond, bow

2882 **ruído** loud and unpleasant noise

2885 **trato** dealing, tract

2887 **precisão** precision

2888 **porção** part, portion, section

2890 **vídeo** video

2892 **mato** thicket, brush, weeds

2894 **morro** hill

2896 **depoimento** testimony, affidavit

2898 **casca** peel, skin, bark

2899 **frei** friar

2901 **nervo** nerve

2902 **toque** touch

2903 **vertente** slope, downgrade, incline

2906 **convento** convent

2909 **invenção** invention

2910 **historiador** historian

2912 **loucura** insanity

2914 **turma** class, group, team

2916 **urgência** urgency

2917 **cheque** check

2919 **duração** duration

2920 **fantasma** ghost

2923 **colheita** harvest

2924 **guitarra** guitar

2926 **ruína** ruin

2927 **tortura** torture

2928 **medalha** medal

2929 **abandono** abandonment

2930 **suspensão** suspension

2931 **vírus** virus

2933 **utilidade** usefulness, use

2936 **bacia** basin

2937 **finalidade** objective, purpose, end

2940 **comité** committee

2942 **paraíso** paradise

2946 **pá** shovel, scoop

2948 **subida** rise, ascent

2949 **bala** shot, bullet, candy (BP)

2951 **desastre** disaster

2955 **cemitério** cemetery

2957 **baile** dance, ball

2958 **desporto** sport [EP]

2959 **electricidade** electricity

2960 **castigo** punishment, curse

2961 **descrição** description

2962 **isolamento** isolation

2963 **demonstração** demonstration

2965 **caderno** notebook

2967 **nomeação** nomination

2968 **coligação** alliance, federation, union

2971 **armazém** storehouse

2972 **caçador** hunter

2974 **iluminação** lighting, illumination

2975 **fracasso** failure

2976 **pressa** hurry, urgency

2977 **vice-presidente** vice president

2978 **tempestade** storm, tempest

2980 **sintoma** symptom

2982 **touro** bull

2984 **recomendação** recommendation

2985 **emergência** emergency

2986 **tranquilidade** tranquility, peace

2988 **substituição** substitution

2990 **repórter** reporter

2991 **fornecedor** provider

2992 **cauda** tail

2993 **posto** station, post

2994 **ruptura** rupture, break

2995 **paciência** patience

2996 **firma** firm (business)

2998 **planície** plain, prairie

2999 **comprador** buyer

3002 **manga** sleeve, mango

3003 **seda** silk

3005 **ajuste** adjustment, agreement

3008 **perseguição** persecution

3009 **fusão** merger, fusion

3012 **abrigo** shelter, refuge, sanctuary

3016 **cabra** goat (F), guy (M)

3020 **muralha** city wall

3021 **lenda** legend, story

3022 **jazz** jazz

3023 **medicamento** medication, medicine

3024 **auto** legal document, theatrical play

3025 **pulmão** lung

3026 **estreia** debut, premiere

3027 **catedral** cathedral

3029 **bebé** baby

3035 **excelência** excellence

3036 **abuso** abuse

3037 **física** physics

3038 **lembrança** memory, souvenir

3040 **maré** tide, flux

3041 **abastecimento** supply, provision, ration

3042 **localização** location

3044 **leito** bed (archaic)

3045 **plataforma** platform

3048 **pico** peak, highest point, insect bite

3050 **colocação** placement

3052 **vaga** vacancy, opening

3054 **elaboração** preparation, elaboration

3056 **preconceito** prejudice, preconceived notion

3058 **prevenção** prevention

3059 **vapor** steam, vapor

3060 **solidão** solitude

3062 **relevo** relief, relevance

3063 **criatura** creature

3064 **coordenação** coordination

3065 **suicídio** suicide

3066 **dispositivo** device, gadget

3068 **cachorro** dog

3069 **bando** group, band, flock of birds

3070 **moinho** mill

3071 **assassino** assassin, murderer

3072 **gravura** painting, picture

3076 **foz** mouth of a river

3077 **autoria** authorship

3078 **fiscalização** inspection

3079 **raciocínio** reasoning

3081 **vaso** vessel, vase

3082 **piscina** pool

3083 **inscrição** enrollment, inscription

3084 **calendário** calendar

3086 **time** team

3087 **angústia** anxiety, anguish

3088 **baixa** reduction

3091 **limitação** limitation

3092 **barulho** noise

3095 **conversação** talk, conversation

3096 **sé** see, parochial headquarters

3097 **fibra** fiber

3101 **desculpa** excuse

3106 **diminuição** decrease, diminishing

3107 **dose** dose

3108 **narrativa** narrative

3109 **psicologia** psychology

3110 **acompanhamento** follow-up, accompaniment

3111 **eficiência** efficiency

3115 **ódio** hatred

3116 **controlo** control [EP]

3119 **palha** straw, hay

3121 **piso** floor, level, story

3122 **andamento** progress

3124 **lata** can, tin

3126 **terminal** terminal, outlet

3128 **montante** amount

3132 **votação** voting, election

3133 **estômago** stomach

3134 **lã** wool

3136 **descendente** descendant

3138 **renovação** renovation, renewal

3141 **soma** sum

3144 **vendedor** seller, vendor

3145 **gaúcho** Sam cowboy; from Rio Grande do Sul [BP]

3148 **encomenda** order, package

3154 **baleia** whale

3156 **queijo** cheese

3157 **ala** wing, branch

3158 **produtividade** productivity

3159 **portador** carrier

3160 **mosca** fly

3163 **permanência** stay, permanence

3164 **estúdio** studio

3165 **aviso** warning, notice

3169 **cura** cure (F), curate (M)

3172 **leilão** auction [BP]

3174 **azeite** olive oil

3175 **inovação** innovation

3176 **cobre** copper

3177 **cartaz** poster

3179 **directoria** directors (organization) [BP]

3181 **botão** button

3182 **atentado** criminal attempt

3183 **circo** circus

3184 **cimento** cement

3186 **milímetro** millimeter

3188 **expedição** expedition

3190 **deficit** deficiency, deficit

3192 **dúzia** dozen

3196 **esquina** corner

3197 **bolo** cake

3198 **exílio** exile

3199 **caminhão** freight truck [BP]

3203 **reitor** dean

3204 **molde** (casting) mold

3206 **ideologia** ideology

3207 **respiração** breathing, respiration

3214 **referendo** referendum [EP]

3215 **gordura** fat, grease

3216 **contradição** contradiction

3217 **lavoura** farming, agriculture

3220 **fraqueza** weakness

3221 **cirurgia** surgery

3222 **guerrilheiro** guerilla (military)

3224 **eleitor** voter

3225 **atribuição** awarding, assignment

3226 **escultura** sculpture

3228 **recepção** reception

3231 **potência** power, potency

3235 **dicionário** dictionary

3236 **desgraça** disgrace

3237 **participante** participant

3238 **treinamento** training [BP]

3241 **vista** sight, view

3243 **bilhete** note, ticket, pamphlet

3245 **linho** flax, linen

3246 **trajectória** trajectory

3247 **barba** beard

3249 **selo** seal, stamp

3250 **espada** sword

3252 **hierarquia** hierarchy

3254 **lágrima** tear

3255 **nave** spaceship, vessel

3256 **cadáver** corpse, cadaver

3257 **operador** operator

3260 **raiva** anger, rabies

3262 **item** item [BP]

3264 **formato** format, form

3266 **envolvimento** involvement

3268 **extinção** extinction

3270 **engenho** engine, sugar mill

3273 **cerco** siege, blockade, enclosing

3274 **montagem** assembly, editing

3277 **misericórdia** mercy

3279 **portão** gate

3280 **poeira** dust

3281 **capitalismo** capitalism

3282 **multa** fine

3286 **aborto** abortion

3287 **faca** knife

3288 **concha** shell

3291 **couro** leather

3292 **aposta** bet

3295 **conservação** conservation

3297 **guerrilha** guerilla warfare

3299 **diamante** diamond

3300 **ocorrência** occurrence

3301 **telhado** roof

3303 **aparecimento** appearance

3309 **poluição** pollution

3311 **liceu** high school

3312 **lagoa** large lake

3313 **credor** creditor

3314 **abordagem** approach

3315 **antena** antenna

3317 **vingança** vengeance,
      revenge

3319 **tábua** board, tablet, plank

3320 **mel** honey

3321 **encargo** responsibility, duty,
      job

3322 **condução** driving (trans-
      portation)

3324 **barriga** belly, stomach

3325 **prosa** prose

3326 **percepção** perception

3329 **investigador** researcher,
      investigator

3330 **salvação** salvation

3331 **tubo** tube

3332 **instância** occurrence,
      instance

3333 **endereço** address

3335 **eficácia** effectiveness

3338 **implantação**
      implementation,
      implantation

3339 **privatização** privatization

3341 **monge** monk

3342 **grama** grass (F), gram (M)

3346 **regulamento** regulation

3350 **ansiedade** anxiety

3351 **disponibilidade** availability

3352 **povoação** settlement [EP]

3353 **afastamento** separation,
      dismissal, removal

3354 **minério** mineral

3356 **intimidade** familiarity,
      intimacy

3357 **cardeal** cardinal
      (religion, point, etc.)

3361 **comprimento** length

3362 **roubo** theft, robbery

3364 **banca** news stand, bench,
      board

3365 **aceitação** acceptance

3366 **ida** (outbound) trip,
      departure

3368 **génio** temperament

3371 **cobrança** money collecting

3373 **colono** colonist, colonizer

3374 **fachada** facade,
      appearance

3375 **túnel** tunnel

3377 **chumbo** lead (metal)

3379 **treino** training

3380 **jóia** jewel

3382 **popularidade** popularity

3383 **satélite** satellite

3385 **quartel** barracks, quarters

3389 **golo** goal (soccer,
      football) [EP]

3390 **fado** Portuguese musical
      genre, fate [EP]

3391 **sorriso** smile

3393 **vereador** city council
      member

3401 **unha** fingernail, toenail

3403 **bronze** bronze

3404 **navegação** navigation

3405 **macaco** monkey

3408 **apreensão** capture,
      apprehension

3409 **frota** fleet

3412 **protagonista** protagonist,
      main character

3414 **demora** delay, wait

3416 **ignorância** ignorance

3417 **cooperativa** cooperative

3420 **conforto** comfort

3424 **deficiência** deficiency

3425 **reprodução** reproduction

3427 **colo** lap

3428 **quadra** block, court (sports)

3431 **verba** funding, amount
      (money)

3432 **monstro** monster

3434 **minoria** minority

3435 **elogio** compliment, praise

3437 **brinquedo** toy

3443 **desespero** despair

3445 **chapa** (metal) plate, sheet

3447 **coro** choir, chorus

3448 **safra** harvest [BP]

3449 **repressão** repression

3451 **adolescência** adolescence

3452 **convivência** coexistence,
      socializing

3453 **camarada** comrade, friend,
      guy

3456 **fragmento** fragment

3459 **maravilha** wonder, marvel

3461 **borda** bank, edge, margin

3462 **concorrente** competitor,
      contestant

3463 **indício** hint, sign, trace

3468 **pêlo** fur

3469 **consenso** consensus

3471 **cúpula** dome, cupola

3472 **diploma** diploma

3473 **recado** message, note

3475 **pretexto** pretext

3476 **software** software

3477 **refeição** meal

3479 **telecomunicações**
      telecommunications

3481 **gota** drop (liquid)

3482 **sexta-feira** Friday

3483 **diversidade** diversity

3484 **samba** samba

3485 **tabaco** tobacco [EP]

3488 **adopção** adoption

3489 **ascensão** rise, ascension

3490 **parto** childbirth

3493 **resumo** summary

3495 **confederação**
      confederation

3496 **ironia** irony

3499 **lente** lens

3501 **feição** feature, appearance

3502 **calçada** sidewalk

3504 **previdência** precaution,
      welfare [BP]

3509 **saia** skirt

3510 **barragem** dam, barrier

3512 **economista** economist

3513 **designação** designation,
      assignment [EP]

3515 **vanguarda** avant-garde,
      front line

3518 **verbo** verb

3519 **balcão** counter, balcony

3520 **painel** panel

3526 **pulso** pulse, wrist

3527 **contorno** contour, outline

3528 **divergência** disagreement,
      divergence

3529 **bombeiro** fireman

3533 **máscara** mask

3535 **pânico** panic

3536 **bíblia** Bible

3537 **pinheiro** pine tree

3538 **embarcação** boat, ship

3540 **simplicidade** simplicity

3542 **rapidez** speed

3545 **elite** elite

3547 **pátio** courtyard, patio, atrium

3550 **lesão** lesion

3551 **avó** grandmother

3554 **túmulo** tomb

3555 **movimentação** movement

3556 **cintura** waist

3561 **proibição** prohibition

3562 **galo** rooster

3564 **órbita** orbit

3566 **totalidade** totality, fullness

3567 **vigilância** surveillance, vigilance

3568 **geografia** geography

3569 **gravidez** pregnancy

3570 **bancada** bench, parliamentary group

3571 **poupança** savings

3573 **óculos** glasses, spectacles

3574 **descanso** rest (from labor)

3575 **confissão** confession

3577 **admiração** admiration

3580 **pesquisador** researcher, investigator [BP]

3582 **sacerdote** priest

3583 **animação** encouragement

3586 **garganta** throat

3587 **biografia** biography

3588 **intuito** motive, design, goal

3590 **eco** echo

3592 **retórica** rhetoric

3593 **testemunho** witness, testimony

3596 **fabricante** manufacturer, producer

3600 **injustiça** unfairness, injustice

3602 **localidade** place, location

3603 **molho** sauce

3604 **engano** mistake, error, deceit

3605 **agulha** needle

3606 **turno** round, shift

3608 **descida** drop, decrease

3609 **recorde** record

3610 **calda** syrup

3614 **mármore** marble

3615 **especialidade** specialty

3616 **gerente** manager

3619 **infra-estrutura** infrastructure

3621 **trono** throne

3622 **accionista** stockholder

3623 **reeleição** re-election [BP]

3624 **socorro** aid, help, relief

3626 **agitação** commotion, agitation

3630 **irregularidade** irregularity

3631 **tráfico** trafficking

3637 **intérprete** performer, Interpreter

3639 **recordação** recollection, souvenir

3640 **inspector** inspector

3642 **leque** range, scope, hand-fan

3647 **convívio** act of living together

3648 **fígado** liver

3650 **mala** suitcase, luggage

3651 **repouso** rest, repose

3652 **batalhão** battalion

3655 **vegetação** vegetation

3656 **procurador** proxy, attorney

3657 **tristeza** sadness

3660 **exibição** showing, exhibition

3663 **cordão** cord, string, necklace

3667 **tentação** temptation

3668 **sino** bell

3671 **saldo** balance, remainder

3672 **síntese** synthesis

3673 **malha** knit clothing, net, club

3674 **coelho** rabbit

3677 **falência** bankruptcy, failure

3678 **imposição** imposition

3679 **recusa** refusal

3681 **inspecção** inspection

3682 **embaixada** embassy

3683 **moço** young man, boy

3684 **conversão** conversion

3685 **ânimo** spirit, courage, excitement

3686 **acampamento** camp, encampment

3687 **altar** altar

3688 **assento** seat, spot

3691 **vestuário** clothing, garment

3694 **ácido** acid

3696 **lençol** sheet

3697 **decadência** decline, decadence

3698 **uva** grape

3699 **retirada** retreat, withdrawal

3700 **tapete** rug, carpet

3705 **foguete** firework, rocket, fast train

3706 **barraca** shack, tent, hut

3707 **soberania** sovereignty, authority

3710 **repertório** repertoire

3711 **árbitro** referee

3715 **terreiro** yard, spacious outdoor area

3717 **cineasta** film producer

3718 **percentagem** percentage

3720 **ficha** form, slip, card

3722 **ofensiva** offensive

3725 **desequilíbrio** imbalance

3728 **vestígio** remains, vestige

3729 **vaidade** vanity

3731 **bailarina** ballerina

3732 **fórum** court, forum

3733 **bicicleta** bicycle

3735 **torneio** tournament

3736 **realismo** realism

3737 **aranha** spider

3740 **delegação** delegation

3744 **bateria** battery, percussion

3746 **cofre** safe, coffer, chest

3747 **sudeste** Southeast

3754 **clareza** clarity

3755 **elevação** rising, elevation, ascent

3756 **transparência** clarity, transparency

3758 **cunhado** brother or sister-in-law

3759 **vencimento** expiration, salary

3761 **doação** donation

3765 **sopa** soup

3766 **livraria** bookstore

3767 **panorama** scene, panorama, view

3768 **treinador** coach, trainer

3769 **segunda-feira** Monday

3770 **lâmpada** lamp, light bulb

3772 **turista** tourist

3776 **altitude** altitude

3779 **seca** drought

3780 **escultor** sculptor

3781 **parágrafo** paragraph [BP]

3783 **desconfiança** distrust

3785 **marcação** measuring, marking

3787 **favela** slum, ghetto [BP]

3789 **farmácia** pharmacy

3790 **quintal** yard

3791 **agressão** aggression

3792 **ônibus** bus

3795 **nacionalidade** nationality

3796 **instinto** instinct

3798 **tia** aunt

3800 **contrapartida** (em c.) on the other hand

3801 **continuação** continuation

3802 **bandido** outlaw, bandit

3803 **tráfego** traffic

3805 **reivindicação** demand, formal complaint

3806 **quantia** sum, portion, amount

3808 **têxtil** textile [EP]

3811 **sucessor** successor

3814 **noiva** bride, fiancée

3816 **demónio** devil, demon

3820 **degradação** degradation

3821 **cruzamento** mixing, intersection

3824 **nobreza** nobility

3826 **estatística** statistic, statistics

3827 **táxi** taxi

3828 **preservação** preservation

3830 **manteiga** butter

3832 **perdão** forgiveness

3834 **gene** gene

3836 **lenha** firewood

3837 **mentalidade** mentality

3838 **terrorista** terrorist

3839 **perturbação** disturbance, commotion

3840 **lote** lot

3841 **bem-estar** well-being

3844 **reclamação** complaint, grievance

3846 **ténis** tennis, tennis shoes

3850 **degrau** step

3851 **camisola** nightgown (BP), sweater (EP)

3853 **hectare** hectare

3854 **beijo** kiss

3858 **interlocutor** spokesperson, speaker

3861 **incerteza** uncertainty

3862 **testamento** will, testament

3864 **comercialização** marketing, commercialization

3866 **encosta** slope, hillside

3867 **aprendizagem** learning

3868 **aproveitamento** act of taking advantage

3869 **escritura** scriptures, legal document

3870 **pancada** blow, hit

3871 **cansaço** fatigue, exhaustion

3875 **fornecimento** supply, furnishing

3876 **monarquia** monarchy

3878 **repartição** office, distribution

3881 **quinta-feira** Thursday

3882 **fraude** fraud

3884 **júri** jury

3886 **cela** cell (building)

3888 **sanção** sanction

3889 **empenho** dedication, effort, focus

3891 **decoração** decoration, embellishment

3893 **fogueira** bonfire

3896 **polémica** controversy [EP]

3899 **secretário-geral** secretary-general

3900 **requisito** requirement, requisite

3901 **valorização** appreciation (in value)

3902 **litro** liter

3908 **caridade** charity

3909 **carência** lack of, need

3912 **mobiliário** furniture

3913 **repetição** repetition

3914 **discípulo** disciple

3916 **pianista** pianist

3919 **teia** web (spider)

3920 **cova** opening, cave, hole

3921 **tarifa** tariff

3924 **intuição** intuition

3925 **imigrante** immigrant

3927 **infecção** infection

3928 **sabedoria** wisdom

3932 **aparição** apparition, appearance

3934 **libra** pound

3936 **esclarecimento** clarification, explanation

3937 **proveito** profit, taking advantage

3938 **comemoração** commemoration

3941 **massacre** massacre

3947 **sociologia** sociology

3948 **fidelidade** loyalty, faithfulness, fidelity

3951 **partícula** particle

3953 **estoque** stock [BP]

3954 **probabilidade** probability

3955 **gol** soccer goal [BP]

3959 **coxa** thigh

3963 **obtenção** getting, obtaining

3965 **península** peninsula

3966 **actualidade** the present, modern times

3967 **vibração** vibration

3968 **fabrico** production [EP]

3971 **ênfase** emphasis

3972 **contabilidade** bookkeeping, accounting

3974 **marinheiro** sailor, seaman

3976 **provedor** provider

3981 **socialismo** socialism

3983 **delegacia** police station, office [BP]

3986 **tijolo** brick

3991 **perfeição** perfection

3994 **rebelião** rebellion

3996 **vizinhança** neighborhood

3997 **motivação** motivation

3999 **inveja** envy

4002 **emissora** network (TV and radio)

4003 **réu** defendant, accused

4005 **autarquia** self-governing unit [EP]

4006 **bezerro** calf

4007 **depressão** depression

4008 **idioma** language

4009 **rumor** rumor

4010 **gruta** cave, grotto

4012 **espectro** spectrum, specter

4013 **plantação** plantation

4015 **cláusula** clause (of a contract)

4016 **controvérsia** controversy

4018 **descarga** discharge, flush

4019 **carinho** endearment, tenderness

4020 **estimativa** estimate

4022 **borboleta** butterfly

4023 **volante** steering wheel

4024 **extremidade** end, edge

4025 **bloqueio** blockade, siege, obstruction

4027 **rabo** tail, buttocks

4028 **semestre** semester

4031 **cigano** gypsy

4032 **ventre** womb

4033 **embalagem** container, wrapping

4037 **lavrador** farmer, peasant

4038 **biologia** biology

4039 **quota** amount, quota

4042 **cesta** basket, trash can, hoop

4043 **genro** son-in-law

4046 **aspiração** aspiration, desire

4048 **lume** light, fire [EP]

4049 **injecção** injection

4052 **latim** Latin

4053 **tenente** lieutenant

4054 **santuário** sanctuary

4057 **cano** pipe, tube, gun barrel

4058 **violão** acoustic guitar

4059 **dama** lady, dame

4061 **ciúme** jealousy

4063 **supermercado** supermarket

4064 **lábio** lip

4066 **romancista** novelist

4067 **periferia** outskirts, periphery

4069 **coincidência** coincidence

4072 **parâmetro** parameter

4073 **corno** horn

4074 **variante** variant, variable

4075 **elenco** troupe, list, index

4078 **viajante** traveler

4079 **meio-dia** noon, mid-day

4080 **investidor** investor

4081 **agenda** agenda, schedule

4082 **condenação** sentence, condemnation

4083 **afecto** affection

4084 **remuneração** payment, salary

4085 **auge** apex, climax, pinnacle

4086 **punição** punishment

4088 **selva** jungle

4090 **noivo** fiancé, bridegroom

4091 **gramática** grammar

4093 **veneno** poison, venom

4095 **encerramento** closing

4097 **higiene** hygiene

4098 **comissário** commissioner, superintendent

4103 **susto** fright, shock, scare

4104 **temor** fear, apprehension, concern

4107 **cidadania** citizenship

4108 **regionalização** regionalization [EP]

4109 **cautela** caution, care

4111 **arredor** outskirts, suburbs (PL) [EP]

4114 **largura** width

4116 **testa** forehead, forefront

4117 **renúncia** renunciation, resignation

4118 **renascimento** renaissance, rebirth

4119 **visconde** viscount

4124 **brigada** brigade

4127 **bacalhau** cod fish

4128 **alga** algae, seaweed

4129 **especulação** speculation

4131 **desprezo** contempt, disdain

4134 **expulsão** expulsion

4135 **caos** chaos

4137 **apreciação** appreciation

4139 **artéria** artery

4143 **restauração** restoration

4144 **desaparecimento** disappearance, vanishing

4145 **emigrante** emigrant [EP]

4148 **arrecadação** collection, saving [BP]

4150 **padrinho** godfather, godparents (pl)

4152 **casaco** coat

4153 **lâmina** blade

4156 **golfo** gulf (of water)

4158 **esgoto** sewage

4159 **povoado** settlement, small village

4160 **traição** betrayal, treason

4161 **plenário** general assembly

4162 **encanto** enchantment, fascination

4164 **complexidade** complexity

4165 **acerto** success, agreement

4166 **licitação** bidding, auction [BP]

4168 **colina** hill

4171 **abundância** abundance

4176 **patamar** level, threshold, degree

4178 **banana** banana (F), fool (M)

4180 **antiguidade** antiquity, ancient times

4181 **consórcio** consortium, union (business)

4183 **signo** sign of the zodiac

4184 **formiga** ant

4185 **sondagem** analysis, poll, investigation

4188 **devedor** debtor [BP]

4190 **optimista** optimist

4191 **trilha** trail [BP]

4192 **incapacidade** inability

4194 **olhar** look

4196 **agrupamento** collection

4201 **monopólio** monopoly

4202 **espanto** surprise, wonder, fright

4203 **pilha** battery, pile

4204 **mesquita** mosque

4205 **ampliação** enlargement, amplification

4207 **repercussão** repercussion

4209 **baía** bay, harbor

4213 **pauta** agenda, guideline

4215 **interacção** interaction

4216 **fumaça** smoke

4217 **matéria-prima** raw material

4218 **docente** faculty member, educator

4220 **seara** field of grains [EP]

4221 **aposentadoria** retirement, retirement fund [BP]

4223 **magia** magic

4224 **tutela** auspices, tutelage

4225 **outono** fall, autumn

4226 **impossibilidade** impossibility

4231 **diplomata** diplomat

4233 **utilizador** user [EP]

4234 **dedicação** dedication

4235 **bagagem** luggage, baggage

4236 **qualificação** qualification

4241 **alargamento** expansion, widening [EP]

4242 **madame** madam

4246 **grade** bars, railing

4247 **cancro** cancer [EP]

4249 **corporação** corporation

4251 **lazer** leisure, relaxation

4252 **citação** citation

4253 **andar** floor, level, walk

4256 **terça-feira** Tuesday

4258 **mania** craze, habit

4260 **seita** sect, religion

4261 **boneca** doll

4262 **piedade** compassion, piety, pity

4263 **diligência** diligence

4264 **alumínio** aluminum

4266 **elefante** elephant

4268 **varanda** balcony, porch

4272 **plateia** audience

4273 **alívio** relief

4274 **fazendeiro** farmer

4275 **abelha** bee

4277 **reconstrução** reconstruction

4278 **teor** content, nature of

4279 **manta** blanket, bedspread

4281 **paragem** (bus) stop

4282 **refém** hostage

4286 **portaria** reception or information desk

4288 **modernização** modernization

4289 **interferência** interference

4292 **garota** girl

4296 **cesto** basket

4297 **saneamento** sanitation

4298 **cais** dock, pier

4301 **fósforo** match

4302 **eliminação** elimination

4303 **quarta-feira** Wednesday

4304 **química** chemistry

4306 **pensador** intellectual, thinker

4307 **metrópole** large city, metropolis

4309 **perfume** perfume

4310 **gaveta** drawer

4311 **conveniência** convenience

4313 **ingresso** admission, entrance

4314 **delírio** delirium

4315 **desigualdade** inequality

4318 **crista** crest, plume

4319 **tributo** tribute

4320 **regulamentação** regulation

4321 **câmera** camera

4324 **fluido** fluid

4331 **interrupção** interruption

4332 **fabricação** manufacturing, production

4333 **convergência** convergence

4335 **missionário** missionary

4338 **comunismo** communism

4340 **hostilidade** hostility

4341 **diversão** amusement, diversion

4343 **partilha** division, distribution

4345 **enterro** burial

4347 **pureza** purity

4348 **mídia** media [BP]

4350 **cacho** bunch, cluster

4352 **canoa** canoe

4354 **divórcio** divorce

4355 **foro** court

4356 **casco** hull, hoof

4357 **cimeira** summit (politics) [EP]

4359 **caminhada** walk, trek

4360 **banqueiro** banker

4361 **colecta** collection, tax, fee

4362 **besta** beast

4364 **vácuo** vacuum, without air

4367 **complicação** complication

4369 **exclusão** exclusion

4371 **dobro** twice the amount, double

4372 **ira** anger, indignation, wrath

4375 **cólera** anger, irritation

4376 **ensinamento** teaching

4377 **infante** non-heir son of a king, infant

4378 **débito** debit, debt

4379 **ronda** round, surveillance

4383 **fileira** row, rank

4385 **arame** (metal) wire

4388 **luva** glove

4392 **dia-a-dia** everyday life, day to day

4394 **cera** wax

4399 **choro** weeping

4402 **marketing** marketing

4404 **sargento** sergeant

4406 **troço** something, stuff, section of road (EP)

4408 **difusão** spreading, diffusion

4411 **indiferença** indifference

4412 **acervo** large collection [BP]

4415 **credibilidade** credibility

4417 **rolo** scroll, roll

4418 **usina** plant, factory [BP]

4420 **violação** violation

4421 **arquipélago** archipelago

4423 **pasto** animal feed, pasture, food

4424 **feixe** shaft, ray (light), bundle

4425 **discriminação** discrimination

4427 **marcador** goal scorer, marker

4428 **vector** vector

4431 **aluguel** rent [BP]

4433 **instabilidade** instability

4434 **superioridade** superiority

4442 **boletim** bulletin

4443 **tabuleiro** (game) board, tray

4446 **toca** den, burrow, lair

4447 **contribuinte** taxpayer, contributor

4450 **indenização** reparation [BP]

4452 **ente** being, person

4453 **analista** analyst

4458 **inocência** innocence

4461 **nó** knot

4462 **estrago** damage, destruction

4465 **frade** friar

4467 **ginásio** middle school (BP), gymnasium

4469 **aviação** aviation

4470 **galho** branch

4474 **ilustração** illustration

4478 **recolha** compilation, collection [EP]

4479 **despacho** decree, resolution, decision

4480 **cortina** curtain

4481 **solicitação** request, solicitation

4483 **inundação** flood

4485 **fatia** share, slice, piece

4487 **cota** quota

4489 **melodia** melody

4492 **helicóptero** helicopter

4493 **especialização** specialization

4494 **antepassado** ancestor

4497 **grilo** cricket

4502 **inclusão** inclusion

4503 **berço** crib, cradle, homeland

4504 **revólver** revolver

4506 **fecho** bolt, latch, clasp, lock

4508 **vivência** life, life experience

4509 **omissão** omission

4512 **oxigénio** oxygen

4513 **sigilo** secrecy

4514 **suor** sweat

4517 **toalha** towel

4519 **densidade** density

4520 **hino** anthem, hymn

4521 **preceito** precept, order, norm

4522 **bruxa** witch

4524 **sobrinha** niece

4525 **cultivo** act of planting

4526 **desvantagem** disadvantage

4527 **punho** fist, wrist, cuff

4528 **bosque** grove

4529 **cotação** value, estimate

4530 **luto** mourning

4531 **precedente** precedent

4532 **pontapé** kick

4533 **varejo** retail (trade) [BP]

4535 **esquecimento** forgetfulness

4537 **documentação** documentation

4538 **inauguração** inauguration

4541 **sumário** brief, summary [BP]

4546 **interrogação** question, interrogation

4547 **terapia** therapy, treatment

4548 **temperamento** temperament

4549 **arbitragem** arbitration

4552 **proteína** protein

4555 **coesão** cohesion

4556 **colonização** colonization, colonizing

4558 **psicólogo** psychologist

4561 **equívoco** error, equivocal

4562 **desconto** discount

4563 **espinho** thorn

4564 **espinha** spine, fish bone, acne

4565 **esqueleto** skeleton

4566 **metodologia** methodology

4567 **teclado** keyboard

4569 **corrector** broker, agent

4570 **artilharia** artillery

4571 **tubarão** shark

4572 **comunhão** communion

4573 **abraço** embrace, hug

4574 **rim** kidney

4575 **fracção** fraction, bit

4577 **resgate** rescue, ransom

4578 **mercê** (a m. de) at the mercy of

4579 **marechal** marshal

4580 **balão** balloon

4582 **milénio** millennium

4583 **reajuste** adjustment (income) [BP]

4584 **aquecimento** warming, heating

4589 **charuto** cigar

4590 **nora** daughter-in-law

4593 **romantismo** romanticism

4596 **canhão** cannon

4598 **bandeirante** bandeirante (frontiersmen) [BP]

4600 **reputação** reputation

4604 **confirmação** confirmation

4609 **ídolo** idol

4611 **serpente** snake, serpent

4612 **tomada** seizure, socket

4620 **contributo** contribution [EP]

4623 **poste** pole, vertical post

4624 **milionário** millionaire

4625 **panela** pot, pan

4627 **sudoeste** southwest

4628 **cavalaria** cavalry

4629 **bonde** streetcar [BP]

4630 **exagero** exaggeration

4634 **brisa** breeze

4636 **convocação** convocation, gathering

4637 **adjectivo** adjective

4638 **trajecto** route, distance, stretch

4640 **vocabulário** vocabulary

4641 **coerência** coherence

4645 **asilo** asylum

4646 **ceia** supper, dinner

4647 **moradia** dwelling

4649 **apelido** nickname (BP), family name (EP)

4651 **abismo** abyss

4652 **aprendizado** the act of learning [BP]

4653 **contestação** challenge

4654 **liberação** disbursement, absolving [BP]

4655 **homicídio** murder, homicide

4656 **terraço** porch, patio, balcony

4657 **fixação** stability, settlement

4661 **manto** mantle, robe

4662 **globalização** globalization

4663 **catálogo** index, catalog

4666 **desgaste** deterioration

4667 **cantiga** song, ballad

4668 **recinto** chamber, enclosure

4672 **ditador** dictator

4674 **maturidade** maturity

4675 **inquietação** unrest, disturbance

4676 **cerâmica** pottery, ceramics

4677 **mecânica** mechanics

4679 **porta-voz** spokesperson

4680 **mão-de-obra** labor, workers

4683 **extracção** extraction

4684 **descobrimento** discovery

4685 **complemento** object (grammar), addition

4686 **desordem** disorder, quarrel, fight

4687 **ex-presidente** ex-president

4690 **queima** burning

4693 **alinhamento** alignment, line up [BP]

4694 **desembargador** judge of a court of appeals

4695 **catástrofe** catastrophe

4696 **deslocamento** movement, travel

4698 **mobilização** mobilization

4702 **regimento** regiment

4704 **vulto** notable person, appearance

4705 **legião** legion

4706 **elevador** elevator

4707 **afinidade** affinity

4712 **estabilização** stability, stabilization

4713 **intriga** intrigue

4714 **facção** faction

4715 **indignação** indignation

4716 **lavagem** washing

4717 **tigre** tiger

4718 **humidade** humidity, moisture

4719 **cumplicidade** complicity

4720 **travessia** crossing

4721 **gerador** generator

4722 **arraial** encampment, fair

4723 **assessor** assistant, advisor, consultant

4724 **saca** bag, sack

4725 **prosperidade** prosperity

4729 **competitividade** competitiveness

4730 **torcida** fans, fan club

4732 **concretização** realization

4734 **insistência** insistence

4735 **problemática** issue, problem

4737 **atributo** attribute, trait

4740 **tona** (à t.) to the surface

4741 **sonda** probe, catheter

4743 **ferimento** wound

4744 **câncer** cancer [BP]

4745 **subúrbio** suburbs

4749 **pneu** tire (car)

4750 **tostão** an old coin worth 10 cents

4751 **acta** minutes (meeting)

4752 **naturalidade** ease, place of birth

4753 **rodada** round, rotation [BP]

4754 **procissão** procession

4755 **chocolate** chocolate

4756 **vice** vice (assistant)

4761 **pausa** pause, rest

4762 **marfim** ivory

4763 **rejeição** rejection

4765 **mocidade** youth

4766 **fúria** fury, wrath

4768 **implementação** implementation

4770 **sábado** Saturday

4773 **papai** daddy [BP]

4774 **meia-noite** midnight

4775 **risca** stripe, line

4776 **sardinha** sardine

4777 **espingarda** shotgun

4778 **profeta** prophet

4780 **eleitorado** electorate

4783 **contagem** counting

4784 **pesadelo** nightmare

4787 **cereal** grain, cereal

4789 **apetite** appetite

4791 **cartório** records office

4802 **flanco** flank

4803 **estacionamento** parking

4804 **equação** equation

4810 **ternura** tenderness, kindness

4813 **poça** puddle

4814 **irritação** irritation

4816 **giro** (take a) walk, return

4820 **declínio** decline

4822 **amplitude** range, amplitude

4823 **piada** joke

4824 **rancho** ranch

4825 **despeito** despite, in spite of

4826 **acréscimo** growth, addition, increase

4827 **fôlego** breath

4829 **armamento** weaponry

4835 **boneco** toy, action figure

4838 **gestor** manager

4839 **caldo** broth, soup

4840 **tolerância** tolerance

4841 **feto** fetus

4843 **fauna** fauna

4846 **cavalheiro** gentleman

4847 **astro** any heavenly body, pop-star

4849 **ofensa** offense

4854 **configuração** configuration

4855 **gravata** necktie

4857 **chefia** leadership, command

4859 **burocracia** bureaucracy

4861 **criatividade** creativity

4864 **comunicado** press release, announcement

4865 **fera** wild animal, beast

4866 **rosário** rosary

4868 **rito** rite

4870 **embrião** embryo

4872 **sopro** puff, breath

4873 **vulcão** volcano

4874 **site** website

4875 **índex** index

4878 **detective** detective

4881 **gozo** pleasure, joy, enjoyment

4886 **seriedade** seriousness

4888 **peste** plague, pest

4889 **obsessão** obsession

4891 **cristianismo** Christianity

4893 **detenção** arrest, detention

4894 **despedida** farewell

4896 **experimento** experiment [BP]

4897 **mandado** warrant, mandate

4900 **telefonema** phone call

4902 **mola** spring (of metal), driving force

4905 **caixão** coffin, casket, big box

4906 **construtor** builder

4907 **azeitona** olive [EP]

4908 **violino** violin

4911 **tripa** intestine, tripe

4912 **ginástica** gymnastics

4914 **reparação** redress, reparation

4916 **justificação** justification

4917 **firmeza** steadiness, firmness

4919 **peregrinação** pilgrimage, journey

4920 **validade** validity

4921 **proposição** proposition

4922 **flauta** flute

4926 **edificação** building, construction, edification

4929 **fóssil** fossil

4931 **arbusto** bush

4932 **celebração** celebration

4934 **cal** limestone

4935 **ninho** nest

4938 **colete** vest, straight jacket

4939 **manipulação** manipulation

4940 **potencialidade** potential

4941 **pia** sink, font

4942 **namoro** affair (romance)

4943 **divisa** border, money (EP)

4945 **deslocação** travel, displacement [EP]

4950 **paradigma** paradigm

4954 **artifício** device, tool

4955 **club** club

4956 **expediente** business hours, escape from problem

4957 **armadilha** trap

4958 **gripe** cold, flu

4960 **epidemia** epidemic

4963 **candeeiro** lamp, light fixture

4965 **cimo** peak, top [EP]

4966 **bengala** walking stick, cane

4967 **consultor** consultant

4968 **velhice** old age

4969 **escuridão** darkness

4970 **telegrama** telegram

4971 **carneiro** ram

4973 **barca** small boat

4975 **incidência** incidence

4976 **bondade** kindness, goodness

4977 **carroça** cart, wagon

4983 **insegurança** insecurity

4986 **rótulo** label

4990 **módulo** module

4992 **mendigo** beggar

4993 **serenidade** serenity

4995 **crânio** skull

4996 **feitio** personality, temperament, feature

4997 **lápis** pencil

4998 **penetração** penetration

4999 **mamífero** mammal

Verb

6 **ser** to be (norm)

13 **ter** to have

18 **estar** to be (change from norm)

21 **fazer** to do, make

22 **poder** can, be able to

29 **haver** "there is", to have

30 **ir** to go

34 **dizer** to tell, say

36 **dar** to give

40 **ver** to see

56 **ficar** to stay, be located, get ADJ

57 **dever** must, should, to owe

58 **passar** to go through, spend (time)

59 **saber** to know (something)

61 **querer** to want

65 **vir** to come

76 **chegar** to arrive

87 **levar** to carry (away), take (with oneself)

89 **deixar** to leave, allow

91 **começar** to begin, start

95 **falar** to speak, talk

103 **encontrar** to find, meet

114 **partir** (a p. de) starting at N

115 **conseguir** to succeed in, be able to

118 **chamar** to call

120 **pensar** to think

125 **conhecer** to know (person, place, etc.)

127 **existir** to exist

138 **parecer** to seem

144 **tornar** to become, turn into

148 **entrar** to come in, enter

150 **viver** to live

152 **pôr** to put, place

156 **sair** to leave

157 **acabar** to finish, end up

158 **continuar** to continue

162 **voltar** to return

163 **tomar** to take (possession of), drink

167 **trabalhar** to work

171 **apresentar** to introduce, present

173 **criar** to create

174 **considerar** to consider

176 **receber** to receive

181 **sentir** to feel

187 **acontecer** to happen, occur

192 **tratar** to treat, deal with

194 **perder** to lose

195 **achar** to find, think, suppose

196 **escrever** to write

198 **usar** to use

201 **contar** to tell, count

208 **mostrar** to show

215 **seguir** to follow

218 **procurar** to seek, look for

222 **tentar** to try, attempt

228 **trazer** to bring

231 **aparecer** to appear
232 **manter** to maintain
233 **colocar** to place, put
235 **pedir** to ask for, request
240 **morrer** to die
248 **entender** to understand
252 **ganhar** to win, earn, gain
256 **esperar** to wait, hope, expect
260 **definir** to define
262 **abrir** to open
273 **servir** to serve
274 **pagar** to pay
280 **permitir** to permit, allow
288 **cair** to fall
292 **acreditar** to believe
299 **precisar** to need
300 **ler** to read
304 **nascer** to be born
307 **descobrir** to discover
308 **ouvir** to hear
309 **ligar** to connect, turn on
314 **mudar** to change
322 **olhar** to look (at)
335 **resolver** to resolve, decide
338 **estudar** to study
340 **formar** to create, form, graduate
341 **surgir** to appear, arise, emerge
342 **lembrar** to remember, remind
343 **representar** to represent
352 **explicar** to explain
358 **perceber** to understand, perceive
359 **ajudar** to help
361 **defender** to defend
362 **ocorrer** to occur
368 **aceitar** to accept
374 **realizar** to fulfill, make happen
378 **tirar** to take out, remove
385 **lançar** to throw, send out
387 **correr** to run
393 **crescer** to grow
394 **aumentar** to increase, augment
397 **andar** to walk, go, ride

401 **acompanhar** to go with, keep company
414 **escolher** to choose
416 **responder** to respond, answer
417 **pretender** to plan to, intend
423 **gostar** to like
429 **vender** to sell
431 **matar** to kill
438 **sofrer** to suffer
446 **decidir** to decide
448 **compreender** to comprehend, understand
451 **produzir** to produce
455 **fechar** to shut, close
464 **transformar** to transform
465 **comprar** to buy
470 **referir** to refer to
479 **levantar** to raise, stand up
480 **mandar** to send, command, order
484 **reconhecer** to recognize
485 **dirigir** to direct, drive, conduct
486 **tocar** to touch, play (instrument)
493 **construir** to construct
500 **valer** to be worth
511 **afirmar** to affirm
512 **terminar** to end, finish
516 **atingir** to reach, attain
517 **interessar** to interest, concern
518 **discutir** to discuss, dispute
521 **significar** to mean, signify
525 **buscar** to look for, search for
534 **julgar** to judge
545 **evitar** to avoid
549 **casar** to marry
550 **participar** to participate
562 **envolver** to involve
566 **marcar** to mark, set (a date)
567 **cumprir** to fulfill, obey
570 **morar** to live (in or at), dwell
576 **exigir** to require, demand
581 **provocar** to provoke
582 **garantir** to guarantee

583 **jogar** to play (a game), throw
585 **assumir** to assume (e.g. role)
586 **oferecer** to offer, give
588 **preparar** to prepare
589 **constituir** to constitute
595 **aprender** to learn
597 **comer** to eat
598 **fugir** to flee, run away
601 **obrigar** to force, obligate
602 **publicar** to publish
605 **ocupar** to occupy
610 **bater** to hit, beat
611 **aproveitar** to make good use of, use
612 **depender** to depend
613 **parar** to stop
627 **assistir** to watch, help, attend
629 **cortar** to cut
631 **pertencer** to belong to
633 **obter** to get, obtain
634 **apoiar** to support, uphold, sustain
635 **funcionar** to function
641 **estabelecer** to establish
648 **subir** to go up, climb
650 **desenvolver** to develop
653 **prestar** to render (aid), be useful
654 **dividir** to divide
660 **reunir** to gather
667 **supor** to suppose
669 **determinar** to determine
686 **verificar** to verify, check
687 **preferir** to prefer
690 **entregar** to deliver, give
693 **revelar** to reveal, develop (photos)
694 **desejar** to wish, desire
697 **repetir** to repeat
700 **imaginar** to imagine
704 **avançar** to advance
705 **observar** to observe
714 **reduzir** to reduce
716 **propor** to propose
719 **resultar** to result
739 **admitir** to admit

1260 **cometer** to commit (an act)

1264 **suceder** to happen, come next

1270 **gastar** to spend, waste

1271 **decorrer** to happen as a result of, elapse (time)

1273 **ajustar** to adjust

1284 **reagir** to react

1288 **votar** to vote

1301 **integrar** to integrate, be part of

1304 **manifestar** to manifest, express

1310 **esconder** to hide

1315 **dormir** to sleep

1318 **amar** to love

1319 **assinar** to sign

1321 **gravar** to record, engrave

1323 **expor** to exhibit, expose

1331 **traduzir** to translate

1332 **libertar** to free, liberate

1340 **mover** to move

1346 **promover** to promote

1348 **controlar** to control

1351 **adoptar** to adopt

1352 **restar** to remain

1357 **distribuir** to distribute

1364 **calcular** to calculate, reckon

1365 **demorar** to take (time), delay

1366 **sentar** to sit

1367 **interpretar** to interpret, act (e.g. movie)

1370 **recolher** to collect, put away, remove

1371 **deter** to arrest, detain

1372 **ceder** to give in, yield

1378 **ultrapassar** to overcome, surpass, pass (car)

1381 **concentrar** to concentrate

1382 **comunicar** to convey, communicate

1385 **actuar** to perform, act

1390 **unir** to unite

1402 **desenhar** to design, draw

1403 **descrever** to describe

1405 **errar** to err, make a mistake

1407 **explorar** to exploit, explore

1409 **deitar** to lie down

1421 **limpar** to clean

1427 **retomar** to resume, retake

1437 **prender** to apprehend, catch, fasten

1449 **assegurar** to secure, assure

1452 **misturar** to mix

1458 **espalhar** to spread

1459 **ameaçar** to threaten

1463 **operar** to operate

1466 **opor** to oppose

1467 **fornecer** to provide, supply

1475 **puxar** to pull

1476 **recorrer** to appeal, resort to

1480 **necessitar** to need

1482 **prejudicar** to harm, endanger

1485 **conceder** to grant

1486 **caminhar** to walk, go on foot

1488 **executar** to carry out, execute

1489 **percorrer** to cover (distance), run by/through

1491 **modificar** to change, modify

1494 **investir** to invest

1495 **satisfazer** to satisfy

1504 **escapar** to escape

1510 **combater** to fight, combat

1511 **beber** to drink

1513 **insistir** to insist

1515 **cobrar** to collect (money), charge

1518 **invadir** to invade

1519 **convencer** to convince

1522 **afectar** to affect

1528 **experimentar** to experiment, try (something) out

1530 **distinguir** to distinguish

1533 **proibir** to prohibit

1536 **criticar** to criticize

1537 **governar** to govern, rule

1539 **resistir** to resist

1541 **inspirar** to inspire

1543 **acumular** to accumulate

1548 **deslocar** to move, dislocate

1551 **medir** to measure

1558 **reclamar** to complain

1569 **colher** to harvest, gather

1571 **estimar** to estimate, esteem

1572 **acordar** to wake up

1574 **suportar** to endure, support, bear

1578 **encher** to fill

1595 **meter** to put into, get involved (+se)

1599 **recordar** to recall, remember

1602 **frequentar** to attend

1603 **prosseguir** to proceed

1608 **tender** to tend to

1610 **rever** to see again, look over, examine

1618 **temer** to fear

1620 **implicar** to involve, imply

1621 **facilitar** to facilitate, ease

1624 **repousar** to rest

1631 **variar** to vary

1636 **atirar** to shoot, throw

1641 **negociar** to negotiate

1645 **derrubar** to overthrow, demolish

1649 **transportar** to carry, transport

1650 **esclarecer** to clear up, clarify

1654 **sobreviver** to survive

1657 **arranjar** to arrange, obtain

1660 **introduzir** to introduce

1677 **encaminhar** to direct, put on the right path

1681 **proceder** to proceed

1684 **condenar** to condemn

1687 **visar** to aim at, have in sight, drive at

1697 **adaptar** to adapt

1704 **romper** to tear, rip, begin to (+se)

1705 **comandar** to command, lead

1712 **interromper** to interrupt

1715 **roubar** to steal, rob

1724 **adiantar** to put forth, move forward

1733 **denunciar** to denounce

1738 **encerrar** to close, end

1743 **intervir** to intervene

1744 **ferir** to wound, hurt

1751 **ignorar** to ignore

1759 **assentar** to settle, rest on

1763 **queimar** to burn

1789 **dançar** to dance

1790 **conservar** to keep, conserve

1792 **disputar** to compete, dispute

1798 **corrigir** to correct

1801 **forçar** to force

1815 **elevar** to raise, elevate

1817 **exibir** to exhibit, display

1822 **reforçar** to reinforce

1834 **contemplar** to contemplate

1845 **orientar** to direct, guide, orient

1848 **rir** to laugh

1852 **comprometer** to commit to, negatively compromise

1855 **pairar** to hover, hang over

1861 **projectar** to project, make plans

1870 **confiar** to trust, confide

1872 **colaborar** to collaborate

1874 **aprovar** to approve, pass a law

1878 **constar** to consist of, appear in

1884 **apreciar** to appreciate

1890 **abordar** to deal with, approach (a subject)

1903 **despertar** to awaken

1908 **arrancar** to tear away or out of

1910 **desistir** to give up

1913 **confundir** to confuse, confound

1916 **carecer** to need, lack, do without

1917 **retornar** to return to [BP]

1919 **lavar** to wash, clean

1920 **obedecer** to obey

1931 **fabricar** to manufacture

1934 **prolongar** to go on, prolong

1945 **render** to yield, earn (interest)

1949 **soltar** to release, unfasten

1953 **cultivar** to cultivate

1967 **caracterizar** to characterize

1973 **ordenar** to command, order

1981 **armar** to arm, assemble, equip

1989 **absorver** to absorb

1993 **estimular** to stimulate

1997 **optar** to opt

2000 **sujeitar** to subject

2001 **apurar** to find out, investigate, perfect

2006 **influenciar** to influence

2009 **combinar** to combine

2010 **emitir** to emit, issue, broadcast

2011 **divulgar** to make known, publicize

2013 **mexer** to touch, shake, mix, stir

2015 **alargar** to enlarge, increase, widen

2019 **consumir** to consume

2021 **arrastar** to drag

2022 **superar** to overcome, surpass, exceed

2025 **travar** to take place, impede, stop

2027 **eliminar** to eliminate

2032 **reparar** to make reparations, fix, notice

2038 **competir** to compete

2047 **concorrer** to compete (against), apply for

2054 **agarrar** to grab, seize, lay hold of

2055 **proporcionar** to provide, offer

2058 **fundar** to found

2061 **registrar** to register, record [BP]

2070 **desviar** to avert, deviate, take a detour

2071 **submeter** to subject, submit

2075 **dobrar** to fold, double

2077 **pronunciar** to pronounce

2079 **animar** to encourage, cheer up

2081 **conferir** to confer, give the right to

2089 **converter** to convert

2092 **registar** to register [EP]

2107 **brincar** to play, joke

2110 **tecer** to weave

2115 **perseguir** to pursue, persecute

2122 **emprestar** to lend, loan

2123 **antecipar** to do earlier than planned, anticipate

2124 **desempenhar** to perform, act, fulfill

2126 **segurar** to hold, secure, make sure

2128 **vestir** to wear, dress

2133 **convocar** to call (a meeting), summon,

2136 **recomendar** to recommend

2138 **jantar** to eat dinner

2148 **saltar** to jump, lead

2150 **demitir** to resign, quit

2164 **surpreender** to surprise

2166 **conceber** to conceive

2168 **acelerar** to accelerate, speed up

2171 **ampliar** to increase, amplify, enlarge

2172 **reservar** to reserve

2177 **residir** to live in, reside

2196 **situar** to situate

2197 **preencher** to fill (out)

2201 **rejeitar** to reject

2203 **devolver** to return (something)

2207 **acentuar** to intensify, accentuate

2212 **classificar** to classify

2218 **apertar** to shake (a hand), press, tighten, tie

2230 **sonhar** to dream

2234 **chorar** to cry

2236 **localizar** to find, pin point the location

2238 **botar** to put, place

2248 **erguer** to erect, raise up, support

2250 **falhar** to fail

2251 **consistir** to consist of

2252 **avisar** to warn, advise, inform

2254 **adorar** to worship, adore

2257 **contrariar** to contradict, disagree

2259 **abranger** to span, encompass

2260 **investigar** to investigate

2277 **resumir** to summarize, sum up

2282 **recuar** to retreat, draw back

2284 **requerer** to require

2285 **pregar** to preach, nail

2295 **solicitar** to solicit

2306 **escutar** to listen

2307 **agradar** to please

2308 **associar** to associate

2310 **liderar** to lead

2312 **autorizar** to authorize

2317 **encarregar** to put in charge of, entrust

2318 **enganar** to trick, deceive

2319 **desfazer** to undo

2320 **suspender** to suspend

2321 **aguardar** to await

2323 **rodear** to surround

2326 **beneficiar** to benefit

2329 **destinar** to be geared to, earmarked for

2330 **lidar** to deal with, treat

2331 **desconhecer** to not know, ignore

2332 **basear** to base

2333 **evoluir** to evolve

2344 **consultar** to look up, consult

2349 **celebrar** to celebrate

2354 **cruzar** to cross

2355 **designar** to designate

2364 **confessar** to confess

2371 **descartar** to disagree, deny, get rid of [BP]

2372 **captar** to attract, capture

2376 **largar** to release, get rid of

2379 **reproduzir** to reproduce

2380 **presidir** to preside

2393 **apagar** to turn off, erase

2395 **relatar** to narrate, relate

2396 **agravar** to worsen, aggravate

2399 **esgotar** to exhaust (supplies), deplete

2400 **derivar** to derive

2407 **dispensar** to dismiss, give up, dispense

2410 **aquecer** to heat

2413 **examinar** to examine

2422 **depositar** to deposit

2425 **disparar** to fire (weapon)

2427 **treinar** to train

2447 **plantar** to plant

2454 **girar** to spin, turn, rotate

2455 **violar** to violate, rape

2458 **habitar** to inhabit

2460 **exprimir** to express

2465 **acertar** to be right on, hit the mark

2467 **rodar** to spin, turn around, roll

2471 **aderir** to adhere, join

2473 **preservar** to preserve

2476 **admirar** to admire

2490 **calar** to be or keep quiet, shut up

2505 **movimentar** to move

2520 **improvisar** to improvise

2521 **excluir** to exclude

2526 **aguentar** to bear, withstand, stand

2531 **efectuar** to put into action, take place, perform

2533 **traçar** to set (goals), plan, trace

2536 **abalar** to shake, rock back and forth

2543 **favorecer** to favor

2545 **falecer** to pass away, die

2546 **guiar** to guide, lead

2547 **sobrar** to remain, be left

2550 **alegar** to allege

2559 **financiar** to fund, finance

2562 **arriscar** to risk

2569 **partilhar** to share, divide among

2570 **enterrar** to bury

2577 **expulsar** to expel

2578 **empurrar** to push

2579 **mergulhar** to submerge, dive

2588 **transferir** to transfer

2594 **constatar** to notice, realize

2602 **aconselhar** to counsel

2608 **descansar** to rest

2612 **renovar** to renew

2617 **incomodar** to inconvenience, bother

2624 **relacionar** to equate, relate

2630 **gritar** to yell, shout

2632 **debater** to debate, discuss

2644 **incorporar** to incorporate

2649 **somar** to add up, sum up

2671 **queixar** to complain

2673 **firmar** to sign, settle, fix

2678 **multiplicar** to multiply

2680 **inaugurar** to inaugurate, start

2686 **elaborar** to create, elaborate

2690 **apostar** to bet, wager

2712 **chover** to rain

2715 **salientar** to highlight, point out

2716 **formular** to formulate

2717 **herdar** to inherit

2720 **passear** to go for a walk or stroll

2727 **acolher** to welcome, shelter

2731 **cercar** to surround

2739 **processar** to process, sue

2758 **gozar** to enjoy, take pleasure

2759 **protestar** to protest

2762 **argumentar** to argue

2783 **penetrar** to penetrate

2786 **concretizar** to come to pass, bring about

2788 **administrar** to manage, administer

2802 **conviver** to spend time with, live with

2806 **finalizar** to conclude, wrap up

2807 **reter** to retain

2810 **valorizar** to value

2813 **planejar** to plan [BP]

2816 **divertir** to have fun, entertain

2825 **inserir** to insert, include

2848 **circular** to circulate, circle

2859 **extrair** to extract

3517 **provir** to come from, proceed from

3522 **brigar** to fight, argue [BP]

3531 **comparecer** to attend, appear at

3532 **reinar** to rule, reign

3534 **dissolver** to dissolve

3543 **hesitar** to hesitate

3548 **irritar** to irritate

3549 **apressar** to hurry, hasten

3552 **copiar** to copy

3563 **induzir** to induce, incite

3565 **sublinhar** to emphasize, underline, stress [EP]

3576 **fundir** to smelt, melt

3578 **rebentar** to burst, explode

3585 **engolir** to swallow

3589 **emergir** to emerge

3594 **sumir** to disappear

3598 **mencionar** to mention

3613 **proferir** to utter, state, say

3617 **detectar** to detect

3618 **picar** to sting, prick, bite

3641 **instituir** to institute

3643 **filmar** to film

3653 **dispersar** to disperse, scatter

3654 **apaixonar** to fall in love with

3658 **enfiar** to put into or through

3659 **afundar** to sink

3661 **espantar** to surprise

3664 **rezar** to say a rote prayer

3665 **exportar** to export

3669 **decorar** to memorize, decorate

3675 **soar** to sound

3676 **atrapalhar** to get in the way of, frustrate

3680 **navegar** to navigate

3689 **doar** to bequeath, donate

3690 **coordenar** to manage, coordinate

3701 **fiar** to spin (cloth), trust

3704 **incentivar** to encourage, motivate

3708 **curar** to cure, heal

3719 **escalar** to scale, climb

3721 **fingir** to pretend, fake

3723 **oscilar** to shake, oscillate

3724 **enxergar** to catch sight of, make out

3730 **pressionar** to pressure, press

3734 **consagrar** to be recognized for (+se), consecrate

3739 **brilhar** to sparkle, shine

3742 **fotografar** to photograph

3743 **morder** to bite

3745 **restringir** to restrict

3751 **reger** to rule, manage, conduct (music)

3752 **culpar** to blame, place guilt

3757 **cansar** to get tired (+se)

3773 **alugar** to rent

3775 **cheirar** to smell

3788 **vingar** to avenge, take revenge

3804 **recomeçar** to resume, restart

3810 **disfarçar** to disguise, pretend

3812 **apetecer** to appeal (to) [EP]

3818 **desculpar** to forgive, excuse

3822 **acarretar** to cause, provoke

3833 **rasgar** to tear, rip

3843 **rondar** to be approximately, circle

3855 **reformar** to reform

3856 **revoltar** to revolt, disgust

3857 **ascender** to go up, ascend

3859 **centrar** to center, focus

3860 **mobilizar** to mobilize

3865 **despejar** to pour, evict

3874 **disciplinar** to discipline

3877 **esforçar** to strive, try hard

3887 **pousar** to land, rest

3892 **ponderar** to ponder

3894 **exceder** to exceed

3895 **mentir** to lie

3898 **confrontar** to confront

3917 **alastrar** to spread

3918 **restaurar** to restore

3923 **decretar** to decree

3926 **ditar** to dictate

3930 **banhar** to bathe

3935 **acalmar** to calm down, appease

3939 **desembarcar** to get out, disembark

3942 **retratar** to portray

3952 **auxiliar** to help, aid

3957 **contratar** to contract

3961 **reivindicar** to demand, ask for

3962 **narrar** to narrate

3977 **reprimir** to repress, control

3984 **assemelhar** to be similar to

3985 **desenrolar** to take place, unfold

3987 **sacudir** to shake

3989 **propagar** to spread, propagate

3993 **habituar** to get used to (+se)

3995 **pisar** to step

3998 **educar** to educate

4000 **equilibrar** to balance

4001 **pesquisar** to research, investigate

4004 **debruçar** to bend or lean over

4021 **advertir** to warn

4034 **almoçar** to eat lunch

4035 **pular** to jump, skip

4036 **inclinar** to lean, incline

4051 **atrasar** to delay, make late

4060 **sacrificar** to sacrifice

4065 **aliar** to join, ally oneself with

4071 **alinhar** to align, line up with

4076 **tardar** to delay, be late

4092 **varrer** to sweep

4096 **conformar** to accept, conform, adapt

4100 **incidir** to focus on, fall upon, occur

4102 **evidenciar** to become noted for, stand out

4110 **liberar** to release, liberate [BP]

4113 **regular** to regulate

4120 **suspeitar** to suspect

4122 **beijar** to kiss

4125 **sorrir** to smile

4126 **culminar** to culminate

4130 **alertar** to advise, warn

4136 **baptizar** to baptize

4138 **avistar** to catch sight of, see in the distance

4141 **imprimir** to print, mark, influence

4151 **elogiar** to praise, compliment

4154 **alongar** to extend, lengthen

4157 **prevalecer** to prevail

4170 **adormecer** to fall asleep

4172 **pescar** to fish

4173 **recear** to fear

4177 **fortalecer** to strengthen

4179 **furar** to penetrate, make a hole

4187 **repassar** to go back and forth, revise

4193 **inverter** to reverse, invert

4208 **fiscalizar** to regulate, inspect, supervise

4210 **invocar** to invoke, call upon

4211 **nadar** to swim

4212 **soprar** to blow

4222 **anteceder** to precede, take place before

4227 **namorar** to date steadily

4239 **doer** to hurt

4244 **trair** to betray

4245 **distrair** to distract

4250 **diferenciar** to differentiate

4254 **resgatar** to rescue, save

4255 **vibrar** to vibrate

4267 **ofender** to offend

4269 **responsabilizar** to take responsibility for

4270 **discordar** to disagree

4285 **encostar** to rest, lean, place against

4287 **evocar** to evoke

4295 **ferver** to boil

4305 **marchar** to march

4323 **agredir** to attack, assault

4325 **redigir** to write, handwrite

4326 **restabelecer** to reestablish

4330 **arrecadar** to collect, store, save

4334 **contactar** to contact

4342 **moer** to grind, crush

4349 **colar** to glue, stick

4351 **adivinhar** to predict, guess

4365 **amarrar** to bind, tie down

4368 **odiar** to hate

4386 **flutuar** to float, fluctuate

4391 **envelhecer** to grow old

4395 **reverter** to reverse, revert

4410 **atar** to bind, tie up

4414 **distanciar** to distance

4422 **especificar** to specify

4432 **remover** to remove

4438 **cumprimentar** to greet

4440 **aperfeiçoar** to perfect

4445 **assaltar** to rob, assault, mug

4449 **desmentir** to deny, contradict, expose

4451 **intensificar** to intensify

4456 **compartilhar** to share

4464 **inscrever** to enroll, register

4468 **vigiar** to keep an eye on, watch over

4477 **difundir** to spread, broadcast

4486 **espreitar** to peek, pry

4488 **enquadrar** to fall into, fit into, abide by

4491 **sufocar** to suffocate

4495 **equivaler** to be equivalent

4496 **englobar** to encompass

4499 **arrepender** to repent, regret

4510 **empreender** to undertake

4523 **sobrepor** to take precedence over, surpass

4559 **accionar** to activate, put into action

4560 **recair** to go back to, revert to

4581 **tremer** to shake, tremble

4585 **torturar** to torture

4586 **afogar** to drown, flood

4587 **estragar** to ruin, go bad, spoil

4592 **consentir** to approve, grant

4594 **agrupar** to group

4601 **saudar** to greet, salute

4605 **abdicar** to abdicate

4606 **diferir** to differ, be different from

4615 **anotar** to write down, annotate

4616 **desdobrar** to unfold

4617 **progredir** to progress

4619 **furtar** to steal

4631 **liquidar** to pay off (debt), liquidate

4639 **chefiar** to head, lead

4642 **aspirar** to aspire to, inhale

4644 **homenagear** to pay homage to, honor

4659 **ensaiar** to practice, rehearse

4664 **socorrer** to aid, relieve

4670 **encaixar** to fit (in or together), belong

4671 **preceder** to precede, predate

4678 **sacar** to take out, pull out

4691 **suprir** to supply

4697 **indagar** to inquire, question

4699 **seduzir** to seduce, entice

4701 **atrever** to dare

4703 **estranhar** to find strange, be surprised

4710 **suscitar** to rouse, excite

4711 **conciliar** to reconcile, harmonize

4726 **simular** to simulate

4727 **estacionar** to park

4731 **predominar** to predominate, prevail

4764 **acomodar** to make comfortable, accommodate

4769 **actualizar** to update, modernize

4779 **emigrar** to emigrate

4782 **cavar** to dig

4785 **honrar** to honor

4788 **renascer** to be reborn

4792 **privilegiar** to favor, choose

4793 **fracassar** to fail

4795 **atenuar** to reduce, die down, ease

4799 **bloquear** to block

4800 **refazer** to redo

4801 **reafirmar** to reaffirm

4806 **acostumar** to get used to (+se)

4807 **velar** to watch over, care for

4808 **derramar** to shed, spill

4811 **condicionar** to condition, subject

4812 **fluir** to flow

4815 **esvaziar** to empty

4817 **providenciar** to provide

4830 **deduzir** to figure out, deduce

4836 **castigar** to punish

4837 **curvar** to bow

4844 **detestar** to detest

4848 **presumir** to presume, suspect

4856 **influir** to influence, dominate

4863 **findar** to end, finalize

4867 **solucionar** to solve, find a solution

4876 **escorrer** to trickle, drain, drip

4879 **lavrar** to cultivate

4884 **envergonhar** to be ashamed (+se)

4890 **cozinhar** to cook

4901 **devorar** to devour

4909 **apreender** to comprehend, apprehend

4913 **povoar** to people

4915 **advogar** to advocate

4923 **suicidar** to commit suicide (+se)

4924 **roer** to gnaw, bite (off)

4936 **encantar** to fascinate, cast a spell on

4947 **paralisar** to paralyze

4951 **encolher** to shrug

4959 **contornar** to go around, bypass

4964 **cancelar** to revoke, cancel

4972 **iludir** to deceive, delude

4974 **armazenar** to store

4979 **edificar** to build, edify

4984 **despir** to take off (clothing), undress

4989 **deslizar** to slide, glide, slip

4991 **ministrar** to administer

Related titles from Routledge

Colloquial Portuguese of Brazil 2

Barbara McIntyre

Key features of *Colloquial Portuguese of Brazil 2* include:

- Revision material to help consolidate and build up your basics
- A wide range of contemporary, authentic documents
- Lots of spoken and written exercises in each unit
- Highlighted key structures and phrases, a grammar reference and detailed answer keys
- A broad range of everyday situations, focusing on Brazil.
- Supplementary exercises and Brazilian Portuguese language web-links at www.routledge.com/languages.

Audio material is available on two 60-minutes CDs to accompany *Colloquial Portuguese of Brazil 2*. Recorded by native speakers, this material includes scripted dialogues, texts and extracts from authentic interviews as well as interactive exercises, and will help you perfect your pronunciation and listening skills.

ISBN13: 978–0–415–43097–5 (pbk)
ISBN13: 978–0–415–43099–9 (CDs)
ISBN13: 978–0–415–43098–2 (Book & CD Pack)

Available at all good bookshops
For ordering and further information please visit:
www.routledge.com

Related titles from Routledge

Portuguese Essential Grammar

Amelia P. Hutchinson

This new edition of *Portuguese: An Essential Grammar* is a practical reference guide to the most important aspects of modern Portuguese.

It presents a fresh and accessible description of the language that combines traditional and function-based grammar. The book sets out the complexities of Portuguese in short, readable sections. Explanations are clear and free from jargon. Throughout, the emphasis is on Portuguese as used by native speakers around the world.

The Grammar is the ideal reference source for the learner and user of Portuguese. It is suitable for either independent study or for students in schools, colleges, universities and adult classes of all types.

This second edition features:

*   Coverage of both European and Brazilian Portuguese and information on the lexical differences between the two
*   Detailed contents list and index for easy access to information
*   Full use of authentic examples
*   Coverage of traditional grammar and language functions
*   New section on the history and culture of the Portuguese-speaking world.

ISBN13: 978 – 0 – 415 – 30817 – 5 (pbk)
ISBN13: 978 – 0 – 415 – 30816 – 8 (hbk)

Available at all good bookshops
For ordering and further information please visit:
www.routledge.com